工商管理经典译丛 BUSINESS ADMINISTRATION CLASSICS

STRATEGIC MANAGEMENT
A COMPETITIVE ADVANTAGE APPROACH
SEVENTEENTH EDITION

战略管理
建立持续竞争优势

第17版

弗雷德·戴维（Fred R. David）
[美] 福里斯特·戴维（Forest R. David） 著
梅雷迪思·戴维（Meredith E. David）
徐 飞 译

中国人民大学出版社
·北京·

工商管理经典译丛

出版说明

随着中国改革开放的深入发展，中国经济高速增长，为中国企业带来了勃勃生机，也为中国管理人才提供了成长和一显身手的广阔天地。时代呼唤能够在国际市场上搏击的中国企业家，时代呼唤谙熟国际市场规则的职业经理人。中国的工商管理教育事业也迎来了快速发展的良机。中国人民大学出版社正是为了适应这样一种时代的需要，从1997年开始就组织策划“工商管理经典译丛”，这是国内第一套与国际管理教育全面接轨的引进版工商管理类丛书，该套丛书凝聚着100多位管理学专家学者的心血，一经推出，立即受到了国内管理学界和企业界读者们的一致好评和普遍欢迎，并持续畅销数年。全国人民代表大会常务委员会副委员长、国家自然科学基金会管理科学部主任成思危先生，以及全国MBA教育指导委员会的专家们，都对这套丛书给予了很高的评价，认为这套译丛为中国工商管理教育事业做了开创性的工作，为国内管理专业教学首次系统地引进了优秀的范本，并为广大管理专业教师提高教材甄选和编写水平发挥了很大的作用。其中《人力资源管理》（第六版）获第十二届“中国图书奖”；《管理学》（第四版）获全国优秀畅销书奖。

进入21世纪后，随着经济全球化和信息化的发展，国际MBA教育在课程体系上进行了重大的改革，从20世纪80年代以行为科学为基础，注重营销管理、运营管理、财务管理到战略管理等方面的研究，到开始重视沟通、创业、公共关系和商业伦理等人文类内容，并且增加了基于网络的电子商务、技术管理、业务流程重组和统计学等技术类内容。另外，管理教育的国际化趋势也越来越明显，主要表现在师资的国际化、生源的国际化和教材的国际化方面。近年来，随着我国MBA和工商管理教育事业的快速发展，国内管理类引进版图书的品种越来越多，出版和更新的周期也在明显加快。为此，我们这套“工商管理经典译丛”也适时更新版本，增加新的内容，同时还将陆续推出新的系列和配套参考书，以顺应国际管理教育发展的大趋势。

本译丛选入的书目，都是世界著名的权威出版机构畅销全球的工商管理图书，被世界各国和地区的著名大学商学院和管理学院所普遍选用，是国际工商管理教育界最具影响力的教学用书。本丛书的作者，皆为管理学界享有盛誉的著名教授，他们的这些著作，经过了世界各地数千所大学和管理学院教学实践的检验，被证明是论述精辟、视野开阔、资料丰富、通俗易懂，又具有生动性、启发性和可操作性的经典之作。本译丛的译者，大多是国内各著名大学的优秀中青年学术骨干，他们不仅在长期的教学研究和社会实践中积累了丰富的经验，而且具有较高的翻译水平。

本丛书的引进和运作过程，从市场调研与选题策划、每本书的推荐与论证、对译者翻译水平的考察与甄选、翻译规程与交稿要求的制定、对翻译质量的严格把关和控制，到版式、封面和插图的设计等各方面，都坚持高水平和高标准的原则，力图奉献给读者一套译文准确、文字流畅、从内容到形式都保持原著风格的工商管理精品图书。

本丛书参考了国际上通行的MBA和工商管理专业核心课程的设置，充分兼顾了我国管理各专业现行通开课与专业课程设置，以及企业管理培训的要求，故适应面较广，既可用于管理各专业不同层次的教学参考，又可供各类管理人员培训和自学使用。

为了本丛书的出版，我们成立了由中国人民大学、北京大学、中国社会科学院等单位专家学者组成的编辑委员会，这些专家学者给了我们强有力的支持，使本丛书得以在管理学界和企业界产生较大的影响。许多我国留美学者和国内管理学界著名专家教授，参与了原著的推荐、论证和翻译工作，原我社编辑闻洁女士在这套书的总体策划中付出了很多心血。在此，谨向他们致以崇高的敬意并表示衷心的感谢。

愿这套丛书为我国MBA和工商管理教育事业的发展，为中国企业管理水平的不断提升继续做出应有的贡献。

中国人民大学出版社

译者序

《战略管理：建立持续竞争优势》现已出到第17版。30年来著名战略管理学者弗雷德·戴维（Fred R. David）一直是第一作者。本书提供了一种战略管理应用和实践导向方法，在全球战略管理领域独树一帜，堪称范本。目前，大约20个国家约500多所院校使用这本畅销教学用书。

本书的主要特色如下：

1. 内容丰富全面。全书分为战略管理概论、战略制定、战略实施、战略评价与治理、战略管理重要专题和战略管理案例分析六大部分，涵盖愿景使命、内外部环境分析、战略评价准则、竞争分析、组织结构、治理、合伙合资、外包回流、营销、财务分析，以及转型变革与组织文化、商业伦理与企业社会责任、可持续发展与战略创新、全球经营与本土运营等核心内容。作者将“获取和保持竞争优势”的理念贯穿始终，想必这也是书名中增加副标题“建立持续竞争优势”之原因。难能可贵的是，尽管战略管理的内容如此广泛庞大和丰富深刻，作者却能纵横捭阖、驾轻就熟，论述简明扼要，逻辑严谨缜密。

2. 案例鲜活，生动翔实。书中有大量来自不同产业的企业和非营利组织的鲜活案例，详细阐述了这些企业（组织）的历史、现状及未来发展的深层次问题，并尽可能地提供完整的财务信息、组织结构图及愿景和使命陈述；案例关注的都是业界实行战略变革的著名企业。限于篇幅，我们在中文版中未将英文原版后半部分的30个案例全部放入，而是挑选了其中颇具代表性的5个案例和1个贯穿全书的配套案例——可口可乐公司。书中的“概念案例矩阵”使老师能有效利用不同案例帮助学生学习相关知识，这种创新的辅助手段把战略管理的案例学习方法提升到新的高度。

3. 注重操作实践性和应用导向性。本书被誉为全球范围内最实用、最注重技能的战略管理教学用书，所有章节都从应用广泛的战略管理综合模型展开，并以简洁对话的方式呈现实用方法。因此读者学到的是真真切切的“战略规划过程”，而不仅仅是战略理论。本书引导读者在实践中以技能为导向，以与实际战略规划过程相同的方式进行学习；在强调企业应秉持和坚守的发展理念和经营哲学的前提下，有针对性地提供了一套清晰、实用的战略管理方法和系统的矩阵分析方法，包括 SWOT，BCG，IE，SPACE，GRAND 和 QSPM 等矩阵，这些管理分析方法适用于中小企业、跨国公司和非营利组织。读者若能在实践中娴熟运用，将大有裨益。

4. 以学生为中心，强调“在做中学”。当今的教育理念是：以学生为中心，以产出为导向，持续改进，为学生创造有意义的学习经历。同时，大学教育越来越注重从教的范式向学的范式转变。作者践行这样的理念和转变，致力于让学生切实掌握战略管理的理论方法和管理技能。各章末的复习讨论题和实践练习独具匠心，可以应用各章节的概念、理论、方法、工具和技术。学生通过本书中几乎全新的多个实践练习能提高自身的就业能力。

5. 回应战略管理的重要关切。本书在商业伦理、企业社会责任和环境可持续性等重要议题上的讨论比其他战略管理教学用书要多，以揭示为什么“好伦理就是好生意”及其为何是战略问题。本书还关注了办公室恋情、雇用竞争对手的员工、在社会问题上的立场以及野生动物保护等内容。这些问题日益成为公司面临的战略决策，可持续性也越来越成为消费者、企业和社会密切关注的重要问题。本书还提供了更多有关全球化与国际化的专题内容。

6. 全新的章节微专栏和微案例。每章都提供了“模范战略管理者”“全球视点”“伦理视点”三个微专栏，其中每章开篇的“模范战略管理者”用来介绍战略管理杰出人士；“全球视点”展示材料与全球业务、问题和条件的战略相关性；“伦理视点”强调在战略管理过程中“好伦理就是好生意”的多元面相。每章末尾都有一个微案例，以小见大，针对章节内容设计相关问题。

因篇幅所限，各章末阅读材料和注释放在中国人民大学出版社网站（www.crup.com.cn）上，读者可登录阅读或下载。

这些年来，人类面临着日益尖锐的一系列全球性问题，如气候变化和生态环境恶化、人口激增和贫困加深、核武器扩散和战争威胁、难民和移民潮、恐怖主义，以及单边主义、保护主义、民粹主义和逆全球化（deglobalization）思潮等，这些问题与 2020 年前所未有的全球新冠肺炎疫情交织在一起，愈发错综复杂。世界正在经历百年未有之大变局，沧海横流，方显英雄本色。社会发展史和商业史一再证明，那些最成功的组织无不是直面挑战，化危为机；无不是超前识变，积极应变，主动求变，不断适应竞争环境；无不是具有“不畏浮云遮望眼”的高站位和“万变不离其宗”的战略定力，正所谓“定而后能静，静而后能安，安而后能虑，虑而后能得”。

在这样的大变局下，战略管理的作用不会削弱，而会更加凸显。希望本书能在战略管理方面给读者以方法上的指引和思维上的启迪。危机孕育生机，风险酝酿机遇，新冠肺炎疫情或将催生新业态、新模式和新趋势，倒逼生产生活方式加速朝数字化、智能化、线上化方向发展。由衷希望企业家和战略管理者深刻意识到全球治理体系和全球产业链、供应链、价值链和创新链的重组与再造；深刻意识到人工智能 + 大数据 +5G+ 量子计算 + 区块链给行业带来的革命性、颠覆性变革；高度关切数字化战略转型、线上业务与业态重构、组织变革与流程再造、产业升级、生态位建构，以及人机协同与智慧管理、不确定性驾驭与韧性管理。同时，及早做好战略预判和前期谋划，力争凤凰涅槃，逆势突围。尤其重要的是，始终保持善良宽厚、超越自我的心理，超越自身利益，以构建人类命运共同体为愿景和使命，精诚团结，守望相助，勠力同心，共赴未来。

参加本书部分正文和案例翻译工作的有博士研究生蒲旺和硕士研究生王明洋，蒲旺协助统稿，全书由徐飞校译和统稿。十分感谢中国人民大学出版社编辑石岩老师，她为本书的策划、引进和出版都倾注了大量心血。美国哥伦比亚大学研究生徐小博对几处译文提出了非常好的修改意见，在此一并表示感谢。

徐　飞

前　言

新版本有哪些新变化

在第 17 版中，我们更新了 40% 的章节材料、11 个章末微案例，几乎所有章节案例也都是新的。具体而言，新材料包括以下内容：

- **第 1 章配套案例：可口可乐公司（2018 年）**

学生通过 25 次不断创新的实践练习，将战略管理理论应用于可口可乐公司。可口可乐公司是世界上最成功、最知名和管理最好的跨国公司之一。

- **微案例**

共计 11 个新的微案例，每章末尾都有一个，根据章节内容设计了问题。微案例集中在下列公司：

- 第 1 章：特斯拉（Tesla，Inc.）
- 第 2 章：福特汽车（Ford Motor Company）
- 第 3 章：山姆会员商店（Sam's Club）
- 第 4 章：宝洁（Procter & Gamble）
- 第 5 章：脸书（Facebook，Inc.）
- 第 6 章：波士顿咨询集团（Boston Consulting Group）
- 第 7 章：戴比尔斯集团（De Beers Group）
- 第 8 章：孩之宝（Hasbro，Inc.）
- 第 9 章：TJX（TJX Companies，Inc.）
- 第 10 章：福来鸡（Chick-fil-A）
- 第 11 章：领克汽车（Lynk & Company）

- **全新的章节微专栏**

每一章都提供了“模范战略管理者”“全球视点”“伦理视点”三个微

专栏。

模范战略管理者——每章开篇都有一个，用来介绍战略管理杰出人士。

全球视点——展示材料与全球业务、问题和条件的战略相关性。

伦理视点——强调在战略管理过程中“好伦理就是好生意”的多元面相。

“模范战略管理者”包括以下人物：

1. 绿湾包装工队传奇教练：文斯·隆巴迪
2. 联邦快递公司创始人兼 CEO：弗雷德里克·史密斯
3. 拼趣公司联合创始人兼 CEO：本·西尔伯曼
4. 特斯拉和 SpaceX 联合创始人兼 CEO：埃隆·马斯克
5. 苹果公司 CEO：蒂姆·库克
6. 霍比罗比工艺品公司 CEO：戴维·格林
7. 百事公司前 CEO：英德拉·努伊
8. 摩根大通集团 CEO：杰米·戴蒙
9. 罗库公司创始人兼 CEO：安东尼·伍德
10. 微软公司前 CEO 兼董事长：比尔·盖茨
11. 菲利普·莫里斯国际公司 CEO：安德烈·卡兰佐普洛斯

“全球视点”重点关注以下主题：

1. 摩拜：全球自行车租赁像喷气式飞机一样起飞
2. 领英：清晰的核心价值观、愿景和使命令其全球领先
3. 全球哪家公司发展最快?
4. 比特币：新型全球货币
5. 企业如何决定在哪里开展新业务？以国内生产总值为指南
6. 印度经济正在蓬勃发展
7. 全球营销应遵循的四条准则
8. 经商腐败最少（和最多）的国家
9. 哪国新战略被称为“愿景 2030”？
10. 印度正在变废为宝
11. 中国追求量子计算优势

“伦理视点”揭示以下问题：

1. 在经营中哪些伦理最重要?
2. 脸书：改变使命，加强道德与诚信
3. 阿拉斯加：保护野生动物，还是促进经济发展?
4. 灌丛刺鬣蜥与石油巨头的对决
5. CEO 的伦理观今不如昔?
6. 制定战略时不能危及动物福利

7. 公司是否需要一项针对职场低头症的政策?

8. 预计财务报表操纵

9. 通过示范性透明度，实现示范性商业伦理

10. TOMS Shoes 公司：鞋是神奇的，给地球上每个孩子穿上鞋

11. 哪两家美国航空公司的客户服务最差?

实践练习——几乎全是新的，运用各章节概念、工具和技术形成四组。

第一组：可口可乐公司的战略规划——练习将章节材料应用于可口可乐公司配套案例，为学生对营利性组织进行案例分析做好准备。

第二组：你所在大学的战略规划——练习将章节材料应用于所在院校，为学生对非营利组织进行案例分析做好准备。

第三组：提高就业能力的战略规划——练习适用于个人而非公司的章节材料，为学生做出职业选择做准备。

第四组：个人与群体的战略规划——练习通过比较个人与群体决策的有效性来应用章节材料；通过有趣的课堂小组练习，每一项活动都将产生“获胜个人和获胜小组”。

- **逐章详细修改**

第 1 章“战略管理的本质”——引入 SWOT 分析，将战略管理综合模型重新放到每章开篇处，并对模型做了改进，强调战略规划的过程是变化联系的，而不仅仅是一系列固有孤立的活动。

第 2 章“企业愿景与使命”——提供了关于核心价值观陈述的新材料，新例子比比皆是。

第 3 章“外部分析”——提供了关于波特五力模型的新材料；就如何在矩阵中分配权重和评分提供了更多指导；给出了更多示例；竞争态势矩阵（CPM）的评分在形式和意义上与外部因素评价（EFE）矩阵相匹配。

第 4 章“内部分析”——这一章被修改和缩减；营销得到加强；给出了更多示例；内部因素评价（IFE）矩阵的评分在形式和意义上与 EFE 矩阵评分相匹配。

第 5 章“行动中的战略”——新材料包括蓝海战略、价值链分析、波特的两大基本战略，以及企业“构建、借力或购买”等内容。

第 6 章“战略分析与选择”——本章精简强化了 SWOT，BCG，IE，SPACE，GRAND 和 QSPM 分析；新增内容为如何估算建议成本。

第 7 章“战略实施：管理和营销专题”——本章标题做了修改，以反映新增加的营销材料；本章的营销内容全面更新和加深，特别是在新的目标营销、细分市场和定位分析方面。

第 8 章“战略实施：财务和会计专题”——本章标题因营销方面的内容移走而改变；财务和会计工具，如 EPS/EBIT 分析、公司估值和预计财务报表等得到加强；提供了宝洁公司新的运营案例；对战略规划模板提出了许多评论意见，见 www. strategyclub.

com。

第 9 章“战略评价与治理”——由于本章提供了优秀公司治理的新材料，标题也做了相应调整。

第 10 章“商业伦理、环境可持续性和企业社会责任”——本章提供了有关商业伦理、办公室恋情、雇用竞争对手的员工、野生动物福利和可持续性等最新内容；揭示了为什么“好伦理就是好生意”以及为何这是一个战略问题。可持续性是消费者、企业、社会和国际商学院协会（AACSB）关心的重要问题，本章加强了这方面内容，以促进和鼓励企业在重视环境的前提下开展业务。

第 11 章“全球化与国际化”——主题得以强化，提供了不同国家战略管理在文化和观念上的差异性内容；跨国经营现已成为大多数行业的标配。

第 6 篇“战略管理案例分析”——这部分是在所有章节完成后重写的，旨在方便学生进行案例分析，受到一定的启发。

解决教与学的挑战

战略学教师面临的主要挑战是，如何在让学生参与的同时学会各种商业技能。本书引导读者在实践中以技能为导向，以与实际战略规划过程相同的方式进行学习。学生和教师都乐于使用从整合各章内容的战略管理综合模型入手，逐步展开的实用方法。章末微案例、复习讨论题和实践练习都独具匠心，用来运用各章节的概念、理论和方法。

- **案例缘由**

案例分析仍然是大多数战略管理课程使用的主要学习工具，主要原因有五点：

1. 案例分析使学生有机会在团队中工作，评估各种组织面临的内部运作和外部问题，并制定能够引导公司取得成功的战略。团队合作使得学生作为小组的一部分获得解决问题的实践经验。在商业世界中，重要的决定通常在小组内做出。战略管理专业的学生有机会学习如何与各类——激进的或胆怯的、有创意的或无甚想法的小组成员相处。这一经历对即将毕业的学生很有价值，有助于他们顺利进入职场。

2. 案例分析需要学生提议或完善企业特定行动方案，能帮助学生在提高口头和书面沟通能力的同时，提升分析问题和人际交往的能力。

3. 案例分析需要学生同时看到公司、竞争对手和行业，从而模拟复杂真实的商业世界。通过案例分析，学生学会如何运用所学知识评估形势和环境，制定战略并解决实施问题。

4. 案例分析使学生能够综合运用在多门商业课程中学到的概念。学生由此获得经验，学会有效处理影响业务职能的各种组织问题。

5. 通过案例分析，学生可以实际运用理论与评估情境，制定“博弈计划”，解决各种商业和行业环境中的实施问题。

概念案例矩阵

关键战略管理概念	战略模型／过程	愿景／使命陈述	竞争态势矩阵	波特五力模型	外部因素评价（EFE）矩阵	标杆管理	价值链分析	内部因素评价（IFE）矩阵	战略类型	波特两大基本战略	先行者优势	SWOT 矩阵	SPACE 矩阵	BCG & IE 矩阵	大战略矩阵和 QSPM	组织结构	组织文化	市场细分与产品定位	EPS-EBIT 分析	预计财务报表	企业估值	平衡计分卡	治理	商业伦理	环境可持续性
服务业公司																									
案例 1　摩根大通集团																									
案例 2　西维斯健康公司																									
案例 3　迪士尼公司																									
案例 4　亚马逊																									
制造业公司																									
案例 5　通用电气公司																									

“戴维方法”的独特性

本书被誉为全球范围内最实用、最注重技能的战略管理教学用书。所有章节都从应用广泛的战略管理综合模型展开，因此学生学到的是“战略规划过程”，而非聚焦于开创性的战略理论。戴维方法是“在做中学”——学生可以通过本书中新的“实践练习”等内容提高自身的就业能力。

此外，本书在商业伦理、企业社会责任和环境可持续性等重要议题上的讨论比其他战略管理教学用书要多，例如贿赂、办公室恋情、伦理准则、在社会问题上的立场以及野生动物保护等内容，其他书很少提及，然而这些问题日益成为公司面临的战略决策。

本书还提供了更多有关全球化与国际化的专题内容，包括不同国家在商业文化、税收、关税、政治稳定和经济状况等方面的差异。这些问题都需要从战略规划角度来考量。

最后，承蒙全球读者认可，本书能为学生（和管理者）提供有效制定和高效实施战略规划所需的最新技能和方法，可以为不同类型的企业带来持续的竞争优势。本书符合 AACSB 规定的研究生和本科生战略管理课程的所有国际规范，前几版被全球 500 多所院校使用。

目录
CONTENTS

CONTENTS

CONTENTS

第 1 篇

战略管理概论

1 战略管理的本质

本章目标

学完本章，应能做到以下几点：

- 描述战略管理过程。
- 讨论战略制定、实施和评价活动的三个阶段。
- 解释战略管理为何需要将综合分析与直觉相结合。
- 定义并举例说明战略管理中的关键术语。
- 说明参与战略管理有何益处。
- 解释为什么一些公司不进行战略规划。
- 描述做战略规划的陷阱。
- 论述商业战略和军事战略之间的联系。
- 解释本课程如何提高学生的就业能力。

实践练习

本章末有以下练习：

第一组：可口可乐公司的战略规划

练习 1A：为可口可乐公司收集战略信息

练习 1B：将可口可乐公司的资料输入战略规划模板

第二组：你所在大学的战略规划

练习 1C：对所在大学进行 SWOT 分析

第三组：提高就业能力的战略规划

练习 1D：对自己进行 SWOT 分析

> 第四组：个人与群体的战略规划
> 练习 1E：战略规划中的各种陷阱有多危险？

本章概述战略管理，介绍战略管理过程实用的综合模型（见图 1-1），定义战略管理的基本活动和术语。本书聚焦于边做边学，使学生学会如何做战略规划。综合模型揭示了本书的结构和战略规划的过程，使学生能够有意义地开展本课程的学习之旅。

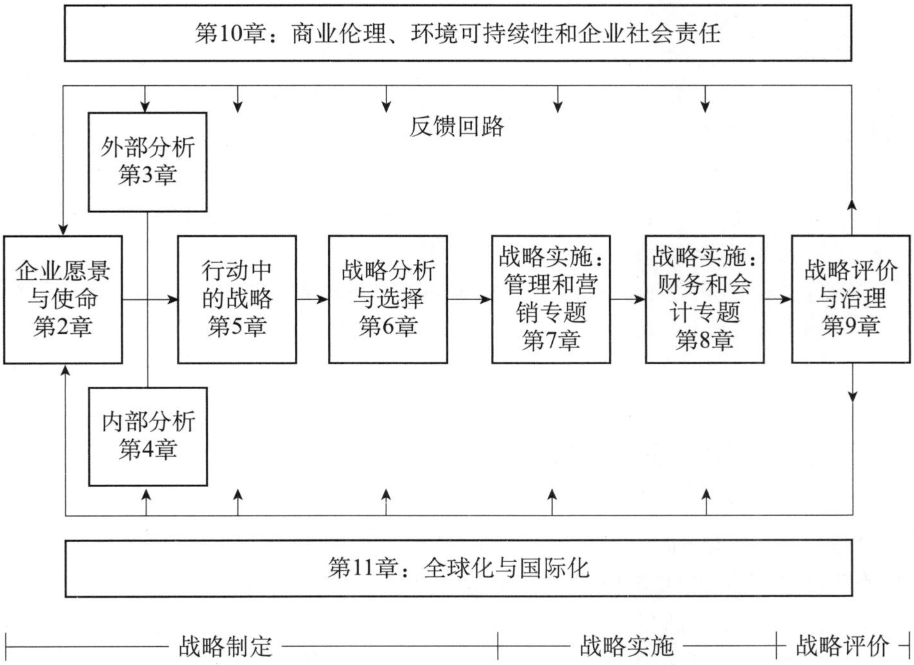

图 1-1　战略管理综合模型

资料来源：Fred R. David, "How Companies Define Their Mission," *Long Range Planning* 22, no. 1（February 1989）: 91. See also Anik Ratnaningsih, Nadjadji Anwar, Patdono Suwignjo, and Putu Artama Wiguna, "Balance Scorecard of David's Strategic Modeling at Industrial Business for National Construction Contractor of Indonesia," *Journal of Mathematics and Technology*, no. 4（October 2010）: 20.

本书令人兴奋的特色是在每章开头介绍一位模范战略管理者，展示其在应用战略规划概念、工具和技术等方面的出色工作和卓越的战略管理实践。第一位模范战略管理者是文斯·隆巴迪（Vince Lombardi），他是绿湾包装工队（Green Bay Packers）前主教练兼总经理。每章结尾提供一个公司的微案例，展现书中介绍的各种概念、工具和方法。

模范战略管理者

文斯·隆巴迪教练

绿湾包装工队的传奇橄榄球教练文斯·隆巴迪（1913—1970）成功地把失败文化变成了胜利文化。绿湾包装工队成立于 1919 年，总部设在寒冷的威斯康星州绿湾市，是美国唯一一个社区自有的非营利大联盟职业运动队，该队也是美国国家橄榄球联盟（NFL）的特许经营球队，历史悠久，排名第三。然而，在文斯·隆巴迪 1959 年接任主教练和总经理之前它却一直是失败者。隆巴迪到达绿湾时球队正处于危机之中，在上一赛季中的战绩为 1 胜 10 负 1 平。出人意料的是，隆巴迪接手后带领绿湾包装工队获得了多个国家橄榄球联盟冠军。职业足球名人堂曰：“隆巴迪不仅是有史以来最伟大的橄榄球教练，也是历史上最伟大的教练之一，不管是什么运动。”鉴于他作为管理者和战略制定者的双重成功，隆巴迪成为必胜的国家象征。文斯·隆巴迪获胜的基本战略建立在塑造性格、树立榜样和承诺的基础上，以下是他的名言：

1. 胜利不是一切，但努力去赢得才是。
2. 目标是赢——公平、公正、正当，遵守规则，但要赢。
3. 成功者和其他人的区别不在于力量和知识，而在于意志。
4. 获胜是一种习惯。注意你的想法，它们会成为你的信念；注意你的信念，它们会成为你的言辞；注意你的言辞，它们会成为你的行动；注意你的行动，它们会成为你的习惯；注意你的习惯，它们会成为你的性格。

资料来源：Based on Michael Mink，“Coach Vince Lombardi Set A Superb Standard，” *Investors Business Daily*，（February 5，2016）：A3.

1.1 什么是战略管理

战略管理（strategic management）是一门关于战略制定、实施和评价以使组织实现其目标的跨职能决策的艺术与科学。正如定义所说，战略管理聚焦综合管理、营销、财务与会计、生产与运营、研发以及信息系统，以使组织获得成功。战略管理也可定义为，为产品和区域分配资源以获得相对于竞争对手的持续竞争优势的执行层活动。

公司可以在不同地理区域以不同方式竞争，它必须决定进入或避开哪些市场，进入或避开竞争对手的空间，公司能否生存取决于这些决策是否正确。本书揭示了做出有效战略决策的过程。例如，西屋电气公司（Westinghouse Electric）因建造新一代核电站的战略制定不当而破产，最终被加拿大布鲁克菲尔德商业伙伴有限公司（Brookfield Business Partners LP）收购（2018 年）。

制定战略，如决定生产什么、在何地何时以及如何展开竞争，是为了获得持续的竞争优势。通常是有效的战略而非操作性策略带来持续的竞争优势。然而，即使是最好的战略也必须通过运营或战术层活动来实施，如雇用和激励员工、削减成本、标杆管理、外包、获得融资和保持环境舒适。实施活动至关重要，必须由战略制定者进行监控。

为获得持续的竞争优势，企业需要提供独特的产品和服务。独特性极其重要！例如，苹果公司的台式电脑、平板电脑和手机都基于其独特的操作系统来运行；拥有了一部苹果手机就同时成为了苹果操作系统的用户。为确保“有效的独特性”，企业必须像苹果公司一样在战略管理过程中权衡利弊以获得可持续的竞争力。另一个例子是劳力士，该公司不提供低端的手表系列，即劳力士拒绝通过提供低价位新产品来吸引新客户以扩大市场份额。相反，劳力士保持其作为世界顶级奢侈手表品牌的独特声誉并维持其市场份额。在产品的开发、生产和销售过程中，劳力士和所有成功的公司都必须学会权衡以做出决策。

第2章讨论了核心价值观、愿景和使命——这些术语代表了开发和培育企业独特性的起点，战略中的一切都源于公司的核心价值观、愿景和使命。所有成功公司在某些关键方面都不同于其竞争对手。

在许多高等院校的工商管理课程中，战略管理被视作“明珠课程”——恰如皇冠上最璀璨的那颗明珠。本课程整合了所有工商课程的材料，并引入了广泛应用于企业的诸多新的战略管理概念和技术。配套案例（可口可乐公司）和章末实践练习是本书的两大特色（见表1-1）。

表1-1 配套案例和实践练习

本书一个广为人知的显著特点是有配套案例。之所以这样命名，是因为公司（可口可乐）出现在本章末尾，然后后续章节末尾都像本章的实践练习一样，将战略规划概念、工具和技术应用于可口可乐公司。可口可乐是一家享誉全球、管理卓越的跨国公司，正在经历战略变革。通过完成与可口可乐相关的练习，学生准备好为案例指定的任何公司开发有效的战略规划。案例分析是全球几乎每门战略管理课程的核心部分。
章末的实践练习都经过精心设计，以有趣且有意义的方式应用章节的概念、工具和技术，从而确保学生可以有效学习。同时，以最佳方式确保学生获得相关能力，特别是本章末讨论的就业能力。每章末的四组实践练习如下：
第一组：可口可乐公司的战略规划——将章节知识应用于配套案例可口可乐公司的练习。随着知识应用和分析及信息技术技能的逐步磨炼，学生为案例分析做好准备。
第二组：所在大学的战略规划——将章节材料应用于学生所在院校的练习。伴随商业伦理和社会责任意识及数据素养技能的提升，学生为非营利组织的案例分析做好准备。
第三组：提高就业能力的战略规划——将章节材料应用于个人而非公司的练习。这些练习为学生做出职业选择做准备，并使学生能够应用战略工具、技术和概念为职业赋能。
第四组：个人与群体的战略规划——通过比较个人与群体决策的有效性来应用章节材料的练习。这些有趣的课堂集体活动有助于提升学生的批判性思维和协作技能。每项练习都会产生获胜的个人和获胜的小组。

战略规划

本书中的“战略管理”和**“战略规划”**（strategic planning）是同义词，前者是学术界的称谓，后者是商界的说法。尽管战略管理涵盖战略制定、实施和评价三个方面，但有时战略规划仅指战略制定。战略管理的目的是为企业的未来把握和创造新的机遇；**长期规划**（long-range planning）则是为了企业的明天而优化今天的发展趋势。

术语“战略规划”起源于20世纪50年代，在60年代中期至70年代中期颇受青睐。当时，人们普遍相信战略规划能解决所有问题，美国的许多企业都热衷于使用战略规划。然而，在20世纪80年代，由于各种战略规划并未给企业带来更高回报而受到冷落。直至90年代战略规划才出现复兴，并广泛应用到商业活动中。

本质上，战略规划就是一家公司的运营方案。一支足球队想要赢得比赛必须有一套良好的比赛方案。同理，一家公司想要获得成功也必须有一套卓越的战略规划。由于全球经济衰退，大部分行业中企业的利润率大幅下降，这就更不容整体战略规划出现任何差错。战略规划需从大量备选方案中精挑细选，并对特定市场、政策、商业程序以及操作做出回应。

战略管理模型

图 1-1 给出的**战略管理模型**（strategic-management model）是被广泛接受的综合战略管理过程。[1]这个模型未必完美，但是它为战略制定、实施、评价提供了一套清晰实用的方法。模型给出了战略管理过程中主要组成部分之间的关系，本书后续章节中还会提及，但侧重点有所不同。本书围绕此模型展开讨论，因为它揭示了公司实际上是如何进行战略规划的。下面是制定战略规划必须回答的三个重要问题：

· 现在在何处?

· 想去哪里?

· 如何到达?

识别企业当下的愿景、目标和战略是战略管理的逻辑起点。因为企业当前的形势与状况可能会排除某些战略，甚至导向一系列特定的行动。每个企业都有愿景、使命、目标和战略，只不过有些是经精心策划且予以明示的，有些则并未有意识地设计、记录或传播。认清现状很重要，因为要明确未来走向，很大程度上要明白现在在何处。

战略管理是一个动态的连续过程。上述模型中任一要素的变化都会带来某个、某些甚至全部要素的变化。例如，经济转型可能带来巨大的发展机会，从而要求企业改变长期目标和战略；没有完成某一年度目标，可能要求企业改变政策；某个竞争对手战略上的变化可能引起本公司愿景的变化。因此，战略制定、实施和评价应该持续进行，而不是只在年末或年中进行。战略管理过程永远不会真正停止，不能指望一劳永逸，毕其功于一役。

在图 1-1 中，也许最重要的“活动”是反馈回路，因为战略必须被当作“动词而不是名词”。战略管理的各阶段（制定、实施和评价）如此顺畅，以至于几乎无法区分某一阶段何时开始、另一阶段何时结束。持续的反馈使公司能够从容适应不断变化的环境；当任何人准备进行内外部评估甚至实施战略时，都应该牢记公司的愿景和使命。反馈回路表明，任何战略规划活动的变化都可能影响其他活动。例如，使命的变化可能影响所有其他活动；公司所做的一切应受使命驱动。

注意，上述战略管理模型中，商业伦理、社会责任、环境可持续性以及全球化与国际化专题等会影响模型中的所有活动，这一点在本书第 10 章和第 11 章将分别详细讨论。在“伦理视点 1”中，有关商业伦理的最近研究表明，可信度是开展业务最重要的要素。

伦理视点 1

在经营中哪些伦理最重要?

哈佛商学院的三位教授埃米·卡迪（Amy Cuddy）、苏珊·菲斯克（Susan Fiske）和彼得·格利克（Peter Glick）在新书《存在》（*Presence*）中揭示，与不认识的人做生意，最重要的因素是值得信赖。作者说，在与某人初次见面的几秒钟内，首先要确定这个人值得信赖的程度。可信度比能力、智力、外表、力量、身高和其他因素重要得多。

卡迪教授解释说：“从进化角度看，对生存而言最重要的是能够迅速了解一个人是否值得信任。”换言之，在人类进化过程中，当一个人遇到陌生人时必须在几秒钟内评估陌生人是否值得信赖——是否会偷窃或者试图杀人。对可信度的评估总是在能力评估（一个人是否会生火或捕鱼）之前。卡迪表示，根据研究只有在建立信任之后才会评估能力，因为从身体和心理来看人类是多种特质作用的结果，值得信赖是最重要的特质，有的特质则在进化过程中丧失了。

卡迪、菲斯克和格利克还提到，无论是在面试中还是想与某人做生意，过分关注展示自身优势或聪明只会适得其反。卡迪说："一个热情且值得信赖的人会令人钦佩。只有建立信任之后，优势才会成为礼物，而不是威胁。"

资料来源：Based on Jenna Goudreau，A Harvard psychologist says people judge you based on 2 criteria when they first meet you，http：//www. aol. com/article/2016/01/16/a-harvard-psychologist-says-people-judge-you-based-on-2-criteria/21298315/?cps=gravity_4816_5749740174701162847.

实际的战略管理过程并不像模型所示的那样界限分明。战略制定者往往不会机械地执行战略管理各个阶段的任务。一般情况下，企业的各层级间会交流沟通，许多公司每隔半年就会召开正式会议来讨论和更新公司的愿景 / 使命、机会 / 威胁、优势 / 劣势、战略、目标、政策和绩效。通常，这些会议安排在非工作场所，常被称为**"静修"**（retreat）。在工作场所之外的地方召开战略管理会议旨在营造更加开放坦诚的氛围，鼓励参会者见仁见智，畅所欲言。在战略管理全过程中，良好的沟通与反馈十分重要。

在大型组织中，战略管理过程一般很正式。正式是指参与者、责任、权威、职责和方法是特定的。小企业的战略管理过程则不太正式或正规。在复杂、快速变化的环境中相互竞争的公司，例如技术型公司，在进行战略规划时往往郑重其事。那些拥有众多部门、产品、市场和技术的公司在运用战略管理理念和流程时常常更为正式。战略管理过程越正式的公司，其成功的可能性也越大。[2]

1.2 战略管理的各个阶段

战略管理过程（strategic-management process）包括三个阶段：战略制定、战略实施和战略评价。**战略制定**（strategy formulation）包括：拟订公司愿景和使命，确定外部机会与威胁、内部优势和劣势，建立长期目标，提出备选战略以及从中选择战略。战略制定涉及：确定公司进入哪些新行业，企业要放弃哪些业务，企业如何配置资源，是否扩大经营范围或提高多元化水平，是否进入国际市场，是否进行并购或组建合资企业，如何防止恶意收购等。

任何组织都不可能拥有无限资源，因此，战略制定者必须确定备选战略中的哪些战略将为公司带来最大利益。战略制定阶段做出的决策将在相当长的一段时间内对企业特定产品、市场、资源和技术产生深远的影响，并决定企业的长期竞争优势。企业高层管理者必须高瞻远瞩，充分预见和洞察战略决策的后果，有效调配战略实施所需的资源。

战略实施（strategy implementation）要求公司通过设定年度目标、制定政策、激励员工和配置资源以确保战略得以实施。战略实施包括：营造一种支持战略的企业文化，建立一套有效的组织结构，确立营销举措，制定预算，开发与应用信息系统，将员工薪酬与公司业绩挂钩。

战略实施是战略管理的行动阶段。战略实施意味着动员员工和管理者，将战略付诸行动。它往往被视作战略管理最艰难的一个阶段，因为它需要个人严于律己、全身心投入，甚至需要个人在特定情况下做出某种牺牲。成功的战略实施依赖于管理者激励员工的能力，激励是一门科学，更是一种艺术。再好的战略若得不到有效实施都是枉然。

人际交往技能对实施战略至关重要。战略实施会影响所有人，每个部门都必须对“为了履行组织战略中的相应职责，我们应该做些什么？”“我们能够把工作做得多好？”等问题做出回答。战略实施具有挑战性，组织必须激励全体员工与管理者以高度的自豪感与满腔热情投入到实现既定目标的过程中去。

战略评价（strategy evaluation）是战略管理的最后阶段。当公司战略没有带来预期结果时，管理者迫切需要了解事实，战略评价就是获知该事实的主要方法。由于企业的内外部环境变动不居，所有的战略都需要在后期加以调整。战略评价包括：（1）检查作为当前战略根基的内外部环境因素；（2）衡量战略带来的绩效；（3）采取纠正措施。企业需要战略评价，因为今天的成功并不必然预示着明天的成功。成功往往带来新的问题，骄傲自满的公司容易走向衰落。

战略制定、战略实施和战略评价发生在大企业的三个层级：公司、事业部（战略业务单元）和职能部门。促进不同层级管理者与员工的沟通有助于企业作为竞争实体来运作。大部分中小企业和部分大型企业没有公司、事业部或战略业务单元之分，只有公司和职能部门两个层级。即便如此，这两个层级的员工与管理者都应该积极投身于战略管理活动。

彼得·德鲁克（Peter Drucker）说过，战略管理的首要任务是思考企业的总体使命：

> ……也就是说，要对“我们经营的业务是什么？”做出回答，这有助于确立企业目标，制定企业战略，在当下为将来做出决策。显然，回答者必须能够看到公司全貌，统揽全局，在各个目标之间以及当前需求和未来需求之间进行权衡，有效配置企业的人力和物力，使其在关键之处发挥作用。[3]

➡ 1.3 综合运用直觉与分析

爱德华·戴明（Edward Deming）曾说过：“除了上帝，任何人都必须用数据来说话。”战略管理的过程可以描述为组织做出重要决策时所采用的一种客观的、合乎逻辑的系统性方法。这种方法试图将定量与定性信息结合起来，帮助企业在不确定情况下做出有效决策。然而，战略管理并非一门纯粹的科学，难以得到既漂亮又简练的结果。

大部分人意识到**直觉**（intuition）对于做出好的决策有积极作用。无论是在高度不确定或史无前例的情况下，还是在变量高度相关或必须从多个难以清晰判断的方案中做出抉择，以往的经验、判断和感觉或直觉对于决策都能起到很好的作用。一些企业的管理人士和业主表示，他们有超常的单靠直觉、潜意识就能做出非凡战略决策的本事。例如，艾尔弗雷德·斯隆（Alfred Sloan）曾经这样形容通用汽车（GM）的威尔·杜兰特（Will Durant）：“据我所知，杜兰特是一个仅靠直觉迸发的灵光就能开展活动的人。他从不认为有必要依靠方程式探寻事实真相，他的直觉判断常常惊人地正确。”[4] 阿尔伯特·爱因斯坦（Albert Einstein）亦承认直觉的重要性：“我相信直觉和灵感。有时候，我确信自己是正确的，可是并不知道其中的原因。想象比知道更重要，因为知识有限，想象却可以拥抱整个世界。”[5]

尽管现在一些组织依靠过人的直觉获得了生存和发展，但大部分企业未必这么幸运。绝大多数企业需要在决策过程和战略管理中综合运用直觉与分析。直觉和分析并不互斥，用得好可相得益彰。各层级的管理者应当将直觉和判断融入战略管理分析中，实现分析思维与直觉思维的互补。

“我已经做了决定，不要再用事实来烦我”并非直觉式管理，而是一种无知管理。[6] 德鲁克说过：“只有当我能够驾驭直觉时我才信任它。那些直接给出诊断结果却不用事实进行校验的‘预言大师’，在医疗中会致病人于死地，在管理中会置企业于困境。”[7] 从某种意义上说，战略管理过程试图复制一个聪明而有直觉的人的思想，他了解业务并通过分析来制定战略、吸收和整合知识。

正如亨德森（Henderson）所言：

> 今天，飞速的变化正将商界推向新的境地，企业管理越来越不适应时代的要求。在变化不大不快时，仅靠经验和直觉就足以指导实践。然而，当决策具有战略性、重大且不可逆转时，单纯奉行直觉和经验的管理哲学就会出问题。[8]

适应变化

战略管理基于这样一种信念：组织应该持续地分析内外部各种事件和趋势，以便在必要时及时做出调整。影响企业的各种因素的变化速率和程度都日益显著，从全球经济危机出乎意料地影响到众多公司就可见一斑。公司如同人体器官一样必须适应变化，否则难以存活。

为了生存，所有企业都必须迅速地识别和适应变化，正如中国摩拜公司①所做的那样（见“全球视点 1”）。战略管理正是为了使组织能长期适应和驾驭变化，恰如沃特曼（Waterman）所说：

> 如今的商业环境，唯一不变的就是变化，这一点比以往更加明显。成功的组织有效地管理变化，不断地调整其层级结构、战略、系统、产品和文化，确保企业在残酷的竞争中能经受住剧烈变化的考验，以谋求生存和发展。[9]

组织需要开始思考战略管理的若干关键问题。例如，“我们应该成为怎样的企业？”“我们处在正确的领域吗？”“要不要对企业进行重组？”“这个行业进来了哪些新竞争者？”“应该寻求怎样的战略？”“顾客有了哪些变化？”“是否出现了某种新技术会将我们淘汰出局？”

在线业务迫使数百家实体零售商变革或清算。时尚零售商 Bebe Stores 宣布关闭其所有 168 家商店并仅在网上进行销售。亚德尼研究公司（Yardeni Research）报告称，现在美国一般商品、服装和配饰以及家具零售额的 29.1％来自网上销售。梅西百货（Macy’s）

---

① 摩拜 2018 年被美团收购。——译者

和塔吉特（Target）等公司正在将越来越多的零售店空间转换为仓储或配送区域，不再面向客户开放。

全球视点 1

摩拜：全球自行车租赁像喷气式飞机一样起飞

在政治版图上，各国之间的界限可能很清楚，但在金融、工业和竞争版图上边界已基本消失。信息的迅速流动使全世界的人们能看到他人如何生活和工作，世界已成为拥有全球公民、全球竞争者、全球客户、全球供应商、全球分销商和全球企业家的无国界世界。

全球有数百万家初创企业推出各种服务。例如，中国的摩拜是一家自行车共享企业，有超过 1 亿用户使用该公司 600 万辆“已连接”的自行车，会员支付会费便可从一个停靠点取走骑行，在另一停靠点归还即可。摩拜会员只需下载公司应用程序，找到附近的自行车扫描二维码就可解锁。自行车内置的 GPS 和无线技术使摩拜能够追踪自行车行踪，不需要停泊站。这种小型便捷业务在全球许多城市可能都可行。

在美国，最大的共享自行车车队位于得克萨斯州的达拉斯，18 000 辆自行车在达拉斯街道上流动，用户不需要使用停车架，但在纽约市需要停车架。无停车架模式在中国是常态，而在美国达拉斯，自行车最终会停在树木边、小溪边、码头旁和人行道上。

资料来源：Based on Clifton Leaf，“Ideas Know No Borders，” *Fortune*，August 1，2017，p. 10. Also，Ken Smith，“A Bike-Share Invasion From China，” *Bloomberg Businessweek*，November 13，2017，p. 22. Also，Eliot Brown，“It’s the Wild West for Bike Sharing，” March 27，2018，p. B4..

1.4 战略管理中的关键术语

在进一步讨论战略管理之前，我们将对如下九个关键术语进行定义：竞争优势、战略制定者、愿景与使命、外部机会与威胁、内部优势与劣势、长期目标、战略、SWOT 分析、年度目标和政策。

竞争优势

从根本上讲，战略管理就是要获得和维持**竞争优势**（competitive advantage）。竞争优势可以定义为比竞争对手做得更好的任何事情，或者拥有竞争对手想有的任何东西。例如，经济衰退时期拥有较少的固定资产也可以为企业带来重要的竞争优势。苹果没有自己的生产设备，竞争对手索尼却有 57 家电子工厂。苹果完全依赖合同生产商生产产品，索尼则自己生产。较少的固定资产使得苹果免于长期负债，从而保持财务上的轻松。相反，索尼却积累了大量负债。

通常，由于竞争对手的模仿会削弱乃至破坏企业的竞争优势，企业只能在一段时期内保持竞争优势，因此仅仅获得竞争优势远远不够。企业必须通过以下途径来获得**持续的竞争优势**（sustained competitive advantage）。

1. 通过不断适应外部趋势及重大事件带来的变化，充分发挥内部优势，充分利用资源和能力。

2. 根据以上诸因素，有效制定、实施和评价战略。

3. 提供独特且不易被竞争对手复制的产品。

4. 通过决定不做什么来做出权衡；没有一家公司可以成为所有人的选择。

战略制定者

战略制定者（strategist）是对组织的成败承担主要责任的人。战略制定者可以有不同的头衔，如首席执行官（CEO）、首席战略官（CSD）、总裁、业主、董事会主席、执行经理、校长、院长或企业家。伦敦商学院的组织行为学教授、《打造领导者》（*Building Leaders*）的作者杰伊·康格（Jay Conger）曾言："所有的战略制定者都必须是首席学习官。我们正处于一个充满变化的时代，领导者如果没有高度的学习力和适应力，就不能成为时代的楷模，公司也无法适应这个时代。从本质上说，领导者扮演着榜样的角色。"

战略制定者可以帮助企业收集、分析以及整理信息。他们跟踪产业和竞争态势，建立预测模型，进行场景分析，评价公司和各部门的绩效，甄别新兴的市场机会，研判商业威胁，制定创造性的行动计划。战略规划家通常扮演支持人员或职员的角色，他们位高权重，其中CEO是最引人注目、最关键的战略制定者。实际上，任何一个对业务单元或部门承担职责、对企业的盈亏负责或对一项重大业务有直接权力的管理者都是战略制定者。

首席战略官这一职位在许多企业竞相出现。最近几年，数百家企业任命了新的首席战略官，包括泰龙国际（Talon International）、德利达（TeleTech）、盖辛格健康系统（Geisinger Health System）和Amplifi Commerce等。

不同企业中的战略制定者千差万别。通常，他们在战略制定、实施和评价这三个阶段选择各异。有些战略制定者出于个人的管理哲学不选择某些类型的战略，因为他们在态度、价值观、伦理道德、承担风险的意愿、社会责任感，以及对盈利的关注、对短期目标和长期目标的考虑及管理风格等方面可能大不相同。好时食品公司（Hershey Foods）的创始人米尔顿·赫尔希（Milton Hershey）创办公司的初衷是为了抚养孤儿。如今，好时食品公司利用公司赚取的利润，在其寄宿学校收养了从学前班到12年级约850个男孩和950个女孩。

体育教练也是战略制定者。事实上，橄榄球、篮球、棒球、足球等体育比赛的胜负往往基于比赛计划。例如，如果球员个子小、速度快，或者球队比对方更有纵深，篮球教练可能会计划加快节奏、全场快攻，而不是打更多半场阵地战。表1-2为具有传奇色彩的美国国家橄榄球联盟教练的语录，这八条语录都与战略规划相关且鼓舞人心。

表1-2　八条著名战略规划语录——来自美国国家橄榄球联盟教练

1. "我们无法做到完美，但追求完美能让人卓越。"——文斯·隆巴迪，绿湾包装工队主教练（1959—1967）
2. "领导力就是让人们看着你并获得自信，如果你能掌控，他们也能掌控。"——汤姆·兰德里（Tom Landry），达拉斯牛仔队主教练（1960—1988）
3. "如果你想赢，就要坚持把小事做得比别人都好。"——查克·诺尔（Chuck Noll），匹兹堡钢人队主教练（1969—1991）

4. “领导者是后天培养的，而不是天生的。他们是通过努力实现的，这是所有人为实现任何有价值的目标都必须付出的代价。”——文斯·隆巴迪，绿湾包装工队主教练（1959—1967）
5. “一个人可以失败许多次，但只要他没有开始责怪别人，他还不是一个失败者。”——布姆·菲利普斯（Bum Phillips），休斯敦油工队主教练（1975—1980），新奥尔良圣徒队（1981—1985）
6. “成功需要设定单一的目标。”——文斯·隆巴迪，绿湾包装工队主教练（1959—1967）
7. “保持专注。如何开始并不决定如何结束。”——赫尔姆·爱德华兹（Herm Edwards），纽约喷气机队主教练（2001—2005），堪萨斯城酋长队主教练（2006—2008），亚利桑那州立大学橄榄球队主教练（2018 年至今）
8. “尽力而为，无怨无悔。”——乔治·哈拉斯（George Halas），芝加哥熊队主教练（1933—1942，1946—1955，1958—1967）

愿景与使命

如今，许多组织都会通过**愿景陈述**（vision statement）来回答“我们想要成为怎样的企业”。通常，明确愿景被视作战略规划的第一步，甚至先于使命陈述。许多愿景陈述常为一句话，第 2 章将给出多个示例。

使命陈述（mission statement）旨在“描述公司与众不同的长期目标，界定公司产品和市场的经营范围”。[10] 它回答的是所有战略制定者都要面对的一个基本问题：“我们要经营怎样的企业？”一份清晰的使命陈述会表明企业的价值观和做事的优先顺序。制定使命陈述既要考虑眼下经营的内容与范围，又要评价未来的市场潜力。使命为企业指明发展方向，它不断告诫员工，他们为之效力的企业为何而存在；它不断提醒员工，企业的创建者当初将荣誉与财富（以及名声）孤注一掷时是胸怀怎样的梦想。

外部机会与威胁

外部机会与外部威胁（external opportunity，external threat）是指可能为公司的未来带来巨大收益或造成严重损失的趋势与事件，其来源包括：经济、社会、人口、环境、政治、文化、法律、政府、技术以及竞争对手等。大部分机会与威胁都超出企业的掌控范围，故称作“外部”机会与威胁。表 1-3 列出了一些机会和威胁的常规类别。战略制定者要评估机会和威胁的大小并采取适当行动，必然会使用可量化的数字。例如，与其说“市场营销正在迅速向互联网转移”，不如说“研究发现，全球在线广告支出每年增长 18%，约占美国广告支出总额的 44%”。战略制定和实施都基于信息，尽可能具体的信息对战略管理至关重要。

外部趋势和事件正在创造不同的消费群体，从而产生了对不同产品、服务和战略的需求。许多产业的公司都面临网络销售这一严重的外部威胁，网络销售正在占据许多产业的市场份额。战略管理的基本宗旨就是利用或放大外部机会，避免或减少外部威胁。因此，识别、监测、评价外部机会与威胁对企业获得成功至关重要。调查、收集、吸收外部信息的过程有时又称为**环境审视**（environmental scanning）或产业分析。一些企业还会通过“游说”来影响外部机会与威胁。

表 1–3 机会和威胁的一些常规类别

- 在西欧，消费者对绿色运营和产品的期望每年增长 8%。
- 在美国，互联网营销每年增长 11%。
- 商品粮价格比去年上涨了 6%。
- 过去 12 个月石油和天然气的价格下跌了 18%。
- 计算机黑客问题每年增加 14%。
- 在美国，利率为 4%，但呈上升趋势。
- 州和地方政府去年财政状况恶化，降幅达 12%。
- 在过去三年中，许多国家的出生人口数每年下降 5%。
- 去年，巴西的国内生产总值（GDP）从 6%降到 5%。
- 竞争对手 XYZ 刚推出的产品 ABC 的价格比我们的产品低 10%。
- 在中国，社交媒体网络每年增长 9%。

内部优势与劣势

内部优势与内部劣势（internal strength，internal weakness）是指在企业经营过程中，可发挥积极作用或起消极作用的可控因素。管理、营销、财务与会计、生产与运营、研发、管理信息系统等环节都可能体现内部优势或劣势。识别与评价企业在不同职能部门的优势与劣势是一项重要的战略管理活动，企业应努力寻求能够发挥内部优势、消除内部劣势的战略。

优势与劣势是相对于竞争对手而言的，相对不足或优越都是重要的信息；优势和劣势也可以通过企业现有的因素决定，而不是由绩效来衡量。例如，优势可以源于企业拥有的自然资源，或者在产品质量方面素有的口碑；优势和劣势还可能是相对于企业自身的目标而言的。例如，对于一家绝不允许脱销的公司，较高的存货周转率也许无法成为其优势。

在战略管理案例分析中确定和陈述内部优势和劣势时，尽可能“细分”很重要。换言之，对沃尔玛这样的公司，“山姆会员商店的收入在最近一个季度增长了 11%”的表述远好于“沃尔玛的收入在最近一个季度增长了 6%”。细分使战略更有效、更有针对性，细分的重要性在于所有公司都必须根据产品、地区、客户或公司各个部门的具体情况，在其业务单元或业务部门之间——如沃尔玛的山姆会员商店、沃尔玛购物广场、沃尔玛墨西哥或沃尔玛欧洲——进行资源分配。

应尽可能具体说明内部和外部因素，如使用数字、百分比、美元（货币）和比率，同时注意与竞争对手做比较。量化很重要，因为管理者将根据这些信息制定战略并配置资源。潜在的外部和内部因素越具体，战略制定和资源配置越有效。尽管确定数据需要更多时间，但关乎公司的生存，因此做一些研究并获得与关键因素相关的数据非常重要。

评价企业内部因素的方法有很多。例如，计算比率，衡量业绩，与历史水平比较，或与产业平均水平比较。还可以开发与应用各种调查方法以了解员工士气、生产效率、广告效果和顾客忠诚度等内部因素。

长期目标

目标可以被定义为企业在实现其基本使命时试图取得的具体结果；长期是指超过一

年。目标对于企业的成功至关重要，因为目标为企业指明方向，帮助企业明确优先顺序，促使企业重视合作，并为有效地规划、组织、激励、控制活动奠定基础。目标必须有挑战性、可测度性、一致性和合理性，而且要清晰明了。对于多元化的集团公司，必须为整个公司和各个部门分别设置目标。

总部位于纽约市的富乐客公司（Foot Locker）最近在其网站上发布了以下长期目标（转述）：

1. 年收入：75 亿美元
2. 每平方英尺①的年收入：500 美元
3. 息税前利润率：11%
4. 利润率：7%
5. 投资资本回报率：14%
6. 库存周转率：3 倍以上

与之形成鲜明对比的是，梅西百货在《年度报告》中列出了诸如“利润增长”和“股东总回报最大化”等笼统目标。事实上，在整个战略规划项目中都应避免这样的模糊性表述！

战略

战略（strategy）是公司实现**长期目标**（long-term objective）所使用的方法。商业战略一般包括地域扩张、多元化、收购、产品开发、市场渗透、收缩、剥离、清算和合资经营等。战略是需要高层管理决策和大量资源予以支持的潜在行动。战略会影响企业在未来 5 年甚至更长时期的长远发展，因此具有前瞻性。战略对企业的各个职能和部门都有影响，必须通盘考虑企业面临的内外部因素。

表 1-4 描述了亚马逊当前正在实施的战略。

表 1-4 亚马逊的战略

世界上最大的网上书店亚马逊出人意料地接受了它已经击败了 20 年的实体书店零售模式。亚马逊实体书店的设立源于公司对店面日益增长的依赖，旨在扩大销售并满足顾客需求，现在有 10 多家实体店。亚马逊实施新战略的另一原因是实体书店正在经历某种回归。2010—2017 年，独立书店的数量增加了近 30%。这些书店俘获了一群忠诚的顾客，他们看重一家书店的真正价值：阅读和举办活动，提供对话和讨论空间，支持店内浏览和探索发现。除了实体书店，亚马逊还有亚马逊购物中心（Amazon Go）和亚马逊生鲜店（Amazon Fresh Pickup），最近又收购了实体杂货连锁店全食超市（Whole Foods Market）。亚马逊的竞争力度、规模、多样性、自动化和实力正在动摇甚或摧毁整个行业。

资料来源：Based on Jeremy Bowman, “3 Reasons Amazon Is Opening a Brick-and-Mortar Bookstore Chain,” https：//www. aol. com/article/finance/2017/06/07/3-reasons-amazon-is-opening-a-brick-and-mortar-bookstore-chain/22130842/.

SWOT 分析

优势－劣势－机会－威胁分析（strength-weakness-opportunity-threat（SWOT）analysis）是制定以下四种战略的重要匹配工具：SO（优势－机会）战略、WO（劣势－机会）战略、ST（优势－威胁）战略和 WT（劣势－威胁）战略。[11] 将内外部关键因

① 1 平方英尺 =144 平方英寸 =0.092 903 04 平方米。——译者

素进行很好的匹配是战略管理中最关键的工作。注意，表 1–5 中的四种战略分别属于 SO、WO、ST 和 WT 战略。外部因素和内部因素的匹配产生如图 1–2 所示的 SWOT 矩阵，第 6 章将进一步分析。

表 1–5　为制定战略方案进行内外部关键因素匹配

关键内部因素	关键外部因素	战略方案
S1：邓肯甜甜圈的需求每年增长 6%（内部优势）	+ O1：对健康产品的需求每年增长 8%（外部机会）	= SO1：邓肯甜甜圈在 2018 年取消所有人工色素
W1：产能不足，每年 100 万台生产设备（内部劣势）	+ O2：两个主要外国竞争者退出该地区（外部机会）	= WO1：购买竞争对手的生产设备
S2：研发部门在 12 个月内开发了四种新产品（内部优势）	+ T1：含糖饮料消费量每年下降 5%（外部威胁）	= ST1：花 100 万美元推广四种新产品的健康特性
W2：员工士气低落（内部劣势）	+ T2：去年医疗费用上涨了 7%（外部威胁）	= WT1：实施新的企业健康计划

年度目标

年度目标（annual objective）是企业在实现长期目标过程中必须达到的阶段性要求。同长期目标一样，年度目标必须可测度、可量化并富有挑战性，同时，不能脱离现实，要前后一致，突出重点。大型企业分公司、事业部和职能部门应该分层次制定年度目标。企业应该在管理、营销、财务与会计、生产与运营等方面有清晰的年度目标。每个长期目标都要有一系列年度目标支撑，年度目标对战略实施尤为重要，长期目标则对战略制定更为重要。年度目标是资源配置的基础。

政策

政策（policy）是为实现年度目标而采取的举措。政策包括为实现目标而制定的指导方针、规则和程序。政策指导决策，它主要针对日常重复发生的情况。政策通常与管理、营销、财务与会计、生产与运营、研发及管理信息系统有关。公司层次制定的政策可以用于组织的各个层级，包括事业部和职能部，甚至某个特定的运营活动或部门。

在战略实施中，政策和年度目标一样重要，因为它们表达了企业对员工和管理者的期望。政策可以促进企业各部门之间的一致性与协调性。例如，最近，IBM 制定了一项新政策，要求员工在 IBM 的办公室工作而不是远程工作，这逆转了 30 年来的政策，IBM 一直标榜其 40% 以上的员工远程工作。公司的新政策旨在改善员工协作、加快工作节奏，同时扭转 IBM 连续两季收入下滑的趋势。包括雅虎（Yahoo）、美国银行（Bank of America）和安泰保险（Aetna Inc.）在内的几家大公司，也追随 IBM 的这一政策，将在家工作的员工召回办公室。

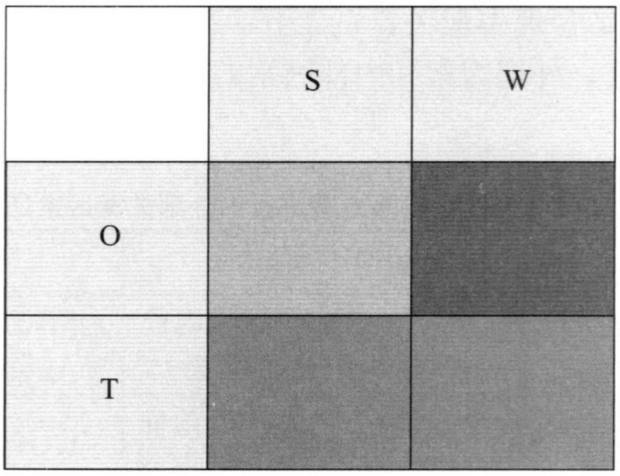

	优势（S）	劣势（W）
	1. 2. 3. 4. 5. 6. 7. 8. 9. 10.	1. 2. 3. 4. 5. 6. 7. 8. 9. 10.
机会（O）	SO战略	WO战略
1. 2. 3. 4. 5. 6. 7. 8. 9. 10.	1. 2. ⋮	1. 2. ⋮
威胁（T）	ST战略	WT战略
1. 2. 3. 4. 5. 6. 7. 8. 9. 10.	1. 2. ⋮	1. 2. ⋮

图 1-2　SWOT 矩阵基本形式

1.5 战略管理的益处

战略管理使企业能更加主动而不是被动地规划未来，主动推行或积极影响市场活动（而不是仅仅对环境做出反应），从而把握自己的命运。许多中小企业主、CEO、总裁以及非营利组织的管理者已经意识到战略管理的益处。

以往战略管理的主要益处是，通过使用更加系统、更具逻辑性的理性方法帮助企业制定更好的战略。至今这仍然是战略管理的一大益处，但研究表明，战略管理对企业更为重要的贡献是战略管理的过程，而不是最终的决策或成文报告。通过投身于整个战略管理过程，换言之，通过对话与参与，管理者与员工致力于支持企业运作。沟通是成功的战略管理的关键，在所有管理活动中可能是最重要的。图 1-3 描绘了努力进行战略规划给一家公司带来的内在益处。注意，所有公司都需要全体员工为了企业使命而努力。

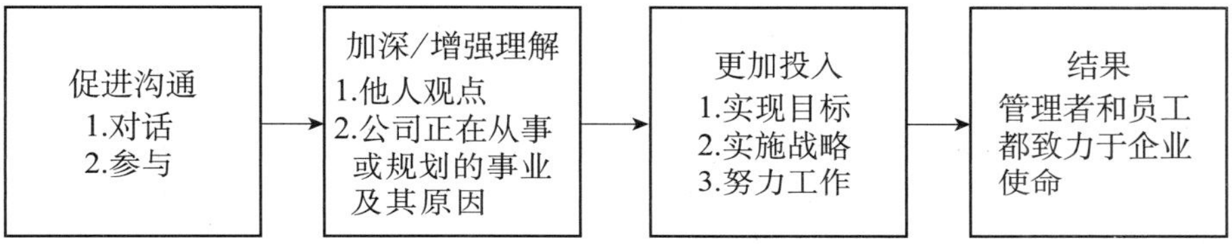

图 1-3　实行战略规划给公司带来的益处

戴尔·麦康基（Dale McConkey）说过："规划过程比规划文本更重要。"由此看来，实施战略管理的方式非常重要。战略管理的一个主要目的就是让管理者和员工充分理解企业，并全身心地投入到企业的建设中去。这里，理解也许是战略管理最重要的益处，其次是投入。通常，当管理者与员工明白了企业正在从事的事业以及从事这项事业的缘由，就会视自己为企业的一分子，以主人翁的心态投身其中。同时，当他们了解自身薪酬与企业绩效之间的联系时，这种主动性就更加明显。当他们进一步理解并支持企业的愿景、目标和战略时，就会变得非常有创造性。因此，战略管理的另一大益处就是给员工授权。**授权**（empowerment）是一种通过鼓励员工参与决策并发挥其主动性和想象力从而加强其自我肯定的行为，即希望员工处理公司业务的方式就像做他们自己的事一样。

战略规划是一项学习、帮助、教育和支持活动，而不仅仅是在高层管理者之间进行文件传递。战略管理对话比一份漂亮的战略管理文件更加重要。战略制定者必须避免自己制定一份战略规划，然后交给经理去落实。通过投身到战略管理这一过程中，一线管理者可以成为战略的"主人"。执行战略的人对战略的拥有感是战略成功的关键。

尽管制定出色的战略决策是企业主或 CEO 的首要职责，但是管理者和员工也应该参与战略制定、实施和评价。参与是确保员工投身企业变革的关键。越来越多的公司和机构正在通过战略管理做出有效决策。然而，战略管理并不必然给企业带来正面效益和成功。如果随意进行战略管理，可能会对企业产生负面效果。

财务收益

研究发现，采用战略管理的公司比没有采用的公司更具盈利能力，也更加成功。相对于那些不采用战略管理的公司，采用者在销量、利润率、生产能力等方面都有显著提高。优秀的公司倾向于制定系统的规划来应对内外部环境的变化。通常，这些公司更加遵循战略管理理论，并在同行中有更出色的长期财务绩效。

绩效出色的公司往往渴望获得更好的短期和长期成果，在制定决策时更为缜密。相反，绩效不佳的公司常常短视，不能很好地预测未来的形势。这些公司的战略制定者容易被内部问题或窘迫事件所困扰，常常低估对手而高估自己，并把糟糕的绩效归咎于经济不景气、技术变革或者国外竞争。

美国每年有超过 10 万家公司经营失败，破产、丧失赎回权、被清算或被法院强制接管。导致企业经营失败的原因很多，缺乏战略管理便是其中之一。本书描述的规划理念与工具可以帮助企业走向成功，获取可观的财务收益。

非财务收益

除了帮助公司避免财务困境，获得财务收益，战略管理还可以为公司带来其他切实的益处。例如，能加强企业对外部威胁的意识，加深企业对竞争对手所采取战略的认识，提高员工效率，减少变革阻力，帮助雇员清楚地认识绩效与奖励的关系。战略管理还可以促进各部门管理者之间的联系，提高其解决问题的能力。同时，战略管理授权管理者和员工来改善产品和服务，使他们共同承担企业目标，并使他们意识到自己对企业做出的贡献，这些都可以反过来促使他们帮助企业获得成功。

除了授权，战略管理还会令公司秩序井然、纪律严明，这是有效管理的前提。战略管理不仅可以增强企业对战略的信心，还能纠正企业活动的偏差，为所有管理者与员工认识和理性看待变革奠定基础，帮助他们将变革看作机会而不是威胁。公司使用战略管理获得的非财务收益包括：纪律性的提高、协调性的提升、沟通的增强、前瞻性思考的提升、决策的改进、协同作用的增强，以及时间和资源更有效的分配。

➡ 1.6 为什么有些企业不做战略规划

一些企业不做战略规划，一些企业虽然制定战略，却得不到管理层和员工的支持。下面是企业缺乏战略规划或效果甚微的 10 个原因（借口）：

1. 没有接受战略管理方面的正式培训。
2. 对战略规划的益处不了解或不认同。
3. 做战略规划不会有现金奖励。
4. 不做战略规划也不会受惩罚。
5. 深陷危机，疲于“救火”，无暇规划。
6. 认为规划浪费时间，因为规划不会带来看得见的成果。
7. 懒惰；有效的战略规划需要时间和精力；认为时间就是金钱。
8. 满足于现有的成功；没有意识到今天的成功并不能确保明天必然成功。

9. 过于自信。
10. 先前有过糟糕的规划经历。

1.7 战略规划中的陷阱

战略规划是一个错综复杂的过程，做不好会令企业陷入困境。战略规划无法为企业获得成功提供现成的秘诀，它只是引导企业踏上征程，并提供解决问题的框架。意识到战略规划中的陷阱并努力避免对于企业的成功十分重要。需避免的陷阱有：

- 利用战略规划来获取对决策和资源的控制权。
- 仅仅为了满足虚荣心或一些常规要求而做战略规划。
- 过于匆忙地从明确企业使命转向战略制定。
- 没有很好地与员工就战略规划事项进行沟通，员工不知情。
- 高层管理者凭直觉做出许多与正式规划冲突的决策。
- 高层管理者没有积极支持战略规划过程。
- 未将战略规划视作衡量绩效的标准。
- 将规划委派给一个“规划者”，而不是让全体管理者参与其中。
- 没有让关键员工参与战略规划的各个阶段。
- 没有创造一个支持变革的合作氛围。
- 将规划视作多余或不重要的。
- 将规划活动视作由独立部分组成的。
- 过于关注眼下的问题，没有进行规划，或规划工作做得很不充分。
- 规划时过于循规蹈矩，缺乏灵活性与创造性。[12]

1.8 商业战略与军事战略的异同

丰富的军事遗产为战略管理研究奠定了基础。“目标”、“使命”、“优势”和“劣势”等术语最早都是军事上为描述问题而提出的。根据《韦氏新世界词典》(*Webster's New World Dictionary*)的解释，“战略是谋划和指挥大规模军事行动，在与敌人正面交锋之前将优势力量投入最优阵地的科学”。[13] 战略一词来源于希腊语 strategos，是指军队中的军事将领，实际上是由希腊语中的军队（stratos）和领导（ago）两个词组合而成。历史上，战略规划首先出现在军事中。商业战略和军事战略有许多相似之处，其关键的共同点是“获得竞争优势”。在过去的数百年间，军事战略积累了丰富的经验，为今天的商业战略提供了有益借鉴。

商业组织和军事组织都是试图运用自己的优势去攻击对方的劣势。如果一个组织的整体战略错误或者无效，再多的努力都是徒劳。随意做出的决策很少能带来商业或军事上的成功。成功需要时刻关注不断变化的内外部环境，洞察其变化，及时制定并实施有效的战略决策。此外，在军事和商业战略中，出其不意、攻其不备、剑走偏锋都可能带来极大的竞争优势；建立可提供敌方或竞争者的战略和资源等数据的信息系统更是题中之义，自不待言。

军事战略和商业战略的根本区别在于，商业战略的制定、实施和评价基于“竞争”，而军事战略的基本假设是“冲突”。通常，在军事环境中只有一个获胜者，在商业环境中则会有多个获胜者。例如，几家公司为避免与麦当劳直接对抗，通过提供汉堡包、餐厅设计和客户服务的不同组合仍可取得成功，实现在汉堡包销售业务上的共赢。此例表明不必发生冲突，照样可以与像麦当劳这样的强劲对手展开竞争。在军事环境下，通常难以避免与规模较大的军队发生冲突。商业战略制定者可以从军事战略制定者长期积累的宝贵经验中汲取养分，通过制定和实施高明的战略，弱方甚至能抗衡强方在数量和资源上的优势。

公元前356年，亚历山大大帝（Alexander the Great）是古希腊北部马其顿的国王，由亚里士多德辅导到16岁。30岁时亚历山大创建了古代最大的帝国之一，从爱奥尼亚海延伸到喜马拉雅山脉。亚历山大战无不胜，被认为是历史上最成功的指挥官之一，成为今天军事领导人的标杆。迄今为止，世界各地军事院校仍在教授他的战略战术。亚历山大大帝曾言：“由狮子领头的绵羊军队比绵羊领头的狮子军队更伟大。”此话表明，对于组织而言出色的战略规划至关重要。

商业组织和军事组织都必须适应变化，并不断自我改善以获取成功。很多时候，当环境和竞争因素要求组织变革时，组织却拒绝变革。格卢克（Gluck）给出了如下经典军事案例：

> 拿破仑之所以获胜，是因为他的对手采用了以往战争中的战略战术和组织形式。而拿破仑之所以败给威灵顿（Wellington）、俄国人和西班牙人，是因为他采用了“以往用过并且卓有成效的战略”来与敌人作战，而敌人选择了新的思维方式，采用了不是基于以往战争而是基于当前战争的战略。[14]

《孙子兵法》已经应用于军队外的众多领域。书中大量内容是关于如何在不发起真正战争的情况下取胜——不战而屈人之兵：它提供了不必搏杀而依靠智慧取胜的妙招。因此，该书可作为培训指南用以指导收购竞争对手公司等。当今企业制定和实施战略实践可充分汲取《孙子兵法》的精髓。表1-6摘录了《孙子兵法》的部分内容；与军队相比，你认为以下哪些原则最适用于公司？

表1-6 《孙子兵法》节选

- 兵者，国之大事，死生之地，存亡之道，不可不察也。
- 兵者，诡道也。近而示之远，远而示之近。利而诱之，乱而取之，实而备之，强而避之，怒而挠之，卑而骄之，佚而劳之，亲而离之，攻其无备，出其不意。此兵家之胜，不可先传也。
- 其用战也胜，久则钝兵挫锐，攻城则力屈，久暴师则国用不足。故兵闻拙速，未睹巧之久也。
- 凡用兵之法：全国为上，破国次之；全军为上，破军次之；全旅为上，破旅次之；全卒为上，破卒次之；全伍为上，破伍次之。是故百战百胜，非善之善者也；不战而屈人之兵，善之善者也……故善用兵者，屈人之兵而非战也。
- 故用兵之法，十则围之，五则攻之，倍则分之，敌则能战之，少则能逃之，不若则能避之。
- 知己知彼者，百战不殆；不知彼而知己，一胜一负；不知彼不知己，每战必败。
- 凡先处战地而待敌者佚，后处战地而趋战者劳。故善战者，致人而不致于人。故敌佚能劳之，饱能饥之，安能动之。

- 故策之而知得失之计，作之而知动静之理，形之而知死生之地，角之而知有余不足之处。因形而措胜于众，众不能知。
- 兵之形，避实而击虚。水因地而制流，兵因敌而制胜……能因敌变化而取胜者，谓之神。
- 吾所与战之地不可知，不可知，则敌所备者多；敌所备者多，则吾所与战者，寡矣。
- 将在外，君命有所不受。
- 穷寇勿迫，此用兵之法也。

资料来源：Based on *Sun Tzu's The Art of War* Writings，1910，Lionel Giles.

1.9 培养就业能力

本书的内容和安排、技能导向和如何做的实用方法能让学生获得多种职业提升技能（就业能力）。专家认为，这些技能对于在 21 世纪的职场取得成功至关重要。**就业能力**（employability）包括业务中使用的实际工具、技术和方法，以及学生从本书学习的技能。如表 1–7 所示，技能可分为 6 大类通用技能和 14 项特定技能。

表 1–7 就业技能

6 大类通用技能
1. 批判性思维：定义和解决问题，做出决策或对特定情况或一系列情况进行判断。
2. 协作：与同事一起处理报告、演示和项目。
3. 知识应用和分析：学习一个概念和方法，然后将这些知识用于应对其他挑战。
4. 商业伦理和社会责任：牢记“好伦理就是好生意”。
5. 信息技术：提高文字处理、电子表格应用、数据库应用、演示和软件使用技能。
6. 数据素养：访问、评估、解释、操作、总结和交流数据的能力，即数据读写能力。
14 项特定技能
学会如何：
1. 为营利性或非营利公司或组织制定一个三年战略规划。
2. 撰写并评估愿景和使命陈述。
3. 进行外部和内部战略规划评估。
4. 运用 SWOT 分析法制定战略。
5. 开发和使用 BCG 和 IE 组合矩阵分析。
6. 开发和使用 QSPM 分析。
7. 为任意一家公司提出合适的建议并确定相关成本。
8. 开发和使用定位图来更好地定位公司和竞争对手。
9. 使用各种估价方法确定任一公司的价值。
10. 进行 EPS-EBIT 分析，以确定债务与股票应在多大程度上用于为公司筹集资本。
11. 开发和使用价值链分析、平衡计分卡和财务比率分析。
12. 评估公司结构并制定有效的组织结构。
13. 制定并使用预计的财务报表，支持拟议的战略规划。
14. 使用流行的企业战略规划 Excel 模板。

对战略管理者的启示

图 1–4 揭示了为获取和保持竞争优势，企业必须首先提出清晰的愿景和使命，然后系统制定、实施和评价战略。持续经营成功很少偶然发生，它通常是仔细计划、勤勉、努力的结果。倘若这个过程简单，每个企业都会成功。然而，能持续获得成功需要战略制定者收集并透彻理解相关数据，在各种有利于公司的行动中艰难权衡做出决策，激励员工，并不断适应变化。为了生存和发展，企业必须获得并保持多项竞争优势。在这个过程中，许多有吸引力的选项将被放弃，仅保留少数。在某种意义上，战略规划就是选择“不做什么”。

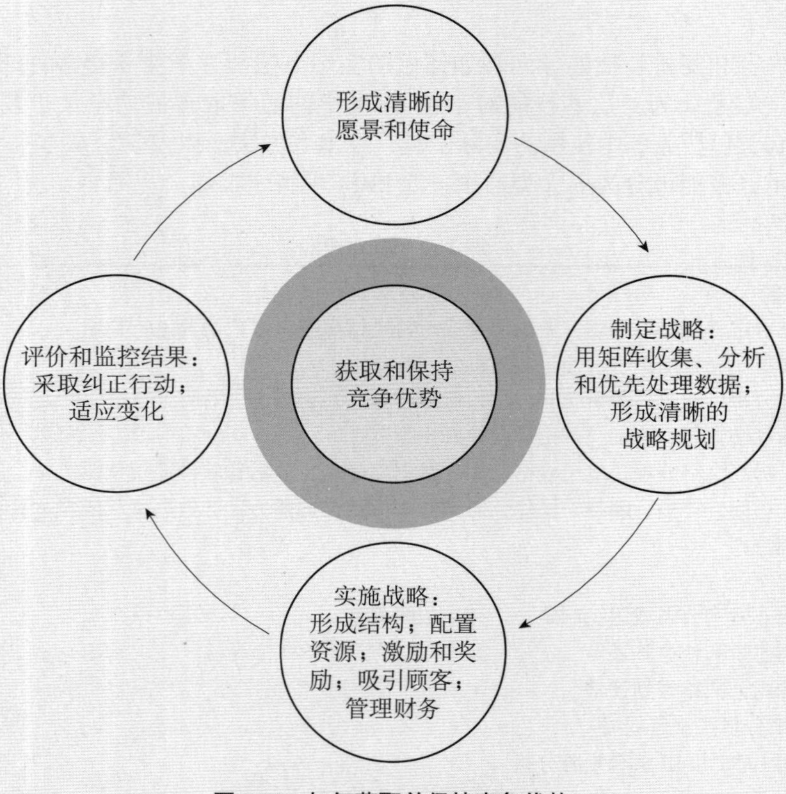

图 1–4　如何获取并保持竞争优势

战略管理过程是创造、维持和加强企业竞争优势的系统方法。全书提供分步指导，致力于帮助战略制定者获得并维持竞争优势。随着章节的渐次展开，从开发投资组合矩阵到管理办公室恋情，100 多个关键要素被深入讨论，旨在帮助决策者带领公司走向繁荣，为股东、客户和员工创造价值和利益。全书共 11 章，提供了一个清晰、有规划的战略管理脉络，其中注重突出重点，抓住难点和关键，使战略制定者能深入分析、预测和解决经营中的潜在问题。用 www. strategyclub. com 上免费的 Excel 模板可追踪公司的战略规划过程。

对学生的启示

在进行战略管理案例分析时，一开始就要强调竞争优势和劣势。更为重要的是，要始终强调该如何保持和发展竞争优势，克服竞争劣势。竞争优势的概念要贯穿每一页报告或每一张幻灯片，为最终向公司提出未来三年规划做准备。书面或口头报告要兼顾规范性、洞察性和前瞻性，尽量避免仅用描述性语言。

表 1-8 给出了使用战略规划模板的 12 个原因。

表 1-8　使用战略规划模板的 12 个原因

1. 节省准备战略管理案例分析的时间；使用户能够专注于思考，而不是开发矩阵和进行分析。
2. 遵循制定和实施战略的正确过程。
3. 避免数学计算、标绘点和画图的错误。
4. 开发具有专业外观的图表、图形和矩阵。
5. 制定现有和预计的财务比率。
6. 正确地将公司置于 BCG 和 IE 组合矩阵中。
7. 进行 EPS-EBIT 分析，考察使用债务和股票筹集资本的不同情形。
8. 改变矩阵中的权重和评分，查看结果对总加权分数的影响。
9. 更轻松方便地与团队成员和同事共享信息。
10. 更容易地编制预计财务报表，以揭示各种战略的预期影响。
11. 培养绘制知觉图或产品定位图的技能。
12. 获得使用实际的企业战略规划软件的经验；许多商业工作需要熟练掌握 Excel，学生可以通过使用模板获得这种能力。

本章小结

所有公司都有战略，尽管有些可能是非正式的、随意的或零星的。所有公司都朝着某个方向发展，不幸的是有些公司不知道它们的方向在哪里。“如果你不知道前进的方向，那么无论走哪一条路都会停滞不前。”这句古语正说明了战略管理对组织至关重要。越来越多的中小企业、大型公司、非营利组织、政府机构和跨国巨头都开始采用战略管理的理念和方法。在战略管理过程中，授权给管理者和员工可以给企业带来无数益处。

组织在产业内应该采取主动而不是被动的方法，应努力影响、参与和发起各类活动，而不是仅对各类活动做出响应；主动性同样适用于决策过程。战略管理为确定企业的发展方向提供了一个合乎逻辑、系统和客观的方法。仅依靠直觉在各种行动方案中做出选择存在很大的风险。成功的战略制定者都会先花时间去思考他们的公司业务、公司处于什么阶段、想要取得什么成就等问题，然后推行各种项目和政策，使公司发展成他们期望的那样。

众所周知，预先规划的人和组织远比那些不做规划的更有机会实现目标。优秀的战略制定者善于规划和控制计划，差的战略制定者不做任何规划却试图控制别人！本书致力于为读者提供成为优秀的战略制定者所需的工具。

关键术语与概念

年度目标（annual objective）
竞争优势（competitive advantage）
就业能力（employability）
授权（empowerment）
环境审视（environmental scanning）
外部机会（external opportunity）
外部威胁（external threat）
内部优势（internal strength）
内部劣势（internal weakness）
直觉（intuition）
长期规划（long-range planning）
长期目标（long-term objective）
使命陈述（mission statement）
政策（policy）
静修（retreat）
战略管理（strategic management）
战略管理模型（strategic-management model）
战略管理过程（strategic-management process）
战略规划（strategic planning）
战略（strategy）
战略制定者（strategist）
战略评价（strategy evaluation）
战略制定（strategy formulation）
战略实施（strategy implementation）
持续的竞争优势（sustained competitive advantage）
优势－劣势－机会－威胁分析（SWOT analysis）
愿景陈述（vision statement）

复习讨论题

1-1　为什么企业在进行战略规划时如此普遍地使用 SWOT 分析？

1-2　最近的研究显示，在企业经营过程中，哪个变量是最重要的？解释理由。

1-3　针对你的大学，找出一个可以举例说明 SWOT 分析中某个匹配概念的战略。

1-4　绘制战略管理综合模型。

1-5　绘制一个图表来展示公司进行战略规划的好处。以正确的顺序排列“增进理解”、“加强沟通”、“任务中的所有管理者和员工”以及“更大的承诺”。

1-6　你认为“有一个优秀的比赛计划”对战胜你所在大学的主要对手从而赢得篮球或足球比赛有多重要？请讨论。

1-7　“战略管理”和“战略规划”是同义词吗？请解释。

1-8　为什么许多公司特别匆忙地从愿景和使命开发过渡到设计备选战略？

1-9　为什么战略规划静修经常远离工作场所？公司应该多久进行一次静修？哪些人应该参与其中？

1-10　辨析长期规划和战略规划。

1-11　你认为“适应变化”对企业有多重要？请解释。

1-12　本章提到的著名企业家爱德华·戴明曾经说过，“除了上帝，任何人都必须用数据来说话”，在制定战略规划方面，这句话的寓意何在？

1-13　你认为哪些战略可以挽救报业公司？

1-14　辨析愿景和使命。

1-15　你所在的大学有着强大的竞争对手。列举你所在大学面临的三大外部机遇和三大外部威胁。

1-16 列举你所在大学的三大内部优势和三大内部劣势。

1-17 列举目标是公司获得成功的必要因素的原因。

1-18 为什么政策在战略实施中特别重要？

1-19 什么是静修？为什么公司要花时间和金钱来做这些？

1-20 讨论战略规划概念在公司中正式和非正式的程度。将正式到非正式按从 1 ～ 10 划分等级，你认为哪个数字可以最好地代表最有效的方法？为什么？

1-21 列出从《孙子兵法》中可以获得的对企业最重要的 5 个启示。

1-22 就基本假设而言，商业战略和军事战略最根本的区别是什么？

1-23 解释为什么战略管理课经常被称为“明珠课程”。

1-24 你认为战略制定过程中哪一方面需要最多的时间？为什么？

1-25 为什么战略实施经常被认为是战略管理过程中最困难的阶段？

1-26 为什么整合直觉和分析在战略管理中非常重要？

1-27 解释愿景陈述和使命陈述的重要性。

1-28 讨论目标、战略和政策之间的关系。

1-29 某些首席执行官使用战略管理方法制定决策会失败，你认为原因是什么？

1-30 讨论战略管理模型中反馈的重要性。

1-31 战略制定者如何确保战略能够有效实施？

1-32 请举出一个近期由于政治变化引起一家公司改变整体战略的案例。

1-33 你所在大学的主要竞争对手有哪些？它们的优势和劣势是什么？它们的战略是什么？相比你所在的大学，它们是如何获得成功的？

1-34 在你看来，运用战略管理方法进行决策的一个主要好处是什么？证明你的答案。

1-35 大多数学生今后并不会成为一家大公司的首席执行官或其他高管人员。为什么战略管理课程对于商科的学生仍然十分重要？

1-36 描述可从 www. strategyclub. com 网站的战略管理在线俱乐部学到的内容。

1-37 列出实施战略规划的公司的 4 项财务收益和 4 项非财务收益。

1-38 为什么一家公司通常只能在一段时间内保持竞争优势？

1-39 为什么仅仅获得竞争优势还不够？

1-40 一家公司如何能够最好地获取持续的竞争优势？

1-41 在战略规划过程中按顺序适当地安排以下内容：政策、目标、愿景、战略、使命和优势。

1-42 将以下内容标记为机会、战略或优势。

a. XYZ 公司正在招聘 50 名销售人员。

b. XYZ 公司拥有 50 名销售人员。

c. XYZ 公司竞争对手的公司只有 50 名销售人员。

1-43 解释为什么应尽可能分开陈述内部优势和劣势。

1-44 解释为什么应尽可能以特定术语（即使用数字、百分比、货币比率和随时间的比较）说明内部和外部因素。

1-45 确定构成战略评价的 3 项活动。

1-46 列出年度目标的 6 个特点。

1-47 战略管理的概念和技术会像有利于国内公司一样有利于外国公司吗？证明你

的答案。

1-48 你认为使用战略管理方法进行决策时存在哪些潜在的陷阱或风险？

1-49 从最近的研究来看，战略管理过程中最重要的组成部分或活动是什么？

微案例：特斯拉

哪家美国公司的战略规划做得最好，如何实现？

第一个问题的答案可能是特斯拉。它是美国电动汽车制造商，成立于 2003 年，总部位于加利福尼亚州帕洛阿尔托。第二个问题的答案可能是“通过使用 SWOT 分析将内部优势 / 劣势与外部机会 / 威胁匹配起来”。2017 年，特斯拉首次进入《财富》美国 500 强企业，公司的年收入超过 70 亿美元。

特斯拉卓越战略规划的一个组成部分是利用中国的国内生产总值年增长率高于美国。近年来，首席执行官埃隆·马斯克（Elon Musk）将公司的技术实力（内部优势）与中国快速增加的国内生产总值（外部机会）和中国对电动汽车的强烈偏好（外部机会）相匹配，实现了特斯拉在中国销售业绩的飙升。2016 年，电动和插电式混合动力汽车在中国的销量增长了 50%，达到 50.7 万辆，是美国的 3 倍多。在中国，电动汽车被视为减少雾霾的一种方式（外部机会），这也是中国政府在六大城市取消电动汽车牌照限制的主要原因。在上海、北京、深圳、杭州、广州和天津这六个城市，特斯拉的销量最高。

特斯拉的战略规划包括到 2018 年底在中国制造汽车，因为将汽车从加利福尼亚州运到中国的成本很高。向中国出口汽车缴纳的关税和其他税收将特斯拉轿车和越野车的价格提高了 50%（外部威胁），但中国电动汽车充电站的数量超过 1 000 个（外部机会）。鉴于中国消费者对运动型多功能车的痴迷已有十年历史且发展迅速，特斯拉大量生产其 X 型运动型多功能车。现在，越野车在中国的销量已占所有乘用车销量的近 40%。

最近，特斯拉向澳大利亚詹姆斯敦提供了世界上最大的电池，其容量为 100 兆瓦。该电池将使用附近的霍恩斯代尔风电场的能量充电，可为 3 万户家庭供电。特斯拉的战略规划是在全世界将电池用于汽车、卡车以及家庭和商业。

问题

1. 确定特斯拉面临的外部机会和威胁。
2. 确定特斯拉面临的内部优势和劣势。
3. 匹配外部和内部因素，制定特斯拉可以使用的几个战略。
4. 特斯拉在汽车行业的竞争优势是什么？

资料来源：Based on Scott Cendrowski，“Tesla Makes a U-Turn in China,” *Fortune*，p. 128-136. June 15，2017.

配套案例

可口可乐公司（2018 年）

弗雷德·戴维
www. coca-cola.com，KO

可口可乐公司总部位于美国佐治亚州亚特兰大，它是世界上最大的饮料生产商和分销商，在 200 多个国家销售 500 多个非酒精品牌。可口可乐拥有价值 210 亿美元的品牌，其中 19 个品牌有低糖和无糖两种选择。全球销量前五名的饮料中有四种是可乐产品：可口可乐、健怡可乐、芬达、雪碧。可口可乐其他产品包括达沙尼瓶装水、爆悦运动饮料和 Zico 椰子水等。然而，公司 2017 年的收入下降了 15%，对此公司内部的传闻不断。

在美国以外销售的可乐品牌包括：日本的 Ayataka 绿茶，日本的 I LOHAS 水，中国的冰露水，美国以外的 FUZE TEA，亚太地区的 Minute Maid Pulpy，日本的 Georgia 咖啡和拉丁美洲的 Del Valle。五家大型独立灌装公司满足可口可乐 39% 的装瓶需求，排在首位的是 FEMSA，它主要供应墨西哥中部及南美洲的国家。

近十年来，可口可乐的收入每年都在下降，净收入也随之下降。自 2005 年以来，无糖饮料的销售额几乎每年都在下降，累计下降了 34%。虽然健怡可乐是该公司整个苏打饮料系列中最薄弱的环节，但仍是美国第三畅销的碳酸饮料。

环保主义者抱怨说，可口可乐每年生产 1.1 亿个塑料瓶，这些瓶子最终进入垃圾填埋场和海洋。面对抱怨，可口可乐于 2018 年推出了“没有废弃物的世界”计划。可口可乐现在急需一个良好的战略规划，因为其客户群正在改变，股东也希望每年的收入和利润持续增长 5%，而不是下降。

历史

可口可乐公司的旗舰产品是可口可乐，由佐治亚州哥伦布市的药剂师约翰·彭伯顿（John Pemberton）于 1886 年发明。自 1889 年以来，可口可乐一直在经营特许分销系统，公司本身只生产浓缩糖浆，然后将其销售给世界各地拥有专属销售区域的各个装瓶厂。

有趣的是，圣诞老人的形象并非从一开始就是一个穿着红色衣服、留着白胡子的快乐男人。1931 年，插画家哈登·松德布卢姆（Haddon Sundblom）受邀为可口可乐创作广告，他描绘了一个给孩子们送玩具的圣诞老人：面带笑容、微胖、穿着红色衣服（像可乐罐一样）、温和善良。创作中松德布卢姆使用了克莱门特·克拉克·摩尔（Clement Clark Moore）于 1822 年创作的诗《圣尼古拉斯的拜访》（*A visit from St. Nicholas*）（通常称为《圣诞前夜》）。

1931 年，可口可乐的新圣诞老人广告首次亮相于《星期六晚邮报》（*The Saturday Evening Post*）、《国家地理》（*National Geogra-phic*）、《纽约客》（*The New Yorker*）等杂志。在此之前，圣诞老人被描绘成各种形象，从高瘦的男人到怪异惊悚的精灵。其中比较常见的着装是主教袍和挪威猎人的兽皮。1931—1934 年，以新圣诞老人为特色的可口可乐广告改变了全世界对圣诞老人的看法，即使在今天，这些圣诞老人的原始图像也是有价值的艺术品。

2010 年，可口可乐成为英国第一个年销售额超过 10 亿欧元的品牌。2018 年 1 月，可口可乐在美国推出了更修长的 12 盎司[①]健怡可乐罐，同时更新了标志，并为这款有 35 年历史的饮料推出了 4 种新口味：芒果、樱桃、血橙和姜汁酸橙。随着越来越多的人转向风味汽水等其他低热量饮料，健怡可乐的销量开始下降。公司表示 4 种新的口味和外观旨在吸引千禧一代（18 ～ 34 岁的人），每种口味都有不同颜色的垂直条纹，其中红色代表坦诚朴素。可口可乐测试了 30 多种口味后才推出这 4 种新口味。

核心价值观、愿景和使命

可口可乐公司网站上提供的核心价值观集中在 7 个关键词上：领导力、协作、诚信、责任、激情、多样性和质量。

可口可乐的愿景陈述十多年来都没有改变，公司网站上提供的内容如下：

人：成为一个激励人尽可能做到最好的工作场所。

产品组合：提供高质量的饮料品牌，预测 / 满足消费者的需求。

合作伙伴：培养能提供价值的客户和供应商。

地球：成为一个负责任的地球公民，帮助建设和支持可持续发展的社区。

利润：根据我们的总体责任，最大限度地提高股东的长期回报。

生产力：成为一个高效、精益和快速发展的公司。

可口可乐的使命陈述十多年来也没有改变。据公司网站，其使命为："令全球人的身体及思想更加怡神畅快；让品牌与行动不断激励人们保持乐观向上；致力于变革，让我们触及的一切更有价值。"

商业伦理和多样性

可口可乐网站宣称，公司"针对 12 岁以下儿童无广告"。此外，在商业伦理方面，公司将大量包括卡路里在内的营养信息放在大多数瓶罐和包装的正面。它们提供各种尺寸的包装和超过 100 种减少了热量、低热量或无热量的饮料。

可口可乐每年都会发布一份详尽的可持续发展报告，详细介绍公司的水资源管理、女性经济权利和慈善捐赠。公司 2020 年的可持续发展目标包括：每年返还公司 1% 的运营收入；回收 75% 进入发达市场的可回收瓶罐。该报告可在公司网站上查阅。

财务状况

可口可乐的财年止于 12 月 31 日。如表 1-9 所示，可口可乐在 2017 年的收入约为 354 亿美元，与 2016 年相比下降了 15%。净利润约为 12.48 亿美元，与 2016 年相比下降了 81%，这两个数字的下降是一种警示。尽管对大多数公司来说 2017 年是非常好的一年，但表 1-9 中的所有负数令人担忧。

可口可乐公司资产负债表见表 1-10。注意，可口可乐在 2017 年回购了自己 37 亿美元的股票。尽管净利润只有 12.48 亿美元，2017 年可口可乐却向股东支付了 50 亿美元股息：基本上是借钱支付股息，由此导致 2017 年资产负债表留存收益大幅下降且为负。好在 2017 年实收资本增长了 89%，表明股权作为资本来源的高使用率。

表 1-11 显示，可口可乐每年的广告费约为 40 亿美元；公司拟增加每年支付的股息（即使借钱支付）；公司长期债务逐年攀升。

① 盎司为一种容积单位，1 盎司（英）=0.028 4 升，1 盎司（美）=0.023 66 升。——译者

表 1-9　可口可乐公司损益表　　单位：百万美元

	2016 年	2017 年		百分比变化
收入	41 863	35 410	↓	−15.41%
销售成本	16 465	13 256	↓	−19.49%
毛利润	25 398	22 154	↓	−12.77%
运营支出	16 772	14 653	↓	−12.63%
息税前利润	8 626	7 501	↓	−13.04%
利息支出	490	759	↑	54.90%
税前利润	8 136	6 742	↓	−17.13%
税费	1 586	5 560	↑	250.57%
非经常性事件	（23）	66	↑	—
净利润	6 527	1 248	↓	−80.88%

资料来源：Based on information at www. coca-colacompany. com.

表 1-10　可口可乐公司资产负债表　　单位：百万美元

	2016 年 12 月 31 日	2017 年 12 月 31 日		百分比变化
资产				
现金和短期投资	18 150	15 358	↓	−15%
应收账款	3 856	3 667	↓	−5%
存货	2 675	2 655	↓	−1%
其他流动资产	9 329	14 865	↑	59%
总流动资产	34 010	36 545	↑	7%
固定资产	10 635	8 203	↓	−23%
商誉	10 629	9 401	↓	−12%
无形资产	726	368	↓	−49%
其他长期资产	31 270	33 379	↑	7%
资产总计	87 270	87 896	↑	1%
负债				
应付账款	9 490	8 748	↓	−8%
其他流动负债	17 042	18 446	↑	8%
总流动负债	26 532	27 194	↑	2%
长期债务	29 684	31 182	↑	5%
其他长期负债	7 834	10 543	↑	35%

续表

	2016 年 12 月 31 日	2017 年 12 月 31 日		百分比变化
负债总计	64 050	68 919	↑	8%
股东权益				
普通股	1 760	1 760	→	0%
留存收益	65 502	60 430	↓	−8%
库存股	（47 988）	（50 677）	↑	6%
实收资本和其他	3 946	7 464	↑	89%
股东权益总计	23 220	18 977	↓	−18%
负债与股东权益总计	87 270	87 896	↑	1%

资料来源：Based on information at www. coca-colacompany. com.

表 1–11　可口可乐公司关键财务数据　单位：百万美元

	2017 年	2016 年	2015 年
广告支出	3 958	4 004	3 976
销售和分销支出	3 257	5 177	6 025
已购买库存股	3 682	3 681	3 564
股份回购数量	82	86	86
平均每股价格	44.09	43.62	41.33
已付股息	6 320	6 043	5 741
长期债务	31 182	29 684	28 311

资料来源：Based on information at www. coca-colacompany. com.

经营部门

2017 年在美国本土和境外的饮料销售额占总销售额的比例分别为 19% 和 81%；在美国销售的饮料中，有 62% 是起泡软饮料。

可口可乐在美国境外销售额最高的四个国家是墨西哥、中国、巴西和日本。2017 年这四个国家的销售额占境外销售额的 31%，其中 71% 是起泡软饮料。截至 2016 年，可口可乐从美国获得的收入与世界其他地区的比较见表 1–12。2017 年公司没有提供这一细分数据，可能是因为大幅下降。注意，相比 2015 年，其实 2016 年境内境外的收入已经在下降。

可口可乐的运营分部主要有五个：（1）欧洲、中东和非洲；（2）拉丁美洲；（3）北美；（4）亚太；（5）瓶装投资。按分部划分的收入和营业利润分别见表 1–13 和表 1–14。注意，2017 年北美贡献了约 30% 的总收入和 34.4% 的利润。此外，2017 年只有拉丁美洲这一个分部的营业利润有所增加。

2017 年销售的各种产品线见表 1–15。四个类别中销售增加的只有两个：（1）水、增强水和运动饮料增加了 1%；（2）茶和咖啡增加了 2%。

表 1–12　可口可乐公司来自美国与美国以外地区的收入对比　单位：百万美元

	2016 年	2015 年
美国	19 899	20 360
美国境外	21 964	23 934
总计	41 863	44 294

资料来源：Based on information at www. coca-colacompany. com.

表 1–13　可口可乐公司分部收入　单位：百万美元

	2017 年	2016 年
1. 欧洲、中东和非洲	7 374	7 278
2. 拉丁美洲	4 029	3 819
3. 北美	10 637	10 210
4. 亚太	5176	5 294
5. 瓶装投资	10 605	19 885
6. 公司	138	132
7. 冲销	（2 549）	（4 755）
总计	35 410	41 863

资料来源：Based on information at www. coca-colacompany. com.

表 1–14　可口可乐公司分部营业利润　单位：百万美元

	2017 年	2016 年
1. 欧洲、中东和非洲	3 646	3 676
2. 拉丁美洲	2 214	1 951
3. 北美	2 578	2 582
4. 亚太	2163	2 224
5. 瓶装投资	（1 117）	（137）
6. 公司	（1 983）	（1 670）
总计	7 501	8 626

资料来源：Based on information at www. coca-colacompany. com.

表 1–15　可口可乐公司 2017 年和 2016 年产品销量百分比对比

产品类型	从 2016 年到 2017 年的百分比变化
1. 起泡软饮料	−1
2. 橙汁、奶制品和植物饮料	0
3. 水、增强水和运动饮料	+1
4. 茶、咖啡	+2

资料来源：Based on information at www. coca-colacompany. com.

组织结构

可口可乐公司高层管理人员和组织结构见图1–5。注意，部门高层人员（第12、13、14、15、16位）向首席运营官（第6位）报告。

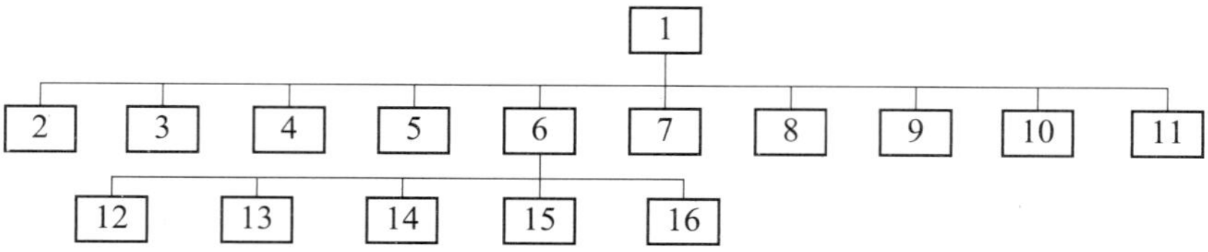

1. 穆赫塔尔·肯特，董事会主席兼首席执行官
2. 马科斯·德昆托，执行副总裁兼首席营销官
3. 塞里·埃伯利，高级副总裁兼首席人力资源官
4. 伯恩哈德·格佩尔特，高级副总裁兼总法律顾问
5. 朱莉·汉密尔顿，高级副总裁兼首席客户和商业领导官
6. 詹姆斯·昆西，总裁兼首席运营官
7. 布伦特·哈斯蒂，高级副总裁兼战略和规划负责人
8. 埃德·海斯，高级副总裁兼首席技术官
9. 巴里·辛普森，高级副总裁兼首席信息官
10. 克莱德·塔格尔，高级副总裁兼首席公共事务和沟通官
11. 凯西·沃勒，执行副总裁兼首席财务官
12. 约翰·墨菲，亚太分部总裁
13. 伊里亚·菲南，执行副总裁兼瓶装投资分部总裁
14. 亚历山大·道格拉斯，执行副总裁兼北美分部总裁
15. 阿尔弗雷多·里韦拉，拉美分部总裁
16. 布赖恩·史密斯，欧洲、中东和非洲分部总裁

图1–5 可口可乐公司高管和组织结构图

资料来源：Based on information at www.coca–colacompany.com.

竞争对手

百事公司和胡椒博士集团有限公司（Dr Pepper Snapple，DPS）是可口可乐的两个主要竞争对手。其他竞争公司包括雀巢、达能集团、三得利饮料食品有限公司（Suntory Beverage & Food Limited）和怪兽饮料公司（Monster Beverage Corporation）。与可口可乐公司不同，百事公司的大部分收入和增长来自快餐业务而不是饮料；达能与可口可乐的竞争程度较低；排名第三的软饮料生产商胡椒博士在美国、加拿大、墨西哥和加勒比海地区生产和销售不含酒精的饮料。表8展示了在美国销售排名前10的饮料。注意，可口可乐的零度可乐、健怡可乐和其他品牌在前10名中领先，但百事公司在前10名中有4个品牌。表1–16的“百分比变化”一栏中，瓶装水的增长最大。

如表1–17所示，根据市值（股票价格乘以发行的股票数量），可口可乐约是胡椒博士的11倍，比百事公司高约18%。然而，百事公司在其他许多项目上比可口可乐多得多。

表 1–16　可口可乐和竞争对手公司的顶级饮料品牌（2015 年和 2016 年）

品牌	公司	百万加仑[①]（2015 年）	百万加仑（2016 年）	百分比变化	占总体比例（2015 年）	占总体比例（2016 年）
1. 可口可乐（所有类型）	可口可乐	3 994	3 933	（1.5）	12.6	12.0
2. 百事可乐（所有类型）	百事	1 946	1 859	（4.5）	6.1	5.6
3. 激浪	百事	1 343	1 333	（0.7）	4.2	4.1
4. 胡椒博士（所有类型）	胡椒博士	1160	1168	0.7	3.6	3.5
5. 雀巢优活	雀巢 NAmerica	1 075	1 085	1.0	3.4	3.3
6. 佳得乐	百事	1 042	1 082	3.8	3.3	3.3
7. 雪碧	可口可乐	866	897	3.6	2.7	2.7
8. 波兰山泉	雀巢 NAmerica	758	836	10.3	2.4	2.5
9. 达沙尼	可口可乐	707	743	5.0	2.2	2.3
10. 阿夸菲纳	百事	546	605	10.9	1.7	1.8
前 10 名		13 437	13 541	0.8	42.2	41.2
其他		18 387	19 364	5.3	57.8	58.8
总计		31 824	32 904	3.4	100.0	100.0

资料来源：Based on information at www. coca-colacompany. com.

表 1–17　可口可乐和两大竞争对手的比较

	可口可乐	胡椒博士	百事
市值（10 亿美元）	197	17	167
员工人数（人）	100 300	20 000	264 000
营收（10 亿美元）	41.8	6.6	63.5
毛利率（%）	10.68	11.73	10.97
息税折旧摊销前利润（10 亿美元）	10.9	1.6	12.6
营业毛利率（%）	24.14	20.73	16.4
净利润（10 亿美元）	6.5	0.77	47
资产收益率（%）	6.23	9.09	8.56
每股收益（美元）	0.95	4.17	4.84

资料来源：Based on information at www. coca-colacompany. com.

① 加仑是英美计量体积或容积的单位。1 英加仑≈ 4.546 升，1 美加仑≈ 3.785 升。——译者

百事公司

百事公司的总部设在纽约帕切斯，其饮料产品包括百事可乐、佳得乐、健怡百事可乐、纯果乐和都乐果汁等。百事的菲多利分部提供薯片、玉米饼、奇多奶酪风味小吃等。百事的桂格食品分部提供桂格燕麦片、粗燕麦粉、年糕等。

百事公司大约 60% 的收入来自食品和小吃而不是饮料。百事和可口可乐都在投资工艺苏打品牌，试图扭转苏打系列销量下降的趋势。在从怪兽饮料公司收购了两个工艺苏打品牌后，最近可口可乐重新推出了 Blue sky 和 Hansen 品牌。百事紧随其后在几天内便推出了 1893 年原装可乐和姜味可乐系列，这两种产品的主要成分是气泡水、可乐果提取物、糖（经公平贸易认证）。

百事公司在佳得乐能量饮料品牌上曾遇到麻烦，2017 年该品牌在美国的销售额下降至 59 亿美元，降幅达 0.5%，这是该品牌自 2012 年以来年销售额首次下降。佳得乐约占公司北美饮料销售额的 20%，百事公司于 2016 年 8 月发布佳得乐有机产品，截至 2017 年底收入为 2 000 万美元。运动饮料市场竞争日益激烈，即便是刚刚起步的 BodyArmour，其市场份额虽位居第三，却在运动饮料（如佳得乐）方面快速接近百事公司。

胡椒博士集团有限公司

总部位于得克萨斯州普莱诺的胡椒博士集团有限公司（DPS）在美国、加拿大、墨西哥和加勒比海地区生产无酒精饮料，还销售速溶茶、果汁、果汁饮料、水和搅拌器。该公司的品牌有 A&W，Crush，Canada Dry 等，还生产和销售莫特（Mott）牌苹果酱。2017 年以来 DPS 的收入略有增加，从 2014 年的 62 亿美元增至 2015 年的 63 亿美元，2016 年增至 64 亿美元，2017 年达 67 亿美元。其净收入也逐年略有增加，从 2014 年的 7.03 亿美元增至 2017 年的 7.7 亿美元。最近，DPS 以约 17 亿美元收购了 Bai Brands。根据欧睿国际（Euromonitor International）的数据，DPS 目前在美国无酒精饮料市场中占有 8.5% 的份额。

DPS 拥有市场上十大非可乐软饮料中的七种。2017 年第三季度的结果显示，DPS 碳酸软饮料的销售额下降了 1%，而非碳酸饮料上升了 6%；美国和加拿大的销售额持平，但墨西哥和加勒比海地区的销售额增长了 2%；DPS 旗下品牌克拉托（Clamato）的销售额增长了 7%，莫特的调味汁销售额增长了 5%，但思乐宝（Snapple）的销售额下降了 5%。

2018 年饮料行业的大新闻是，科瑞格 K-Cup 咖啡机的制造商科瑞格绿山公司（Keurig Green Mountain）收购了 DPS。科瑞格绿山公司是 JAB 控股公司旗下的企业，而 JAB 是欧洲最大的投资公司之一。JAB 还拥有皮埃咖啡（Peeet's Coffee）、帕内拉面包（Panera Bread）和克里士比（Krispy Kreme）甜甜圈。作为私人持有的基金，JAB 管理着德国最富有的家族之一雷曼家族的资金。此次直接针对可口可乐和星巴克公司的收购，使科瑞格绿山公司进入了全球苏打业务，并加强了其咖啡业务。欧睿国际报告称，2017 年速溶咖啡的销售额增长了 17% 以上。JAB 在科瑞格绿山公司的合作伙伴是亿滋国际公司（Mondelez International），该公司持有 JAB 约 24% 的股份，但在 DPS 收购案最终敲定后，这一比例降至约 14%。科瑞格绿山公司 2017 年的收入约为 41 亿美元，其在咖啡豆行业的市场份额从 2013 年的 40% 降至 2017 年的 23%。

达能集团

总部位于法国巴黎的达能集团是世界第一的酸奶生产商、世界第二的瓶装水和婴儿营养品生产商、世界第一的新鲜乳制品生产商，以及欧洲医学营养品领域的领导者。达能瓶装水的主要品牌是依云。达能向注重健康的消费者销售风味水，其一大品牌是在墨西哥获得巨大成功的Levite。达能持续在不同市场推出新饮料，如法国的Taillefine Fiz是一种零卡路里的苏打水，在法国低卡路里细分市场排名第二。达能在130多个市场开展业务，2016年销售额达219亿英镑，其中一半以上来自新兴国家。新鲜乳制品约占达能总销售额的50%，其中，生命早期营养品占22%，饮用水占21%，医学营养品占7%。

怪物饮料公司

总部位于加利福尼亚州科罗纳的怪物饮料公司的品牌包括Monster Energy，Monster Rehab，Play and Power Play等。该公司开发、营销、销售和分销能量饮料、苏打水或能量饮料浓缩物。

2015年，可口可乐以21.5亿美元购买了怪物饮料公司16.7%的股份。除股权外，两家公司的战略伙伴关系还涉及业务转移和扩大全球分销。2017年10月，可口可乐将其包括NOS、Full Throttle和九个较小品牌在内的全球能量饮料业务所有权转移给怪物饮料公司；与此同时，怪物饮料公司将其所有非能量饮料业务转移至可口可乐，包括汉森天然苏打水、和平茶、休伯特柠檬水和汉森果汁产品。如表1–18所示，能量饮料占所有非酒精饮料的4.8%。

表1–18　2016年和2015年美国各类饮料销售额年增长率或下降率（%）

风味强化水	+12.3
即饮咖啡	+11.0
瓶装水	+8.6
能量饮料	+4.8
运动饮料	+3.9
即饮茶	+3.1
碳酸软饮料	−0.8
水果饮料	−1.4
总计	+3.4

资料来源：Based on information developed by Beverage Marketing Corporation（BMC）.

截至2017年9月30日，怪物饮料公司2017年第三季度销售额同比增长13%，从23亿美元增至26亿美元。第三季度净收入为6.194亿美元，2016年为5.397亿美元。公司战略品牌部门（包括从可口可乐转入的各种能量饮料品牌）的净销售额在第三季度增长了6.2%，达到7 660万美元，超过2016年的7 210万美元。其对美国以外客户的销售额在第三季度增长了36.3%，达到2.601亿美元，超过2016年的1.908亿美元。第三季度净收入从2016年同期的1.916亿美元增至2.187亿美元，增长了14.1%。

无酒精饮料行业

表1–18显示了各类饮料的年增长率或下降率。请注意碳酸软饮料和水果饮料的销售额在下降，但风味强化水和即饮咖啡的销售额在快速增长。

瓶装水

2016年瓶装水超过碳酸软饮料成为美国最大的饮料类别。每年瓶装水的人均消费量超过39加仑，碳酸软饮料则约为38.5加仑，未来十年人均瓶装水消费量预计超过50加仑。过去3年美国瓶装水市场的销量和收入都表现出强劲的增长势头，其中销量在2014年、2015年和2016年分别增长了7.3%、7.9%和8.6%。相比之下，碳酸软饮料的销量同期下降了2.1%、2.4%和0.8%。据英国医学中心称，2017年瓶装水的销量将增长8%～9%，在未来几年仍将在无酒精饮料中保持最高，这进一步证实了消费者偏好向更健康、卡路里更低产品的转变。

气泡水

随着消费者寻求更美味但更健康的产品，预计未来十年气泡水会超过瓶装水。事实上，2017年汽泡水销售额飙升了20%以上。风味汽泡水销售额在2017年增长了15%以上，达到24亿美元。为更好地进入风味气泡水市场，百事公司于2018年初发布了名为Bubly的气泡水品牌。其他饮料如风味强化水、即饮咖啡和能量饮料2016年分别增长了12.3%、11%、4.8%。

鉴于这些积极趋势，截至2017年9月，含二氧化碳的软饮料（气泡水、苏打水、碳酸饮料）仍占饮料行业市值的83.5%。2016年，美国苏打水消费量下降了0.8%且在持续下降，使可口可乐2017年第二季度的净收入下降16%，降至97亿美元。但同期可口可乐的果汁、乳制品和植物饮料增长了3%，茶和咖啡增长了2%，瓶装水、强化水和运动饮料增长了1%。可口可乐正在将其产品组合转向更小的包装和更健康的饮料。2017年8月，可口可乐用零糖和零卡路里品牌“零糖可乐”取代了其零度可乐（Coke Zero）。对百事公司来说，2017年上半年食品和小吃的销量增长了2%，而饮料销量下降了1%。

研发

为了扭转收入下降的趋势，饮料公司在过去五年里以年均近20%的速度增加了研发支出。随着饮料公司努力重新实现收入增长，2017年和2018年的研发支出可能会保持高位。开发风味气泡水就是一个例子。

美国以外

2016年，国际业务占可口可乐非瓶装业务总收入的62%（百事公司为42%）。可口可乐使用的非美元货币多达72种，包括欧元、日元、巴西雷亚尔和墨西哥比索。不利的汇率可能对全球饮料制造商的收入增长产生重大影响，特别是因为美元对外币价值平均处于三年来的低点。

主要国际市场仍有不确定性，包括英国即将退出欧洲联盟（“英国脱欧”）。而其他国际市场的不稳定政治条件，包括内乱和政府更迭，可能会削弱全球消费者的信心，降低购买力，从而减少对产品的需求。

市、县、州和联邦税

公共卫生倡导者正积极游说美国更多城市举行税收公投和立法以对苏打水征税。据消费者权益倡导组织科学促进公共利益中心（CSPI）称，可口可乐和百事等公司在2009—2016年期间在美国各州市花费了近7 000万美元游说反对苏打水税和警告标签措施，平均每年在联邦游说上花费约1 500万美元。据CSPI估计，饮料公司仅在2016年1—6月就花费了约940万美元反对费城市议会的苏打水征税提案。费城最终在2016年6月征收了苏打水税，成为美国第一个征收苏打水税的主要城市，加利福尼亚州的伯克利紧随其后成为第二个城市。2016 年 11 月，加利福尼亚州的三个城市旧金山、奥尔巴尼和奥克兰，以及伊利诺伊州库克县和科罗拉多州博尔德市也先后通过苏打水税法。2017 年 6 月，西雅图对每盎司含糖饮料和苏打水征收 1.75 美分的税。伊利诺伊州最大城市芝加哥从 2017 年秋季开始征收苏打水税。

2014 年 1 月 1 日，墨西哥开始对含糖饮料征税以努力抗击肥胖。较高的产品成本可能会抑制需求，税收可能有助于为预防措施和医疗提供资金。据联合国粮农组织称，墨西哥是世界上肥胖问题最严重的国家之一。因此，向墨西哥出口的饮料公司（如可口可乐）需要改变经营策略。2015 年墨西哥苏打水销售额骤降 12%，对价格敏感的消费者不再购买苏打系列产品。

美国的饮料热量摄入

据美国饮料协会（American Beverage Association）2017 年 12 月报告，2016 年美国人平均每天摄入 201.2 卡路里，比 2015 年略有上升。罐装或瓶装汽水和果汁的销量虽在下降，但餐馆的汽水销量却增加了，在餐馆喝甜茶的美国人也越来越多。根据饮料营销公司的数据，就液体摄入量而言，2016 年美国人均每天消耗的饮料卡路里为：苏打水 126.7、果汁 42.5、茶 11.2、运动饮料 10.6 和其他 10.2。饮食和低热量苏打水的消费继续下降，但运动和能量饮料的消费以更快的速度持续增长。

冲动购买

百事公司从电子商务新税法下节省的数百万美元中拿出一部分进行再投资，如今电商在公司年零售额中约占 10 亿美元。百事公司还将节省的资金用于员工培训、股东现金回报，以及支付 1 亿美元的员工奖金。网上购物的兴起对可口可乐和百事是坏消息，因为冲动购买约占饮料总销售额的 30%。如果顾客在沃尔玛结账时不拿一瓶健怡百事可乐，或者在杂货店不拿一瓶两升的零度可乐，饮料公司就会有大麻烦，美国软饮料销量已连续下降 12 年。可口可乐和百事等公司需要冲动购买，而这一点正受到更多网购的侵蚀。目前，可口可乐正在研究“点击—收集”食品杂货销售、捆绑交易（如套餐）以及新的在线冲动“触发”等措施。

未来

可口可乐从 2016 年第四季度的 5.5 亿美元净收入变为 2017 年第四季度的 27.5 亿美元净亏损，主要原因是根据新联邦税法的规定，可口可乐公司要为过去的海外收入缴税 36 亿美元。可口可乐支持税收改革，因为其有效税率将在 2018 年降至 21%。

碳酸饮料消费量的明显下降要求可口可乐制定和实施新的战略。公司需要一个全面、综合的战略规划，以确定以下一般战略类别下需要采取的具体行动：

1. 进一步进行全球扩张以开拓尚未饱和的市场。
2. 通过持续的产品开发引入新的健康饮料。
3. 收购小型竞争公司以增加收入。
4. 通过高强度的广告和促销实现持续的市场渗透，将消费者对苏打水的认知从不健康转变为自疗。
5. 继续转向更小的瓶罐和更小尺寸的包装。
6. 或许能像百事公司一样，实现小吃和食品的多样化。
7. 大力推广瓶装水，充分利用该行业的快速增长。
8. 开发天然甜味剂来代替人工甜味剂。
9. 加大游说力度，削减市、县和州的糖税。

实践练习

第一组：可口可乐公司的战略规划

练习 1A

为可口可乐公司收集战略信息

目的

本练习展示如何获取重要信息，以便能为任一上市公司进行案例分析或制定战略规划。此外要熟悉：（1）本章介绍的战略术语；（2）战略规划的主要信息来源。通常在战略管理课程中，学生团队为一些指定的公司准备战略规划（案例分析），所以此练习可以帮助学生了解如何开始这类任务。

步骤

步骤 1　阅读配套案例，列出可口可乐公司的优势、劣势、机会和威胁。然后，登录可口可乐公司网站（www.colacompany.com），向下滚动到网站底部，点击"投资者"。单击"年度报告"，然后单击"2017 年度报告或 10-K 表格"。将此 pdf 文件下载到桌面；细读这些信息，并将可口可乐的优势、劣势、机会和威胁添加到列表中。

步骤 2　登录所在大学图书馆网站，下载标准普尔饮料行业调查文件。利用这些信息将可口可乐的优势、劣势、机会和威胁添加到列表中。

步骤 3　登录 www.finance.yahoo.com 网站。输入股票符号 KO。请注意可口可乐丰富的信息可以通过点击公司名称下一行的任何项目获得。利用这些数据细化关键外部和内部因素列表。每个因素都应包括百分比、数字、美元（货币）或比率，以展示量化的事实或趋势。这些因素为公司扬长避短、趋利避害奠定基础。注意避免战略规划的模糊性。

步骤 4　课堂讨论，将你的内外部因素列表与其他学生的列表比较，并酌情修改。保存这些信息备用。

步骤 5　无论这学期你在哪家公司实习，按照上述步骤更新公司信息。

练习 1B

将可口可乐公司的资料输入战略规划模板

目的

本练习帮助你了解如何使用 www.strategyclub.com 上的资源，特别是 Excel 战略规划模板。这些资源对战略管理案例分析非常有用。

步骤

步骤 1　登录 www.strategyclub.com 网站，查看以下资源：

- Excel 学生模板；
- 示例案例分析幻灯片；
- 实时视频；
- 巴恩斯和诺伯的现场案例分析演示；
- 章节和案例更新；

- 战略规划或案例分析指南。

步骤 2　下载免费的 Excel 战略规划模板，仔细阅读模板中给出的说明。

步骤 3　使用练习 1A 的结果，将可口可乐的优势、劣势、机会和威胁输入 Excel 模板中。

步骤 4　保存文件备用。

第二组：你所在大学的战略规划

练习 1C

对所在大学进行 SWOT 分析

目的

本练习将 SWOT 分析应用于非营利组织如大学。简易的 SWOT 分析在所有战略规划工具和技术中应用最广泛。SWOT 分析通过将组织的内部优势和劣势与外部机会和威胁相匹配来制定战略，从而产生备选的可行战略。

对大学而言，外部因素可能包括：高中毕业生数量下降，人口迁移，社区关系，大学之间的竞争，重返大学的成年人越来越多，政府机构的支持减少，留学生越来越多，以及日益增多的网络课程。

学院或大学的内部因素可能涉及：教师、学生、员工、校友、体育项目、物理设备、场地和维护、学生宿舍、管理、筹资、学术计划 / 项目 / 课程、餐饮、停车、实习、俱乐部、联谊会、公共关系等。

步骤

步骤 1　为所在大学各找出四个外部机会与威胁、内部优势与劣势。

步骤 2　将内外部因素匹配，形成 SO 战略、WO 战略、ST 战略、WT 战略各两个。例如，战略“三年内将在线课程数量增加一倍”可基于优势“世界知名教师”和机会“对在线课程的兴趣增加”来产生。

步骤 3　在课堂上讨论关键因素和战略。

步骤 4　从课堂讨论中了解到哪些关于所在大学的新东西？此类讨论如何让组织受益？保存答案备用。

第三组：提高就业能力的战略规划

练习 1D

对自己进行 SWOT 分析

目的

本练习旨在帮助你选择最好的职业道路。个人和组织在许多方面都很相似。每个人都有竞争对手，也都应为未来做计划。每个人（组织）都面临外部的机会和威胁，都有内部的优势和劣势，也都有关键的岔路口。这些相似性使得个人可以使用公司战略管理的概念和工具，如 SWOT 分析等。

步骤

本章介绍了一种通用的战略规划工具，可以帮助个人做职业规划。可通过以下步骤来进行 SWOT 分析：

1. 确定四个外部机会。
2. 找出四个外部威胁。
3. 确定四个个人优势。
4. 找出四个个人劣势。
5. 制定 SO 战略、WO 战略、ST 战略、WT 战略各两个，形成八个战略。
6. 选择三个拟实施的策略。

一个可能的外部机会是你所在的大学提供一个让你感兴趣的研究生项目，可能的外部威胁是利率上升从而加重贷款负担。个人劣势可能是学分绩点（GPA）低，而优势可能是三年的工作经验。战略有时被定义为内部资源和技能与外部机会和威胁之间的“匹配”。重大劣势应努力克服，或转化为优势；重大威胁应设法避免或减轻，并把注意力集中在机会上。第 6 章将对 SWOT 分析做更多解释，此处尝试用来做职业生涯规划。

第四组：个人与群体的战略规划

练习 1E

战略规划中的各种陷阱有多危险？

目的

战略规划需要避免陷阱，意识到潜在陷阱并注意规避是成功的关键。下面列出了常见的 13 个陷阱。根据陷阱的有害或严重程度，作者给出了以下（供参考的）排序。

陷阱

1. 使用战略规划来控制决策和资源。
2. 战略规划只为满足认证或监管要求。
3. 太急于从厘清使命过渡到战略制定。
4. 没有将计划告知员工，他们继续没有目标地工作。
5. 高层管理人员做出许多与正式计划相冲突的直觉决策。
6. 高层管理人员不积极支持战略规划流程。
7. 未能将计划用作衡量绩效的标准。
8. 将计划委派给“计划者”，而不是让所有管理者参与。
9. 未能让关键员工参与到规划的各个阶段。
10. 未能创建支持变革的协作气氛。
11. 将计划视为不必要或不重要。
12. 过分关注当前问题，以至于缺乏能力或没有做任何计划。
13. 规划过于正式，扼杀了灵活性和创造力。

本练习检查和讨论在战略规划中有潜在危害或严重危害的各种陷阱。另一个目的是检查个人决策是否优于群体决策。学术研究表明，在 80% 的情况下群体决策优于个人决策。

步骤

1. 填写表 1-19 中的第 1 列，对潜在不利因素给出个人排序（其中 1 表示最有害、最严重的不利，13 表示最轻的不利）。
2. 填写表 1-19 中的第 2 列，对陷阱给出小组排序。

3. 填写表 1–19 中的第 3 列，对陷阱给出专家排序。专家名单由老师提供，通常专家排序基于本书作者的经验和本章末的内容。

4. 填写表 1–19 中的第 4 列，给出第 1 列和第 3 列的绝对差值，看个人表现如何。（注意：对于绝对差值，忽略负数。）

5. 填写表 1–19 中的第 5 列，给出第 2 列和第 3 列的绝对差值，看小组表现如何。

6. 将第 4 列与第 5 列汇总。

7. 比较第 4 列总和与第 5 列总和。如果第 4 列总和小于第 5 列总和，表明个人表现更好。通常，小组决策优于个人决策。

8. 个人获胜者：第 4 列总和最低者。

9. 小组获胜者：第 5 列总和最低者。

表 1–19　战略规划中的陷阱：比较个人决策与群体决策

战略规划中的陷阱	第 1 列	第 2 列	第 3 列	第 4 列	第 5 列
1.					
2.					
3.					
4.					
5.					
6.					
7.					
8.					
9.					
10.					
11.					
12.					
13.					
总计					

第2篇

战略制定

2 企业愿景与使命

本章目标

学完本章，应能做到以下几点：

- 解释战略管理中核心价值观陈述的必要性。
- 描述愿景陈述在战略管理中的性质和作用。
- 明确愿景陈述的特点。
- 描述使命陈述在战略管理中的性质和作用。
- 找出并讨论有效使命陈述的特点。
- 识别并讨论使命陈述的构成要素。
- 讨论明确的愿景与使命陈述对企业其他战略管理活动的益处。
- 撰写和评价组织的使命陈述。

实践练习

本章末有以下练习：

第一组：可口可乐公司的战略规划

练习 2A：为可口可乐公司制定改进的愿景陈述

练习 2B：为可口可乐公司制定改进的使命陈述

练习 2C：比较可口可乐公司和其竞争对手的使命陈述

第二组：你所在大学的战略规划

练习 2D：比较所在大学和其竞争机构的愿景和使命陈述

第三组：你自己的战略规划

练习 2E：为自己制定愿景和使命陈述
第四组：个人与群体的战略规划
练习 2F：使命陈述中每个构成要素的相对重要性如何？

第2章聚焦评估和撰写核心价值观、愿景和使命陈述所需的概念和工具。如图2-1所示，精心准备愿景和使命陈述被广泛认为是从业人员和学者从事战略管理的第一步。本章具体讨论各类大中小非营利组织以及各种企业的愿景和使命。

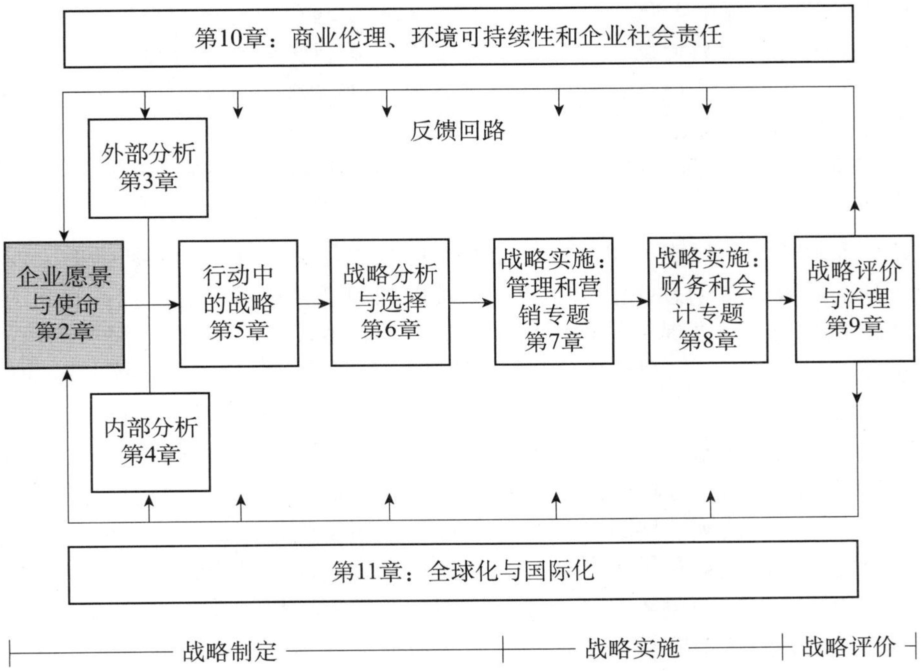

图 2-1 战略管理综合模型

资料来源：Fred R. David, "How Companies Define Their Mission," *Long Range Planning* 22, no. 1 (February 1989): 91.See also Anik Ratnaningsih, Nadjadji Anwar, Patdono Suwignjo, and Putu Artama Wiguna, "Balance Scorecard of David's Strategic Modeling at Industrial Business for National Construction Contractor of Indonesia," *Journal of Mathematics and Technology*, no. 4 (October 2010): 20.

本章要介绍的模范战略管理者是弗雷德里克·史密斯（Frederick Smith），多年前他的创业愿景促成了联邦快递（FedEx）的创立。今天，这家公司肩负着引领包裹递送业的使命。

模范战略管理者　弗雷德里克·史密斯：联邦快递公司创始人兼 CEO

联邦快递总部位于田纳西州孟菲斯，公司由弗雷德里克·史密斯1973年创立，是当今仍由创始人领导的为数不多的《财富》500强企业之一。几十年来由同一人担任CEO对任何公司而言都相当可贵，同样可贵的是几十年来公司的愿景和使命几乎没有改变。史密斯的愿景是快速发送包裹，这使他的公司绕过美国邮政服务，彻底改变了运输行业。早在1973年及其后的几年中，史密斯将快速交付愿景变成现实，激励成千上万名员工践行联邦快递使命。联邦快递是美国第一家在没有并购的情况下在前10年内就创造10亿美元收入的公司，现已发展成市值600亿美元的全球运输公司，其业务涵盖全球运输、商业服务和物流。

在史密斯的领导下，如今的联邦快递集团旗下包括联邦服务（FedEx Services）、联邦陆运（FedEx Ground）、联邦快递货运（FedEx Freight）和联邦快递（FedEx Express），后者拥有全球最大的全货运航空机队。史密斯说，他成功的关键是“拥有有效的战略，并让每个人明白战略是什么”。联邦快递的使命是为所有人（个人和企业法人）提供灵活创新的解决方案；其战略以创新和明确的目标为基础。今天，许多视为理所当然的邮政服务，例如跟踪邮件和包裹，都是由模范战略管理者——弗雷德里克·史密斯开创的。

资料来源：Based on the FedEx corporate website and a variety of other sources.

或许，理解核心价值观、愿景和使命的最佳方式是关注处于创办初期的公司。初创期的公司其实只有一些创意或信念：新企业可以利用某种技术，以可获得利润的价格水平为某个区域的某些顾客提供某种产品或服务。新企业的所有者往往坚信，其经营理念将帮助企业树立良好的公众形象，同时，将在重要的利益相关者中传播并被他们接受。当这些创立之初的经营理念写成文字时，书面文件中包含的基本思想就构成了愿景陈述和使命陈述的基础。通常，随着企业不断发展壮大，所有者或管理者往往会发现，有必要对公司初创期的理念进行修正，修正后的愿景和使命仍然传承了最初理念的合理内核。

一般地，核心价值观、愿景和使命陈述位于公司年度报告的开头部分，常贯穿企业经营假设前提，并向利益相关者传递。它们还是众多企业内部报告，如贷款申请书、与供应商签订的协议、劳动关系合同、经营计划和顾客服务协议等的组成部分。然而，今天有太多的公司和组织没有核心价值观、愿景或使命陈述，因此错失了激励客户、员工和股东的宝贵机会，同时也有损它们为战略规划所做的努力。

2.1 核心价值观：我们的基础是什么？

核心价值观为创造卓越的愿景和使命奠定了必要的伦理基础。**核心价值观陈述**（core value statement）明确了企业对诚信、公平、纪律、平等就业机会、团队合作、担当、持续改进或其他属性的承诺。例如，领英（LinkedIn）的核心价值观是：（1）客户优先；（2）看重关系；（3）开放、诚实；（4）追求卓越；（5）做理性的冒险；（6）像企业主一样做事。伟大的公司都拥有几乎不变的核心价值观，核心价值观应坚定不移，超越技术变革、时尚、产品生命周期和全球化。

诚然，随着时间推移愿景和使命陈述确实会发生改变。因此，在讨论“你想成为什么”、“你从事什么业务”或者“你将如何实现目标”之前，了解“你是谁”至关重要。一般而言，如果核心价值观随环境的变化而变化，如迪士尼的“给人们带来快乐”或某科技公司的“连接世界”等，则不能称为核心价值观。泰森食品（Tyson Foods）指导公司运营的核心价值观陈述（释义）如下：

> 我们致力于食品生产，追求真理和诚信，同时为股东、客户、员工和社区创造丰厚的价值。我们努力成为一个有荣誉感、友好的公司，尊重多元化和多样性。我们以值得信赖的食品奉献世界，同时精心呵护那些托付给我们的动物、土地和环境。

“全球视点 2”揭示了领英的核心价值观如何促成愿景和使命，从而在全球处于领先地位。

全球视点 2

领英：清晰的核心价值观、愿景和使命令其全球领先

社交网站领英在 200 多个国家拥有超过 5 亿注册用户。领英在全球的发展速度几乎与其他优秀的公司一样快。它是如何做到的？答案是有一个清晰的愿景，其 CEO 杰夫·韦纳（Jeff Weiner）是关键。韦纳杰出的领导风格赢得了所有领英员工的信任和钦佩，他也当选为美国最好的 CEO。韦纳说：“管理者告诉别人该做什么，而领导者则激励他人去做伟大的事情。”在旧金山智慧 2.0 大会上发表讲话时，他提出了成为伟大领导者的三大要素。韦纳说，成为伟大领导者的第一要素就是清楚公司的愿景。弗雷德·科夫曼（Fred Kofman）是领英领导和组织发展副总裁，他说：

> 大多数 CEO 坐在船头，告诉员工他们需要划船；韦纳则抓起一块冲浪板，迎向一股巨浪，激励他身后的每个人也这么做。冲浪者追逐同样的波浪，有着相同的视野，但他们在工作中投入的心力、展示的个性比划船者要多得多。

韦纳认为，伟大领导者的第二个要素是勇敢。韦纳说：

> 如果你有真正的远见，想尝试一些从未做过的事情，将会有很多将信将疑者、怀疑者、感受到威胁的人，以及阻碍你前进的人。因此，你必须表现出自信才能克服这些困难，让人们愿意追随你。你必须诚实并有真正的信念，否则没有人会支持你。

韦纳认为，伟大领导者的第三个要素是成为一个有效的沟通者。

当领导者具备这三个要素，且由核心价值观、愿景和使命主导时，工作就变成“设置想要达成的目标，找到最好的人才共事”。

资料来源：Based on http：//jobs. aol. com/articles/2015/07/06/linkedin-ceo-jeff-weiner-leadership-qualities/?SiteID=cbaolcompromotion_july_14.Also，https：//www. cnbc. com/2017/06/28/linkedin-ceo-jeff-weiner-heres-what-separates-leaders-from-managers. html and https：//www. consciousculturegroup. com/linkedin-vision-values-insights/.

2.2 愿景：我们想成为什么？

对任何公司的管理者而言，在企业希望实现的长期目标上达成共识非常重要。**愿景陈述**（vision statement）应该回答“我们想成为什么样的企业？”清晰的愿景是企业拟定使命的基础。许多企业既有愿景又有使命，但首先应该明确愿景。表 2-1 给出了愿景陈述的例子。愿景陈述应当简明扼要，最好用一句话表述，企业应当让尽可能多的管理者

参与愿景的拟定。

表 2-1 六个愿景陈述案例（释义）

- 胡椒博士：成为全球最好的饮料公司；我们的品牌是活力开心的代名词，是平凡生活的调味品。
- IBM：成为世界上最成功的信息技术公司，专注于帮助客户应用技术解决当下和将来的问题。
- 希尔顿酒店：通过每时每刻为每家酒店的每位住客提供无与伦比的体验，让生活充满阳光、温暖和热情。
- 星巴克：成为世界上最好的咖啡供应商，在稳步成长的过程中坚持不妥协的原则。
- 家乐氏：通过食品和关乎当下与未来的品牌丰富这个世界。
- 哈雷－戴维森：通过骑行摩托车的经历实现梦想。

有人争辩，企业的原动力是利润而非使命或愿景。然而，利润本身不足以激励人们，某些利益相关者对利润持消极态度的情况并不少见。比如，员工可能认为，利润是他们创造、管理，使用甚或赐予股东的东西。尽管这种认识并非企业所愿且会干扰管理活动，但它表明，要想有效激励员工，利润和愿景都不可或缺。高露洁棕榄前 CEO 卢本・马克（Reuben Mark）坚持认为，清晰的使命必须具有国际意义。马克指出：

> 愿景召唤员工，其本质是在全球描绘统一蓝图，而不是在不同文化环境中传递不同信息。愿景的奥妙在于简明宏大，如“我们制造世界上运行最快的计算机”或“我们为所有人提供电话服务”。永远不要指望员工只为财务目标勇往前进，企业要提供让员工感觉美好的东西，要让员工感受到自己是某项事业不可或缺的组成部分。[1]

当员工和管理者共同为企业制定、修改愿景和使命时，最终陈述可以折射出每个人内心深处对未来的美好憧憬。愿景恰如其字面意思，表示愿望＋远景，反映出共同的利益，这将使员工从单调的日常工作中升华，并将他们带入一个充满机遇和挑战的全新世界。与共同愿景相关的动机、奉献精神和承诺对任何公司或组织都是巨大的潜在利益。

2.3 愿景的特点

愿景陈述应该展示公司的业务类型。例如，“成为美国最好的零售公司”的愿景过于宽泛，因为公司可能销售从苹果（A）到斑马（Z）的任何商品。虽然通常只有一句，但愿景不只是呈现产品或服务，愿景应从客户角度来陈述。理想情况下，每个组织都希望员工和客户的行动与公司愿景保持一致。为此，一份出色的愿景陈述应描述期望的未来状态。以未来的视角陈述愿景可以促进组织变革。愿景必须切实可行，但也要有挑战性。

概言之，有效的愿景陈述应有以下五个特征。这五个特征可用作撰写或评估愿景陈述的指南。在这些特征上得分为 5 分的愿景陈述都堪称典范。本书作者开发了“5-out-of-5 测试”愿景评估技术。

1. 清晰：揭示行业类型，表明企业要努力成为什么。
2. 面向未来：揭示五年内要努力达成的目标。
3. 简明：最好用一句话概括。
4. 独特：展示公司的竞争优势。

5. 鼓舞人心：激励大家支持。

愿景陈述分析

对特定行业的特定公司，没有一种最佳的愿景陈述。5-out-of-5 测试可用于开发和评估愿景陈述。表 2–1 提供了六个符合 5-out-of-5 测试的示范愿景陈述。

表 2–2 给出了四个不符合 5-out-of-5 测试的愿景陈述。

表 2–2　四个非典型的愿景陈述（释义）

1. 雅芳：成为最了解女性并满足全球女性对产品和服务的需求的公司。作者评论：缺乏特征 1、2 和 4。
2. 嘉信理财：帮助投资者自助。作者评论：缺乏特征 2、4 和 5。
3. Instagram：捕捉和分享世界时刻。作者评论：缺乏特征 1、2、4 和 5。
4. Zappos. com：向客户、员工和供应商传递幸福。作者评论：缺乏特征 1、2、4 和 5。
关键：愿景陈述特征
1. 清晰：揭示行业类型，表明企业要努力成为什么。
2. 面向未来：揭示五年内要努力达成的目标。
3. 简明：最好用一句话概括。
4. 独特：展示公司的竞争优势。
5. 鼓舞人心：激励大家支持。

➡ 2.4　使命：我们的业务是什么？

目前，使命的主流思想主要以彼得·德鲁克在 20 世纪 70 年代中期提出的一系列方针为基础。德鲁克曾对通用汽车公司做了开创性研究，出版了 22 部著作，发表了数以百计的论文，被尊为“现代管理学之父”。德鲁克认为，问“我们的业务是什么”等同于问“我们的使命是什么”。作为将本企业与其他企业区分开来且长期适用的目标陈述，使命是企业“存在的理由”，它回答了“我们的业务是什么”这一关键问题。明确的**使命陈述**（mission statement）是企业有效设定目标和制定战略的关键。

有时，使命也被称作**纲领**（creed statement）、宗旨、哲学、信念或经营原则，甚或“企业业务”。使命揭示了企业想成为什么和想为谁服务。所有企业都有存在的理由，只是有时战略制定者并没有意识到要用书面文字将这一理由表述出来。如图 2–1 所示，工商界和学术界广泛认为，战略管理的第一步是认真拟定愿景和使命。

德鲁克如此描述使命陈述：

> 使命陈述是确定业务优先顺序、制定战略、拟定计划以及分配任务的基础，是设计管理工作岗位和组织结构的起点。没有什么比清晰界定企业业务更简单明了。钢铁厂生产钢铁，铁路公司用火车运输货物和旅客，保险公司对火灾保险，银行发放贷款，不一而足。然而，“我们的业务是什么？”却往往难以回答，正确的答案通常也模糊不清。回答这一问题是战略制定者的首要责任。[2]

一些战略制定者几乎将所有时间都用在处理行政事务和战术问题上；一些战略制定

者则忙于仓促设定目标并执行战略，却忽视制定愿景和使命陈述。美国的许多企业迄今尚未提出正式的愿景和使命，即使在大型企业中这一问题也常常发生。现在，越来越多的企业正着手制定愿景和使命。

部分企业拟定使命陈述仅仅是因为管理者认为这很时尚，而非真正的承诺。但是，正如本章稍后要讨论的那样，那些拟定并系统阐述愿景和使命的企业已经从中获得了巨大收益，它们将愿景和使命视为活文件，并将其作为企业文化的有机组成部分。强生公司就是典型范例。强生公司的管理者定期与员工会面，一同审视、润色和重新确认公司的愿景和使命。因此，大家认识到高层管理者组织实施该项活动的价值所在，所有员工都自觉参与。

➡ 2.5 使命的特点

使命关乎态度和观点，而不是针对特定细节。通常，使命陈述较为笼统，主要由于以下两个原因：首先，好的使命陈述应该能够激发并产生一定范围内的多个可替代目标和多种战略选择，而不是束缚管理的创造力。使命太过具体会限制企业创造性增长的潜力，当然，过于宽泛又失去指引和限定作用。例如，苹果公司的使命陈述应排除发展农药产品的可能性，福特汽车的使命也不应包含食品加工业务的内容。

其次，应该宏观概括使命陈述，以便协调企业内外部的不同差异和利益诉求，并能吸引享有特殊利益或对企业有不同要求的个体和群体（统称**利益相关者**（stakeholder））。因此，使命陈述应具有**调和性**（reconciliatory）。利益相关者包括员工、管理者、股东、董事会、顾客、供应商、分销商、债权人、政府（地方、州、联邦和外国）、工会、竞争者、环境保护组织和社会公众。利益相关者与企业战略相互影响，不同利益相关者的要求和关注的问题各不相同，且常常相互冲突。例如，社会公众特别关注企业的社会责任，而股东更关注企业的盈利能力。如果逐一列出，有关各方对于任何一家企业的要求可能有上千种，通常包括提供就业、税收、投资机会、职业发展、平等就业机会，给员工发放福利、薪金、工资，减少污染以及提供社区服务等方面。对所有利益相关者提出的不同要求，使命陈述不可能给予同样的重视，好的使命陈述应该表明企业对不同利益相关者所提要求的相对关心程度，并尽量满足不同利益相关者的要求。

使命陈述需要相当的广泛性，以便对最有前途和不太有前途的增长方向做出判断。数字不应包含在使命陈述中。乔治·斯坦纳（George Steiner）对使命陈述提出如下见解：

> 大多数使命陈述都采用高度抽象的表述方式，其优点是显而易见的。使命陈述意在激励，给出指导企业发展的总体方向、形象、基调和理念，不需要表述具体结果。过分注重细节会适得其反，容易成为批评的靶子。在制定可接受的使命或目标的过程中，过分精细会遏制创造力。目标一旦具体化，就会在企业中形成刚性并可能成为限制条件，而笼统可以为其他管理者补充细节留有余地。[3]

有效的使命陈述不宜过长，推荐长度为100个词以内。理想的使命陈述应该能够唤起人们对企业的美好感受和情感；能够振奋人心并激发大家采取行动；应该相对稳定和持久。在图2-1中，愿景和使命陈述的动态特性通过反馈回路来表示。有效的使命陈述还能够使人们感受到该企业是有明确方向的成长企业，值得付出时间、提供支持和进行投资。

使命陈述反映了企业在对内外部环境分析的基础上对于未来成长方向和战略所做的判断，应该为战略选择提供适用准则。清晰的使命为产生和筛查战略选项提供了条件。使命陈述应该：（1）界定企业是什么；（2）具体到可以排除某些风险，广泛到足以允许创造性成长；（3）将本企业与其他企业区分开；（4）作为评价当前和未来经营活动的基准框架；（5）以清晰的语言表达，以便在组织内广泛传播。[4] 使命陈述应体现顾客期望，不应先开发产品再寻找市场。因此，企业的经营哲学应当是首先识别顾客需求，然后才是提供满足这些需求的产品或服务。

表 2-3 总结了有效的使命陈述的十个特征。

表 2-3　有效的使命陈述的十个特征

1. 内容概略；不要包括货币数量、数字、百分比、比例或指标。
2. 长度不超过 100 个词。
3. 振奋人心。
4. 可以识别企业产品的用途。
5. 表明企业承担社会责任。
6. 表明企业对环境保护承担责任。
7. 包括九个构成要素：顾客、产品或服务、市场、技术、关注生存 / 发展 / 盈利能力、理念、独特竞争力、关注公众形象、关注员工。
8. 可调和；解决利益相关者间的分歧。
9. 经久不衰。
10. 吸引顾客；从顾客的角度撰写。

好的使命陈述能够体现企业产品对顾客的效用。在使命陈述中，威瑞森（Verizon）的使命陈述强调通信而非电话；埃克森美孚（ExxonMobil）突出能源而非石油和天然气；联合太平洋公司（Union Pacific）声称从事交通运输而非铁路运输；环球影城（Universal Studio）则标榜提供娱乐而非电影。制定使命陈述的主要目的是吸引客户。所有公司和组织都必须不断吸引客户。

下面的效用陈述对表达使命很有参考价值：

> 不要给我东西。
> 不要给我衣服，给我温暖和惊艳；
> 不要给我鞋子，给我舒适和活力；
> 不要给我房子，给我安全和温馨；
> 不要给我书本，给我惬意和力量；
> 不要给我唱片，给我愉悦和曼妙；
> 不要给我工具，给我创造和欢乐；
> 不要给我家具，给我安逸和便捷；
> 不要给我东西，给我思想、情调、氛围、感觉和效用；
> 请不要给我任何东西。

通常，管理者认为顾客满意是企业宝贵的无形资产。研究表明，顾客满意度与组织绩效呈较强的正相关关系。[5] 从顾客角度出发的使命陈述不仅可以激励员工、销售人员和管理者提供优秀的顾客服务，还能提高顾客忠诚度，使顾客成为找到、使用和推广公司产品和服务的“使者”。

2.6 使命的构成要素

大多数战略管理的实践工作者和理论家认为，有效的陈述应该包括九个**使命陈述构成要素**（mission statement component）。在战略管理过程中，使命陈述通常是最显眼、最公开的部分，因此，需要很好地体现之前总结的十个特征及下面的九个要素：

1. **顾客**（customer）——企业的顾客是谁？
2. **产品或服务**（product or service）——企业的主要产品或服务是什么？
3. **市场**（market）——从地域角度考虑，企业在哪些地区具有竞争力？
4. **技术**（technology）——企业的技术紧跟时代步伐吗？
5. **关注生存、发展与盈利能力**（concern for survival，growth，and profitability）——企业能够实现业务增长并获得合理的财务收益吗？
6. **理念**（philosophy）——企业的基本信念、价值观、志向和伦理倾向是什么？
7. **独特竞争力**（distinctive competence）——企业的主要竞争优势是什么？
8. **关注公众形象**（concern for public image）——企业是否对社会、社区和环境负责？
9. **关注员工**（concern for employee）——员工是企业有价值的资产吗？[6]

为了说明在陈述使命时应该如何包括九大要素，表 2-4 提供了渔船租赁公司使命的示例。注意，该公司的顾客是“户外爱好者”。“顾客”是使命陈述的重要组成部分，因此仅用“顾客”一词不够，不足以“吸引顾客”，需要更准确地确定目标顾客。事实上，所有九大要素都应基于客户视角。例如，关于“产品或服务”，该公司提供“终生难忘的记忆”从而揭示服务的“效用”，并吸引那些可能不喜欢“只是捕鱼”的人。关于“独特竞争力”，该公司强调产品 / 服务的主要竞争优势：“为了客户的享受和安全，我们雇用业内最有经验的员工。”表 2-4 的要素示例呈现出一个简洁、鼓舞人心、堪称典范的使命陈述。

> 我们快速干净的深海渔船（产品）舰队为户外爱好者（顾客）在北卡罗来纳州海岸（市场）提供令人兴奋的钓鱼冒险体验。使用最新的安全设施和捕鱼设备（技术），以及清洁排放型的发动机（公众形象），还有拥有丰富经验（独特竞争力）的和蔼的船长和大副。确保顾客“捕鱼，而不是钓鱼”，经验老到的船长和大副们（员工）遵循金科玉律（理念），为顾客创造终生难忘的记忆，用公道优惠的价格和卓越的服务吸引回头客（生存、增长、盈利能力）。

表 2-4　使命陈述九大要素示例

1. 顾客：追求刺激和冒险的户外爱好者。
2. 产品或服务：快速提供干净的船、所需诱饵和渔具以及友好大副，为你带来终生难忘的记忆。
3. 市场：快速干净的深海渔船，沿着北卡罗来纳州海岸运营。

4. 技术：渔船配备最现代的安全设施和捕鱼设备，确保顾客舒心惬意地捕鱼，而不是钓鱼。
5. 关注生存、发展与盈利能力：价格尽可能低以吸引回头客，并为股东带来合理回报。
6. 理念：给予顾客尊重和关怀，每艘船的座右铭是遵循金科玉律。
7. 独特竞争力：为了顾客的享受和安全，雇用业内经验最丰富的员工。
8. 关注公众形象：船只使用清洁排放型发动机；努力将回头客带到我们所经营的所有社区。
9. 关注员工：船长和大副们都肩负帮助客户度过美好时光的使命。

资料来源：Based on Meredith E. David，Forest R. David，& Fred R. David，“Mission Statement Theory and Practice：A Content Analysis and New Direction，” *International Journal of Business*，*Marketing*，*and Decision Sciences* 7，no. 1（Summer 2014）：95–109.

关于“生存、发展与盈利能力”，对于上市公司的股东来说，通常期望收入年增长率至少为4%，不然他们自己就可以调用资金在股市实现这种增长率。关于“理念”，脸书 CEO 马克·扎克伯格（Mark Zuckerberg）浓缩了公司的使命陈述，将重点放在“理念”上（见“伦理视点 2”）。注：作者认为要素 7（独特竞争力）在九大要素中最重要，其次是“顾客”，然后是“理念”。其实，九大要素都很重要，使命陈述应尽量都包括进去。

伦理视点 2

脸书：改变使命，加强道德与诚信

2018 年，脸书 CEO 马克·扎克伯格肩负着“解决脸书道德问题”的使命。扎克伯格说，他的公司“在防止滥用工具方面犯了太多错误”，“2018 年我个人面临的挑战是专注于解决脸书的道德问题。”现在，每个月都有 200 多万人登录脸书。据悉，该公司允许令人反感的内容和虚假新闻，侵犯个人隐私，也屡遭诟病。

2017 年 6 月，脸书正式更改了公司使命，从“让世界更开放更互联”变为“赋予人创建社群的权力，让世界融合在一起”。在宣布公司新使命时，扎克伯格说：“让人们能够发出声音并帮助他们接入互联网还不足以让这个世界变得更好。”随着这一使命的改变，脸书正在删除“复仇色情”照片、不适当的视频和其他内容，在安全方面的支出增加了两倍。随着每月新增 6 000 万活跃用户，脸书有望在 2018 年年底前拥有超过 30 亿用户。作为世界上最大的社交网站，脸书正面临越来越多来自立法者的批评，因为它没有监控可疑内容、不良用户、错误信息、消极信息、鼓吹煽动和暴力视频。使命的变化将使得公司处理安全和安保问题的员工和承包商数量翻番。

资料来源：Deepa Seetharaman，“Zuckerberg Vows to Work on Fixing Facebook，” *Wall Street Journal*，（January 5，2018）：B1 & B2.Also，Deepa Seetharaman，“Facebook Vows to Sacrifice Growth for Secure Operations，” *Wall Street Journal*，（November 2，2017）：B3.Also，Valentina Zarya，“Facebook's Secret Weapon，” *Fortune*，（August 1，2017）：26–28.

➡ 2.7 愿景和使命的重要性（益处）

20 年来，使命陈述实证研究的元分析表明，使命陈述与财务绩效指标之间存在正相关关系。[7] 在企业经营实践中，愿景和使命的性质、组成及使用存在很大差异。金（King）和克莱兰（Cleland）建议，企业应当精心制定书面的使命陈述，其益处如下：

1. 确保员工和管理者理解企业存在的目的和理由。
2. 为制定可行战略所需的内外部关键因素优先权奠定基础。
3. 为企业配置资源奠定基础或奠定标准。
4. 为围绕共同目标而组织工作、组建部门、开展活动、划分任务奠定基础。[8]

制定综合性使命陈述的另一个好处在于，在制定过程中可以发现并解决管理者之间的各种分歧。“我们的业务是什么”这一问题容易引起争论，争论往往可以暴露战略制定者之间的分歧。长期共事并自认为相互了解的管理者可能会发现，在某些问题上他们的看法其实并不相同。例如，他们对大学中教学、科研和服务的相对重要性的认识就存在较大差异。在集中开展更具体的战略制定活动前，需要在一些重要事项上进行充分沟通和协商，有时还需彼此妥协方能达成共识。

如果企业战略制定者之间的愿景和使命的分歧得不到有效解决，将会导致很多麻烦。例如，导致 W. T. Grant 公司破产并最终清算的原因之一就是未能解决企业使命方面的分歧。该公司的高管，包括埃德·斯特利（Ed Staley）和洛乌·卢斯滕贝格尔（Lou Lustenberger），持两种截然不同的观点：一种观点是 W. T. Grant 应该仿效凯马特（Kmart），另一种观点是它应该仿效彭尼百货（J. C. Penney）。W. T. Grant 最终决定兼具凯马特与彭尼百货的特色；这一折中是巨大的战略错误，其根本原因是 W. T. Grant 的高层管理人员从未解决过他们在愿景或使命方面存在的问题，最终导致公司被清算。[9]

经常出现的情况是，企业在深陷困境时才会着手制定愿景和使命。当然，这时的确需要这样做。因为此时制定并传播清晰的使命会产生明显效果，甚至可能扭转局势。然而，出现问题后才制定愿景和使命是一种不负责任的赌徒式做法。诚如德鲁克所言，询问“我们想成为什么”和“我们的业务是什么”的最佳时机是企业成功之时。

> 为取得成功采取的行为会过时。成功后总会产生新情况、出现新问题，只有童话故事才以“从此以后，他们过上幸福的生活”而结束。很少有人与成功过不去，就像从来没有人有意将船撞向礁石一样。企业在成功时若不过问“我们的使命是什么”，它很快就会走向失败。即使是对“我们的业务是什么”这一问题最成功的回答，也会很快成为过去。[10]

在多部门的企业内，战略制定者应该确保每个业务部门都能履行各自的战略管理职责（有时被称为业务层战略），包括制定愿景和使命陈述。每个部门应该让自己的管理者和员工参与制定愿景和使命陈述，该陈述应与整个企业的使命保持一致并能为其提供支持。具有明确的使命和愿景的十个好处如表 2-5 所示。

表 2-5　具有明确使命和愿景的十个好处

1. 向所有管理者和员工阐明目标。
2. 为其他所有战略规划活动奠定基础，包括内外部环境评价、设定目标、制定战略、选择战略、设计战术、创建组织结构、分配资源和评价业绩。
3. 指明方向。
4. 为所有利益相关者提供关注焦点。
5. 解决管理者之间存在的分歧。
6. 促进管理者和员工之间达成共识。
7. 向所有利益相关者突出价值和目标。
8. 有助于建立一个有组织、有动力、值得支持的企业。
9. 实现更好的企业业绩。
10. 使所有管理者和员工同心协力。

那些没有制定全面且鼓舞人心的使命陈述的企业会失去向当前和潜在利益相关者展示自己的良机。所有企业都需要顾客、员工和管理者的支持，大多数企业还需要债权人、供应商和分销商的支持。愿景和使命是企业与重要的内外部利益相关者有效沟通的工具，其在战略管理中的重要性和主要价值源于对企业最终目标的规范化。愿景和使命陈述凝聚了公司内部所有员工、管理者和外部支持者的共同期望，宣示了公司向客户提供产品或服务的长期承诺以及负责任的道德行为。

制定愿景和使命的过程

应该让尽可能多的管理者参与制定这些陈述，因为通过亲身参与，管理者会更深切地感受到对企业的责任。广泛采用的一种方法是，首先，挑选一些有关使命陈述的文章作为背景材料发给管理者，要求他们研读；其次，要求每位管理者独立撰写愿景和使命陈述并提交给上级，专门机构或由高管组成的委员会综合大家提交的使命陈述形成企业使命陈述的初稿；再次，将初稿分发给所有管理者，征求修改意见；最后，召开会议形成最终文本。在这一过程中，管理者参与投入得越多，企业就越容易获得他们对其他战略管理活动的支持。因此，制定愿景和使命陈述的过程为战略制定者提供了一个非常好的赢得员工支持的机会。

在制定愿景和使命时，一些企业采用小组讨论的方式来拟定和修改；一些企业则聘请外部专家或专业人员管理制定过程，并帮助起草。有时，外部人士身份中立，可避免偏见或思维定式，在管理制定使命陈述过程方面比企业内部团队或管理者委员会更有效。

当遵循有效管理过程时，开发使命陈述能在企业和员工之间创造情感纽带，形成使命感。因为对公司战略的口头认同和理性承认并不一定能形成情感纽带，战略未必能得到有效执行。只有当员工发自内心地接受企业潜在的价值和行为，并将理性承认与承诺转变为使命感时，情感纽带才会形成。让营销人员和销售代表参与制定使命陈述，并从客户的角度撰写陈述，可以使公司与客户建立情感联系，增加销售人员担负提供优质客户服务使命的可能性。

2.8 撰写和评价使命陈述

使命陈述应提供应有的信息和内容，而不是仅仅涉及产品或员工。为什么？因为使命陈述应该激励利益相关者采取行动，使命要以客户为导向，信息丰富、鼓舞人心且经久不衰。

提高撰写和评价使命陈述技能的最佳途径可能是研究真实的企业使命。表2-6提供了对好时公司（Hershey）实际使命陈述的逐项评价。好时公司的陈述过于简短，而且过于模糊，缺少了九个要素中的六个。

表2-6 两份被评论的使命陈述

好时的实际使命陈述（释义）

我们每天都给世界（3）带来好时幸福（6）的甜蜜时刻（2）。

（作者评论：陈述缺乏六个要素：顾客（1），技术（4），生存、发展、盈利能力（5），独特竞争力（7），关注公众形象（8），关注员工（9））

拟提出的好时使命陈述

我们的目标是为全球（3）所有年龄段和拥有不同生活方式的消费者（1）提供高质量的巧克力、糖果和零食（2）。我们打算使用机器人和商业分析（4）增强和扩大产品供给（5）。我们致力于支持公司业务所在的所有社区（8），特别是帮助米尔顿好时学校的孩子们（6）。通过友好和训练有素的员工（9），我们为世界各地的消费者提供最好的巧克力。幸福与好时同在（7）！

关键：使命陈述要素

1. 顾客
2. 产品或服务
3. 市场
4. 技术
5. 关注生存、发展与盈利能力
6. 理念
7. 独特竞争力
8. 关注公众形象
9. 关注员工

资料来源：Based on information at the various corporate websites.

再次强调，使命陈述应从顾客角度撰写。表2-7给出了四家公司修改后的使命陈述，这些陈述包括先前提出的十个特征和九大要素。使命陈述应提高顾客满意度，特别是营销人员与顾客沟通并得到公司对履行使命的承诺支持后更应如此。例如，鞋业公司卡骆驰（Crocs）的使命谈到"经久可靠、持久舒适"，而联合包裹服务公司（UPS）的使命陈述谈及"世界上最及时、最可靠和最准确的交货时间"。

表2-7 四份修改过的使命陈述

括号内的数字与九大要素相一致

来爱德（Rite Aid）

我们的使命是为美国（3）各个年龄阶段的人（1）提供最佳的药店体验。我们有一个最先进的信息系统（4），能及时向药剂师（9）提示任何可能的药物反应，从而更好地确保客户的安全（8）。我们决心通过健康计划来改善顾客的整个身心状态（5）。通过与GNC（2）的合作，我们提供其他美容产品、食品、饮料、化妆品和维生素等。我们视顾客为亲人（6），竭诚维护“最人性化药店”的声誉（7）。

百思买（Best Buy）

我们致力于以零售商店中最低的价格（7）为个人和企业（1）提供最新的高科技产品（2）。所有百思买员工（9）对产品都非常了解，他们服务于北美、中国和世界其他市场（3）。我们笃信“好伦理就是好生意”（6），加强商务分析（4）以更好地了解顾客偏好和消费趋势。我们尽力为股东谋取利润（5），努力成为社区好公民（8）。

联合包裹服务公司

我们致力于提供世界上最及时、最可靠的包裹和货运代理递送服务（2）。通过实施最新的跟踪技术（4），我们能够确保个人业务和企业业务（1）时间的交付可靠准确（7），实现有盈利的增长（5）；我们从内部提升所有员工的士气（9）；我们的理念（6）是成为行业典范，负责任地平衡顾客、员工、股东和社区（8）的需求。

卡骆驰公司

卡骆驰致力于使生产的所有鞋（2）都非常舒适、休闲和新潮。通过我们的Croslite塑形技术（4，7），为男士、女士和儿童提供可靠和持续的舒适。我们努力在世界各地（3）扩大品牌影响力，并通过简化包装节省成本（5）以保护环境（8）。我们秉持这样的信念：好伦理就是好生意（6）；我们尽力回报股东，竭力善待员工。

资料来源：Reprinted with permission from Fred. R. David，“Mission Statement Theory and Practice：A Content Analysis and New Direction，” *International Journal of Business*，*Marketing*，*and Decision Sciences* 7，no. 1（Summer 2014）：95–109.

对战略管理者的启示

图2-2显示，建立和培育一个有效的愿景和使命是获得和保持竞争优势重要的第一步。企业通过吸引和留住顾客而获得成功，通过独特的体验、产品和/或服务为顾客提供价值。企业培养自身的独特性，恰如使命陈述中的“独特竞争力”。营销人员不断评估顾客不断变化的需求，企业据此对产品（服务）的设计和交付做适当调整，以保持竞争优势。制定和传递清晰的商业愿景和使命至关重要，否则企业的短期行动可能会对长期利益产生反作用。明确的愿景和使命为所有后续活动指明方向，这些活动需要顾客、员工和股东同时担负“使命”，这样公司才能取得成功。

愿景和使命声明不是漂亮话，而是切实为战略和行动奠定基础。它们揭示了企业为何开业、销售员为何销售、顾客为何购买以及员工为何工作。理想的愿景和使命陈述是公司背后的热情、员工士气的基石、顾客忠诚的基础。企业应从顾客视角出发撰写愿景和使命陈述，注意以口头和书面方式与客户交流，由此来吸引和留住顾客。愿景和使命的确重要！业务员跑项目、管理者做决定，心中都应想着公司的愿景、使命和资源。管理者每天努力工作以激励员工，高管们肩负着向利益相关者展示公司优势的使命。明确的愿景和使命可以使战略制定者在公司获得、维持和扩大其顾客群并创造竞争优势的过程中发挥引领作用。

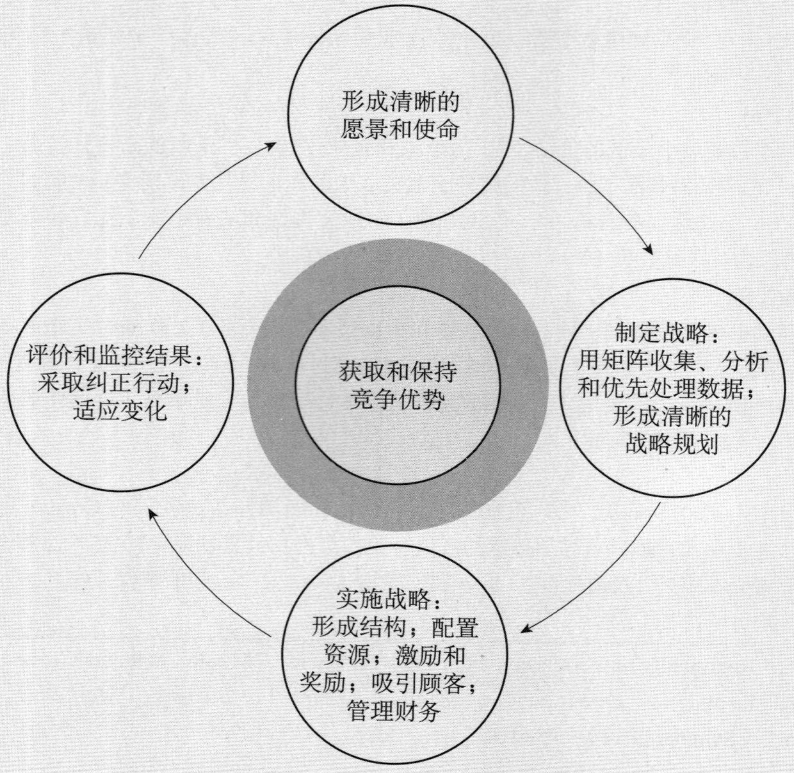

图 2-2 如何获取并保持竞争优势

对学生的启示

获取和保持竞争优势对于战略管理至关重要。因此，学生在分析案例中的公司愿景和使命时要确保涉及“独特竞争力”这一要素。将推荐的公司愿景和使命陈述分别与公司现有陈述和竞争对手的陈述做比较，以清楚地解释你的建议或战略规划如何帮助公司获取和保持竞争优势。当然，建议的使命陈述应该包括九大要素和十大特征，但焦点是竞争优势。换言之，要从如何让公司最好地获取和保持竞争优势的视角审视整个愿景和使命陈述，使其具有规范性、前瞻性和洞察性。若能根据九大要素将自身的愿景使命与竞争对手做比较分析固然好，但不要满足于此。

本章小结

每个企业都有其独特的存在目的和理由。这种独特性应该在愿景和使命陈述中得到体现。愿景和使命的性质在一定程度上可反映企业竞争地位的优劣。一旦战略制定者、管理者和员工制定并传播了明确的愿景和使命，企业应能获得对自身存在目的的深刻感悟。德鲁克曾言，制定明确的愿景和使命，是“战略制定者的首要职责”。

好的使命陈述应该揭示出企业的顾客、产品或服务、市场和技术，关注企业的生存、发展与盈利能力、理念和独特竞争力，关注公众形象和员工。这些要素构成了评价和撰写使命陈述的实际框架。作为战略管理的第一步，愿景和使命为所有战略规划活动指明了方向。正如接下来在微案例中所指出的，即使是安德玛（Under Armour），它的愿景和使命陈述也可以改进。

精心设计愿景和使命陈述对制定、实施和评价战略至关重要。制定和传播愿景和使命是战略管理过程中最容易被忽视的任务。没有明确的愿景和使命，公司的短期行为会与长期利益发生冲突。愿景和使命陈述应该在不断修订中形成，若能精心准备则很少需要做大的改动。通常，企业每年应重新审视愿景和使命陈述，而有效的使命陈述应经得起时间的考验。

愿景和使命陈述是战略制定者的重要工具，保时捷的前任 CEO 彼得·舒尔茨（Peter Schultz）用一个小故事作为例证：

> 有三个人在同一个建筑工地做同样的工作。但是，当问及从事何种工作时，每个人的答案却各不相同。第一个人回答“碎石”，第二个人说“谋生”，第三个人则回答“协助建教堂”。我们中很少有人能够独自建教堂，但是，意识到自己在建教堂能够让我们感受到工作的价值。好的战略制定者和明确的使命能够帮助我们发现那些隐含在令人沮丧的枯燥事务和无谓事业中的“教堂”。[11]

关键术语与概念

关注员工（concern for employee）
关注公众形象（concern for public image）
关注生存、发展与盈利能力（concern for survival，growth，and profitability）
核心价值观陈述（core value statement）
纲领（creed statement）
顾客（customer）
独特竞争力（distinctive competence）
市场（market）
使命陈述（mission statement）
使命陈述构成要素（mission statement component）
理念（philosophy）
产品或服务（product or service）
调和性（reconciliatory）
利益相关者（stakeholder）
技术（technology）
愿景陈述（vision statement）

复习讨论题

2-1　本章的模范战略管理者是联邦快递公司创始人兼 CEO 弗雷德里克·史密斯。你认为史密斯的个人愿景陈述会或应该与他的公司愿景陈述密切相关吗?

2-2　本章的“伦理视点”是关于脸书改变其使命使之更加合乎伦理。你认为脸书 CEO 马克·扎克伯格的个人使命陈述会或应该与他的公司使命陈述密切相关吗?

2-3　“考虑到上市公司的生存、发展与盈利能力，股东们常常期望每年收入至少增长 4%。”解释为什么这句话是真的。

2-4　解释与愿景陈述相关的 5-out-of-5 测试。

2-5　在网站 http：//www. themarketingblender. com/vision-mission-statements/ 中，将愿景定义为“梦想的部分”，将使命定义为“正在做的事情”。这种区别的有效性如何?

2-6 讨论愿景和使命文件对管理者的相对重要性（与员工、顾客和股东相比）。

2-7 定义调和性，并举例说明在使命陈述中如何实现这一特性。

2-8 使命陈述的哪个部分最能揭示公司的竞争优势？请举例说明。

2-9 请评论斯托克斯眼科诊所（Stokes Eye Clinic）的愿景（“我们的愿景是保护你的视力”）。

2-10 对于大学而言学生是顾客。从顾客角度写一句话，使其能包含在所在大学的使命陈述中，以揭示大学的市场因素。

2-11 一些优秀的兼顾九大要素的使命陈述只由两句话组成。选择一家公司，用两句话表述其使命陈述。

2-12 你认为一家公司如何能够最好地将公司使命与员工使命进行匹配？

2-13 使命陈述还有什么其他表述形式？你有可能在哪里找到一家公司的使命陈述？

2-14 如果公司没有愿景或使命陈述，请设计一个开发这类文件的流程。

2-15 解释使命陈述如何能够帮助解决公司管理者之间的分歧。

2-16 德鲁克认为公司重新审视自身愿景 / 使命的最佳时间是取得成功的时候，为什么这么说？

2-17 解释为什么使命陈述中不应该包括资金数量、人数、百分比、比例、目标或者目的。

2-18 讨论以下陈述的含义：“好的使命陈述明确了公司产品能够给顾客带来的好处。”

2-19 辨析使命陈述中的“独特竞争力”和“理念”。为所在的大学分别举一个例子。

2-20 在某人或某家公司迈向成功的成长过程中，很多时候都不能停下来。根据重要程度列举在迈向成功过程中的三件事情。

2-21 对比愿景陈述和使命陈述在构成和重要性方面的区别。

2-22 本地的服务站是否需要书面的愿景和使命陈述？为什么？

2-23 为什么具有明确使命的公司收益可能会偏高？具有明确陈述是否会带来高绩效？

2-24 你所在大学的独特竞争力是什么？如何将其纳入使命陈述？

2-25 阐释愿景和使命陈述的主要价值。

2-26 为什么调和性在使命陈述中非常重要？

2-27 在你看来，撰写使命陈述时应当包含的最重要的三个方面是什么？为什么？

2-28 如何区分营利性组织和非营利组织的使命陈述。

2-29 选择一家公司，为其撰写愿景和使命陈述。

2-30 你在当地办理业务的银行的主要股东有哪些？其主要观点是什么？

2-31 列举具有明确使命陈述的八个好处。

2-32 一家公司的愿景和使命陈述应该多长时间更换？

2-33 哪四个特征可以用来评价愿景陈述的质量？

2-34 解释核心价值观在建立愿景和使命陈述中的重要性。

2-35 根据作者的观点，使命陈述的三个最重要的组成部分是什么？

实践练习

第一组：可口可乐公司的战略规划

练习 2A

为可口可乐公司制定改进的愿景陈述

目的

可口可乐的愿景陈述载于其网站 http：//www. coca-colacompany. com/our-company/mission-vision-values。本练习评估可口可乐的愿景陈述，并为其制定改进的陈述。

步骤

步骤 1　阅读配套案例（见第 1 章）。登录可口可乐网站，点击“我们的公司”，再点击“使命”、“愿景”和“价值观”，找到公司的愿景陈述，并将该文档复制到桌面。

步骤 2　按照本章提出的指南，为可口可乐撰写新的（改进的）愿景陈述。

步骤 3　解释你的愿景陈述，为什么它比公司原有的更好？

步骤 4　把你的陈述发给老师供评估。

练习 2B

为可口可乐公司制定改进的使命陈述

目的

可口可乐的使命陈述载于其网站 http：//www. coca-colacompany. com/our-company/mission-vision-values。本练习评估可口可乐的使命陈述，并为其制定改进的陈述。

步骤

步骤 1　参见配套案例。登录可口可乐网站，点击“我们的公司”，再点击“使命”、“愿景”和“价值观”，找到公司的使命陈述，并将该文档复制到桌面。

步骤 2　按照本章提出的指南，为可口可乐撰写新的（改进的）使命陈述。

步骤 3　解释你的使命陈述，为什么它比公司原有的更好？

步骤 4　把你的陈述发给老师供评估。

练习 2C

比较可口可乐公司和其竞争对手的使命陈述

目的

使命陈述是战略管理的一个组成部分，因为它为制定、执行和评价战略提供指导。本练习训练评估使命陈述——这是写好使命陈述的必备技能。可口可乐的使命陈述载于可口可乐网站 http：//www. coca-colacompany. com/our-company/mission-vision-values。

步骤

步骤 1　在文字处理文档中，准备一个 9 × 2 矩阵。在左侧第一列中写出使命陈述的九个要素，文档的顶部有两列，一列是可口可乐，另一列是百事或胡椒博士。

步骤 2　在矩阵的每个单元格中写包括或不包括，以表明你认为每个特定的使命陈述是否包括从顾客的角度撰写的使命陈述要素。为你的观点辩护。

步骤3　把你的文件发给老师供评估。

第二组：你所在大学的战略规划

练习 2D

比较所在大学和其竞争机构的愿景和使命陈述

目的

大多数院校都拥有自己的愿景和使命陈述。本练习比较愿景和使命陈述的有效性。将你所在院校与竞争机构进行比较。

步骤

步骤1　确定你所在院校是否有愿景或使命陈述。可以浏览相关网页或大学手册。根据本章提出的概念，分析你所在院校的愿景和使命陈述。

步骤2　将你所在院校的愿景陈述和使命陈述与其主要竞争机构相比较。

步骤3　根据本章所示的十个特性和九大要素，将对陈述所做的分析总结在一页纸上。

第三组：你自己的战略规划

练习 2E

为自己制定愿景和使命陈述

目的

个人的愿景和使命陈述有助于与工作有关的决定和生涯规划。本练习从个人角度制定和撰写愿景、使命陈述。大多数即将毕业的大学生会面临择业决策。制定愿景和使命陈述迫使个人考虑其能力的性质和范围，评估未来工作机会的潜在吸引力。愿景和使命陈述概括地描绘了一个人的未来方向，作为一种激励力量不断提醒自己每天早起努力工作。

步骤

步骤1　为自己制定职业愿景陈述。陈述应回答："在未来的3～5年内，在职业和个人方面，我想成为怎样的人？"

步骤2　为自己制定职业使命陈述。陈述应回答："在未来的1～3年，在职业和个人方面，我想实现哪些目标？"

第四组：个人与群体的战略规划

练习 2F

使命陈述中每个构成要素的相对重要性如何？

目的

研究表明，使命陈述应包括所有九大要素才最有效。对于部分公司或组织来说，某些要素可能比其他要素更重要。本练习揭示了九大要素相对重要性的排序，此顺序基于本书作者的经验。

本练习检查学生对使命陈述的理解程度。此外，还检验个人决策是否优于群体决策。学术研究表明，大约在80%的情况下，群体决策优于个人决策。

说明

按其相对重要性排列九大使命陈述要素（1= 最重要，9= 最不重要）。首先，作为单独的个体对要素排序；然后，三人一组对要素排序。确定哪个个体和小组与专家的排序最接近。在战略规划中，本练习可以检测个人决策与群体决策的相对有效性。

步骤

1. 填写表 2–8 中的第 1 列，给出个人对九大要素相对重要性的排序。例如，如果觉得顾客要素是第 5 重要的，那么在顾客旁边的第 1 列中填 5。
2. 填写表 2–8 中的第 2 列，给出群体对九大要素相对重要性的排序。
3. 填写表 2–8 中的第 3 列，给出专家对九大要素的排序。
4. 填写表 2–8 中的第 4 列，即第 1 列和第 3 列之间的绝对差值，看个人表现如何。（注：绝对差值不考虑负数。）
5. 填写表 2–8 中的第 5 列，即第 2 列和第 3 列之间的绝对差值，看小组表现如何。
6. 分别对第 4 列、第 5 列求和。
7. 比较第 4 列总和与第 5 列总和。如果第 4 列总和小于第 5 列总和，表明个人表现更好。通常，小组决策优于个人决策，若你比小组做得更好，说明你非常优秀。
8. 个人获胜者：第 4 列总和最低者。
9. 小组获胜者：第 5 列总和最低者。

表 2–8　使命陈述分析：比较个人决策与群体决策

要素	第 1 列	第 2 列	第 3 列	第 4 列	第 5 列
1. 顾客					
2. 产品					
3. 市场					
4. 技术					
5. 关注生存、发展与盈利能力					
6. 理念					
7. 独特竞争力					
8. 关注公众形象					
9. 关注员工					
总计					

微案例：福特汽车

评估福特的未来愿景和当前使命

福特汽车公司的总部设在密歇根州迪尔伯恩，它是仅次于通用汽车的美国第二大汽车制造商，也是全球第五大汽车制造商。由于电动汽车在世界范围内受到青睐，福特正在考虑改变它的愿景和使命。公司预计不久的将来在美国任何加油站既可加油也可充电。福特在电动产品方面落后于几乎所有的汽车制造商，既有优势日渐衰退。现在上述加油或充电的场景在世界的一些地区已经成为现实。福特未来的生存可能取决于对愿景和使命的评估。

当前愿景陈述

成为一家精益求精的全球企业，成为移动出行的领导者；一起工作，使生活更美好。

拟提出的愿景陈述

通过创新成为全球汽车行业的领导者，服务于顾客、员工和环境。

重点：愿景陈述特征

1. 清晰：揭示行业类型。
2. 面向未来：揭示五年内要努力达成的目标。
3. 简明：最好用一句话概括。
4. 独特：展示公司的竞争优势。
5. 鼓舞人心：激励读者支持公司。

拟提出的使命陈述

福特汽车公司致力于成为全球汽车行业的领导者（3），以高质量的创新（2）满足顾客的需求（1）。我们致力于适应包括电动车电池在内的最新技术（4，7），通过交通（6）促进变革和社会互联。训练有素的专业人员（9）可使公司持续增长和盈利（5），同时在社区中切实履行对环境负责和可持续发展的承诺（6，8）。

关键：使命陈述要素

1. 顾客
2. 产品或服务
3. 市场
4. 技术
5. 关注生存、发展与盈利能力
6. 理念
7. 独特竞争力
8. 关注公众形象
9. 关注员工

问题

1. 福特公司拟提出的愿景陈述在哪三个方面比当前的愿景陈述要好？当前的或建议的陈述是否符合 5-out-of-5 测试？如果没有，准备一份新的陈述。

2. 评估福特公司拟提出的使命陈述在多大程度上符合十个特征及九大要素。

资料来源：Based on information at http：//corporate. ford. com/company. html?gnav=footer-aboutford, coupled with a variety of other sources.

3 外部分析

本章目标

学完本章，应能做到以下几点：

- 阐述战略制定中外部分析的性质和目的。
- 识别和讨论影响组织的十个主要外部因素。
- 解释波特五力模型及其与战略制定的相关性。
- 阐述识别机会和威胁信息的关键来源。
- 讨论预测工具和技术。
- 解释如何建立和使用外部因素评价矩阵。
- 解释如何建立和使用竞争态势矩阵。

实践练习

在本章末有以下练习：

第一组：可口可乐公司的战略规划

练习 3A：为可口可乐公司建立外部因素评价矩阵

练习 3B：为可口可乐公司建立竞争态势矩阵

第二组：你所在大学的战略规划

练习 3C：为所在大学建立外部因素评价矩阵

练习 3D：为所在大学建立竞争态势矩阵

第三组：提高就业能力的战略规划

练习 3E：你所在城市在找工作方面竞争力有多大?

练习 3F：比较 CareerBuilder，Glassdoor，Monster Jobs 和 ZipRecruiter

练习 3G：能力测试模板
第四组：个人与群体的战略规划
练习 3H：战略规划中最重要的外部力量是什么？

公司和组织需要不断处理外部不确定因素，必须迅速适应变化才能生存，恰如以下故事所示：

> 曾有两位公司总裁在同一行业中竞争。为讨论可能的合并两位总裁决定去野营，他们徒步来到树林里。突然他们看到一只灰熊正咆哮着抬起前腿。一位总裁立即放下背包拿出跑鞋。另一位说："嘿，你不可能跑过那只熊。"对方回答说："也许我跑不过熊，但我肯定能跑过你！"

如图 3-1 所示，本章重点介绍**外部分析**（external audit）（有时称为**行业分析**（industry analysis）），同时给出管理外部不确定性的概念和工具。外部分析聚焦于识别和评价超出企业控制能力的外部趋势和事件，如国外竞争加剧、人口向美国南部阳光地带迁移、人口老龄化加剧、社交媒体革命等。外部分析揭示了组织面临的关键机会和重大威胁，管理者在制定战略规划时应利用机会，减轻或消除威胁。

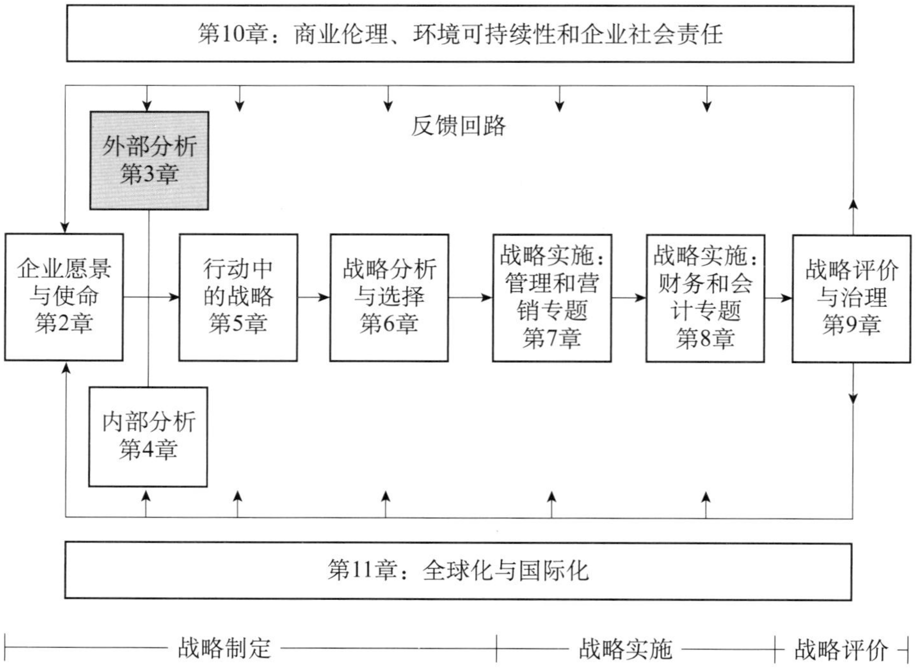

图 3-1 战略管理综合模型

资料来源：Fred R. David，"How Companies Define Their Mission，" *Long Range Planning* 22，no. 1（February 1989）：91.See also Anik Ratnaningsih，Nadjadji Anwar，Patdono Suwignjo，and Putu Artama Wiguna，"Balance Scorecard of David's Strategic Modeling at Industrial Business for National Construction Contractor of Indonesia，" *Journal of Mathematics and Technology*，no. 4（October 2010）：20.

本章提供一套收集、理解和分析外部信息的方法，介绍战略管理的产业组织观点。具体而言，本章的前三分之二从获取信息的内容、地点、方式和原因等方面提出外部机会 / 威胁问题；后三分之一解释如何建立和使用外部因素评价（EFE）矩阵和竞争态势矩阵（CPM），理解所有机会 / 威胁因素 / 信息。

本章介绍的模范战略管理者为本·西尔伯曼（Ben Silbermann），他是一家颇受欢迎的社交媒体公司拼趣（Pinterest）的联合创始人兼CEO。在识别外部机会和威胁、制定有效战略方面，西尔伯曼表现突出。

模范战略管理者 **本·西尔伯曼：拼趣公司联合创始人兼CEO**

截至2018年，拼趣的估值超过130亿美元，拥有约2亿用户，其用户已在钉板上“锁定”超过1 100亿个创意。在CEO兼战略制定者本·西尔伯曼的带领下，拼趣成为全球发展最快的公司之一。拼趣网站（www. pinterest. com）可免费使用，各语种版本近30个。拼趣总部位于旧金山，拥有约900名员工。数百家公司在拼趣上做广告，并在钉板上“锁定”它们的产品和服务。拼趣网站是视觉开发、收集和存储工具，其中60%的用户为美国人，40%的用户为其他国家的人。成千上万的企业和业务人员使用拼趣访问从拼趣客户那里收集到的数据。有趣的是，拼趣客户中约80%为女性，年龄通常在35～44岁。西尔伯曼已将拼趣变成全球广告商和零售商的数据金矿，他表示拼趣“才刚刚开始理解”社交媒体如何影响消费者的生活。现在，他正在同一家创新企业一起谋划开拓新业务。拼趣对其处理的交易不收取任何佣金，也无意上市筹集资金。不上市的一大好处是可保持公司业务、财务和营销的私密性，避免竞争对手模仿和复制拼趣的战略和产品。

资料来源：Erin Griffith，“Ben Silbermann,” *Fortune*，（September 1–17，2017）：69.Also，http：//fortune. com/2015/07/13/pinterest-ceo-ben-silbermann/.

3.1 战略制定的外部分析阶段

外部分析的目的是形成一张清单，涵盖对公司有利的有限机会和应该避免的威胁。注意定语“有限”，这表明外部分析绝非找出所有可能影响公司的机会，而是识别出能够**实际回应**（actionable response）的关键因素。公司能够制定战略，主动或被动地回应这些因素，从而利用外部机会发挥优势，或使潜在威胁的影响最小。图3–1展示了如何将外部分析引入战略管理过程中。

关键外部因素

十大**外部因素**（external force）可以分为五类：（1）经济；（2）社会、文化、人口和环境（SCDE）；（3）政治、政府和法律；（4）技术；（5）竞争。图3–2展示了这些因素和组织之间的关系。外部趋势和事件会显著影响全球的产品、服务、市场和组织，这些趋势和事件包括：日益增加的大数据安全问题；消费者不断变化的个性化需求；发展中国家学习使用在线服务；等等。

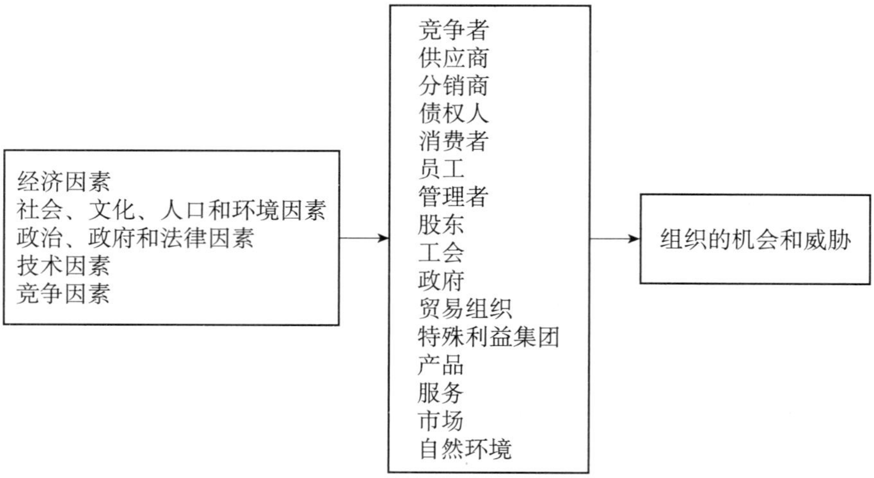

图 3-2　组织和关键外部因素的关系

可操作 - 可量化 - 可比较 - 部门化（AQCD）测试

在确定战略规划中的关键外部因素及其优先顺序时，请确保所选择的因素尽可能符合以下四个标准：

1. 可操作（有意义且有助于确定公司最终应考虑采取的行动或策略）。
2. 可量化（尽可能包括百分比、比率、美元（货币）和数字）。
3. 可比较（揭示随时间的变化）。
4. 部门化（与公司的产品和 / 或地区（而不是合并）有关，因此可以推断出哪些产品和地区表现良好）。

满足上述四个标准的因素被认为通过“可操作 - 量化 - 可比较 - 部门化”（AQCD）测试，该测试用来衡量外部因素的质量。除通过 AQCD 测试外，还应确保外部因素确实是外部因素（非内部因素），确保将外部因素（特别是机会）表述为外部趋势、事件或事实，而不是将其视为企业追求的战略。此外，确保外部因素与企业实现其使命（机会）或阻碍其使命的实现（威胁）密切相关。选择纳入外部评价的因素应该由使命驱动。

关于 AQCD 标准，应努力将所有高质量因素纳入企业的外部分析。满足 3 ～ 4 条 AQCD 标准可称为高质量因素，否则为低质量因素。进行外部分析时，要对事实进行搜寻以确保尽可能多的因素通过 AQCD 测试。尤其重要的是，陈述外部因素时尽可能用可操作、可量化、可比较和部门化的术语。

为进一步说明这一重要概念，下面的表格给出了沃尔玛的高质量和低质量外部因素。

外部因素的变化也影响了产品和服务的消费需求。外部因素影响了企业的产品研发类型、市场细分和定位、企业提供的服务，以及企业兼并或出售的选择。外部因素直接影响了供应商和分销商，因此，识别和评价外部机会和威胁能够帮助企业明确愿景和使命，设计实现长期目标的战略，制定实现年度目标的各项政策。

	因素的标准			
	可操作	可量化	可比较	部门化
高质量外部因素				
2018 年在线零售杂货店销售量从 12%增长到 16%	是	是	是	是
低质量外部因素				
2018 年顾客平均可支配收入大幅增加	否	否	否	否

➡ 3.2 影响组织的十大外部因素

经济因素

经济因素对各种战略的潜在吸引力有直接影响。经济变量的一个例子是“美元价值”，它可能对跨国公司的财务业绩产生重大影响，海外销售额高的美国公司如麦当劳就受到强势美元的伤害。如果美元相对于某国货币升值 10%，在当地收入 1 亿元的美国公司兑换美元后将减少 1 000 万美元。反之，对于在美国销售额相对较高的外国公司而言，强势美元可以提振市场。强势美元也可使美国公司以更低的成本从他国购买原材料。然而，2018 年年初美元对外币汇率接近 3 年低点。

有利的经济形势对公司是好兆头。通常，经济增长可以降低失业率，增强消费者信心，增加可支配收入。国际货币基金组织发布的《世界经济展望》(*The World Economic Outlook*) 预测，全球经济将加速发展；2018—2021 年期间大多数主要经济体有小幅增长(增长率约为 3.6%)。[1]

表 3-1 提供了几类常用的经济变量，组织经常会产生 AQCD 机会和威胁。在进行战略规划或案例分析时，必须尽可能在 AQCD 术语中说明经济因素，以便使其在战略规划中发挥作用。表 3-1 总结了代表企业机会和威胁的常用经济变量。

表 3-1　需要监控的关键经济变量

向服务经济转型	不同类别商品和服务的需求变化
信用水平	不同地区和消费群体的收入差距
可支配收入水平	价格波动
居民消费偏好	国外的经济条件
利率	货币和财政政策
通货膨胀率	股市走势
国内生产总值(GDP)趋势	国家和州的税率变化
消费模式	欧盟政策
失业趋势	石油输出国组织政策
全球市场的美元价值	
进口 / 出口因素	

社会、文化、人口、环境（SCDE）因素

社会、文化、人口和环境的变化几乎对所有产品、服务、市场和消费者都有重大影响。所有产业的企业，无论规模大小、是否为营利性的，都面临着社会、文化、人口和环境变量变化带来的机遇和挑战，这些因素正在塑造人们生活、工作、生产以及消费的方式。新趋势正在改变消费者需求，因此也产生了对新产品、新服务和新战略的需要。例如，美国消费者现在偏好空间更大、用途更多的小轿车而不是厢式轿车。为应对这一趋势，福特汽车投资了70亿美元用于开发利润率更高的卡车和运动型多用途汽车（SUV），并宣布计划在北美重新推出 Ranger Trust 和 Bronco SUV。[2]

在美国食品行业，人们对经过加工的包装食品的需求在下降，因为消费者更偏好新鲜食品。像家乐氏这样的包装食品公司正在努力快速适应以缓解这种外部威胁。最近，家乐氏聘请了领导经验丰富的史蒂文·卡利亚内（Steven Cahillane）担任健康保健公司自然之宝（Nature's Bounty）的新任CEO。

消费者的口味和趋势在不断变化。人们逛商店的次数越来越少，越来越多地用手机和电脑来研究价格和促销活动，越来越多地转向网购和小型专卖店。因此，实体零售百货商店正苦苦挣扎，许多零售连锁店发展放缓或停止开店。[3]

美国（和世界）也在变老。到2030年，美国65岁及以上人口的占比将升至19%。对于餐馆、酒店、航空、邮轮、观光、旅游、制药、汽车制造等行业来说，老龄化趋势是个好消息，老年人特别需要医疗保健、金融理财、旅行、犯罪预防和休闲等服务。人口老龄化几乎对所有组织的战略方向都有影响。

表3-2罗列了经常为组织带来AQCD机会和威胁的SCDE变量示例。在进行战略规划和案例分析时，必须在AQCD条款中说明相关的SCDE因素，尽可能使其在战略规划中发挥作用。

表3-2 关键的SCDE变量

不同种族、年龄、地理区域的人口变化	社交媒体普及性
口味和偏好的区域性变化	对退休的态度
结婚数	能源消耗
离婚数	对产品质量的态度
出生人数	对客户服务的态度
死亡人数	污染控制
移民和移民率	对外国人的态度
社会保障计划	节约能源
预期寿命	社会项目
人均收入	社会责任问题

政治、政府和法律因素

政治、政府和立法者可以且往往会影响战略决策。联邦政府、州政府、地方管理部门和外国政府既是企业的主要监管者、管制解除机构和补贴者，又是雇主和客户。因此，政治、政府和法律因素对于大型或小型企业都是关键机会或威胁。政治预测对于严重依赖政府合同或补贴的产业和企业应该是外部分析中最重要的部分。例如，州政府和地方

管理部门所得税及财产税影响公司设在何处以及人们希望在何处居住。例如，美国有 9 个州的所得税为零，这些州分别是阿拉斯加州、佛罗里达州、内华达州、南达科他州、得克萨斯州、华盛顿州、怀俄明州、新罕布什尔州和田纳西州。政府立法还可以显著影响企业产品销往何处。

表 3-3 提供了经常对组织产生 AQCD 机会和威胁的政治、政府和法律变量的类别示例。在 AQCD 术语中必须说明政治、政府和法律因素，以使其尽可能在战略规划中发挥作用。地方、州和联邦法律、监管机构和特殊利益集团对大型或小型企业、营利性或非营利组织都具有重要影响，许多公司由于政治或政府因素而改变或放弃了原有的战略。如“伦理视点 3”所述，关于阿拉斯加石油勘探新的联邦立法既可能产生商机，也可能造成威胁并出现道德困境。

表 3-3　要监控的政治、政府和法律类别

自然环境法规	美国和其他国家的关系
不同国家的贸易保护主义行动	国外的政治条件
专利法的变化	全球原油价格变化
平等就业立法	地方、州和联邦法律
国防支出水平	进出口法规
组织工会趋势	关税，特别是针对钢铁和铝
反垄断法	地方、州和全美选举

伦理视点 3

阿拉斯加：保护野生动物，还是促进经济发展？

阿拉斯加是美国最大的野生动物保护区，也是占地超过 1 900 万英亩[①]的北极国家野生动物保护区所在地。在包括鸟类、北美驯鹿和北极熊在内的野生动物迁徙中，保护区发挥着重要作用，人们认为此地还有大量的石油储备。2017 年 12 月，国会投票批准在阿拉斯加的北极国家野生动物保护区进行勘探，以提高国家的能源独立性并扶持阿拉斯加的经济。然而，从伦理角度来看，荒野协会（Wilderness Society）北极项目主任洛伊斯·爱波斯坦（Lois Epstein）表示：“开放北极保护区沿海平原的石油租赁、勘探和生产令人无法接受，这严重威胁北极保护区在全球范围内具有重要意义的荒野和野生动植物的价值。”在进行外部战略管理分析时，必须权衡和判断诸如此类的情况。关于权衡决策在本章后面介绍外部因素评价（EFE）矩阵时再详细说明。你认为在保护区进行勘探的好处是否能抵消对北极野生动物的潜在危害？在国会讨论拟议的立法时，政府和环境官员正在考虑这个问题。如果是的话，必须做出哪些保证才能批准在保护区勘探？

资料来源：Based on Jim Carlton, “Interior Official Urges Arctic Drilling,” *Wall Street Journal*,（November 3，2017）：A3.

① 1 英亩 =4 840 平方码≈ 4 047 平方米。——译者

技术因素

各种新技术正在推动许多行业的创新并影响战略规划决策，包括物联网、3D 打印、预测分析、量子计算、机器人和人工智能等。企业正在使用移动技术和应用程序来更准确地预测客户趋势，使用高级分析来制定更优的战略决策。移动设备和社交媒体网站数据量的增幅之大令人惊讶。思科系统进入数据分析业务的主要原因是预计与物联网相关的硬件、软件和服务的销售额将从 2015 年的约 20 亿美元增加到 2020 年的 71 亿美元。高知特信息技术有限公司（Cognizant Technology Solutions Corp.）是一家从事 IT 和咨询服务的公司，该公司在一份报告中预测：因技术进步很快将出现 20 多个新的工作类别。

在线零售正在侵蚀传统零售业。瑞信（Credit Suisse）报告称，2017 年关闭的美国实体零售店比 2008 年经济衰退时都要多。2017 年美国在线零售额增长了 24%，因为消费者更偏好送货上门。这种技术趋势如此普遍，以至于沃尔玛 2018 年将其名称由 Walmart Stores，Inc. 改为 Walmart，Inc.。

技术进步影响制造业劳动力市场。高知特未来工作中心的负责人本・布林（Ben Pring）估计，未来 15 年内美国近 1 900 万个工作岗位将过时或因自动化技术被取代。[4] 在越南等国家使用廉价劳动力的情况发生了巨大变化，阿迪达斯正转向发达国家在“速度工厂”使用机器人生产。现在，阿迪达斯的“速度工厂”遍布全球，包括德国、美国、法国、中国和日本。从廉价人力到完全自动化的转变是鞋业发生的技术革命，在此之前阿迪达斯没有自己的工厂，而是委托全球 1 000 余家低成本企业为其生产。阿迪达斯的新战略是为了最终超越主要竞争对手耐克。

今天没有任何公司或行业能够阻止新兴技术的发展。在高科技行业识别和评估关键技术带来的机会和威胁可能是外部战略管理分析中最重要的部分。在进行外部评价时，必须在 AQCD 术语中说明与技术相关的因素，以使其尽可能在战略规划中发挥作用。技术进步以如下多种方式影响企业：

1. 极大地影响组织的产品、服务、市场、供应商、分销商、竞争对手、客户、制造流程、营销实践和竞争地位。

2. 创造新市场，使新产品和改进产品激增；改变在行业中的相对竞争力，使现有产品和服务过时。

3. 减少或消除企业间的成本障碍，缩短生产时间，创造技术技能，使员工、管理者和客户的价值和期望发生变化。

4. 创造比现有优势更强大的新竞争优势。

首席信息官（chief information officer，CIO）和**首席技术官**（chief technology officer，CTO）这两种职位在当今企业非常普遍。这种趋势反映了**信息技术**（information technology）在战略管理中的作用日益重要。首席信息官和首席技术官协同工作以确保企业在制定、实施和评价战略时能够随时随地获得所需信息，他们负责开发、维护和更新企业的数据库。其中，首席信息官的管理色彩更浓，而首席技术官更侧重技术，主要解决数据获取和处理、决策支持系统以及软硬件兼容等问题。

监控企业的在线评论已经成为一项繁重且必不可少的任务，特别是在社交媒体渠道（如推特）为授权客户提供支持的情况下。对于公司在互联网上的声誉，稍有疏忽就可能造成销售额迅速下滑。毕竟，当今消费者的常规操作是：不管购买多便宜的东西，都要先打开智能手机浏览在线评价。

竞争因素

可以说外部分析最关键的部分是明确竞争对手及其优势与劣势、能力、目标和战略。乔治·索尔克（George Salk）说："如果你的速度没有竞争对手快，就会处于弱势；如果你的速度只有竞争对手的一半，那已经出局了。"如"全球视点 3"所示，网飞（Netflix）比其竞争对手发展更快，但保持领先需要不断监控这些竞争对手正在做什么以及为何这样做。有关竞争对手的信息，请访问 www. owler. com。

全球视点 3

全球哪家公司发展最快?

这个问题的答案可能是网飞，一家追求全球迅速扩张的公司。仅在 2017 年第三季度，网飞就新增了 445 万国际用户，季度收入增长了 30%。网飞注重利用与全世界近 75 亿人相连的机会。众所周知，美国的人口略多于 3.2 亿，有数十亿外国人可能对美国本土公司的产品和服务感兴趣。因此，局限于美国国内市场是一种风险越来越大的战略，特别是当 2030 年世界人口将增长到约 86 亿，2050 年将继续增加到 98 亿，以及 2100 年将增长到 112 亿的情况下。

在充分利用外部机遇的同时，网飞也注意减弱外部威胁。某些内容所有者（如迪士尼公司）计划提供自己的电影和视频流服务，而不是与网飞合作。苹果公司也计划在 2018 年花费超过 10 亿美元来制作自己的原创内容。为应对这些威胁，网飞每年在内容上的花费超过 80 亿美元，远远超过竞争对手 Hulu、亚马逊和 HBO。网飞专注于签约创意人才并获得自己的知识产权。最近，公司收购了漫画出版商 Millarworld。除继续进行全球扩张外，网飞的长期战略还包括：持续进行国际扩张，减小对内容供应商许可计划的依赖，越来越多地关注获取原创内容。

资料来源：Based on Austen Hufford, "Netflix Subscriber Growth Surges," *Wall Street Journal*,（October 17, 2017）：B2.

几乎所有行业的竞争都很激烈，有时甚至很残酷。例如，在智能手机和个人科技行业中，GoPro 正努力维持市场份额。为了将产品与苹果和三星的最新智能手机摄像技术区分开来，GoPro 开发了一款名为 Fusion 的 360 度球形运动相机，该产品具有独特的全景捕捉功能，用户可以同时从各个角度拍摄照片。

有关竞争对手的关键问题如表 3-4 所示，这些问题对外部分析至关重要。参考美国竞争情报从业者协会（Society of Competitive Intelligence Professionals，SCIP）的正式定义，**竞争情报**（competitive intelligence，CI）是指企业为了自身的未来目标，在不违背道德的前提下，系统地收集、分析竞争态势和一般商业发展趋势的过程。与军队一样，商业中的优质竞争情报是成功的关键之一。主要竞争对手的劣势可能代表外部机会，其优势则可能构成主要威胁。

表 3-4 关于竞争对手的关键问题

1. 主要竞争对手的优势和劣势是什么?
2. 我们提供的哪些产品和服务在行业中是唯一的?

3. 主要竞争对手的目标和战略是什么？
4. 当前影响我们产业的经济、社会、文化、人口、环境、政治、政府、法律、技术和竞争因素，主要竞争对手最有可能如何应对？
5. 主要竞争对手承受本企业各种替代战略冲击的能力如何？
6. 本企业用备用战略抵抗主要竞争对手有效反击的能力如何？
7. 相对于主要竞争对手，公司在本产业中运用社交媒体沟通的能力如何？
8. 在何种程度上，新企业会进入，现有企业会退出？
9. 哪些关键因素导致我们目前在这个产业中的竞争地位？
10. 在本产业中，供应商和分销商之间的关系如何变化？

以合乎法律与道德的手段获取竞争情报的方法包括：

- 反向设计竞争对手的产品。
- 调查和访谈竞争公司的客户、供应商和分销商。
- 分析竞争对手的 10-K 表格。
- 打探竞争对手的运营状况。
- 搜索在线数据库和网站，例如 www. owler. com。
- 联系政府机构，获得有关竞争对手的公开信息。
- 监控相关的贸易出版物、杂志和报纸。
- 购买有关该行业所有公司客户的社交媒体数据。
- 聘请竞争对手的高层管理人员。

收集来自员工、管理者、供应商、分销商、客户、债权人和顾问的信息，可以将卓越或一般的能力与整体竞争力区分开来。组织的所有成员——从首席执行官到管理者——都是公司宝贵的情报收集人。成功的 CI 计划的特点包括灵活性、实用性、及时性和跨职能合作。CI 计划不是企业间谍活动，不应通过诸如贿赂、窃听和计算机黑客等不道德行为来获取。为保证网络安全以及避免被黑客利用，CI 计划必须确保公司员工不能访问与工作无关的数据和信息。

在进行外部分析时，应在 AQCD 术语中说明与竞争对手相关的因素，以使其尽可能在战略规划中发挥作用。

3.3 波特五力模型

哈佛商学院教授迈克尔·波特（Michael Porter）表示，企业应该努力在有吸引力的行业中竞争，避免进入弱势或摇摇欲坠的行业；同时，应充分了解有吸引力的行业内关键的外部因素。波特认为，在行业内的竞争定位是竞争优势的关键决定因素，据此他建立了“五力模型”。

波特的主要贡献之一是将注意力从仅针对少数竞争对手转移到更广泛的分析视域，包括来自当前竞争对手、潜在新竞争对手、替代产品、供应商和买家。通过向消费者提供超过成本的价值，可在五种力量所属的每个领域创造竞争优势。公司不能仅关注顶级竞争对手，重要的是检视五大力量中的供应商和其他因素，如何在所有商业交易中尽可能多地增加价值。

波特的模型也用于确定公司应进入哪些行业。通常，五种力量越强，行业利润越低。波特是看重外部而不是内部变量（力量）的倡导者。他认为，外部力量是竞争优势的更大驱动力，类似于潮汐的涨落；无论内部能力如何，都很难避免涨潮。五力模型还促使管理者关注决定竞争力的中长期因素而不是短期因素，短期因素如股票市场走势，谁赢得大选，甚至像恶劣天气一样等微不足道的事情，这些通常是专家们在电视上解释圣诞节销售放缓的借口。不是说短期因素不重要或影响不大，而是没有长期因素对竞争的影响那么大，正如五力模型所揭示的那样。

如图 3-3 所示，**波特五力模型**（Porter's Five-Forces Model）为决策者预防竞争对手提供了战略指导。按照波特的观点，既定产业的竞争本质上由五大力量构成：

1. 同行企业之间的竞争。
2. 潜在竞争对手的进入。
3. 潜在替代产品的开发。
4. 供应商的议价能力。
5. 消费者的议价能力。

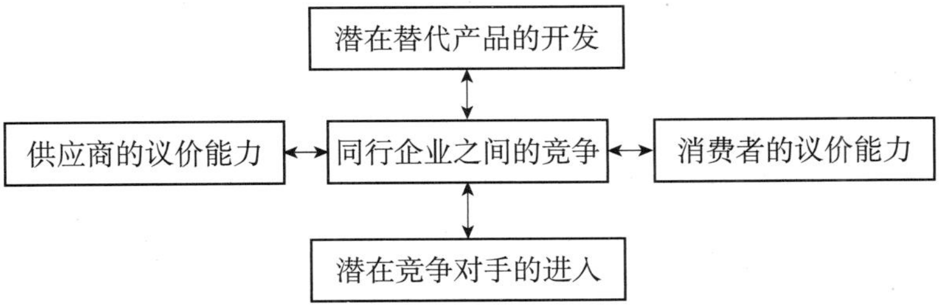

图 3-3 五力模型

同行企业之间的竞争

在五个竞争因素中，同行间的竞争作用往往最为显著，也是管理者最常分析的传统因素，还是受其他四个因素变化影响最大的唯一因素。只有当企业拥有比竞争对手更强的比较优势时，其战略才会成功。同行间的激烈竞争可能会降低行业整体利润，因为公司通常会降低价格或投入额外的广告费用以维持市场份额，从而将利润直接转移给五力模型中的消费者和其他参与者。如表 3-5 所示，同行间竞争加剧的原因很多，包括竞争对手数量的增加，以及竞争对手在规模和能力上变得更加接近等。

表 3-5 竞争企业间引发激烈竞争的条件

1. 竞争公司数量众多
2. 竞争企业规模相当
3. 竞争企业能力相近
4. 行业的产品需求迅速变化
5. 行业中降价很普遍
6. 消费者可以轻松转换品牌
7. 市场退出壁垒高

8. 市场进入壁垒低
9. 竞争企业固定成本高
10. 产品容易变质或具有较短的产品生命周期

随着同行竞争加剧，行业利润下降，甚至可能降到使该行业毫无吸引力的水平。企业在策略上的改变，如降价、提高质量、增加特色、提升服务、扩大担保范围和增加广告投放等，可能招致对手对抗性的报复，特别是当竞争对手觉得已不如人时。理想情况下应避免高竞争行业，最好能寻找拥有更有利的五个因素和竞争较小的行业，但说易做难。实际上，公司也可以通过为不同客户群提供差异化的产品来在类似行业或子行业中竞争。差异化可以帮助行业中的所有公司摆脱成本竞争，在各自更好地服务于目标客户的同时保持自身的利润。

潜在竞争对手的进入

无论何时，如果新公司能轻易进入某特定行业，现有公司可能面临市场份额降低的威胁。在这类行业中，公司的战略应该阻止新公司进入以防市场过度饱和。进入壁垒包括规模经济、技术和专业知识、强势品牌的声誉、消费者极高的忠诚度、绝对成本优势、高效的供应链、专业化的分销渠道、关键原材料的获取以及拥有专利。例如，汽车换油行业拥有较低的进入壁垒，而智能手机行业拥有较高的进入壁垒。

虽然存在众多进入壁垒，新企业还是凭借更高的产品质量、更低的价格和丰富的市场资源得以进入市场。当新公司威胁很大时，现有企业会设法捍卫和巩固自身地位，采取措施抵制新进入者。这些措施包括降价、扩大担保范围、增加产品特色、提供融资优惠等。新进入者可能使行业竞争加剧，行业利润降低。

潜在替代产品的开发

许多行业与替代品行业间的竞争非常直接。例如啤酒、葡萄酒和烈性酒；公共交通和轿车、出租车和自行车；天然气、电力和太阳能；玻璃瓶、纸制容器和铝罐。当消费者需求很容易被一种或多种替代品满足时，企业存在较大的威胁。替代品造成的竞争压力随着价格下降和消费者转移成本的降低而增强。

在消费者转向替代产品前，替代产品已为企业产品的价格设定了上限。价格上限等同于利润上限，使竞争变得更加激烈。例如，眼镜厂商面临来自激光眼科手术的竞争压力；糖生产商面临来自人造甜味剂的竞争压力；报纸和杂志面临来自互联网和24小时有线电视的竞争压力。通常，替代产品也可能来自意想不到的领域。例如，钻石生产商可能不会将相对便宜的“蜜月套餐”视为戒指的替代产品。这样做的底线是战略制定者必须控制替代产品的潜在威胁。

供应商的议价能力

供应商的议价能力是指供应商提高价格的能力，这种力量影响产业的竞争程度。当只有少数好的替代原材料，原材料购买转换成本特别高，行业不是供应商收入的关键来源，或只有很少的供应商时更是如此。

在某些情况下，通过后向一体化战略，企业可以获得对供应商的控制或所有权。当供应商不可靠、成本太高、无法满足企业持续需求，或仅仅因为议价能力太强时，这种战略最为有效。波音公司和空中客车这两家世界上最大的喷气式飞机制造商开始自己制造部分零部件，因为它们意识到过多的利润被设备供应商分走了。供应商应汲取的一个重要教训是，如果其客户有后向一体化的方法，最好重新协商价格。

总体而言，当供应商数量众多时公司处于更有利的地位。通常，以合理的价格、不断改进的质量、新服务的开发、及时交付和降低库存成本等来彼此配合，可实现供应商和生产商的最佳利益，从而提高彼此的长期盈利能力。在越来越多的行业中，零售商和供应商结成战略伙伴是为了：（1）降低研发和后勤的成本；（2）加速新一代产品配件的推出；（3）提高原材料的质量并降低损坏率；（4）为自身和供应商节约成本。[5]

消费者的议价能力

消费者的议价能力是指买方降低特定行业公司产品价格的能力。当公司所处的行业中消费者数量有限或消费者有多种选择时，其议价能力将成为影响行业竞争程度的主要因素。当消费者购买量很大或有较低的转换成本时，其议价能力就强。在下列情况下，消费者（买方）拥有议价能力：

1. 消费者转移到其他竞争品牌或者替代产品的成本较低。
2. 消费者对于商家来说特别重要。
3. 商家面临的消费需求下降。
4. 消费者了解各商家的产品、价格和成本。
5. 消费者对是否购买或者何时购买比较谨慎。[6]

当产品标准化或无差异时，消费者议价能力会更强。他们通过在价格、担保范围、配套实施方面提出更苛刻的条件以争取更多利益。只要消费者议价能力强，竞争对手就会通过提供延长保修期或特殊服务等手段争取顾客并提升顾客忠诚度。新车购买者经常会比较不同卖家之间的价格，并力争获得较低的价格和较多的额外服务。

根据波特的五力模型，公司间竞争的激烈程度因行业而异。表3–6给出了不同行业企业的平均营业利润率。注意各行业之间利润率差异很大，其中书店的利润率最低。竞争因素的综合影响在一些行业非常显著，从盈利的角度来看这些行业“已无吸引力”。战略制定者必须不断监控五种因素，以确定公司面临的新机遇和新威胁，并相应调整经营战略。

表3–6　行业间的竞争性

行业	平均营业利润率（%）
银行	30.8
酒店	18.4
制药	8.7
石油天然气开采	7.5
香水 / 化妆品	7.1

续表

行业	平均营业利润率（%）
通信	6.1
食品生产	5.4
机械/建筑	4.9
造纸	4.9
书店	2.9

消除竞争是可行的，在竞争激烈的行业中已成为公司采用的共同战略。兼并和收购供应商或买方（经销商）是企业消除竞争的手段。但是，需要注意如下问题：（1）赢得竞争通常意味着支付溢价、应对不同的组织文化；（2）虽然目前可能没有竞争对手，但新的竞争对手会推出不同产品，并最终更好地服务于现有顾客；（3）并购供应商或分销商会使公司远离自己最擅长的业务，竞争对手则趁机避开它们知之甚少的供应链，专注于更好地开发和改进产品。

在使用五力模型进行分析时，企业应避免以下陷阱：（1）对五种因素赋予相同的权重，未能识别行业中最紧迫的因素；（2）将行业定义得过宽或过窄；（3）本末倒置，用五种因素为行业具有吸引力或缺乏吸引力贴标签，而不是用五力模型更有效地制定战略。当用五力模型作为战略规划的外部分析工具时，应努力确定在特定行业中哪些是最重要的 AQCD 机会和威胁，哪些与公司的愿景和使命最相关。

3.4 外部分析关键信息来源

企业可以从公开或非公开的渠道获得很多战略信息。非公开的战略信息来源包括：消费者调研、市场调研、在专业会议或股东会上的讲话、电视节目、访谈及与股东的交流。公开的战略信息来源包括：期刊、报告、政府文件、简介、书籍、指南、报纸和年报等。开始查找公司信息时较好的渠道是网站，尤其是有关投资者关系的网页。

有许多收集战略信息的优秀网站，以下是作者进行外部分析时经常使用的网站：

1. http：//finance. yahoo. com
2. www. hoovers. com
3. www. morningstar. com
4. www. mergentonline. com
5. http：//globaledge. msu. edu/industries/
6. 公司自己的网站

上面提到的第 5 个网站由密歇根州立大学运营，它提供优质的行业信息。网站上的行业报告是行业信息、新闻、事件和数据的重要来源。大多数大学图书馆都订阅了优质的在线业务数据库，学生可以免费使用。表 3-7 给出了一些优秀的外部分析数据库。本书作者常使用这些数据库，尤其是标准普尔公司 Net Advantage 的《产业报告》（*Industry Surveys*）和 IBISWorld 来获取 AQCD 外部因素。请注意，在表 3-7 中 PrivCo 来源有助于获取有关私有公司的信息，用 www. owler. com 可获取有关竞争公司的信息。

表 3-7 获取 EFE 矩阵因素信息的优质在线资源

- IBISWorld——提供在线美国产业报告（NAICS）、美国行业 iExpert 摘要和美国商业环境概况，还提供 IBIS 的全球版本。
- Lexis-Nexis Academic——可在线访问报纸文章（包括《纽约时报》和《华盛顿邮报》）和商业信息（包括 SEC 文件）。
- Lexis-Nexis 公司档案——可在线访问 1 300 万家公司的大量现有数据。它将信息收集并编辑成优秀的文档。
- Mergent Online——可在线访问 Mergent 手册，其中包括数百家上市公司和行业的趋势、描述和统计信息。提供未合并的公司损益表和资产负债表。
- PrivCo——提供有关私有公司的信息，包括私人财务和收入状况、私人并购交易状况、私人公司估值、风险投资基金、私募股权交易历史。（有关竞争对手的信息，请访问 www. owler. com。）
- 区域商业新闻——为区域商业出版物提供全面的全文报道，涵盖美国大都市和农村地区的 80 多个区域商业出版物。
- 标准普尔的 NetAdvantage——提供标准普尔（S&P）产业报告、股票报告、公司记录、展望、共同基金报告等的在线访问。
- 价值线投资调查——为大约 1 700 种股票、90 多个行业、股票市场和经济提供优质的在线信息和建议。提供公司损益表和资产负债表。
- 美国证券交易委员会——为在美国上市的公司提供 10-K 表格。
- 公司在线年度报告（CAROL）——提供欧洲和美国上市公司财务报表的直接链接。

资料来源：Based on information at www. fmarion. edu/library.

3.5 预测与假设

预测是对未来趋势和事件所做的有意义的假设。预测是一种复杂行为，包含众多因素，如技术创新、文化转变、新产品、改良的服务、变强的竞争者、政府政策的改变、变化的社会价值观、不稳定的经济条件及不可预测事件等。管理者需经常依靠公开预测来有效识别外部关键机会和威胁。

对未来的感知体现在人们的所有决策和行为中。人之所以吃饭，除了填饱肚子，还为未来储存营养；人之所以睡觉，除了在当前得到休息，还为了未来能精力充沛。人们投入精力、金钱和时间，是因为相信自己的努力在未来会有所回报。现在修建高速公路，是为了未来汽车能行驶。父母送孩子上学，是预期他们未来需要一定的知识和技能。其实，在日常生活中人们一直在做各种预测。然而，问题不在于是否应该预测，而是如何能更准确地预测。人们能否通过获取信息并做出有意义的假设来指导现有决策，从而在未来达到更理想的状态？假设必须基于事实、数字、趋势和研究，而且应力争使公司的假设比竞争对手的更准确。

没有完美的预测，有些预测甚至很离谱，这一事实凸显了战略制定者必须投入足够的时间和精力，研究那些公开发布的预测的依据，并进行自己的内部预测。只有借助良好的预测，才能有效识别关键的外部机会和威胁。

做出假设

没有假设就无法做计划。麦康基将假设定义为“影响主要外部因素的最佳当前估计，虽然管理者几乎不能控制这些因素，却可以对要达到预期结果的行为或能力施加显著的影响”。[7]战略制定者面对着不计其数和无法估量的变量，这些变量既难以控制，也不能百分之百准确预测。企业在制定战略时绝不能胡乱臆测，应始终基于可获得的信息做出合理假设。

通过确认对企业未来有重要影响的因素，并基于这些因素做出合理假设，战略制定者就能推动战略管理的进程。最有可能对企业产生重大影响的趋势和事件出现时，才有必要对其做出相应假设。基于当前掌握的最佳信息，假设可作为检验战略正确性的观测点。如果未来的事件背离假设，战略制定者应该对战略做出修正。没有合理的假设，就不能有效推进战略制定过程。拥有最佳信息的企业一般能够做出最准确的假设，而准确的假设会带来极大的竞争优势。

➡ 3.6 外部因素评价矩阵

外部因素评价矩阵（external factor evaluation（EFE）matrix）可以帮助战略制定者总结和评价系列信息，包括：经济、社会、文化、人口、环境、政治、政府、法律、技术和竞争等。EFE 矩阵提供了一个实证评估，可衡量企业处理外部因素的整体表现，包括企业最大限度利用机会和减少威胁。

建立 EFE 矩阵的步骤

建立 EFE 矩阵有五个步骤。

第一步：制定一个完整具体的关键外部因素清单

使用表 3-7 列出的资源对目标企业进行研究。将信息编译并组织成两个数据集：机会和威胁，制定完整的 50 ～ 100 个机会和威胁因素列表，它们与前述 10 个外部领域相关。基于五种力量，提炼出对企业所在行业及企业的愿景、使命和战略最重要的因素。然后，将数据集缩小到 20 个关键的外部因素，其中包括 10 个机会和 10 个威胁。（注意：组织通常使用 10 和 10 进行细分，www. strategyclub. com 网上的模板也使用 10 和 10）。首先列出机会，然后列出威胁。此外，不要将战略作为机会。例如，“在欧洲新建两个制造工厂”是战略而不是机会。可能存在潜在的机会能使该战略合理化，例如“八个欧洲国家已经取消对非专利药销售的限制”。

通常，根据重要性（1= 最不重要，10= 最重要）对因素打分并汇总评分数据，或对因素排名（1= 最重要，50= 最不重要）并汇总排名数据，确定完整列表中最重要的 20 个因素。注意，公司（和学生）不应该只将想到的前 20 个因素纳入矩阵。例如，最近有人将“飓风来袭”列为 EFE 矩阵的威胁因素，但实际上在 99%的情况下不应该将其考虑进来。相反，应进行研究以确定与企业的愿景、使命、战略和竞争优势相关的外部因素。

确定 EFE 矩阵中的特定因素、分配权重和评分，应侧重具体的行业视角。例如，精神航空（Spirit Airlines）在航空业中定位为折扣航空公司；兰博基尼在汽车业中定位于高端跑车。这种具体的行业观点对识别 AQCD 测试术语所述的外部因素非常重要。

在列举系列关键外部因素时，注意 AQCD 测试，避免陈述因素的模糊性。模糊性对于 EFE 矩阵的权重分配或评分没有指导意义，因素要具体、可操作。记住爱德华·戴明的一句话："除了上帝，任何人都必须用数据来说话。"

第二步：为外部因素分配权重

在建立 EFE 矩阵时，为每个因素从 0.01（不重要）到 1.0（非常重要）赋予权重。分配给因素的权重表示该因素相对其他因素的重要性。例如，获得权重为 0.06 的因素比获得权重为 0.02 的因素对产业成功更重要。无论关键因素是机会还是威胁，只要被认为对组织绩效影响最大，都应被赋予最高权重。所有权重之和必须等于 1.0。不要试图将机会和威胁各自的总权重分别计为 0.50 和 0.50。事实上，如五力模型讨论的那样，若某特定行业中竞争激烈，则分配给威胁的权重总和可能大于机会的权重总和。权重基于行业而非企业。分别列出从最高权重到最低权重的机会和威胁因素。

第三步：对外部因素评分

建立 EFE 矩阵需要为每个关键外部因素从 1 到 4 进行评分，以衡量企业战略对机会或威胁的响应是否有效，其中 4= 很好，3= 高于平均水平，2= 处于平均水平，1= 很差。机会和威胁都可以是 1、2、3 或 4。评分基于企业利用机会或避免 / 减轻威胁策略的有效性。评分还应基于企业而非行业。

在 EFE 矩阵的评分栏中，分配数值应该考虑到企业在行业中抓住了商机，从而能够通过有效的战略获得并保持竞争优势。通常，这些商机基于比竞争对手更有效地利用某些机会。但这并不是说威胁因素不重要，实际上威胁不容忽视，一些威胁甚至可以摧毁一个企业。如果企业面临许多机会，这可能是有效战略定位的结果，因此需要给机会更高的评分；较高的评分会增加 EFE 矩阵的总加权分数。

例如，即使跑车价格昂贵，豪华汽车制造商法拉利仍可在价格竞争力上获得较高评分，因为价格不是豪华跑车市场客户的决定因素（低权重）。在给出评分时应与权重一样，考虑行业的一个子集进行有效判断。

第四步：获得加权得分

沿着 EFE 矩阵的每一行，用每个因素的权重乘以其评分，得到每个因素的加权分数。

第五步：获得加权总分

对所有因素的加权分数求和，即得到企业的加权总分。无论 EFE 矩阵中关键机会和威胁的数量如何，企业的最高和最低可能加权总分分别为 4.0 和 1.0，平均加权分数为 2.5。加权总分远小于 2.5 意味着组织对外部因素反应较慢，因此可能需要采取新的战略，也许需要确定新的方向、新的愿景或使命。加权总分远大于 2.5 表明强大的外部地位，保持当前策略可能是明智的，但需持续改进。例如，加权总分为 3.5 表示组织表现出色，很好地响应和应对了行业机会和威胁。换言之，企业有效地利用了现有机会并最大限度地减少了外部威胁的潜在不利影响。加权总分为 1.5 表明企业战略没有很好地利用机会或避免外部威胁。做出矩阵中权重和评分的小决策，对于制定有效的大战略决策至关重要。例如，在选择某战略而不是另一战略时，可能会有 10 亿美元的风险。考虑了因素、权重和评分的 EFE 矩阵分析有助于做出正确选择。

EFE 矩阵示例

表 3-8 是一家综合剧院 EFE 矩阵的例子。从表中观察到，该产业中影响成功的最重要的因素是“健康饮食趋势侵蚀特许销售”，其权重为 0.12。因素评分中两处为 4 表明此剧院非常好地把握了“TDB 大学每年扩招 6%”的机会，有力地应对了“健康饮食趋势侵蚀特许销售”的威胁。或许这家剧院正在校园内设点，并在零食单上加入一些酸奶和健康饮品。

表 3-8　当地一家大型综合剧院的 EFE 矩阵

关键外部因素	权重	评分	加权分数
机会			
1. 3 英里[①]内两个邻近的新县正在开发建设	0.09	1	0.09
2. TDB 大学每年扩招 6%	0.08	4	0.32
3. 位于市中心的主要竞争对手最近停止经营	0.08	3	0.24
4. 电影院需求每年增长 10%	0.07	2	0.14
5. 去年居民人均可支配收入增长 5%	0.06	3	0.18
6. 罗文县人口每年增长 8%	0.05	3	0.15
7. 该县失业率降至 3.1%	0.03	2	0.06
威胁			
1. 健康饮食趋势侵蚀特许销售	0.12	4	0.48
2. 县（市）房产税今年增加了 25%	0.08	2	0.16
3. 当地百视达店的电影版权费上涨了 12%	0.08	2	0.16
4. 在线电影的需求每年增长 10%	0.06	2	0.12
5. 邻近电影院的商业地产正在出售	0.06	3	0.18
6. 时代华纳公司的电影版权费在上一个季度增长了 15%	0.06	1	0.06
7. 本地宗教团体反对 R 级电影上映	0.04	3	0.12
8. TDB 大学校园内正修建电影院	0.04	3	0.12
总计	1.00		2.58

整体来看，加权总分为 2.58，高于平均水平 2.5，表明这家剧院的业绩稍高于平均水平，从趋利避害中获得了优势。当然，它还有提升的空间，因为加权总分最高分为 4.0。矩阵中评分为 1 的两项因素表明，剧院应更多地利用“3 英里内两个邻近的新县正在开发建设”的机会，更有效地化解“时代华纳公司的电影版权费在上一个季度增长了 15%”的威胁。

克罗格（Kroger）是美国最大的食品零售商之一，其 EFE 分析矩阵如表 3-9 所示。克罗格面临的最重要的外部因素（权重 0.10）涉及亚马逊收购全食超市。关键因素按照从最重要（最高权重）到最不重要的顺序列出。注意，这些因素在很大程度上符合 AQCD 测试。回想一下在数学上，0.04 比 0.03 多出 33%，3 比 2 多出 50%。在矩阵中分

① 1 英里 =1.609 344 千米。——译者

配权重和评分的小判断对于制定与区域和产品的资源和资金分配相关的大决策至关重要。

表 3-9　克罗格公司的 EFE 矩阵

机会	权重	评分	加权分数
1. 美国的有机食品和天然食品的销售总额为 470 亿美元，比上一年增加近 37 亿美元。	0.09	4	0.36
2. 预计美国食品和饮料的在线消费总销售额将从 4.3%增长到 2025 年的 20%。	0.07	3	0.21
3. 零售业销售额每年增长 3.8%。	0.07	4	0.28
4. 有机食品销售额增长 8.8%至 550 亿美元。	0.05	2	0.10
5. 便利店的午餐和晚餐服务占店内销售额的 21.7%。	0.05	2	0.10
6. 全美零售联合会估计，2019 年美国电子商务增长 8%～ 12%。	0.05	1	0.05
7. 由超市 / 大型超市引领的全球食品零售额每年约为 4 万亿美元。	0.04	2	0.08
8. 美国的国内生产总值从 2.2%增加到 3.1%。	0.04	2	0.08
9. 自有品牌制造商协会指出，自有品牌产品比国家品牌便宜 25%～ 50%，以吸引那些重视经济实惠的客户。	0.03	1	0.03
10. 研究表明，51.2%的互联网用户使用移动应用程序在线购物。	0.01	3	0.03
威胁	权重	评分	加权分数
1. 亚马逊斥资 137 亿美元收购了 460 家全食超市实体店。	0.10	2	0.20
2. 塔吉特将投资 70 亿美元用于更新和缩小其商店，并在 2018—2020 年开发新的独家品牌。	0.08	1	0.08
3. 沃尔玛 2017 财年的收入为 485.8 亿美元，比 2016 年增加了 94 亿美元；克罗格的总收入为 1 153 亿美元。	0.07	3	0.21
4. 快餐收入每年超过 6 000 亿美元，增长 15%。	0.05	2	0.10
5. 电子商务销售额占总零售额的近 10%，并且每年增长 3%。	0.05	1	0.05
6. 沃尔玛的价格比克罗格低约 4%。	0.04	2	0.80
7. 沃尔玛网站现在提供超过 6 700 万种产品，今年增长了 30%。	0.03	1	0.03
8. 沃尔玛自己培育了一种哈密瓜，其“冬天的味道和夏天一样甜”，还有一种更美味的番茄正在培育中。	0.03	2	0.06
9. 大众超市的销售额每年增长 12%。	0.03	4	0.12
10. 阿尔迪在美国的食品杂货销售额每年增长 15%。	0.02	3	0.06
总计	1.00		3.03

总体而言，3.03 的加权总分大于 2.5 的平均值（中值），表明克罗格在利用外部机会和尽量减少公司威胁方面做得很好。当然，它还有提升的空间，因为总体加权最高分为 4.0。因素“全美零售联合会估计，2019 年美国电子商务增长 8%～ 12%”的评分为 1，表明克罗格应该更好地利用这一机会，或许可以增加其在线产品。

3.7 竞争态势矩阵

竞争态势矩阵（competitive profile matrix，CPM）用于企业如何在一系列关键因素上与主要竞争对手进行比较。比较分析提供了有关企业在特定行业中竞争优势或劣势的重要战略信息。需要根据特定行业来确定 CPM 中包含哪些因素。例如，在航空业中，考虑诸如准时到达、座位前的空间和服务的路线等因素，比仅仅考虑服务质量或财务状况等因素要好得多。

与 EFE 矩阵类似，CPM 使用权重来量化因素对行业的重要性，使用总加权分数来量化在 CPM 中给定企业相对于评估的其他两个企业的表现。CPM 和 EFE 之间的主要区别在于，CPM 比较的是不同的企业，而 EFE 矩阵分析企业如何响应关键外部因素。关键成功因素包括行业内的若干竞争优势，以及对公司取得成功至关重要的其他因素。CPM 中的关键成功因素既有内部因素又有外部因素。按照权重由高到低的顺序列出 CPM 中的关键成功因素。

CPM 中的权重以行业为基础，总和为 1.0。CPM 中的评分用于量化企业及其主要竞争对手在每个关键成功因素上的表现，评分揭示了企业战略的有效程度。为每个关键因素评分（1 ～ 4），以揭示企业当前策略对该因素的响应程度，其中 4= 很好，3= 高于平均值，2= 处于平均水平，1= 很差。评分以企业为基础，而权重以行业为基础。

表 3-10 给出了一个 CPM 矩阵的例子。此例中，关键成功因素是广告和全球扩张，权重均为 0.2。注意，如果没有权重一栏，则默认所有因素同等重要。设置权重可以使分析更为准确，也可以使分析者为把握感知的或实际的重要程度而赋予因素较高或较低的分值。在表 3-10 中，企业 1 在“产品质量”上表现最佳，所以评为 4 分；而企业 2 在“广告”方面实力最强。总体上，企业 1 实力最强，总分为 3.15；企业 3 实力最弱。根据自己对企业和竞争对手的研究和认知，据实、客观、逐项做出适当评分，绝不要给出完全相同的评分。（注意：此例旨在说明建立 CPM 矩阵的机制，而不是说明行业特定的因素。）

表 3-10 一个 CPM 矩阵的示例

		企业 1		企业 2		企业 3	
关键成功因素	权重	评分	权重得分	评分	权重得分	评分	权重得分
广告	0.20	1	0.20	4	0.80	3	0.60
全球扩张	0.20	4	0.80	1	0.20	2	0.40
财务状况	0.15	4	0.60	2	0.30	3	0.45
管理	0.10	4	0.40	3	0.20	1	0.10
产品质量	0.10	4	0.40	3	0.30	2	0.20
顾客忠诚度	0.10	4	0.40	3	0.30	2	0.20
价格竞争力	0.10	3	0.30	2	0.20	1	0.10
市场份额	0.05	1	0.05	4	0.20	3	0.15

续表

		企业 1		企业 2		企业 3	
关键成功因素	权重	评分	权重得分	评分	权重得分	评分	权重得分
总计	1.00		3.15		2.50		2.20

注:（1）分值代表的含义如下：1= 差，2= 一般，3= 良好，4= 优秀。由表可知，企业 3 的总加权得分为 2.2，故企业 3 表现最差。为简化起见，表 3-10 只列出了 8 个关键成功因素，在现实中这显然太少，模板要求列出 12 个，且应该根据不同行业对因素进行调整。

除了示例 CPM 中所列出的关键成功因素，分析时还需考虑其他一些因素，如产品线的丰富程度、销售、配送效率、知识产权或专利优势、厂房选址、生产能力和效率、经验、劳资关系、技术优势和电子商务专业知识等。在生成关键成功因素列表时，尽量包含在行业内卓尔不群的因素（即决定竞争优势的因素）。

此例中，不能仅仅因为一家企业在 CPM 中评分为 3.2 而另一家为 2.8 就判定第一家比第二家好 14.3%。不过，这可以表明第一家企业在 CPM 中包含的变量上表现更好。考虑 CPM 或 EFE 矩阵中的权重要注意，0.08 在数学上比 0.06 高出 33%，因此即使是很小的差异也可以揭示各种因素的相对重要性。数字的作用是以有一定意义的方式对信息做出评价，从而为决策制定提供帮助。

表 3-11 给出了克罗格公司真实的 CPM。在几个关键成功因素（如分销系统、广告和顾客服务）上，克罗格的两个竞争对手沃尔玛和亚马逊的评分高于克罗格。另外，这些因素按最重要（最高权重）到最不重要的顺序排列，任何一行中没有相同评分。注意，克罗格在“名称识别”和“广告”方面的得分比沃尔玛和亚马逊都要低。

表 3-11　克罗格公司真实的 CPM

		克罗格		沃尔玛		亚马逊	
关键成功因素	权重	评分	得分	评分	得分	评分	得分
价格竞争力	0. 17	3	0. 51	4	0. 68	2	0. 34
产品质量	0. 13	2	0. 26	3	0. 39	1	0. 13
多种样式	0. 10	4	0. 40	3	0. 30	1	0. 10
市场渗透	0. 09	4	0. 36	3	0. 27	2	0. 18
顾客忠诚度	0. 08	2	0. 16	4	0. 32	3	0. 24
名称识别	0. 08	1	0. 08	4	0. 32	3	0. 24
店面选址	0. 07	2	0. 14	4	0. 28	1	0. 07
顾客服务	0. 07	2	0. 14	3	0. 21	4	0. 28
市场份额	0. 06	2	0. 12	4	0. 24	1	0. 06
财务收益	0. 05	2	0. 10	4	0. 20	3	0. 15
分销系统	0. 05	2	0. 10	3	0. 15	4	0. 20
广告	0. 05	1	0. 05	4	0. 20	2	0. 10
总计	1.00		2.42		3.56		2.09

对战略管理者的启示

图 3-4 显示，为获取并保持竞争优势，必须收集、分析和优先处理有关竞争对手的信息，必须识别和考虑影响企业及其行业有关社会、人口、经济、技术的趋势和事件。外部因素评价矩阵究竟应包含哪些外部因素，需要深入讨论。由于考虑的因素最终会影响企业的战略和方向，因此讨论中争得面红耳赤（甚至可能说粗话）的情况并不少见。对关键外部事实进行仔细甄别至关重要，因为基于这些事实或因素所做出的决策具有很高的成本，有时甚至不可逆转。公司的生存依赖于正在进行的有效彻底的外部评估。

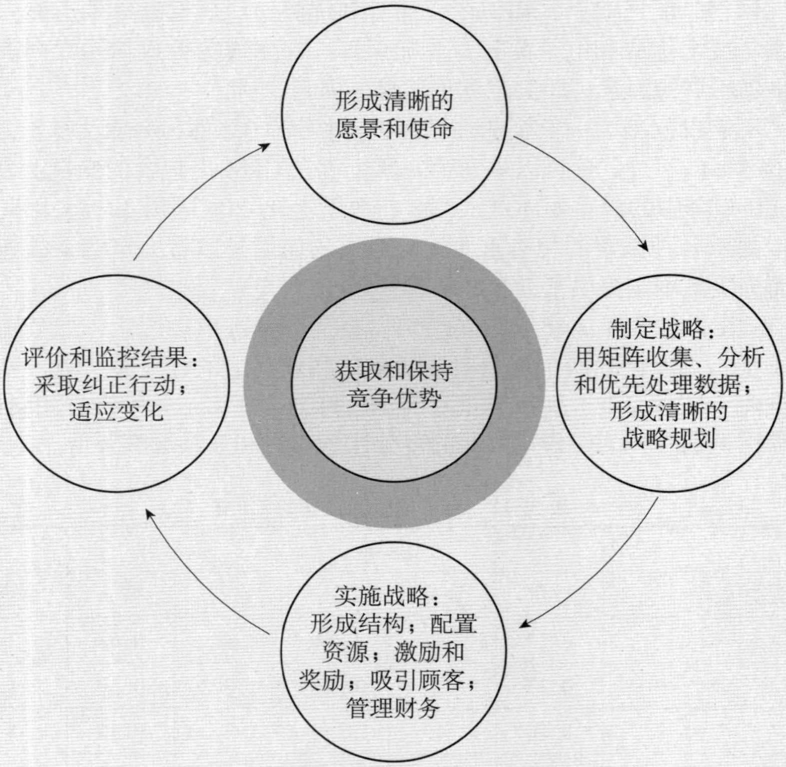

图 3-4　如何获取并保持竞争优势

本章揭示了 AQCD 信息是制定战略决策的关键因素。外部因素评价（EFE）矩阵和竞争态势矩阵（CPM）是用于理解和优先处理信息以优化决策的优秀战略规划工具。

执行外部分析的过程

进行外部分析时，应让尽可能多的管理者和员工参与。参与会有助于理解和承诺：参与不仅能使个人更好地了解所在行业、竞争对手、市场和企业战略，而且使个人有机会心怀感激地贡献真知灼见。一种有效收集有关 10 大外部因素竞争情报（信息）的方式是，要求管理者监控特定的信息来源，如关键出版物、贸易期刊、报纸和在线资源，定期提交各类（扫描）报告。这种涉及众多人员的外部分析过程提供了连续、及时的战略信息。供应商、分销商、销售人员、客户和竞争对手也是重要信息的来源。

收集信息后，应整合到 EFE 矩阵和 CPM 矩阵中。为此，通常需要举行（一系列）会议，共同确定企业面临的最重要的机会和威胁。然后，对所识别的因素从 1（最重要的机会 / 威胁）到 20（最不重要的机会 / 威胁）单独排序，由此可以获得这些因素的优先级列表。通过对排名求和，得到优先级因素列表。优先排序在战略规划中绝对必要，因为没有人可以保证所做的任何事情都是有益的，必须在备选项中做出选择。EFE 和 CPM 矩阵都列出了从最重要（最高权重）到最不重要（最低权重）的因素。即使是超过 50 个因素的完整列表，也可以按照所描述的方式提炼出 20 个最重要的因素。

对学生的启示

获取和保持竞争优势是建立 EFE 和 CPM 矩阵的首要目标。书面或口头项目的“外部”部分，要强调特定因素如何以及为何能为企业带来竞争优势。换言之，与其机械地赋权和评分（赋权和评分至关重要），不如根据个人在公司的层级来突出各种因素。在讨论中应非常清楚地表明，企业如何根据你的建议来战胜竞争对手，或者至少能与它们展开竞争。在项目的这一部分，要展示企业如何竞争以及能够在竞争中获得成功的根本原因。请记住，陈述整个项目的方式应是说明性的，而不是描述性的。如果以口头形式介绍项目，要表现得自信和热情，不要胆怯和无趣。整个项目介绍应“用数据说话”，“模糊性”是学生做案例分析时最常出现的问题。要获取有关案例企业的最新信息，请阅读公司最新季度报告，季度报告附带的说明非常有价值。

建立 EFE 矩阵时，学生必须识别特定（AQCD）因素，这些因素涉及直接竞争者、经济趋势、法律或税务问题、消费者态度、消费者人口统计特征以及其他类似事实、趋势和事件。此外还需包括与波特五力模型有关的因素。比如，可能希望包含以下因素：

1. 中国最近建立了四个自由贸易区，允许外国公司在没有中国合作伙伴的情况下在中国开展业务。这可能是一种外部威胁，因为竞争对手更容易进入市场，例如汽车行业。

2. 潜在的替代产品可能是一种威胁。例如，每年瓶装水的消费量增长 8%，这对胡椒博士公司来说是一个威胁。

3. 任何行业的供应商都可能像直接竞争对手一样轻易地攫取利润；供应商将价格提高 10% 可能就是一种外部威胁。

本章小结

全球市场和产业快速变化，使得外部分析成为战略管理一个显著且重要的组成部分。本章为企业收集和评价经济、社会、文化、环境、政治、政府、法律、技术和竞争信息提供了一个框架。AQCD 测试用来确保在可能的范围内，EFE 矩阵中的机会和威胁是可操作、可量化、可比较和部门化的。

企业如果不动员并授权管理者和员工对企业的关键外部因素进行识别、监测、预测和评价，可能就无法预测出新兴机会和潜在威胁，导致企业追求的战略无效，企业因此错失良机，甚至失败。那些尚未利用互联网的企业，在技术进步的大潮中会落后。

战略制定者的主要职责是建立一系列有效的外部分析制度，包括利用信息技术制定竞争情报系统。使用 EFE 矩阵、CPM 矩阵和波特五力模型，可以帮助战略制定者评价市场和产业，但这些工具必须辅以管理者良好的直觉判断。跨国企业特别需要进行系统而有效的外部分析，因为不同国家的外部因素差别很大。

关键术语与概念

实际回应（actionable response）
首席信息官（chief information officer，CIO）
首席技术官（chief technology officer，CTO）
竞争情报（competitive intelligence，CI）
竞争态势矩阵（competitive profile matrix，CPM）
外部分析（external audit）
外部因素评价矩阵（external factor evaluation（EFE）matrix）
外部因素（external force）
行业分析（industry analysis）
信息技术（information technology）
波特五力模型（Porter’s five-forces model）

复习讨论题

3-1 解释为什么在开发 EFE 矩阵时建立完整和具体的关键外部因素列表非常重要。

3-2 解释 EFE 矩阵总加权得分为 3.67 相对于总加权得分为 1.59 的意义。

3-3 CPM 总加权得分 1.88 对公司意味着什么？

3-4 在 EFE 矩阵中，是否应将机会所占权重设计为大致等于威胁所占权重？为什么？

3-5 列出本章讨论的十大外部力量。何时以及为什么某些力量比其他力量更重要？

3-6 外部因素如何导致传统零售业产生重大改革？

3-7 提供 IBISWorld，Mergent Online 和 PrivCo 的概要。

3-8 从外部分析提供的价值方面比较 EFE 矩阵与 CPM 矩阵。

3-9 从数学的角度看，评分为 4 比评分为 3 重要多少？为什么这个概念在制定战略规划矩阵中很重要？

3-10 列出一些合乎法律与道德的竞争情报收集方法。列举一些非法或不道德的方式。

3-11 随着美元升值，在海外开展业务的美国公司利润下降，一些公司提高产品价格以抵消利润的下降。提价有什么风险？

3-12 麦当劳会从美元的贬值或升值中获益吗？为什么。

3-13 解释对某个企业而言，脸书、推特和 Instagram 如何代表一种主要威胁或机会。

3-14 如果竞争态势矩阵有三家公司，它们的总分相同，这个分析是否有效？为什么？

3-15 哪些外部因素会影响国家吸引企业的能力？访问网站：https：//www. cnbc. com/2017/06/12/heres-how-your-state-can-become-a-cnbc-top-state-for-business. html。总结用于确定业务最佳状态的选择标准，如何与本章提供的信息相比较。

3-16 政府有时会利用“保护主义”来应对经济问题，如对外国货物征收关税，以及激励本国公司来保证就业率。保护主义对国际贸易有哪些战略启示？

3-17 对波特五大力量在学院或大学业务中的相对重要性进行排序。

3-18 假设你在麦当劳工作，应用波特五力模型研究快餐行业。对麦当劳战略规划中五大力量的相对重要性进行排序。

3-19 解释为什么在外部因素评价矩阵中使用1～4作为机会或威胁的评分比较合适。

3-20 为什么外部因素评价矩阵中建议包含约20个因素，而不是约10个或40个？

3-21 在建立外部因素评价矩阵时，为什么根据最高权重来安排机会占据优势？对于威胁也是如此吗？

3-22 在建立外部因素评价矩阵时，是具有10个机会和10个威胁最好，还是具有17个机会（或威胁）加上3个威胁（机会）最好？

3-23 竞争态势矩阵中的关键成功因素能够或应该包括外部因素吗？请解释。

3-24 解释如何在企业中进行一次外部战略管理分析，以及作为学生如何进行案例分析。

3-25 确定最近显著影响本地必胜客的经济、社会、政治或者技术动态。

3-26 讨论以下陈述：主要的机会和威胁通常产生于与关键环境趋势的互动，而不是单个的外部事件或因素。

3-27 使用波特五力模型评价银行业的竞争力。

3-28 外部分析如何影响战略管理进程的其他因素？

3-29 选择一家公司，为其构建竞争态势矩阵。

3-30 假设公司老板开发了一个包括62个竞争因素的竞争态势矩阵，你如何建议他将因素减少到20个？

3-31 讨论收集竞争情报的道德问题。

3-32 讨论与竞争对手合作的道德问题。

3-33 你是否同意波特的观点，即行业内的竞争定位是竞争优势的关键决定因素？

3-34 定义、比较和对比竞争态势矩阵中的权重和评分。

3-35 EFE矩阵中列出的因素与CPM矩阵中列出的关键成功因素有何不同？在哪个矩阵中包含特定的、可操作的因素特别重要？为什么？

3-36 列举会产生机会和威胁的10个外部领域。

3-37 为什么年度报告经常用非常模糊的方式陈述外部风险信息？战略制定者在建立外部因素评价矩阵时为什么要避免这种模糊性？

3-38 解释AQCD测试以确定外部因素的质量。为什么在进行外部评估时应尽可能符合AQCD测试？

实践练习

第一组：可口可乐公司的战略规划

练习3A

为可口可乐公司建立外部因素评价矩阵

目的

本练习用来学习建立EFE矩阵。EFE矩阵是对外部分析结果的总结，是战略制定者广泛使用的重要战略规划工具。

步骤

步骤1 与班上其他两名同学组成一组，共同开发可口可乐公司的EFE矩阵。如有必要，请参考第 1 章的配套案例和实践练习 1A，确定外部机会和威胁。确保包含的因素是可操作、可量化、可比较和部门化的。使用表 3-7 列出的在线资源。一定不要把战略作为机会，但要尽可能包括货币金额、百分比、数量和比例。

步骤 2　所有参加此练习的三人小组都应在黑板上记录 EFE 矩阵加权总分，并在加权总分后写下你们的首字母作为标识。

步骤 3　比较加权总分。哪个小组的得分最接近参考答案？讨论黑板上分数出现变化的原因。

练习 3B

为可口可乐公司建立竞争态势矩阵

目的

监控竞争对手的绩效和战略是外部分析的关键环节。本练习用来学习评价特定行业中一家公司的竞争地位，并收集竞争态势矩阵方面的信息。

步骤

步骤 1　回顾配套案例并查看竞争对手这一部分。还可以查看比较可口可乐和百事公司的在线资源。可使用表 3-7 列出的资源。

步骤 2　建立包括可口可乐、百事公司和胡椒博士在内的 CPM 矩阵。

步骤 3　作为课堂作业，将 CPM 矩阵交给老师。

第二组：你所在大学的战略规划

练习 3C

为所在大学建立外部因素评价矩阵

目的

大部分院校都进行战略规划。面向地区、国家和全球开展高等教育的研究机构也会有意识和系统地确定和评估外部机会和威胁。

步骤

步骤 1　与班上其他两名同学组成小组，共同为你所在的大学建立 EFE 矩阵。

步骤 2　在黑板上选择一列记录你们小组的加权总分，还需记录其他所有三人小组的分数。在分数后添加你们的首字母作为标识。

步骤 3　哪个小组认为其所在大学的战略最积极？哪个小组认为其所在大学的战略最消极？讨论这些差异的本质。

练习 3D

为所在大学建立竞争态势矩阵

目的

你所在院校在与世界上的其他教育机构竞争，尤其是你所在地区的那些学校。基金、学生、教师、捐赠、礼品是竞争力的表现，其他还包括体育项目、寝室生活、学术声誉、选址和就业服务。本练习用来分析所在地区教育机构的竞争情况。

步骤

步骤 1　确定你所在地区中与你所在大学直接竞争的两所院校。采访一些了解这些大学特定优势和劣势的人，可以是你的同学。记录有关这两所大学的信息。

步骤 2　开发一个包含你所在大学和另外两个竞争对手的竞争态势矩阵，分析中应包括以下 10 个因素：

1. 学费
2. 教员质量
3. 学术声誉
4. 班级平均规模
5. 校园环境
6. 体育项目
7. 学生质量
8. 研究生课程
9. 校园选址
10. 校园文化

步骤 3　将你的 CPM 矩阵提交给老师评估。

第三组：提高就业能力的战略规划

练习 3E

你所在城市在找工作方面竞争力有多大?

目的

像公司一样，各个城市也在众多方面相互竞争。收集全国 10 个城市在生活质量、就业前景、商业吸引力和教育等方面的排名信息，以及关于竞争力度量指标的相关数据，然后对 10 个城市的各项指标进行评分。

本练习用来确定你所在城市在工作前景和职业机会方面的排名，在你即将完成工商管理学业之际，这一信息对你找工作很有帮助。

步骤

步骤 1　访问相关网站，探索报告类型，收集此类报告的数据来源。

步骤 2　检查你所在城市分别在商业吸引力、教育、就业前景方面的排名。确定你所在城市最具竞争力的三个方面。

步骤 3　你所在城市在这三个方面的排名有相似之处吗？你认为就业前景、教育和商业吸引力本质上相关吗？撰写报告，解释你的答案。使用报告中的信息来支持你的论点。你所在城市可以采取什么行动来提高整体竞争力？

练习 3F

比较 CareerBuilder，Glassdoor，Monster Jobs 和 ZipRecruiter

目的

求职网站也在相互竞争。求职者和有职位空缺的公司都使用求职网站，特别是 CareerBuilder，Glassdoor，Monster Jobs 和 ZipRecruiter 这四个网站。本练习用来熟悉这四个网站的操作，了解它们各自的优势和劣势。

步骤

步骤 1　查看这四个指定的网站，记录你特别喜欢和特别不喜欢的内容。

步骤 2　为 CareerBuilder 建立 CPM 矩阵。在你的分析中应包含三个竞争对手网站。

练习 3G

能力测试模板

目的

www. strategyclub. com 上的免费 Excel 战略规划模板广泛用于学生和小型企业的战略规划。本练习用来提高你对模板使用的熟练程度，还有助于为案例公司制定全面的战略规划。熟练使用模板的能力可写进你的简历。

说明

回答以下有关模板的六个问题。与同学讨论你的答案及问题或疑虑。

问题

1. 模板在 EFE 矩阵中包含多少个因素？在 CPM 矩阵中呢？
2. 如果输入不适当的评分或权重（如劣势评分为 4 或权重为 1.2），使用模板会发生什么？
3. 使用模板时，为什么变化出现在第一部分或第二部分而不是矩阵？
4. 为什么最好在战略规划的早期将公司的损益表和资产负债表转换为模板财务报表的格式？
5. 模板中第一部分和第二部分之间的主要区别是什么？
6. 模板是否涉及愿景陈述和 / 或使命陈述？

第四组：个人与群体的战略规划

练习 3H

战略规划中最重要的外部力量是什么？

目的

有效的战略规划需要外部因素的优先考虑清单。通常，该过程需要所有管理者单独对所识别因素进行排序，从 1（最重要）到 20（最不重要）。优先排序在战略规划中绝对必要，没有人可以保证所做的任何事情都有益于组织，而需要在备选项中做出选择。

外部因素可分为五大类：（1）经济因素；（2）社会、文化、人口和环境因素；（3）政治、政府和法律因素；（4）技术因素；（5）竞争因素。对于一个公司或组织，某些因素可能比其他因素更重要。本练习展示了本书作者对五类外部因素在外部评价中相对重要性的排序。

本练习用来更仔细地检查企业的外部领域。此外，本练习还可检验个人决策是否优于群体决策。学术研究表明，群体决策在 80%的情况下优于个人决策。

说明

根据相对重要性排列五类外部因素（1= 最重要，5= 最不重要）。首先，个人单独将五类因素排序。然后，3 人一组对五类因素排序。确定何人、何组的排序最接近专家排序。此项工作可以检验个人决策与群体决策在战略规划中的相对有效性。

步骤

步骤 1　填写表 3-12 中的第 1 列，给出个人对五类因素相对重要性的排序。例如，如果认为经济因素是第 4 个最重要的外部因素，那么在表 3-12 对应经济因素的单元格中输入 4。

步骤 2　填写表 3-12 中的第 2 列，给出小组对五类因素相对重要性的排序。

步骤 3　填写表 3-12 中的第 3 列，给出专家对五类因素的排序。

步骤 4　填写表 3-12 中的第 4 列，即第 1 列和第 3 列之间的绝对差值，看个人表现如何。（注意：绝对差值忽略负数。）

步骤 5　填写表 3-12 中的第 5 列，即第 2 列和第 3 列之间的绝对差值，看小组表现如何。

步骤 6　分别对第 4 列、第 5 列求和。

步骤 7　比较第 4 列总和与第 5 列总和。如果第 4 列总和小于第 5 列总和，表明个人表现更好。通常，小组决策优于个人决策。若你比小组做得更好，说明你非常优秀 。

步骤 8　个人获胜者：第 4 列总和最低者。

步骤 9　小组获胜者：第 5 列总和最低者。

表 3-12　外部因素分析：比较个人决策和群体决策

外部因素	第 1 列	第 2 列	第 3 列	第 4 列	第 5 列
1. 经济					
2. 社会 / 文化 / 人口和环境因素					
3. 政治 / 政府 / 法律					
4. 技术					
5. 竞争					
总计					

微案例：山姆会员商店

山姆会员商店在中国蓬勃发展

在美国，山姆会员商店（Sam's Club）一直在努力吸引富裕的购物者。在中国，山姆会员商店的目标客户是高收入消费者，特别是有小孩的富裕家庭。山姆会员商店将中国的目标市场定位为富裕阶层是十分明智的。该店自称是值得信赖的购物场所，拥有进口商品和优质食品，其店铺位于中国大城市。迄今为止，它在中国的成功主要归功于有效的市场细分、精准定位和靶向营销。

中国国内生产总值处于较高水平，可支配收入水平不断提升，中产阶层日益壮大，也正在转变为高科技国家，但许多跨国大公司在中国开展业务仍然存在问题。不过沃尔玛的山姆会员商店在中国蓬勃发展，销售排名前 5 的山姆会员商店有 3 家位于中国。山姆会员商店在中国的定位为高品质产品和食品，而不是散装物品和清仓处理品。例如，它销售的鸡蛋保证是在 12 天之内产的，所有鸡蛋都有一个序列号，顾客可将其输入智能手机以查看产蛋日期和产地。

山姆会员商店在中国受益于不必与开市客（Costco）激烈竞争。山姆会员商店在中国拥有大约 200 万会员，其中 35 ～ 40 岁的妈妈占主体。最近，山姆会员商店开始提供“双孩座”推车，以响应中国生育政策的变化。

中国的山姆会员商店的另一特点是拥有超大型停车场。几乎所有客户都开车去山姆会员商店，充足的停车位颇受欢迎。众所周知，中国卖场的停车场大多拥挤且收费高。跨国企业在进入他国经营时必须调整其政策、流程、特色和行动，以更好地利用东道国的外部机会、规避其风险，山姆会员商店在中国实施相应的战略是一个很好的例子。在某个国家奏效的方法应用于另一个国家时需要做出相应的调整。在全球范围内推行相同的商业模式已经给许多进入中国的公司带来厄运，它们很快就被迫退出。

问题

1. 考虑以下二维矩阵，其中 y 轴为权重，x 轴为评分（见图 3–5）。在矩阵的四个象限，中国山姆会员商店可能有什么样的机会和威胁？为山姆会员商店提供一个假设的机会和威胁，填入矩阵的四个象限。为每个因素提供支持理由。你认为矩阵的哪一象限是 EFE 矩阵中最常见的因素？为什么？你认为矩阵的哪个象限是 EFE 矩阵中最不常见的因素？为什么？根据 EFE 矩阵中常见的因素，你对矩阵的中间部分有什么看法？

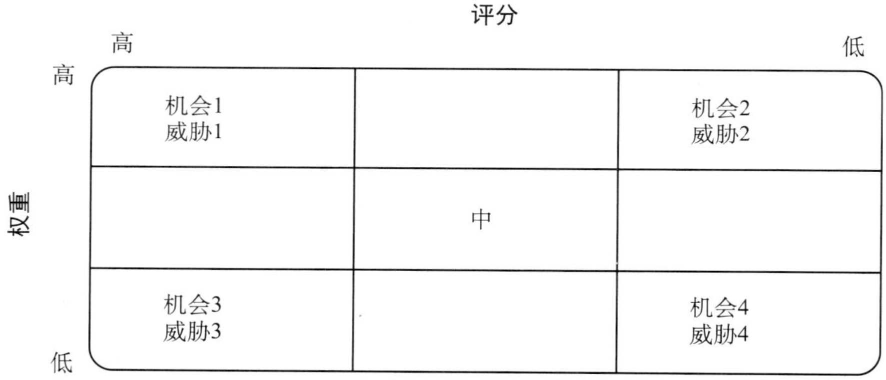

图 3–5　证明 EFE 矩阵逻辑的权重 – 评分矩阵

注：这个微案例用来练习和思考在建立 EFE 矩阵时，特定因素何时可以获得以下权重和评分：（1）权重低，评分高；（2）权重高，评分高；（3）权重低，评分低；（4）权重高，评分低。

资料来源：Based on Wayne Ma，“In China，Sam's Goes Up Market and Scores，” *Wall Street Journal*，（December 8，2017）：B1.

4 内部分析

本章目标

学完本章，应能做到以下几点：

- 描述制定战略时内部分析的性质和角色。
- 讨论制定战略时管理的性质和角色。
- 讨论制定战略时营销的性质和角色。
- 讨论制定战略时财务和会计的性质和角色。
- 讨论制定战略时的管理信息系统（MIS）。
- 解释如何建立和使用内部因素分析（IFE）矩阵。

实践练习

在本章末，有以下练习：

第一组：可口可乐公司的战略规划

练习 4A：对可口可乐公司进行财务比率分析

练习 4B：为可口可乐公司建立 IFE 矩阵

第二组：你所在大学的战略规划

练习 4C：为所在大学建立 IFE 矩阵

第三组：你自己的战略规划

练习 4D：为自己建立 IFE 矩阵

第四组：个人与群体的战略规划

练习 4E：战略规划中最重要的内部职能领域是什么？

确定和评价企业职能方面的优势与劣势是本章的学习重点。企业的业务职能包括管理、营销、财务 / 会计、生产 / 运营、研发，以及管理信息系统（MIS）。为确定企业的核心竞争力，了解企业目前的战略是否有效提供了持续的竞争优势，有必要仔细评价企业的业务职能。评价企业战略有效性的一个好方法是研究企业相对于竞争对手和行业平均水平的财务表现。然而，单靠财务信息无法全面评估企业战略的有效性，战略制定者和战略专业的学生必须同时深入研究管理、营销、财务、会计和管理信息系统等方面的问题，以充分了解企业战略是否有效。

本章的前三分之二按照获取信息的内容、地点、方式和原因分析了业务职能的潜在优势和劣势。后三分之一解释了如何通过建立和评价内部因素分析（IFE）矩阵来理解和利用这些信息。

作为一名模范战略管理者，埃隆·马斯克（Elon Musk）在利用内部优势抓住外部机会方面做得很出色。埃隆·马斯克创立了四家价值数十亿美元的公司，包括 PayPal、SpaceX、Solar City 和特斯拉（Tesla）。马斯克曾被称为“技术专家”，他正在彻底改变电力和交通行业，改变我们今天所认知的世界。

模范战略管理者　**埃隆·马斯克：特斯拉和 SpaceX 联合创始人兼 CEO**

十多年来，埃隆·马斯克一直是美国的模范战略管理者，他投资的 SpaceX 开发可重复利用的运载火箭，为国际空间站运送物资，并期望将人类送至火星。在开创私人太空探索先河的同时，马斯克还使特斯拉成为为汽车、卡车、火箭提供电池能源的全球领先者。

马斯克不仅创立了 SpaceX 和特斯拉，还创立了价值数十亿美元的另外两家公司：在线支付公司 PayPal 和太阳能公司 Solar City。马斯克被称为“未来创造者”，《滚石》（*Rolling Stones*）杂志将其作为封面人物，强调他的“外层空间居住、革命性高速交通以及汽车颠覆性再造等这些改变世界的计划”。正如马斯克自己所言，他的雄心壮志在一定程度上源自对未来人类生存异想天开的乐观：

> 从根本上说，我们是一个太空文明和多行星物种，未来将令人更兴奋，也更有趣。

2017 全年末，马斯克向其超过 1 700 万推特粉丝说道：特斯拉将在 2019 年推出全电动半挂卡车，除电动小卡车外，2020 年再推出 F-150 型皮卡。

资料来源：Based on Brian Deagon，“The New Space Race，” *Investor's Business Daily*，September 11，2017，B1 & B6. Also based on：http：//www. rollingstone. com/culture/features/elon-musk-inventors-plans-for-outer-space-cars-findinglove-w51174. and https：//www. cnbc. com/2017/11/21/how-tesla-and-elonmusk-became-household-names. html.

➡ 4.1 战略制定的内部分析阶段

所有组织都只能在某些业务职能方面具有优势和劣势。没有哪家企业在所有方面都有同样的优势或劣势。企业建立其目标和战略是为了强化优势，克服劣势。图 4–1 突出了内部分析在战略管理过程中的位置。

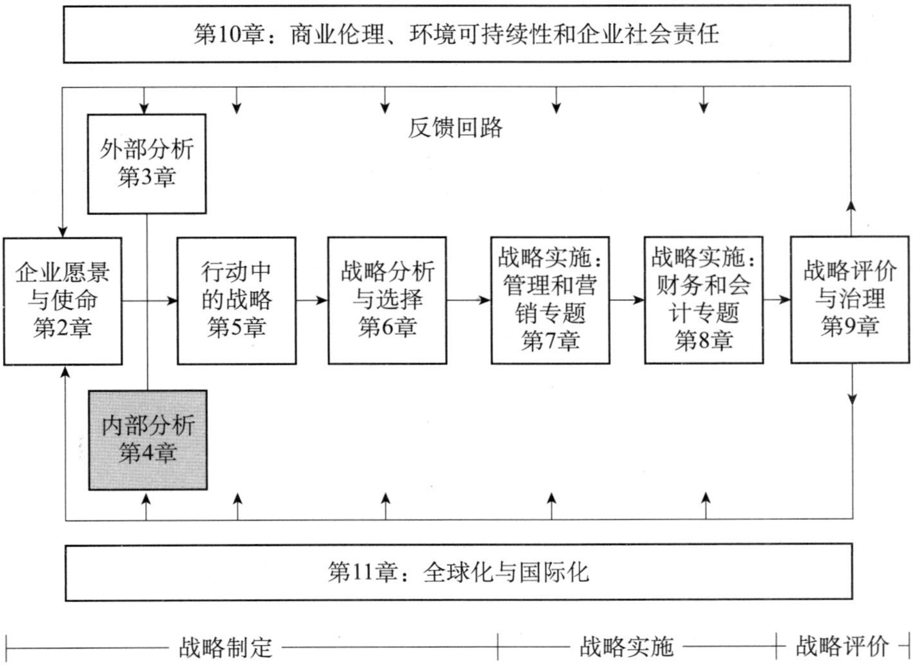

图 4–1 战略管理综合模型

资料来源：Fred R. David，"How Companies Define Their Mission，" *Long Range Planning* 22，no. 1（February 1989）：91. See also Anik Ratnaningsih，Nadjadji Anwar，Patdono Suwignjo，and Putu Artama Wiguna，"Balance Scorecard of David's Strategic Modeling at Industrial Business for National Construction Contractor of Indonesia，" *Journal of Mathematics and Technology*，no. 4（October 2010）：20.

通过与外部分析进行比较，一些研究者特别强调内部分析的重要性。例如，罗伯特·格兰特（Robert Grant）认为内部分析更重要：

> 在一个顾客偏好易变的世界，顾客特征不断变化，为满足顾客需求所需的技术也在不断发展。以外部因素为中心并不能为制定长期战略奠定牢固基础。当外部环境复杂多变时，企业本身的资源和能力将成为决定企业身份更稳定的基石。因此，根据企业自身能够做什么来界定企业，可为战略制定奠定更坚实的基础。[1]

资源理论

资源理论（resource-based view，RBV）认为，为获取并维持竞争优势，企业的内部资源比外部因素更加重要。RBV 认为企业绩效主要依靠内部资源，这些资源能够帮助企业寻找机会并规避威胁。企业资源可以是有形的，如劳动力、资本、土地、厂房和设备；也可以是无形的，如文化、知识、品牌价值、声誉和知识产权。由于有形资源更容易买卖，无形资源往往对获取和维持竞争优势更为重要。

有价值的资源应具备以下特征之一：（1）稀缺；（2）难以模仿；（3）不易替代。人们通常将上述三大特征称为资源的**实证指标**（empirical indicator），它们使得企业可实施提高效率和效益并带来持续竞争优势的战略。资源越是稀缺（行业中许多公司没有）、难以模仿（难以复制或获取）和不易替代（不易受不同产品替代的威胁），企业竞争优势就越大，持续时间也越长。有价值的资源包括企业可以利用的优势，以便在特定的行业中繁荣发展。

RBV 的基本假设前提是，企业在制定能带来持续竞争优势的战略时，应首先考虑内部资源的组合、种类、数量及性质。根据 RBV 进行战略管理，应开发和寻找企业的独特资源与能力，并不断维护和强化这些资源。该理论认为，实施当前竞争企业没有实施的战略对企业很有利。根据 RBV 理论家的说法，当其他企业无法复制特定战略时，实施该战略的企业可以维持竞争优势。

但是，正如“伦理视点 4”所指出的那样，开发独特资源和能力可能会使公司陷入道德困境。

伦理视点 4

灌丛刺鬣蜥与石油巨头的对决

在美国，得克萨斯州在原油生产方面处于领先地位。特别是得克萨斯州西部，拥有美国大陆最大的石油储藏地，据估计储藏量达到 200 亿桶石油，价值超过 9 000 亿美元，已成为石油和天然气公司的宝地。温暖的天气、有经验的劳动力、先进的工业设备以及有利的地质构造都有利于进行高效的钻井生产。许多储集层可以通过采用水力压裂技术同时钻取，在这个过程中高压混合的水、沙子和化学物质被强行注入岩石，导致气体释放。得克萨斯州开发石油的好处是：有利于石油和天然气公司的发展；促进得克萨斯州和美国的经济发展；增加就业机会；增加出口减少进口；降低天然气价格。这些标榜的好处使石油钻探看起来合乎道德，但其负面影响亦毋庸置疑。

许多人有所不知，水力压裂法使用的独特沙子来自灌丛刺鬣蜥的家园。此动物呈棕褐色，体长 3 英寸，只生活在得克萨斯州西部和新墨西哥东南部几个县，可能很快就会被列入联邦濒危物种名单。超过半数的灌丛刺鬣蜥栖息地已被钻探商如本·布里格姆（Ben Brigham）占据。布里格姆声称正与生物学家合作重建灌丛刺鬣蜥的栖息地。从内部分析角度看，目前的石油钻探业务、生产程序以及如上所述的好处是否能抵消灌丛刺鬣蜥灭绝的影响？投资者、环保人士和政策制定者正在商讨，希望找到一个合适的解决方案。

资料来源：Based on Christopher M. Matthews, “It’s Lizard vs. Oil Magnate In the Latest Fracking Fight,” *Wall Street Journal*,（October 14, 2017）: A1, A10.

关键的内部力量

内部战略管理分析需要厘清企业在每种业务职能上的强弱。业务职能包括管理、营销、财务、会计和管理信息系统等。企业在各业务职能具有或缺乏的独特性或独特竞争力为识别优势和劣势因素提供条件。不易被竞争者模仿或超越的企业优势称为**独特竞争力**（distinctive competency）。在战略规划中，最重要的是利用和培育优势，因为通常竞争优势不是来自改善劣势，而是更多地来自优势、独特性和独特竞争力。当然，改善劣势有助于提高效率，也是所有组织的一项重要任务。劣势不太可能变成持久的竞争优势，因此我们强调培育优势的重要性。

一本战略管理教学用书不可能详细回顾专业课程中涉及的所有内容。这些专业课程包括许多具体项目，如客户服务、担保、广告、包装及营销定价。然而，战略规划必须包括对公司所有内部领域所做工作的详细评估。因此，这里提供了从战略角度对每个业务职能的概述。无论企业的类型或规模如何，有效的战略规划都取决于内部优势与劣势的确定和排序。企业必须不断利用优势、改进劣势，以获得和保持竞争劣势。

4.2 管理

管理（management）包括四项基本活动：计划、组织、激励和控制。对这些活动的概述如表 4-1 所示。对于战略规划而言，这些活动的评估非常重要，组织应持续运用管理优势，克服和改进管理劣势。

表 4-1　管理的基本职能

职能	描述	最重要的战略管理阶段
计划	包括为未来做准备的一切管理活动，如确定目标、设计战略、制定政策。	战略制定
组织	包括确定任务与权力关系结构的所有管理活动，如组织设计、工作专业化、工作说明、工作规范、控制范围的确定、工作设计与分析。	战略实施
激励	指旨在塑造员工行为的活动，如领导、沟通、协作、工作丰富化及人力资源管理。	战略实施
控制	指一切使实际工作结果与计划预期相一致的管理活动，如质量控制、财务控制、存货控制、支出控制、变量分析、奖赏及惩处。	战略评价

计划

计划（planning）是连接现在与未来的桥梁。计划提高了预期结果实现的可能性。计划是公认的管理的基础，实际上却是管理者最容易忽视的一项任务。计划使企业能够：

1. 考虑相关因素并重点关注关键因素。
2. 确保企业为一切合理的突发事件做好准备，并能及时根据需要进行调整。
3. 集中资源并以最有效的方式完成任务。
4. 爱护自身的资源，避免浪费生态资源。
5. 评估与实现企业预期目标相关的努力、付出和影响是否有保证。
6. 积极主动，预测并影响未来。

计划不是简单地根据过去到现在的趋势来预测未来（长期规划），还包括提出使命，预测未来事件与趋势、建立目标及选择战略（战略规划）。成功的企业总是未雨绸缪而不是被动应对，纵观历史，生物体与组织都遵循“适者生存”的原则。

组织可以通过计划形成协同作用。当所有员工为了一个明确的目标组成团队时，**协同效应**（synergy）就产生了，协同效应可达到 2+2=5 的效果。通过树立和传播明确的目标，组织使得员工和管理者同心协力。协同效应可以转化为强大的竞争优势，战略管理过程本身也是为了获得这种协同效应。

计划方面的优势和劣势可能涉及：（1）公司愿景或使命质量，即公司战略在支持愿景或使命方面表现如何；（2）各部门对公司业绩的相对贡献；（3）跨区域和跨产品的资源分配。

组织

组织（organizing）的目的是通过确定任务与权力关系，使企业成员形成合力。组织就是要决定谁做什么以及向谁报告。历史上有无数这样的案例，相对弱势但组织良好的企业可成功地与条件优越但组织不力的企业竞争，甚至获胜。在组织良好的企业中，管理者和员工通常得到很好的激励，自愿为企业的成功不遗余力。这样的企业还可以更有效率和更有效益的方式配置和使用资源。

管理的组织职能包含三种彼此关联的活动：将任务分解为各项工作（工作专业化）、按工作组建部门（部门化）及授权。将任务分解为具体工作，需对工作进行描述和界定，这可使管理者与员工明确了解工作的具体要求。在 1776 年出版的《国富论》（*The Wealth of Nations*）中，亚当·斯密（Adam Smith）通过大头针厂的例子说明了专业化在生产中的优越性：

> 第一个人拉制铁丝，第二个人将其弄直，第三个人将其切割成段，第四个人将铁丝的一端磨尖，第五个人将另一端磨好以安装针头。十个人以这种方式工作，每天可生产 48 000 根大头针。但是，如果他们单独制作，每人每天最多只能生产 20 根大头针。[2]

组织包括确定适当的结构、控制范围和指挥链条。组织结构决定了企业如何配置资源和设置目标。战略变化往往要求组织结构随之变化，新战略可能造成职位的增加、减少或合并，第 7 章讨论了最常见的结构类型。组织方面的优势和劣势可能与以下方面有关：（1）目前结构与公司各部门和战略的匹配度；（2）高管头衔显示的指挥链条的明确度；（3）相关工作和工作说明之间的重叠度。

激励

激励（motivation）可定义为影响员工以使其为实现特定目标而努力的过程。激励可以解释为何一些人勤奋另一些却懒散。若管理者和员工未能得到有效的激励，目标、战略和政策将很难实现。激励至少包含四大要素：领导、群体活力、沟通及组织变革。

如果管理者和员工勤勉地工作，则意味着企业战略制定者领导有方。优秀的领导者应与下属建立良好的关系，重视其需求，关切其忧虑，为他们树立榜样，并公平对待他们，信任他们。优秀的领导者传递公司的愿景，并激励人们努力工作以实现这一愿景。孙子在强调领导的重要性时说："夫将者，国之辅也。辅周则国必强，辅隙则国必弱。"德鲁克说：

领导并不一定魅力十足，这无异于煽情；领导也不等同于“广交朋友并影响他人”，这无异于讨好。领导应能提升人们的眼界，提高工作绩效的标准，塑造人们超越常态的个性。[3]

组织中的沟通系统决定企业战略能否成功实施。顺畅的双向交流对于员工支持职能部门及其目标与政策极其重要。自上而下的沟通可鼓励自下而上的交流。若企业领导者鼓励下属建言献策，战略管理过程更容易推进。战略管理的重要目的之一是在整个组织中建立并形成有效的交流体系。

人力资源管理（human resource management，HRM）的工作内容包括：招聘、面试、测试、选拔、指导、培训、开发、关怀、评价、奖赏、惩戒、晋升、调动、降级、解聘以及劳资关系管理。人力资源管理的复杂性和重要性已提高到这样的程度，以至于所有的企业，无论规模大小，都需要一个全职的人力资源主管。人力资源管理部门必须有效管理员工和管理者的去留，以保持员工士气，减少工作压力。表 4–2 所列的人力资源管理信息类型可能是公司在管理人员和员工总体动机方面优势或劣势的来源。

表 4–2　人力资源管理提供竞争优势的六种方式

1. 分析流动率，确定问题所在。
2. 测量和监控员工的敬业精神和士气。
3. 跟踪员工数据以识别高绩效和低绩效。
4. 确定人才的市场价格，使薪酬与公司目标相一致。
5. 基于组织战略和长期需要，设计员工发展和培训途径。
6. 为涉及所有人事事项的法律问题提供指导。

资料来源：Based on information from http：//hrdailyadvisor. blr. com/2017/08/21/using-hr-competitive-advantage/.

控制

在企业中所有管理者都负有控制责任，比如，为提高效率需进行绩效评价并采取必要的措施。管理的控制职能对于有效的战略评价特别重要（第 9 章的核心话题）。控制包括 4 个基本步骤：

1. 制定绩效标准。
2. 测量个人及组织绩效。
3. 比较实际绩效与计划绩效。
4. 采取纠正措施。

企业的**生产 / 运营**（production/operation）部分包括将资源投入（原材料、劳动力、资本、机器与设施等）转变为最终产品和服务的所有活动。制造工厂的产量达到其全部潜在产出的程度称为**产能利用率**（capacity utilization），这是一个关键的战略变量。产能利用率越高越好，否则设备可能处于闲置状态。例如，制造企业的平均产能利用率为 60%，那将是一个明显的劣势。

如表 4–3 所示，罗杰·施罗德（Roger Schroeder）认为，生产 / 运营管理包括五种决策领域：生产、能力、存货、人力及质量。通常，生产 / 运营活动占用企业人力与实物资本的最主要部分。对于绝大多数产业而言，生产产品或服务的主要成本发生于生产过程，因此，生产/运营是实施总体战略的利器，生产/运营五种职能的优劣关乎企业成败。

表 4-3 生产/运营的基本决策领域

决策领域（职能）	决策事项简述
1. 生产	机器人、设施布局、工艺流程分析、生产线的平衡、工艺控制、运输分析
2. 能力	预测、设施规划、综合计划、生产计划、生产能力计划、排队分析、能力利用
3. 存货	原材料等级、在制品、产成品、订货品种、订货时间、订货数量、物料搬运
4. 人力	通过岗位设计、工作考核、工作内容丰富化、工作标准及激励方法，有效管理熟练及非熟练工人、职员及管理者
5. 质量	质量控制、抽样检查、测试、质量保证、成本控制

在生产环境中，一种称为**协作机器**（collaborative machine）的新型机器人越来越多地与人一起工作。机器人的价格低至2万美元，在小企业中也得到广泛应用，它们没有午间休息或病假，也没有医疗保险，可以不间断地工作。协作机器更灵活，通常头一天完成一项任务，第二天执行另一项任务。Panek Precision是一家机械厂，位于伊利诺伊州诺斯布鲁克。管理者表示，"有了机器人，可以让员工从事更有价值的工作，比如监控需要人工看管的更先进设备。"通常，工人们很喜欢协作机器，甚至给它们起名字，比如路易斯安那州拉斐特的一家珠宝工厂Stuller的"Fred"，宾夕法尼亚州哈特菲尔德的玩具制造商K'NEX Brands的"Baxter"。[4] 控制方面的优势和劣势可能与三个方面有关，分别是：（1）相对于竞争对手的库存周转率；（2）公司在不同地理区域的业务表现；（3）公司获取所需物资的成本效益。

整合战略与文化

当企业战略和文化有效整合，管理的功能就能得到更好的发挥。每个商业实体都有一种影响战略规划活动的独特组织文化。**组织文化**（organizational culture）可定义为："组织在学会对外适应环境、对内实现一体化过程中形成的行为方式。人们认为该方式行之有效，并将之作为理解、思考和感觉事物的正确方式传授给组织的新成员。"[5] 该定义强调了企业在做战略决策时外部因素与内部因素匹配的重要性。组织文化概括了塑造工作场所的因素，它们微妙、难以捉摸，很大程度上不为人察觉。由于文化不易改变，它可以成为企业的一种主要优势或劣势。

很大程度上，战略管理过程发生在企业的特定文化中。企业文化应能使其成员为了共同目标一起承担任务，同时，它必须有助于提高管理者和员工的能力并激发他们的热情。如果战略能够利用文化优势，如强烈的职业道德或道德信念，那么管理层往往能够迅速从容地实施变革。然而，如果企业文化没有支持力，战略变革可能无效，甚至适得其反；若企业文化与新战略对立，则导致混乱和迷失方向。

为获取和保持竞争优势，企业必须持续学习、适应和改变。适应变化可能很困难，特别是发生重大变革时。重大变革包括具有独特文化和独特气质的不同公司建立新的联盟、伙伴关系或合并。表 4-4 提供了组织文化一些（可能的）方面，以及确定公司内部优势与劣势时需考虑的因素。

表 4-4　组织文化的 15 个方面

维度	得分低				得分高
1. 强烈的职业道德：上班早，下班晚	1	2	3	4	5
2. 道德观念强：遵守明确的商业道德规则	1	2	3	4	5
3. 着装正式：期望穿衬衫，打领带	1	2	3	4	5
4. 着装非正式：很多天可以随意穿着	1	2	3	4	5
5. 工作之外可以建立社交关系	1	2	3	4	5
6. 不会质疑上司的决定	1	2	3	4	5
7. 鼓励举报	1	2	3	4	5
8. 有健康意识；有健康计划	1	2	3	4	5
9. 允许经常“在家办公”	1	2	3	4	5
10. 鼓励创造力 / 创新 / 发散思维	1	2	3	4	5
11. 支持女性和少数族裔；没有玻璃天花板	1	2	3	4	5
12. 社会责任感强；乐于做慈善	1	2	3	4	5
13. 频繁开会	1	2	3	4	5
14. 有参与型管理风格	1	2	3	4	5
15. 保护自然环境；有一个可持续发展的项目	1	2	3	4	5

当一家公司收购另一家公司时，有效整合二者的文化对于成功至关重要。例如，在表 4-4 中，一家公司可能多数得分为 1（低），而另一家公司可能多数得分为 5（高），这将提出一个挑战性的战略问题。不管企业所在行业、地理位置或历史如何，企业必须有效整合企业战略和文化，即使它们持续发展。

组织文化应该带给人实施战略的热情。有时因为士气低落的跨部门相互影响，与企业文化相关的内部优劣势容易被忽视。对于战略制定者而言，将企业视为一个社会文化系统相当重要。企业的成功往往取决于企业战略与文化之间的关系。当今，战略管理的挑战在于建立战略制定、实施与评价所必需的企业文化，以及相应地促进人们思想观念的变化。

管理中的检测问题

以下问题检测列表有助于确定企业各职能部门的优势与劣势。对问题的否定回答意味着存在潜在劣势。当然，对于不同产业和企业，否定回答的战略含义不尽相同。对问题的肯定回答意味着潜在的优势。

1. 企业是否使用战略管理概念？
2. 企业目标是否可测量，是否进行了很好的沟通？
3. 各级管理者是否都有效地制定计划？

4. 管理者是否很好地授权？
5. 企业组织结构是否合理?
6. 岗位规定和工作说明是否清楚？
7. 员工士气是否高昂？
8. 员工流动率和缺勤率是否低？
9. 企业奖励和控制机制是否有效？

4.3 营销

营销可以定义为：界定、预见、创造和满足用户对产品和服务的需求和期望的过程。营销就是要满足当前和潜在客户的需求。优秀的市场营销可以为企业提供竞争优势，根据2017年美国客户满意度指数（American Customer Satisfaction Index，ACSI），表4-5列出了各行业在客户满意度方面领先的公司，该指数每年对大约18万美国客户进行调查。

表4-5 在客户满意度方面处于行业领先地位的公司

公司	行业
捷蓝航空（Jetblue）	航空
雷克萨斯（Lexus）（丰田）	汽车
狄乐百货（Dillard's）	百货公司
克莱克·拜瑞尔乡村餐厅（Cracker Barrel）	全服务餐厅
LG	家用电器
先锋集团（Vanguard）	互联网投资服务
亚马逊	互联网零售
谷歌	互联网搜索引擎和信息
福来鸡（Chick-fil-A）	有限服务餐厅
高乐士（Clorox）	清洁产品
苹果	个人电脑/手机
AAA保险	财产和意外伤害保险
乔氏超市（Trader Joe's）	超市

资料来源：Based on information from http：//www. theacsi. org/acsi-benchmarks/benchmarks-by-industry.

营销（marketing）包括如下5种基本活动：（1）市场研究和目标市场分析；（2）产品计划；（3）定价；（4）促销；（5）分销。理解这些职能有助于战略制定者识别及评价营销的优势与劣势，这是一项重要的战略制定活动。

市场研究和目标市场分析

市场研究（marketing research）是指对与产品或服务营销相关的数据进行系统化收集、整理与分析的活动。市场研究经常用于帮助企业评估和制定策略。市场研究者利用多种尺度、方法、程序、概念和技术来收集信息；他们的研究可揭示企业关键的优势和劣势。拥有娴熟市场研究技能的企业在采取通用战略时的优势显而易见。百事公司的总裁说过：

> 关注竞争是企业进行市场研究的最好方式，因为取得战略成功的多数思想都来自市场，且通常来自区域或本地的小竞争者。每次我们都能收获有前景的新思想。研究它，改进它，最后依靠它战胜竞争者。[6]

市场研究的一个重要用途是进行**目标市场分析**（target market analysis）——考察与评价客户需要、期望及诉求。市场研究方法包括客户调查、分析客户信息、评价市场定位战略、客户构成分析、确立最优市场细分战略等，所有这些方法都有助于做出有效的客户分析。

成功的企业不断监测当前和潜在客户的购买情况，进行广泛的市场研究以了解不同客户群体的需求，并根据需要定制产品。最近，许多企业将目标市场转向年轻人，尤其是千禧一代，这些人已成为美国最大的消费群体。现在，诸如家得宝（Home Depot）、宝洁、Williams-Sonoma Inc.、Sherwin-Williams Co. 和 Scots Miracle-Gro Company 等商家，都以千禧一代为目标提供在线课程，教授基本技能，比如如何割草、使用卷尺、钉钉子和养护植物。

明确目标市场可以使营销人员更好地利用战略工具箱，从而确保公司的产品为目标客户提供价值。明确了解公司的目标市场是设计营销组合的基础。通常，营销组合被称为“营销 4P”，即产品（product）、价格（price）、促销（promotion）和渠道（place）（见表 4–6）。营销人员设计营销组合，以适应每个目标市场的独特需求。在寻找和确定与营销有关的优势与劣势时，需要考虑表 4–6 所示的一些关键领域。

表 4–6　营销组合构成变量

产品	渠道	促销	价格
质量	分销渠道	广告	价格水平
特色和选项	分销覆盖范围	人员推销	折扣
类型和品牌	零售网点分布	促销推广	补贴
包装	销售区域	公共宣传	付款方式
生产线	库存量		
保修和服务	运输工具		

产品计划

产品可以是有形商品、服务、创意，也可以是企业通过交换过程满足个人或企业客户需求的任何东西。产品计划包括以下活动：产品质量保证，包装，确定产品类型、特性、式样及质量标准，淘汰旧产品和提供客户服务。对于进行产品开发或实行产品多元化的企业而言，通常需要决定是扩大现有生产线，还是创建一条全新的生产线，因此产品计划特别重要。例如，金宝汤公司（Campbell Soup Company）在实施产品开发战略时可能会考虑开发一种新汤或提供腌料而进入新的产品类别，从而扩大其汤品系列。

试销（test marketing）是进行产品和服务计划最为有效的方法之一。企业可用该方法对各种营销计划进行试验，了解产品的潜在问题，提出推广产品的更好方法，预测新产品的未来销售情况。试销时需首先确定在多少城市和哪些城市进行，持续多长时间，采集哪些信息，以及完成后采取哪些措施。试销更多地用于消费品而不是工业品。试销能提前发现产品和营销方式的不足，企业可以避免巨大损失。

产品计划的另一个重要部分是研究与开发（research and development，R&D，简称研发）。迄今很多企业尚未进行过研发，但也有不少企业靠成功研发得以生存发展。那些采取产品开发战略的企业尤其需要坚持以研发为导向。比如微软这样的高科技企业就把更多的收入投在研发上。对许多企业来说一个关键的决定是成为“先行者”还是“快速追随者”，即是在研发上投入巨资以率先开发全新的产品，还是在竞争对手开发产品后模仿、复制或改进其产品，从而减少研发开支。

由于消费者需求和口味不断变化，以及新技术出现、产品生命周期缩短和国内外竞争加剧，大多数企业别无选择，只能继续开发新产品。但有诸多因素使新产品开发变得更困难、成本更高、风险更大，包括新产品缺乏创意、全球竞争加剧、市场分割加剧、特殊利益集团强大、政府监管增加等。举例而言，制药厂实验室的几千种药物中可能只有一种登上货架。

与产品有关的优势和劣势可能涉及：（1）品牌价值；（2）产品种类；（3）产品特征。

定价

定价是指决定客户花多少钱才能得到公司提供的产品。定价目标包括：将价格定在利润、销售或市场份额最大化的水平上；设定价格以削弱竞争对手的营销，提高顾客满意度；提高产品的形象和威望。定价战略通常基于成本、需求、竞争或客户需求。有时“免费是一个很好的价格”，谷歌和脸书向基本客户免费就是很好的示例。

互联网的广泛使用和技术进步使企业能够迅速调整价格以适应市场变化。在动态定价策略中，同一产品可能以不同价格出售给不同客户，甚至以不同价格卖给同一客户。激烈的价格竞争，加上线上价格比较，使许多企业的利润率降至最低水平。现在，塔吉特和百思买等公司都提供与竞争对手在线价格的匹配。这两家公司都尽可能避免消费者在其商店里查看产品，却在竞争对手的网站上购买。与定价有关的问题可能代表企业的关键优势或劣势。

企业必须意识到政府对定价的限制，包括定价规则、价格歧视、掠夺性定价、单位定价、价格广告、价格控制等。例如，《罗宾逊－帕特曼法案》（Robinson-Patman Act）禁止在竞争减弱的情况下，制造商和批发商在渠道成员购买者（零售商和批发商）之间存在价格歧视。正如“全球视点 4”中讨论的那样，数字货币形式的产品定价日趋成为一个必要的考虑因素。企业定价方面的优势和劣势可能关系到竞争企业同类产品的价格是否、为什么以及如何与本企业的价格（包括支付的货币）相匹配。

全球视点 4

比特币：新型全球货币

利用密码技术，世界范围内出现了一种新型数字支付系统，它可以在不需要中央机构或银行参与的情况下进行货币交换。加密货币，也称为数字货币或阿尔特钱币，正在世界各地的投资者、企业和消费者中流行。就像互联网上没有实物支持的现金，数字货币作为个人和企业之间价值交换的手段越来越普遍。

数字货币市场的总市值超过 6 000 亿美元，由比特币、Ethereum、Ripple 和 Litecoin 等几个品种组成。比特币是最著名、使用最广泛的数字货币，占加密货币市场价值的一半以上。简言之，比特币是一个移动应用程序，它为个人提供比特币钱包用来与其他用户交换。越来越多的企业接受比特币。比特币的主要优点包括：支付过程简单；可以每天 24 小时跨越国界快速完成交易；保护自己的身份；防止欺诈；避免银行或其他中介机构收取交易费用。

公司越来越多地面临有关比特币的艰难决策。应该接受比特币作为一种支付方式吗？产品应该用比特币定价吗？如果是，公司应该同时用当地货币和比特币来给它们的产品定价吗？目前，管理人员正在研究诸如此类的问题。

资料来源：Based on https：//bitcoin. org/en/how-it-works and Paul Vigna，“Rival Digital Currencies Nip at Bitcoin，” *Wall Street Journal*，（December 20，2017）：B16.

促销

战略的成功实施一般依赖于企业销售产品或服务的能力。**促销**（promotion）包括许多营销活动，如广告、销售推广、公关、人员推销和直接营销。向消费者推广产品的常用工具包括电视广告、杂志广告、广告牌、网站和公关等。折扣、优惠券和样品常用来鼓励购买。人员推销、口碑传播和社交媒体等促销工具也常用来建立客户关系。不同促销工具对日常消费品和工业产品的促销效果有很大区别。人员推销对工业品公司尤为重要，而广告和社交媒体营销对消费品公司更为重要。确定组织在促销职能上的优势与劣势是战略管理内部分析的重要组成部分。

一般说来，促销特别是广告促销的成本可能非常高。尽管如此，促销仍受欢迎的主要原因是营销是一个需要仔细研究的重要商业功能，没有营销，即使是最好的产品也难以成功。全球广告支出每年增长约 5%，预计 2021 年将达到 7 000 亿美元。数字广告，尤其是移动设备上的数字广告推高了广告支出，因为最近全球互联网广告超过了电视广告，预计 2020 年将达到近 2 800 亿美元。[7] 许多成功的品牌现在都在利用数字平台和社交媒体与消费者建立紧密关系和情感纽带。随着社交网络、虚拟世界、产品评论网站和基于位置的社交应用越来越受到消费者的欢迎，营销人员在社交媒体营销上投入了大量精力。进行战略规划分析时，除了比较竞争对手的公司网站外，重要的是要比较对手处理社交媒体问题的方式。

促销方面的优势与劣势可能与公司的以下方面有关：（1）网站和社交媒体的使用；（2）与主要名人或发言人的联系；（3）广告和品牌口号或形象。

分销渠道

分销渠道（channel of distribution）是指将产品从生产者带给最终客户的各种中间商。这些中间商有众多的名称，如批发商、零售商、经纪人、掮客、撮合人、供应商或分销商。营销人员往往需要做出相关决策，包括仓储、分销渠道、分销覆盖范围、零售网点布局、销售区域、库存地点、运输工具、批发及零售等。

营销人员必须决定，产品应该分布在多大范围以供消费者找到和购买。一些企业通过众多批发商和零售商提供产品，一些企业只通过几个选定或授权的专营店、经销点提供产品。

产品分销绝非易事，需要做一些十分复杂且极具挑战性的决策。成功的组织会识别和评价触及最终市场的各种方式。如今，企业越来越多地将产品直接通过它们的网站在线销售，这种做法可能会让零售商感到不安。有效的供应链和分销系统是任何企业获得和保持竞争优势的关键。

与促销优势和劣势有关的因素包括：实体店销售或在线销售的有效性；不同销售点的平均投资回报（ROI）。

营销检测问题

以下是进行内部分析时测试企业营销状况的一些问题：

1. 是否对市场进行了有效细分？
2. 企业在市场竞争中是否进行了合理定位？
3. 目前的分销渠道是否可靠和经济？
4. 企业是否拥有有效的销售组织？
5. 企业是否提供了良好的产品质量与客户服务？
6. 企业的产品与服务定价是否恰当？
7. 企业是否有有效的促销策略？
8. 企业是否比竞争对手有更出色的网络平台？

4.4 财务和会计

人们通常认为财务状况是考察企业竞争力和对投资者吸引力的最佳指标。表4-7列出了根据德鲁克研究院（Drucker Institute）得出的财务实力最佳企业榜，该研究院根据资产回报率、股本回报率、投资资本回报率、市场份额和利润，以及投资者的股票回报率来评估财务绩效。从表4-7中可以看到，埃森哲（Accenture PLC）位居榜首。确定企业的财务优劣对于制定有效战略必不可少。熟练掌握企业的流动性、杠杆比率、营运资本、盈利率、资产利用率、现金流量及股东权益等指标，可以排除某些战略。财务因素往往会影响现行战略或战略实施规划。

财务与会计职能

按照詹姆斯·范霍恩（James van Horne）的说法，财务/会计职能包括三种决策：投资决策、融资决策和分红决策。[8] **投资决策**（investment decision），又称为**资本预算**（capital budgeting），指对资本和资源在企业的各个项目、产品、资产和部门间的分配和再分配。确定经营战略后，企业便需要进行资本预算以保障战略的成功实施。**融资决策**（financing decision）指确定企业的最佳资本结构，包括权衡各种融资方法（如发行股票、增加债务、出售资产或这些方式的组合）。融资决策既要考虑企业的短期资金需求，又要考虑企业的长期资金需求。债务股本比与资产负债率是表明企业融资决策是否有效的两项关键财务指标。

表 4-7 顶级企业财务实力样本

企业	员工数（人）	2017 年收入（10 亿美元）
埃森哲	425 000	34.8
奥驰亚（Altria Group）	8 300	25.7
苹果	123 000	215.6
伯克希尔·哈撒韦（Berkshire Hathaway）	45 500	223.6
家得宝	406 000	94.5
万事达	11 900	10.7
宝洁	95 000	65.0
星巴克	254 000	21.3
联合包裹服务公司	434 000	60. 9
威瑞森	160 900	125.9
沃尔玛	2 300 000	482.1

资料来源：Based on Ezequiel Minaya，“Consumer-Goods Firms Shine in Financial Category，” *Wall Street Journal*，（December 6，2017）：R2.

分红决策（dividend decision）包括股利占盈余的比例、股利在一定时期内的稳定性、回购及发行股票等问题。分红决策决定了企业留存收益与股东分红的比值。每股收益、每股股息及市盈率是评价企业分红决策的三项财务指标。企业在向股东分红与留存收益之间必须保持某种平衡。在现实中，不存在处理这一关系的固定公式。有时候，为了安抚股东，尽管公司年净收益为负，或者不得不从外部渠道获得所需资金，或者将资金用于企业再投资更好，企业仍然要向股东分红，原因是：

1. 分红属于惯例，不分红将有损企业声誉。投资者将股息变化视为企业未来财务状况的征兆。
2. 投资银行家将股息视为投资依据，一些机构投资者只购买分红的股票。
3. 股东通常要求分红。对有巨大再投资机会的企业亦如此。
4. 有人认为，分红可以抬高股价。

财务比率

财务比率分析（financial ratio analysis）是确定企业在投资、融资和红利领域优势与劣势的使用最广的方法。由于企业的职能领域密切相关，财务比率实际上可以显示企业价值链上下游从生产到分销任一环节的优势与劣势。

财务比率可由企业的利润表和资产负债表算出。计算财务比率如同拍照，因为它反映的只是企业在某一时点的表现。将不同时期的比率进行纵向比较，或将企业的比率与产业的平均水平进行横向比较，可以得出更有意义的统计结果，以用于确认和评价企业的优势与劣势。图 4-2 所示的趋势分析是一种从时间和产业平均水平两方面考察财务比率的有用技术。注意，图中的虚线是预期比率。

财务比率适用于营利性组织和非营利组织，但不同行业的财务比率差别很大。即使非营利组织没有投资回报率或每股收益比率，它们也会定期监测其他特殊比率。例如，教会会监测捐款与会员人数的比例；动物园会监测食品销售额与游客人数的比例；大学会监控学生人数与教授人数的比例。非营利组织与营利性企业一样，都需要进行战略规

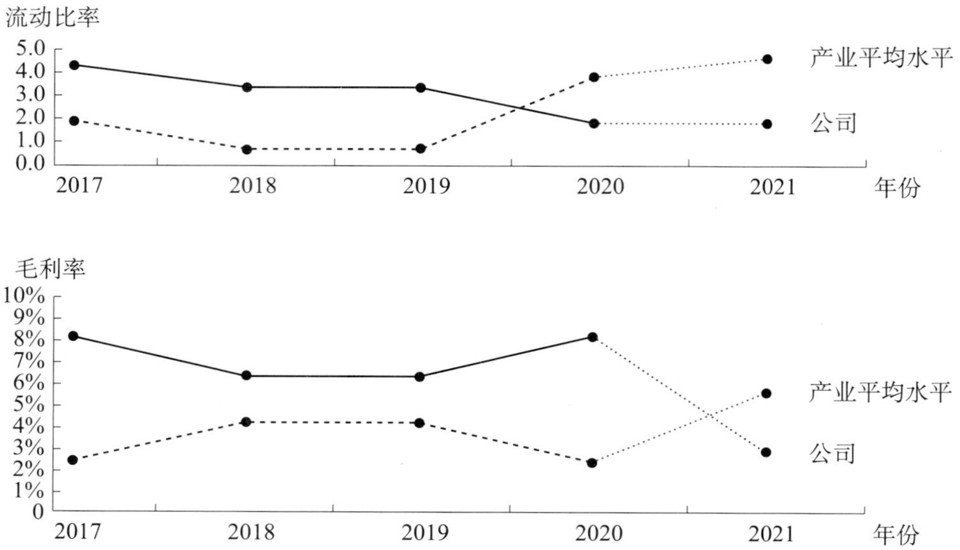

图 4-2　财务比率的趋势分析

划，力求财务稳健。

财务比率分析应研究以下三个方面问题：

1. 每个比率如何随时间变化？该信息可用于评价历史趋势。检测每个比率是否随时间增加、减少，或几乎保持不变。为评价企业的历史财务表现，可计算每个比率自上一年到下一年的百分比变化，较大百分比变化可能特别重要。请注意，如果基数较小，则较大百分比的变化更容易发生。

2. 每个比率如何与产业标准比较？初看起来，一家公司的存货周转率可能会很高，但与产业标准或规范相比可能很一般。在某些比率上，各产业可能有显著差异。例如，像克罗格这类食品杂货公司有较高的存货周转率，而汽车经销商有较低的存货周转率。因此，在特定产业内进行公司财务比率的比较对确定公司的优势与劣势很有必要。

3. 每个比率如何与主要竞争对手比较？通常，特定产业或地域的若干竞争对手之间的竞争比产业内所有竞争对手之间的竞争更激烈。既然承认这个事实，则财务比率分析应包括对这些主要竞争对手的比较。例如，如果一家公司的获利比率的趋势是上升，与产业平均比较是有利趋势，但它相对于主要竞争者的趋势是下降，则该公司需要特别关注。

表 4-8 提供了优秀的免费在线和订阅（收费）资源，用于获取企业和行业的财务信息，其中一些来源提供了财务比率。www. strategyclub. com 提供的免费 Excel 模板在学生输入相关数据后可帮助计算比率。

财务比率分析并非没有局限性。首先，财务比率分析的基础是会计数据，而不同企业在会计上对很多项目，如折旧、存货价值、研发支出、退休金计划支出、合并及税收等的处理有所不同。此外，还需考虑季节因素。因此，若企业财务比率与产业平均水平相当，并不代表公司运营正常或管理良好；反之，与产业均值离散度高，也不能说明企业经营良好或较差。例如，存货周转率高可能表明库存管理有效和流动资金状况良好，但也可能意味着存货严重短缺及流动资金状况不佳。

将财务比率作为关键内部因素列入 IFE 矩阵的另一个限制是，财务比率在揭示所需

表 4–8 获取公司和行业战略信息（包括财务比率）的优秀网站

1. 在线免费资源
a）10-K 表格或年报
b）http：//finance. yahoo. com
c）www. hoovers. com
d）http：//globaledge. msu. edu/industries/
e）www. morningstar. com
2. 在线订阅资源（可能由你所在大学的图书馆订阅）
a）合并在线：www. mergentonline. com 这个网站上的财务报表似乎比其他网站更完整。你还可以搜索具有相同 SIC 或 NAICS 代码的企业，然后创建财务比率比较报告。可以使用许多不同的比率作为比较标准，以创建量身定制的报表，然后将其导出为 Microsoft Excel 格式。或者使用 Mergent 中的 Competitive Tab 建立企业列表，并比较它们的比率。
b）Factiva：http：//new. dowjones. com/products/factiva/ 在这个网站上，首先使用 Companies & Markets 选项卡搜索公司。接下来单击“Reports”并选择“Ratio Comparison Report”，以获得公司与产业平均水平的比率。
c）S&P NetAdvantage：http：//www. standardandpoors. com/products-services/industry_surveys/en/us 本网站在数据库的两个部分提供公司和产业比率及信息：（1）某企业信息页面的 Compustat Excel Analytics 部分；（2）标准普尔产业调查。
d）Onesource：www. avention. com/OneSource 这是广泛使用的财务比率信息来源。搜索特定公司，然后单击公司信息页面左侧的“Ratio Comparisons”链接。OneSource 会将你的公司与产业、美国证券交易委员会以及整个股票市场进行比较。
e）雅虎产业中心：http：//biz. yahoo. com/ic/ 这是一个极好的免费资源，用户可以按业绩排名浏览产业，包括股本回报率、市盈率、市值、价格变动、利润率、账面价值以及长期债务等内容。
3. 大多数图书馆有财务比率纸质参考书
a）Robert Morris Associate 的年度报表研究，是极好的财务比率信息来源。
b）Dun & BradStreet 的产业规范与关键业务比率：极好的财务比率信息来源。

的潜在战略方面不是很具“可操作性”（因为它们一般是基于整个企业的业绩）。例如，将企业的“流动比率从 1.8 提高到 2.1”作为一个关键的内部因素并不具有可操作性，因为这一因素没有具体说明哪些流动资产或流动负债是促成这一变化的最重要因素。相比之下，“2018 年该公司香水部门在非洲的收入增长了 18%”更有说服力，由此可以更深入地了解解决这一问题所需采取的行动。再次强调上一章中“可操作的”方式陈述因素的重要性，上一章中用于外部分析的 AQCD 测试在进行内部分析时同样重要。

表 4–9 列出了各种关键的财务比率，并给出了这些比率的计算方法与含义。注意，对所有产业和企业而言，并非每个比率都有意义。例如，对那些主要收取现金的企业而言，应收账款周转率与平均收账期就没有多大意义。如表 4–9 所示，关键财务比率可分为以下五类：流动性（企业的现金状况）、杠杆（企业的债务状况）、经营（企业的运营效果）、获利（企业表现如何）和增长（企业满足股东的期望）。

表 4-9 关键财务比率简介

名称	计算方法	度量的内容
流动性比率		
流动比率	流动资产 / 流动负债	企业偿付短期债务的能力
速动比率	（流动资产－存货）/ 流动负债	企业不依赖出售存货而偿付短期债务的能力
杠杆比率		
资产负债率	总负债 / 总资产	债务占总资产的比例
负债对权益比率	总负债 / 总股东权益	债务占所有者权益的比例
长期负债对权益的比率	长期负债 / 总股东权益	反映企业长期资本结构中债务与权益的比值
利润利息比率	息税前利润 / 总利息支出	在不影响支付利息的条件下收入下降的极限
经营比率		
存货周转率	销售额 / 产成品库存	企业库存是否过量，库存水平是否高于产业平均水平
固定资产周转率	销售额 / 固定资产	销售效率和厂房设备利用率
总资产周转率	销售额 / 总资产	企业的投资总值是否产生了足量的业务
应收账款周转率	年赊销额 / 应收账款	公司收回赊销货款的平均时间（比值）
平均收账期	应收账款 /（总赊销额 /365 天）	公司收回赊销货款的平均时间（天）
获利比率		
毛利率	（销售额－销售成本）/ 销售额	弥补经营开支和产生利润的总毛利
经营利润率	息税前利润 / 销售额	不考虑支付利息和税金的盈利能力
净利润率	净利润 / 销售额	税后每美元销售额所产生的利润
总资产报酬率	净利润 / 总资产	税后每美元资产的利润；此比率又称投资回报率
股东权益报酬率	净利润 / 总股东权益	税后每美元股东投资所产生的利润
每股收益	净利润 / 流通在外的普通股数	普通股所有者可得收益
市盈率	股票每股市值 / 每股收益	公司在股票市场上的吸引力
增长率		
销售增长率	总销售额年增长率	公司的销售增长率
净利润增长率	利润年增长率	公司的利润增长率
每股收益增长率	每股收益年增长率	公司每股收益增长率
每股红利增长率	每股红利年增长率	公司每股红利增长率

财务与会计的检测问题

通常，财务 / 会计中的优劣势来自以下问题的答案：

1. 财务比率分析表明企业的财务优势与劣势各是什么？
2. 企业是否可筹集到所需的短期资金？
3. 企业是否可通过借债或发行股票而筹集到所需的长期资金？
4. 企业是否有足够的营运资本？
5. 企业的资本预算程序是否有效？
6. 企业的分红政策是否合理？
7. 企业与投资者和股东的关系是否良好？
8. 企业的财务经理是否有丰富的经验，是否接受过良好的培训？
9. 企业的债务状况是否良好？

财务分析为确定企业的优势与劣势提供了一个极好的工具，但这些数字本身通常并未揭示问题根源，例如，营销和促销效果、人力资源管理和雇员生产力、会计错误，等等。因此，应仔细研究企业的 10-K 表格或年度报告和包括季度报告在内的其他公司文件，以揭示职能领域内相关的优势与劣势。财务和会计的优势与劣势可能与诸多问题有关，比如：企业是用债务还是用股权筹资；企业的股利政策如何；企业是靠收购还是靠自身发展等。

➡ 4.5 管理信息系统

信息将所有的业务职能结合在一起，并为所有管理决策提供依据。信息是企业生存的基础，是代表企业竞争优势或劣势的一个主要因素。**管理信息系统**（management information system，MIS）通过收集、编辑、存储、归纳和展示信息帮助企业解决经营与战略决策制定等方面的问题。信息系统的核心是数据库，它包含了各种重要的文件和数据。如果企业不能很好地管理信息，那么这是一个需要改善的内部劣势。

商业分析

商业分析（business analytics）是一种业务技术，它涉及使用软件来挖掘大量数据，以帮助管理人员做出决策，有时商业分析又称为预测分析、机器学习或数据挖掘。商业分析（软件）使研究人员能够评估和使用企业的总体经验，这对企业无疑是一项无价的战略资产。企业与客户、供应商、分销商、雇员、竞争公司等的互动历史都可以通过**数据挖掘**（data mining）来获得，从而用于开发预测模型。商业分析与保险公司使用的精算方法相似，保险公司采用精算方法对客户进行正面或负面结果评分。基本上，每一项业务都是一项风险管理工作。因此，与保险公司一样，所有企业都可以从测量、追踪和计算与每天做出的数百项战略和战术决策相关的风险中获益。

战略制定者通过商业分析为企业提供专有的商业情报，例如，哪一部分客户选择你的公司，哪些推迟、延迟或转向到竞争对手那里，以及为什么会这样。除了能更好地理解消费者行为，产生更有效、更高效的营销，商业分析还被用来削减开支。例如，不用向企业的忠实客户提供保留金优惠，或者管控涉及发票、信用卡催缴、纳税申报、保险索赔、手机通话、在线广告点击等的欺诈交易。商业分析还可以揭示竞争对手的弱点，这样就能有的放矢、精准营销。

商业分析使企业能够从经验中学习，根据先前的信息做出当前和未来的决定。从数据挖掘中获得稳健的预测模型，以支持数百个常见的商业决策，这是从经验中学习的本质。数学模型以及对数千、数百万、甚至数十亿先前数据点的分析，可以揭示优化资源配置的行为模式，有效提高不同组织层级和战略管理各个阶段的决策能力。商业分析不但可以识别和分析模式，也许更重要的是，还能提示事件发生的可能性及重要信息，这些信息对企业、组织和政府来说可能价值数百万美元。

2018年，全球数据分析软件的销售收入将达到217亿美元，比2012年增长64%。[9]提供这类软件的主要公司包括IBM、SAP、甲骨文、微软、Qlik Technologies、Tibco Software和Tableau Software。CEO们越来越担心网络安全问题。2017年的前6个月，美国发生的数据泄露事件达791起，比上年同期增长了29%。[10]面对潜在的数据泄露，高管们向企业所有员工强调数据安全的重要性，网络安全工作已被列为优先事项。

最近，《华尔街日报》的一篇文章提出在网络威胁方面公司最应该关心什么，以及可做些什么来缓解这种威胁。[11]目前企业面临的最大威胁是，太多组织中太多人可获得太多信息，无论是销售数据、专利信息，还是关于正在开发的下一代新产品材料，这些信息并非从事特定工作所必需。组织必须实施技术控制，以防止雇员广泛获取企业信息和数据。实际上，来自不同国家和企业的黑客和独行侠越来越多地通过雇员和管理者获取公司文件，企业仍在浑然不觉中允许黑客进入禁地。与其说网络威胁是技术威胁，不如说是人的威胁。

4.6 内部因素评价矩阵

截至目前，本章讨论的内部主题可为识别与企业当前战略相关的优劣势奠定基础，同时关注促使/阻碍企业保持竞争优势的独特优势/劣势。内部分析揭示了企业面临的关键优劣势，这对于制定利用优势和减小/克服/改进劣势的战略至关重要。

可操作－可量化－可比较－部门化（AQCD）测试

明确战略规划中的关键内部因素，确定其优先顺序，应确保所选择的因素尽可能符合以下四个标准：可操作、可量化、可比较、部门化。

正如上一章所述，满足上述四个标准的因素即通过AQCD测试，AQCD是衡量内部因素质量的指标。除通过AQCD测试，还应确认确实是内部因素而非外部因素。此外，确保内部因素与实现企业使命（优势）或阻碍企业使命的实现（劣势）密切相关。纳入内部评价的因素应由使命驱动。

关于AQCD标准，尽量将所有高质量因素纳入内部分析。高质量因素将满足三个或四个AQCD标准，低质量因素仅满足两个或更少。进行内部分析时要对事实进行工程化检视，以确保尽可能多的因素通过AQCD测试。重要的是，尽可能使用AQCD术语陈述内部因素。说明因素时应避免模糊性，模糊性在IFE矩阵赋权和评分中几乎没有指导作用。

下面给出了埃克森美孚公司的高质量和低质量内部因素（假设的）来进一步说明。

	问自己，这些因素是否			
	可操作	可量化	可比较	部门化
高质量内部因素				
2018 年，埃克森美孚公司天然气部门的销售额增长了 14%	是	是	是	是
低质量内部因素				
2018 年，埃森克美孚公司的市盈率为 14.4.	否	是	否	否

开发 IFE 矩阵的步骤

战略管理内部分析包括开发**内部因素评价矩阵**（internal factor evaluation（IFE）matrix）。这一战略制定工具对企业职能领域的主要优势与劣势分配权重和评分，根据总加权得分判断企业内部的整体实力。IFE 矩阵是对企业内部当前战略有效性的评估，没有考虑外部的机会和威胁。将 IFE 矩阵和内部评估融为一体的目的是根据企业的优势与劣势来确定当前战略的有效性。

企业对关键优势与劣势的反应（第 3 步中的评分）与这些因素在其产业中的重要性有关（第 2 步中的权重）。得到的总加权得分（第 5 步）表示当前战略的内部有效性。IFE 矩阵总加权得分表明，是继续使用战略（分数高于 2.5），还是需要改变战略（分数低于 2.5）。IFE 矩阵与第 3 章讨论的 EFE 和 CPM 矩阵一起，提供了进行战略匹配分析所需的输入，战略匹配将在第 6 章讨论。

开发 IFE 矩阵有五个步骤：

第 1 步：制定一个完整且具体的关键内部因素清单

用表 4-8 中列出的资源对企业进行研究。编辑信息并形成两个数据集：优势和劣势，制定完整的 50 ～ 100 个优势和劣势因素列表。确定来自管理、营销、财务、会计和管理信息系统的具有战略重要性的所有因素。然后，将数据集中关键因素减至 20 个，包括 10 个优势因素和 10 个劣势因素。（注意：组织通常使用 10 和 10 进行细分，www. strategyclub. com 网上的模板也使用 10 和 10）。首先列出优势，然后列出劣势。

通常，根据重要性（1= 最不重要，10= 最重要）对因素评分并汇总评分数据，或对因素排名（1= 最重要，50= 最不重要）并汇总排名数据，以此确定完整列表中最重要的 20 个因素。重要的一点是，企业（和学生）不应该只列出想到的前 20 个因素。例如，一名学生最近把“校园里有野猫”列为她所在大学 IFE 矩阵中的一个劣势。实际上，99% 的情况下不应该将其包括在矩阵中，应研究与大学的愿景、使命、战略和竞争优势相关的内部因素。

确定 IFE 矩阵中的特定因素，分配权重和评分（第 2 步），应侧重于具体的行业视角，在具体行业中考虑企业的愿景、使命和当前战略。例如，对于麦当劳，其行业是快餐店而不是一般的餐馆；对于保时捷，其行业是豪华跑车而不仅仅是汽车。如表 4-10 所示，具体的行业前景很重要。

表 4-10 IFE 矩阵开发指南

1. 利用企业参与竞争的具体（而非宽泛）行业

例子：汉堡王在快餐业（而不是一般的餐饮业）竞争。如果汉堡王的菜单中缺乏健康食品，那么这一劣势可能会得较低的权重，因为健康的食品对快餐行业不太重要，而快速的服务、美味和丰富的食品才是目标客户群最想要的。同样，汉堡王与低质量肉类相关的劣势不应该得到较高的权重，因为优质肉类在快餐行业不太重要，顾客根本不愿意为此付费。同样，如果分析人士认为咖啡对于快餐行业的成功很重要，那么汉堡王提供低价咖啡的优势将得到较高权重；反之，若认为咖啡对于快餐行业的成功并不重要，那么应该对汉堡王的这种优势赋予较低的权重。

2. 陈述因素，使它们通过 AQCD 测试

例子：一家企业的收入在第二年可能比第一年减少 15%。如果以这种方式来陈述，那么克服这种“劣势”不可操作，因为它没有说明收入下降的原因。原因可能是竞争压低价格，也可能是企业某一产品或部门无法获得原材料。若管理人员对不可操作的因素做出错误假设，可能导致企业误入歧途。因此，可将“收入下降因素”的陈述改为：由于工厂召回问题，企业巧克力分部的收入在最近一个季度下降了 21%。这样，该因素就能通过 AQCD 测试，为制定战略提供相关、有用且具洞察力的信息。

第 2 步：给内部因素分配权重

建立 IFE 矩阵，为每个因素赋予权重，从 0.01（不重要）到 1.0（非常重要）。分配给某因素的权重表示该因素相对于其他因素对企业成功的重要性。例如，获得权重为 0.04 的因素比获得权重为 0.02 的因素对企业成功更重要。无论关键因素属于优势还是劣势，只要被认为对特定行业中所有企业的组织绩效影响最大，都应该被赋予最高权重。所有权重之和必须等于 1.0。不要试图将优势和劣势的总权重各计算为 0.50。权重应基于行业而非企业确定。分别列出按最高权重到最低权重排序的优势和劣势。

第 3 步：对内部因素评分

在建立 IFE 矩阵时，为每个关键内部因素从 1 到 4 进行评分，以此衡量企业战略对优势或劣势响应的有效性，其中 4= 很好，3= 高于平均水平，2= 平均水平，1= 很差。优势和劣势评分都可以是 1、2、3 或 4。但若给一个劣势 3 或 4 的评分，应该有一个令人信服的理由。通常企业是以一种出色的方式发挥优势，由此产生优秀战略，竞争优势是建立在优势的基础之上。即便对劣势做出好的反应可能也不会带来竞争优势，但将优势转化为独特竞争力更可能产生竞争优势。评分基于企业利用优势或改善劣势策略的有效性。评分是基于企业而非行业给出的，这和权重正好相反。

在 IFE 矩阵的评分栏中，分配数值时应该考虑到企业在行业中抓住了商机，就能够通过有效的战略获得并保持竞争优势。通常，这些商机基于企业利用某种独特优势而获得，而在其他方面或领域，很可能竞争对手如此强大，以至于企业根本无法与之竞争。但这并不是说劣势因素不重要，劣势不容忽视，企业需要持续改进，但优势更为重要。如果企业具有许多权重较高的优势，这可能是有效战略的结果，因此通常需要给优势打更高的分；较高的评分会增加 IFE 矩阵的加权总分。

第 4 步：获得加权分数

在 IFE 矩阵的每一行，用每个因素的权重乘以其评分，得到加权分数。

第 5 步：获得加权总分

对所有因素的加权分数求和，即得到企业的加权总分。无论 IFE 矩阵中关键优势和劣势的数量如何，企业可能的最高加权总分为 4.0，最低加权总分为 1.0，故平均加权分数为 2.5。加权总分远低于 2.5，说明企业内部地位较弱，可能需要采取新战略，也许还要有新的方向、新的愿景或使命。加权总分远高于 2.5，表明企业拥有强大的内部地位，延续当前战略可能是明智的。（第 6 章的 IE 矩阵侧重 EFE 和 IFE 加权总分在制定策略时的匹配。）

IFE 矩阵示例

表 4-11 为一家计算机零售店 IFE 矩阵的例子。此表展示了对该计算机零售店而言最重要的两个因素（用最高权重表示的因素）是优势 1 “专卖店的维修 / 服务收入增加了 16%” 和劣势 1 “新的 34 号公路对商店位置带来负面影响”。注意，在优势中，该商店战略没有得到很好响应（评分是 2）的两个因素是：“客户的平均购买金额从 97 美元增加到 128 美元” 与 “商店的资产负债率降为 34%”。关于该商店的劣势，店主的战略是认真考虑两个因素：“新的 34 号公路对商店位置带来负面影响”，评分是 4（因为可能正计划搬迁）；“商店浴室需要翻新”，评分是 4（因为浴室正在改造中）。请注意，该商店的 IFE 矩阵总体上包含了大量美元、数字、百分比和比率，而非模糊语句，这非常好。该商店最终得到 2.73 的加权总分，这表明它取得了一些成功，但是在运营、战略、政策和程序方面需做较大改善。

表 4-11　一家计算机零售店的 IFE 矩阵

关键内部因素	权重	评分	加权分数
优势			
1. 专卖店的维修 / 服务收入增加了 16%	0.15	3	0.45
2. 员工职业道德高尚	0.10	3	0.30
3. 客户的平均购买金额从 97 美元增加到 128 美元	0.07	2	0.14
4. 店内促销使销售增长 20%	0.05	3	0.15
5. 店内的技术支持员工拥有管理信息系统学士学位	0.05	4	0.20
6. 存货周转率从 5.8 上升到 6.7	0.05	3	0.15
7. 商店的资产负债率降为 34%	0.03	2	0.06
8. 报纸广告的费用增加 10%	0.02	3	0.06
9. 员工人均收入增加 19%	0.02	3	0.06
劣势			
1. 新的 34 号公路对商店位置带来负面影响	0.15	4	0.60
2. 专卖店的软件收入下降 12%	0.10	2	0.20
3. 客户结账通常需要等待 15 分钟	0.05	1	0.05
4. 商店没有网站	0.05	2	0.10
5. 业务收入下降 8%	0.04	1	0.04

关键内部因素	权重	评分	加权分数
6. 供应商准时交货期增至 2.4 天	0.03	1	0.03
7. 商店的地毯和油漆年久失修	0.02	3	0.06
8. 商店浴室需要翻新	0.02	4	0.08
总计	1.00		2.73

IFE 矩阵与 EFE 矩阵相结合为战略制定提供了重要的信息。例如，这家计算机零售店可能想雇用一名收银员，还想修理和清洁地毯和字画饰品。另外，该商店可能还想增加有关其维修 / 服务的广告，这一点对于取得商业成功非常重要（权重为 0.15）。

在多部门的公司，每个部门或者战略业务单元都应进行 IFE 矩阵分析（以及 EFE 矩阵分析）。每个部门的 IFE 矩阵均可整合成公司的总体 IFE 矩阵。在建立 IFE 矩阵的时候，需要注意部门化。另外，财务比率的指标数最好不要超过关键因素数的 30%，因为财务比率通常是许多因素的综合表现，它们会使得如何运用某一财务指标指导某一战略行动变得不明确。例如，某公司很难根据投资回报率决定是否进入巴西或南非市场。

对战略管理者的启示

图 4-3 表明，为获得和保持竞争优势，企业必须制定战略，利用内部优势并不断改进内部劣势。企业必须培育和建立竞争优势，这些优势主要体现在 IFE 矩阵的优势列表中。内部分析应与愿景、使命和外部分析相结合，有条不紊地谨慎进行，企业的发展取决于这些分析所产生的战略规划。不要基于猜测、情感和想法去赋权和评分，用本章提到的信息来源和其他信息来源提取 AQCD 因素，将其纳入矩阵。以 AQCD 测试为指导，开发有效、有用的优势和劣势因素。

内部分析过程

内部分析（internal audit，又称内部审计）与外部分析有异曲同工之妙。来自企业各部门的有代表性的管理者和雇员应参与确定企业优势与劣势。进行内部分析需收集企业管理、营销、财务 / 会计、生产 / 运营、研发和管理信息系统方面的信息，并将它们分类汇总，以揭示企业最重要的优势和最严重的劣势。

相比外部分析，内部分析的执行过程为参与者理解各职位和部门与整个组织的契合度提供了更多的机会，这将大有裨益。因为当管理者和员工理解其工作如何影响企业其他方面的工作时，他们会表现得更加出色。例如，当营销经理与生产经理一起讨论问题时，他们就能够对问题本身、关注重点及所有职能方面的需要有更深的认识和理解。通常，如果一个组织没有使用战略管理，则营销经理、财务经理和生产经理在重要问题上缺乏互动。因此，内部分析提供了企业交流的有力工具或方式。

根据威廉·金（William King）的说法，一个由来自组织各部门并得到员工支持的经理所组成的专责小组，应负责确定 10 ~ 20 个影响组织未来发展的最重要的优势

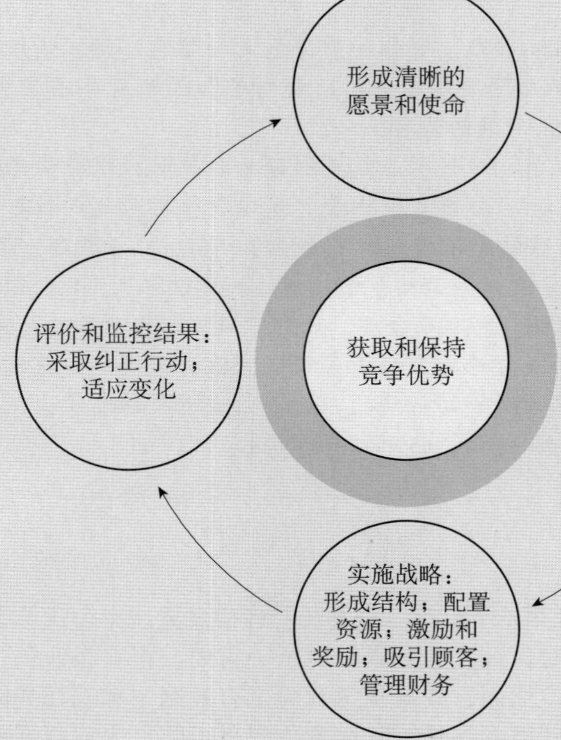

图 4-3　如何获取并保持竞争优势

和劣势。他认为：

> 如任何经验丰富的管理者所知，由代表各种组织利益和观点的经理们确定 10 ~ 20 个最重要的组织优势和劣势是一件困难的工作。找出 20 页的组织优势和劣势是一件相对容易的事情，但要列出其中最重要的 10 ~ 15 个，需要大量分析和不断沟通。这是真实情况，因为这些判断很有必要，且会影响战略制定、实施和评价。[12]

当来自所有职能领域的管理者与员工共同提供创意与信息时，战略管理才能成功。例如，财务经理需限制运营经理使用的可行方案数量，研发经理可开发新产品以满足营销经理设定的更高目标。

组织成功的关键在于有效协调和理解来自所有职能业务部门的经理。经理们通过参与内部分析，可以理解企业其他业务部门所做决策的性质和影响。理解这些关系对于有效建立企业目标和战略至关重要。例如，财务比率分析充分体现了业务之间关系的复杂性。投资回报率或毛利率的下降可能是因为营销无效、管理政策糟糕、研发失误或管理信息系统薄弱。

战略制定者应该遵循本章和本书提出的指导方针，确保企业以正确的理由朝着正确的方向前进，并奖励在正确的地方做正确的事情的人。

对学生的启示

为获得关于案例公司的最新管理、营销和财务方面的信息，请阅读该公司最新的季度报告。季度报告所附的说明对展示公司所作所为和最新财务结果非常有用。使用这些报告获取建立 IFE 矩阵所需的信息。

战略规划是为了赢得和保持竞争优势。做案例分析时务必强调公司内部的优势和劣势“为什么”及“怎样”能为赢得竞争优势和克服竞争劣势起到杠杆作用。内部分析要保持积极、深刻、前瞻的思维模式，不要流于世俗，止于描述，表述模糊。请清晰表述公司的资源、能力、结构、战略如何按照你的建议得到优化。

尽管案例分析需要量化，并且要准确合理，但在班级展示中不要过度依赖数据，以免枯燥乏味。相反，在展示或者论文分析中，需解释你的建议是如何使公司改进劣势、获得优势，以及预测竞争对手的行动的。设法抓住听众的注意力，激发他们的兴趣，不要只是把数据读给他们听或向他们解释比率。

本章小结

管理、营销、财务 / 会计、生产 / 运营、研发及管理信息系统是绝大多数企业的核心业务。战略管理的内部分析对保证企业健康发展至关重要。很多企业仍习惯仅凭是否盈利来判断企业的经营状况。然而，战略制定者为了有效制定和选择战略，必须对内部优势和劣势进行研判。外部因素评价矩阵、竞争态势矩阵、内部因素评价矩阵以及明确的任务陈述共同提供了制定竞争战略所必需的基本信息。内部分析的过程为企业所有人员提供了参与决定企业未来的机会。这种参与过程就是对全体管理者和员工的激励和动员。

了解内外部因素和它们之间的关系（见第 6 章的 SWOT 分析）是有效制定战略的关键。内外部因素都在不断变化，要设法找出并利用积极变化，缓冲负面变化。获得和保持企业竞争优势是战略管理的本质和挑战，企业的生存往往取决于此。遵循内外部因素陈述的 AQCD 测试，将能构建优秀的“匹配矩阵”（见第 6 章）。

关键术语与概念

经营比率（activity ratio）
商业分析（business analytics）
产能利用率（capacity utilization）
资本预算（capital budgeting）
分销渠道（channel of distribution）
协作机器（collaborative machine）
控制（controlling）
数据挖掘（data mining）
独特竞争力（distinctive competency）
分红决策（dividend decision）
实证指标（empirical indicator）
财务比率分析（financial ratio analysis）
融资决策（financing decision）
增长率（growth ratio）
人力资源管理（human resource management，HRM）
内部分析（internal audit）
内部因素评价矩阵（internal factor evaluation（IFE）matrix）
投资决策（investment decision）
杠杆比率（leverage ratio）
流动性比率（liquidity ratio）

管理（management）
管理信息系统（management information system，MIS）
营销（marketing）
市场研究（marketing research）
激励（motivation）
组织文化（organizational culture）
组织（organizing）
计划（planning）
生产 / 运营（production/operation）
获利比率（profitability ratio）
促销（promotion）
资源理论（resource-based view，RBV）
协同效应（synergy）
目标市场分析（target market analysis）
试销（test marketing）

复习讨论题

4-1　解释在战略规划中为何注重优势比劣势更重要。

4-2　什么是比特币？

4-3　优势总是比劣势得到更高的权重吗？解释原因。

4-4　优势总是比劣势得到更高的评分吗？解释原因。

4-5　IFE 矩阵权重列下的权重分配是否取决于“行业竞争强度”？请讨论。

4-6　为什么在建立 IFE 矩阵时，专注于企业所处的具体行业而不是宽泛的行业很重要？

4-7　解释因素“可操作”是什么意思。

4-8　解释企业在建立 IFE 矩阵提炼 20 个内部因素之前，为什么会建立一个 50 ～ 100 个内部因素的列表。

4-9　描述企业从 50 ～ 100 个内部因素列表中确定 20 个最重要因素的两种方法，使其包含在 IFE 矩阵中。

4-10　讨论一家企业在 IFE 矩阵中加权总分为 3.5 或 1.5 的战略意义。

4-11　如果 IFE 矩阵中优势因素 4 得到的评分为 4，这对分析师意味着什么？如果劣势因素 4 的评分为 4，又意味着什么？

4-12　对大多数企业来说，获得和维持竞争优势的主要手段正在向下游转移。解释并讨论这句话。

4-13　在分析大数据时，有一种从主要关注总数或平均数到关注异常值的转变，因为异常值经常揭示（预测）关键的创新、趋势、干扰和革命。解释并讨论这一陈述。

4-14　财务比率分析有哪些局限性？

4-15　RBV 理论强调多样化目标吗？解释并讨论。

4-16　“通常，人员推销对工业品公司更有用，广告对消费品公司更有效。”判断对错，并解释原因。

4-17　什么是协作机器？

4-18　找出一些优秀的在线资源，以查找财务比率信息。

4-19　营销组合中的要素，特别是价格和渠道，对于普通商品和奢侈品来说有何不同？

4-20　50%的产能利用率高吗？为什么？

4-21　解释为什么沟通可能是管理中最重要的词语。你认为营销中最重要的词语是什么？财务界呢？会计界呢？

4-22　讨论过去几年市场营销的性质是如何变化的。

4-23 解释为什么在 IFE 矩阵中最好不要有 30%以上的比率是财务比率。

4-24 列举三个你熟知的公司，指出其独特竞争力。

4-25 为什么按重要性对优势、劣势排序非常重要？指出关键原因。

4-26 在制定战略的过程中进行内部分析时，为什么列出 80 个优势与劣势比挑选 20 个最关键的因素更容易？

4-27 考虑一个你熟悉的组织，列出该组织能作为实证指标的三种资源。

4-28 考虑一个你熟悉的组织，运用表 4-4 列举的 15 个方面评价组织文化。

4-29 如果你和同伴正想去一个你们从没去过的国家，你们需要提前多长时间开始计划？你觉得计划能给你带来什么好处？

4-30 计划是管理的基石，为什么很多管理者经常忽视？

4-31 看看旁边的同学，你比他的组织能力更强吗？如果不是的话，你认为这将如何影响你在班级的排名？你觉得该特点对于竞争公司有何影响？

4-32 列举三个可以比较的财务比率及其用途。你认为哪个财务比率最重要？为什么？

4-33 在一个 IFE 矩阵中，多列优势、少列劣势来提高评分会更好吗？为什么？

4-34 在一个 IFE 矩阵中，有人会说 0. 08 和 0. 06 没有多大差别，你认为呢？数学上的区别是什么？

4-35 为什么这么多公司减少分红？

4-36 什么是市场推广？列举营销人员常用的几种促销形式。

4-37 解释为什么在 IFE 矩阵中按重要性排列优势与劣势是一项重要的战略活动。

4-38 授权如何使得战略管理更有效？

4-39 解释你如何激励公司管理者和员工去执行一项重大新战略。

4-40 为什么你认为生产 / 运营经理通常不参与战略制定？为什么这是组织的一个主要劣势？

4-41 选一家你熟悉的公司，列举人力资源管理的优势和劣势。

4-42 定义和比较 EFE 矩阵与 IFE 矩阵中的权重与评分。

4-43 如果一家公司的资本结构是零负债，这总是该公司的优势吗？为什么？

4-44 在进行内部分析之后，一家公司发现了 100 项优势和 100 项劣势。如果要决定哪些是最重要的因素，公司需要采取怎样的步骤？为什么减少关键因素的数量非常重要？

4-45 为什么企业进行市场研究很重要？从市场研究中会发现什么类型的信息？

4-46 构成人力资源管理的 10 项活动是什么？

4-47 从对战略制定者的作用的角度解释数据和信息的区别。

4-48 有效的管理信息系统最重要的特点是什么？

4-49 资源理论认为内部资源比外部资源更易获得和保持公司的竞争优势，你是否同意这一观点？为什么？

4-50 什么使得资源对企业有价值？

4-51 列出对于你所在大学运营最关键的五个财务比率。

4-52 企业面临的最严重的网络威胁是什么？企业如何更好地应对？

实践练习

第一组：可口可乐公司的战略规划

练习 4A

对可口可乐公司进行财务比率分析

目的

财务比率分析是发现和评估内部优势与劣势的最佳工具之一。潜在和现有投资者都非常关注财务比率，并将之与行业平均值比较，或与前一期数据比较。财务比率分析为 IFE 矩阵提供了重要信息。

步骤

使用表 4-8 中所列资源，尽可能找到可口可乐公司更多的财务比率。记录资料来源。向同学和教授报告你的研究。

练习 4B

为可口可乐公司建立 IFE 矩阵

目的

本练习尝试建立 IFE 矩阵。在 IFE 矩阵所列出的因素中，找出促进职能经理和部门经理沟通的因素，并按重要性排序。准备一个 IFE 矩阵，让职能经理和部门经理在公司商业环境这一问题上清楚表达自己的想法。最终结果将有利于对企业的了解。

步骤

步骤 1　3 人一组，为可口可乐公司建立小组 IFE 矩阵，可使用练习 1B 中的信息。

步骤 2　和别的小组比较 IFE 矩阵，讨论小组之间的差异。

步骤 3　可口可乐公司可以采用什么战略增强其优势？可以采用什么战略弥补其劣势？

第二组：你所在大学的战略规划

练习 4C

为所在大学建立 IFE 矩阵

目的

本练习用于评估你所在大学的优势和劣势。正如下一章中详细讨论的那样，组织战略应尽可能发挥优势，弥补劣势。

步骤

步骤 1　组成 3 人小组，为你所在的大学创建小组 IFE 矩阵。

步骤 2　你们小组的加权总分是多少？

步骤 3　将你们小组的 IFE 矩阵和别的小组进行比较，讨论小组之间的差异。

步骤 4　你所在的大学可以采用什么战略增强其优势？可以采用什么战略弥补其劣势？

第三组：你自己的战略规划

练习 4D

为自己建立 IFE 矩阵

目的

本练习用于评估自己的优势和劣势。正如下一章中详细讨论的那样，组织战略应尽可能发挥优势，弥补劣势。同样，在规划职业生涯时，你应该根据自己的优势与劣势制定并实施个人战略。

步骤

步骤 1　为自己建立 IFE 矩阵。在分配权重时，要考虑每个因素对你理想职业成功的相对重要性。

步骤 2　你的加权总分是多少？将你的加权总分和 2.5 的平均得分比较。

步骤 3　哪些战略可以让你充分利用自己的主要优势？哪些战略可以帮助你改善自己的主要劣势？

第四组：个人与群体的战略规划

练习 4E

战略规划中最重要的内部职能领域是什么？

目的

有效的战略规划需要内部因素的优先考虑清单。通常，该过程需要所有管理者单独对所识别的因素进行排序，从 1（最重要）到 20（最不重要）。优先排序在战略规划中非常有必要，没有任何人可以保证所做的任何事情都有益于企业，需要在备选项中做出选择。

产生优势 / 劣势的内部职能领域可分为五大类：（1）管理；（2）营销；（3）财务；（4）会计；（5）管理信息系统。对于某些企业或组织，有时某些因素可能比其他因素更重要。本练习揭示了本书作者对战略管理内部分析中五种职能领域的相对重要性的排序。

本练习用来更仔细地检查企业的职能领域。此外，本练习可检验个人决策是否优于群体决策。学术研究表明，在 80%的情况下群体做出的决策优于个人。

说明

根据相对重要性对五大内部领域进行排序（1= 最重要，5= 最不重要）。首先，个人单独对五大领域排序。然后，3 人一组对五大领域排序。确定何人、何组的排序最接近专家排序。这项工作可以检验个人决策与群体决策在战略规划中的相对有效性。

步骤

步骤 1　填写表 4-12 中的第 1 列，给出你对五大领域相对重要性的个人排名。例如，如果你认为管理领域是第 3 重要的职能领域，那么在表 4-12 对应的单元格中输入 3。

步骤 2　填写表 4-12 中的第 2 列，给出小组对五大领域相对重要性的排序。

步骤 3　填写表 4-12 中的第 3 列，给出专家对五大领域的排序。

步骤 4　填写表 4-12 中的第 4 列，即第 1 列和第 3 列之间的绝对差值，看个人表现如何。（注意：绝对差值忽略负数。）

步骤 5　填写表 4-12 中的第 5 列，即第 2 列和第 3 列之间的绝对差值，看小组表现如何。

步骤 6　分别对第 4 列、第 5 列求和。

步骤 7　比较第 4 列总和与第 5 列总和。如果第 4 列总和小于第 5 列总和，表明个人表现更好。通常，小组决策优于个人决策。若你比小组做得更好，说明你非常优秀。

步骤 8　个人获胜者：第 4 列总和最低者。

步骤 9　小组获胜者：第 5 列总和最低者。

表 4–12　内部职能领域分析：比较个人决策和群体决策

外部因素	第 1 列	第 2 列	第 3 列	第 4 列	第 5 列
1. 管理					
2. 营销					
3. 财务					
4. 会计					
5. 管理信息系统					
总计					

微案例：宝洁

在美国哪一家企业管理得最好?

答案可能是宝洁。德鲁克研究院对整体企业有效性的评级显示，宝洁无疑是美国管理最有效的企业之一。宝洁 CEO 戴维·泰勒（David Taylor）解释说："宝洁的每一天都致力于为消费者提供优质的品牌服务，并以可持续的价值创造和长期增长回报股东。此认知进一步验证了我们正走在正确的轨道上。"

德鲁克研究院分析了企业在业务职能领域的表现，包括市场份额数据、专利和员工评分等超过 35 项指标；根据德鲁克的核心原则（客户满意、财务实力、员工发展、创新、企业社会责任），收集和分析信息以确定企业业绩。宝洁在创新、企业社会责任和财务实力方面都获得了极高的分数。

宝洁在消费品行业竞争。宝洁首席财务官乔恩·莫勒（Jon Moeller）解释称，宝洁希望专注于牙膏和肥皂等日用品系列，因此收缩了产品组合，剔除了表现不佳的品牌，将产品品牌从 100 多个削减至 65 个左右。同时，宝洁公司裁员 2 万多人，削减了近 100 亿美元的成本。宝洁善用现金，被一些专家誉为"股利之王"。宝洁首席信息官哈维尔·波利特（Javier Polit）解释说："以前成本高得令人望而却步的东西，现在使用'云'后成本显著下降。我们将以从前不可行的方式进行预测，我们已经看到原材料、运输和再储存相关成本的改善。"

正如 CEO 戴维·泰勒所言，"这是一些关键能力的结合，这些能力决定着任何一家企业是否会成功，尤其是'让客户满意的卓越产品'和'堪称典范的技术'，而支撑这一切的是'获得最优秀的人才'"。

问题

考虑以下二维矩阵，其中 y 轴为权重，x 轴为评分（见图 4–4）。在矩阵的四个象限，宝洁公司可能具有什么样的优势和劣势？为宝洁提供一个假设的优势和劣势，使其可以定位在矩阵的四个象限中。为每个因素提供支持理由。你认为哪一象限是 IFE 矩阵中最常见的因素？为什么？你认为哪个象限是 IFE 矩阵中最不常见的因素？为什么？根据 IFE 矩阵中常见的因素，你对矩阵的中间部分有什么看法？

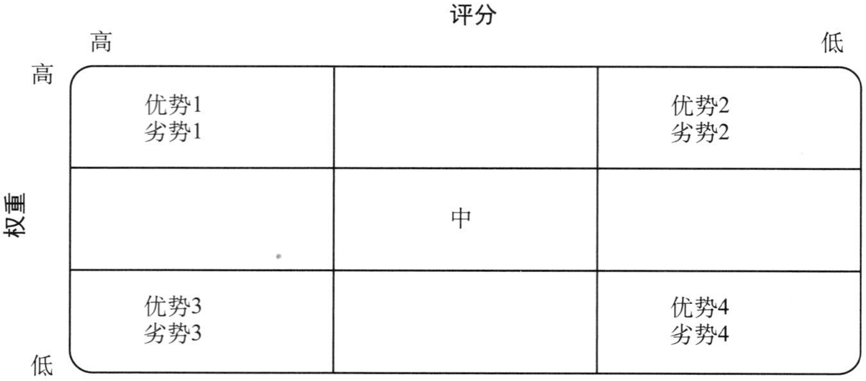

图 4-4　证明 IFE 矩阵逻辑的权重 - 评分矩阵

注：这个微案例让学生练习思考在开发 IFE 矩阵时，特定因素何时可以获得以下权重和评分：（1）权重低，评分高；（2）权重高，评分高；（3）权重低，评分低；（4）权重高，评分低。

资料来源：Company documents and a variety of sources including Sara Castellanos, "Tech Innovation Isn't Just for Tech Firms," *Wall Street Journal*,（December 6, 2017）: R6, and Vanessa Fuhrmans and Yoree Koh, "The Most Effectively Managed U. S. Companies and How They Got That Way," *Wall Street Journal*,（December 6, 2017）: R1-R2.

5 行动中的战略

本章目标

学完本章，应能做到以下几点：

- 确定并讨论清晰目标的 5 个特征和 10 个好处。
- 定义并举例说明 11 种战略。
- 确定并讨论 3 种类型的一体化战略。
- 当市场渗透、市场开发和产品开发是特别有效的战略时，请提供特定的指导方针。
- 解释多元化何时是一种有效的商业战略。
- 列出当收缩、剥离和清算是特别有效的战略时的指导方针。
- 解释战略管理中的价值链分析和标杆管理。
- 确定并讨论波特的两种通用策略：成本领先和差异化。
- 对比企业将“构建、借力还是购买”作为实施战略的关键手段的时机。
- 讨论先行者的优势和劣势。
- 解释营利性组织、非营利组织和中小企业的战略管理有何不同。

实践练习

在本章末，有以下练习：

第一组：可口可乐公司的战略规划

练习 5A：为可口可乐公司制定假设性战略

练习 5B：可口可乐公司应该在 2020—2021 年构建、借力还是购买？

第二组：你所在大学的战略规划

练习 5C：为所在大学制定备选战略

第三组：你自己的战略规划
练习 5D：个人战略规划的关键：同时构建和借力
第四组：个人与群体的战略规划
练习 5E：什么是可口可乐公司的最佳战略组合？

如今，数以百计的公司为了满足对高回报和高利润的追求已经全面采用战略规划。联合包裹服务公司前任 CEO 肯特·纳尔逊（Kent Nelson）解释了公司为何会创建一个全新的战略规划部门。“我们在技术上投入了大量资金，但如果将大量财力投入一个方向却在五年后才发现走错了路，这种错误带来的损失我们将无法承受。”[1] 如图 5-1 所示，在制定、评价和选择战略之前，需要确定长期目标。

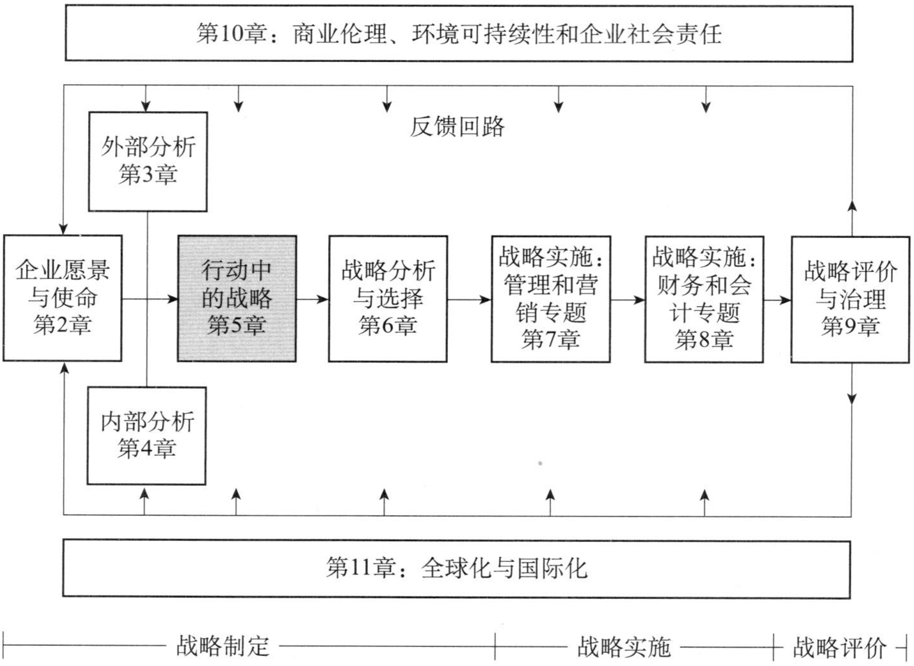

图 5-1　战略管理综合模型

资料来源：Fred R. David，“How Companies Define Their Mission，” *Long Range Planning* 22，no. 1（February 1989）：91.See also Anik Ratnaningsih，Nadjadji Anwar，Patdono Suwignjo，and Putu Artama Wiguna，“Balance Scorecard of David's Strategic Modeling at Industrial Business for National Construction Contractor of Indonesia，” *Journal of Mathematics and Technology*，no. 4（October 2010）：20.

本章将使用大量当代案例生动诠释战略管理的意义。书中会逐一解释并举例说明不同类型的战略，包括迈克尔·波特的成本领先战略和差异化战略。本章还介绍一些帮助企业确定何时最适合执行何种战略的基本方法，揭示价值链分析和标杆管理在战略管理中的重要性，以及战略管理在非营利组织、政府组织和中小企业中的应用。正如接下来所展示的那样，蒂姆·库克（Tim Cook）可以说是全球最好的战略制定者，他领导的苹果公司成为世界上最受尊敬的公司。阅读下面的专栏，了解库克和苹果为什么非常棒。

模范战略管理者

蒂姆·库克：苹果公司CEO

《商业周刊》(*Business Week*)的编辑梅甘·墨菲(Megan Murphy)问苹果公司CEO蒂姆·库克：你认为你为苹果公司留下的遗产会是什么？库克回答："说实话，我没有考虑过；我在考虑如何把事情做好。"库克解释说是创始人史蒂夫·乔布斯而不是他作为苹果公司最高战略制定者永远受人尊敬；过去、现在和将来的苹果公司都是与创始人乔布斯联系在一起。库克解释说，乔布斯的"DNA"或"精神"始终是苹果公司的指导原则。根据库克的说法，乔布斯在苹果公司刻下烙印的精神包括以下内容(释义)：

1. 注重细节。
2. 保持简单，真正的关怀。
3. 专注于用户和用户体验。
4. 专注于建设最好的。
5. 遵循"还不够好"的座右铭；正如乔布斯经常说的那样，每一件产品和工艺都必须"非常棒"。
6. 苹果公司应该拥有控制自身产品质量和用户体验的专有技术。
7. 当你做错事时，转身离开并对自己说实话。
8. 永远不要屈从于地位或骄傲。
9. 注重长期投资而不是追求第一个将产品推向市场。

资料来源：Based on Megan Murphy, "Tim Cook," *Bloomberg Businessweek*, June 19, 2017, pp. 52-56.

5.1 长期目标

长期目标(long-term objective)是指希望通过执行某些特定战略来实现的成果，战略则是指为实现长期目标而采取的行动。实现目标的时限和执行战略的时限应当保持一致，通常为2～5年。没有长期目标的组织会漫无目的地游荡，最终走向未知的结局，或者过于专注于短期时尚，偏离企业使命。

很难想象，成功会降临在一个没有明确目标的组织或个人身上。在过去的几年里，你可能一直在努力学习以实现获得学位的目标。偶然的成功非常稀有，更多时候成功是朝着既定目标努力奋斗的结果。

目标的特点和益处

目标应该是可量化和可操作的，兼容的(能在组织各单元中保持一致)和可实现的，具有挑战性，且每个目标都应有一个时间表。通常，企业的目标可用一些术语来表达，比如资产增长、销售增长、盈利能力、市场份额、多样性的程度和性质、纵向整合的程度和性质、每股收益以及社会责任等。(注意：不要效仿许多年度报告的做法，这些年度报告中的企业目标非常模糊。例如，梅西百货的年度报告中提到"有利于增加销售额"

和“提高投资回报率”，这些陈述在战略规划中毫无用处。）

陈述清晰的目标能带来诸多益处：为企业指明方向，促进协同，帮助评价，确定优先事项，减少不确定性，使冲突最小化，激发员工努力工作以及推动资源配置和工作设计。目标为持有不同价值观和态度的管理者做出一致决策奠定了基础。无论是对个人、小组、部门还是整个组织，目标都是评价的标准。

表5-1和表5-2分别总结了清晰的目标应具有的特点和益处。

表5-1 清晰的目标应具有的特点

1. 定量：可衡量
2. 可理解：清晰
3. 挑战性：成就感
4. 兼容的：能在组织各单元中保持一致
5. 可实现：实际的

表5-2 拥有清晰目标的益处

1. 通过设置期望来明确方向
2. 使协同成为可能
3. 作为标准帮助评价
4. 确定优先事项
5. 减少不确定性
6. 规避矛盾冲突
7. 激励员工努力工作
8. 推动资源配置
9. 推动工作设计
10. 为做出一致决策奠定基础

财务目标与战略目标

在组织里有两种目标十分常见：财务目标和战略目标。**财务目标**（financial objective）包括那些和收入增长、盈利增长、较高的股利、较大的边际利润、较多的投资回报、较高的每股收益、提升的股价、改善的现金流等有关的目标；**战略目标**（strategic objective）则侧重于获得竞争优势的目标，包括比竞争对手占有更大的市场份额，拥有更快捷的即时递送、更短的产品开发时间、更低的成本、更高的产品质量、更广的地理覆盖面，以及技术上领先于竞争对手和始终比竞争对手更早地更新或改进产品等。

企业在做一些关键决策时往往需要对财务目标和战略目标进行权衡。如一家企业能够在短期内实现其财务目标，但这可能会损害其长期的战略目标。举个例子，短期内通过提高价格来改善企业的财务状况会影响企业长期的市场份额。如果有竞争者不断地牺牲短期利润以获取市场份额，那么，企业在长期战略目标和短期绩效底线之间权衡时要特别当心，需统筹兼顾，切忌顾此失彼。以亚马逊为例，几十年来它一直不关心利润，而是专注于获取市场份额。当涉及行为风险、商业道德、自然环境保护和社会责任等其他一些问题时，企业也会权衡财务目标和战略目标。财务目标和战略目标都应当包括年度和长期的绩效目标。归根结底，企业保持长期竞争优势的最佳办法就是不断追求能够强化企业产业地位的战略目标。

避免危机式、希望式、外推式和神秘式管理（CHEM）

哈佛大学前校长德里克·博克（Derek Bok）曾说过："如果你认为教育过于昂贵，那就试着做一个无知的人。"这句话隐含的思想同样适用于建立目标。因为战略制定者应该避免危机式管理、希望式管理、外推式管理和神秘式管理。

- 危机式管理。这种管理方式基于一种想法：正确衡量战略制定者的方法是考察其解决问题的能力。由于每个个体和组织周围都有大量的危机和问题发生，战略制定者应该将他们的时间和创造力用于解决当下最紧迫的问题。实际上，危机式管理是一种反应方式，而不是一种行为方式。这种管理方式使得管理决策的内容和时机取决于事件。
- 希望式管理。其基本理念是，未来有太多的不确定性，如果我们尝试了却没有成功，那么可以寄希望于第二次（或者第三次）尝试。决策建立在这样的信念之上：所做的决策一定能够生效，好运总在转角处等着我们。
- 外推式管理。坚持"如果还没坏，就不要去修"的原则，即在事情进展顺利的情况下，坚持以同样的方法做同样的事。
- 神秘式管理。其中心思想是，对于走哪条路和做什么事没有一般性的规定，只管尽力完成你认为应该做的事就好。简言之，"用你所知道的最好方法做自己的事"（有时候这种管理方式被视为神秘的决策方法，促使下属自己去独立思考发生了什么以及发生的原因）。[2]

➡ 5.2 战略的种类

表 5-3 归纳并举例说明了企业的备选战略，这些战略可归为 11 类：前向一体化、后向一体化、横向一体化、市场渗透、市场开发、产品开发、相关多元化、不相关多元化、收缩、剥离以及清算。每类战略又有多种派生的子类。例如，市场渗透包括增加销售人员、增加广告开支、发放优惠券以及通过类似手段扩大企业在某地区的市场份额。对于特定企业而言，其战略应非常具体，战略规划的各个方面也应尽可能具体。

表 5-3 备选战略的定义与实例

战略	定义	实例
前向一体化	对分销商和零售商取得所有权或者增加控制权	耐克开设了 100 家直销店，并在其网站上销售 30%以上的产品
后向一体化	对公司的供应商取得所有权或者增加控制权	波音公司内部制造了 80%的机翼襟翼发动机
横向一体化	对竞争者取得所有权或增加控制权	雀巢收购 Sweet Earth Foods
市场渗透	通过加大市场营销力度，努力扩大现有产品或服务在当前市场条件下的市场份额	罗纳尔多和詹姆斯与耐克签订终身代言协议

续表

战略	定义	实例
市场开发	将现有产品或服务引入新地区	大众超市在北卡罗来纳州和南卡罗来纳州新设 20 家超市
产品开发	通过改善现有产品或服务，或者开发新产品，努力增加销量	福特将其燃气 / 柴油发动机研发预算的 1/3 转移到电动发动机上
相关多元化	增加新的相关产品或服务	沃尔玛以 33 亿美元收购 Jet. com
不相关多元化	增加新的不相关产品或服务	西维斯药房收购安泰保险
收缩	通过降低成本、裁员或资产重组，扭转销售额与利润下滑的局面	礼来公司解雇了 3 500 名员工
剥离	卖掉组织的一个部门或一部分	东芝的目标是将其内存 – 芯片部门出售给贝恩资本公司
清算	卖掉公司所有资产，部分地区只卖掉有形资产	Ringling Bros. 和 Barnum & Bailey Circus 被清算（最后一场演出在 2017 年 5 月 21 日）

很多企业会同时执行由两个或两个以上战略组成的**战略组合**（combination strategy）。然而，将两个相去甚远的战略进行组合非常危险。没有一家企业能够执行有利的全部战略。艰难的决定时有发生，因此必须明确重点，分清轻重缓急。组织和个人一样拥有有限的资源。无论是组织还是个人，都应当在备选战略中做出选择，避免背负过多的债务。

战略规划因此涉及“具有资源风险的选择”和“牺牲机会的利弊权衡”。换言之，如果战略是往北走，那就必须买雪地靴和暖和的外套（消耗资源），并放弃往南走会得到的机会。一个人不可能在往北走的同时，“为了保险起见”同时向东、向南或向西走。一言以蔽之，战略规定了应该“做什么”和“不做什么”。

公司执行战略时应该将资源集中在数量有限的机会上，努力去达成预期的目标。战略规划不是掷色子，战略赌注的基础是由知识、研究、经验和学习的过程所不断检验和优化的预期和假设。优秀的企业战略规划通常决定着企业的生死存亡。[3]

企业无法做到面面俱到，战线拉得越长，资源和人力就越分散，这样会让竞争者获得优势。在体系庞大的企业中，当不同部门需要执行不同战略时，常常需要使用组合战略。此外，挣扎在存亡边缘的公司需综合运用一些防守战略，如收缩、剥离或清算。

战略的层级

战略决策不仅是高管的任务，中层和基层管理者也应该尽可能参与战略规划过程。如图 5–2 所示，大型企业的战略有四个层级：公司层级、部门层级、职能层级和运营层级，中小企业的战略有三个层级：公司层级、职能层级和运营层级。

各层级负责制定有效战略的人员包括：负责公司战略决策的首席执行官（CEO），负责部门战略决策的总裁或者执行副总裁，负责职能战略决策的财务总监（CFO）、信息总监（CIO）、人力资源经理（HRM）、市场总监（CMO）等，以及负责复杂运营战略决策的工厂经理和地区销售经理。需要明确的是，为了保证协调一致，在不同层级

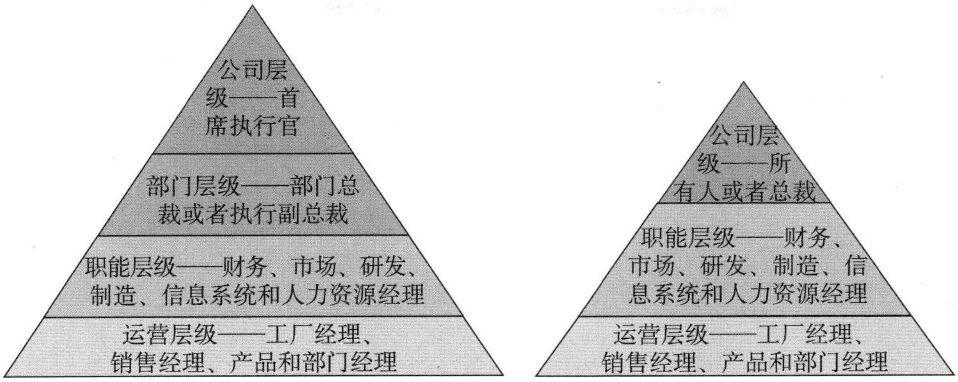

图 5-2 战略的层级与主要责任人

负责做出战略规划的所有人都应当参与并理解其他组织层级做出的战略。例如，工厂经理需要理解并支持整个公司层级的战略规划；总裁和首席执行官必须知道各销售区域和各加工工厂采取的策略。

长期目标在公司、部门和职能层级都是必需的，对衡量与管理业绩至关重要。它们是管理绩效的重要衡量标准。管理人员的奖金或绩效工资应该更多地基于长期目标和战略。表 5-4 提供了一个将目标与绩效评价相结合的一般框架。特定的组织可以根据自身需要适当调整这些准则，但是，一定要保证激励与长期目标和年度目标挂钩。

表 5-4 不同组织层级的绩效衡量标准

组织层级	年终分红或绩效工资的发放依据
公司层级	75%基于长期目标，25%基于年度目标
部门层级	比如产品或区域，50%基于长期目标，50%基于年度目标
职能层级	比如营销或财务，25%基于长期目标，75%基于年度目标
运营层级	比如制造工厂或商店，25%基于长期目标，75%基于年度目标

➡ 5.3 一体化战略

前向一体化和后向一体化有时统称为**垂直一体化**（vertical integration）。垂直一体化战略有利于企业加强对分销商和供应商的控制，而**横向一体化**（horizontal integration）战略则指获得对竞争者的所有权或控制权。企业的垂直一体化战略和横向一体化战略统称为**一体化战略**（integration strategy）。

从历史上看，垂直一体化战略很难实施，因为企业在核心竞争力的基础上运营，而这些战略通常需要大量固定成本。例如，如果可口可乐公司希望实现垂直一体化，它可以收购糖厂以控制其供应商，并开设自己的实体店以获得对分销商的控制权。但这两种做法都需要大量的成本，还会使可口可乐分心，不能专注于其最擅长的领域即生产饮料产品。虽然依赖供应商和分销商的风险可能很高，但拥有这些业务通常会带来更高的风险。垂直一体化的可行选择是本章后面讨论的合资企业和战略联盟。通常，用于垂直一体化相关资源的机会成本可以更有效地部署到其他业务中。

前向一体化

前向一体化（forward integration）作为接近最终客户并减少中间商的一种手段，包括获得对分销商和零售商的所有权或者加强控制权。越来越多的制造商（供应商）追求前向一体化以推销自己生产的产品。这种战略在一些产业中导致了混乱。例如，原来耐克通过富乐客、彭尼百货等零售店销售数百万件鞋子和衬衫，现在则绕过零售店直接面向消费者，激怒了零售店。耐克的前向一体化战略让零售店感到不安。最近耐克网站上的销售额增长了50%，到2020年，预计对消费者的直接销售额将超过160亿美元，占公司收入的1/3。在三大公开上市的美国运动零售商Finish Line、富乐客和迪克体育用品（Dick's Sporting Goods）中，耐克的商品分别占73%、73%和19%，这些企业必须做出调整以适应新情况，否则或将面临灾难。

前向一体化日趋成为美国餐馆中受欢迎的战略。目前，许多主流连锁餐厅都在使用或正在开发向客户提供食品的在线订购应用程序。例如，Panera Bread已经在大约50%的餐厅提供在线订购和交付服务，拥有10 000多名送货司机。同样，唐恩都乐（Dunkin' Brands）在达拉斯、亚特兰大、芝加哥、洛杉矶和其他城市提供甜甜圈和咖啡。Chipotle Mexican Grill在其餐厅设立了第二条食品装配线，以满足网上订单的需求。塔可钟（Taco Bell）近1 000家餐厅在50多个市场接受在线订购和交付。总体而言，餐馆食品的在线订购和交付很快就会超过比萨。

实施前向一体化战略的一种有效途径是**特许经营**（franchising）。在美国，约有50个产业的2 000余家公司通过特许经营的方式分销产品和服务。特许经营可以使业务快速扩展，因为这种方式能将成本和机会分摊给多个加盟商。在美国，特许经营的总销售额约为10 000亿美元，大约有80万家特许经营企业。赛百味（Subway）现在处于动荡之中，因为大多数特许经营商不同意高层管理人员对公司整体愿景和使命的看法。2017年，赛百味销售额连续四年下滑，高层管理人员希望继续在美国增设商店，力争超过25 000家，但特许经营商不能容忍在自己附近新设赛百味，被同类蚕食。特许经营商希望更多地由自己控制供应商的选择；推出更多来自特许人的广告；在参与促销活动时更具灵活性；做更多的研发以改进十年内没有太大变化的菜单；允许添加直通式服务。

在以下六种情况下，企业适宜推行前向一体化战略[4]：

- 企业当前的分销商要价太高、不可靠，或者没有能力满足企业的分销要求。
- 企业目前可以利用的合格分销商数量非常有限，前向一体化可以让企业获得竞争优势。
- 企业处于不断上升且预期会继续显著增长的产业中，可以实行前向一体化。当企业所处产业衰落时，前向一体化会削弱企业多元化的能力。
- 企业拥有足够的资金和人力资源来管理产品分销业务。
- 当企业生产力稳定这一优势特别明显时，可以考虑前向一体化。因为企业可以借此更好地预测产品的未来需求，减少产品生产的波动。
- 企业当前的分销商或者零售商拥有较高的利润率时，企业可以通过前向一体化在销售自己产品的过程中获得丰厚的利润，同时给出更具竞争力的报价。

后向一体化

后向一体化（backward integration）是寻求对企业供应商的所有权或者增加对其控制权的战略。当公司现有的供应商不可靠、报价太高或者不能满足公司的需求时，后向一体化战略特别适用。最近，星巴克在哥斯达黎加购买了第一家咖啡农场，占地600英亩，这种后向一体化主要用于开发新的咖啡品种，将此用于测试对抗真菌疾病（该疾病被称为咖啡锈病，困扰行业多年）的方法。制造商和零售商都需要从供应商处采购东西。

飞机零部件行业的整合导致零件价格上涨，这促使波音和空中客车开始在内部生产许多飞机零部件。波音公司正在英格兰建造一座工厂，生产机翼襟翼发动机。空中客车公司CEO法布里斯·布雷吉尔（Fabrice Bregier）称公司重视飞机大部分组件的“制造或购买”决策。

美国的一些产业如汽车和铝材正在减少采用一度追求的后向一体化战略。这种操作叫**解体战略**（de-integration）。公司会和一些外部供应商谈判，而不是像以往那样取得其所有权。福特和克莱斯勒超过一半的组件购自诸如TRW、伊顿（Eaton）、通用电气和江森自控（Johnson Controls）等外部供应商。这种战略对在全球范围采购产品的公司更有意义。如今，企业可利用外部供应商及周边商店之间的相互竞争实现最利于自己的交易。与此同时，全球竞争也在促使企业减少供应商的数量，并向那些仍然为其提供产品和服务的供应商提出更高的要求。传统上，美国公司能够同时保持与多家供应商的业务联系，保证充分的供给和低廉的价格，现在它们却效仿日本公司。这些日本公司拥有为数不多却有着长期紧密合作关系的供应商。“和每家供应商保持业务联系是一种沉重的负担”，曾就任于施乐公司的马克·夏默罗尼斯（Mark Shimelonis）如是说。

最近，美国四大医院系统联合成立了一家非营利公司来生产普通药，以应对药品价格暴涨。这四大系统分别是Intermountain Healthcare，Ascension，SSM Health和Trinity Health，共拥有数百家医院。

在以下七种情况下，企业适宜推行后向一体化战略[5]：

- 企业现有的供应商要价太高、不可靠，或者不能满足企业对零配件、组装件和原材料的需求。
- 供应商数量很少，而竞争者数量庞大。
- 如果企业处于一个不断发展的产业中，可以实行后向一体化。而当企业处于衰退的产业时，一体化（前向、后向或横向）会削弱企业多元化的能力。
- 企业拥有足够的资金和人力资源来管理原材料提供业务。
- 当价格稳定这一优势特别重要时，可以采取后向一体化。企业可以通过后向一体化稳定原材料的成本，进而稳定相关的供应价格。
- 企业当前的供应商利润率较高时，可以推行后向一体化。因为高利润意味着供应商提供的产品和服务是个有利可图的产业。
- 企业急需购买所需资源时，也可以考虑后向一体化。

横向一体化

横向一体化是一种旨在获得对竞争对手的控制权的战略。从理论上讲，这是最常见的增长型战略。竞争者之间每年成千上万的兼并和收购大多数以提高规模经济效应、促进资源和能力的转移、削弱竞争、减少价格战为目标。肯尼斯·戴维森（Kenneth Davidson）对横向一体化做出如下评论：

> 横向一体化的发展趋势似乎反映了战略制定者对自身经营不相关业务能力的质疑。直接竞争者之间的兼并似乎比不相关业务间的兼并更有效率，因为对竞争者进行兼并更有可能避免设备重复，企业管理层更了解被兼并企业的业务。[6]

沃博联（Walgreens Boots Alliance）最近收购了2 000家来爱德药店，其余2 000家来爱德药店正被艾伯森公司（Albertsons Companies LLC）收购。通常，横向一体化战略会遇到反垄断法的挑战，在沃博联和来爱德达成交易18个月前，美国联邦贸易委员会就采取了措施。

房屋建筑商10年来最大的合并发生在2018年，莱纳公司（Lennar）收购了CalAtlantic Group，由此创建了一家年收入超过170亿美元的合并公司。按规模大小排列的美国住宅建筑商分别是霍顿公司（D. R. Horton）、普尔特集团公司（PulteGroup）、NVR、Toll Brothers和KB Home。

英国的Cineworld Group PLC于2018年以36亿美元收购了美国的Regal Entertainment Group，成为全球第二大电影院运营商。合并后的公司拥有超过9 000块电影银幕。电影行业最大的公司是AMC娱乐控股公司（AMC Entertainment Holdings）。喜满客控股公司（Cinemark Holdings）是美国第三大连锁影院。

在以下六种情况下，推行横向一体化战略可能特别有效[7]：

- 企业可以在特定的地区或领域获得垄断，同时又不会被政府指控对削弱竞争有“实质性的影响”。
- 企业在一个呈增长态势的产业中竞争。
- 企业可以借助横向一体化实现规模经济效应，为企业带来竞争优势。
- 企业拥有扩展规模所需的资金和人力资源。
- 当竞争者陷入困境并可被低价收购时，可以考虑横向一体化。
- 当企业希望迅速进入新的地区市场时，可以考虑横向一体化。

5.4 加强型战略

市场渗透、市场开发和产品开发有时统称为**加强型战略**（intensive strategy），因为这些战略都要求企业努力投入更大的力量，以提升现有的竞争地位。加强型战略通常是很好的选择，上述三种战略的共同点是公司坚持做最擅长的事，唯一不同的是：（1）加倍努力（市场渗透）；（2）在发展之路上做最擅长的（市场开发）；（3）改进其最擅长的（产品开发）。相比之下，前向一体化和后向一体化以及多元化战略却使企业远离其核心产品、服务或能力。

市场渗透

市场渗透（market penetration）是通过更多的营销努力扩大现有产品或服务的市场份额的战略。这种战略既可广泛地单独采用，亦可与其他战略组合使用。市场渗透战略包括增加销售人员、增加广告支出、推出强有力的促销项目或者加强公关。例如，威瑞森花了数百万美元打造一个名为“人之能力”（Humanability）的新广告主题，讲述了威瑞森的技术产品如何缓解交通压力，使鱼类在运输过程中保持新鲜，以及支持虚拟手术和医疗保健的进步。新主题取代了原主题“你能听见我吗？”（Can you hear me now?）

在以下五种情况下，市场渗透战略可能特别有效[8]：

- 目前，该产品或服务的市场尚未饱和。
- 现有顾客对产品的使用率可能会显著提升。
- 主要竞争对手的市场份额缩小，而产业的总销售却在增加。
- 根据历史数据，销售额和营销支出的相关系数一直居高不下。
- 可以借助规模经济效益的提高获得较大的竞争优势。

市场开发

市场开发（market development）是将现有产品或服务引入新地域的战略。中国政府放宽对需要当地合作伙伴的汽车制造商的限制，特斯拉很快在中国生产汽车。对于企业而言，市场开发意味着在全球范围内增加设施和运营。“全球视点 5”展示了一个关键变量，用于确定我们应该在哪里开展新业务。

全球视点 5

企业如何决定在哪里开展新业务？以国内生产总值为指南

成千上万的公司和组织希望在全球范围内发展，但它们不确定在哪些国家开展业务。各国的国内生产总值（GDP）是用于确定从何处开始或扩展的关键指标。GDP 是一个国家在一定时期内总经济产出、增长或活动的量化指标。根据《彭博商业周刊》(*Bloombery Businessweek*）的报道，对于大多数国家而言，2018 年的国内生产总值将略低于 2017 年，样本国家中预计只有印度和中国有明显增长。

警告：GDP 很重要，但消费习惯更重要。国外市场在乎你的产品吗？如果不在乎，谁在乎 GDP 呢？如果与目标市场的消费习惯相似，市场开发可能带来大的风险 / 回报，因为企业在继续关注其核心竞争力，而不是引入其知之甚少的业务。此外，当消费习惯相似时，品牌识别可能更容易转移到新市场。

	GDP 百分比	
国家	2017 年	2018 年
美国	2.1	2.5
英国	1.5	1.4
墨西哥	2.3	2.3
日本	1.5	0.9

续表

	GDP 百分比	
国家	2017 年	2018 年
德国	2.1	1.6
加拿大	3.0	1.9
中国	6.8	6.4
印度	7.1	7.0

资料来源：Based on Peter Coy，“The World Economy Should Grow Nicely Again in 2018.（Unless Someone Does Something Dumb.)” *Bloomberg Businessweek*（November 6，2017.to January 8，2018）：17.

每年有数以百万计的小企业在新的地点开设第二、第三或第四家商店、办公室或餐厅，这就是市场开发。达乐公司（Dollar General）计划在美国每 12 个月增加 1 000 家新店，主要是在贫困的农村社区。在美国，目前有 14 000 多家达乐店铺，超过了星巴克。

在以下七种情况下，市场开发战略可能特别有效[9]：

- 新的分销渠道可用、可靠、实惠且质量高。
- 企业在其经营的业务领域非常成功。
- 存在新的未开发或者不饱和市场。
- 企业拥有扩大业务所需的资金和人力资源。
- 企业的生产能力过剩。
- 企业的主营业务处于迅速全球化的产业中。
- 企业产品的消费习惯与其他地理区域相似。

产品开发

产品开发（product development）是通过改进和改变现有产品或服务从而增加销量的战略。通常，产品开发意味着投入大量的研究和开发费用。例如，福特宣布将内燃机研发预算的 1/3 转向电池和电动汽车研究，还将 70 亿美元的投资从小型汽车转移到卡车和 SUV 上。

家乐氏最近收购了 RXBAR，目的是将其产品组合从传统含糖早餐食品如 Frosted Flakes 和 Pop-Tarts 转向其他方向。近年来随着客户更注重健康，其销售额有所下降，而 RXBAR 只从枣中获得甜味剂而不是直接添加糖。类似的产品开发计划促使金宝汤收购了专营有机汤的 Pacific Foods。

汽车公司广泛采用产品开发战略。随着美国人购买更多的皮卡和 SUV，一些旧卡车品牌卷土重来。例如，以下品牌将重新推出（括号内为推出时间）：Jeep Scrambler（2019），Jeep Wagoneer（2019），Chevy Blazer（2019），Ford Bronco（2020），Ford Ranger（2019）和 Land Rover Defender（2019）。福特、通用汽车和菲亚特克莱斯勒（Fiat Chrysler）现在获得的大部分利润都来自皮卡和 SUV。

总体而言，产品开发是一个很好的选择，因为企业不会偏离它最擅长的方面。在以下五种情况下，企业适宜推行产品开发战略[10]：

- 企业拥有的产品非常成功，但已经处于生命周期的成熟阶段。采用产品开发战略可以吸引老顾客尝试新的（改进后的）产品，因为他们对企业现有产品或服务有良好的体验。

- 企业在技术发展迅速的产业中竞争。
- 主要竞争者以可比价格提供质量更高的产品。
- 企业在高速增长的产业中竞争。
- 企业拥有强大的研发能力。

➡ 5.5 多元化战略

多元化战略（diversification strategy）包括两种基本类型：**相关多元化**（related diversification）和**不相关多元化**（unrelated diversification）。业务相关是指业务的价值链之间具有竞争价值的战略适应性；业务不相关则是指业务的价值链之间没有相似点，不存在有竞争价值的跨业务关系。[11] 大多数公司都青睐相关多元化战略，以实现协同效应。具体方式如下：

- 将具有竞争价值的专长、技术秘诀或者其他方面的能力从一项业务转移到另一项业务。
- 将多个分散的相关活动整合成一项业务，以降低成本。
- 挖掘知名品牌名称的共同用途。
- 跨产业合作，创造有竞争价值的资源优势和能力。[12]

企业发现管理多元化的业务愈加困难，多元化战略的流行程度下降。20 世纪六七十年代企业曾热衷于多元化，出发点在于避免对单一产业的过度依赖，但是到了 80 年代人们对多元化的热情开始降温。哈佛商学院的迈克尔·波特说道："管理者无法驾驭多元化这头野兽。"因此，企业出售或关闭盈利能力较弱的部门，集中发展核心业务。例如，国际电话和电报公司（ITT）最近拆解成三个公司。ITT 的业务曾经包括喜来登酒店（Sheraton Hotels）、哈特福德保险公司（Hartford Insurance）、Wonder Bread 以及 Hostess Twinkies。关于 ITT 的分解，分析员巴里·克纳普（Barry Knap）这样评论："多元化的公司通常效率不是很高；投资者一般可通过购买多家公司的股票来获得更好的收益。"快速出现的新技术、新产品和快速变化的购买者偏好使多元化变得困难。另一家高度多元化的公司通用电气正在出售其多种多元化业务。

企业实施多元化战略不仅仅是为了将商业风险分散到不同产业，因为股东本身就可以通过购买不同产业的公司权益或投资共同基金来分散风险。只有当多元化战略所带来的价值大于股东通过个人行为获得的价值时，多元化才有意义。因此，企业多元化所选择的产业必须具有足够的吸引力以产生持续的高额回报，并使各部门实现协同效应。这种协同效应比单个实体独自取得的成效更可观。很多战略制定者主张企业"只管自己的事"，不要偏离核心业务领域。

不过，现在仍有一些公司以自己是多元化经营的企业集团而感到自豪，小至滨特尔公司（Pentair）和 Blount International，大至德事隆（Textron）、伯克希尔·哈撒韦、联合信号公司（Allied Signal）、爱默生电气（Emerson Electric）、通用电气、维亚康姆（Viacom）、亚马逊、谷歌、迪士尼和三星等。企业集团表明，聚焦战略和多元化战略并不总是相斥的。在一个没有吸引力的行业，企业实行多元化是有意义的，比如菲利普·莫里斯烟草公司（Philip Morris）。

相关多元化

迪士尼以超过 5 200 万美元的价格收购了 21 世纪福克斯的电影和电视工作室。这笔交易涉及福克斯拥有的有线电视网络，包括 FX 有线电视网和国家地理，以及福克斯在 Star TV、Sky 电视台和 Hulu 的股份。

在以下五种情况下，企业适宜推行相关多元化战略[13]：

1. 企业在一个没有增长或增长缓慢的产业中竞争。
2. 企业增加新的相关产品能够显著提高其现有产品的销售量。
3. 新的相关产品的价格非常具有竞争力。
4. 新的相关产品的销售存在季节性，能够平衡企业现有的销售高峰和低谷。
5. 企业拥有强大的管理团队。

不相关多元化

不相关多元化战略是投资于一系列能够各自取得良好财务业绩的产业，而不是竭力追求各产业之间价值链的战略匹配。采用不相关多元化战略的企业一直在不同产业中寻找能够达成协议或者有潜力获得高投资回报的企业。执行不相关多元化战略意味着要收购一些被低估或遭遇财务困扰的资产，抑或资本短缺但是发展前景好的公司。

在一项不相关多元化行动中，亚马逊计划引入价值 4 120 亿美元的药房业务。如今，10 名患者中有 9 名在零售药店获得处方，但亚马逊认为，药品送货上门很快就会成为常态而不是例外。考虑到这种外部威胁，西维斯（CVS）最近收购了大型保险公司安泰保险。西维斯采用这项不相关多元化举措旨在抵消其对药店行业的依赖，因为该行业整体的收入和利润一直在下滑。

在以下五种情况下，企业适宜推行不相关多元化战略[14]：

- 企业现有产品的市场已经饱和。
- 企业在一个高度竞争和 / 或没有增长的产业中竞争，且产业的利润率和投资回报率都很低。
- 企业现有的分销渠道能够将新产品营销给现有客户。
- 和企业现有产品相比，新产品的销售模式能产生一定的互补效应。
- 企业拥有在新产业成功竞争所需的资金和人力资源。

➡ 5.6 防御型战略

除了一体化战略、加强型战略和多元化战略，企业也可以实施收缩、剥离或者清算等防御型战略。

收缩

收缩（retrenchment）是指企业通过重组来减少成本和资产，以扭转销量和利润下降的局面。收缩有时又称作**转型战略**（turnaround strategy），旨在巩固企业基本的独特竞争力。采取收缩战略时，战略制定者只能利用有限的资源，并且要面对来自股东、员工和媒体的压力。收缩战略可以采取的具体措施有：出售土地和建筑以募集需要的资金，减少产品线，停止不盈利的业务，关闭废弃不用的工厂，推行自动化生产流程，裁员以及实施费用控制系统等。

礼来公司削减了 8%的全球劳动力，主要集中在专利即将到期的现有药物的生产和营销，因为预计低价仿制药的竞争将非常激烈。礼来公司将大部分资金用于研发新药。

作为世界上最大的非专利药销售商，梯瓦制药（Teva Pharmaceutical Industries）裁减了 25%的员工（全球约 14 000 名），关闭工厂和研究中心，并暂停支付股息以削减成本。梯瓦制药总部位于以色列的特拉维夫，预计其收缩战略在 2018—2019 年间可节省 30 亿美元的成本。

作为企业收缩战略的一部分，运动相机公司 GoPro 在 2018 年裁掉了 1/5 的员工并退出无人机市场。随着智能手机的摄像和视频功能的不断改进，GoPro 的相机业务受到了影响。

在有些案例中，**破产**（bankruptcy）是一种有效的收缩政策。破产帮助公司避免重大的债务责任和工会合同。美国破产法第 7 章指出了公司没有希望继续运营或无法获得必要的协议贷款时所采用的清算过程。该情况下，公司的所有资产都要按其有形价值分解售出。每年有数十万家公司宣布破产，大多数是小公司。

美国破产法第 11 章允许企业在递交申请保护之后重组并恢复运营。2017—2018 年，大约有 40 家美国大型零售企业宣布破产，超过 2016 年的 18 家。2017 年宣布破产的企业包括 RadioShack、Payless Shoes、The Limited、HHGregg、Rue 21、甘德山（Gander Mountain）和玩具反斗城（Toys R Us）。其他快速关闭商店并可能破产的零售企业包括金宝贝（Gymboree）、碧碧（Bebe）、卡骆驰、Gamestop、凯马特、彭尼百货、Michael Kors、史泰博（Staples）、梅西百货和 Chico's。零售企业的一个关键问题是购物者对折扣成瘾，这是由亚马逊的实力和智能手机购物工具和应用引发的，智能手机 App 推动了永无止境的价格削减、价格匹配和价格战。转向在线采购也严重限制了对各种实体店的需求。

在以下三种情况下，企业适宜推行收缩战略[15]：

- 企业受到低效率、低盈利、低员工士气和来自股东压力的困扰。
- 企业在长时间内未能有效利用外部机会、规避外部威胁、发挥内部优势和克服内部劣势。换言之，企业的战略管理者遭遇失败（可能被更有能力的人取代）。
- 企业发展得足够大、足够快，需要实施大规模内部改组。

剥离

出售某个部门或者企业的一部分称为**剥离**（divestiture）。通常，剥离是为了募集资金，用于将来的战略性收购或投资。剥离可以是整个收缩战略的一部分，目的是摆脱一些不盈利的耗用过多资金的业务，或者和企业不相符的其他业务。剥离战略颇受欢迎，因为它同时还帮公司将注意力集中在核心业务上，降低多元化程度。

最近，大众汽车剥离了公司 20%的资产，这些资产不属于公司的核心业务，包括摩托车品牌杜卡迪（Ducati）。澳大利亚联邦银行（Commonwealth Bank of Australia）剥离了其在澳大利亚和新西兰的所有人寿保险业务，总额超过 30 亿美元，部分原因是应对各国监管机构的压力。雀巢公司以28亿美元的价格将其美国巧克力部门剥离给了意大利公司费列罗国际（Ferrero International SA），使费列罗公司成为美国第三大巧克力销售商。

当企业分成两个或多个部分时，就会出现剥离形式。大多数情况下，被剥离的细分市场成为独立的上市公司。许多大型企业集团都在采用这种战略。有时，这种战略是企业向竞争对手出售剥离部分的前奏。企业每年分拆约2万亿美元的子企业。剥离多元化企业的部分原因是同质部分通常对潜在买家更具吸引力。大多数情况下，收购企业希望促进同质化而非异质化来补充其自身的运营，并愿意为同质化付出代价。例如，纳科工业公司（Nacco Industries）剥离其汉密尔顿海滩品牌（Hamilton Beach Brands）的电器和厨房配件连锁店，以重新专注于其核心的煤炭和采矿业务。纳科工业公司的年收入约为9亿美元，汉密尔顿海滩品牌带来约6.05亿美元的收入，而厨房用品的收入约为1.44亿美元。同样，英国的吉凯恩公司（GKN PLC）在2018年拆分为两家公司，即将其航空航天和汽车业务分开。吉凯恩公司总部位于英国雷迪奇，是英国历史最悠久的企业（250年）之一，如今拥有约58 000名员工。

另一个例子是德国公司戴姆勒（Daimler AG）在2018年将其五个业务部门合并为三家独立注册的全资子公司。分析师预计，戴姆勒重组是戴姆勒将三个部门剥离（分拆）为独立上市公司的前奏：（1）梅赛德斯－奔驰汽车和货车；（2）戴姆勒卡车和公共汽车；（3）戴姆勒金融服务公司。最近，辉瑞公司（Pfizer Inc.）和霍尼韦尔国际公司（Honeywell International Inc.）分别剥离了它们的几个主要业务部门，分拆成独立的上市公司。

在以下五种情形下，企业适宜推行剥离战略[16]：

1. 企业已经执行了收缩战略但没能如预期一样好转。
2. 企业表现欠佳完全由某项业务造成。
3. 由于市场、客户、管理者、员工、价值和需要大相径庭，企业的某项业务和其他业务不匹配。
4. 企业急需一大笔现金，却又无法从其他渠道筹到。
5. 政府的反垄断措施对企业构成威胁。

清算

以现值卖掉公司的所有资产称为**清算**（liquidation）。清算等于承认失败，因此是一种在情感上令人难以接受的战略。然而，停止运营总比继续损失大量资金要好。

具有传奇色彩的世界著名马戏团Ringling Bros. 和Barnum & Bailey在运营了146年后于2017年被清算，原因是“门票销售下降和运营成本高”。它于2017年5月7日在罗德岛普罗维登斯、2017年5月21日在纽约的尤宁代尔进行了最后的演出。在激进分子提起诉讼多年后的2016年5月，马戏团取消了先前的大象表演。动物权利组织PETA说：“这预示着地球上野生动物悲剧的结束，其他动物马戏团应效仿，因为这是时代变迁的标志。”PETA负责人英格丽德·纽柯克（Ingrid Newkirk）说：“我们的抗议活动已经让全世界都知道被囚禁动物的困境。”Ringling Bros. 和Barnum & Bailey马戏团过去的口号是“戏王之王”，这句话如此著名以至于被用作1952年由塞西尔·德米尔（Cecil DeMille）导演、查尔顿·赫斯顿（Charlton Heston）和贝蒂·赫顿（Betty Hutton）主演的第25届奥斯卡最佳影片的片名。然而，Ringling Bros. 和Barnum & Bailey昔日辉煌今不在。

美国标志性玩具连锁店玩具反斗城于 2018 年清算、出售或关闭其所有 885 家美国商店，裁掉约 33 000 个工作岗位。该公司很可能还会在法国、西班牙、波兰和澳大利亚进行清算，但希望在加拿大、中欧和亚洲出售其业务。

以下两种情形下，企业适宜实行清算战略[17]：

1. 企业既执行了收缩战略又执行了剥离战略，但仍没有成功。
2. 企业的股东可以通过出售企业资产使自身损失最小化。

➡ 5.7 价值链分析和标杆管理

无论客户何时购买产品，都是因为消费者感觉产品有价值，此价值通过比较支付的价格与得到的利益而获得。然而，消费者为产品支付的最终价格取决于生产该产品的大量活动，从原材料供应到生产，再到分销等。形成产品最终价格的这一系列活动通常称为公司的**价值链**（value chain）。[18]企业在价值链上下任何环节中寻求竞争优势，最终以某种价格和某种程度的质量提供某些产品，此处"某种程度"是指消费者认为产品有足够的价值从而决定购买。如图 5–3 所示，价值链概念在战略管理中非常重要。

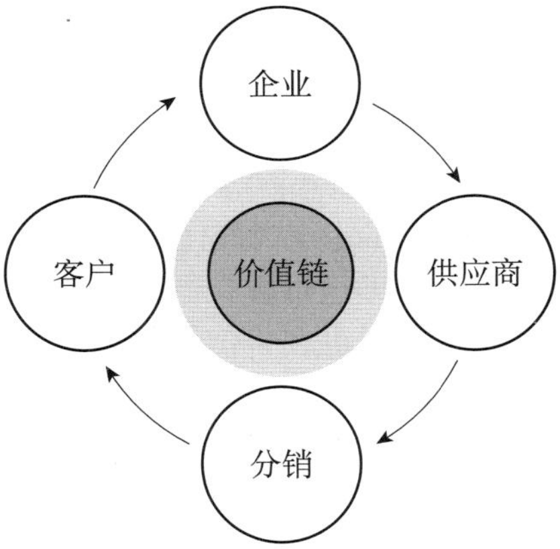

图 5–3 价值链说明

价值链分析（value chain analysis，VCA）可定义为一个过程，由此过程企业确定从购买原材料到加工生产制造，再到销售产品等进入生产销售环节的价值（价格减去成本）。价值链分析是识别企业的外部机会 / 威胁和内部优势 / 劣势的绝佳方法。企业努力在其价值链的上下游获取竞争优势，因为这种"价值活动"不容易被竞争对手复制或模仿。相反，仅降低最终产品的价格或聘请名人来推广最终产品很容易被模仿，即此类行为并不代表可持续的竞争优势。换句话说，在企业价值链的每个环节中，企业都会努力创造最终可以转移给终端用户（客户）的价值（价格减去成本），因此客户愿意以一定的价格购买产品以获得预期的价值。

企业在做出重要判断时需要进行价值链分析，因为价值链上的各项活动会对其他活动产生积极或消极的影响，这些活动间的关系可能错综复杂。例如，出色的客户服务可能成本高昂，但可降低商品返回成本并增加收入。竞争企业之间的成本和价格差异可以从供应商、分销商、债权人或者股东活动中找到来源。

实施价值链分析的第一步是将企业的业务划分成具体活动或业务流程。然后，尝试将成本与每个独立的活动联系起来，成本既可以用金钱衡量，也可以用时间衡量。最后，将成本数据转换成信息，从中找出可能有竞争力的成本优势。实施价值链分析支持了资源理论，这一理论检测了企业能带来独特竞争力的资产和能力。

当主要竞争对手或新进入者以非常低的价格提供产品或服务时，可能是因为该企业价值链的成本比较低，或者竞争企业孤注一掷以获得销售额或市场份额。价值链分析使企业能够检查和监控其价格和成本在整个价值链中的竞争力。通过客户为最终产品支付价格，价值链各个环节的价值累积形成客户的感知价值。

图5-4给出了一个关于价值链分析的示例。注意，与产品或服务的生产与营销相关的价值创造活动可能有上百个，其中每一个活动都可以代表该企业的一种竞争优势或劣势。企业业务成本由价值链上各种活动的合并成本（即总成本）确定。通过与竞争对手的价值链比较，企业应确定自身价值链具有哪些成本优势和劣势。

各产业及各企业的价值链差异极大。一家纸产品企业如Stone Container的价值链包括种植树木、伐木及造纸；一家电脑公司如惠普的价值链包括编程、外设、软件、硬件及笔记本电脑；一家汽车旅馆的价值链包括食品、客服、登记和退房手续操作、网站和预订系统；等等。

所有企业都应该利用价值链分析开发和培育核心竞争力，并将这种能力转变成独特竞争力。**核心竞争力**（core competence）是企业特别擅长的一个价值链活动（产生高价值）。当核心竞争力可带来主要竞争优势时，它就是一种独特竞争力。图5-5说明了这一过程。

越来越多的企业利用价值链分析，以沿着价值链的各个部分获得并保持竞争优势，尤其是高效和有效优势。例如，沃尔玛通过极其严格的库存控制、批量购买产品建立起强大的竞争优势。相比之下，电脑公司也在价值链的分销端积极参与竞争。当然，对于大型零售商和电脑公司而言，价格竞争是产生效益的关键手段。

为获得并保持竞争优势，企业必须为产品或服务创造价值，此价值须超过竞争对手提供的价值。[19]通常，这通过以下两种方式之一完成：（1）以最低成本运营；（2）制定更高的价格。一些企业试图同时做两件事，然而最重要的是，企业在其价值链上的许多点上比竞争对手做得更好，因为这些点可能不容易被复制，因此是可持续的。竞争对手会问："它们是怎么做到的？"许多成功企业的答案是"通过有效的价值链分析"。

价值链分析专注于竞争对手活动的质量差异，并非所有企业都会对各种价值链活动给予同等重视。例如，劳力士（Rolex）和天美时（Timex）都生产手表，但它们的价值链在关键领域有很大差异。劳力士通过声望和优雅为客户创造价值，天美时则通过价格和实用性创造价值。只要消费者认为为产品或服务支付的价格值得，每家企业都可以创造价值，每家企业都可以在钟表业拥有自己的竞争优势。尽管不同价值链活动的权重在同一行业内可能不同，但企业不仅应该努力洞悉自己的价值链活动，还要明了行业、竞争对手、供应商和分销商的价值链活动。

价值链分析是一种工具，用于检查从上游（如供应商）到向客户交付产品的下游价值创造路径中的每个步骤。价值链分析的主要优点之一是从开始到结束的每个活动都有一个可以改进的价值要素，因此，要特别注意价值链上可能导致更高质量或更低成本的那些环节。此外，在选择价值链活动中，选择与竞争对手不同的路径通常比仅仅尝试在

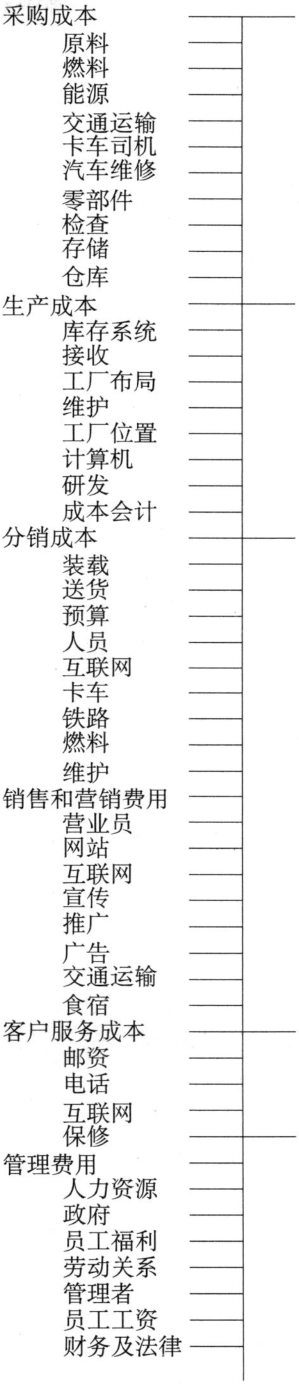

图 5-4 典型制造企业价值链示例

每个项目上与它们竞争更有利。珠宝公司蒂芙尼（Tiffany）和 Blue Nile 就是极好的例子，它们匠心独具、另辟蹊径为客户创造价值。

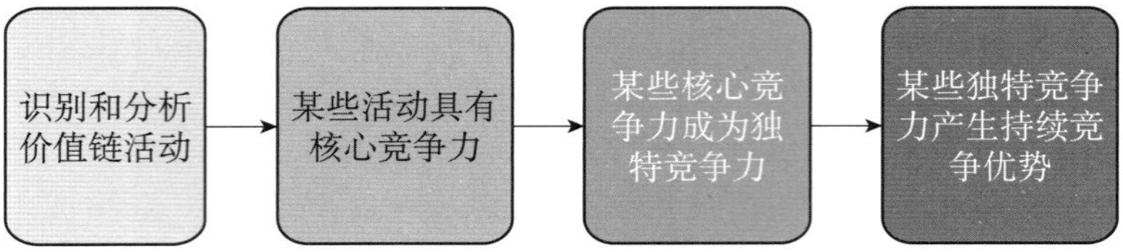

图 5-5　将价值链活动转变成持续竞争优势

标杆管理

标杆管理（benchmarking）是另一个分析工具，用来判断一家企业的价值链活动与竞争对手相比是否具有竞争力，以力争赢得市场。标杆管理必须在产业层次测量价值链活动成本，以确定竞争企业的最佳实践，帮助企业复制或改进这些最佳实践。与价值链分析相似，标杆管理是一个分析工具，用来识别关键外部机会 / 威胁和内部优势 / 劣势。标杆管理通过识别（并改善）典范企业在成本、服务、声誉或运营等方面具有相对优势的价值链活动，促使企业采取行动以提高竞争力。

标杆管理最困难的部分是如何知道其他公司价值链活动的相关成本。标杆管理典型的信息来源包括：公开发表的报告、贸易出版物、供应商、经销商、客户、合作伙伴、债权人、股东、说客以及愿意分享信息的竞争企业。一些竞争企业提供共享的基准数据。国际基准交流中心提供的指引有助于对贸易壁垒、操纵价格、串通投标、行贿等不正当的商业行为进行约束。

虽然标杆管理很有用，但战略制定者应该注意企业的独特地位，以及在选择价值链中哪些因素作为标杆时与竞争对手的区别。不要盲目地为一个接一个的变量设置标杆。例如，致力于优质原料定制的 Five Guys 不应该以麦当劳的“服务时间”要素为标杆，恰如麦当劳不应该将 Five Guys 的“质量”要素作为基准。若 Five Guys 进行标杆管理并尝试与麦当劳在服务时间上竞争，将不利于 Five Guys 提供优质汉堡包的独特战略和地位，错误的标杆管理可能导致企业远离成功。当然，这并不是说改善服务时间不重要，只是 Five Guys 不应该为“预制汉堡包”牺牲“定制汉堡包”，而这仅是为了对标麦当劳的服务时间要素。回想一下，唯一性在战略管理中很重要，因此要明智地使用标杆管理。

5.8　迈克尔·波特的两大基本战略

根据迈克尔·波特的理论，战略帮助组织从两个不同的基础获得竞争优势：成本领先和差异化。波特将其称为**基本战略**（generic strategy），因为企业通常开发以成本或独特价值竞争的产品线。同时实现成本领先和差异化很难。**成本领先**（cost leadership）强调为价格敏感的客户以低廉的成本生产标准化产品。**差异化**（differentiation）旨在为对价格不甚敏感的消费者生产独特的产品和服务。成本领先强调企业在整条价值链中审视如何降低成本；而差异化强调，企业在整个价值链中实现价值最大化。

成本领先战略

如表 5-5 所示，有两种类型的成本领先战略。类型 1 是一种广泛的低成本战略，以市场最低价格向广大客户提供产品或服务。类型 2 是一种狭窄或专注的低成本战略，以市场最低价格向少数客户提供产品或服务。成本领先战略旨在以最低的价格为客户提供与竞争对手具有类似属性的一系列产品或服务。

表 5-5　基本战略的四大类型

	基本战略	
	成本领先	差异化
市场细分		
广泛	类型 1	类型 3
狭窄	类型 2	类型 4

沃尔玛追求的是类型 1，它服务于有不同社会经济背景的广泛市场领域。达乐可作为类型 2 的一个例子，主要集中在农村地区，其特点是有限的产品线、更少的商店装饰和更少的服务。类型 1 和类型 2 战略都针对容量（或潜力）足够大的市场，这是任何成本领先市场的一个重要特点。为实现规模经济，必须要有巨大的市场潜力。沃尔玛和达乐的目标市场都达到了巨大（潜力）的标准，尽管达乐的目标客户群明显更加集中。亚马逊可能是类型 1 的另一个例子；Jiffy Lube、Little Caesars Pizza 和精神航空等则是类型 2 的成功例子。

当市场由很多对价格敏感的购买者构成，实现产品差异化的方式很有限，买家不看重品牌之间的差别，或者买家议价能力很强时，实施成本领先战略、努力成为产业中成本最低的生产者尤为有效。成本领先战略的基本思想是在价格上战胜对手从而赢得市场份额和销量，使一些竞争者彻底退出市场。采用成本领先战略的企业一定要以对手难以效仿或匹敌的方式获取竞争优势。如果对手发现模仿领先者的成本领先战略比较容易或者代价不高，领先者就无法保持优势，无法从市场中获得有价值的优势。换言之，企业试图在整个价值链中获得竞争优势，因此企业最终可以足够低的价格提供某些产品，从而为客户带来极具吸引力的价值。

有价值的资源必须是稀有的、难以模仿的或者不容易替代的。要成功实施成本领先战略，企业必须确保其整个价值链的总成本低于竞争对手的总成本。确保企业保持其成本领先竞争优势的关键方法是定期检查其价值链相对于竞争对手在各个层面和环节的情况，以确定可能节省成本的领域。通常，成功的成本领先战略渗透到整个企业，表现出高效率、低开销、额外津贴有限、不容许浪费、严格控制预算、控制范围广、提供与成本控制相关的奖励，以及员工广泛参与成本控制。

追求成本领先的风险包括：竞争对手可能会模仿其战略，从而导致整体行业利润下降；行业技术突破可能使战略失效；除价格外，买方的利益可能转向其他差异化特征；简单地削减零售价格不会产生成本领先优势，因为这些做法很容易被复制并且会降低利润率。

差异化战略

如表5-5所示，成功的差异化战略有两个层次，类型3具有广泛的目标市场，类型4具有狭窄的目标市场。在差异化战略下，企业并不依赖于规模经济。因此，如果部分客户愿意为产品或服务支付溢价，那么瞄准这一小群客户可能会更有利。企业只有在仔细研究消费者需要和偏好，决定产品的一个或多个差异化功能以实现所需属性后才能执行差异化战略。成功的差异化战略允许企业对产品定较高的价格，同时赢得消费者的忠诚，因为消费者可能十分喜爱这些差异化功能。差异化产品的特别功能包括：优质服务、备件可用性、工程设计、产品性能、使用寿命、耗油量或者易用性等。

采用类型3广泛差异化战略的企业包括怪物饮料公司、苹果公司和宝马公司。这些企业采用的战略是以明显高于同行的价格分别增加客户对可乐、LG智能手机、福特福睿斯的感知价值。这三款产品的目标受众比路易威登、劳力士或玛莎拉蒂等以类型4战略运营的品牌的目标受众更广。使用类型4战略的企业不必提供极昂贵的产品，但因为价值链上每一环节创造的价值都很高，有限的购买者又降低了规模经济效应，产品价格不菲。

通常，有利于差异化的环境是购买者具有不同品位或应用需求。例如，消费者期望的食物质量和种类差异很大，导致有许多不同类型的餐馆。技术迅速变化时企业可以开发新产品，并且经常让客户“接受培训”以购买最新、最好的产品。苹果公司喜欢通过自己的iOS软件来实现差异化，而其他领先的手机制造商使用安卓、Windows或其他由不同公司创建的操作系统。每当客户将产品视为商品时，就需要有差异性。即使像牛奶、鸡蛋这样的商品，通常也可以通过营销、有吸引力的包装或其他办法来区分，使其价格是竞争对手的两倍。

差异化不能保证竞争优势，尤其是当标准产品能充分满足消费者需求或者当竞争者有可能快速模仿时，因此，具有保护壁垒而避免被快速模仿的耐用产品是最好的。成功的差异化意味着更大的产品灵活性、更好的兼容性、更低的成本、更优越的服务、更少的维护以及更大的便利。产品开发就是体现差异化优势的一种战略。

实施差异化战略的风险在于顾客未必觉得某种独特的产品值得他们支付更高的价格。当这种情况发生时，成本领先战略能够轻松击败差异化战略。执行差异化战略的另外一个风险是竞争者可能会很快复制这些差异化功能。因此，公司必须为其产品的独特性找到长久稳定的来源，且不会被竞争对手快速或低代价地模仿。

通常，企业要成功执行差异化战略，需要研发部门和市场营销部门通力协作，还需提供优厚的福利待遇和宜人的工作环境以吸引科学家和创造性人才。公司采用差异化战略时可以基于许多不同的竞争因素。在公司价值链的任何位置都存在差异化机遇，都可以开展差异化活动，如优化供应链、产品研发、生产技术、制造、人力资源管理、分销或者营销等。

那些很难复制或复制代价很高的差异化战略最为有效。竞争者一直试图在任何可能产生竞争优势的差异化要素上模仿、复制甚至战胜对手。然而，只有差异化属性达到对手难以复制的程度，差异化战略才有可能特别有效。这种独特性很费时且成本高昂，使对手难以跟进。因此，企业必须谨慎使用差异化战略，因为消费者不会支付较高的差异化价格，除非他们认为产品的感知价值超过了他们所付的价格。[20]

5.9 实现战略的途径

企业面临来自股东的持续压力，要求维持收入增长和净收入增长（通常达到 4%以上）并支付更高的股息。为实现这一目标，企业经常面临构建（build）、借力（borrow）或购买（buy）决策。构建是指从内部（有机地）增长——内生增长，借力是指在外部通过合伙、合资和结盟等手段增长，购买包括兼并和收购。以下分别讨论。

从内部构建以成长

企业内部构建有时称为**内生增长**（organic growth）。作为实现战略的手段，战略制定者必须考虑当前内部资源与增长（4%以上）所需能力的匹配程度。内部构建包括新的培训计划、雇用新员工、设立（而不是购买竞争对手的）商店，或制定“蓝海战略”。**蓝海战略**（blue ocean strategy）的目标是瞄准尚未出现竞争的新市场，从而创造一个“蓝色海洋”，而不是竞争白热化的惨烈“红海”。许多企业经常在价格上竞争，因此，一家企业的收益往往以另一家企业的损失为代价。蓝海战略类似于成为尚未被竞争对手占领的市场的先行者。

金（Kim）和莫博涅（Mauborgne）对蓝海思维的研究表明，现有的生产线延伸占新产品的 86%；只有 14%的新企业瞄准新的市场或行业。[21] 在开发新市场和产品方面的蓝海思维可以提供远超过传统市场竞争的好处。苹果公司开发的个人电脑和智能手机就是蓝海思维的例子，在苹果公司的产品推向市场之前，客户甚至不知道他们想要的就是这些产品。然而，蓝海环境并没有让苹果公司在这两种产品上保持优势，竞争对手的迅速加入迫使苹果公司在差异化战略下运营。

像苹果一样，网飞、西南航空、eBay 和亚马逊部分得益于蓝海思维。这些例子属于开辟蓝海，即以前没有定义的产品行业或市场，但根据金和莫博涅的理论，蓝海也可能来自已建立的行业。当前行业中的蓝海可能不具有可持续性，甚至可能影响企业的使命，远离其核心竞争力。因此，在已经建立的行业中应用蓝海思维应该特别注意这些情况。好在企业不一定要创建蓝海。

借力成长

当企业不能在内部开发必要的资源，或者合并的成本和风险太高时，企业倾向于通过合资或战略联盟借力。**合资**（joint venture）是指两家或更多公司为了抓住商机而建立暂时的合作伙伴关系或联合，各方在新实体中拥有部分股权。合资被越来越多地采用，因为这有助于企业改进沟通和网络，有利于全球化运营，同时降低风险。合资常被用于寻求对于单个企业而言特别复杂、不合算或者有风险的机遇。当机遇要求的能力和技巧超出单个公司的能力时，合资也会被采用。合资不如联盟常见，但比合并或收购更常见。

可口可乐和雀巢同意解散名为全球饮料伙伴公司（Beverage Partners Worldwide）的茶叶合资企业。哥伦比亚大学的凯瑟琳·鲁迪·哈里根（Kathryn Rudie Harrigan）总结了合资日益增加的趋势：“在如今资源稀缺、技术变化迅速和资本要求提升的全球化商业环境下，最重要的问题不再是‘我们该不该建立合资关系’而是‘什么样的合资和合作协议最符合我们的需要和期望’，以及‘我们怎样才能更有效地管理这些合资’”。[22] 合资企业行进艰难的四个常见原因是：

1. 参与合作运营的合资企业的管理者没有参与到该合资企业的建立和塑造过程中。

2. 合资企业可能仅仅使合作公司受益，而没有使消费者受益，消费者抱怨服务糟糕或者批评企业的其他方面。

3. 合资企业没有从合作双方获得同等的支持。如果支持不平等，就会产生问题。

4. 合资企业在刚开始可能更多地与其中某个合作伙伴竞争而非合作。[23]

在以下六种情况下，合资可能更有效[24]：

1. 私有企业和非私有企业一起建立一家合资企业：私有企业拥有一些优势，比如排外的所有权；非私有企业也拥有一些优势，比如获得股票发行权。有时，私有企业或非私有企业的独特优势能够协同地融入合资企业。

2. 国内企业和国外企业组成一家合资企业：合资企业能够为国内企业提供在国外市场获得本地管理的机会，从而降低被当地政府征用或干扰的风险。

3. 合作企业的特殊能力具有极大的互补性。

4. 一些项目的潜在盈利性很强，但是需要巨大资源且存在巨大风险。

5. 两家或更多的小公司在与大公司竞争时遇到困难。

6. 需要快速引入新技术。

竞争者之间的合作是一种流行的借力战略。最近，微软和业务软件供应商 SAP 成立了一个联盟，以挑战亚马逊在基于网络的按需计算资源市场的全球主导地位。作为交易的一部分，SAP 现在使用微软的 Azure 云计算服务。微软与 SAP 的交易遵循类似与 Adobe Systems 的协议：微软和 Adobe Systems 同意交叉推销彼此的产品。

越来越多的企业开始与竞争者合作。为了使这类合作成功，所有参与合作的企业都应当贡献一些特别的东西，比如技术、分销渠道、基础研究或者制造能力。合作的主要风险在于重要技术或科技的意外转移可能会在协议之外的组织层面发生。[25] 没有包含在正式协议中的信息通常在每日的互动中不经意传递给了竞争对手的工程师、营销人员以及产品开发人员。在合作协议下运营时，公司往往向对手公司泄露太多信息。因此，签订更严谨的正式协议十分必要。

竞争者之间合作的最佳案例非航空业莫属。如今有三大联盟：星空（Star）、天合（Sky Team）和寰宇一家（Oneworld）。竞争中打击对方可能会伤到自己，因此，竞争者之间的合资与合作需要一定程度的信任。然而，跨国公司正在增加全球合作，越来越多的国内公司也在同国外竞争对手联手以实现双赢。哈里根说：“十年内，多数公司会成为团队成员来互相竞争。”

美国企业加入联盟的主要原因是避免投资，它们更感兴趣的不是学到新技能，而是降低引入新业务或进入新市场的成本和风险。相反，向合作伙伴学习是亚洲和欧洲公司签署合作协议的主要动因。美国公司也应当将学习视为与竞争者合作的原因之一。美国公司常常与亚洲公司结成联盟，以了解它们强大的制造力。但是，亚洲公司在制造领域的能力不易转移。卓越的制造是一个包括员工培训与参与、供应商整合、过程控制、价值工程以及设计在内的复杂的体系。美国企业在技术和相关领域的诀窍则容易被模仿，在签订合作协议时要更加谨慎。

通过购买成长

合并和收购是指购买其他企业以得到发展。**兼并**（merger）是指两个规模相当的实体合并为一家企业；**收购**（acquisition）则是指一家大企业购买（收购）一家小企业，或者相反。当兼并或收购并非双方自愿时，就称为**恶意收购**（hostile takeover），它与**友好兼并**（friendly merger）相反。大多数兼并都是友好的，但恶意收购的数量正在增加。只要遵守法律，恶意收购就是道德的。然而，有时候股东会持怀疑态度，因为目前的研究显示，如今 CEO 并不那么道德（见“伦理视点 5”）。

伦理视点 5

CEO 的伦理观今不如昔?

最近的一篇文章显示，此问题的答案是肯定的。北美和西欧因不端行为被解雇的 CEO 从 2007—2011 年的 4.6%上升至 2012—2016 年的 7.8%。根据 2017 年爱德曼信任晴雨表（Edelman Trust Barometer），只有 37%的人认为 CEO 可信 / 有道德，这一数据低于 2016 年的 59%，是历史最低水平。对大公司特别是对 CEO 的信心和信任已经连续下降数十年。减少道德不端行为是 2010 年《多德－弗兰克法案》(Dodd-Frank Act）通过的一个关键原因，该法案对高级管理人员和董事会成员实施了新的法规和标准，包括进一步调查、劝阻和惩罚企业不法行为的措施。根据史宾沙董事会指数（Spencer Stuart Bourd Index），标普 500 指数企业董事会成员中，有 85%是独立的（不是公司的员工），其中 27%的董事会拥有独立的主席，高于 2005 年的 9%。因此，全能 CEO 主持由朋友和内部人士组成的董事会的日子一去不复返。同时担任董事会主席的新任 CEO 的比例在全球 2 500 家大公司中逐步下降，从 2002 年的 48％降至今天的不到 10%。

资料来源：Based on Per-Ola Karlsson，DeAnne Aguirre，and Kristin Rivera，“Are CEOs Less Ethical Than in the Past?” *Strategy & Leadership*（Summer 2017）：57–65.

不是所有的兼并都有效且成功。例如，在哈里伯顿（Halliburton）收购贝克休斯（Baker Hughes）后不久，哈里伯顿的股价下跌了 11%。尽管两家公司的兼并可以带来巨大利益，但前提是价格和逻辑一定要正确。在美国，每年有超过 10 000 次兼并，其中同一产业兼并的占主导地位。一般性市场整合并购在很多产业中都很常见。

表 5–6 列出了兼并和收购失败的六大关键原因。表 5–7 列出了公司兼并或收购另一家公司的潜在收益。

表 5–6　兼并和收购失败的主要原因

1. 两条价值链上下游整合困难
2. 承担目标企业欠下的大量新债务或试图购买目标公司
3. 不能达成协作
4. 过于多元化
5. 融合不同组织文化的难度太大
6. 因裁员或者搬迁导致员工士气低落

表 5-7 兼并或收购的 12 个潜在收益

1. 提高产能利用率
2. 更好地利用现有的销售力量
3. 减少管理层员工
4. 获取规模经济
5. 缓和销售的季节性变化
6. 获得新供应商、分销商、顾客、产品和债权人
7. 获得新技术
8. 获得市场份额
9. 进入全球市场
10. 获得定价权
11. 减少纳税义务
12. 消除竞争对手

杠杆收购（leveraged buyout，LBO）是指公司的管理层和其他私人投资者用借入的资金（所谓杠杆）将公司的股权从股东手中买走（所谓收购）。除了试图避免恶意收购，启动杠杆收购的另一些原因包括：公司高管认为特定部门决策与公司整体战略不符，出售一个部门可以筹得所需现款。杠杆收购会使得公司私有化。

每当私募股权（PE）公司获得目标公司并将之私有化时，公司增长的另一种流行方式就会出现。例如，休闲餐饮连锁店 Ruby Tuesday 于 2017 年年底被私有化，私募股权公司 NRD Capital Management 以 21% 的溢价（约 1.46 亿美元）将其收购。当时，Ruby Tuesday 在美国 41 个州和 14 个国家共有 599 家餐厅。

几乎所有 PE 收购的目的都是以低价购买公司，然后以高价出售。Buffalo Wild Wings（BWW）最近收到了来自 PE 公司 Roark Capital Group 23 亿美元的收购要约。Roark 提出的每股 151 美元的报价比当时 BWW 的股价至少高 28%。Roark 最终以每股 157 美元的价格收购 BWW，溢价为 7.2%（因 BWW 股价上涨而下跌）。

私募股权公司正在迅速收购阿片类药物成瘾诊所和治疗中心，如 Kohlberg & Co 最近以 1.8 亿美元收购了亚利桑那州威肯堡的 Meadows。美国的药物和酒精成瘾诊所每年快速增长 3 000 多家，收入超过 100 亿美元。

5.10 先行者优势

先行者优势（first-mover advantage）是指公司通过先于对手进入新市场，或者开发一项新产品或服务所获得的益处。如表 5-8 所示，成为先行者的益处包括：获取稀有资源，获取关于关键因素和问题的新知识，扩大市场份额，占据一个自己易守对手却难以取代的市场位置。先行者优势与先占领高地类似，都是置自己于绝佳的战略位置：既易于发动攻击性的行动，又利于保卫领地。要成为明智的先行者，需要做到：（1）在购买者心中建立公司的形象和声誉；（2）在新技术、新组件、新分销渠道等方面优于对手获得生产成本优势；（3）培养具有高忠诚度的客户群体；（4）让对手难以或者不能模仿或复制。

表 5-8 企业成为先行者的益处

1. 获取稀有资源
2. 获取关于关键因素和问题的新知识
3. 获得市场份额和最佳的市场地位
4. 建立并确保和客户、供应商、分销商以及投资者的长期关系
5. 获得客户的忠诚和承诺
6. 尽早获得专利保护

决定企业成为先行者的关键之一是新技术、产品或服务能够以多快的速度赶上目标市场。大部分客户的快速采用增强了企业成为先行者的动力。快速采用可能尤其适合制药等行业，在这些行业，专利保护实际上可以锁定除了先行者以外的任何人。

为了保持先行者的竞争优势，公司还需要成为一名快速学习者。成为先行者当然也存在风险，比如开辟新市场时意想不到的问题和未能预见的成本。因此，当公司可以轻易复制或模仿领先者的产品或服务时，成为一个次动者（也称为快速追随者（fast follower）或者后进者（late mover））也是可取的。尽管次动者因依赖先行者而被贬低，并易犯战略或战术错误，但如果技术正在快速发展，次动者一般可以用改良的二代产品超过先行者，所以成为后进者也有潜在优势。

在一些行业中，成为快速追随者可能是更好的战略。例如在电动汽车业务中，由于高转换成本、缺乏充电站等基础设施和缺乏信心，大多数客户没有快速采用新技术。苹果公司是个人电脑市场的先行者，但由于市场尚未准备好普及个人电脑，最初陷入困境。然而，在 iPod 和 iPhone 业务中，苹果公司作为先行者享有许多优势，并从客户转换其独特操作系统而产生的高转换成本中获利。

➡ 5.11 非营利组织和中小企业的战略管理

非营利组织和营利性组织的主要差别表现在：（1）非营利组织不需要缴税；（2）非营利组织不需要股东提供资本。在其他方面，非营利组织和营利性组织无太大区别。非营利组织有员工、顾客、债权人、供应商和分销商，也有财务预算、利润表、资产负债表、现金流量表，等等。非营利组织和营利性组织一样，也要进行战略规划，甚至可能做得更多，因为它们没有股东提供资本。非营利组织也有竞争者想把它们赶出市场。

战略管理过程正在有效地应用于各种非营利组织和政府组织，如女童军协会（Girl Scouts）、男童军协会（Boy Scouts）、红十字会、商会、教育机构、医药机构、公用事业、图书馆、政府机构以及教会。令人惊讶的是，非营利部门是迄今美国最大的战略管理应用者。许多非营利组织和政府组织在创新、激励、生产和战略管理上都超过了私有公司和其他企业。

与营利性组织相比，非营利组织和政府组织完全依赖外来资金。对于这些组织，战略管理可以出色地应用于制定和论证其融资申请计划。非营利组织和政府组织要得到赞助者的支持并合理使用款项，需要出色的战略制定、实施和评估。

教育机构

审核学院和大学的认证机构，如学院/学校南方协会（SACS）与社会和国际商学院协会（AACSB），需要持续的战略规划。国际教育协会（Institute of International Education）在2017年年底披露，2017年秋季，在美国大学就读的国际新生人数下降了7%，降幅很大。由于MBA入学人数下降，艾奥瓦大学、维克森林大学、弗吉尼亚理工大学、西蒙斯大学乃至威斯康星大学的相关课程已停。大学入学人数也普遍下降。美国向高等教育机构提供的州和联邦支持/资金每年下降超过5%，所有这些因素使战略规划对高等教育机构变得十分重要。

美国人口从东北部和中西部向东南部和西部的全国性迁移是另一个威胁。为了应对严重的外部威胁，教育机构更频繁地使用战略管理概念、工具和技术。卡耐基梅隆大学的前任校长理查德·希尔特（Richard Cyert）说："我相信我们的战略管理做得比我所知的任何一家公司好得多。"由于MBA课程运营举步维艰，有的大学正在拆分销售MBA课程，并提供包括一到三门在线课程的各类商业认证。例如，沃顿商学院提供数字营销专业证书，包括多门600美元的课程，相比较而言，900名MBA学生需要支付约25万美元才能获得学位。[26]哈佛商学院的"成为更好的经理"等在线8周课程收取高达1 500美元的费用。

位于东北部的常青藤联盟各校都加大了在东南部和西部的招生力度。这意味着每年吸引最优秀高中毕业生的竞争态势有了显著改变。愈加普遍的网上学院学位正在威胁传统大学和学院。"你可以让孩子在床上念法学院。"华盛顿邮报公司（Washington Post Company）旗下卡普兰教育中心（Kaplan Education Centers）的首席运营官安德鲁·罗森（Andrew Rosen）如是说。美国各州和联邦政府为高等教育提供的资金减少使得大学和学院的筹款活动更加激进。

政府机构和部门

联邦、州、县和市立机构及诸如警署、商会、林业协会、医院等部门负责制定、实施和评价有关战略，以便有效地为公众提供服务和项目，同时使纳税人的钱得以经济高效地使用。政府组织普遍需要战略管理的理念，以使组织更有效率和效益。

相比企业的战略制定者，政府的战略制定者拥有较少的自主权。国有企业一般不做无关业务的多元化或者并购其他公司。通常，政府战略在改变使命和目标重新定位上的自由度较小。立法者和政客常常直接或间接地控制着主要决定权和资源，很多战略问题要在媒体和立法机构面前讨论和辩论，问题被政治化，导致最后没有多少战略可选。国有企业的管理有了更多的可预见性，战略选择的空间不大。然而，政府机构和部门逐渐察觉到，它们的职员对有机会参与战略管理过程感到非常兴奋，并因此对组织的使命、目标、战略和政策产生影响。另外，政府机构正在使用战略管理的方法争取额外拨款。

中小企业

"成为自己的老板"是众多人的梦想，而更多的人实现了这一梦想。几乎每个人都想拥有自己的企业——从青少年到以创纪录的数量注册创业课程的大学生，乃至年过65岁的老人，每年都有不少人组建公司。然而，在美国拥有私有企业的30岁以下的人口比例达到20多年来的最低点：从1989年的10.6%降到3.6%左右。人们对20多岁的年轻人应该是企业风险承担者的认识是完全错误的，实际上，数百万年轻人在工作岗位上苦苦挣扎以维持自己独立的生活。比例下降的原因各不相同，但小创业公司的银行贷款减少、年轻人的负债增加以及因互联网而竞争对手增加都导致了一个年龄小于30岁的群体更加厌恶风险。

战略管理对中小企业的重要性和大企业一样。所有企业从成立以来都有战略，尽管有些战略可能仅仅是从日常运营中自然而然地演变而来。战略管理过程可能非正式进行，或者只由创业者一人推行，即便如此，也能显著促进中小企业的成长与繁荣。但是，战略管理知识的缺乏对许多中小企业所有者来说是一个严重障碍。将战略管理过程应用到中小企业经营中的另一些常见问题是，缺乏足够的资金去把握外部机遇，以及缺乏判断企业日常经营状况的参照和考核框架。研究还表明，中小企业的战略管理不如大企业正式，但是，致力于战略管理的中小企业要胜过那些没有战略管理的企业。

对战略管理者的启示

图5-6显示，为获取并保持竞争优势，企业必须收集、分析和优先处理大量信息，以做出优秀决策。“战略规划”非常类似于运动队的“对策”或“行动计划”，因为战略规划和对策都是在仔细研究竞争对手（团队）之后制定的，公司（或团队）是否能获得成功在很大程度上取决于该计划是否比竞争对手的更好。如果对手的战略制定者有更好的战略规划，那么公司可能有失败的危险。

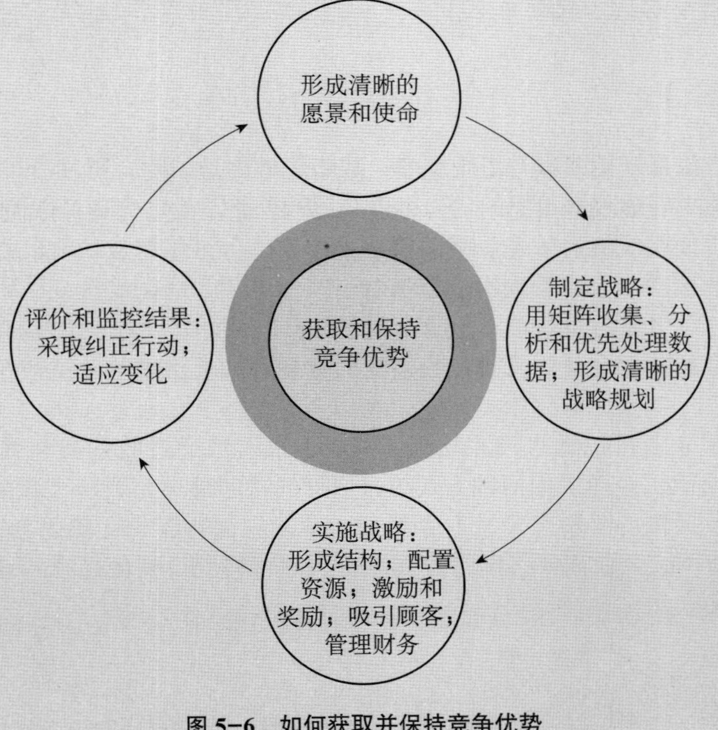

图5-6 如何获取并保持竞争优势

价值链分析和标杆管理旨在创造、识别、培育和利用可带来成功的持续竞争优势。对等（和商品化）在商业和体育运动中变得司空见惯；随着对等性的增加，总体战略规划、对策或博弈的内在价值呈指数级增长。例如，在大学橄榄球中，诸如奥本队、亚拉巴马队、俄亥俄州队、佛罗里达州队、堪萨斯州队、俄勒冈队、亚利桑那州队、密歇根州队和密歇根队势均力敌，最终由对策高低定输赢。

本章描述的大多数战略都可为公司带来实质性利益，但没有哪家公司有足够的资源来执行过多的基本战略。因此，战略制定者必须从众多优秀的备选方案中作出选择，并考虑风险、交易、成本和其他关键因素，如果被对手战略制定者“超越”就会使公司（或团队）处于劣势，甚至受到重创。因此，在第6章中，我们研究了战略制定者广泛使用的另外六种分析工具，以帮助制定成功的战略规划。

对学生的启示

如本章所述，许多备选战略和实现这些战略的方法都可以使公司受益，但是战略管理案例分析应得出具体的建议，从而可以决定哪种措施最能为公司提供竞争优势。最终你将把本章陈述的一些常规战略和操作转换为带有预计成本的特定建议。结合成本的建议构成了案例项目中最重要的部分，因此第6章将对该主题进行更详细的介绍。然而，在口头报告时，请尽早给出你的一些建议，为（以后在建议中显示的）成本提供依据或“铺平道路”。因此，建议的内容应是对整个案例进行分析得到的结论，而不是在最后突然出现的使人意外的结果。在建议中，你还可以解释为什么不使用别的战略，该部分同样应围绕成本和利益的竞争优势和劣势。你可能会问：“建议和战略之间有什么区别？”答案是：“建议是为了实施而形成和选择的战略。”

本章小结

任何管理方法都期望能提升组织绩效，战略管理更是如此。通过参与战略管理活动，管理者和员工能更好地理解组织的优先事项和运营思路。战略管理可以使组织更有效率，更重要的是可以使组织更有效益。战略管理虽然不能保证组织成功，但是可以使得决策过程更主动而非被动。战略管理也许意味着一些组织哲学的彻底改变，所以战略制定者必须接受培训，对出现的问题做出预期，在它们发生时有效应对。本章讨论的11种战略对许多公司而言意味着全新的开端，当企业的管理者和员工理解并支持新的战略行动计划时更是如此。

本章展示了企业可以通过内生增长（有机发展）或通过收购或与其他企业合作来“成长”；同时给出了企业采用何种方式执行何种战略的指导原则。尽管企业和行业在不断变化，但本章提供的材料在未来对企业努力获取并保持竞争优势仍具价值和实用性。简言之，本章强调，企业需要不断管理和改善从原材料获得到最终产品营销的全价值链活动才能取得成功。

关键术语与概念

收购（acquisition）
后向一体化（backward integration）
破产（bankruptcy）
标杆管理（benchmarking）
蓝海战略（blue ocean strategy）
战略组合（combination strategy）
核心竞争力（core competence）
成本领先（cost leadership）
解体战略（de-integration）
差异化（differentiation）
多元化战略（diversification strategy）
剥离（divestiture）
财务目标（financial objective）
先行者优势（first-mover advantage）
前向一体化（forward integration）
特许经营（franchising）
友好兼并（friendly merger）
基本战略（generic strategy）
横向一体化（horizontal integration）
恶意收购（hostile takeover）
一体化战略（integration strategy）
加强型战略（intensive strategy）
合资（joint venture）
杠杆收购（leveraged buyout）
清算（liquidation）
长期目标（long-term objective）
市场开发（market development）
市场渗透（market penetration）
兼并（merger）
内生增长（organic growth）
产品开发（product development）
相关多元化（related diversification）
收缩（retrenchment）
战略目标（strategic objective）
转型战略（turnaround strategy）
不相关多元化（unrelated diversification）
价值链（value chain）
价值链分析（value chain analysis）
垂直一体化（vertical integration）

复习讨论题

5-1 定义并讨论垂直整合。
5-2 确定垂直整合的优缺点。
5-3 定义并举例说明蓝海战略。
5-4 确定并讨论在内部构建能力的三种常用方法。
5-5 成为特定行业的先行者有哪些优势？
5-6 除了是否寻求获利之外，营利性组织和非营利组织的两个主要区别是什么？
5-7 对于小公司来说，最适合通过构建、借力还是购买来成长？
5-8 说明为什么这么多公司剥离（分拆）公司的关键分部或部门。
5-9 何时应该实施杠杆收购战略？
5-10 给出亚马逊同时进行前向一体化和多元化的例子。
5-11 解释以下陈述：成本领先需检视如何降低价值链中的成本；与之不同的是，差异化寻求在价值链的每个层面（环节）使价值最大化。
5-12 定义并解释标杆管理。
5-13 恶意收购的数量和美元价值正在上升。给出出现这一趋势的两个原因。
5-14 营利性组织在经营上与非营利组织有哪些不同？这对战略规划有怎样的启示？
5-15 如果一家饮料公司（例如胡椒博士）的 CEO 问你，前向一体化和后向一体化哪种战略对公司更有利，你会如何回答？

5-16 按重要性列举目标的特点。

5-17 按重要性列举目标的好处。

5-18 最近出现了一股去一体化的潮流，公司不再实施前向一体化了。这是为什么？

5-19 最近出现了一股去一体化的潮流，公司不再实施后向一体化了。这是为什么？

5-20 公司如果要实施多元化战略，什么样的外部和内部条件是重要的 / 必要的？

5-21 竞争对手之间的合作越来越多，请列举这种做法的好处和坏处。

5-22 列举通过建立合资公司以实现公司目标的主要好处。

5-23 列举通过收购另一家公司以实现公司目标的主要好处。

5-24 说明为何历史上很多收购和兼并都失败了。

5-25 你认为非营利组织实施战略规划可获得的利益要少于营利性组织吗？

5-26 请讨论为周末足球赛或篮球赛做详细计划的重要性。你认为教练应该花多少时间和精力制定比赛计划？为什么这是必要的？

5-27 中小型公司和大公司在战略制定上有哪些差别？营利性组织和非营利组织呢？

5-28 列举几个市场渗透、市场开发和产品开发的例子。

5-29 列举几个前向一体化、后向一体化、横向一体化的例子。

5-30 列举几个相关多元化和不相关多元化的例子。

5-31 列举几个合资、收缩、剥离、清算的例子。

5-32 你认为恶意收购不道德吗？为什么？

5-33 多元化的主要优势和劣势是什么？

5-34 一体化战略的主要优势和劣势是什么？

5-35 营利性组织和非营利组织在战略管理上有哪些差异？

5-36 为什么一般不建议一家公司同时采用多种战略？

5-37 比较财务目标和战略目标。哪种目标更重要？为什么？

5-38 大公司和中小型公司的战略层级有什么不同？

5-39 列出 11 种战略。每种战略举一个公司的例子。

5-40 定义并解释先行者优势。

5-41 分别给出合作战略与竞争战略的优点和缺点。

5-42 当前向一体化是一个很好的战略时，给出一些指导建议。

5-43 当后向一体化是一个很好的战略时，给出一些指导建议。

5-44 当横向一体化是一个很好的战略时，给出一些指导建议。

5-45 当市场渗透是一个很好的战略时，给出一些指导建议。

5-46 当市场开发是一个很好的战略时，给出一些指导建议。

5-47 当产品开发是一个很好的战略时，给出一些指导建议。

5-48 当剥离是一个很好的战略时，给出一些指导建议。

5-49 当收缩是一个很好的战略时，给出一些指导建议。

5-50 在清算是一个很好的战略时，给出一些指导建议。

5-51 当不相关多元化是一个很好的战略时，给出一些指导建议。

5-52 当相关多元化是一个很好的战略时，给出一些指导建议。

5-53 建议和战略有什么区别？

5-54 为什么年度报告经常以非常模糊的方式来陈述目标，例如“雇用优秀人才”或“保持领先趋势”？为什么战略制定者在制定战略规划时应该避免这种模糊性？

实践练习

第一组：可口可乐公司的战略规划

练习 5A

为可口可乐公司制定假设性战略

目的

本章给出了公司可以采用的 11 种战略，并给出了定义和例子。本练习将让你对每种战略的制定进行训练。

步骤

步骤 1 查看配套案例以及你对之前章节实践练习的回答。

步骤 2 基于表 5-3 中给出的 11 种战略，确定一种可行的备选战略，能够合理地使可口可乐公司受益。

练习 5B

可口可乐公司应该在 2020—2021 年构建、借力还是购买？

目的

比较计划内容与推荐内容是案例分析的重要部分。不要推荐公司实际计划的内容，除非你对情况进行了深入分析，发现这些战略在所有可行的备选方案中是最好的。本练习将为你提供进行研究的经验，以确定公司在 2018—2019 年所做的工作以及 2020—2021 年应该做些什么。

步骤

步骤 1 登录可口可乐公司网站，点击“新闻中心”，阅读最近十期的新闻稿。

步骤 2 确定可口可乐公司正在实施的两种战略。根据本章介绍的指南，给出这两种战略的优缺点。

步骤 3 确定可口可乐公司没有实施的两种战略。根据本章介绍的指南，给出这两种战略的优缺点。

第二组：你所在大学的战略规划

练习 5C

为所在大学制定备选战略

目的

讨论大学或学院的备选战略非常重要，这对教师、学生、校友和职工都有益处。通过这个练习，你可以和别人讨论彼此之间的不同意见，促进学习并增进了解。请注意，规划的过程比最终文本更重要。

步骤

步骤 1 回想你在练习 1A 中列出的外部机会 / 威胁以及内部优势 / 劣势。如果你没有做练习 1A，你可以想想自己所在大学的外部因素和内部因素。

步骤 2 在黑板上写出你认为对大学有利的 10 个备选战略。你的建议应该让大学利用既有优势，改进劣势，抓住机会，避免威胁。列出 10 个备选战略并编号。用具体的语言说明每个战略，例如“建造两栋新的宿舍”，而不是模糊的术语，例如“做市场渗透”。

步骤 3 拿出一张纸，列出 1 ～ 10 的数字。每个人用 1 ～ 3 对这些战略打分。1= 我不支持实施这些战略；2= 我保持中立；3= 我非常支持实施这些战略。在评价这些战略时，请记住，你所在的大学不可能实施所有可能有利的战略。

步骤 4 你的老师获取评分表，让学生将每种战略的分数加起来。换言之，对所有分数进行加总，从而得到推荐的战略。这些推荐的战略是班级集体智慧的结晶。分数最高的战略是你们认为最好的战略。

步骤 5 讨论一下所做的工作对于组织成员增进相互理解和做出承诺有什么帮助。

第三组：你自己的战略规划

练习 5D

个人战略规划的关键：同时构建和借力

目的

作为实现各种战略的手段，公司通常会选择“构建、借力和购买”的方式来实现增长。然而，个人也必须构建和借力。本练习将让你深入了解如何通过构建和借力以开启成功的职业生涯。

步骤

步骤 1 列出四种你可以构建（即内生增长）的方式来助力你的职业发展。

步骤 2 列出四种你可以借力的方式（即借助他人成长）来助力你的职业发展。

步骤 3 将你的列表与其他同学的列表对比。共同选出四个最好的构建和四个最好的借力方法来实现你的目标。

第四组：个人与群体战略规划

练习 5E

什么是可口可乐公司的最佳战略组合？

目的

战略管理课程上学生根据案例分析的需要组成小组。本练习用来检验个人决策是否优于群体决策。学术研究表明，在 80% 的情况下群体做出的决策优于个人决策。没有哪家公司有足够的资源实施有利于公司的所有战略，因此必须做出选择。根据战略的相对吸引力对战略排序（1 = 最具吸引力，2 = 次最具吸引力，等等）是帮助确定实际应支持哪些做法的常用步骤。通常，一组管理者将共同对战略进行排序，并将排序结果与其他群体的进行比较。该过程可用于确定可行的备选战略的相对吸引力。

本练习用于检验学生对公司采用第 5 章所述战略选择的优劣势的理解程度。这是一项有趣的练习，也为你提供了为公司选择可行备选战略的相关经验。

说明

可口可乐做得很好，但它想做得更好。可口可乐正试图确定哪些战略对公司未来最有利。公司正在认真考虑第5章讨论的7种战略。

战略

生产经营

1. 前向一体化：设立100家可口可乐商店。

2. 后向一体化：购买一个占地10 000英亩的甘蔗农场，以便更好地控制全球可口可乐零售店所需的原料。

3. 横向一体化：从胡椒博士获得4个饮料品牌。

4. 市场开发：在非洲建一个制造工厂，以更好地服务于非洲大陆。

5. 市场渗透：在全球范围内开展广告、促销和宣传活动，将公众对可口可乐的看法从“不健康”转变为“健康”。

6. 产品开发：开发、生产和推出全系列有机果汁。

7. 不相关多元化：收购一家建筑公司，以便在全球范围内新建商店、制造工厂和配送中心。

任务

根据以上7种战略对可口可乐公司的相对重要性进行排序，其中1 = 最具吸引力的战略，7= 最不具吸引力的战略。个人单独将7种战略进行排序。然后，小组对7种战略进行排序。最后，听取专家的排序和理由。通过这种方式，本练习可以让你确定何人何组做出了最佳战略决策（即最接近专家的排序）。

步骤

步骤1　填写表5-9中的第1列，给出你对所提议战略相对重要性的个人排序。例如，如果你认为后向一体化是第7好的战略，那么在表5-9对应的单元格中输入7。

步骤2　填写表5-9中的第2列，给出小组对所提议战略相对重要性的排序。例如，如果小组认为后向一体化是第3好的战略，那么在表5-9对应的单元格中输入3。

步骤3　填写表5-9中的第3列，给出专家对所提议战略相对重要性的排序。

步骤4　填写表5-9中的第4列，即第1列和第3列之间的绝对差值，看个人表现如何。（注意：绝对差值忽略负数。）

步骤5　填写表5-9中的第5列，即第2列和第3列之间的绝对差值，看小组表现如何。

步骤6　分别对第4列、第5列求和。

步骤7　比较第4列总和与第5列总和。如果第4列总和小于第5列总和，表明个人表现得更好。通常，小组决策优于个人决策。若你比小组做得更好，说明你非常优秀。

步骤8　个人获胜者：第4列总和最低者。

步骤9　小组获胜者：第5列总和最低者。

表 5-9 可口可乐公司的战略规划：个人决策与群体决策

战略	第 1 列	第 2 列	第 3 列	第 4 列	第 5 列
	我的排序	小组排序	专家排序	绝对差值（1）-（3）	绝对差值（2）-（3）
1. 后向一体化 购买甘蔗农场					
2. 前向一体化 设立 100 家商店					
3. 横向一体化 收购胡椒博士的 4 个品牌					
4. 市场开发 在非洲建一个制造工厂					
5. 市场渗透 发起营销活动					
6. 产品开发 开发全系列有机果汁					
7. 不相关多元化 收购建筑公司					

微案例：脸书

脸书应该收购领英，还是与其合作，或保持激烈竞争？

本章讨论了竞争对手间的合并、合作，或仍保持竞争关系。脸书的总部位于加利福尼亚州门洛帕克，它是迄今为止全球最大的在线社交网络公司；领英的总部位于加利福尼亚州山景城，作为全球最大的职业社交网站，它旨在帮助会员找到工作，与其他专业人士联系，找到商机。随着商业模式越来越相似，这两家公司的竞争日益激烈。两家网站都是免费允许会员加入，都通过广告位赚钱。领英还通过其职位列表服务获得收入：全球各家公司在领英上发布职位空缺，在领英上搜索候选人——这对于即将毕业的学生尤其有利。当然，针对领英的情况脸书想要采取一些行动。领英的成员多为受过高等教育的白领，45%的访问者每年的收入超过 75 000 美元；脸书在整个有薪阶层中拥有近 30 亿会员。

作为这两家公司在产品和服务上相互吸引的证据，领英最近推出了视频上传功能，似乎变得更像脸书；脸书正在测试职业（而不是社交）功能，试图争夺领英的市场份额。两家公司的主要战略都是产品开发。脸书和领英均在不断开发新的 / 改进的、可见 / 不可见的商务分析模型，以收集和整理数据，然后销售数据。领英开发了一个名为 Gobblin 的大数据框架，可帮助社交网络从各种来源收集大量数据，以便在其基于 Hadoop 的数据仓库中进行分析。该公司还在诸如 Espresso 和事件记录系统（如 Kafka）等数据库中提供各种内部数据（与成员配置文件相关的信息、用户操作，如评论和点击等）。此外，领英从外部来源获取数据，如 Salesforce 和推特。脸书正在测试一个指导功能，以帮助脸书成员根据共同兴趣识别专业人士并相互交流。脸书还在测试类似领英的简历功能。许多人更喜欢将他们的社交活动（脸书）与他们的职业活动（领英）分开，随着这两家公司变得越来越相似，区别更加模糊。

问题

1. 脸书是否应该开发相关功能，以便人们有效地在网站上寻找工作，包括发布他们的职业简历？

2. 脸书是否应该开发相关功能，允许企业在其网站上寻找员工，包括发布职位描述和职位空缺？

3. 领英是否应该开发相关功能，允许人们在其网站上发布个人图片和视频？

4. 领英和脸书应该合并吗？两家公司合并的利弊是什么？

5. 领英和脸书应该合作而不是合并吗？选出并描述两个竞争公司以互利方式合作的三种方式。

6 战略分析与选择

本章目标

学完本章，应能做到以下几点：

- 描述战略分析与选择的过程。
- 图解说明三阶段战略制定分析框架。
- 建立并运用优势－劣势－机会－威胁（SWOT）矩阵。
- 建立并运用战略地位与行动评价（SPACE）矩阵。
- 建立并运用波士顿（BCG）矩阵。
- 建立并运用内部－外部（IE）矩阵。
- 建立并运用大战略（GSM）矩阵。
- 建立并运用定量战略规划（QSPM）矩阵。
- 解释如何估算与建议相关的费用。
- 论述企业文化在战略分析与选择中扮演的角色。
- 确定并讨论战略分析与选择中要考虑的重要政治因素。

实践练习

本章末有以下练习：

第一组：可口可乐公司的战略规划

练习 6A：对可口可乐公司进行 SWOT 分析

练习 6B：为可口可乐公司建立 SPACE 矩阵

练习 6C：为可口可乐公司建立 BCG 矩阵

练习 6D：为可口可乐公司建立 QSPM 矩阵

第二组：你所在大学的战略规划

练习 6E：为所在大学建立 BCG 矩阵

第三组：提高就业能力的战略规划

练习 6F：对自己进行 QSPM 分析

练习 6G：模板能力测试

第四组：个人与群体的战略规划

练习 6H：战略规划中的各种主观威胁有多严重？

战略分析与选择多涉及如何根据客观信息做出主观决策。前几章侧重于获取制定战略和决定具体战略所需的客观信息，本章将引入一些重要的概念，这些概念可以帮助战略制定者形成一组可行的战略方案，进行评价并从中选出最佳方案。本章还描述了战略制定过程中需要考虑的一些方面，如政治、文化、伦理和社会责任等，以及制定战略的现代工具。本章及前几章主要遵循 www. strategyclub. com 的 Excel 战略规划模板流程，如果需要，学生可免费使用该模板。

霍比罗比工艺品公司（Hobby Lobby）的 CEO 戴维·格林（David Green）是一位模范战略管理者，他的最大特点是“照章办事”地执行战略规划。

模范战略管理者　**戴维·格林：霍比罗比工艺品公司 CEO**

作为世界上最大的工艺品家居装饰公司，霍比罗比工艺品公司是一家私有的美国公司，有 750 家商店，年销售额为 43 亿美元。公司 CEO 戴维·格林说：“成为一名优秀管理者的秘诀就是要照章办事。”他的公司在周日关门，让员工和家人在一起，公司所有员工的收入都是联邦最低工资的两倍以上，公司提供慷慨的员工福利，所有商店晚上 8 点关门。公司员工积极向上，流失率很低，而其他零售公司计时工的流失率约为 65%。格林认为：永远把诚信放在企业的核心位置；永远不要为了赚更多的钱而妥协；确保你永远不会停止考虑客户的观点。

资料来源：Based on Scott Smith, “Why Retail’s David Green Manages By ‘The Book,’” *Investor’s Business Daily*（May 22，2017）：A4.

6.1 战略分析与选择概述

如图 6-1 所示，本章主要讨论备选战略的形成、评价和筛选。战略分析与选择试图确定能够最有效地帮助公司实现其使命与目标的方案。公司现有的战略、目标和使命以及内外部信息都能为形成和评价可行的备选战略提供条件，这种系统的方法是避免组织危机的有效方式。鲁丁定律（Rudin’s Law）称：“当危机迫使人做出抉择时，大多数人会从众多备选方案中挑选最糟糕的那一个。”

除非潜在的 EFE、CPM 和 IFE 矩阵产生了非常低的加权总分，否则，所有备选的战略方案都有可能逐步推动企业从当前的状态提升到未来的理想状态。当然，各种备选的战略方案不是突如其来的灵光一闪或奇思妙想，而是以企业使命、目标和内外部分析为基础。这些战略方案必须和以往行之有效的战略保持一致，或建立在以往战略的基础之上。

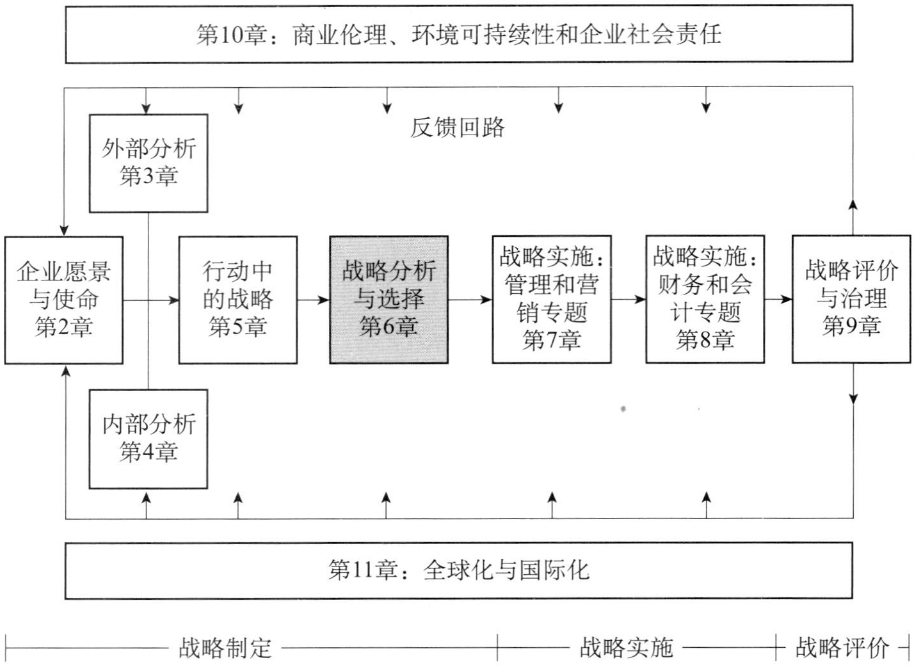

图 6-1　战略管理综合模型

资料来源：Fred R. David，“How Companies Define Their Mission，” *Long Range Planning* 22，no. 1（February 1989）：91. See also Anik Ratnaningsih，Nadjadji Anwar，Patdono Suwignjo，and Putu Artama Wiguna，“Balance Scorecard of David’s Strategic Modeling at Industrial Business for National Construction Contractor of Indonesia，” *Journal of Mathematics and Technology*，no. 4（October 2010）：20.

战略形成与选择的过程

战略制定者永远无法采纳能让企业获益的所有备选方案，因为实际上存在无数能让企业获益的战略活动，以及无数能够实施这些战略活动的方法。因此，企业务必综合考虑各种方案的优缺点及成本与收益，建立一套易于管理、最具吸引力的备选方案。

先前参加过使命陈述、内外部分析的管理者和员工应该参与到备选战略的拟定和评价中；之前参与战略制定的各部门代表也应该参与这个过程。这种参与可以帮助管理者和员工更好地理解公司正在做什么和为什么这样做，也能促使他们更自觉地承担起实现企业目标的责任。

所有参与战略分析和选择的人员都应当及时掌握公司的内外部分析信息。这些信息加上企业的使命陈述能够使参与者洞悉何种战略会使公司受益。在这个过程中，公司应当鼓励员工充分发挥创造力。至少如本章所述，参与者应进行 SWOT 分析。此外，BCG 矩阵、IE 矩阵、SPACE 矩阵、GRAND 矩阵和 QSPM 矩阵分析对战略规划非常有帮助。

6.2 战略制定分析框架

如图 6-2 所示，可以将战略制定的各项技术整合在一个三阶段的决策框架中。该框架展示的方法适用于任何规模、任何类型的企业，并且能够帮助战略制定者制定、评价和选择战略。这些工具使公司能够分解整合复杂的数据，并最终形成有效的战略规划，所展示的工具也是作者和本书倡导的分析战略规划过程的基础。

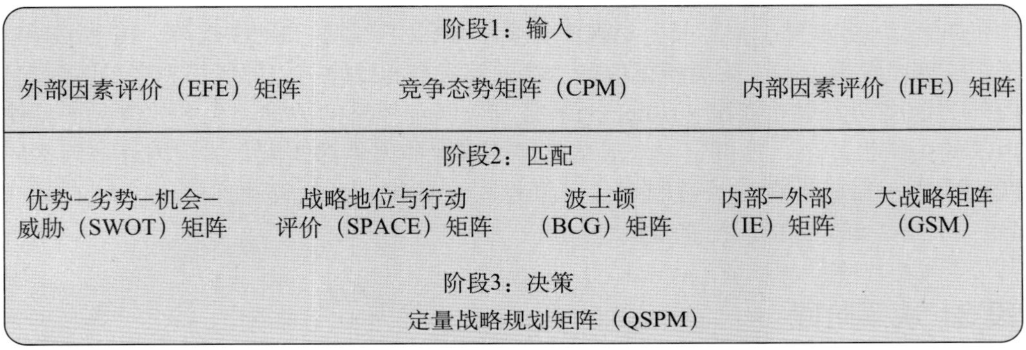

图 6–2　战略制定分析框架

战略制定分析框架（strategy-formulation analytical framework）中用到的九种矩阵分析方法都需要直觉判断与理性分析的有机结合。企业中自主经营的事业部普遍会采用上述方法制定战略与目标。事业部层次的分析可以为公司层次的战略制定、评价和选择奠定基础。

对战略决策承担责任和解释权的是战略制定者本人，而不是各种分析方法。伦兹（Lenz）强调，以文字为导向的规划一旦转变为以数字为导向的规划，可能会导致自以为是的确定性。这种错误的转变会阻碍企业内部的对话、讨论或争辩，从而无法促进理解、检验假设和推动组织学习。[1] 因此，战略制定者必须警惕这种可能性，认识到使用分析工具是用来加强而不是削弱相互沟通与了解。然而，没有客观信息与分析做支撑，个人偏见、政治因素、情绪、个性以及晕轮效应（过于重视某一因素的倾向）有可能在战略制定过程中占主导作用，产生不良后果。因此，分析方法对于实现战略规划的最大有效性至关重要。

阶段 1：输入阶段

战略制定分析框架的第一阶段包括 EFE 矩阵、IFE 矩阵以及 CPM 矩阵。阶段 1 被称为**输入阶段**（input stage），这个阶段概括了制定战略所需的基本输入信息。前面两章已经给出了建立 EFE 矩阵、IFE 矩阵以及 CPM 矩阵的步骤。本章后面将讨论这三个矩阵中包含的用于战略匹配和决策阶段的基本输入信息。在战略制定过程的早期，这些输入工具要求战略制定者主观地将信息定量化，结合内外部因素的相对重要性，在输入矩阵中做出一些小的决策，这有利于战略制定者更有效地构建和评价备选战略方案。在确定适当的权重和评分时，战略制定者需要良好的直觉判断能力。但要记住，微小差异很关键。例如，评分为 3 在数学上比评分为 2 多出 50%。

阶段 2：匹配阶段

第二阶段是**匹配阶段**（matching stage），主要通过结合内外部关键因素形成可行的备选战略方案。这个阶段采用的方法有：SWOT 矩阵、SPACE 矩阵、BCG 矩阵、IE 矩阵和 GSM 矩阵。

有时，战略被定义为企业内部资源和技术与外部风险和机会的匹配。[2] 战略制定框架中的匹配阶段涉及 5 种工具：SWOT 矩阵、SPACE 矩阵、BCG 矩阵、IE 矩阵和 GS 矩阵。这些工具根据输入阶段所得信息，将外部机会和威胁与内部优势和劣势匹配起来。将内外关键成功因素相**匹配**（matching）是有效制定战略的关键。大多数情况下，外部和内部的关系很复杂，每拟定一个战略都需要多次的内外部匹配。关键内外部因素的成功匹配取决于那些潜在的关键因素是可操作、可量化、可比较和部门化（AQCD）的。（回想一下第 1 章介绍的匹配基本概念。）

阶段 3：决策阶段

第三阶段是**决策阶段**（decision stage），包含一种专门方法——**定量战略规划矩阵**（quantitative strategic planning matrix，QSPM），它用第一阶段的输入信息来客观评定第二阶段的各个备选战略。这种方法揭示了备选战略的相对吸引力，为选择特定战略提供了客观基础。相比之前描述的汇总排序方法，定量战略规划矩阵是一种确定战略相对吸引力的更稳健的方法。

经过 SWOT，BCG，IE，SPACE 和 GRAND 分析提出的备选战略应在一次或一系列会议中慎重思考和讨论，以书面形式列出建议的战略。当所有可行战略都用专门术语陈述并被理解时，每个参与者应该按相对吸引力对这些战略分别评分：1 = 不应该实施，2 = 可能应该实施，3 = 有较大可能应该实施，4 = 肯定应该实施。然后，收集参与者的评分表，并将每个战略的评分相加，最后得出一个有用的战略排序。分数最高的战略被认为最有吸引力，因此这个过程会产生一个体现集体智慧的最佳战略优先列表。与这种排序方法不同，或与之相结合，QSPM 矩阵提供了一个更可靠的程序来确定备选战略的相对吸引力。

➡ 6.3 SWOT 分析矩阵

回想一下第 1 章介绍的 SWOT 分析矩阵。SWOT 分析矩阵中制定了 4 组战略：SO 战略、WO 战略、ST 战略和 WT 战略。**优势 – 机会战略**（SO strategies）是利用公司的内部优势把握外部机会。所有管理者都希望能够利用内部优势把握外部趋势或事件提供的机会。通常，企业需要先采用 WO、ST 或 WT 战略，以逐步到达能够采用 SO 战略的地位。

劣势 – 机会战略（WO strategies）旨在借助外部机会弥补内部劣势。有时候，重要的外部机会确实存在，但企业固有的内部劣势会阻碍企业利用这些机会。例如，对于一家汽车零部件制造商来说，市场对电动汽车的需求很大（外部机会），与汽车零部件生产商能提供的电池十分有限（内部劣势）相结合，表明公司应该考虑开发和生产一种新的电池系列。

优势－威胁战略（ST strategies）是利用企业的优势，回避或减少外部威胁的冲击。ST 战略的一个例子是，一家公司通过其优秀的法律部门（优势）从侵犯其专利的竞争对手那里获得数百万美元的赔偿金。在许多产业中，企业面临的主要威胁是竞争对手对自己公司的想法、创意及专利产品进行模仿。当一个组织面临重大威胁时，它会在专注于机会的同时试图避免这些威胁。例如，一家公司拥有分销产品所需的人力和物力（内部优势），但分销商不可靠、出价昂贵或无法满足公司需求（外部威胁），这时进行前向一体化是一个很不错的 ST 战略。

劣势－威胁战略（WT strategies）是一种弥补内部劣势并规避外部威胁的防御性策略。一个面对大量外部威胁和具有众多不足的企业必然处于风雨飘摇之中，为求生存不得不接受兼并、实行裁员、宣告破产甚至结业清算。例如，一些连锁餐厅与不人道地对待牲畜的供应商开展业务（内部劣势），面临客户日益增强的保护野生动物和善待动物的意识（外部威胁），不得不实施 WT 战略以停止与这些供应商合作。另一个例子是，若一家公司产能过剩（内部劣势），其主营业务所在产业又面临年销售额和利润下降的处境（外部威胁），那么相关多元化会是有效的 WT 战略。

无论最终选择实施何种战略，伦理问题都是必须考虑的。例如，“伦理视点 6”指出，消费者对动物如何被对待比以往任何时候都更加敏感。

伦理视点 6

制定战略时不能危及动物福利

消费者对伤害野生动物或不人道地对待动物的公司越来越不满。世界自然基金会（WWF）的《地球生命力报告》（*Living Plant Report*）指出，世界上的许多动物物种正在灭绝，人类的干预是一个重要原因。在过去的 45 年里，全球野生哺乳动物、鱼类、鸟类、两栖动物和爬行动物的数量平均下降了 58%。具体来说，陆地动物减少了 38%，海洋物种减少了 36%，淡水物种减少了 81%。以 1970 年为基准，估计到 2020 年，世界上 66% 的野生动物将会灭绝。这一事实促使专家们将这一历史时期称为“人类世”，因为这些数量下降的物种栖息在人迹罕至的区域。像东部和西部大猩猩这样的物种几乎灭绝了，偷猎导致大象和北部白犀牛数量锐减，秃鹫种群也濒临灭绝，某些种类的蜜蜂也是如此。野生动物大规模灭绝的其他原因包括：城市发展、过度狩猎、污染、疾病和气候变化——所有这些都与人类有关。在许多方面，地球正变得对动物和人类都不友好。讨论 SWOT 因素和战略经常会涉及这个商业伦理问题。

资料来源：http：//www. aol. com/article/news/2016/10/27/were-on-track-to-lose-a-huge-chunk-of-the-worlds-animal-popula/21593252/.

图 6-3 给出了一张 SWOT 矩阵分析示意图。SWOT 矩阵由 9 个单元格组成，有 4 个因素单元格、4 个战略单元格，左上角的这一格始终空白。在矩阵的 4 个因素单元格里分别填写优势、劣势、机会和威胁，在 4 个战略单元格里分别填写 SO、WO、ST、WT

战略（作者评论：www. strategyclub. com 的战略规划模板只为 SO、WO、ST 和 WT 战略的输入留出了空间）。通常，构建一个 SWOT 矩阵需要以下 8 个步骤。

	优势（S）	劣势（W）
	1. 库存周转率从 5.8 次提高到 6.7 次 2. 顾客的平均购买额从 97 美元增至 128 美元 3. 员工士气高涨 4. 店内促销使销售额增长 20% 5. 报纸广告费用下降了 10% 6. 维修 / 服务收入增加了 16% 7. 店面技术支持人员拥有管理信息系统学位 8. 商店的债务占总资产的比例下降了 34%	1. 店里的软件收入下降了 12% 2. 店址受到 34 号新高速公路的影响 3. 店里的地毯和油漆墙面年久失修 4. 店里的卫生间需要重新装修 5. 店铺的总收入下降了 8% 6. 店铺没有网站 7. 供应商需要 2.4 天才能准时交货 8. 结账过程太慢 9. 员工人均收入上涨了 19%
机会（O）	**SO 战略**	**WO 战略**
1. 城市人口增加了 10% 2. 竞争对手的店铺开在 1 英里之外 3. 经过店铺的车流量增加了 12% 4. 供应商每年平均发布 6 种新产品 5. 使用电脑的老年人增加了 8% 6. 当地中小企业增加了 10% 7. 房地产经纪人对网站的需求增加了 18% 8. 中小企业对网站的需求增加了 12%	1. 每个月增加 4 项新的店面促销活动（S4，O3） 2. 增加两个新的维修 / 服务人员（S6，O5） 3. 给 55 岁以上的老年人发放传单（S5，O5）	1. 买地建新店（W2，O2） 2. 配置新的地毯 / 重刷油漆 / 翻新卫生间（W3，W4，O1） 3. 网站服务增加 50%（W6，O7，O8） 4. 给市内所有供应商发布广告（W5，O7）
威胁（T）	**ST 战略**	**WT 战略**
1. 百思买一年内将在附近开新店 2. 当地大学提供电脑维修服务 3. 34 号新高速公路会使交通分流 4. 附近在建新的购物中心 5. 石油价格上涨了 14% 6. 供应商将价格抬高了 8%	1. 多雇用两个维修工，并对这些新的服务进行营销（S6，S7，T1） 2. 买地建新店（S8，T3） 3. 将店外服务电话的费用从 60 美元提高到 80 美元（S6，T5）	1. 雇用两个新的收银员（W8，T1，T4） 2. 配置新的地毯 / 重刷油漆 / 翻新卫生间（W3，W4，T1）

图 6-3　一家电脑零售店的 SWOT 矩阵

1. 列出企业的关键外部机会。
2. 列出企业的关键外部威胁。
3. 列出企业的关键内部优势。
4. 列出企业的关键内部劣势。
5. 将内部优势与外部机会匹配，将结果填入 SO 战略对应的单元格中。
6. 将内部劣势与外部机会匹配，将结果填入 WO 战略对应的单元格中。
7. 将内部优势与外部威胁匹配，将结果填入 ST 战略对应的单元格中。
8. 将内部劣势与外部威胁匹配，将结果填入 WT 战略对应的单元格中。

图 6-3 还反映了 SWOT 矩阵中需要注意的一些要点。描述内部 / 外部因素和 SO/ST/WO/WT 战略时，很重要的一点是要采用具体明确而不是笼统模糊的词，并尽可能量化。例如，SO 战略的第 2 条如果仅仅表述为“增加新的维修 / 服务人员”，读者可能会理解为需要增加20人，实际上只需新增2人。因此，描述战略时尽量定量化和部门化。此外，记得参考企业的愿景和使命陈述；记住企业是根据价值链分析来考量自己的竞争优势或核心竞争力的。根据这些考虑因素以及从 EFE 和 IFE 矩阵中获得的权重最高的因素，制定 SO、WO、ST 和 WT 战略。

关于具体性，针对矩阵中包含的每个 SWOT 战略提出问题：“如果选择实施，该战略是否足够具体以估计成本（或节省）？”如果答案是否定的，那么该战略就过于模糊。因此，无论何时在 SWOT 矩阵中使用“扩大、增加、减少”这样的词语，都要用百分比或数字来明确。没有必要在 SWOT 矩阵中给出估计成本，但是如果选择实施特定战略，信息必须足够具体以能够得到这些数据。模糊是战略规划之大忌，尤其是在 SWOT 矩阵中。

如图 6-3 所示，SWOT 矩阵中每个战略后面都要注明因素类型，例如“S1，O2”。这种注释帮助理解每种备选战略内外部因素“匹配”背后的依据。例如，一家电脑零售店可能需要“买地以建新店”，因为 34 号新高速公路可能会让原来的店址变得不太理想。在 SWOT 矩阵里每个战略后标注的诸如“S4，T5”类型的注释强调“战略不会凭空而来”。

SWOT 分析的目的和阶段 2 中的每个匹配工具用于产生可行的备选战略，而不是选择或确定最佳战略。因此，SWOT 矩阵中形成的战略不会全部得到实施。没有一家企业有足够的资本或资源来实施每一项战略。根据经验，在每个 SO、WO、ST 和 WT 象限中至少包括 4 个战略，以涵盖业务的所有方面。因此，通常一个 SWOT 矩阵总共包括 16 个战略。

尽管 SWOT 矩阵在战略管理中应用广泛，但这种分析方法仍然存在一些局限性。[3] 第一，SWOT 矩阵没有解释如何获得竞争优势，因此这种方法本身还有待完善。SWOT 矩阵不仅应讨论提出的战略如何实施，还应该述及最终会给企业带来竞争优势的成本–效益问题。第二，SWOT 是一个现时的静态评价，它就像研究一个动画的某一帧，让你看到故事的主角和情境，但是对情节却一无所知。随着环境、能力、威胁和战略的变化，单个矩阵难以揭示竞争环境的动态变化。第三，SWOT 分析无法揭示内外部关键因素间的相互关系，但这在设计战略时可能很重要。第四，SWOT 分析中没有权重或评分。第五，SWOT 分析没有提供备选战略的相对吸引力。

6.4 战略地位与行动评价矩阵

战略地位与行动评价矩阵（strategic position and action evaluation（SPACE）matrix）是匹配阶段用到的另一个重要工具。它用两个轴和四个象限表明进攻、保守、防御和竞争这四种战略中哪一种最适合特定企业。SPACE 矩阵包括两个内部因素**财务态势**（financial position，FP）和**竞争态势**（competitive position，CP），以及两个外部因素**环境稳定性态势**（stability position，SP）和**产业态势**（industry position，IP）。要进行 SPACE 分析，只需根据上面提到的四个维度中的每一个给企业打分（见图 6-4）。[4]

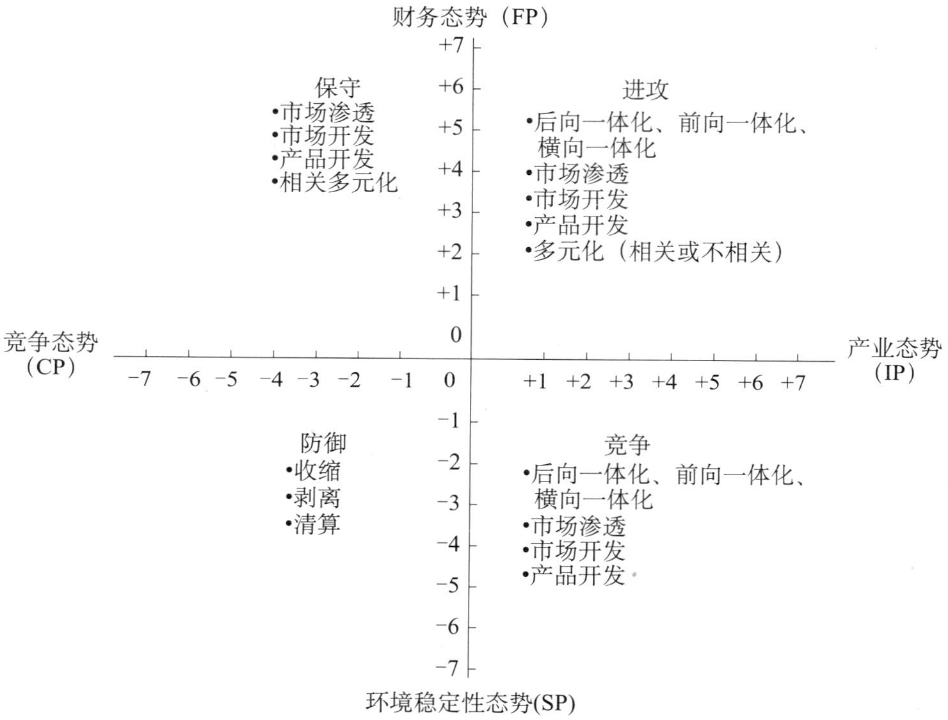

图 6-4 SPACE 矩阵

根据企业的类型，SPACE 矩阵的四个象限会包含多种变量。设计 SPACE 矩阵时，要考虑到公司早期在 EFE 矩阵和 IFE 矩阵中列出的各种变量。表 6-1 还给出了其他一些被广泛采用的变量，例如，投资收益、财务杠杆比率、流动资金、营运资本和现金流等，这些被普遍认为是衡量企业财务实力的决定性因素。

表 6-1 SPACE 矩阵应包含的因素

内部战略地位	外部战略地位
财务态势（FP）	环境稳定性态势（SP）
投资收益	技术变革

续表

内部战略地位	外部战略地位
财务杠杆比率	通货膨胀率
流动资金	需求变化
营运资本	竞争产品的定价空间
现金流	市场进入壁垒
库存周转率	竞争压力
每股净收益	易于退出市场
市盈率	商业风险
竞争态势（CP）	产业态势（IP）
市场份额	增长潜力
产品质量	盈利潜力
产品生命周期	财务稳定性
顾客忠诚度	杠杆程度
能力利用程度	资源利用率
技术保密	易于进入市场
对供应商和分销商的控制权	生产效率、产能利用率

资料来源：Based on H. Rowe，R. Mason，& K. Dickel，*Strategic Management and Business Policy*：*A Methodological Approach*（Reading，MA：Addison-Wesley Publishing Co. Inc.，1982）；155−156.

SPACE 分析步骤

构建 SPACE 矩阵需要遵循以下 6 个步骤：

步骤 1 选择决定财务态势（FP）、竞争态势（CP）、环境稳定性态势（SP）和产业态势（IP）的一组变量。

1. 让我们首先详细说明 SP 轴和 IP 轴之间的区别。SP 指的是在给定行业中，基于 SPACE 矩阵中的因素公司利润和收入的波动性。因此，SP 波动性（稳定性）是基于外部核心因素（如技术、经济、人口、季节性等）波动对利润变化的预期影响。给定行业中盈利能力变化的频率和幅度越大，SP 就越不稳定。一个行业在 SP 上可能稳定也可能不稳定，在 IP 上可能是高的也可能是低的。例如，由于不断开发和升级，机器人行业在 SP 轴上不稳定（−7），但在 IP 轴上增长很快（+7）；而罐头食品行业在 SP 轴上稳定（−1），但在 IP 轴上增长很慢（+1）。

2. 关于 FP 轴，可简单地根据众多财务变量对公司进行评分，其中 +7 代表非常强，+1 代表非常弱。类似地，在 CP 轴上，根据公司在众多变量上相对于竞争对手的位置对公司进行评分，其中 −7 代表非常弱，−1 代表非常强。

步骤 2 对形成 FP 和 IP 因素的各个变量分别给出范围在 +1（最差）到 +7（最好）之间的评分，对形成 SP 和 CP 因素的各个变量分别给出范围在 −1（最好）到 −7（最差）之间的评分。在 FP 轴和 CP 轴上，与竞争对手进行比较。例如，任何 FP 或 IP 因素上的

+7 都是突出的，而 +1 是糟糕的。在 IP 轴和 SP 轴上，与其他行业进行比较。在 SP 轴上，任何因素上的 −7 表示高度不稳定的产业条件（不吸引人），而 −1 表示高度稳定的产业条件（吸引人）。

步骤 3 计算 FP、CP、IP 和 SP 各自的平均分：将构成各个因素的所有变量的评分相加，再分别除以各因素的变量总数。

步骤 4 将上面得到的 FP、CP、IP 和 SP 各自的平均分分别标在 SPACE 矩阵中对应的坐标轴上。

步骤 5 将 X 轴上标出的两个分值相加，将结果标在 X 轴上的对应位置；将 Y 轴上标出的两个分值相加，将结果标在 Y 轴上的对应位置。根据 X 轴和 Y 轴的数值，标出这两个数值共同确定的点（x，y）。

步骤 6 画出从 SPACE 矩阵原点至坐标点（x，y）的**方向向量**（directional vector）。该向量就是企业可以采取的战略：进攻、竞争、防御或保守。（模板绘制新的（x，y）坐标，而不是绘制矢量；该模板还允许你估算竞争公司的（x，y）坐标，而无须计算 SP、CP、IP 和 FP 各自的平均分。）

SPACE 矩阵的象限

图 6-5 给出了通过 SPACE 矩阵可以得到的各种战略态势示例。每个战略态势对应的向量给出了企业应该采取的战略类型：进攻型、保守型、防御型或竞争型。具体来说，当企业的方向向量位于**进攻象限**（aggressive quadrant）（右上方象限）时，说明企业处于一种绝佳的地位，可以充分利用自己的内部优势来做如下工作：（1）利用外部机会；（2）弥补内部劣势；（3）规避外部威胁。因此，根据公司面临的具体环境，市场渗透、市场开发、产品开发、后向一体化、前向一体化、横向一体化或多元化等都可以成为可行的战略方案。

SPACE 要根据推荐的战略进行具体分析。例如，当方向向量位于保守象限时，不能仅仅说“推荐采取市场渗透策略”，而应该具体表述为“建议在印度增开 34 家店铺”，这对于学生进行案例分析非常重要。因为只要知道某个特定公司，就必须量化第 5 章中所学的术语，例如市场开发，以便提出具体的建议。市场开发这个术语既可以指在泰国增加生产场所，也可能指在墨西哥或南非增加生产场所。因此，在使用第 6 章的所有矩阵时，应该尽可能详尽明确。模糊在战略管理中是灾难性的。除非附带数字，否则避免使用诸如扩展、增加、减少等术语。

当企业的方向向量位于**保守象限**（conservative quadrant）（左上方象限）时，说明企业应该围绕基本核心能力开展业务，不要过于冒险。如图 6-4 所示，保守型战略主要包括市场渗透、市场开发、产品开发以及相关多元化。如果向量出现在 SPACE 矩阵的**防御象限**（defensive quadrant）（左下方象限），意味着企业应该集中力量克服内部劣势，规避外部威胁。防御型战略主要包括收缩、剥离、清算。最后，如果向量落在 SPACE 矩阵的**竞争象限**（competitive quadrant）（右下方象限），表明企业应该采取竞争型战略。如图 6-4 所示，竞争型战略主要有后向一体化、前向一体化、横向一体化、市场渗透、市场开发或产品开发。

与 SWOT 矩阵一样，SPACE 矩阵应根据所研究的特定组织进行调整，并尽可能以实际信息为基础。应包括具体因素，如达美航空（Delta Airlines）可能将“油价波动”作为

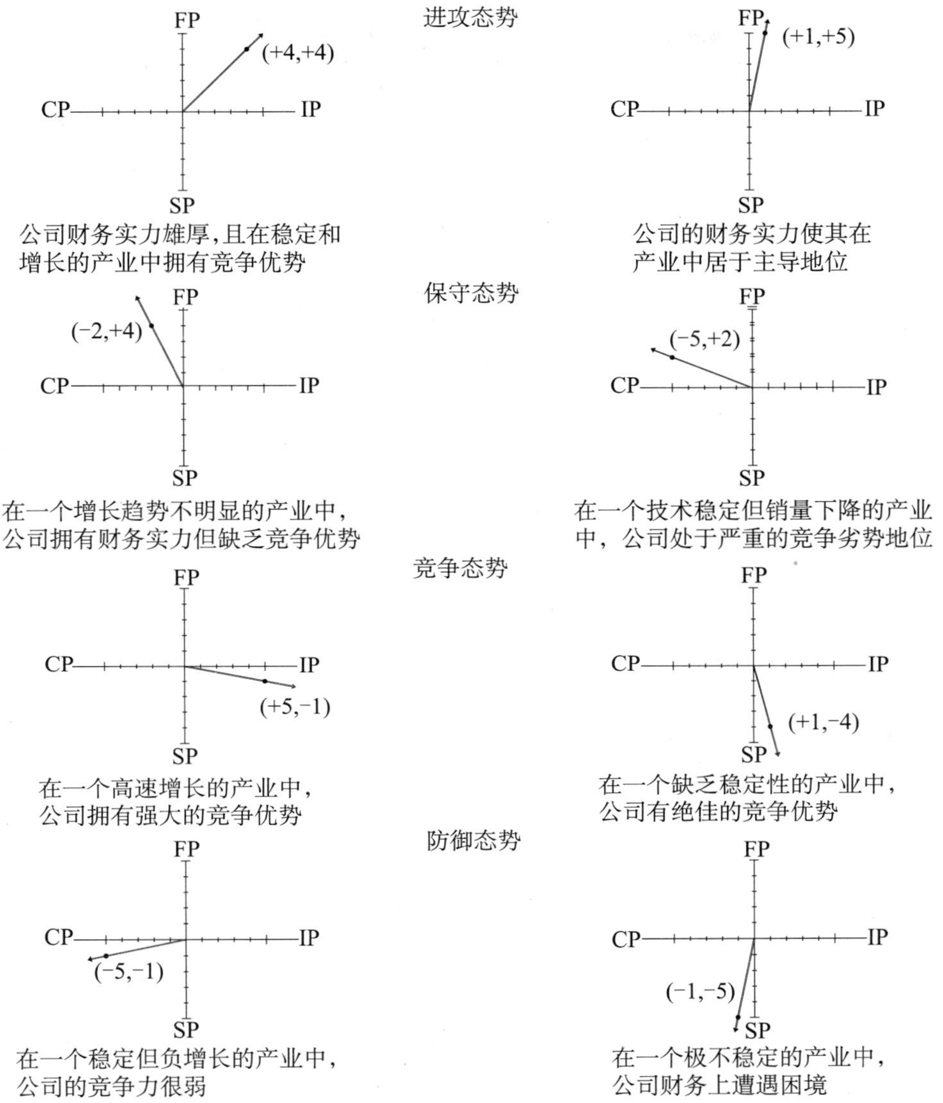

图 6–5　战略态势示例

资料来源：Based on H. Rowe，R. Mason，and K. Dickel，*Strategic Management and Business Policy*：*A Methodological Approach*（Reading，MA：Addison-Wesley Publishing Co. Inc.，©1982），155.

SP 轴上评分为 −6 的一个因素。当因素对某个特定公司和特定行业具有唯一性，在实施建议的基本战略时 SPACE 的结果会更有效。

SPACE 分析是一个很好的工具，可以将复杂的信息转换成便于管理的若干拟实施的战略列表。SPACE 分析有助于决定一个公司应该具有多强的进攻性或者防御性，故在进行战略规划时始终将 SPACE 分析包括在内十分重要。

SPACE 矩阵分析有如下一些局限性：

1. 只能捕获即时状况。
2. 可以 / 应该对公司进行评分的维度在四个以上。

3. 方向向量可能直接落在轴上，如果坐标为（0，0），可能无处可去。每当这种情况发生时，分析师通常会添加几个包含 FP（和任何其他）轴的评估标准，以使向量移动到特定象限。

4. 象限内矢量的确切角度的含义尚不清楚。

5. 所产生的备选战略的相对吸引力尚不清楚。

SPACE 矩阵已用于确定脸书的总体战略地位，如图 6-6 所示，脸书落在进攻象限。请注意，用于构建 SPACE 矩阵的因素是脸书和社交媒体行业特有的。对脸书进行 SPACE 分析的一个结论是，该公司应该更积极地增加类似于竞争对手领英公司的专业网络服务，或者收购领英。

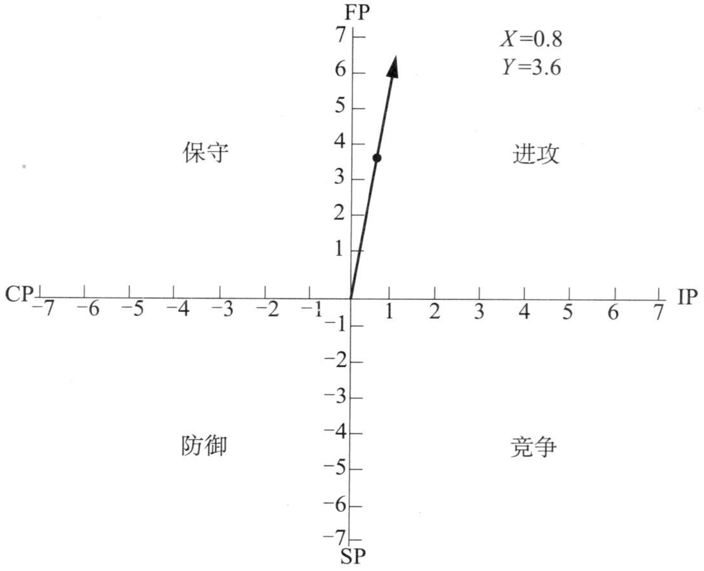

内部分析		外部分析	
财务态势（FP）		环境稳定性态势（SP）	
负债率	7	竞争压力	−4
流动性	7	价格比较	−2
流动比率	7	产品需求	−2
每股利润	7	社交媒体服务的多样性	−3
资产收益率	4	无效账户数	−3
财务态势（FP）平均值	6.4	环境稳定性态势（SP）平均值	−2.8
竞争态势（CP）		产业态势（IP）	
现金流	−2	成长潜力	6
社交网络市场份额	−1	网络安全问题	2
职业网络市场份额	−6	容易进入市场	2
产品多样性	−5	盈利潜力	5
科技的使用	−2	可替代产品	5
竞争态势（CP）平均值	−3.2	产业态势（IP）平均值	4.0

图 6-6 脸书的 SPACE 矩阵

6.5 波士顿矩阵

波士顿咨询集团（Boston Consulting Group，BCG）是一家专门从事战略规划的私人管理咨询公司，总部位于马萨诸塞州的波士顿。它在全球范围内雇用了6 200名咨询师，在45个国家拥有大约90个办事处，每年都在《财富》“最佳雇主100强”中处于前五名。

企业各个自主经营的事业部（或称利润中心）共同组成了企业的**业务组合**（business portfolio）。当企业的事业部在不同产业中竞争时，每个事业部必须分别制定各自的战略。**波士顿矩阵**（BCG matrix）专门为多部门企业制定战略而设计。跨部门分配资源可以说是多部门企业面临的最重要的战略决策。多部门组织的规模从小型的夫妻餐馆，到像迪士尼这样的大型企业集团，再到有多个学院的大学，它们都需要使用投资**组合分析**（portfolio analysis）——一种比较企业各部门以确定如何在这些部门之间更好地分配资源的工具。

在10-K表格或年报中，有时在季度报告里，大多数公司按事业部披露收入信息，有时披露经营利润。BCG的投资组合分析可以基于所提供的任何信息进行，例如公司所有商店或分支机构的位置。在本章的BCG矩阵中，圆圈的大小对应着事业部收入（或商店数量），圆圈内的饼状图对应着事业部的经营利润。如果需要，让地区成为BCG圆圈的基础。如表6-2所示，在10-K表格中按事业部披露财务信息的理由远胜过不按事业部披露财务信息的理由。

表6-2　按/不按事业部（或地区）披露财务信息的原因

按事业部披露的原因	不按事业部披露的原因
1. 投资者可以更好地了解公司，从而更愿意支持公司	1. 避免竞争对手获得免费的竞争信息
2. 管理者和员工可以更好地了解公司，从而更愿意效力于公司	2. 避免暴露绩效失败
3. 按事业部披露财务信息可以加强公司内部以及公司与外界的交流	3. 避免部门之间的竞争太激烈
	4. 避免把利润丰厚的市场暴露给竞争对手

BCG矩阵以图示的方法，通过X轴的市场份额和Y轴的产业增长速度两个维度，描绘了各个事业部的差异。BCG矩阵有利于多部门企业通过考察不同业务单元的相对市场份额地位和产业增长速度来管理其业务组合。**相对市场份额地位**（relative market share position，RMSP）是指一个事业部在其所在产业拥有的市场份额（或收入或店铺数量）与最大的竞争对手（领导者）拥有的市场份额（或收入或店铺数量）的比值。例如，在美国糖果行业，拉塞尔·斯托弗（Russell Stover）的相对市场份额地位是拉塞尔·斯托弗的市场份额除以好时（Hershey）的市场份额，即1.6/25.9=0.062；同样，玛氏（Mars）的相对市场份额地位为25.2/25.9=0.973（见表6-3）。

如图6-7所示，BCG矩阵的X轴表示相对市场份额地位。通常，X轴的中位值设为0.5，表示公司的市场份额为本产业龙头企业的1/2。Y轴代表**产业增长率**（industry

表 6-3 美国糖果行业的市场份额数据

公司	市场份额（%）	BCG：相对市场份额地位
好时	25.9	25.9/25.9=1.000
玛氏	25.2	25.2/25.9=0.973
费拉拉（Ferrara）	5.8	5.8/25.9=0.224
亿滋国际	5.6	5.6/25.9=0.216
雀巢	2.9	2.9/25.9=0.112
瑞士莲·史宾利（Lindt & Sprungli）	2.0	2.0/25.9=0.077
不凡帝范梅勒（Perfetti Von Melle）	2.0	2.0/25.9=0.077
拉塞尔·斯托弗	1.6	1.6/25.9=0.062

资料来源：Based on Brian Blackstone and Annie Gasparro，"Nestle to Sell U. S. Candy Business，" *Wall Street Journal*（June 16，2017）：A1 and A4.

growth rate，IGR），以百分比表示，即一个行业中所有公司的平均年收入增长率。*Y* 轴的产业增长百分比通常分布在 −20% ～ 20%（或 −10% ～ 10%），其中位值为 0。产业内领先的几家公司的收入年增长率可以用来估计 *Y* 值。此外，标准普尔产业调查（S&P Industry Survey）和 www. finance. yahoo. com 提供的多种数据都可以估测 *Y* 值。

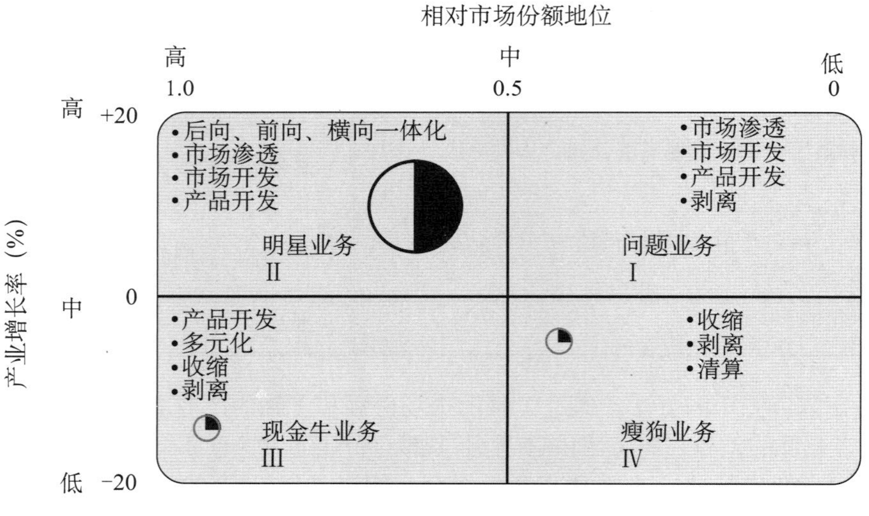

图 6-7 BCG 矩阵

资料来源：Based on the BCG Portfolio Matrix from the Product Portfolio Matrix，©1970，The Boston Consulting Group.

基于每个分区各自的（*x*，*y*）坐标，每个事业部可以在 BCG 矩阵中正确定位。落在 BCG 矩阵第 I 象限的业务单元称为"问题业务"，落在第 II 、III 、IV象限的分别称为"明星业务"、"现金牛业务"和"瘦狗业务"。四个 BCG 象限如下所述：

问题业务——位于第Ⅰ象限的业务部门。相对市场份额地位较低，但处于高速增长的产业中。通常情况下，这类业务部门的现金需求量大，但是现金创造能力弱。这些业务之所以称为**问题业务**（question mark），是因为公司必须决定到底是采用加强型战略（市场渗透、市场开发或产品开发）来扶持它们，还是直接将它们卖掉。例如 Snap 的虚拟现实技术设备组合，虚拟现实是一个高速增长的行业，但 Snap 的相对市场份额较小。

明星业务—— 位于第Ⅱ象限的业务部门。代表了组织最佳的长期增长和盈利机会，因此被称为**明星业务**（stars）。该业务部门正处于高速增长的产业中，相对市场份额地位很高，需要大量投资以便保持或加强其在市场上的主导地位。如图 6-7 所示，这类业务部门可采用前向一体化、后向一体化、横向一体化，或者市场渗透、市场开发和产品开发战略。例如脸书的虚拟现实设备产品组合，按销售收入，脸书是该行业的领导者之一。

现金牛业务——位于第Ⅲ象限的业务部门，相对市场份额地位很高，但处于低增长的产业中。这类业务之所以叫作**现金牛业务**（cash cows），是因为其带来的现金收入超过所需的现金投入。今天的现金牛业务有许多来自昨日的明星业务。现金牛业务部门应该得到有效管理，以尽可能长期保持强势地位。产品开发或相关多元化战略有利于提高处于强势地位的现金牛业务的吸引力。不过，当现金牛业务部门转而处于弱势地位时，企业应当考虑采用收缩或剥离战略。现金牛业务不乏例子，惠普的台式电脑就是一棵摇钱树。就销售收入而言惠普是市场领导者，但台式电脑是一个低增长行业。

瘦狗业务——位于第Ⅳ象限的业务部门。相对市场份额地位低，并且处于低增长或零增长的产业中。它们是企业业务组合中的**瘦狗业务**（dogs），因为无论在企业内部还是在外部市场，这类业务部门不受重视，往往是企业清算、剥离或收缩的对象。如果业务部门首次沦为瘦狗，收缩战略可能是最佳选择，因为在大规模的资产和成本削减之后，许多瘦狗业务又获得了新生，成为富有活力的盈利部门。

图 6-7 给出了一个基本的 BCG 矩阵。每个圆圈代表一个独立的事业部，圆圈的大小与该业务单元的收入占公司全部收入的比例成正比。阴影部分表明该业务单元的利润占公司全部利润的比例。

BCG 矩阵的主要优点在于，促使人们关注企业各业务部门的现金流、投资特性及企业对不同业务的需要。许多企业的业务部门都会随着时间的推移而发生演变。通常情况下，业务部门按逆时针方向演变，即不断地从瘦狗业务变为问题业务，继而从问题业务变为明星业务，再从明星业务变为现金牛业务，又从现金牛业务变为瘦狗业务。在极少数情形下，可能出现如下演变：明星业务变为问题业务，问题业务变为瘦狗业务，瘦狗业务变为现金牛业务，现金牛业务变为明星业务（顺时针方向）。在某些企业中，上述循环式演变过程表现得并不明显。随着时间的推移，企业应当努力使自身的业务单元组合转变为各业务所处产业的明星。

图 6-8 给出了一个 BCG 矩阵的实例。该企业拥有 5 个销售额在 5 000 ～ 60 000 美元的业务部门。部门 1 销售额最高，代表该部门的圆圈在矩阵中也最大。与部门 5 相对应的圆圈最小，因为其销售额（5 000 美元）在所有部门中最低。圆圈中的阴影部分代表各部门的利润与公司总利润的比例。如图所示，部门 1 对公司总利润的贡献最大，达到 40%。请注意，图中部门 1 是明星业务，部门 2 和部门 3 是问题业务，部门 4 是现金牛业务，而部门 5 是瘦狗业务。

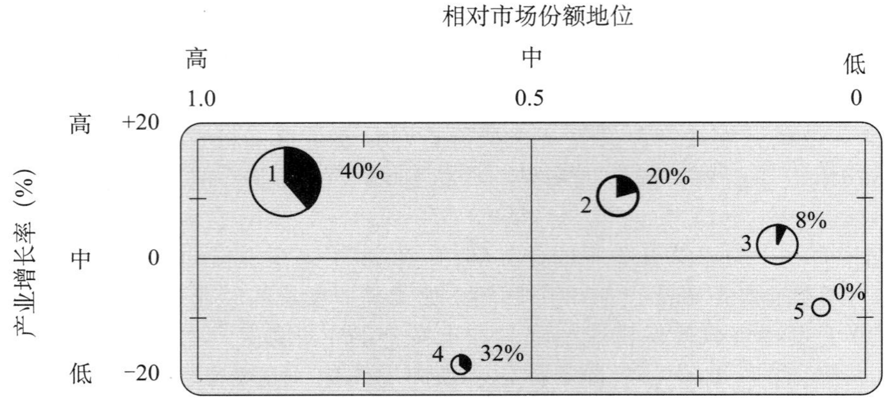

部门	收入（美元）	收入占比（%）	利润（美元）	利润占比（%）	相对市场份额地位	产业增长率（%）
1	60 000	37	10 000	40	0.80	+15
2	40 000	24	5 000	20	0.40	+10
3	40 000	24	2 000	8	0.10	+1
4	20 000	12	8 000	32	0.60	−20
5	5 000	3	−500	0	0.05	−10
总计	165 000	100	24 500	100	—	—

图 6−8　BCG 矩阵示例

BCG 矩阵和其他分析技术一样也有缺陷。例如，将企业的所有业务部门归入明星、问题、现金牛和瘦狗四类是一种简化的做法。很多业务实际上落在了 BCG 矩阵的中间位置，很难归入上述四类。此外，BCG 矩阵没有反映一段时间内某一业务部门及其所在的产业是否增长。换言之，该矩阵没有考虑时间因素，很大程度上只反映了企业在某一特定时间点的状况。最后，除了相对市场份额地位和产业增长率之外，诸如市场和竞争优势等变量在不同业务的战略决策中同样非常重要。

图 6−9 给出了另一个 BCG 矩阵的实例。注意，图 6−8 中部门 5 有 1.88 亿美元的运营亏损。关于利润百分比，注意图中的圆圈 5，它的阴影部分代表亏损。

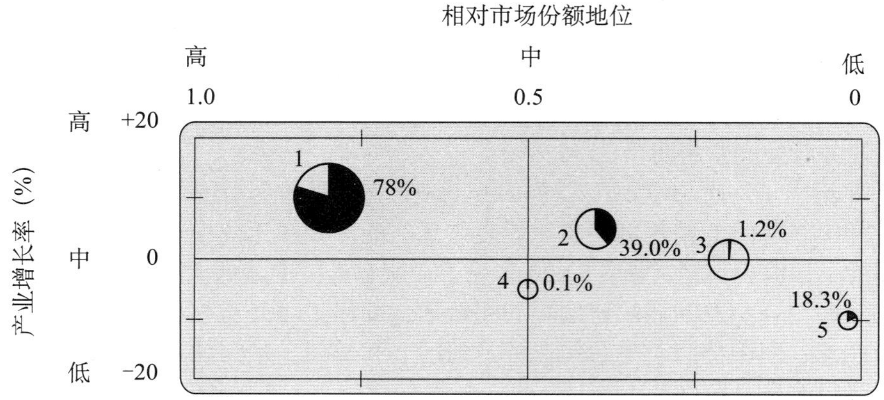

部门	收入（百万美元）	收入占比（%）	利润（百万美元）	利润占比（%）	相对市场份额地位	产业增长率（%）
1	5 139	51.5	799	78.0	0.8	10
2	2 556	25.6	400	39.0	0.4	05
3	1 749	17.5	12	1.2	0.2	00
4	493	4.9	4	0.1	0.5	−05
5	42	0.5	−188	（18.3）①	0.02	−10
总计	9 979	100.0	1 027	100.0		

①部门 5 亏损。

图 6−9　BCG 矩阵示例

➡ 6.6　内外部矩阵

如图 6−10 所示，**内外部矩阵**（internal-external（IE）matrix）将企业的各个业务部门分别放入矩阵的 9 个单元格中。IE 矩阵与 BCG 矩阵的相似之处是都用图示来标注企业各个业务的所在位置。这也是两类矩阵都被称为业务组合矩阵的原因。此外，这两个矩阵中圆圈的大小都表示业务部门销售额与公司总销售额的比例，圆圈中阴影部分都表示各业务部门的利润与公司总利润的比例。

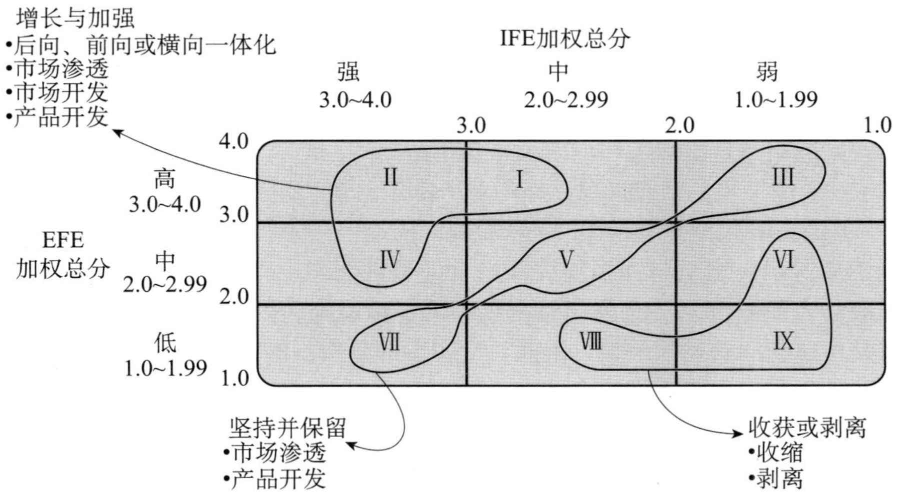

图 6−10　IE 矩阵

资料来源：Based on：The IE Matrix was developed from the General Electric（GE）Business Screen Matrix. For a description of the GE Matrix，see Michael Allen，“Diagramming GE’s Planning for What’s WATT，” in R. Allio and M. Pennington，eds.，*Corporate Planning*：*Techniques and Applications* l par；New York：AMACOM，1979.

IE 矩阵和 BCG 矩阵之间也存在如下区别：

1. 两者的坐标轴不同。

2. IE 矩阵比 BCG 矩阵要求更多的部门信息。

3. 两个矩阵的战略意义也不一样。

4. IE 矩阵有 9 个象限，而 BCG 矩阵有 4 个象限。

由于这些原因，多业务部门公司的战略制定者在制定备选战略时通常既使用 BCG 矩阵，又使用 IE 矩阵。一个比较普遍的做法是，用 BCG 矩阵和 IE 矩阵反映当前情况，再用根据预测或估算值建立的矩阵反映未来情况。这种“先后式”的分析方法在口头陈述中非常有效，使战略制定者能够为他们提供的建议铺平道路（为其提供依据或理由）。此外，BCG 矩阵通常按地区建立，而 IE 矩阵按产品建立。

IE 矩阵基于两个关键变量：在 X 轴标记的 IFE 加权总分；在 Y 轴标记的 EFE 总分。回想一下，作为企业组成部分的每一个业务部门都应该建立各自的 IFE 矩阵和 EFE 矩阵。通常，在分析案例时，战略管理专业的学生只需估计各自部门的 IFE 和 EFE 分数，而不是为每个部门都准备这些基础矩阵，但建立公司级的 IE 矩阵要以各业务部门得出的加权总分为基础。在 IE 矩阵的 X 轴上，若 IFE 加权总分在 1.0 ～ 1.99 之间，表示处于劣势地位；分数在 2.0 ～ 2.99 之间，表示处于中等地位；分数在 3.0 ～ 4.0 之间，则表示处于优势地位。同理，在 Y 轴上，若 EFE 加权总分在 1.0 ～ 1.99 之间，表示机会少；分数在 2.0 ～ 2.99 之间，表示机会中等；分数在 3.0 ～ 4.0 之间，则表示机会较多。代表各部门的圆圈基于其（x，y）坐标确定在 IE 矩阵中的位置。

尽管 IE 矩阵有 9 个单元格（或象限），可以将 IE 矩阵划分为如下三个具有不同战略含义的区域。

区域 1——位于Ⅰ、Ⅱ或Ⅳ单元格的业务部门，可以看作应当获得增长与构建的部门。加强型战略（市场渗透、市场开发和产品开发）或一体化战略（后向一体化、前向一体化和横向一体化）是这类业务部门的最佳选择，因为其 IFE 和 EFE 得分很高。成功的组织能够实现位于区域 1 的业务组合。

区域 2——位于Ⅲ、Ⅴ或Ⅶ单元格的业务部门，是需要坚持并保留的部门。市场渗透和产品开发战略是这类业务部门两大常用的战略。

区域 3——位于Ⅵ、Ⅷ或Ⅸ单元格的业务部门，应当进行收缩或剥离。

图 6-11 给出了一个完整的 IE 矩阵示例，描绘了一家拥有 4 个业务部门的企业。如图中 4 个圆圈所示，增长与加强型战略适合业务部门 1、2、3，业务部门 4 可以考虑收缩与剥离战略，业务部门 2 对公司总销售额的贡献最大，因而用最大的圆圈表示。业务部门 1 对公司总利润的贡献最大，因而对应阴影部分所占的比例最大。

如图 6-12 所示，IE 矩阵包含 5 个业务部门。注意，部门 1 的销售额最高（图中用最大的圆圈表示），利润也最多（图中用最大的扇形表示）。通常，企业会分别绘制基于地理位置和基于产品的 IE 矩阵，从而更加有效地制定战略并在部门之间配置资源。后面一种做法可以把 IE 和 BCG 等矩阵只能捕获即时状况的局限性降到最小。

重要提示：在建立 IE 矩阵时，应避免使用通用术语，向公司建议的战略要具体明确，无论公司是案例分析中的，还是现实商业中的。尽可能用可量化和部门化的术语来阐述战略。实际上，使用 BCG，SPACE，GRAND，甚至 SWOT 分析时也是如此。一定要具体，避免含混不清。

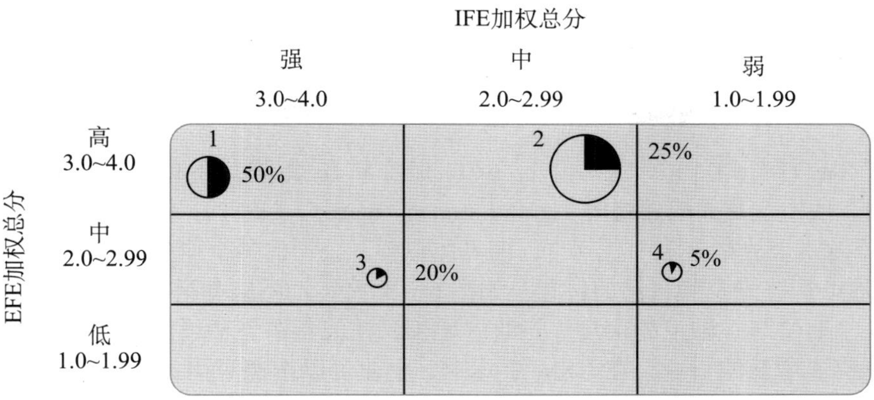

部门	销售额（美元）	销售额占比（%）	利润（美元）	利润占比（%）	IFE 得分	EFE 得分
1	100	25.0	10	50	3.6	3.2
2	200	50.0	5	25	2.1	3.5
3	50	12.5	4	20	3.1	2.1
4	50	12.5	1	5	1.8	2.5
总计	400	100.0	20	100		

图 6-11　IE 矩阵示例

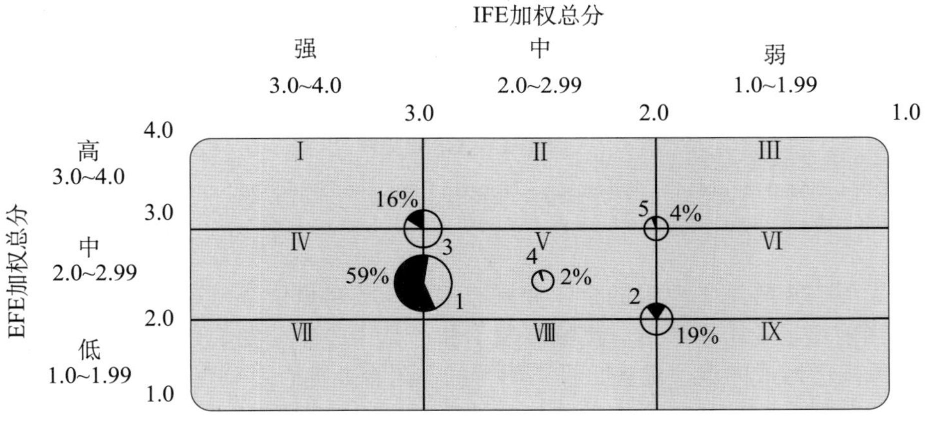

部门	销售额（美元）	销售额占比（%）	利润（美元）	利润占比（%）	EFE 得分	IFE 得分
1	7 868	71.5	3 000	59	2.5	3
2	1 241	11.3	1 000	19	2	2
3	1 578	14.3	800	16	3	3
4	90	0.8	100	2	2.5	2.5
5	223	2.1	200	4	3	2
总计	11 000	100	5 100	100	—	—

图 6-12　IE 矩阵

6.7 大战略矩阵

除了 SWOT 矩阵、SPACE 矩阵、BCG 矩阵和 IE 矩阵，还有一个制定备选战略方案的常用方法，就是**大战略矩阵**（grand strategy matrix，GSM）。任何一个企业都可以在 GSM 矩阵的四个战略象限中找到自己的具体位置。公司的各个业务部门也可以按照这一思路在 GSM 矩阵中找到自己的位置。如图 6-13 所示，GSM 矩阵基于两个评价变量：*X* 轴上的竞争地位与 *Y* 轴上的市场（行业）增长。任何年销售额增长率超过 5% 的行业都可认为是快速增长的行业。在 GSM 矩阵中，企业可以按照吸引力的大小，将适当的战略排列于矩阵的各个象限中。

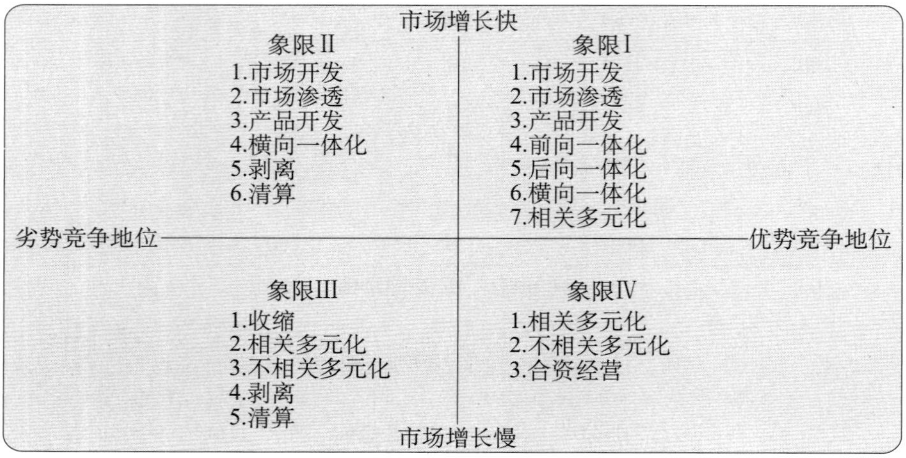

图 6-13 GSM 矩阵

资料来源：Based on Roland Christensen，Norman Berg，and Malcolm Salter，*Policy Formulation and Administration*（Homewood，IL：Richard D. Irwin，1976），16-18.

位于大战略矩阵第 I 象限的企业拥有非常好的战略地位。对这些企业来说，继续集中力量于当前市场（市场渗透、市场开发）和产品（产品开发）是恰当的战略选择。此时，明显偏离已形成的竞争优势是极不明智的。若企业拥有过剩资源，那么后向一体化、前向一体化或横向一体化都是有效的战略选择。同时，相关多元化战略有利于降低企业因过分倚重某种产品而造成的产品线过窄的风险。总之，落在第 I 象限的企业能够在多个领域充分利用外部机会，若需要，这些企业甚至可以采取冒险的进攻行动。

位于第 II 象限的企业需要仔细评价当前采用的市场竞争方法。虽然所在产业正在增长，但企业却不能有效参与竞争。这些企业需要判断当前采用的竞争方法为何无效，并明确企业应当怎样变革才能提高自身的竞争力。鉴于落入第 II 象限的企业处于高速增长的产业中，通常加强型战略（与一体化或多元化战略相对立）应是企业的第一选择。如果企业的特色能力或竞争优势不足，横向一体化是理想的备选方案。此外，剥离或清算战略也值得考虑。剥离可为公司收购其他企业或为回购股票提供资金。

位于第 III 象限的企业在增长缓慢的产业中竞争处于劣势地位。这类企业必须迅速进行大幅度的变革，以避免形势恶化和被清算。首先，企业应该考虑选择收缩战略，即大幅度削减成本开支和减少资产。另一种可供选择的战略是，将资源从现有业务领域转移到其他业务领域。如果所有尝试都以失败告终，这些企业只能剥离或清算。

最后，位于第Ⅳ象限的企业具有较强的竞争力，但处于增长缓慢的产业。这些企业的典型特征是，现金流量大，增长潜力有限。因此，相关多元化和不相关多元化都是可行的战略。通过多元化战略，这些企业能够在具有更大前景的领域拓展业务。另外，它们也可以实施合资经营战略。

即使有了 GSM 矩阵，也要尽可能用具体的术语来陈述备选战略。例如，避免使用剥离等术语。相反，指定要售出的具体部门。此外，确保在 www. strategyclub. com 上有免费的 Excel 学生模板，这有助于构建所有战略规划矩阵。

如果使用 www. strategyclub. com 的战略规划模板来执行 GRAND 分析，可以使用模板提供的 1 ～ 9 的等级，其中 1= 弱的竞争地位和最慢的行业增长率，9= 强的竞争地位和最快的行业增长率。此外，该模板允许在一个 GSM 矩阵中绘制多达六个点（坐标），代表公司或竞争公司的各个部门，甚至可以描绘几年的建议预期结果，在这方面你可能很有创造力。

➡ 6.8 决策阶段：定量战略规划矩阵

本章已谈及战略方案可以按照优先顺序排列，除此之外相关文献还提供了一种专门用于确定各个可行战略方案相对吸引力大小的分析方法。**定量战略规划矩阵**（quantitative strategic planning matrix，QSPM）构成战略制定分析框架的第三阶段，它客观地指出了哪些备选战略是最好的。[5] 它以第一阶段的输入信息和第二阶段的匹配结果为基础，客观评定各个战略方案。具体而言，EFE 矩阵、IFE 矩阵和 CPM 矩阵构成第一阶段，SWOT 矩阵、SPACE 矩阵、BCG 矩阵、IE 矩阵和 GSM 矩阵构成第二阶段，这两个阶段共同提供了建立 QSPM 矩阵（第三阶段）所需的各种信息。因此，QSPM 是一种有利于战略制定者在已得到确认的内外部关键成功因素的基础上客观评价备选战略方案的工具。就像其他战略制定分析方法一样，QSPM 也需要评分（称为吸引力得分），但“小”评分使战略制定者能够做出有效的“大”决策，例如在哪个国家花 10 亿美元销售产品。

表 6-4 给出了 QSPM 的基本格式。注意，QSPM 的左栏由关键的内外部因素（源于第一阶段）组成，首行由可行的备选战略方案（源于第二阶段）组成。具体来说，QSPM 的左栏囊括了直接从 EFE 矩阵和 IFE 矩阵中获得的信息。在与关键因素相邻的一栏中，标出各个因素在 EFE 矩阵和 IFF 矩阵中已经得到的相应权重。

表 6-4 QSPM 矩阵

		备选战略方案		
关键因素	权重	战略 1	战略 2	战略 3
关键外部因素				
经济				

续表

备选战略方案				
关键因素	权重	战略 1	战略 2	战略 3
政治 / 法律 / 政府				
社会 / 文化 / 人口 / 环境				
技术				
竞争				
关键内部因素				
管理				
营销				
财务 / 会计				
生产 / 运营				
研发				
管理信息系统				

QSPM 由通过 SWOT 矩阵、SPACE 矩阵、BCG 矩阵、IE 矩阵和 GSM 矩阵得到的备选战略方案组成。通常，这些匹配工具会产生类似的可行战略。不过，匹配工具给出的战略并非全部都要在 QSPM 中得到评价。战略制定者应该在 QSPM 中比较几种切实可行的替代战略，也许包括两个或更多的 SWOT 战略，这样就可以用 SO4 对 WT3 这样的 SWOT 符号来指明 QSPM 战略。确保战略有明确的表述，比如"在印度尼西亚开 275 家新店"，而不是"在全球扩张"或"在非洲开新店"。具体化至关重要，因为最终必须为每个推荐的战略确定美元（货币）价值，而我们无法确定"全球扩张"的美元（货币）价值。如果不能合理地给战略赋予美元（货币）价值，这个战略就太模糊了。模糊在战略规划中具有灾难性，没有人知道你到底在暗示 / 说什么，而 10 亿美元的投资可能就在眼前。

从理论上讲，QSPM 以企业对内外部关键因素的可利用和可改进程度为基础，旨在确定各个战略方案的相对吸引力。在一组战略中，每个备选战略的相对吸引力可以通过确定各个内外部关键因素的累积影响计算出来。QSPM 不限制备选战略方案的数量。

表 6-5 给出了一家电脑零售店的 QSPM 矩阵。这个例子展示了 QSPM 中的所有构成要素：关键因素、备选战略方案、权重，以及吸引力评分、吸引力总评分（AS）和吸引力总评分合计（TAS）。这里引入了三个新术语：（1）吸引力评分；（2）吸引力总评分；（3）吸引力总评分合计。在如下建立 QSPM 的六个步骤中，我们将给出这些术语的定义并解释其用法。

步骤 1　在 QSPM 的左栏列出公司关键的外部机会和威胁，以及内部优势与劣势。这些信息可以直接从 EFE 矩阵和 IFE 矩阵中获得。（www. strategyclub. com 的 Excel 模板可以促进这一过程。）

步骤 2　给出每个关键外部及内部因素的权重。这些权重应当与 EFE 矩阵和 IFE 矩阵中的权重保持一致。权重填入第 2 栏中。

表 6-5 一家电脑零售店的 QSPM 矩阵

备选战略方案					
		1. 购买土地建新店		2. 彻底维修现有店铺	
关键因素	权重	AS	TAS	AS	TAS
机会（O）					
1. 城市人口增加了 10%	0.10	4	0.40	2	0.20
2. 竞争对手的店铺开在 1 英里之外	0.10	2	0.20	4	0.40
3. 经过店铺的车流量增加了 12%	0.08	1	0.08	4	0.32
4. 供应商每年平均发布 6 种新产品	0.05	—		—	
5. 使用电脑的老年人增加了 8%	0.05	—		—	
6. 当地中小企业增加了 10%	0.05	—		—	
7. 房地产经纪人对网站的需求增加了 18%	0.04	—		—	
8. 中小企业对网站的需求增加了 12%	0.03	—		—	
威胁（T）					
1. 百思买一年内将在附近开新店	0.15	4	0.60	3	0.45
2. 34 号新高速公路会使交通分流	0.12	4	0.48	1	0.12
3. 当地大学提供电脑维修服务	0.08	—		—	
4. 附近在建新的购物中心	0.08	2	0.16	4	0.32
5. 汽油价格上涨了 14%	0.04	—		—	
6. 供应商将价格抬高了 8%	0.03	—		—	
合计	1.00				
优势（S）					
1. 维修 / 服务收入增加了 16%	0.15	4	0.60	3	0.45
2. 员工士气高涨	0.10	—		—	
3. 顾客的平均购买额从 97 美元增至 128 美元	0.07	2	0.14	4	0.28
4. 库存周转率从 5.8 次提高到 6.7 次	0.05	—		—	
5. 店内促销使销售额增长 20%	0.05	—		—	
6. 店面技术支持人员拥有管理信息系统学位	0.05	—		—	
7. 商店的债务占总资产的比例下降了 34%	0.03	4	0.12	2	0.06
8. 报纸广告费用下降了 10%	0.02	—		—	
劣势（W）					
1. 店址受到 34 号新高速公路的影响	0.15	4	0.60	1	0.15
2. 店里的软件收入下降了 12%	0.10	—		—	
3. 结账过程太慢	0.05	2	0.10	4	0.20

续表

备选战略方案					
		1. 购买土地建新店		2. 彻底维修现有店铺	
关键因素	权重	AS	TAS	AS	TAS
4. 店铺没有网站	0.05	—		—	
5. 店铺的总收入下降了 8%	0.04	3	0.12	4	0.16
6. 供应商需要 2.4 天才能准时交货	0.03	—		—	
7. 店里的地毯和油漆墙面年久失修	0.02	1	0.02	4	0.08
8. 店里的卫生间需要重新装修	0.02	1	0.02	4	0.08
9. 员工人均收入上涨了 19%	0.02	—		—	
合计	1.00		3.64		3.27

步骤 3　检查第二阶段（匹配阶段）的矩阵，确定企业应当考虑实施的备选战略方案。可能的情况下，选择 SO、WO、ST 和 / 或 WT 战略中的两种或更多，将这些战略方案填入 QSPM 中。

步骤 4　给出**吸引力评分**（attractiveness score，AS），以数值的方式表明各个战略在所在备选战略方案组中的相对吸引力。通过逐个检查内外部关键因素，对如下问题进行回答，并给出吸引力评分："该因素是否影响到战略方案的选择？"如果回答"是"，就将这一因素对各个战略方案的影响力进行比较。具体而言，吸引力评分是针对某一特定影响因素给出的一个战略方案相对于其他战略方案具有的吸引力分数。吸引力评分的范围是：1= 没有吸引力；2= 有一些吸引力；3= 有较强的吸引力；4= 有很强的吸引力。"有吸引力"是指一种战略与其他战略相比，能够使公司利用优势、改善劣势，利用机会或避免威胁的程度。在建立 QSPM 时逐行进行。如果对上述问题的回答是"否"，说明该关键因素对给定具体战略方案的选择没有影响，因而不需要就这一战略给出吸引力分数。表中以一字线（若使用模板，则用 0 表示）标明某一关键因素对战略选择没有影响。请注意，如果就某一因素给出了一个战略的吸引力评分，则必须同时给出其他战略在这个因素上的吸引力评分。换言之，如果有一个战略在某因素对应的一栏中划了一字线，这一行其他战略都应该在对应的位置划一字线。

步骤 5　计算**吸引力总评分**（total attractiveness score，TAS）。TAS 等于各行的权重与对应的吸引力评分的乘积。吸引力总评分表示在仅考虑相邻的外部或内部关键成功因素的情况下各备选战略方案的相对吸引力。吸引力总评分越高，则该方案的吸引力越大（只考虑相邻的关键成功因素）。

步骤 6　计算**吸引力总评分合计**（sum total attractiveness score，STAS）。STAS 通过将 QSPM 中各战略纵栏的 TAS 相加得到。这一分值表明，在每一组可供选择的战略中，哪一个战略的吸引力最大；在考虑了所有影响战略决策的外部及内部因素的情况下，分数越高，对应战略的吸引力越大。给定备选战略方案的 STAS 的差异说明了各个战略方案相对于其他战略方案的可选择性。

表 6–5 给出了这家电脑零售店正在考虑的两种备选战略：（1）买新的土地，建更大

的店铺；（2）彻底翻新现有店铺。正如分析所得，两个战略的 STAS 分别为 3.64 和 3.27。这意味着这家电脑零售店应该买地建新店铺。注意，使用一字线来表示某些因素没有影响到战略的选择。如果某个因素影响到其中一个战略，但没有影响到另一个战略，那么也会影响战略的选择。因此，应该对两个战略进行该因素的吸引力评分，避免在某个因素上只对一个战略评分，不对另一个战略评分。此外，在表 6–5 中每一行 1、2、3 或 4 只出现一次，永远不要在同一行中分配相同的 AS 分数。绘制 QSPM 矩阵时，始终逐行进行。如果 QSPM 中有 4 个以上的战略，AS 这一栏的得分按照 1，2，3，…的顺序排列，这样可以确保每个战略的 AS 得分没有重复。综上，绘制 QSPM 矩阵时需要遵循若干原则。实际上，这家电脑零售店的确购买土地建了新店，并且在新店开张之前对现有的店铺做了局部的维修。

每一个吸引力评分都应当有相应的评分依据。在表 6–5 中，第一行的吸引力评分的依据是：城市人口增加了 10%。这个机会可以通过战略 1（购买土地建新店）得到最好的利用。因此，战略 1 在这一行的得分是 4。总之，AS 得分不是猜测，而是言之有理，持之有据。从数学上讲，第一行中 AS 分数为 4 表明战略 1 的吸引力是 AS 分数为 2 的战略 2 的 2 倍。

QSPM 矩阵的优点与局限性

QSPM 的一大优点是，可以依次或同时对一组战略进行考察。例如，企业可以使用这一方法依次对公司层次战略、事业部层次战略及职能部门层次战略做出评价。而且，使用 QSFM 进行评价时，被评价的战略个数或考察的战略组数均不受限制。

QSPM 的另一个优点是，它要求战略制定者在决策过程中综合考虑内外部因素。建立 QSPM 时，关键因素不会被忽视或倚重。QSFM 把注意力放到影响战略决策的各个重要关系上。尽管建立 QSPM 需要一系列的主观决策，但在这一过程中即使是非常小的决策，也可能推动企业找出最佳的战略方案。在经过适当的调整后，QSPM 可以应用于各种规模的企业，不论是营利性组织还是非营利组织，甚至可用于个人做职业选择。[6]

QSPM 有两个不足。首先，这个方法总是要求对 AS 分数做出直觉判断，但在整个战略规划过程中，量化有助于将晕轮效应和各种偏差降至最低，AS 分数不应仅靠猜测。请记住，做出明智的小决策对于做出有效的（战略）大决策非常重要。其次，QSPM 的因素和战略选择很大程度上取决于先前的信息输入和匹配矩阵 / 分析的结果。

➡ 6.9 如何估计与建议相关的成本

战略规划中使用 SWOT、BCG、IE、SPACE 和 GRAND 矩阵来产生有利于公司的可行备选战略。术语“**建议**”（recommendation）指“选择实施的任何备选战略”。由于货币和 / 或非货币约束，没有公司能够实施匹配矩阵中提出的所有备选战略，因此公司利用 QSPM 和专家判断来选择特定战略。也许学生战略规划案例项目中最重要的一页是**建议页**（recommendation page），该页列出了建议以及未来三年每项建议的预期成本（或节省）的估计金额。数额应全部加起来，以显示三年内所需的新资本总额。

如“全球视点 6”所述，印度经济繁荣，许多公司正在建新厂。建一个新厂要花多少钱？表 6-6 给出了确定各种建议的估计成本（或节省）的指南，还给出了可作为公司建议的 6 个操作示例，以及如何在建议页面上估算美元（货币）价值的基本原理和作者评论。实际上，每平方英尺成本方法可用于估计建造制造厂、零售店、配送中心或仓库的总成本。估算各种成本的另一种方法是找出其他公司类似支出的成本。另外，可参考公司的 10-K 表格，因为以前的支出可以为估算与新建议相关的成本提供指导。避免盲目的成本猜测，如果需要，可以咨询相关领域的专家。

全球视点 6

印度经济正在蓬勃发展

2017—2018 财年，印度国内生产总值（GDP）增长率达到 7.2%，是全球增长率最高的国家之一。印度实施了许多有利于商业发展的改革，如 2017 年 7 月 1 日出台的商品和服务税（GST）将几乎所有的税收合并成单一的税收体系。印度拥有 13.24 亿人，其主体是喜欢消费的中产阶层。印度经济繁荣，失业率为 4.02%（2017 年 8 月），有超过 5 100 万家中小企业（几乎是美国中小企业的两倍）经营良好。许多公司正在印度建造制造工厂。联邦快递在印度有 6 000 多名员工、1 000 辆汽车，每天有 22 个航班。在经济持续增长的同时，印度在帮助女性进入职场方面也取得快速进展。与 2016 年相比，2017 年印度公司的女性雇员人数增加了 5%，印度公司的女性比例达到 30.55%。

资料来源：Based on Philip Cheng，“Opportunities Abound in India’s Booming Economy，” Fortune（October 1，2017）：30. Also，https：//www. nytimes. com/2017/10/11/world/asita/india-child-marriage-rape. html? rref=collection%2Ftimestopic%2FIndia&action=click&contentCollection=world&region=stream&module=stream_unit&version=latest&contentPlacement=4&pgtype=collection Also，http：//www. hindustantimes. com/business-news/women-representation-in-india-inc-up-5-this-year-study/story-6hx60yoKBAfCNorGWKzuiI. html.

表 6-6 总成本建议与理由

1. 建一个新的制造工厂。每平方英尺[①]400 美元 ×10 万平方英尺 =4 000 万美元
作者评论：根据工厂的规模、土地成本和工厂的复杂程度，（美元）金额可能更高或更低。通常情况下，10-K 表格会显示最近建造的类似工厂的实际成本。估算这一成本的另一种方法是将公司资产负债表上的全部财产及工厂和设备总价值除以制造工厂的数量，得到建立一个工厂所需成本的平均值，以此作为建造新工厂的参考成本。一个好的经验法则是在两年内分摊建新厂的成本。
2. 新开 200 家零售店。200 家店铺 × 每家店铺 1 万平方英尺 × 每平方英尺 150 美元 = 3 亿美元
作者评论：根据平均商店规模和土地成本，（美元）金额可能会更高或更低。估算这一成本的另一种方法是将公司资产负债表上的全部财产及厂房和设备总价值除以现有商店的数量，得到一家商店的平均值，以此作为开设 200 家新商店的参考成本。注意，许多公司使用特许经营而非公司所有的商业模式，在这种模式下大部分成本由特许经营者承担。此外，很多公司租赁而不是拥有零售空间。如果 200 家新店要在 3 年内上线，则可将总成本分摊到 3 年内。
3. 雇用 100 名新销售员。100× 年薪 7.5 万美元 = 750 万美元
作者评论：根据给定行业中销售人员的平均工资加上佣金和福利，成本可能更高或更低。
4. 剥离香水部门。香水部门的收入占公司收入的 27%，公司总收入为 6.4 亿美元，27%×6.4 亿美元 = 1 728 万美元。

① 1 平方英尺≈ 0.093 平方米。——译者

作者评论：除了发债、发行股票或使用净收入之外，筹集所需资金的一种方法是剥离一个部门。如果该部门业绩不佳，或公司希望降低多元化程度，或公司根据新的或现有的使命陈述调整业务组合，则可能需要剥离。

5. 增加研发支出。目前，研发支出为每年 10%，按 2 亿美元每年增长 10% 来计算，2 000 万美元 +2 200 万美元 +2 420 万美元 = 6 620 万美元。

作者评论：作为收入的一部分，研发支出从低技术企业的零到高技术企业收入的 20% 以上不等。

6. 收购珠宝部门。珠宝部门的收入占 XYZ 公司（竞争公司）收入的 15%，竞争对手公司的总价值为 15 亿美元，15 亿美元 × 15%=2.25 亿美元。

作者评论：公司需要实现 5% 以上的年收入增长率来让股东满意。收购被广泛用于满足这一需求，尤其是在内生增长不足的情况下。

6.10 文化因素的战略分析和选择

正如第 4 章所定义的，组织文化是描述一家企业的价值观、信念、态度、习惯、规范、个性及典范人物的集合。文化是企业从事商务活动的独特方式。企业进行战略变革时，文化能赋予企业活动以价值和意义，能够增强员工的凝聚力，提高员工的生产效率和组织承诺。实际上，社会成员都有了解世界、改造世界和使生活有意义的基本需要。当事物发展威胁到人们生活的意义时，他们会做出防御性反应。管理者和员工甚至会破坏新战略，以努力维持现有利益和地位。鉴于这些原因，从文化的角度考察战略管理是一件有意义的事情，因为成功往往取决于战略是否从企业文化中获得支持。如果企业的战略能够得到组织文化的支持，管理者往往能够顺利地实施变革。反之，如果根本不存在支持战略的文化，企业也没有培育这种文化，那么战略变革很可能很难实施。

基本不要求进行文化变革的战略更具吸引力，因为深刻的文化变革往往需要经历相当长的时间，并需要企业付出巨大的精力。无论两家公司在什么时候进行合并，评价和考虑文化与战略的匹配关系都至关重要。组织文化是企业在尝试转变战略方向的过程中遇到困难的主要原因之一。

> 好的企业文化是公司成功经营的精髓和基础。企业改革的成败也取决于管理者是否具备按照战略变革的要求推动企业主导文化变革的智慧与才能。[7]

6.11 战略分析和选择中的政治因素

所有企业都是政治性组织。如果不能恰当管理，政治权术会消耗宝贵时间，破坏组织目标，消耗人员精力，并导致一些优秀员工流失。有时候，政治偏见和个人偏好会在战略选择决策中产生不良影响。企业的战略选择会受到企业内部政治因素的影响。企业中的科层等级、不同员工的职业发展要求以及有限资源的分配等都会推动企业内部利益团体（或个人结盟）的产生。这些联盟首先考虑的是他们的自身利益，企业的利益则放在第二甚至更靠后的位置。利益团体往往围绕企业的某些关键战略问题而形成。战略制定者的一项主要职责就是要引导这些联盟，培养它们的集体观念，并努力使企业战略获得企业中关键人物和联盟的支持。

在缺少客观分析的情况下，战略决策常常会过分依赖当时的政治考量。随着战略制定方法的改进，政治因素在战略决策制定中变得不那么重要。如果缺少客观性，有时政治因素会支配战略的制定和实施，这是非常不幸的。管理政治关系是企业激发员工热情和增进团结的有机组成部分。

一项针对 9 家大型公司的战略管理进行的典型研究考察了成功的战略制定者所采取的政治策略。研究发现，成功的战略制定者一般不会公开反对那些支持程度较低的想法和建议，而是采取无为而治的方式让其自然走向消亡。同时，他们对那些支持程度较高但难以采用的想法设置额外障碍或者进行严格审查。[8] 对那些不能接受、反对的建议或棘手的事情，他们在政治上会保持低调，努力通过一致行动予以否决。成功的战略制定者通过大量的交谈和非正式询问了解事情进展，确定介入时机。他们引导战略但绝不独断专行，他们很少发号施令，很少宣布决策。他们注重非正式的询问，在达成共识之前努力摸清情况，弄清缘由。

成功的战略制定者慷慨、公开地奖励员工取得的突破性成功。他们把主要的新任务交给**冠军下属**（champion），因为这些人往往是新思想和新产品的提出者，并且能够将自己的未来与工作的成功紧密联系在一起。成功的战略制定者特别注重自身言行具有的象征性作用，以保证不会以错误的信号误导员工的行动。

战略对外必须在市场竞争中发挥效用，对内必须能够获得企业员工的支持。下面的这些策略，政治家们已经使用了几个世纪，也许对战略制定者有所裨益。

1. 取得预期成果比指定某种方法更重要。考虑各种方法，并尽可能选择一种能让员工 / 管理者做出最大承诺的方法。

2. 采用一个被人接受的战略而获得满意的结果，远好过采用一个不受欢迎的所谓“好”战略却未能实现最佳结果。

3. 通常，获得承诺和取得预期成果的有效方法是从短期问题和关切转向长期问题和关切。

4. 中层管理者必须真正参与并支持战略决策，因为成功的实施取决于他们的支持。[9]

对战略管理者的启示

如图 6–14 所示，获得和维持企业的竞争优势是战略规划的核心目的，为此本章揭示了战略制定者广泛使用的 6 个新矩阵。其中 SWOT，SPACE，BCG，IE 和 GRAND 是匹配工具，QSPM 是决策工具。尽管一些咨询公司和某些教学用书主张在战略规划中只使用一两个矩阵，但我们的经验是，本章介绍的 6 个矩阵都具有独特的价值。加上前面章节中的 EFE，CPM 和 IFE 矩阵，这 9 个矩阵共同为战略制定者提供了引导公司走上成功之路的适当工具。由于对等性、商品化、模仿、复制、替代产品、全球竞争对手，以及消费者转换的意愿和能力，通往成功的道路绝非坦途。员工期望战略制定者制定出更好的“行动计划”，他们努力实施战略计划能带来工作保障和良好薪酬，最终带来快乐。

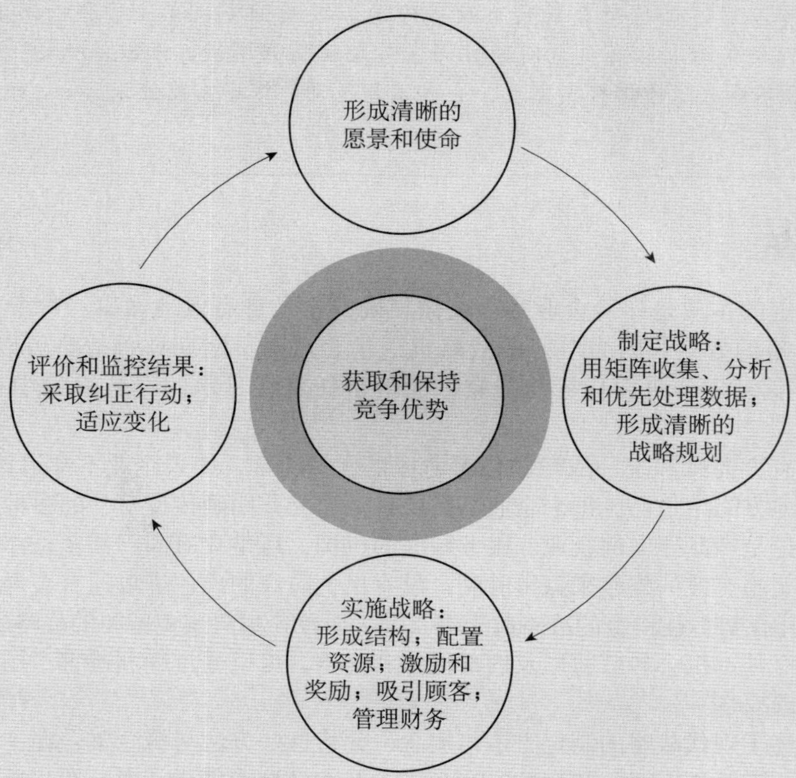

图 6-14 如何获取并保持竞争优势

对学生的启示

在准备战略制定矩阵时不要“胡乱猜测”，而要基于研究做出令人满意的“可靠估计”，以便使用适当的矩阵向前推进。有时候，如果学生们的答案在小数点后第三位有所不同，他们会习惯性认为算错了（尤其是在会计和金融课上），但在战略管理课上，需要一段时间才能意识到企业总是在“基于研究做出可靠的估计”，因为没有哪家企业能预知明天会发生什么。所以，如果能做出合理的估计，就用特定矩阵往前推进。例如，对于 BCG 矩阵，如果未提供部门信息，请在矩阵中只输入一个圆圈来表示整个公司，而不是两个或更多的圆圈来表示各个部门。但基于商店数量或客户数量而不是传统的美元收入信息，可以输入多个圆圈。所以不要急于根据投资组合信息得出结论。此外，根据分析时点而不是期望的未来时点准备所有矩阵，不过需要认真做些诸如显示现有的 BCG 部门布局与预期未来布局的分析。

在进行 SWOT，SPACE，BCG，IE，GRAND，QSPM 分析时，相应的矩阵都需要准确建立。但在进行口头演示时，要把重点放在这些分析背后的影响而不是机械的运算过程上。换言之，在讲述这些矩阵时，目的不是在课堂上展示做了正确的计算。他们期望分析准确、明确，你当然要考虑这一点。不过听众最感兴趣的是每个矩阵的含义，所以使用这些矩阵为你的成本建议提供依据，这些成本通常只占 1 ~ 2 页。一个很好的经验法则是，在每个矩阵的启示上至少花费和计算过程相同的时间，这种方法可以通过保持听众兴致来改善你的汇报或论文。专注于影响而不是计算，还可以让听众在结束后有更多问题可问。听众沉默并不好，沉默意味着他们要么睡着了，要么不感兴趣、持怀疑态度，或者不为所动。根据需要使用 www. strategyclub.com 提供的免费的学生模板。

本章小结

战略制定的本质是评价企业是否在做正确的事及更有效地做事。每个企业都应该警惕成为战略的奴隶，因为再好的战略也迟早会过时。定期评价战略可以避免自满。企业应当自觉制定、协调目标与战略，而不是任其在日常的经营决策中自然形成和演变。

一个没有方向感和统一战略的公司命运堪忧。通常，如果企业不知道该走向何方，就会在某个地方终结自己。每个企业都需要自觉建立并明确传递自己的目标与战略。任何组织，无论是产品导向的企业、服务导向的机构，还是政府部门甚至是体育团队，都必须制定和实施有效的战略来赢得胜利。没有出色防守的出色进攻通常会导致失败，反之亦然。利用优势抓住机会的战略属于进攻型，而改善劣势避免威胁的战略属于防御性。每个组织都有外部机会和威胁以及内部优势和劣势，可以通过趋利避害、扬长避短来制定可行的备选战略。

本章描述了现代战略的制定方法与概念，并将这些方法与概念整合在一个实用的三阶段框架中。诸如 SWOT，SPACE，BCG，IE 及 QSPM 之类的工具，可以显著提高战略决策的质量，但是不能用来主导战略的选择。需要重点考察与管理，战略制定与选择中的行为、文化和政治因素。鉴于来自外部集团的法律压力不断增加，董事会在战略分析与选择中应发挥更积极的作用，对组织来说，这是一种积极的趋势。

关键术语与概念

进攻象限（aggressive quadrant）
吸引力评分（attractiveness score）
波士顿矩阵（Boston Consulting Group matrix，BCG）
业务组合（business portfolio）
现金牛业务（cash cows）
冠军下属（champion）
竞争态势（competitive position，CP）
竞争象限（competitive quadrant）
保守象限（conservative quadrant）
决策阶段（decision stage）
防御象限（defensive quadrant）
方向向量（directional vector）
瘦狗业务（dogs）
财务态势（financial position，FP）
大战略矩阵（grand strategy matrix）
产业增长率（industry growth rate）
输入阶段（input stage）
产业态势（industry position，IP）
内外部矩阵（internal-external（IE）matrix）
匹配（matching）
匹配阶段（matching stage）
组合分析（portfolio analysis）
定量战略规划矩阵（quantitative strategic planning matrix，QSPM）
问题业务（question mark）
建议（recommendation）

建议页（recommendation page）
相对市场份额地位（relative market share position，RMSP）
优势–机会战略（SO strategy）
环境稳定性态势（stability position）
明星业务（stars）
战略地位与行动评价矩阵（strategic position and action evaluation（SPACE）matrix）
战略制定分析框架（strategy-formulation analytical framework）
SWOT 矩阵（strength-weakness opportunity-threat matrix）
优势–威胁战略（ST strategy）
吸引力总评分合计（sum total attractiveness score，STAS）
吸引力总评分（total attractiveness score，TAS）
劣势–机会战略（WO strategy）
劣势–威胁战略（WT strategy）

复习讨论题

6-1 解释战略和建议之间的区别。

6-2 解释如何估算与建议相关的成本。

6-3 为什么必须对 SWOT 战略进行足够具体的陈述，以评估成本（或节省成本）?

6-4 为什么爱护和尊重所有动物很重要?

6-5 《华尔街日报》的一篇文章称，苹果在中国智能手机市场的份额为 6.0%，落后于三星（17.8%）。BCG 矩阵中这两家公司的相对市场份额地位是多少?

6-6 列出 SPACE 矩阵的五个不足之处。

6-7 在 10-K 表格中列出公司披露部门信息的利与弊。

6-8 BCG 和 IE 组合矩阵之间有哪些关键区别?

6-9 在建立 QSPM 时，如果同时比较 10 种战略，AS 得分的良好尺度是什么? 为什么?

6-10 在开发 BCG 矩阵或 IE 矩阵时，给塔吉特公司、汉堡王、美国银行和精神航空公司带来收入的良好替代品是什么?

6-11 在开发 SPACE 矩阵时，你预计苹果、亨氏、威瑞森、亚马逊和克罗格的标准普尔平均指数是多少? 制图并解释。

6-12 除了建立 QSPM，还有哪些方法能对备选战略吸引力进行评分?

6-13 比较 BCG 矩阵和大战略矩阵在形式和用途上的相似之处。制图并解释。

6-14 定义晕轮效应。晕轮效应会如何影响企业进行正确的战略决策?

6-15 列举六个只用客观信息进行战略制定的弊端。

6-16 找一家你所熟悉的公司，举一个 SO 战略的例子，解释公司的内部优势如何与外部机会匹配。

6-17 找一家你所熟悉的公司，举一个 WT 战略的例子，解释公司的内部弱势如何与外部威胁匹配。

6-18 列举 SWOT 分析的三个不足之处。

6-19 SPACE 矩阵中向量的角度对备选战略的产生有影响吗? 制图并解释。

6-20 在 SPACE 矩阵中的竞争态势（CP）象限中，能力利用要达到什么水平你才会给公司打 -1 分? -7 分呢? 为什么? 制图并解释。

6-21 针对下列三家公司，根据你对其所在行业的了解，用给定因素计算合理的趋近 SPACE 矩阵轴线的稳定性态势。

因素	温尼贝戈房车（Winnebago）	苹果	美国邮政（U. S. Postal）
进入市场的障碍			
业务的季节性			
技术变化的 SP 分数			

6-22 如果一家公司的财务状况不佳，并且在一个不稳定的行业内竞争，这家公司的 SPACE 向量在什么象限？制图并解释。

6-23 在什么情况下，SPACE 分析中没有向量？也就是说，SPACE 分析的坐标是（0，0）。这种情况下应该怎么分析？

6-24 对你所在的大学进行 BCG 矩阵分析。由于学校是非营利机构，用什么来决定圆圈的大小？一共有多少个圆圈，各是多大？请解释。

6-25 在 BCG 矩阵中，是问题业务象限更好还是现金牛业务象限更好？请解释。

6-26 如果你不知道每个业务单元的利润，进行 BCG 分析还有意义吗？为什么？

6-27 IE 矩阵克服了 BCG 矩阵的哪些局限性？制图并解释。

6-28 在 IE 矩阵中，你认为落在第 2 象限或者第 4 象限更好吗？为什么？制图并解释。

6-29 选择一个组织，为其建立 2×2×2×2×2 的 QSPM 矩阵（2 个优势，2 个弱势，2 个机会，2 个威胁，2 种战略）。参考本章对 QSPM 矩阵的介绍。

6-30 小型组织和大型组织的战略制定分析框架在应用上有什么不同？

6-31 对一家在 IFE 中的加权总分为 3.6、在 EFE 矩阵中的加权总分为 1.2 的组织，你会提出什么样的建议？制图并解释。

6-32 根据以下信息，为 XYZ 公司建立一个 SPACE 矩阵：FP= +2；SP=−6；CP=−2；IP= +4。制图并解释。

6-33 根据下表中的信息，建立 BCG 矩阵和 IE 矩阵。

项目	1	2	3
利润（美元）	10	15	25
销量（美元）	100	50	100
相关市场份额	0.2	0.5	0.8
产业增长率	+0.2	+0.1	−0.1
IFE 加权总分	1.6	3.1	2.2
EFE 加权总分	2.5	1.8	3.3

6-34 你如何给自己所在的学校建立组合矩阵？

6-35 解释如何为公司估计新建一个制造工厂的成本。

6-36 讨论多种战略制定分析工具的不足之处。

6-37 解释为什么在进行备选战略分析和选择的过程中文化因素很重要。

6-38 营利性组织和非营利组织在战略制定分析框架上有何区别？

6-39 为一家财务状况不佳并且竞争不力的公司建立 SPACE 矩阵。这家公司所在的行业相当稳定，但是行业的营业额及预计利润增长率不高。标出所有的轴线和象限。

6-40 列出 BCG 矩阵的所有局限性。制图并解释。

6-41 为一家公司建立尽可能清晰完整的 IE 矩阵，这家公司有 3 个业务部门，营业额分别为 10 美元、20 美元和 40 美元，利润分别为 2 美元、4 美元和 1 美元。你还需要什么假设？标出所有的轴线和象限。

6-42 如果 SPACE 向量正好落在竞争和防御象限之间的轴线上，应该采取什么样的举措？

6-43 在 BCG 矩阵或大战略矩阵中，一个快速增长的市场（行业）的增长率体现在哪里？

6-44 在 QSPM 中，为什么要逐行分析而不是逐列分析？

6-45 在准备 QSPM 时，为什么要避免在一行中输入两个 4？

6-46 假设 QSPM 中没有权重一列，这样分析还有用吗？为什么？如果删去这一行会失去什么？

6-47 为一个只有两个业务部门的公司建立 BCG 矩阵，两个业务部门的营业额分别是 5 美元和 8 美元，利润分别为 3 美元和 1 美元。描述使你能够绘制 RMSP 和 IGR 轴线的假设。

6-48 考虑在战略实施前后分别进行 BCG 矩阵和 IE 矩阵分析，这一举动可以克服哪些局限性？

6-49 如果一家公司在一个行业中具有领先的市场份额，在 BCG 矩阵中该公司的圆圈位于哪里？

6-50 如果一家公司处于一个非常不稳定的行业，例如通信行业，你会将它画在 SPACE 矩阵 SP 轴上的什么位置？

6-51 你为什么认为 SWOT 矩阵是所有战略矩阵中运用最广泛的？

6-52 本章讨论的 QSPM 矩阵有哪两个不足之处？

6-53 2017 年 9 月，访问各种金融信息网站的人数（单位：百万人）如下：雅虎财经（59.7）、商业内幕（Business Insider，53.4）、CNBC（49.2）、Forbes Digital（48.6）、彭博（Bloomberg，36.6）、有线电视新闻网财经（CNN Money，36.2）、道琼斯（34.7）、路透社网站（24.7）和财富网站（19.2）。如果你要开发 BCG 矩阵，这九家公司的 RMSP 价值是多少？

6-54 AT&T 和时代华纳可能合并。下表按部门列出了 AT&T 及其竞争对手时代华纳 2017 年 9 个月的收入和运营收入。这种类型的企业信息可以用于投资组合矩阵中构建圆圈（基于收入）和扇形图（基于利润）。根据给出的信息建立 BCG 矩阵。

公司	收入（10 亿美元）	运营收入（10 亿美元）
AT&T 部门		
1. 商业解决方案	51.0	13.3
2. 娱乐	38.0	4.6
3. 移动通信	23.2	7.1
4. 国际	6.1	−0.3
时代华纳部门		
1. 特纳	9.0	3.5
2. HBO	4.7	1.7
3. 华纳兄弟	9.8	1.3

实践练习

第一组：可口可乐公司的战略规划

练习 6A

对可口可乐公司进行 SWOT 分析

目的

在所有战略规划工具和技术中 SWOT 矩阵使用最广泛，它概念简单，易于在高管和经理之间讨论；它操作便捷有效，清楚地将企业内部的优势和劣势与外部机会和威胁相匹配，以产生可行战略。本练习旨在练习对一家大公司做 SWOT 分析。

步骤

步骤 1　和班级的另外两名同学组成一组，一起为可口可乐公司建立 SWOT 矩阵。遵循本章提供的指南，包括每个战略末尾的符号（例如，S4，T3）。在四个象限中的每一个象限输入两个战略。具体说明你的战略，避免使用通用术语，如前向一体化。可利用配套案例、你对实践练习 1B 的回答，以及公司网站上的最新季度报告。

步骤 2　把小组建立的 SWOT 矩阵交给老师，评定成绩。注：随意在页面上垂直列出各种因素和战略，不必将所有内容都放入 9 个单元格中。

练习 6B

为可口可乐公司建立 SPACE 矩阵

目的

SPACE 矩阵是 5 种匹配战略管理工具之一，广泛用于制定可行战略。与 SWOT、BCG、IE 和 GRAND 矩阵联合使用，SPACE 矩阵有助于设计战略规划，因为通常必须在有吸引力的多个战略规划之间做出选择。本练习旨在训练建立 SPACE 矩阵。

步骤

步骤 1　回顾配套案例中可口可乐的业务，以及最新的 10-K 表格和季度报告。

步骤 2　回顾与可口可乐相关的行业和竞争信息。

步骤 3　为可口可乐建立 SPACE 矩阵。根据你的 SPACE 分析，对可口可乐有什么建议？避免使用通用、模糊的术语，例如市场开发。

练习 6C

为可口可乐公司建立 BCG 矩阵

目的

组合矩阵广泛应用于多部门企业，用于帮助识别和选择战略。BCG 矩阵可以用来分析哪些部门应该得到更多资源，这个方法还可以确定哪些部门应该被剥离。这项练习旨在训练建立 BCG 矩阵。

步骤

步骤 1　在纸的顶部一行写下如下 5 个标题：部门、销售额、利润、相对市场份额地位、产业增长率。在纸的左下方列出可口可乐的部门。回顾配套案例中的信息，并填写空格。

步骤 2　根据配套案例中可口可乐 2017 年年底的部门数据，为可口可乐建立 BCG 矩阵。

步骤 3　将你的 BCG 矩阵与同学的 BCG 矩阵进行比较。讨论彼此之间的主要区别。

练习 6D

为可口可乐公司建立 QSPM 矩阵

目的

这项练习旨在训练建立一个 QSPM 矩阵，以确定各种备选战略的相对吸引力。

步骤

步骤 1　和班级的另外两名同学组成一个小组，一起为可口可乐建立一个 QSPM 矩阵。

步骤 2　将你们小组的 QSPM 矩阵与其他小组进行比较。

步骤 3　讨论组与组之间 QSPM 矩阵的主要区别。

第二组：你所在大学的战略规划

练习 6E

为所在大学建立 BCG 矩阵

目的

为非营利组织如学院和大学建立 BCG 矩阵非常有用。当然，此时每个业务单元或部门没有利润，甚至某些情况下没有营业额。不过，可以通过创新建立 BCG 矩阵。例如，圆圈中的扇形可代表毕业后找到工作的人数、某一领域的教师人数，或者其他你认为重要的变量。圆圈的个数可以表示某一部分或领域内的学生人数。

步骤

步骤 1　为你所在的大学建立 BCG 矩阵，包括院系、部门或学院。

步骤 2　在纸上画出你的 BCG 矩阵。

步骤 3　讨论各小组建立的 BCG 矩阵之间的差异。

第三组：提高就业能力的战略规划

练习 6F

对自己进行 QSPM 分析

目的

QSPM 分析用来确定可行替代方案的相对吸引力。虽然 QSPM 分析主要用于商业环境，但它可以让个人客观地确定哪些备选战略是最好的。本练习展示个人如何使用 QSPM 分析做出职业选择。

步骤

步骤 1　遵循本章提供的步骤对自己进行 QSPM 分析。使用你在练习 1D 中列出的关于自己的外部和内部因素信息。

步骤2　在 QSPM 的顶行写下以下两种战略：（1）读研究生；（2）全职工作。

步骤3　为了使这个例子简单，不必像一些公司那样包括权重栏；只需将 AS 得分相加就可以获得推荐的最佳战略。不用逐行相乘并将 TAS 得分相加。

步骤4　与全班分享在你个人分析中获得最高 TAS 分数的战略（读研究生还是去工作）。

练习 6G

模板能力测试

目的

www. strategyclub. com 免费 Excel 战略规划模板广泛用于学生和小型企业的战略规划。本练习用来提高你对模板的熟悉程度。你可以在简历中恰当地体现使用该模板的技能，此外还能帮助你为案例公司制定全面的战略规划。

说明

回答以下与第6章相关的关于模板的问题。与同学讨论你的答案及问题或顾虑。

1. 在进行 SPACE 分析时，模板是否允许你展示公司和竞争对手公司？如果是，创建一个图例来组织信息会更好吗？为什么？

2. 在进行 BCG 分析时，该模板如何展示在 IGR 超过或低于 20% 的市场上竞争的公司？

3. 使用该模板，显示 BCG 前后（你的建议）的好方法是什么？

4. 在使用模板进行 IE 投资组合分析时，完成这些矩阵后是否会自动显示你的 EFE 和 IFE 矩阵的加权总分？对于部门，模板是否要求建立所有“部门的”EFE 和 IFE 矩阵？

5. 为什么最好在 BCG 和 IE 矩阵中用 1、2、3 代表部门从而创建一个图例，而不是直接填写部门名称？

6. 在进行 GRAND 分析时，模板允许在矩阵中考虑 / 填写多少个公司 / 部门 / 场景？为什么这是一个很好的特征？你可以检查哪些场景？

7. 使用模板进行 QSPM 分析时，为什么不需要重新输入权重？

第四组：个人与群体的战略规划

练习 6H

战略规划中的各种主观威胁有多严重?

目的

如第6章所述，如果没有客观信息和分析，六种主观威胁（个人偏差、政治因素、偏见、情感、个性、晕轮效应）往往在战略制定过程中发挥主导作用，从而降低战略的有效性。晕轮效应是指过于重视某一因素的倾向。

本练习用来更仔细地检验在制定战略时过于依赖主观性的各种威胁，同时还可检验个人决策是否优于群体决策。学术研究表明，在 80% 的情况下群体做出的决策优于个人决策。

说明

根据六种主观威胁的相对严重性对其排序（1= 最严重，6= 最不严重）。首先，个人单独对六种主观威胁进行排序。然后，三人一组对六种主观威胁进行排序。之后，确定何人何组最接近专家的排序。此练习可以检验个人决策与群体决策在战略规划中的相对有效性。

步骤

步骤 1　填写表 6–7 中的第 1 列，给出你对六种主观威胁相对严重性的个人排序。例如，如果你认为个人偏差是第 3 个最严重的威胁，那么在表 6–7 对应的单元格中输入 3。

步骤 2　填写表 6–7 中的第 2 列，给出小组对六种主观威胁相对严重性的排序。

步骤 3　填写表 6–7 中的第 3 列，给出专家对六种主观威胁相对严重性的排序。由老师提供，专家排序是基于作者的经验，而不是实证研究的结果。

步骤 4　填写表 6–7 中的第 4 列，即第 1 列和第 3 列之间的绝对差值，看个人表现如何。（注意：绝对差值忽略负数。）

步骤 5　填写表 6–7 中的第 5 列，即第 2 列和第 3 列之间的绝对差值，看小组表现如何。

步骤 6　分别对第 4 列、第 5 列求和。

步骤 7　比较第 4 列总和与第 5 列总和。如果第 4 列总和小于第 5 列总和，表明个人表现得更好。通常，小组决策优于个人决策。如果你比小组做得好，说明你非常优秀。

步骤 8　个人获胜者：第 4 列总和最低者。

步骤 9　小组获胜者：第 5 列总和最低者。

表 6–7　评估制定战略决策时六种主观威胁的严重程度：比较个人决策与群体决策

太主观的威胁	第 1 列	第 2 列	第 3 列	第 4 列	第 5 列
1. 个人偏差					
2. 政治因素					
3. 偏见					
4. 情感					
5. 个性					
6. 晕轮效应					
总计					

微案例：波士顿咨询集团

哪家美国公司帮助大多数公司做战略规划？

这一问题的答案可能是总部设在马萨诸塞州波士顿的波士顿咨询集团（BCG）。BCG 是一家成立于 1963 年的全球管理咨询公司，2017 年收入为 63 亿美元，员工人数超过 16 000，其总裁兼 CEO 是里克·莱塞（Rich Lesser）。2017 年 BCG 在《财富》“最佳雇主 100 强”中名列第三，2016 年排名第一。

制定战略时，一些公司使用 BCG 的优势矩阵在 x 轴上描绘“公司竞争优势的大小”（低对高），在 y 轴上描绘“公司可以用来获得竞争优势的方法的数量”（低对高）。BCG 认为，基于这两个轴，位于四个象限内的企业战略影响可以标记为分散、专业化、数量和僵局，如下所示：

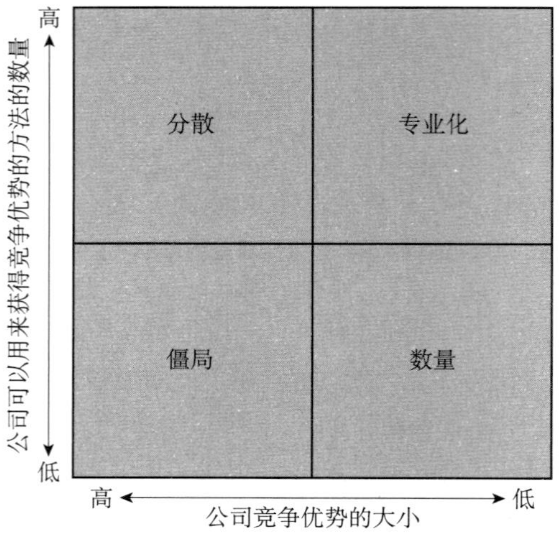

做一些在线研究，回答以下关于 BCG 优势矩阵的问题。

问题

1. 用一两句话概括你会如何根据每个象限在优势矩阵中的位置来描述其对公司的影响？你喜欢表示“象限含义”的四个词吗？你能想出一个或多个更好的词吗？

2. 你认为使用优势矩阵的主要好处是什么？

3. 在你看来，使用优势矩阵的主要不足是什么？

4. 如何改进优势矩阵？

资料来源：Based on information at http：//www. differentiateyourbusiness. co. uk/competitive-advantage-matrix.

第3篇

战略实施

7 战略实施：管理和营销专题

本章目标

学完本章，应能做到以下几点：

- 描述从制定战略到实施战略的过渡。
- 讨论为什么年度目标对有效实施战略至关重要。
- 确定并讨论政策在战略实施中的性质和作用。
- 解释资源配置和冲突管理在战略实施中的作用。
- 讨论公司的结构与其战略相匹配的必要性。
- 识别不同类型的组织结构，用图表示并展开讨论。
- 确定并讨论构建组织结构时的 15 个“要”和“不要”。
- 讨论对战略实施至关重要的 4 个战略生产 / 运营专题。
- 讨论对战略实施至关重要的 7 个战略人力资源专题。
- 描述对实施战略至关重要的关键战略营销专题。

实践练习

本章末有以下练习：

第一组：可口可乐公司的战略规划

练习 7A：可口可乐公司营销支出与竞争对手的比较

练习 7B：可口可乐公司现有和拟提出的组织结构

第二组：你所在大学的战略规划

练习 7C：为所在大学构建知觉图

第三组：提高就业能力的战略规划

练习 7D：自我推销，以最佳方式实现职业目标
第四组：个人与群体的战略规划
练习 7E：拥有多元化背景员工的最重要的好处是什么？

公司确立经营战略后，战略管理过程并没有走到终点。必须将战略思想转化为战略行动。如果公司的管理者和员工能够理解业务，感受到自己是公司的一分子，并通过参与战略制定努力帮公司获得成功，转化过程会更简单些。没有他们的理解和付出，战略的实施将面临很多问题。文斯·隆巴迪说过：“世界上最好的行动计划从来不会阻碍或为难任何人。”

> 如果不去实施，最完美的战略规划也是徒劳。许多公司倾向于在战略制定上花费大量的时间、金钱和努力，而把战略实施的手段和环境置于脑后。变革是通过实施和评价而不是通过计划来实现的。一个得到实施的不完美计划，远好过一个停留在纸面上的完美计划！[1]

战略实施会全面地影响一个组织，它会影响公司所有的职能部门和分部。本章将集中讨论对成功实施战略最重要的管理和营销问题。第 8 章主要讨论财务和会计。百事公司前 CEO 英德拉·努伊（Indra Nooyi）作为一名出色的战略制定者，是有史以来领导大公司实施管理和营销战略最成功的人士之一。

模范战略管理者

英德拉·努伊：百事公司前 CEO

2017 年，百事公司前 CEO 英德拉·努伊被《财富》杂志评为美国商界第二有权势的女性。在过去 20 年里，她 18 次荣登《财富》美国 50 位最受尊敬的商界女性榜单。在努伊的领导下，百事公司拥有 22 个品牌，每个品牌的年销售额超过 10 亿美元。三个新百事品牌（Naked Juice 9.23 亿美元、Pure Leaf 8.73 亿美元、Sabra 6.18 亿美元）即将加入该公司逾 10 亿美元的品牌榜。在最近一次采访中，努伊回答了战略实施问题（经提炼和释义）：

问：你对今天进入职场的女性（和男性）有什么建议？

答：努力提高多任务处理能力。有条不紊、有效地管理你的时间。每天写下（列出）50 件你需要完成的事情；检查完成情况；把清单上需要第二天继续的项目推进下去；通过排列事项的优先顺序来不断发展商业能力。我个人在领导百事公司的管理和营销工作时每天都会做这些事，以确保战略成功实施。

资料来源：Based on Beth Kowitt，“The Queen of Pop，” *Fortune*，October 1，2017，70–74.

➡ 7.1 从战略制定到战略实施

战略管理中的战略实施阶段如图 7–1 所示。成功的战略制定并不能保证战略实施的成功。实际行动（战略实施）总是比计划行动（战略制定）要困难。虽然有着密切联系，

但是战略实施在本质上与战略制定有很大不同。

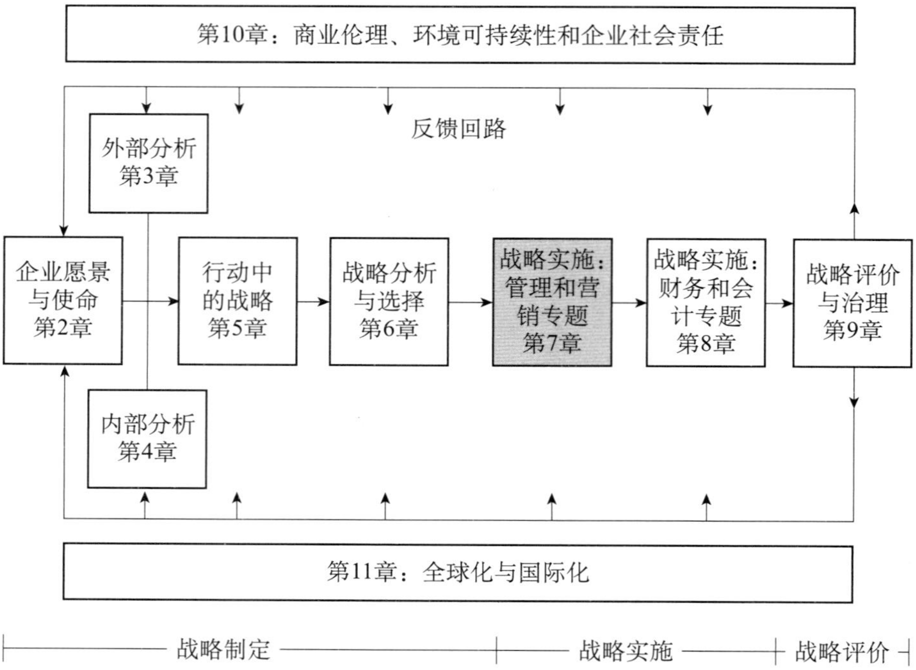

图 7-1 战略管理综合模型

资料来源：Fred R. David，“How Companies Define Their Mission，” *Long Range Planning* 22，no. 1（February 1989）：91. See also Anik Ratnaningsih，Nadjadji Anwar，Patdono Suwignjo，and Putu Artama Wiguna，“Balance Scorecard of David’s Strategic Modeling at Industrial Business for National Construction Contractor of Indonesia，” *Journal of Mathematics and Technology*，no. 4（October 2010）：20.

除了那些规模很小的公司，战略制定到战略实施的转变需要有一个从战略策划者到各分部主管和职能部门主管的责任转移。这种责任转移会在实施过程中引发问题，尤其当战略制定的决策出乎中低层管理者意料的时候。除非个人利益和公司利益一致，否则，管理者和员工更容易被个人利益而不是公司利益所激励。因此，必须让各分部和职能部门的管理者尽可能多地参与战略制定过程。战略制定和战略实施可以通过图 7-2 所示的方式进行对比。

对于中小型企业和大型企业、营利性组织和非营利组织而言，战略制定的思想和方法差别不是很大。但是，对于不同类型和规模的公司而言，战略实施大相径庭。战略实施需要变更销售区域，增加新部门，关闭或新建设施，改变企业价格战略，制定财务预算，雇用、培训新员工，制定新员工福利方案，让各部门管理者轮岗，以及创建一个更好的管理信息系统等。这些行为的类型在制造业、服务业和政府组织中有着明显的不同。

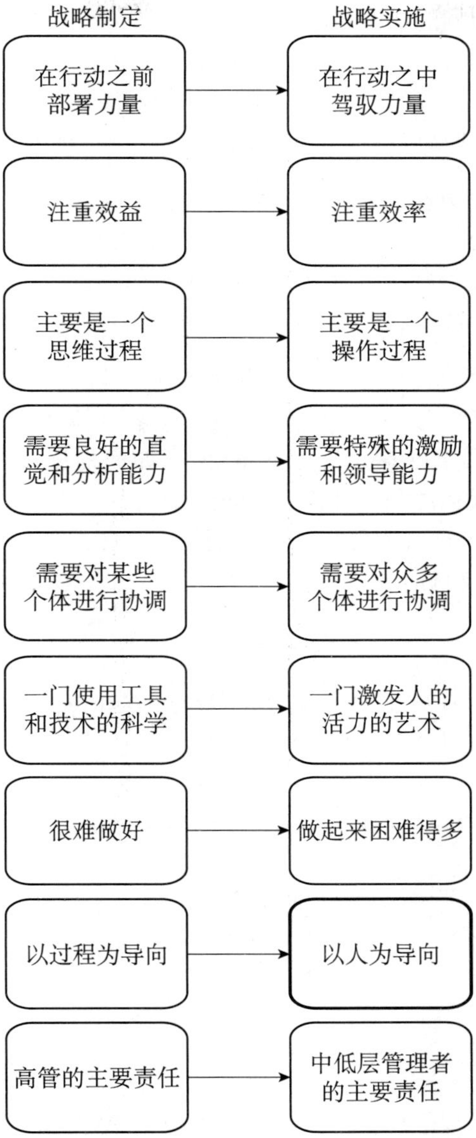

图 7-2 对比战略制定和战略实施

➡ 7.2 建立清晰的年度目标

年度目标（annual objective）是组织为确保战略实施取得成功必须实现的重要事件。年度目标对战略实施的重要性体现在以下五个方面：

1. 它是资源配置的基础。
2. 它对于管理者来说是一个主要的评价方法。
3. 它可以有效监控实现长期目标的进度。
4. 它突出了公司、分部和各职能部门的工作重点。

5. 它对于保证战略规划的顺利进行至关重要。

为了顺利设定年度目标，使其与长期目标保持一致且能为战略实施提供支持，组织需要投入很多时间和努力，组织成员需要积极参与制定年度目标。同意、修改和否定年度目标绝非一件简单的不假思索就能完成的事情。年度目标的作用可以总结如下：

> 年度目标可以作为企业成员的行动指南，它指导和引导员工的努力和活动。它通过向利益相关者论证企业活动的合理性而为企业的经营提供依据，它还被视为企业绩效的标准。年度目标是激励企业员工并使他们加强自我认知的重要动力，它促使管理者和员工奋发有为。同时，它还为组织设计奠定了基础。[2]

在各种类型和规模的公司中，有表述明确和可传播的目标是关键的成功因素。企业普遍制定的年度目标包括：按业务部门、地域、顾客群体和产品分类的盈利能力、增长以及市场份额等内容。图 7-3 展示了 Stamus 公司如何根据长期目标建立年度目标。表 7-1 给出了与图 7-3 中概括的目标相对应的收入数据。请注意，根据计划，Stamus 公司将略超其 2020—2022 年公司收入翻一番的长期目标。图 7-3 还说明了如何根据企业的组织结构来制定分层的年度目标。

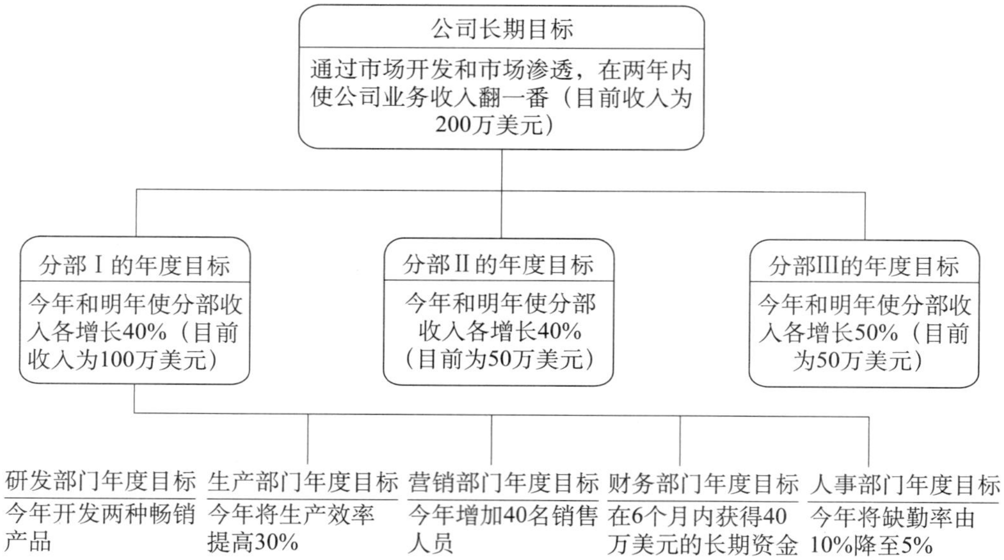

图 7-3 Stamus 公司的分层目标

表 7-1 Stamus 公司的业务收入预期 单位：百万美元

	2020 年	2021 年	2022 年
分部Ⅰ收入	1.00	1.40	1.96
分部Ⅱ收入	0.50	0.70	0.98
分部Ⅲ收入	0.50	0.75	1.12
公司总收入	2.00	2.85	4.06

横向（职能 / 部门 / 员工）和纵向（从高管到中低层管理人员）层次的目标应当保持一致并形成一个支持总体目标的网络。**目标的横向一致性**（horizontal consistency of objective）如图表上横向的首席财务官（CFO）、首席营销官（CMO）、首席情报官（CIO）、首席战略官（CSO）或人力资源经理（HRM）与**目标的纵向一致性**（vertical consistency of objective）如图表上纵向的主席、首席执行官（CEO）、部门总裁、或工厂经理同等重要。

年度目标应具备的特征包括可度量、协调一致、合理、明确、有挑战性、在公司中得到传播，以及有适当的时间要求和相应的奖罚规定等。经常出现的问题是目标制定得过于笼统，没有实际操作性。诸如“促进沟通”或“改进绩效”这样的目标就不明确、不具体和不可度量。目标应有明确的数量、质量、成本和时间规定，并且可以调整。像“增加到最大”“减小至最小”“尽快”“足够的”这样的词应避免使用。例如，年度目标可能是“将 ABC 品牌的销量提高到 1 000 个，每年产生 2 万美元的收入”。

年度目标应当有陈述明确的政策支持。更多并不总是意味着更好。为了使员工和管理者理解实现目标对于成功实施战略的重要性，将奖惩同目标实现的情况挂钩非常重要。明确的年度目标并不能保证战略的成功实施，但它确实增加了实现个人及组织目标的可能性。然而，过于强调目标的完成也会导致不良行为，如数字造假，不如实记录，以及就事论事、只为完成任务而工作等。几年前，富国银行（Wells Fargo）在员工开设新客户账户上就遇到了问题。

根据诸如制定明确的年度目标等管理活动，《财富》杂志每年发布世界上最受尊敬的公司的排名。最近的排名见表 7-2。排名前十的公司均是美国公司，但总部位于美国以外的三家公司进入了前 35 名：宝马（第 14 名）、新加坡航空公司（第 33 名）和丰田汽车（第 34 名）。

表 7-2　世界上最受尊敬的公司

排名	公司	作者评论
1	苹果	全球最有价值的品牌
2	亚马逊	提供全球 80% 的电子书
3	星巴克	提供茶、啤酒、葡萄酒、午餐和晚餐
4	伯克希尔·哈撒韦	非常多元化，拥有众多公司
5	迪士尼	制作伟大的电影，拥有 ESPN 和 ABC 体育公司
6	Alphabet	拥有谷歌，世界上最好的搜索引擎
7	通用电气	高度多元化，在众多行业展开竞争
8	西南航空	连续 40 年盈利
9	脸书	全球最受欢迎的社交媒体网站
9	微软（并列第 9 名）	最受欢迎的计算机软件公司
10	联邦快递	随着人们购物和运送增多，运输各种货物

资料来源：Based on information at http：//fortune. com/worlds-most-admired-companies/list/.

7.3　制定政策

政策（policy）是指为了支持和鼓励员工努力实现既定目标而制定的具体准则、方法、程序、规则和章程。公司战略方向的改变不是自发的过程。实施企业战略需要具体政策来指导日常工作。政策有助于解决反复出现的问题和指导战略实施。以下六个方面可以说明政策是战略实施的基本工具：

1. 政策为各种奖励和惩罚员工行为的管理活动设立了边界、约束和极限。
2. 政策使员工和管理者知晓企业期望他们做什么，进而增大战略实施获得成功的可能性。
3. 政策为管理控制活动奠定基础，并可协调组织单元间的关系。
4. 政策可减少管理者用于决策的时间，同时，政策明确了谁应该做什么。
5. 政策将决策权力适当地下派给某些问题多发的管理层级。
6. 政策阐明了实现组织目标可以做什么和不能做什么。

例如，越来越多的企业包括 IBM、安泰保险、美国银行、百思买和 Reddit 废除允许员工在家工作的政策。企业发现工作场所的更多合作、与客户建立更密切的联系、更好地控制工作日是有必要的。研究显示，2017 年在家中完成全部或部分工作的美国员工比例从 2016 年的 24% 降至 20% 以下。[3] 到企业办公场所工作、团队合作和在小隔间工作的比例正在上升，而在家办公、远程办公有所减少。

很多企业都有用于指导员工行为的政策手册。政策可以用于所有的分部和职能部门，如“我们为员工提供平等的机会”。有些政策则仅适用于某一部门，如“本部门员工每年至少要参加一次培训和提高班的学习”。无论其范围和形式如何，政策都是一种实施战略和实现目标的工具。政策在可能的条件下都应正式成文，它代表着战略决策的手段。

表 7-3 是支持公司战略、分部目标及职能部门目标的各种政策示例。需要制定管理政策的一些问题如表 7-4 所示。正如“伦理视点 7”中所讨论的，在工作过程中使用个人智能手机的不良后果可能会损害员工士气，越来越多的公司制定有关政策加以解决。

表 7-3 不同层级的政策

公司战略
收购一家连锁店，公司实现销售增长和盈利目标。
支持性政策
1.“所有商店的营业时间都是周一到周六的早 8 点至晚 8 点。”
2.“所有商店都必须按月将营业额的 5% 上交，以支持公司的广告宣传。”
分部目标
将分部的收入从 2020 年的 1 000 万美元提高到 2021 年的 1 500 万美元。
支持性政策
1.“自 2021 年 1 月起，每一位分部销售员每周必须上交业务报告，内容包括：访问客户的次数、出行的里程数、售出的商品单位数、销售的总金额及新发展的客户人数。”
2.“自 2021 年 1 月起，分部将把毛利润的 5% 以圣诞节奖金的形式发放给员工。”
生产部门目标
将产量从 2020 年的 20 000 件提高到 2021 年的 30 000 件。
支持性政策
1.“从 2021 年 1 月起，员工每周可自愿加班至多 20 小时。”
2.“从 2021 年 1 月起，给全年零缺勤的员工发放 100 美元的全勤奖。”

表 7-4 需要制定管理政策的一些问题

- 举办大量的还是有限的提升管理水平的培训班和研讨会
- 通过职业介绍所、学校招聘还是报纸广告招募新员工
- 晋升本企业人员还是引进外部人员
- 提拔人员是看业绩还是看资历
- 高管收入与长期目标的完成情况挂钩，还是与年度目标的完成情况挂钩
- 允许经常加班、偶尔加班还是不允许加班
- 建立一个高度安全的还是比较安全的库存水平

伦理视点 7

公司是否需要一项针对职场低头症的政策？

最近的一项研究考察了老板“低头症”的影响，发现老板的低头症对员工的工作绩效产生了负面影响。具体来说，高管在下属在场的情况下使用手机会影响下属对他们的信任度，降低下属的工作满意度和绩效。在全球拥有近 70 亿移动用户的情况下，管理者必须认识到，他们使用手机的方式可能会无意中冷落其他员工甚至客户。

公司应该考虑制定正式的“手机政策”，明确手机使用和上网的具体规定，以及违反这些规定的后果。为工作中使用手机设定具体界限和指导方针，将确保管理者和员工对工作场所何时何地允许使用手机有一致的认识。但是，这些政策具体是怎样的，应该有多大限制？低头症是一种有害行为，无论是与人进餐还是会面，它都会破坏重视尊重他人的企业文化。

资料来源：James A. Roberts and Meredith E. David（2017），“Put Down Your Phone and Listen to Me：How Boss Phubbing Undermines the Psychological Conditions Necessary for Employee Engagement，” *Computers in Human Behavior*，75（October），206-217.

7.4 资源配置和冲突管理

资源配置

企业至少有四类可以用于实现预期目标的资源：（1）财务资源；（2）物质资源；（3）人力资源；（4）技术资源。**资源配置**（resource allocation）可以定义为根据年度目标所确定的优先顺序，在产品、区域和部门之间分配组织的资产。资源配置是一项关键的战略实施活动，有时战略管理本身又称为“资源配置过程”。事实上，跨业务部门配置资源可以说是大型企业每年面临的最重要的战略决策。

在没有战略规划的组织中，资源配置往往基于政治或个人因素和偏见，而不是明确的分析和思考。战略制定者应该警惕那些经常妨碍资源有效配置的因素，包括：过度保护资源，过于强调短期财务指标，企业内政治，战略目标模糊，不愿承担风险和缺乏足够的知识等。总公司以下的层次往往对资源配置和企业战略缺乏系统思考。有效的资源配置并不能保证成功的战略实施，因为现有资源只有通过项目、人事、控制和承诺才能

发挥作用。

冲突管理

意见分歧、地盘保护以及对有限资源的竞争不可避免地会导致冲突。**冲突**（conflict）可以定义为双方或多方在一个或多个问题上的分歧。年度目标的建立可能导致冲突，原因包括：人们各不相同的期望和观念、计划带来的压力、职责、个性不合、直线经理（如生产主管）和人事主管（如人力资源专家）之间的误解，等等。例如，收款负责人某年的目标是将坏账减少50%，这很可能同分部将销售额提高20%的目标相冲突。为了使战略实施取得成功，必须对冲突进行管理。在大多数（如果不是全部）组织中，冲突管理是一个战略问题。

在企业确立战略目标的过程中也会发生冲突。原因在于，管理者和战略制定者必须在权衡如下侧重点方面做出取舍：短期盈利与长期增长，盈利率与市场份额，市场渗透与市场开发，增长与稳定，高风险与低风险，社会责任与利润最大化，等等。有时，折中是必要的，因为没有一家企业的资源充足到可以追求所有对企业有利的战略。表7-5揭示了战略实施中需要的管理权衡决策。战略规划需要做出有效的权衡决策。

表7-5　战略实施中需要的管理权衡决策

1. 强调短期利润还是长期增长
2. 强调利润率还是市场份额
3. 强调市场开发还是市场渗透
4. 采取裁员还是强制性无薪休假
5. 追求增长还是稳定
6. 承担更多社会责任还是追求更多利润
7. 将工作外包还是增加投入自己生产
8. 外部获取还是内部建设
9. 通过杠杆还是股市来筹集资金
10. 聘用兼职员工还是全职员工

冲突并不一定是坏事，冲突的缺失往往是漠不关心、麻木不仁的信号。冲突可以激发对立群体采取行动，进而帮助管理者发现问题。乔治·巴顿（George Patton）将军说过："如果人人想的都一样，那一定是有人没有思考。"

管理和解决冲突的方法多种多样，比如忽略问题寄希望于冲突自行解决（无为而治），或者将相互矛盾的个人或群体进行分离，或者妥协，或者交换冲突各方人员以促进相互理解，甚至召开会议使对立双方陈述各自观点，以达到求同存异的效果。

➡ 7.5　将组织结构与战略相匹配

迪士尼在2018年进行重组，增加了一个直接面向消费者的部门和一个国际部门，将其消费品和主题公园部门合并。艾尔弗雷德·钱德勒（Alfred Chandler）提出"战略变化导致组织结构变化"。组织结构应该服务于战略，追随战略。离开了战略或使命，企业要设计有效的组织结构十分困难。

战略的变化往往要求组织结构发生相应变化。主要原因有两个：第一，组织结构在很大程度上决定了目标和政策如何建立。例如，在地域型组织结构中，目标与政策往往以地域性术语表述；在基于产品类的组织结构中，目标与政策很大程度上用产品术语描述。制定目标与政策所依赖的组织结构形式会对所有其他的战略实施活动产生显著影响。

第二，企业的组织结构决定了资源的配置方式。如果组织是按用户群构建的，那么资源配置亦然。同理，如果组织结构基于职能领域，则资源配置也基于职能领域。除非新的或修改后的战略与原战略侧重的职能领域相同，否则，调整组织结构常常会成为战略实施的重要内容。

当企业战略改变时，现行结构可能失效。如表 7-6 所示，无效组织结构的特征包括：过多的管理层次，过多的人参加过多的会议，将过多的精力用于调解跨部门冲突，过宽的控制范围，有过多的目标尚未实现等。结构的变化有助于战略的实施，但不能指望结构的变化可以将差战略变成好战略，或将糟糕的管理者变为优秀的管理者，或使滞销品成为畅销品。

表 7-6　无效组织结构的特征

1. 过多的管理层次
2. 有过多人员参加过多的会议
3. 将过多的精力用于调解跨部门冲突
4. 过宽的控制范围
5. 有过多的目标尚未实现
6. 公司业绩下降
7. 落后于竞争对手
8. 管理者和员工的平均收入低于竞争对手

毋庸置疑，组织结构可以并且的确影响组织战略。战略必须可行，如果新战略要求进行大规模的组织结构调整，那它就不具有吸引力。因此，组织结构影响战略的选择，更重要的是要确定战略实施需要何种组织结构，以及如何最好地实现这些变化。对特定战略或特定类型的企业而言，不存在一种最优的组织结构设计。尽管特定产业中成功的企业倾向于采用相似的组织结构，但适用于一家企业的组织结构未必适用于另一家类似的企业。例如，生产消费品的公司倾向于按产品设置组织结构；小企业常按职能设置组织结构（集中化的）；中型企业一般采用分部式组织结构（分散式的）；大型企业则采用战略业务单元（SBU）或矩阵式组织结构。

7.6　组织结构的类型

组织结构非常重要！一般有 7 种常见的组织结构类型：（1）职能型；（2）地区事业部型；（3）产品事业部型；（4）用户事业部型；（5）生产过程事业部型；（6）战略业务单元（SBU）型；（7）矩阵型。公司要致力于实现比竞争对手更好的组织化和结构化，良好的组织可以产生巨大的竞争优势。从历史事件、战役到公司竞争，无数例子表明，卓越的组织可以克服诸多不利条件，实现以小博大、以弱胜强。

职能型

职能型或集中式结构是使用最广泛的一种组织结构，在 7 种结构方式中最简单、最经济。**职能型组织结构**（functional structure）将任务和活动按业务职能进行分类，如营销或财务。比如，大学可以按学术活动、学生服务、校友关系、体育、后勤和会计等主要职能对其活动进行分类。

在职能型结构下，部门无决策权，也不承担相应责任和对收入或利润负责，关键的决定都是集中做出的。例如，一家小企业由邻近三个城镇的三家餐馆组成，如果所有雇用、解雇、促销和广告决定都是集中做出的，则该企业就是职能型组织。但如果将这些决定下放给每一家餐厅经理，则这家小企业在结构上就是地区事业部型。除了简单和经济，职能型结构还可以推动劳动的专业化分工，促进有效地使用管理和技术人才，降低对复杂系统的需求，并利于迅速做出决策。

职能型组织结构的缺点包括：责任全在最高层，员工职业发展的机会很少；有时还会导致员工士气低下，部门与人员间的冲突，授权不够，产品和市场计划性不强等。因此，绝大多数大公司均放弃了职能型组织结构，以实施分散化管理并强化责任。表 7-7 总结了职能型组织结构的优缺点。

表 7-7 职能型组织结构的优缺点

优点	缺点
1. 简单、成本低	1. 将责任集中到最高领导层
2. 充分利用业务活动的专业化，如营销、财务等	2. 不鼓励授权和承担责任
3. 降低了对复杂系统的需求	3. 减少了职业发展机会
4. 可迅速做出决策	4. 会降低员工士气
	5. 产品和市场计划性不强
	6. 导致短期、狭隘思维
	7. 产生沟通问题

职能型组织结构常常还会导致目光短浅，思路狭隘，各自为政，可能损害公司的整体利益。例如，研发部门可能超要求地设计产品和零件以达到技术完美，制造部门则会支持低要求的产品从而更容易实现规模生产。因此，职能型组织内部通常难以进行有效交流。沙因（Schein）指出了职能型组织结构中的沟通问题：

> 对于工程师，营销意味着产品开发；对于产品管理者，营销意味着通过市场调研了解消费者；对于销售人员，营销意味着推销；对于制造管理者，营销意味着持续改进设计。所以，当这些管理者试图共同努力工作时，他们经常会将分歧归结于个性，而没有注意使每个部门有自己想法的更深层次的共性问题。[4]

事业部型

事业部型组织结构（divisional structure）或**分权式组织结构**（decentralized structure）是仅次于职能型组织结构被普遍采用的组织结构形式。事业部有时也指部门、利润中心或业务部门。随着自身的成长，中小企业在管理不同市场中的不同产品和服务时会遇到越来越多的困难。为了激励员工、控制运作以及在不同地区成功竞争，有必要采用某些事业部型组织结构。事业部型组织结构可以按如下四种方式设置：（1）按地区；（2）按产品；（3）按用户；（4）按业务过程。在事业部型组织结构中，职能业务活动不仅在总公司集中进行，还在各事业部分别进行。

最近，柯达公司将事业部的数量从按用户设置的 7 个减至按产品设置的 5 个。随着全球范围内消费模式的不断趋同，按产品设置的结构比按用户或地区设置的结构更有效。在这次重构中，柯达公司放弃了全球运营事业部，将之融入新的副产品事业部。

事业部型组织结构有一些明显的优越性。首先且最重要的是责任清晰。事业部经理要对销售和利润负责。由于事业部型组织结构基于充分授权，管理者和员工可以很容易地看到自己业绩的优劣。其结果是，事业部型组织中员工的士气通常要比职能型组织中的员工高。事业部型组织结构的其他优势还有：为管理者提供职业发展机会，可以根据各事业部的具体情况进行自主控制，在组织内部形成竞争氛围，更利于开发新业务和新产品等。

然而，事业部型组织结构并非没有局限性。其最大的局限性恐怕就是成本高。究其原因，一是各事业部都要有各业务职能领域的专业人士，必须给他们支付酬金。二是在人员保障、设施和人事方面存在一些重复。例如，为了协调各事业部的职能活动，公司总部也需要有各职能领域的人员。三是这种权力下沉的结构势必需要高素质的管理者，而高素质意味着高薪酬。事业部型组织结构需要复杂的总部驱动控制体系，运行该体系的成本不菲。四是事业部之间的激烈竞争可能导致公司内部不和谐，也会限制创意和资源的共享，这对公司的发展不利。表 7-8 总结了事业部型组织结构的优缺点。

表 7-8　事业部型组织结构的优缺点

优点	缺点
1. 责任明确	1. 成本高
2. 允许视情况进行自主管理和控制	2. 职能活动重复
3. 创造了职业发展机会	3. 需要高素质的管理者
4. 促进授权	4. 需要复杂的控制系统
5. 在组织内部形成竞争氛围	5. 事业部之间的竞争会造成公司内部不和谐
6. 容易增加新产品和新的销售区域	6. 限制创意和资源共享
7. 可以对产品、客户和区域进行严格管理和监督	7. 一些地区、产品和消费者会享受特殊的待遇

地区事业部型（divisional- by-region）适用于那些战略需要适应不同地区用户的不同需求和特性的公司，它尤其适用于在广泛的区域有类似分支机构的企业。该结构可以使当地管理者参与制定决策和促进区域内的协调。

产品（或服务）事业部型（divisional-by-product or service）是需要对特殊产品或服务给予特别关注时最有效的战略实施方式。此外，当企业只提供少数几种产品，或当企业的产品和服务差异很大时，这种组织结构也比较合适。该结构可以对产品线进行严格的控制和监督，但它也要求管理者有更强的管理技能，同时可能削弱最高管理层的控制权。

当企业拥有非常重要的用户并向这些用户提供多种服务时，用户事业部型（divisional- by-customer）对战略实施最为有效。这种结构可以使企业有效满足被明确划分的用户群体的需求。例如，图书出版商经常针对大学、中学开展业务活动。一些航空公司有两个主要的事业部：客运服务和货运服务。公用事业公司通常基于广告、住宅和产业设立用户事业部。

生产过程事业部型（divisional-by-process）与职能型结构类似，其业务活动根据实际运作过程而被分类组织。然而，生产过程事业部型和职能型组织结构的关键不同之处在于，职能部门不对盈利或收入负责，而生产过程部门则要核算各项指标。按生产过程设置事业部的一个例子是，某制造公司按工序如电气、玻璃切割、焊接、抛光、上漆及铸造分设6个事业部，凡是与某工序相关的业务活动都归入对应的事业部。各工序事业部独立核算收入和盈利。当特定生产工序成为产业的竞争焦点时，生产过程事业部型结构对于实现企业目标尤为有效。

战略业务单元型

随着企业中事业部或分公司的数量、规模和类型的增加，战略制定者对事业部的控制和评价愈加困难。销售的增长往往不能带来盈利的同步增长，企业最高层的控制幅度也变得过宽。例如，康尼格拉公司（ConAgra）的事业部曾有90个之多，这家巨型企业的CEO甚至难以记住所有事业部总经理的名字。在多事业部公司中，**战略业务单元结构**（strategic business unit（SBU）structure）可以有效促进公司战略的实施。

SBU结构将同类的分公司或事业部归并成战略业务单元，委任高层管理者负责并直接向集团公司CEO报告。该结构通过协调各类业务事业部，明确各战略业务单元的职责，来促进公司整体的战略实施。在一个拥有100个事业部的巨型公司中，这些事业部可以依据某种共同特征，比如参与竞争的产业、所在的区域或面对的用户组成10个战略业务单元。

SBU的一个缺点是增加了一个管理层次，从而增加了工资开支。然而，这一缺点并没有埋没其促进协调和强化问责的好处。SBU的优越性非常明显：促进协调，强化责任；公司总部更易制定和控制任务。如www. halliburton. com所述（单击“关于我们的信息”，然后单击“公司简介”，然后向下滚动以查看列出的SBU），哈里伯顿在SBU结构的基础上开展业务。最近微软改变组织结构，形成了三个产品战略业务单元：（1）Windows和设备集团（WDG）；（2）云和企业（C+E）；（3）应用和服务集团（ASG）。

矩阵型

矩阵型组织结构（matrix structure）是一种组织设计，在这种设计中建立了纵向和横向的职权和沟通关系（故称“矩阵”），其中职能横向排列，部门、产品或项目垂直排列。相比之下，职能型和事业部型组织结构主要依靠纵向的命令和权力链。由于设置了更多管理职位，矩阵型组织结构的管理费用很高。矩阵型组织结构的另一缺点是增加了企业的复杂程度，比如，双重预算授权（违背了指令一致性原则），双重奖惩系统，权力共享，双重报告系统以及多维沟通系统。

矩阵型组织结构广泛应用于建筑和保健品产业。例如，在建筑业，柏克德公司（Bechtel）和福陆公司（Fluor）适合采用矩阵型组织结构，每个建筑项目都有一个项目负责人；如果项目规模很大，例如横贯阿拉斯加长达 800 英里的管道系统，每个项目还有一个人力资源负责人，此人同时向项目负责人和公司人力资源总监汇报工作。

如表 7-9 所示，矩阵型组织结构的优点包括：项目目标清晰，沟通渠道众多，员工可以看到自己的工作成果，取消项目相对容易等。矩阵型组织结构的另一大优点是，它可以促进专业人员、设备和设施的充分利用。职能资源在矩阵型组织结构中可以得到共享，而不像在事业部型组织结构中那样需要重复配置。在矩阵型组织结构中，具有高水平专业知识的人员可以按项目所需来灵活分配时间，从而提高自身的技能和竞争力，在这一点上该结构明显优于其他结构。

表 7-9 矩阵型组织结构的优缺点

优点	缺点
1. 项目目标清晰 2. 员工可以看到自己的工作成果 3. 取消项目相对容易 4. 促进专业设备、人员和设施的充分利用 5. 职能资源得到共享，而不像在事业部型组织结构中那样需要重复配置	1. 需要良好的纵向和横向沟通 2. 需要更多的管理岗位而增加成本 3. 影响指令原则的一致性 4. 双重预算授权 5. 双重奖惩系统 6. 权力分散，报告关系不明 7. 需要相互信任和理解

图 7-4 展示了一种典型的矩阵型组织结构，包括典型的高管头衔。注意字母（从 A 到 Z4）代表管理者。譬如，你是管理者 A，你负责项目 1 的财务事宜，这时，你有两个上司——项目 1 的现场经理和不在现场的公司首席财务官。

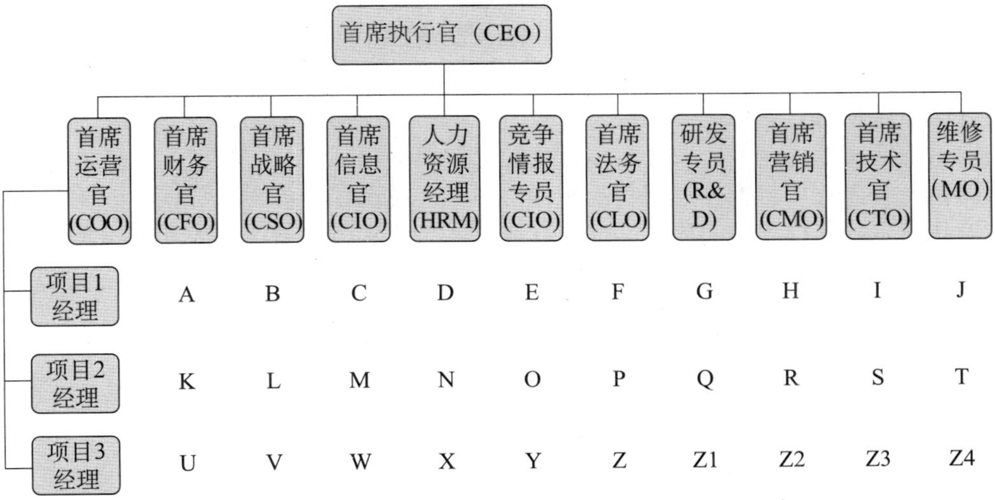

图 7-4 大型企业中有典型高管头衔的典型矩阵型组织结构

➡ 7.7 设计组织结构的“要”与“不要”

分析战略管理案例的学生（和现实中的企业主管）经常被要求设计和修订公司的组织结构。本节给出一些基本指南，以及制定和修订组织结构要遵循的若干基本规则，尤其适用于大中型企业。首先，要把公司最高层的职位留给首席执行官（CEO）。对于最高层的管理者不要使用“总裁”称谓，如果公司有事业部，应该将总裁称谓用于各事业部的主管。同样，不要将“总裁”的称谓用于职能业务主管，要用“首席”、“副总裁”、“总干事 / 经理”或者“专员”等，例如“首席信息官”或者“人力资源副总裁”。另外，不推荐对一位高管使用双重称呼（比如 CEO 和总裁）。

不要让一个人同时担任一家公司的董事长和首席执行官。值得注意的是，董事会最高的头衔用董事长或主席均可，但对应的英文最好用 chairperson（中性）而不是 chairman。美国企业界正在分开上市公司的董事会主席和首席执行官职位，包括要求纽约证交所和纳斯达克采取相关的上市规则。在标准普尔 500 股指中，约有 50% 的公司职位是分开的，而在 2002 年这一比例是 22%，在欧洲和亚洲的企业中，这种情况更为常见。例如，80% 的英国企业、所有的德国和荷兰公司都将这两个职位分开了。2018 年，韩国三星电子首次将董事会主席的职能（角色）和头衔与首席执行官分开。

首席执行官（CEO）的直接下属中最好有一位首席运营官（COO），所有事业部总裁都直接向他报告。在首席运营官这一层面，其他领域的高管，如首席财务官（CFO）、人力资源副总监、首席战略官（CSO）、首席信息官（CIO）、首席营销官（CMO）、研发副总监、法律事务副总监、投资关系主管和维护主管等，和他一样都直接向首席执行官报告。在图 7-4 所示的矩阵型组织结构中，这些职位被合理地标示和排序。这种组织结构通常包括项目经理，而不是向首席运营官报告的部门总裁。

在美国公司中，首席运营官的职位正在迅速被撤销。推特最近将其首席运营官的职责分给其他高管。麦当劳、蒂芙尼和雅虎最近撤销了其首席运营官职位。事实上，在过去十年里，美国拥有首席运营官的大公司的比例几乎每年都在下降，现已降至35%左右。如今，医疗和工业企业有首席运营官的可能性最小。普华永道会计师事务所认为，公司逐步取消首席运营官职位的原因有四个：（1）使组织结构扁平化；（2）去掉一个管理层级；（3）降低成本；（4）扩大首席执行官的权力和责任。如今，数字通信甚至社交媒体使首席执行官能够履行首席运营官的职责。许多公司现在将首席运营官的传统职责委托给首席执行官或其他职位，如首席财务官或首席品牌官。取消首席运营官的职位确实扩大了首席执行官的控制范围，但也分散了他的注意力，这对许多公司来说不是好事。

在设立组织结构时，要避免有特殊人员超越管理控制链向一人以上报告（矩阵型组织结构除外），这样会妨碍控制指令的一致性，“每位员工应当只有一位领导”。同样，不要让首席财务官、首席信息官、首席战略官、人力资源总监或者其他职能岗位人员直接向首席运营官报告，所有这些高管都应当直接向首席执行官报告。

与首席运营官职位情况相反的是，美国公司首席会计官（CAO）的数量正在增加。现在，首席会计官所做的不仅仅是管理公司的账簿和准备财务报表。他们参与讨论有关如何最好地平衡资产负债表、何时以及如何确认收入的战略问题，知道如何使用美国和国际标准（GAAP 和 IFRS）报告业绩。CAO 签署公司财务文件的做法日益普遍，这意味着 CAO 和 CFO、CEO 一起，将为任何会计错误或不当行为承担个人责任。

施乐公司前 CAO 加鲁·卡布雷克（Garu Kabureck）表示："我认为过去 15 年在美国发生的事情是，会计职能开始与财务主管职能分离。" 在一家公司中，财务主管通常更侧重于预算和计划，而 CAO 则负责全球簿记的详细情况。CAO 还与董事会的审计委员会以及公司的外部审计机构密切互动。

一个相对较新但越来越受欢迎的高层管理职位是首席设计官（CDO）。例如，强生公司聘请了一位叫作埃内斯托·金特罗斯（Ernesto Quinteros）的首席设计官，担任 CMO 与研发人员之间的联络人。该职位与强生、百事和 Phillips Electronics NV 的 CMO 职位具有同等地位，因为"一款设计精良的产品在营销方面具有巨大优势"，为强生创设了 CDO 职位的强生集团前全球董事长桑迪·彼得森（Sandi Peterson）如是说。

人们永远不能确知，一个提议的或实际的组织结构是否最有效。财务业绩下降意味着需要改变结构。表 7-10 提供了为公司设计组织结构时应遵循的重要准则。

表 7-10　设计组织结构的 15 条准则

1. 董事会主席（的英文）不是 chairman，而是 chairperson（中性）。
2. 确保董事会反映了种族、族裔、性别和年龄的多样性。
3. 确保董事会主席不是公司的首席执行官或总裁。
4. 确保公司的首席执行官不用总裁头衔。
5. 为公司各部门负责人保留总裁一职。
6. 如果部门规模大或地域分散，则设立首席运营官。
7. 确保只有部门总裁向首席运营官汇报。
8. 确保职能部门的高管，如 CFO，CIO，CMO，CSO，R&D，CLO，CTO 和 HRM 向 CEO 而不是 COO 汇报。
9. 确保每个管理者都有一个上司，据此绘制图表中的线条，以确保统一指挥。
10. 确保控制范围（管理幅度）合理，请示报告的人（可能）不超过 10 个。
11. 确保企业高管在种族、族裔、性别和年龄方面的多样性。
12. 除小公司外，应避免采用职能型组织结构。
13. 尽可能使用某种形式的事业部型组织结构来分散权力。
14. 对于拥有 10 个以上部门的大公司，使用 SBU 型组织结构。
15. 在有产品事业部和 SBU 的公司中，确保管理人员的头衔尽可能与产品名称匹配。

如何绘制组织结构图

无论是在 10-K 表格上还是在网站上，公司很少提供组织结构图。好在几乎所有公司都提供了一份高管名单和相关头衔，这些信息可用于绘制现有和拟提出的组织结构图。可按以下步骤绘制组织结构图：

步骤 1　按头衔和人数列出主管职位。编号（而不是方框或圆圈）能够在结构图中显示报告关系。用数字仅为方便起见。

步骤 2　用数字来表示位置，遵循本章提出的指导方针，设计图表以显示报告关系。

步骤 3　绘制连接数字的线，以显示报告关系。注意，将一个数字用线连接到另一个数字意味着该人向另一个人报告；因此不要随意连接，例如，不可用线连接 CFO 与 CMO。

图 7-5 和图 7-6 分别给出了 ABC 公司现有和改进的组织结构图。ABC 公司的示意图表明如何应用以上三个步骤。在设计任何组织结构图时，不要关心高管的名字，因为人员经常发生变动，而职位相对稳定。另外，不要过分关注现有组织结构图的报告关系，除了公司内部人员之外，其他人通常并不知道这些关系。新的和改进的组织结构图才是最重要的。再则，图中不要包括 20 名左右的中低层经理，也不要包括董事会成员。并不是说中低层管理人员和董事会成员不重要，只是公司高管之间的报告关系揭示了结构类型和指挥链。公司结构和指挥链正确，才能有效实施战略。

高管头衔

1.董事会主席
2.首席执行官和总裁
3.人力资源副总裁
4.财务副总裁
5.技术副总裁
6.营销副总裁
7.设计和研发副总裁
8.美国分部经理
9.欧洲分部经理
10.亚洲分部经理

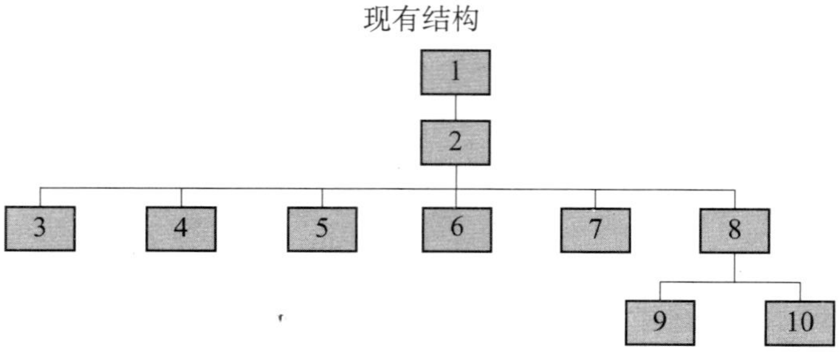

图 7-5　ABC 公司现有的（不好的）组织结构

高管头衔

1.董事会主席
2.首席执行官
3.人力资源总监
4.首席财务官
5.首席技术官
6.首席营销官
7.首席设计官
8.美国分部总裁
9.欧洲分部总裁
10.亚洲分部总裁
11.首席运营官

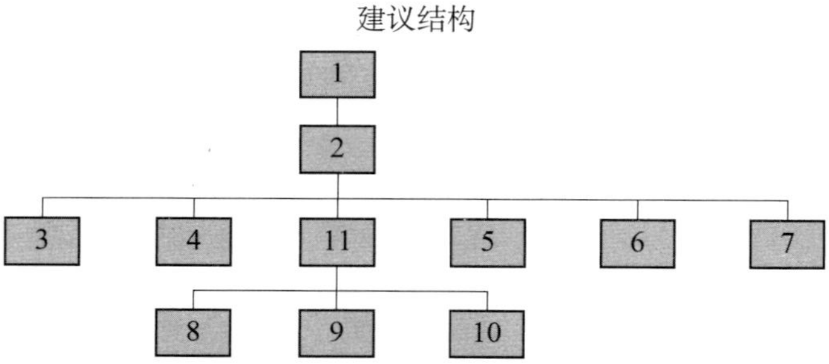

图 7-6　ABC 公司改进后的（优秀的）组织结构

图 7-7 和图 7-8 分别给出了公司现有和改进后的组织结构图，进一步说明了如何应用这三个步骤绘制组织结构图。沃伦贝格工业公司（Winnebago）总部设在艾奥瓦州森林城，生产和销售休闲旅游和户外娱乐活动中使用的休闲车（RVs），包括：沃伦贝格品牌的房车（露营车）、旅行拖车和五轮拖车；其他制造商的零部件；执法指挥中心、流动医疗诊所和移动办公场所用的汽车外壳；以及第三方作为裸壳用的商务车。沃伦贝格主要通过美国和加拿大的独立经销商销售产品。

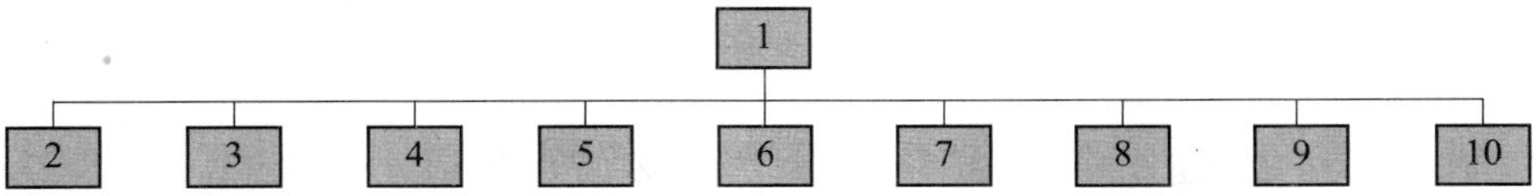

1.迈克尔·哈佩：总裁兼CEO
2.阿希斯·巴塔查里亚：战略规划与开发副总裁
3.唐纳德·克拉克：Grand Design 露营车总裁兼沃伦贝格工业公司副总裁
4.杰夫·库巴基：信息技术副总裁兼首席信息官
5.克里斯·韦斯特：运营副总裁
6.布雷特·伍德森：行政副总裁
7.布赖恩·休斯：副总裁兼首席财务官
8.斯科特·福克斯：副总裁，总法律顾问兼秘书
9.斯科特·德格南：Towables业务副总裁兼总经理
10.布赖恩·黑兹尔顿：房车业务副总裁兼总经理

图 7–7　沃伦贝格工业公司现有的（不好的）组织结构

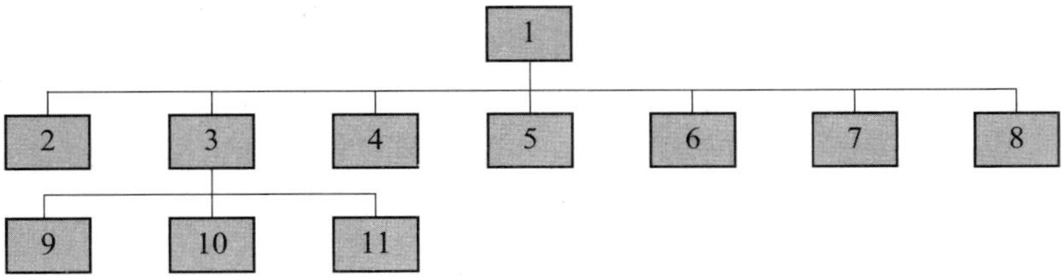

1.迈克尔·哈佩：CEO
2.阿希斯·巴塔查里亚：战略规划与开发副总裁
3.唐纳德·克拉克：COO
4.杰夫·库巴基：信息技术副总裁兼CIO
5.克里斯·韦斯特：运营副总裁
6.布雷特·伍德森：行政副总裁
7.布赖恩·休斯：副总裁兼CFO
8.斯科特·福克斯：副总裁，总法律顾问兼秘书
9.斯科特·德格南：Towables事业部总裁
10.布赖恩·黑兹尔顿：房车事业部总裁
11.简·多伊：辅助产品事业部总裁

图 7–8　沃伦贝格工业公司改进后的（优秀的）组织结构

7.8 战略生产与运营

企业的生产能力、作业水平、局限条件和各项政策可以明显地促进或阻碍经营目标的实现。通常，生产过程占企业 70% 以上的总资产，战略实施主要集中在生产现场。与生产相关的决策对战略实施的成败有很大影响，这些决策包括：工厂规模、工厂位置、产品设计、设备选择、加工方式、库存水平、库存控制、质量控制、成本控制、采用标准、工作规范、员工培训、设备利用、资源配置、物流货运和技术革新等。

关系到战略成功实施的三个生产 / 经营问题是：（1）重组与再造；（2）管理变革阻力；（3）决定在何处以及如何生产，下面分别予以讨论。

重组与再造

重组和再造是第 5 章讨论的收缩形式。**重组**（restructuring）也被称为缩小企业规模，是指企业在员工数量、事业部或业务单元数量以及组织结构层级数目方面的缩减。缩减的目的在于同时提高企业的效益和效率。重组主要是为了股东利益而不是员工利益。

重组的一个主要益处在于降低成本。那些官僚主义严重的公司通过重组可以在全球竞争中免遭淘汰。重组的负面影响在于，未来的不确定性和对人员裁减的担忧会影响员工的责任心和改革与创新的积极性。2018 年，通用电气进行重组，将其 6 大业务减少为 3 大业务（能源、医疗和航空）。

关于企业中的工作保障，欧洲企业正向美国企业学习，即可以任意地解雇员工。从意大利米兰的银行到德国曼海姆的工厂，欧洲的雇主激励员工提高效率与精干的美国企业竞争。美国式裁员在欧洲虽少见，但欧洲失业率还是迅速上升。由于文化、法律和工会的影响，欧洲公司还是倾向于通过人员自然流失和退休而不是解雇来减小企业规模。

与重组不同的是，再造更多的是为了雇员和用户的利益，而不是股东的利益。**再造**（reengineering）是指对工作、岗位和生产过程进行重新构造和重新设计，旨在降低成本，提高产品质量和服务水平，加快生产速度。通常再造不影响企业的组织结构，也不意味着工作岗位的减少或对员工的辞退。重组主要涉及企业部门或事业部的取消与建立、缩减与扩大以及适当调整，而再造则聚焦于改变工作的实际方式。再造体现为一些战术（短期的和具体业务功能的）决策，而重组是战略性（长期影响所有的企业职能）决策。

管理变革阻力

没有一个组织或个人能够逃避变革，但变革会使人忧虑，因为人们担心变革会导致经济损失、不方便、不确定以及对通常社会模式的解构。在组织结构、技术、人员或战略方面的任一变化都可能打乱人们的互动模式，因此，人们往往抵制变革。战略管理实施本身会推动个人和业务过程的变化，重新定位以使人们从战略的角度思考和行动并非一件容易的事。战略实施会对许多管理者和员工构成威胁，新的权力和地位关系会确立。新的正式和非正式群体的价值观、信念和优先事项很大程度上不为人知，管理者和员工可能会因为他们在公司变革中角色、特权和权力的改变而抵制变革。在战略制定过程中，必须对伴随战略执行而出现的社会和政治结构混乱进行预判，并在战略实施过程中加以管理。

变革阻力（resistance to change）可以看作对成功实施战略的最大威胁。阻力经常出现在企业中，其表现形式包括毁坏机器、缺勤、匿名投诉及不愿合作等。由于员工不理解正在发生什么以及为什么要进行变革，他们常常阻碍战略的实施，为此需要向员工提供正确的信息。成功的战略实施取决于管理者能否建立起有助于变革的组织氛围，变革必须被管理者和员工视作企业更有效竞争的机会，而不是对每个人生计的威胁。

战略制定者可以采取多种积极的行动，使管理者和员工对变革的抵触最小化。例如，应让将受变革影响的人员参与确定变革和实施变革的决策。战略制定者应能够预见变革，通过开发和提供教育培训有效地宣传变革的必要性，促使管理者和员工适应变革。实际上，战略管理过程就是管理变革的过程。

决定在何处以及如何生产

在中国，约有 70 万名工人负责组装苹果产品，这些工人来自富士康等制造承包商。要把这些组装工作放在美国几乎不可能，原因至少有三个。第一，富士康是全球约 40%

消费电子设备的制造商。富士康向组装工人支付的报酬远低于美国劳动法允许的水平。第二，富士康和其他中国制造企业把员工安置在宿舍里，一接到订单，工人立即可到装配线工作。第三，苹果公司和其他科技巨头的大部分零部件供应商也在中国或其他亚洲国家，这种地理集群为公司提供了灵活性，即便在最后一刻更改产品设计也能做到按时发货。

表 7-11 给出了调整生产系统以满足各种战略实施要求的例子，其中既有营利性组织，也有非营利组织。美国最大的自行车厂商 Huffy 公司最近关闭了生产部门，不再生产自行车，而将生产外包给亚洲和墨西哥的制造商，自己则专注于自行车的设计、营销和配送。俄亥俄州的代顿公司（Dayton）也关闭了在密苏里和密西西比的工厂。

表 7-11 生产管理与战略实施

组织类型	正在实施的战略	生产系统调整
医院	增加一个癌症中心（产品开发）	添置专业设备和专业人员
银行	增加 10 个营业部（市场开发）	进行选址分析
啤酒厂	收购大麦农场（后向一体化）	修改库存控制系统
钢铁生产商	收购一家快餐连锁店（不相关多元化）	改进质量控制系统
电脑公司	收购一家零售连锁店（前向一体化）	调整物流、包装和运输系统

关于生产设施的布局应研究以下因素：主要资源的可获得性，所在地区的现行工资率，运输成本，主要市场的位置，所在地区或国家的政治风险，货币和税收问题，语言和法律因素，熟练员工的可用性等。

7.9 人力资源的战略问题

任何组织与其成员密切相关，因此，人力资源问题可以决定或破坏战略的成功实施。本节进一步讨论以下 7 个人力资源问题：（1）将业绩和薪酬与战略挂钩；（2）平衡工作与家庭生活；（3）发展多元化的员工队伍；（4）谨慎雇用竞争对手的员工；（5）培育支持战略的文化；（6）谨慎监控员工的社交媒体；（7）制定公司福利计划。

将业绩和薪酬与战略挂钩

企业的薪酬制度需要与战略成果挂钩。加薪、升职、绩效工资和奖金方面的决策需要支持企业的长期目标和年度目标。基于年度目标和长期目标的双轨奖金发放制有助于将绩效和薪酬与战略联系起来。管理者年终奖基于短期业绩和长期业绩两部分的比例，因职务级别而有所不同。很重要的一点是，奖金的发放不能仅仅基于短期业绩，否则容易忽视企业的长期战略和目标。

美国银行 2018 年的薪酬计划包括奖金制度，如果实现了某些增长目标，其财富管理团队中的经纪人可以多拿 2% 的薪酬。美林（Merrill Lynch）的经纪人也获得了类似的奖金，但如果他们未能实现最低增长目标，薪酬将降低 2%。而美国银行没有这样的薪酬处罚条款。

有效奖金制度的考核标准很多，诸如销售额、盈利、生产效率、产品质量与安全等。如果企业实现了盈利目标，每个员工都应分享收益。奖金发放系统可以作为激励员工支持战略实施的一种有效工具。例如，美国银行改革了其激励制度，将员工收入同银行最具获利潜力的产品和服务的销售额挂钩。分行经理的收入除基本工资外，再加上基于新增用户数和银行服务业务收入的奖金。若分行超额实现了经营目标，则分行的每位员工都可得到相应的奖金。美国银行的一位高管托马斯·彼得森（Thomas Peterson）说道："我们想让大家对目标负责，因此，我们根据销售额而不是成本控制或停车场是否打扫干净来发放奖金。"

战略性激励措施以促进员工为成功实施战略而勤勉尽责。这些措施包括：涨工资、公司股票期权、工资外补贴、晋升、表扬、认同、批评、压力、工作自主权和奖励，等等。在企业中，激励员工个人、部门和事业部积极支持战略实施的方式数不胜数。例如，公司可允许员工在 10 年内以低于当前市场价的固定价格购买至多 1 000 股公司股票的期权。

2018 年，美国上市公司第一次被要求公布除 CEO 薪酬外的员工薪酬中位数，以及这两个数字的比值。例如，惠而浦公司（Whirlpo Corporation）透露，公司员工年薪的中位数为 19 906 美元，而 CEO 的年薪为 708 万美元，约是员工收入的 356 倍。在另一家名为 Intuitive Surgical 的公司中，员工的薪酬中位数略高于 157 000 美元，而 CEO 的薪酬为 510 万美元，约是员工收入的 32 倍。马拉松原油公司（Marathon Petroleum）的员工薪酬中位数为 21 034 美元，而 CEO 的收入为 1 970 万美元，约是员工收入的 937 倍。

平衡工作与家庭生活

现在，工作和家庭战略成为一些公司的竞争优势。这些公司通常为员工提供多种福利，包括：年长员工保健补助、弹性工作制、工作分担、领养补助、夏令营、员工求助热线、宠物关照，甚至修草坪服务等。如今，像"工作 / 生活协调专员"（work/life coordinator）、"工作多元化主任"（director of diversity）这样的职务已不鲜见。在全球范围内人们普遍认为，冰岛、挪威、瑞典、芬兰和丹麦是职业女性工作环境最好的国家，这些国家的女性就业比例都大于美国。实际上，根据世界经济论坛（World Economic Forum）的《全球性别差距指数报告》（*Global Gender Gap Index Report*），美国排在第 45 位。

《职业女性》（*Working Mother*）杂志每年都发布"100 家最适合职业女性的公司"排行榜（www. workingmother. com）。排序时最重要的三个指标是：弹性工作制的可用性、晋升机会和公司利益的公平分配。其他一些重要的指标包括：压缩工作周、远程办公、工作分担、儿童看护设施、夫妻双方的产假、指导、职业发展和女性员工的升职等。表 7-12 是 2017 年最适合职业女性工作的前十大公司。《职业女性》杂志还对最适合有色人种女性工作的公司进行了广泛研究。

美满的家庭生活会极大地促进美好的职场生活。工作与家庭生活关系已不再仅仅是女性面临的问题。企业解决这一问题的具体措施包括：将协助员工配偶重新工作作为一项员工福利；将公司资源用于家庭娱乐和教育方面；为员工组建俱乐部（如 IBM、Bethlehem Steel）；提供家庭与工作相互促进的活动机会等。惠顿学院的约瑟夫·普莱克

表 7-12　最适合女性工作的前十大公司

公司	员工数量	女性比例（%）	总部
1. 美国银行	175 400	55	北卡罗来纳州，夏洛特
2. 德勤	53 500	43	纽约州，纽约
3. 麦肯锡	7 110	44	纽约州，纽约
4. 安永	41 600	45	纽约州，纽约
5. 联合利华	10 150	44	英国，伦敦
6. IBM	380 000	31	纽约州，阿蒙克
7. 保德信金融集团（Prudential Financial）	20 314	49	新泽西州，纽瓦克
8. 普华永道	36 500	45	纽约州，纽约
9. 强生	39 370	45	新泽西州，新不伦瑞克
10. 硕腾（Zoetis）	3 960	41	新泽西州，弗洛勒姆公园

资料来源：Based on information at the *Working Mother* website，January 1，2018.

（Joseph Pleck）发现，在那些不给年轻父亲提供陪产假的公司中，大多数男员工仍然非正式地短期休假，或是将其他假期合并或是请病假。

一些企业设立了“家庭日”。在家庭日这天，企业邀请员工的家庭成员到公司做客，参观工厂和办公室，与管理者共同就餐，员工家属彼此认识和交流。家庭日活动的花费不高，却提升了员工为企业工作的自豪感。平衡工作与家庭生活的另一项措施是灵活安排工作时间。

发展多元化的员工队伍

玻璃天花板（glass ceiling）是指许多公司中存在的无形阻碍，使得女性和少数族裔员工不能担任高层管理职位。美国是促进女性和少数族裔进入企业中高层管理职位的全球领先者。2017 年，米歇尔·巴克（Michele Buck）成为好时公司的 CEO，成为掌管《财富》500 强企业的第 28 位女性，2013 年此类女性高管仅 21 位。但即使在美国，这方面的进展也是缓慢的。

企业员工的多元化若能与顾客的多样性匹配，可能是最有效的。对于跨国公司而言，这是一个乐观的目标，也是值得努力的目标。拥有多元化员工队伍的 6 大好处如下：

1. 女性和少数族裔有不同的见解、观点和角度，应该予以考虑。
2. 多元化的员工队伍呈现了一家致力于非歧视的公司形象。
3. 反映客户基础（主要客户群体）的员工队伍可以帮助吸引客户，建立客户忠诚度，设计或提供满足客户需求和要求的产品和服务。
4. 多元化的员工队伍有助于保护公司免受歧视诉讼。
5. 妇女和少数群体代表着大量合格的申请者。
6. 多元化的员工队伍增强了公司的社会责任意识并提升了公司的道德地位。

《财富》杂志 2018 年 1 月发表的一篇文章展示了几家少数族裔员工所占比例很高的公司：凯悦酒店（Hyatt Hotels）（65%）、万豪国际（Marriott International）（65%）、大众超级市场（42%）、第一资本金融公司（Capital One Financial）（49%）和金普顿（Kimpton）酒店及餐厅（60%）。

谨慎雇用竞争对手的员工

在《投资者商业日报》(*Investor's Business Daiby*) 上，《偷猎员工的要与不要》(*Dos and Don'ts of Poaching Workers*) 一文给出了在雇用竞争对手公司的员工之前要考虑的事项。[5] 从竞争对手公司雇用员工的做法由来已久，但在法律诉讼频繁的环境中，企业必须考虑该人是否能够获得竞争公司的秘密调味料配方、客户名单、编程算法或任何专有或机密信息。如果掌握这些信息的人加入你的公司，那么你的公司就会受到控诉，特别是当该人在竞争对手公司签了合同，或者已经签署了"禁止竞争协议"时。这篇文章称，为帮助公司避免这样的潜在问题，有必要编制周详的员工手册。文中还谈到惠普最近聘请了一位原 IBM 的总经理，结果遭到了 IBM 的起诉。虽然 IBM 在该案中败诉，但此类法律诉讼正越来越普遍。

美国伊利诺伊州罗斯科的ComAp人力资源经理韦恩·佩雷特 (Wayne Perrett) 表示："一家公司不想因从竞争对手那里'窃取'员工而出名，这有损公司的道德和业务。"面试和雇用竞争对手的员工并不违法，而且这种做法一直存在，但要避免诉讼。该问题日益成为一个需要管理的战略问题。

培育支持战略的文化

所有的组织都有独特的**文化** (culture)。例如，脸书的员工有做不寻常的选择和改变任务的自由。即使是低层员工也被鼓励去质疑和批评管理者。脸书按正态分布曲线 (Bell 曲线) 给员工评级，这创造了一个繁忙紧张的工作环境，在这种环境中公司看重的是你现在的成绩而不是过去的成绩。在脸书，管理者不是老板，而是帮手。

战略制定者应当保留、重视和建设现有企业文化中那些支持新的经营战略的成分，而对现有文化与战略相抵触的方面，要加以识别和改变。大量研究表明，新经营战略往往由市场驱动，并受到竞争力量的支配。因此，改变企业的文化使其适应新的战略，通常比改变经营战略使其适应现有文化更有效。如表 7-13 所示，改变企业文化的方法有多种，包括招聘新员工，人员的培训、调动和提拔，重组与再造，以及榜样示范、正面加强和个别指导等。

表 7-13　改变企业文化的方法和手段

1. 招聘新员工
2. 培训人员
3. 调动
4. 提拔
5. 重组
6. 再造
7. 榜样示范
8. 正面加强
9. 个别指导
10. 修订愿景或使命
11. 重新设计企业布局和外观
12. 调整奖励系统
13. 改变组织政策 / 程序 / 实践

在个人生活方面，损失和变革对人的影响显而易见。[6] 对损失和变革的记忆常会困扰个人和组织多年。伊布森（Ibsen）说："剥夺一个常人对生活的幻想，就等于剥夺了他的快乐。"[7] 当外部力量迫使企业采用新战略，企业不得不因此而改变人们依附的某种文化时，员工和管理者往往深感忧伤，他们想极力追寻旧时光的种种美好和意义。一些人在回忆中寻求慰藉，一些人则在当下体味快乐。战略管理和企业文化的弱相关会危害企业的业绩与成功。迪尔（Deal）和肯尼迪（Kennedy）强调，企业的战略变革总是会威胁企业文化：

> 人们对英雄模范人物、传说、日常礼仪与仪式以及工作场合的所有标识有很强的依附感。变革掠走了原有关系，使员工感到迷茫困惑、躁动不安，甚至是愤怒。除非对新旧转变给予大力支持，否则，文化的力量会中和甚至削弱战略变革的效果。[8]

富国银行最近加强了一种商业文化：向现有银行客户销售越来越多的产品，这被称为交叉销售—— 一种市场渗透策略，但这种商业文化失控了。联邦调查人员发现，富国银行开设了多达200万个存款和信用卡账户，而客户并没有要求或并不知道这些行为。公司6 000家分公司及其所有产品都存在交叉销售问题。富国银行的一位女发言人回应称："我们致力于解决这个问题，加强整个公司的文化，并采取必要的措施恢复客户的信任。"史蒂文·施罗特（Steven Schrodt）曾在富国银行工作，他所在分行的员工每天都有一个目标，就是开设两个新的支票账户，并进行其他8项产品的销售。最终史蒂文选择离开该公司。富国银行的文化问题代价高昂，公司受到诉讼和惩罚，最终损失了数十亿美元。

谨慎监控员工的社交媒体

许多公司监控员工和潜在员工（求职者）的社交媒体活动，这种做法有利有弊。支持者强调：（1）一家公司的声誉很容易因不满的员工在社交媒体网站上的发泄而受损；（2）社交媒体记录，比如电子邮件可作为对公司不利的证据。支持者说，公司有责任了解员工通过社交媒体就客户、供应商、分销商、同事、经理、技术、专利、程序、政策等发表意见的性质。支持者进一步说，忽视员工的社交媒体沟通对公司来说是不负责任的，而且风险太大。一些公司利用社交媒体对求职者进行调查和筛选时，会发现一些煽动性、引诱性或不恰当的照片和信息，这些内容与申请者的偏差、成见、偏见、酗酒和吸毒有关。然而，公司不应利用社交媒体以年龄、种族、族裔背景、宗教、性行为或残疾问题为由歧视员工。

反对公司监控员工社交媒体活动的人认为，这是对隐私的侵犯，而且对大量与公司或业务无关的个人信息进行筛选常常成为"非法调查"。对于政治、枪支或移民问题，公司研究人员可能"不喜欢"与自己立场不同的个体。在最近的一项研究中，77%的雇主表示会对求职者进行网络搜索；35%的雇主会因为他们发现的信息而拒绝求职者。[9] 但是，因为与工作无关的私人行为而拒绝求职者是不公平的。此外，当一家公司通过社交媒体发现一名雇员或潜在雇员是穆斯林、残疾人、同性恋或年龄在40岁以上时，就会拒绝晋升或雇用。在反对者看来，"社交媒体上发现的信息"可能成为针对公司歧视提起诉讼的依据。然而，在尽职调查等工作中，公司需要监控社交媒体活动，以确保员工不参与毒品、儿童色情制品、帮派等活动。

总的来说，只要公司有理由相信员工和潜在员工有非法或不道德的行为，就应该监控他们的社交媒体活动，但系统性地调查每一名员工和求职者的社交媒体活动可能适得其反。监控的底线是公司具有监控员工行为的合法权利。在理由足够充分的情况下，企业才能实施监控行为。

制定公司福利计划

员工的健康已成为很多公司的一个战略性话题。如果你拥有一家公司并支付员工的健康保险，你希望拥有一支健康的员工队伍吗？想必回答是肯定的，因为不健康的员工队伍的医疗保险费更高。健康的员工工作效率更高，缺勤率更低。

企业健康的概念正迅速从健康评估、减肥和生物筛检转变为包括财务福利、社交网络、工作－生活平衡和整体幸福。因此，现在的重点是生活方式管理，而不仅仅是胆固醇管理，这一转变包括工作空间中的立式办公桌和户外工作的机会。很大程度上“公司健康”一词已被“公司福利”取代，相应的新计划正被用于招聘和留住人才，这些计划与公司的目标和目的交织在一起。鲁安·海嫩（LuAnn Heinen）说：“顾客的快乐直接反映了员工快乐和投入的程度。”迈克尔·索科尔（Michael Sokol）说：“公司福利计划应该是多年计划，有明确的期望，并且应该包括整个医疗保健体系。”最近的一项研究表明，健康计划是有回报的，因为健康的员工生产力更高。[10]

7.10 战略营销

如下多个营销变量影响战略实施的成败：

1. 如何使广告互动性更强、更有效。
2. 如何充分利用社交媒体对公司和行业的讨论。
3. 采用独家经销商还是多家分销渠道。
4. 大量使用、少量使用还是不使用电视广告。
5. 是否限制与单一客户的业务占全部业务的比例。
6. 采取价格领先政策还是价格追随政策。
7. 提供完全的或有限的产品质量保证。
8. 扩展现有产品线或开发新产品。

市场细分、目标营销和产品定位是营销对战略管理最重要的贡献。市场开发、产品开发、市场渗透和多元化等战略要求通过新的市场或产品增加销售额。为了成功实施战略，需要进行有效的细分、目标营销和定位。

有效细分和目标营销

如图7-9所示，公司首先进行市场细分，然后进行目标营销，最后在行业中对产品进行定位。由于消费者的需求和要求各不相同，营销触达每个人的成本会很高，因此整体营销很少是一种有效战略。因此，企业进行**市场细分**（market segmentation），按需求与购买习惯的不同，将市场划分为不同的客户群体。这些细分是根据消费者独特的人口、地理、心理或行为特征实现的。成功的战略实施需要有效（和高效）的营销。

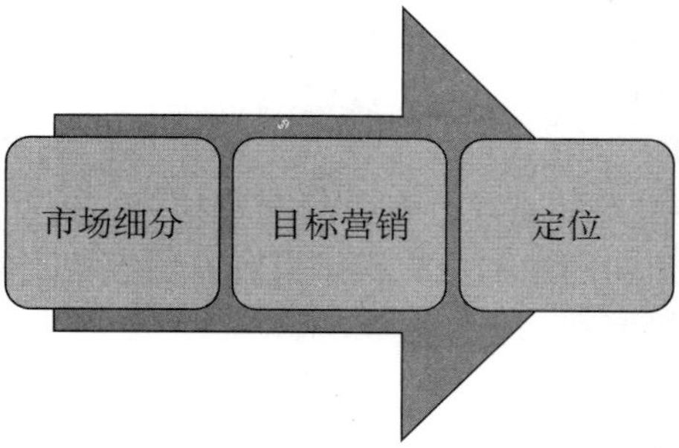

图 7–9　细分、目标营销和定位：营销战略的关键

市场细分需要战略制定者确定客户的特征及需求，分析客户的相似之处与不同之处，并识别出消费群体。市场细分后，公司选择特定的细分市场作为目标。消费者需求和购买习惯存在差异，因此企业应仔细选择。万豪国际、洲际酒店（InterContinental）和温德姆酒店（Wyndham）等公司拥有多个品牌，以针对特定的目标细分市场推出不同的服务。

正如本章末的微案例所示，世界知名的钻石珠宝公司戴比尔斯（De Beers）最近进行了重新定位，瞄准年轻消费者。这种细分、目标营销和定位对于吸引千禧一代（年龄在 18 ～ 34 岁的人）至关重要，美国千禧一代的人数已超过了美国婴儿潮一代。市场细分和目标营销决策直接影响**营销组合变量**（marketing mix variable）：产品、渠道、促销和价格。

产品定位

在完成市场细分并选择一个或多个细分市场作为目标市场之后，企业开始进行定位。**定位**（positioning）需要设计一个营销组合，以为目标客户提供独特价值。产品的供应、价格、促销或广告方式以及销售渠道相辅相成，目的是吸引特定的目标市场。如图 7–10 所示，任何供应物的产品、价格、促销以及渠道都共同为目标市场创造价值，从而导致消费者需求变高（或低）。

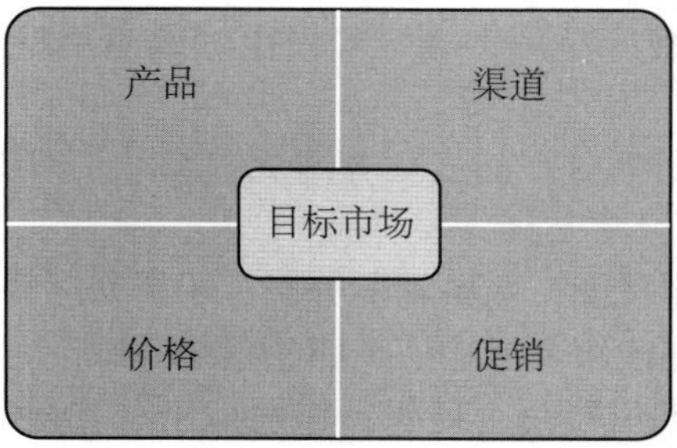

图 7–10　定位产品以满足目标市场的需求

宝洁通过市场营销有效地实施了产品开发和市场渗透战略。考虑以下宝洁洗涤剂品牌，例如：Era“有效去除污渍”；Cheer 提供“特殊的颜色保护”；Ivory“安全清洁婴儿衣物”。这些洗涤剂瞄准独特的细分市场，并据此定位。

改变品牌名称是营销人员用来重新定位产品的一种策略。最近沃尔玛实施了扩大在线市场和增加在线销售的战略，公司将其正式名称沃尔玛商店（Wal-Mart Stores Inc.）改为沃尔玛公司（Walmart，Inc.）。

由于95%的世界人口（潜在客户）生活在美国以外，越来越多的公司在美国以外的地区提供商品和服务。营销人员通常负责引领全球扩张，但在全球营销中有许多准则需要遵循，比如量身定做公司的网站和社交媒体平台以适应特定的目标市场。“全球视点7”揭示了全球营销的四条重要准则。

全球视点7

全球营销应遵循的四条准则

在国外推广任何产品或服务时应遵循的四条关键准则是：

1. 采用逐个国家而非大陆或区域扩张的方法。许多国家在文化、技术、货币、经济和法律等方面差别很大，而客户不管是在哪个国家或区域都是独一无二的。因此，应根据当地规范、竞争对手和客户面临的挑战，在国家层面开展市场研究、开发知觉图并确定目标。收集自己的主要数据，因为第三方数据源不了解你的公司、品牌或客户。广泛听取当地团队（销售人员、供应商和分销商）的意见。

2. 在日本等国，关系具有很大的文化价值，因此，企业在这些国家开展业务时应使用当地的经销商或渠道合作伙伴，而不是采用直接销售模式。

3. 仔细研究定价问题。根据需要改变价格。确保可以很容易地购买产品和收到付款；一些国家主要以现金为主，一些国家不接受 PayPal 等。

4. 确保公司网站和相关软件与每个国家的语言、规范和技术百分之百地兼容。

资料来源：Based on https：//hbr. org/2015/09/the-most-common-mistakes-companies-make-with-global-marketing.

知觉图

企业不断监控消费者感知的品牌形象。在市场营销中经常使用的一种产品定位工具是**知觉图**（perceptual mapping）或开发示意图，知觉图用直观形象的图像反映消费者对企业商品或服务的感知，被广泛用于决定如何更好地满足特定消费群体的需求和要求。绘制知觉图分为五个步骤：

1. 选择本产业内能有效划分产品或服务的关键标准。即为目标客户提供独特价值的品牌产品的关键特征。

2. 画一张二维的产品定位图，两条轴上分别标明所采用的标准。

3. 将主要竞争者的产品或服务标在一个四象限矩阵中。

4. 评估品牌在矩阵中的位置是否理想，特别是相对于竞争对手而言。换言之，考虑一下品牌在消费者眼中是否具有独特的价值。

5. 根据需要重新定位品牌，将消费者对品牌的看法转移到一个与竞争对手品牌相比具有竞争优势的位置。

有效的产品定位战略将公司与竞争对手区别开来。通常公司会开发几种知觉图，以更好地理解与竞争对手、竞争产品或内部产品相比的竞争优势和劣势。图 7−11 显示了美国主要汽车保险公司的知觉图。例如，好事达（Allstate）正在实施增加收入的市场渗透战略，此图建议好事达要么专注于改善客户服务，要么降低价格。对于计划实施多元化或产品开发战略而进入汽车保险业务的老牌公司，此知觉图可以促进这些战略的实施。

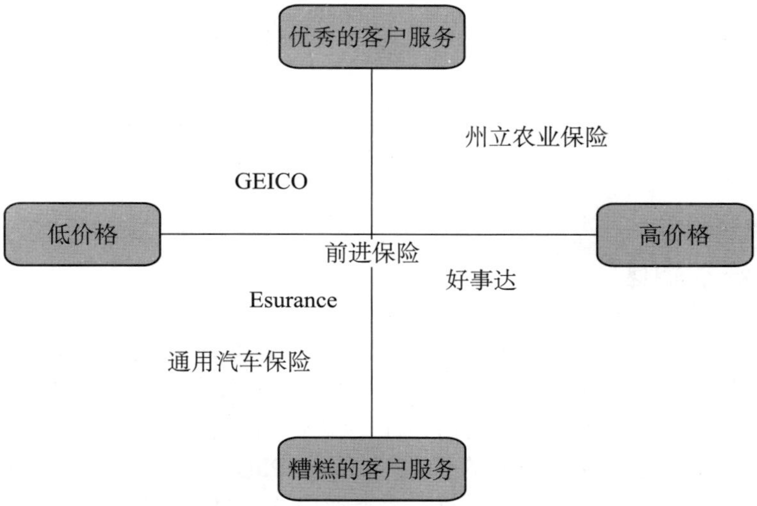

图 7−11　汽车保险公司的知觉图

图 7−11 表明，一些公司已经提供了平均水平的价格和客户服务，但一家公司或许可以通过以中等或略高的价格（同时仍低于州立农业保险公司，）提供更好的客户服务来区别自己。知觉图也揭示了可能包含目标市场的无人涉足的空间。营销人员可画出一条最匹配的线，在这条线上寻找没有争议的地方。同样，远高于或远低于此线的项目可能会为客户提供过多或不足的服务，使公司蒙受损失。例如，好事达乍一看挺不错，但为了保持竞争力，它必须大幅降低价格或提高客户服务水平。GEICO 可能为客户提供了过多服务，无疑客户会欣然接受，但或许不会全部接受，不会超出“最佳匹配线”太远。

图 7−12 显示的万豪酒店知觉图说明了该公司的几个酒店品牌在价格和顾客满意度方面是如何相互比较的。实施战略时万豪酒店可使用此图来了解哪些品牌做得最好，并找出业绩不佳的品牌可能存在的问题，或者想象出最有可能成为万豪酒店新品牌焦点的潜在市场。例如，增加一个中档酒店品牌可能会蚕食现有万豪品牌的市场，万豪酒店可能会考虑引入经济型酒店品牌作为实施增长战略的一种手段。

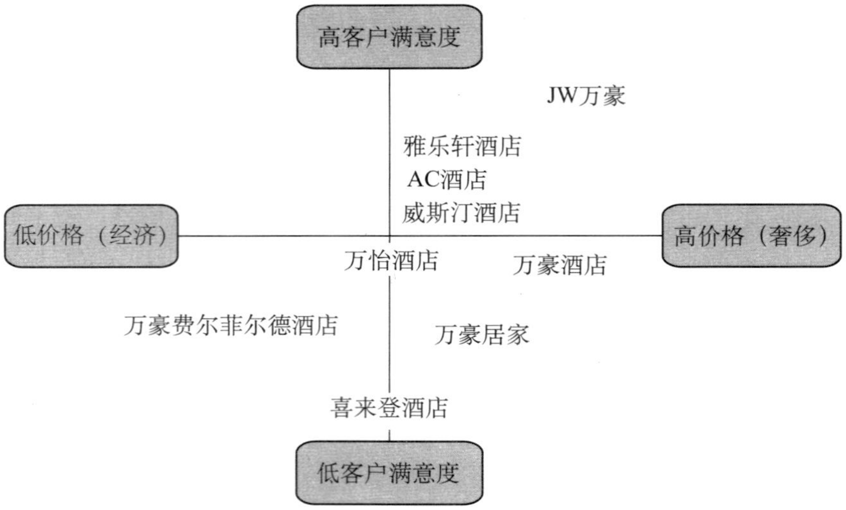

图 7-12 万豪酒店品牌知觉图

让客户参与社交媒体

社交媒体营销已经成为一个重要的战略问题，也是理解消费者对品牌认知的有效途径。市场营销已经演变成与消费者建立双向关系，而不仅仅是向消费者推荐产品或服务。营销人员努力让客户参与公司网站和社交媒体的活动，并在产品开发、客户服务和想法方面征求建议。公司希望客户在脸书、GooglePlus、推特、领英、Instagram、拼趣和 Foursquare 等社交媒体上与公司互动。为了管理这一过程，许多大公司聘请了社交媒体经理，作为公司在社交媒体和数字媒体上的代言人或发言人。这些管理者对评论和问题做出反应，跟踪负面或误导的陈述，管理关于公司的在线讨论，收集关于意见和愿望的宝贵信息——所有这些对于监控战略实施进展和做出调整都至关重要。

在线客户社区越来越多地反映线下社区的情况。与传统的焦点小组访谈和调查相比，在线参与可以成为收集市场研究数据的快速、便宜和有效的渠道。成功的战略实施需要知道人们对公司及其产品的看法。社交媒体帖子、博客讨论、推特、电子邮件以及与家人和朋友的交谈都是品牌管理的宝贵内容。当今，最好的公司接受消费者的意见、愿望和感受，学习并利用消费者生成的内容，以不断提高营销组合的有效性。

鼓励客户在公司网站上分享他们的想法、观点和经验可以使公司受益良多。公司应鼓励客户在公司网站上就他们自己选择的话题建立联系，公司网站不能仅仅是关于公司的，也必须是关于客户的。公司可考虑为提供想法、建议或反馈的客户在网站上提供积分、折扣或优惠券。有效的市场营销可以带动公司网站的访问量，通过每天更新的材料、令人兴奋的信息和优惠活动，使客户在网站上停留尽可能长的时间。

相比公司的营销宣传，客户更相信其他客户的意见。客户越畅所欲言，公司就越能学会如何改善其整体营销组合。营销人员应该每天关注博客，以确定、评估和引导客户的意见。绝不能让客户觉得自己是公司网站广告的非自愿观众。表 7-14 提供了营销沟通的关键原则。

表 7-14 营销沟通的关键原则

1. 不要只和客户交谈；要在营销过程中与他们一起工作。
2. 给客户一个参与的理由。
3. 倾听并加入公司网站之外的谈话。
4. 抵抗住“销售，销售，再销售”的诱惑，应做到“吸引，吸引，再吸引”。
5. 不要控制在线谈话，任由它去。
6. 找到一位“营销技术家”，即具有三种卓越技能（营销、技术与社会交往）的人。
7. 利用即时通信和聊天工具。

资料来源：Based on Salvatore Parise，Patricia Guinan，and Bruce Weinberg，“The Secrets of Marketing in a Web 2. 0 World，” *Wall Street Journal*，December 15，2008，R1.

千禧一代每周上网的时间比看电视、听广播和看电影加起来还要多。因此，与传统的黄页、电视、杂志、广播或报纸广告相比，社交媒体广告往往是接触年轻客户的更好的方式。然而据报道，互联网上大约 35% 的流量都是假的，是通过计算机编程实现的网站访问。通常，只要有用户访问网页，不管用户是不是真实的人，营销人员都会支付广告费用。犯罪分子通过建立网站提供虚假流量，并通过中间商向广告商收取费用。尽管社交媒体参与度的指数级增长为营销人员创造了无限机会，但也带来了严重的威胁，任何一种负面宣传都会在网上迅速传播。由于巨大的在线社交和商业交流，表面上看似微不足道的道德瑕疵或疑似问题行为可能会给企业带来极大的公共关系问题。

对战略管理者的启示

图 7-13 显示，为了获取和保持竞争优势，企业必须建立合理的组织结构，必须在产品、服务和区域之间恰当地配置资源。员工必须清楚，如果企业做得好他们将得到什么样的奖励和福利，这些信息将有助于激励员工努力工作。如本章所述，还需要其他管理政策和程序，以促进卓越的战略实施，包括尊重女性和少数族裔，将报酬与公司业绩挂钩，鼓励企业推出健康计划，培养一种尊重所有人的组织文化。如果战略制定者在与战略实施相关的管理和营销问题上做得出色，企业就在向成功迈进。

对于战略制定者来说，知觉图和市场细分是至关重要的工具，以确保用于广告、促销、宣传和销售的资金合理使用。如果没有明确的产品定位分析和目标营销，不必要的营销支出可能会很高。

对学生的启示

管理公司的重要任务之一就是通过有效的计划、组织、激励、人事和控制，系统并持续地获得利润，以保持竞争优势。竞争对手也在做同样的事情，所以公司战略管理分析的重点在于如何比竞争对手做得更加出色。要记住，在你的项目书或 PPT 上要阐释而非简单描述如何去做，要深刻、有前瞻性地分析，而不是仅仅描述操作方法。描述一家公司很简单，但是分析一家公司很难。战略管理案例分析就是要分析一家公司及其所处行业，寻找方法使公司获得更多利润并保持竞争优势。因此在项目的推进过程中加强交流，尤其是建议式的交流，能使你比竞争对手更好地提高

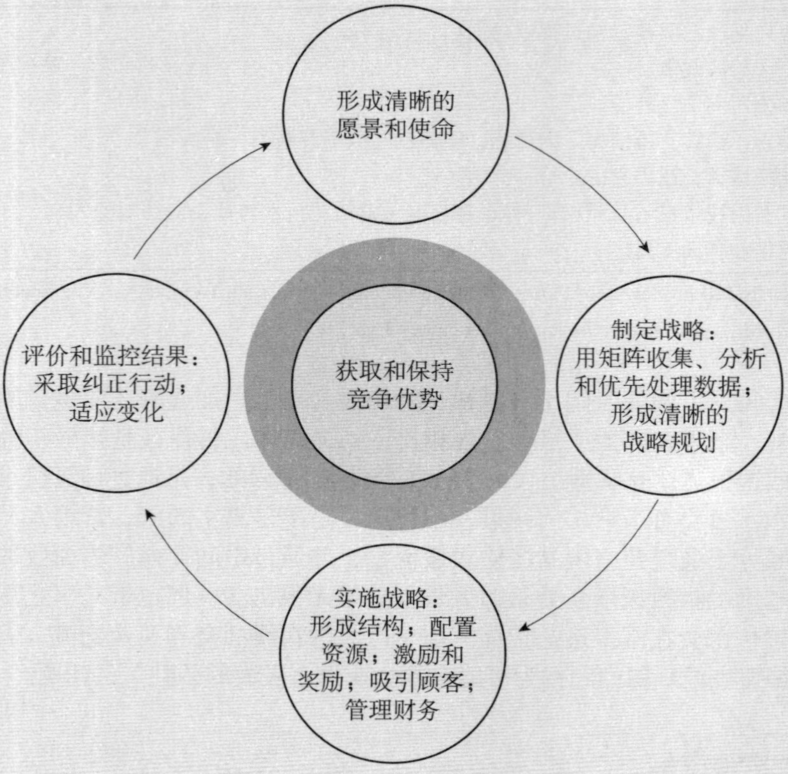

图 7-13　如何获取并保持竞争优势

盈利能力。在项目展示中要避免模糊和空洞，因为听众想从你的分析中获得好的想法。在向听众展示 PPT 的时候，要尽量用分析而不是描述的方法。

在制定组织结构时，要考虑的一个关键问题是事业部。注意公司目前的事业部是基于地区、用户、产品还是生产过程。如果尚不知道公司采用何种组织结构，通常可以通过高管的头衔来确定组织结构图。一项重要的案例分析活动是决定公司采用何种事业部以使其效益最大化。即使公司目前没有事业部，也需要考虑公司如果采用事业部型组织结构是否会运营得更好。换言之，你（或你的小组和团队）认为何种类型的事业部最适合公司进行资源配置、建立目标和设计薪酬激励机制？很多大中型企业（和分析战略管理案例的学生小组）都面临这个重要的战略决定。

需要留意的是，所有公司在顶层高管下面都有职能人员，他们也乐意提供这一信息，所以要当心过早下结论称某公司采用的是职能型组织结构。如果看到高管的头衔是“总裁”，同时又有按产品或地区编制的财务报告部分，那么，这家公司采用的是事业部型组织结构。

利用你在市场营销方面的专业知识提出如何最好地细分、瞄准和定位公司的产品，以促进有效的战略实施。使用作者提供的网站上的模板建立几张知觉图，为利用资源使公司的产品处于最佳位置以获取和保持竞争优势奠定基础。要建立知觉图，请使用谷歌搜索找到数据表，将你的公司及产品与竞争对手公司进行比较，并提供参考资料作为信息来源，而不是分析每一张图表。

本章小结

成功的战略制定不能保证战略实施的成功。二者虽然关系密切，但其特征明显不同。简言之，战略实施意味着变革。人们普遍承认："制定战略后真正的工作才开始。"成功的战略实施不仅需要严明的纪律，还需要激励管理者和员工勤勉工作。有时，一个人的破坏就能给公司的战略实施造成无法挽回的损失。

仅仅制定正确的战略还不够，必须激励管理者和员工去实施战略。战略实施中的主要管理问题包括：将企业的组织结构与战略相匹配，将业绩和薪酬与战略挂钩，创造有利于变革的组织氛围，管理企业的政治关系，培育支持战略的企业文化，调整生产作业过程及管理人力资源等。建立年度目标、制定政策和配置资源，对所有企业而言都是战略实施的核心活动。对不同规模和类型的企业而言，其他的管理问题对于成功的战略实施同样重要。同样，公司的规模和类型不同，营销问题、实践和政策可能也有所不同，但有效的细分、目标营销和定位是企业成功的必要条件。

关键术语与概念

年度目标（annual objective）
冲突（conflict）
文化（culture）
事业部型/分权式组织结构（divisional decentralized structure）
职能型组织结构（functional structure）
玻璃天花板（glass ceiling）
目标的横向一致性（horizontal consistency of objective）
市场细分（market segmentation）
营销组合变量（marketing mix variable）
矩阵型组织结构（matrix structure）
知觉图（perceptual map ping）
政策（policy）
定位（positioning）
再造（reengineering）
变革阻力（resistance to change）
资源配置（resources allocation）
重组（restructuring）
战略业务单元结构（strategic business unit（SBU）structure）
目标的纵向一致性（vertical consistency of objective）

复习讨论题

7-1　许多公司禁止员工在家办公的新政策有哪些优点和缺点？总的来说，你认为这些优点能抵消缺点吗？

7-2　在组织文化方面，请解释为什么富国银行的交叉销售行为会给公司带来巨大的损失。

7-3　从人力资源管理的角度解释企业健康计划和企业福利计划之间的区别。

7-4　正如本章所指出的，员工队伍健康计划正在增长。解释这个术语并给出三个例子。

7-5　正确排列市场定位、细分和目标营销的顺序。

7-6　找出并讨论市场细分在战略实施中非常重要的三个原因。

7-7　什么是营销组合？为什么它在战略实施中如此重要？

7-8　广告在电视和社交媒体平台上越来越冗长、烦人。例如，在电视上，有 8 个广告会在节目间隙播放。在你切换频道之前，你能忍受多长时间的节目中断：1分钟，3分钟，5分钟，还是10分钟？尽管投放广告的成本不断上升，但烦恼因素能否抵消广告的潜在好处？企业如何才能在战略实施中更好地应对这一日益严重的问题？

7-9 你对公司员工在个人脸书和其他社交媒体账户上花费时间的做法有何建议？你的政策能执行吗？怎样执行？为什么？

7-10 列出拥有多元化员工队伍的公司或组织的五个重要好处。

7-11 作为公司的高层战略制定者，女性为什么不能表现得和男性一样好或比男性更好？讨论一下。

7-12 讨论从竞争对手公司“偷猎员工的要和不要”。

7-13 讨论美国企业福利项目的最新趋势和实际情况。

7-14 公司应该监控员工的社交媒体吗？为什么？如果应该，具体该怎么做？

7-15 列出公司逐步取消首席运营官职位的四个原因。

7-16 讨论将绩效和薪酬与战略挂钩的三种方法。

7-17 列出不同类型的组织结构。画出你认为这些结构中最复杂的部分，并清楚地标注。

7-18 列出职能型组织结构与事业部型组织结构的优缺点。

7-19 为什么知觉图是战略实施中一个重要的营销工具？

7-20 在苏打水饮料行业中，知觉图中的哪两个变量是有帮助的？为什么？

7-21 列出编制组织结构图时应遵循的七条准则。

7-22 女性在董事会中所占比例不到20%。为什么这是一个全球性问题？

7-23 一些足球主教练拿到数百万的薪水，大概是因为大学在足球上投入了过多资金以赢球。然而，主教练在一个赛季表现不佳时可能被解雇，学校还要按合同向教练支付巨额费用。如何才能更好地安排主教练的薪酬计划以鼓励获胜，同时又不会给一所大学带来如此高的潜在成本？

7-24 《商业周刊》认为，公司应该“把高管的报酬与公司的实际绩效而不是公司的股票价格挂钩”。例如，塔吉特公司把高管薪酬与其所经营商店的销量增长率而不是股价挂钩，请讨论。

7-25 解释为什么公司需要一项应对员工低头症的政策。

7-26 本章提到，战略制定的重点在于效果，而战略实施的重点在于效率。效果和效率哪一个更重要？分别对每个概念举例说明。

7-27 在陈述目的时，为什么应该尽量避免使用增加、最小化、最大化、尽快、适当和减少这些词？

7-28 产品定位、目标营销、市场细分这三种营销活动应按怎样的顺序排列？

7-29 解释为什么公司存在艾尔弗雷德·钱德勒描述的战略－结构关系。

7-30 如果你在毕业后开了三家餐馆，你会按照职能型组织结构还是事业部型组织结构来运营？为什么？

7-31 解释一下如何区分产品事业部型和地区事业部型。

7-32 考虑你认为利用服务事业部型组织结构运行得最好的一家公司，并解释原因。

7-33 确定并讨论在公司组织结构中保留首席运营官职位的利弊。

7-34 按照重要性递减的顺序列出你认为矩阵型组织结构的六个优点。

7-35 为什么分部领导应该有总裁而不是副总裁头衔？

7-36 根据你的认识，按重要性递减的顺序列出六个广泛用于改变组织文化的手段和活动。

7-37 资源配置是公司的一种政策性、临时性的活动，并且无须使用战略管理。为什么这是正确的？采用战略管理能否使资源配置更加简单？为什么？

7-38 描述年度目标和政策之间的关系。

7-39 找出并讨论目前应用于战略管理课程的三种政策。

7-40 解释这句话：目标的横向一致性和纵向一致性同等重要。

7-41 你如何解决人力资源经理与销售经理在雇用某销售人员上存在的分歧？为什么？

7-42 描述你所在学校的组织文化。

7-43 解释为什么组织结构对战略实施非常重要。

7-44 在你看来，若不利用战略业务单元组织结构，一个组织存在多少个单独的分部是合理的？为什么？

7-45 从成本效益的角度来看，你认为健康设施或帮员工照顾孩子值得吗？为什么？

7-46 解释为什么战略实施成功与否经常取决于战略制定过程是否授权给管理者和员工。

7-47 确定和讨论年度目标对有效实施战略如此重要的四个主要原因。

7-48 确定和讨论目标的八个特征。

7-49 为什么组织必须对市场进行细分并瞄准特定的消费群体？

7-50 为什么沃尔玛公司在2018年修改公司名称？

7-51 为你所在地区的五所大学建立一张知觉图。向你所在大学校长解释该图表的潜在价值。

7-52 在营销组合中的价格因素下，许多企业面临的四个考虑或决策是什么？

7-53 在营销组合中的促销因素下，列出四个子集或决策区域。

实践练习

第一组：可口可乐公司的战略规划

练习7A

可口可乐公司营销支出与竞争对手的比较

目的

营销需要投入巨额资金。例如，在每年的美国超级碗举办期间，一则30秒的广告大约要花费500万美元。然而，企业必须做市场营销，否则即使是世界上最好的产品也会被人们忽视。做市场营销也可能导致公司破产。营销是企业的一项重要职能，也是战略实施中的一个重要问题。通过本练习，可以将可口可乐公司的营销支出与两个主要竞争对手百事公司和胡椒博士进行比较。这方面的分析可以为增加还是减少可口可乐公司的营销支出提供指导。

步骤

步骤 1　到可口可乐公司、百事公司和胡椒博士网站的投资者关系网页上下载各个公司的 10-K 表格。

步骤 2　在目录中查找 10-K 表格，找出反映三家公司营销或广告支出的网页。

步骤 3　制作一个比较数据表来汇总这些信息。

步骤 4　准备一份报告，根据战略实施的需要，就未来的营销或广告支出向可口可乐公司提出建议。

练习 7B

可口可乐公司现有和拟提出的组织结构

目的

组织结构很重要，因为良好的组织对于业务（和个人）的各方面取得成功至关重要。本练习旨在向你提供为公司建立组织结构的经验，并以章节指南为基础，为公司提出新的和改进的组织结构方案。公司很少公开提供组织结构图，但几乎所有上市公司都以年度 10-K 表格的形式提供高管名单，可口可乐公司也是如此。根据这份文件，可口可乐公司的高管团队如下：

1. 穆赫塔尔·肯特，董事会主席兼首席执行官。
2. 亚历山大·道格拉斯，执行总裁兼北美分部总裁。
3. 伊里亚·菲南，执行副总裁兼装瓶投资分部总裁。
4. 约翰·墨菲，亚太集团总裁。
5. 詹姆斯·昆西，总裁兼首席运营官。
6. 阿尔弗雷多·里韦拉，拉美分部总裁。
7. 布赖恩·史密斯，欧洲、中东和非洲分部总裁。
8. 克莱德·塔格尔，高级副总裁兼首席公共事务和沟通官。
9. 凯西·沃勒，执行副总裁兼首席财务官。
10. 马科斯·德昆托，执行副总裁兼首席营销官。
11. 塞里·埃伯利，高级副总裁兼首席人力资源官。
12. 伯恩哈德·格佩尔特，高级副总裁兼总法律顾问。
13. 朱莉·汉密尔顿，高级副总裁兼首席客户和商业领导官。
14. 布伦特·哈斯蒂，高级副总裁兼战略与规划负责人。
15. 埃德·海斯，高级副总裁兼首席技术官。
16. 巴里·辛普森，高级副总裁兼首席信息官。

步骤

步骤 1　为可口可乐公司建立现有的组织结构图。如本章所述，请在图表中使用数字，而不是绘制方框或圆圈。对上述高管职位进行编号，这样你就可以使用数字来显示报告关系。

步骤 2　为可口可乐公司建立新的和改进的组织结构图。你可能想要更改列表，添加和删除你认为必要的职位，以及更改某些头衔，以确保在设计组织结构图时遵循章节指南和工作职责。

第二组：你所在大学的战略规划

练习 7C

为所在大学构建知觉图

目的

本练习旨在训练绘制产品定位图。非营利组织，如大学，越来越多地使用产品定位图来确定实施战略的有效方法。

步骤

步骤 1　和班上另外两位同学组成三人小组。

步骤 2　共同准备一个产品定位图，其中包括你所在机构和你所在地区的其他四所院校。

步骤 3　将你的图表与其他团队的图表进行比较，讨论它们的区别。

步骤 4　你所在院校如何才能最有效地利用图表中所揭示的信息？

第三组：提高就业能力的战略规划

练习 7D

自我推销，以最佳方式实现职业目标

目的

如本章所述，制定年度目标和销售产品或服务对公司成功实施战略至关重要，这两项活动对个人职业规划同样重要。本练习为你更好地推销自己以实现职业目标提供指导。特别是为优化你的简历提供如下 10 条指导方针。

1. 确保没有错别字，连一个逗号都不能缺失。

2. 在简历的任何地方都不使用人称代词，如我的或我，也不用缩写词。

3. 外观很重要，所以最好使用 12 号字；管理好空白边距；在标题之后使用双倍行距；使用符号来展示要点；不要重复符号中的措辞。

4. 包括四种方式的最高 GPA：（1）在主修专业中；（2）在商学院中；（3）在大学整体学习中；（4）最近 60 个小时（如果最高分是 2. 75 或更高）。

5. 一开始就要有一个客观的诉求，比如“想在一家大型制造公司获得会计入门级的职位”。根据可能感兴趣的公司修改这一措辞。

6. 先列出教育背景，然后列出工作经历。换言之，除非你有丰富的工作经验，才应把工作经验放在教育背景之前。

7. 确保列出学位、专业以及预期获得学位的时间。

8. 不要列出已学习的课程，但要列出在课程中获得的技能，例如在使用本书时说：“学会如何使用流行的、基于 Excel 的战略规划模板”或“获得了为各种公司制定战略规划的经验”。

9. 在描述你的工作经历时要使用商业术语，比如“了解了辛勤工作、可靠性和可信赖性的价值”或“获得了客户服务、定价和库存控制方面的经验”，重点是学到的技能，而不是履行职责。

10. 除非有限制，否则，请提供三位推荐人及其职务和联系方式，显示他们与你的专业联系。根据空间大小决定将这些信息横向放置或纵向放置，不要在第二页上只放置推荐人的信息。

步骤

步骤1 使用列出的指导方针来润色你的简历。

步骤2 用电子邮件把你的简历发给你的老师并征求他的意见。

第四组：个人与群体的战略规划

练习7E

拥有多元化背景员工的最重要的好处是什么？

目的

有时，学生甚至是管理者和高管都没有意识到或不明白为什么拥有多元化的员工队伍和管理团队非常重要。如本章所述，拥有多元化的人力资源有以下六大好处：

1. 女性和少数族裔有不同的见解、观点和角度，应予以考虑。
2. 多元化的员工队伍呈现了致力于消除歧视的公司形象。
3. 反映客户基础（主要客户群体）的员工队伍可以帮助吸引客户，建立客户忠诚度，设计或提供满足客户需求和要求的产品和服务。
4. 多元化的员工队伍有助于保护公司免受歧视诉讼。
5. 女性和少数族裔代表着大量合格的申请者。
6. 多元化的员工队伍增强了公司的社会责任意识并提升了公司的道德地位。

本练习用来更仔细地检验拥有多元化的员工队伍和管理团队的好处。本练习的另一个目的是检验个人决策是否优于群体决策。学术研究表明，在80%的情况下群体做出的决策优于个人决策。

说明

根据拥有多元化人力资源（员工队伍和管理团队）六大好处的相对重要性对其排序（1=最重要，6=最不重要）。首先，个人单独将六种好处进行排序。然后，三人一组对六种好处进行排序。最后，确定何人何组最接近专家排序。此练习可以检验个人决策与群体决策在战略规划中的相对有效性。

步骤

步骤1 填写表7-15中的第1列，给出你对六大好处相对重要性的个人排序。例如，如果你认为好处1是第2重要的好处，那么在表7-15对应的单元格中输入2。

步骤2 填写表7-15中的第2列，给出小组对六大好处相对重要性的排序。

步骤3 填写表7-15中的第3列，给出专家对六大好处相对重要性的排序。

步骤4 填写表7-15中的第4列，即第1列和第3列之间的绝对差值，看你的个人表现如何。（注意：绝对差值忽略负数。）

步骤5 填写表7-15中的第5列，即第2列和第3列之间的绝对差值，看小组的表现如何。

步骤6 分别对第4列、第5列求和。

步骤7 将第4列、第5列总和进行比较。若第4列总和小于第5列总和，那么相对于群体，你个人表现得更好。通常情况下，小组决策优于个人决策，如果你做得比小组好，说明你非常优秀。

步骤8 个人获胜者：第4列总和最低者。

步骤9 小组获胜者：第5列总和最低者。

表 7–15　评估多元化员工队伍的好处：比较个人决策与群体决策

多元化的好处	第 1 列	第 2 列	第 3 列	第 4 列	第 5 列
1. 女性和少数族裔有不同的见解、观点和角度，应予以考虑。					
2. 多元化的员工队伍呈现了致力于消除歧视的公司形象。					
3. 反映客户基础的员工队伍可以帮助吸引客户，建立客户忠诚度，设计或提供满足客户需求和要求的产品和服务。					
4. 多元化的员工队伍有助于保护公司免受歧视诉讼。					
5. 女性和少数族裔代表着大量合格的申请者。					
6. 多元化的员工队伍增强了公司的社会责任意识并提升了公司的道德地位。					
总计					

微案例：戴比尔斯集团

戴比尔斯转变其市场细分战略

戴比尔斯集团的总部设在南非约翰内斯堡，是一家拥有 130 年历史，专注于钻石勘探、开采、零售和贸易的专业公司。全球范围内与婚约有关的钻石戒指很大部分出自戴比尔斯。公司的格言是："钻石恒久远，一颗永流传"（A Diamond is Forever）。戴比尔斯正在改变其市场细分战略，以关注千禧一代消费者来应对代际变化。现在，千禧一代（7 600 万，18 ～ 34 岁）在美国已经超过婴儿潮一代（7 500 万，51 ～ 69 岁），戴比尔斯希望其钻石可以吸引这个年轻的消费群体。在采访中公司首席财务官尼梅什·帕特尔（Nimesh Patel）解释说，向千禧一代销售钻石对戴比尔斯的未来至关重要。（营销者把 35 ～ 50 岁的消费者称为 X 一代；到 2028 年，他们的数量将超过婴儿潮一代）。以下为简略的采访对话。

问：公司的财务状况很好，作为戴比尔斯集团的首席财务官，你的工作重点是什么？

答：开采占我们业务的 75%，但真正帮助我们推动消费者需求和维持矿业价值的是其他业务。这些业务有助于消费者了解钻石，以保持产品的亲和力。

问：为什么你增加了营销支出，加大了钻石广告的宣传力度？

答：我们的营销通过下游（零售店）业务、Forevermark 和戴比尔斯钻石珠宝店以及向中游行业销售毛坯钻石来刺激消费者的需求。"吸引力"就是推动奢侈品销售的驱动力。随着来自其他奢侈品（如名牌手袋和鞋子）的竞争日益激烈，我们希望通过广告来增加钻石的吸引力。戴比尔斯在亚洲、美国、欧洲和中东拥有 30 家零售店。

问：你是如何向千禧一代传播戴比尔斯品牌的传统的？

答：我们知道，千禧一代间的真正联系较少（尽管有更多的在线 / 虚拟联系），这些联系更难维持。钻石象征着两个人之间持久而有价值的关系，因为钻石稀少、恒久、高贵。

问：千禧一代看重体验和有趣味且有真实故事的商品，你是如何解决这个问题的？

答：我们知道买钻石是一种经历。我们与客户讨论钻石从哪里来，钻石是如何形成的，以及钻石开采促进纳米比亚和博茨瓦纳的地方经济发展、年轻女孩接受教育、投资清洁水，甚至助力保护白犀牛。

问：你认为女性为自己购买钻石首饰的趋势是什么？

答：戴比尔斯钻石珠宝商为那些坚强、独立的女性定制产品，这是一个日益增长的消费群体，包括追求时尚和国际化品位的城市新贵、富有小资情调的都市白领、追求体面生活的职场精英。除了钻石订婚戒指，其他钻石首饰包括戒指、项链和手镯等，往往是消费者自己购买的，多为未婚女性，占美国女性的 43%。

问：你是如何看待电子商务的？

答：数字平台是对消费者进行钻石教育的有效途径。由于钻石首饰的重要价值，购买体验非常重要。人们会记得他们是如何、何时、何地以及为什么购买钻石的，所以我们努力使这个过程更美好。

问题

1. 你认为戴比尔斯如何才能最有效益和效率地向千禧一代做广告？
2. 你认为戴比尔斯如何才能最有效益和效率地向婴儿潮一代做广告？
3. 你认为戴比尔斯如何才能最有效益和效率地向未婚女性做广告？针对未婚男性，市场细分战略有何不同？

资料来源：Based on Tatyana Shumsky，“The Tricky Task of Selling Diamonds to Millennials，” *Wall Street Journal*（October 30，2017）：B7. Note：In 1947，De Beers introduced its iconic slogan “A Diamond is Forever” that conveys the eternal promise of a diamond. See http：//www. debeers. com/the-world-of-de-beers/about-de-beers/story.

8 战略实施：财务和会计专题

本章目标

学完本章，应能做到以下几点：

- 通过 EPS / EBIT 分析，比较债务与股票作为实施战略资金来源的相对吸引力，为公司确定合适的资本结构。
- 编制预计财务报表，以展示涉及相关成本的建议的影响。
- 使用四种企业评价方法确定企业或部门的现金价值。
- 讨论作为战略决策的财务比率分析、首次公开募股（IPO）和发行债券。

实践练习

本章末有以下练习：

第一组：可口可乐公司的战略规划

练习 8A：对可口可乐公司进行 EPS/EBIT 分析

练习 8B：为可口可乐公司编制预计财务报表

练习 8C：确定可口可乐公司的现金价值

练习 8D：为可口可乐公司准备预计财务比率

第二组：你所在大学的战略规划

练习 8E：确定所在大学的现金价值

第三组：提高就业能力的战略规划

练习 8F：编制个人财务报表

练习 8G：模板能力测试

第四组：个人与群体的战略规划

练习 8H：EPS / EBIT 分析的七大局限性有多严重？

如图 8-1 所示，只有当企业有效地管理其财务时，战略才能成功实施。本章探讨了与战略实施相关的重要财务和会计问题。实际案例是宝洁公司，用来说明和解释关键的财务和会计问题。案例提出了一套涉及相关成本的建议，然后进行了 EPS / EBIT 分析，以确定最合适的融资方式；案例制定了预计财务报表以显示这些建议的预期影响，也确定了预计财务比率。此外，由于企业有时会收购其他企业或成为被收购目标，本章还讨论了企业估值。

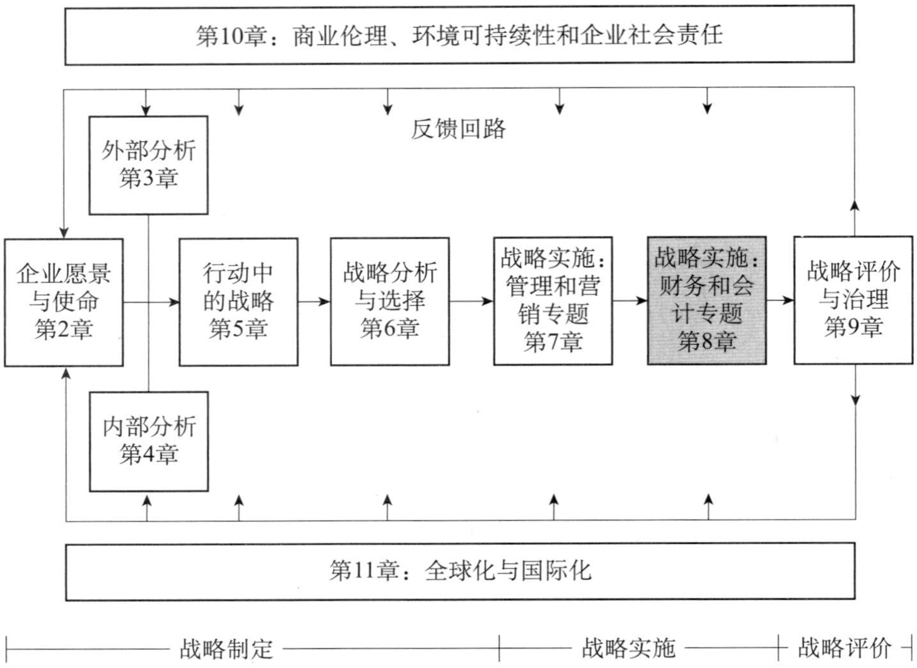

图 8-1 战略管理综合模型

资料来源：Fred R. David，“How Companies Define Their Mission，” *Long Range Planning* 22，no. 1（February 1989）：91. See also Anik Ratnaningsih，Nadjadji Anwar，Patdono Suwignjo，and Putu Artama Wiguna，“Balance Scorecard of David's Strategic Modeling at Industrial Business for National Construction Contractor of Indonesia，” *Journal of Mathematics and Technology*，no. 4（October 2010）：20.

通常，战略实施会影响企业中每个成员的生活。面对众多竞争对手的反击，所有员工都需要参与并支持公司的工作。当员工理解战略制定的思想并认同自己的角色时，他们更愿意为战略实施付出努力。

在美式足球赛中，依靠四分卫可能是球队最佳的进攻方案，但这并不意味着球队可以攻到底线得分，球队甚至可能会丢掉码数。大家必须齐心协力，以确保比赛顺利进行。摩根大通集团（JPMorgan Chase）的总部位于纽约市，其战略实施做得很好，其领导人为杰出的战略管理者杰米 · 戴蒙（Jamie Dimon）。戴蒙十分赞同让多人参与决策过程。

模范战略管理者

杰米·戴蒙：摩根大通集团 CEO

杰米·戴蒙被认为是世界上杰出的 CEO 之一。在过去 6 年（2010—2016 年），尽管他供职的摩根大通集团在监管和法律方面具有挑战性的环境中运营，仍创造了利润纪录。作为 Bank One 的前 CEO，戴蒙经常听到业界讨论金融业面临的问题，但他一直提及适用于所有行业企业的两个关键战略问题的重要性：（1）让他人参与决策；（2）规模经济。

关于人们学习共同工作的重要性，戴蒙称，成功的战略规划更在于心而不是脑，更在于真诚、宽厚而不是聪明、才华。这意味着要认可别人，承认你并非全知全能，要重视他人的专业知识和经验，为他人提供平台，为他人的贡献鼓掌，起码要让人知道你的关心。戴蒙说要避免指责他人，专注于改善关系和合作。他认为，多名来自各个部门（财务、管理信息系统、会计和营销等部门）的人员共同参与决策会带来更好的结果。

戴蒙也是规模经济的倡导者。他认为，为增长而增长是一种误入歧途的战略。他建议企业应该注意不要冒险进入企业战略以外的领域，而是要将资源部署到能够形成规模经济的领域，因为这通常对客户、股东以及整个经济更有利。戴蒙甚至开玩笑说，在没有规模经济的情况下，我们可能仍然生活在帐篷里，通过狩猎获取食物。这揭示了为各行业的所有业务争取规模经济的重要性。

戴蒙领导的摩根大通是《财富》杂志评选的最值得钦佩的企业之一，他也是本书最赞赏的卓越的战略制定者之一，尤其是在财务和会计业务领域。

战略实施中一些需要使用财务 / 会计政策、决策、分析和行动的问题如下：

1. 通过短期债务、长期债务、发行债券、剥离、发行优先股或普通股筹集资本。
2. 租赁或购买固定资产。
3. 确定适当的红利支付比率。
4. 采用后进先出法（LIFO）、先进先出法（FIFO）或市场价值会计方法。
5. 延长或不延长应收账款的期限。
6. 确定应收账款在特定时间内偿付时所给予的折扣。
7. 确定手中应持有的现金量。
8. 是否购买额外的库存股。
9. 是否接受合并要约。
10. 确定剥离企业部门收 / 支的金额。

本章列出并重点讨论 5 个对战略实施至关重要的财务和会计活动：

1. 确定资本结构：获取实施战略所需的资本，进行 EPS/EBIT 分析。
2. 编制预计财务报表：显示建议的预期影响。
3. 进行企业估值：如收到要约或将要收购竞争对手的企业。
4. 分析财务比率。
5. 管理首次公开募股（initial public offering，IPO）、现金水平和公司债券。

8.1 资本结构

在制定了一系列涉及相关成本的建议后（如前一章所述），企业必须确定用最有利可图的方法筹集资金。有时，手头的现金可以为小型项目提供资金，但除非不征税（具体取决于现金所在国家 / 地区），否则企业资产负债表上的大部分现金可能无法获得。为新项目筹资的一种方法是剥离现有业务，通用电气前 CEO 杰克·韦尔奇（Jack Welsh）就以剥离非业内领先的业务而闻名。最近，宝洁为削减成本、筹集资金剥离了 100 多个表现不佳的品牌，同时将工作重点进一步聚焦于企业的核心竞争力。虽然可将年度净收入用于实施战略，但通常会利用债务、股票或债务与股票的某种组合来筹资。资产负债表中负债与资产的比例通常称为公司的**资本结构**（capital structure）；进行 EPS/EBIT 分析是确定资本结构的常用方法。

在解释 EPS/EBIT 分析前，先了解如下会计术语：

1. EPS 是每股收益（earning per share），即用净利润除以流通在外普通股数。

2. EBIT 是息税前利润（earning before interest and tax），又称营业利润。

3. 流通在外普通股数（share outstanding）类似于已发行股票（share issued），但已发行股票还包括公司回购的股票（**库存股**（treasury stock））。EPS 的分母是流通在外普通股数，当公司回购其部分自有股票时，这个数字会减少，从而使整体 EPS 值增大。大多数大公司都有库存股，也有些公司没有，比如星巴克。

4. 授权的股数是公司批准发行的总股票数量，通常远远超过流通在外普通股数。

5. EBT 是税前利润（earning before tax）；EAT 是税后利润（earning after tax）。利润的另一个术语是盈利或净收入。

通常，企业战略的成功实施需要额外的资本。除了营业利润和变卖资产所得，另外两个基本的资本来源是借债和发行股票。确定债务和股票在资本结构中的比重对企业至关重要。在战略实施中，**每股收益 / 息税前利润**（earning per share/earning before interest and tax，EPS/EBIT）分析是一种应用最为广泛的技术，它可用于确定在借债、发行股票及二者结合的情况下哪种融资方式最佳。该技术用于考察在具体建议（要实施的战略）条件下，债务或股票融资对每股收益的影响。

理论上，为使债务融资带来的产品和项目盈利超过债务成本而提高投资收益，企业应在资本结构中保持足够的债务。然而，如果企业处于低收益时期，资本结构中过多的债务可能威胁股东的回报，甚至影响企业的存续。无论如何，企业必须履行固定债务的偿还义务，但这并非意味着股票融资总是优于债务融资。当资本成本（利率）较低时，债务可能比股票更好地获得资本，但仍需深入分析，因为高股价通常伴随低利率，使得股票发行具有吸引力。发行股票也可能带来一些问题，包括：分散所有权；增加收购风险；影响股票价格；如果公司支付股息，需要支付额外股票的股息；降低每股收益。

每股收益可能是衡量公司成功与否的最佳标准，因此是决定资金来源最常用的方法。EPS 反映的股东收益最大化是几乎所有公司的目标。如果利润最大化是公司目标，那么在 EPS/EBIT 分析中，你可能更加关注 EAT 而不是 EPS。

EPS/EBIT 分析步骤

完成 EPS/EBIT 分析有四个步骤。

步骤 1　收集所需的输入数据，确定以下数字：

a. 公司需要筹集的资本金额 = 建议的总相关成本。

b. 流通在外普通股数，通常在公司的资产负债表中给出。

c. 资金借入的利率（%）（如 3%～5%）。

d. 公司支付的税率（%）（根据公司的损益表计算，即税收或税收准备金除以 EBT；2018 年美国公司税率变为 21%）。

e.EBIT 的美元金额范围；使用最近一年的 EBIT 数加上或减去建议的影响来确定范围；选择低、中、高金额的息税前利润来模拟未来一年的悲观、现实和乐观的价值。

步骤 2　制作如下计算表：

	100% 股权融资			100% 债务融资			50/50 的债务与股权融资		
	悲观	现实	乐观	悲观	现实	乐观	悲观	现实	乐观
EBIT									
利息									
EBT									
税收									
EAT									
已发行股数									
EPS									

步骤 3　按照以下指南逐行在表格中输入数字。

a. 对于 EBIT，用上一年的 EBIT 加上建议的 EBIT，选择悲观（低）、现实（中等）和乐观（高）的 EBIT 金额；扩大范围来获得差异；将这三个 EBIT 数字填在每个资本结构下的 EBIT 行中；将这三个数字依次填在第一行。

b. 对于利息，在 100% 股权融资下的三列中填写 0，因为如果公司选择 100% 股权融资，则不会支付新的利息。在 100% 债务融资下的三列中，将所需的资本乘以利率，将结果依次填入。同样，在 50/50 的债务与股权融资下的三列中，将所需的资本（占总数的 50%）乘以利率，将结果依次填入。注意：如果使用不同的组合（例如 70/30 的股权 / 债务），请更改百分比。

c. 对于 EBT，用同一列的第 1 行减去第 2 行作为结果。

d. 对于税收，用第 3 行乘以对应列中的税率。

e. 对于 EAT，用同一列的第 3 行减去第 4 行。

f. 对于已发行股数，在 100% 股权融资下的三列中，将所需的资本除以股票价格，将结果依次填入。在 100% 债务融资下的三列中，只需填写现有的已发行股数，因为没有添加新股票。在 50/50 的债务与股权融资下的三列中，将所需的资本乘以 50%，然后将此数字除以股票价格，将结果依次填入。注意：如果使用不同的股票与债务组合，请更改百分比。

g. 对于 EPS，用同一列的第 5 行除以第 6 行。注意每个资本结构方案中哪个 EPS 值最高。最高的 EPS 值揭示了最佳的融资决策。如果相同水平 EBIT 下最后一行的 EPS 值相同或几乎相同，则筹集的资金数额可能过低，无法根据当前利率或股票价格体现显著的差异，或者 EBIT 范围太窄。如果你建议的战略对资本要求较高，那么对于相同水平的 EBIT，100% 债务融资和 100% 股权融资之间的 EPS 值应该存在差异。

步骤 4　绘制 EPS/EBIT 分析图。

只需将第一行（EBIT）放在 x 轴上并将最后一行（EPS）放在 y 轴上，然后，分别为 100% 股权融资、100% 债务融资和 50/50 的债务与股权融资绘制三条结果线。图中的最高线显示最高的 EPS，使股东价值最大化；除非存在表 8-3 中所示的局限性，你才有令人信服的理由推翻此决策，否则，应选择这个最高的 EPS 融资选项。

EPS/EBIT 分析：示例

也许可以通过宝洁公司检查 100% 股权融资、100% 债务融资和 60/40 的债务与股权融资方案来更好地解释 EPS/EBIT 分析。按照步骤 1 到步骤 3 进行，所需的输入数据和计算分别在表 8-1 和表 8-2 中给出。

表 8-1　宝洁进行 EPS/EBIT 分析所需的输入数据（M=100 万）

宝洁输入数据	数字
所需资本数额	5 000M（美元）
EBIT 范围	10 000M ～ 18 000M（美元）
利率	5%
税率	23%
股价	94.17（美元）
已发行股数	2 550M

表 8-2　对宝洁进行 EPS/EBIT 分析　　单位：百万美元（EPS 除外）

	100% 股权融资			100% 债务融资			60/40 的债务与股权融资		
	悲观	现实	乐观	悲观	现实	乐观	悲观	现实	乐观
EBIT	10 000	15 000	18 000	10 000	15 000	18 000	10 000	15 000	18 000
利息	0	0	0	250	250	250	100	100	100
EBT	10 000	15 000	18 000	9 750	14 750	17 750	9 900	14 900	17 900
税收	2 300	3 450	4 140	2 243	3 393	4 083	2 277	3 427	4 117
EAT	7 700	11 550	13 860	7 508	11 358	13 668	7 623	11 473	13 783
已发行股数	2 603	2 603	2 603	2 550	2 550	2 550	2 582	2 582	2 582
EPS	2. 96	4.44	5.32	2.94	4.45	5.36	2.95	4.44	5.34

注意当预测 EBIT 为悲观时，股权融资比债务融资更具吸引力，正如二者的 EPS 分别为 2.96 美元与 2.94 美元所表明的那样。然而，随着经济或预期 EBIT 的改善，100% 债务融资将使宝洁的每股盈利最大化，其中 100% 债务融资的每股收益为 5.36 美元，而 100% 股权融资的每股收益为 5.32 美元。因此，在悲观预测下，宝洁应该使用股票来筹集资金，但如果预测经济是现实的或乐观的，那么债务是最具吸引力的融资选择。

根据步骤 4，图 8-2 给出了宝洁的 EPS/EBIT 分析图。EBIT 在 15 000 百万美元附近的交叉点是盈亏平衡点，其中一种融资方式变得比另一种方式更具吸引力。请注意，在 10 000 百万美元的 EBIT 水平下，100% 股权融资的收益率最高；在 18 000 百万美元的水平上，100% 债务融资产生最高的 EPS。因此，需要根据 EBIT 的置信水平以及表 8-3 中讨论的局限性来选择融资方案。

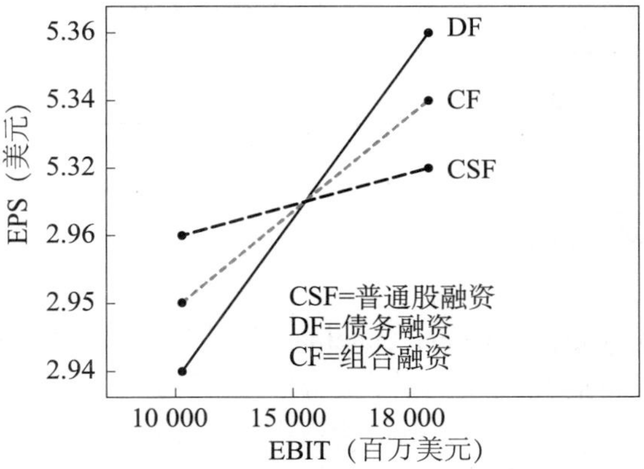

图 8-2　宝洁公司的 EPS/EBIT 分析图

大型公司可能有数百万流通股，即使财务结构导致 EPS 发生很小的变化，也可能在允许的范围内使用最高的 EPS 值，从而节省更多的资金。比如，宝洁公司有 2 550 百万股流通股，因此，如果在 EBIT 为 18 000 百万美元时公司使用债务融资（DF）而不是普通股融资（CSF），那么 0.04 美元的 EPS 差异会转换为 2 550 百万股×0.04=1.02 亿美元的潜在资金。

任何比例的债务 / 股权组合，比如 70/30 的债务 / 股权组合，或者 30/70 的债务 / 股权组合，都可以用 EPS/EBIT 分析，以确定预期的 EPS 值。www. strategyclub. com 提供的免费 Excel 模板可以轻松计算各种融资方案。

EPS/EBIT 分析的局限性

所有分析工具都有局限性，EPS/EBIT 分析也不例外。除非你有令人信服的理由推翻最后一行最高 EPS 值决定最佳融资选择，不然最后一行的最高值确实应该决定融资方案，因为 EPS 是衡量企业绩效的一个很好的指标，因此在决定使用哪种融资方案时，EPS 是一个值得考虑的变量。EPS/EBIT 分析本身并未揭示表 8-3 中讨论的潜在局限性。

表 8-3　关于 EPS/EBIT 分析的局限性 / 注意事项

1. 灵活性。如果企业资本结构变化，则满足未来资本需求的灵活性也随之变化。企业当前仅采用债务融资或仅采用股权融资可能会产生僵化的义务、限制性的契约关系，以及其他会严重削弱企业今后融资能力的约束条件。
2. 所有权分散。为战略实施提供额外的股权时，企业的所有权和控制权会被分散。在当今恶意收购、兼并和收购的商业环境中，这可能是一个严重的问题。如果所有权分散是一个问题，那么债务可能比股权更具吸引力，即使股权的 EPS 值更高。

3. 时机选择。如果预计利率会上升，那么债务可能比股权更有吸引力（假设固定利率被锁定），即使 EPS 值高于股权也是如此。在高股价的时候，股权可能比债务更具吸引力。
4. 杠杆情况。如果公司目前的杠杆率高于行业平均比率，则股权融资可能比债务融资更具吸引力，即使债务的 EPS 值更高。
5. 连续性。该分析假设股票价格、税率和利率在悲观、现实和乐观三种条件下保持不变。
6.EBIT 范围。EBIT 值是根据上一年度和要实施战略的影响估算出来的。
7. 股息。如果 100% 股权融资的 EPS 值最高，并且公司支付股息，那么如果选择 100% 股权融资，公司将按照股息支付更多的资金。

➡ 8.2 预计财务报表

预计财务报表（projected financial statement）是为未来几年编制的损益表和资产负债表，用于预测拟实施的各项建议的潜在影响。回顾第 6 章，所有建议都带有估计的成本值。当企业寻求资金时，大多数金融机构都需要 3 年的预计财务报表。在财务报表中，不同的公司对不同的项目使用不同的术语，换言之，不同术语其实指称同一内容。例如，收入 = 销售；净收入 = 收益 = 利润；资本盈余 = 实收资本。有时，留存收益 = 累计权益 = 累计赤字（如果损失）。

免费的 Excel 战略规划模板

许多从业人员和战略规划学生使用该模板来编制现有和预计的财务报表，以揭示拟提出的建议对公司的预期影响。不要期望模板可用来预测损益表和资产负债表上的每一行。模板确实可以计算，但你必须考虑到建议的预期影响，提出更改每行金额的想法。表 8–4 为作者对使用该模板编制实际和预计财务报表的人提供的评论。

表 8–4 编制财务报表模板的注意事项

预测模板的预计财务报表的几乎每一行都会显示对公司建议的预期影响。但是，如下所述，模板中预计报表的某几行是自动计算的（而不是预测的）。
1. 进行转换。将公司最新的 10-K 表格实际损益表和资产负债表转换（输入）到模板所示的报表中。这样做将极大地促进预计财务报表和比率的编制。进行此转换时，使用非重复事件行来存储损益表中的无关项目；在资产负债表上，使用其他当前或长期资产、其他当前或长期负债行。
2. 收入报表。使用非重复事件行进行调整以剥离部门或其他无关事件，以便公司 10-K 表格的收入、销售成本、运营支出和净收入与模板报表完全匹配。如果 EBIT 与 10-K 表格不能完美匹配，只需从 10-K 表格中的毛利润中扣除 EBIT，然后输入此运营支出的数字。此程序将确保你的模板 EBIT 与公司 10-K 表格中的 EBIT 相匹配，因为有时运营支出行难以完全转移；如果你的模板运营支出与 10-K 表格不完全匹配，只要 EBIT 匹配即可。净收入根据你的其他损益表预测自动计算，因此不会预测净收入行。
3. 留存收益（RE）。模板预计资产负债表上的 RE 行自动计算，因为 RE 是通过将每年的净收益减去股息，从利润表结转到资产负债表底部附近的 RE 行来确定的。

4. 资产负债表。从底部到顶部逐行进行，根据需要更改，以反映建议对每一行的影响。如果你希望在给定建议的情况下该行没有变化，则令预测的项目和行与上一年相同。模板在每行的右侧有一个注释，以帮助输入数字。根据你的建议，获取总负债和股权数字，然后将该数字转移到总资产行，再进一步向上移动到预测每个项目 / 行的现金行。

5. 现金。该模板使用资产负债表现金行作为插件数字来使预计的资产负债表平衡，因此该行自动计算。在预测所有其他行之后，现金数字通常会异常高。此时，对负债或股权部分进行适当调整，通常使用长期债务或实收资本以抵消增加或减少现金行的金额，从而保持流动性与行业平均水平一致。对资产负债表上的其他项目进行调整是一种比较好的做法，通常由所有会计师一起完成。因此，在得到合理数字之前，不要觉得你在欺骗系统。预计报表是善意的估计，现金数字高仅表明需要重新考虑其他估计。另外，检查预计损益表和资产负债表上的拼写错误或计算错误。例如，你有可能高估或低估：①建议对收入的影响；②实施建议所需的资金数额。同时，试验调整应付账款或应收账款等资产和负债项目的历史百分比。如果公司运营效率更高，则可能需要增加资产项目的历史数量或减少负债项目，结果将使得现金减少。此外，仔细检查工厂的财产和设备，因为高现金数字可能表明低估了这些资产的成本。一旦更改了一次，重新评估新预计资产负债表上的现金数字并继续，直到认为现金数字合理为止。会计师一直在努力寻求优秀、合理和真实的预测报表。“伦理视点 8”和“全球视点 8”解决了预计财务报表的真实性或合理性问题。

6. 财务比率。输入损益表和资产负债表中的数据后，模板将自动计算实际和预测的财务比率。与前几年和行业平均水平相比，财务比率为实施战略提供了有价值的见解。（财务比率已在第 4 章讨论过。）

伦理视点 8

预计财务报表操纵

投资者、股东和其他人需要知道，高级管理人员可以合法地操纵财务报表来夸大或缩小预期结果，事实上他们经常这样做。由于各种原因，企业可能会夸大或呈现过于乐观的预计财务报表，以获得各方面的支持。但你可能想知道，为什么高管会对未来表达悲观或不利的看法？原因包括：（1）阻止潜在收购者；（2）将不良财务信息加载到特定会计期间，以便在此外的时期看起来更好。霍华德 · 席里（Howard Schilit）博士在《金融危机》（*Financial Shenanigans*）（2002）一书中讨论了高管操纵财务报表的如下五种方法：

1. 过早记录收入。
2. 记录虚拟收入。
3. 通过一次性收益增加净收入。
4. 将当前支出转移到较早或较晚的期间。
5. 未记录某些负债。

美国证券交易委员会已采取措施限制预计财务报表操纵，但这仍然是美国企业（乃至全球企业）的道德问题。

资料来源：https：//www. investopedia. com/articles/fundamental-analysis/financialstatement-manipulation. asp，Also，http：//www. understand-accounting. net/TheReliabilityandAccuracyoffinancialstatements. html.

全球视点 8

经商腐败最少（和最多）的国家

作为全球反腐败联盟的一部分，“透明国际组织”（Transparency International）公布了年度腐败感知指数，根据相对腐败程度对各国进行排名。2016年的腐败感知指数平均为43，其中176个国家中超过2/3的国家跌破了50的中点（0＝非常腐败，不道德；100＝非常纯洁，道德）。排名靠前的国家避免了对公民日常生活产生负面影响的最严重的腐败；然而，排名靠后的国家受到腐败的困扰：法律经常被忽视，公民经常遭遇贿赂、勒索或其他腐败行为。表8–5显示了前19个（最不腐败）国家以及最底层的10个（最腐败）国家的排名。

表 8–5　腐败感知指数（2016年）

2016年排名	国家（地区）	2016年得分
1	丹麦	90
1	新西兰	90
3	芬兰	89
4	瑞典	88
5	瑞士	86
6	挪威	85
7	新加坡	84
8	荷兰	83
9	加拿大	82
10	德国	81
10	卢森堡	81
10	英国	81
13	澳大利亚	79
14	冰岛	78
15	比利时	77
16	奥地利	75
17	美国	74
18	爱尔兰	73
19	日本	72
166	委内瑞拉	17
168	几内亚比绍	16
169	阿富汗	15
170	利比亚	14
170	苏丹	14
170	也门	14
173	叙利亚	13
174	朝鲜	12
175	南苏丹	11
176	索马里	10

资料来源：Based on information at https：//www. transparency. org/news/feature/corruption_perceptions_index_2016.

编制预计财务报表的步骤

无论你是否使用免费的 Excel 战略规划模板，都可以通过七个步骤进行预计财务报表分析：

步骤 1：在编制预计资产负债表之前，首先编制预计损益表。从尽可能准确地预测销售额（收入）开始，揭示实施中建议的预期影响。预测收入时，不要盲目地用历史收入（销售额）的百分比推测未来，要充分意识到企业在前几年为实现这些结果而进行的投资。企业之前为实现销售增长所做的事未必适合未来，具体取决于你的建议是否采取了类似或同样的行动（例如，开设类似数量的商店）。与制造公司打交道还要注意，如果企业每天三班倒地利用全部经营能力，则可能需要新的生产设施（场地、工厂及设备）来增加额外收入。

步骤 2：用销售百分比法预测销货成本（COGS）及损益表中的其他支出项目。例如，如果上一年的销货成本占销售额的 50%，则可用相似的百分比计算未来的销货成本，除非有理由使用不同的百分比。诸如利息、股利及税款这类项目必须单独处理，而不能用百分比法进行预测。

步骤 3：计算预计净利润（NI）。

步骤 4：从净利润中减去该年的全部红利支出，剩下的净利润为该年的留存收益（RE）。通过在上一年资产负债表 RE 项目中增加该年的 RE 值，可将该年的留存收益额带入资产负债表。换言之，企业每年除了增加该年的 RE 值（来自损益表），还需用它更新资产负债表中 RE 项目的历史数值。因此，资产负债表中的 RE 值为累计数字，而不是战略实施的可用资金。注意，RE 是进入预计资产负债表的第一个项目。编制预计财务报表有一定的会计程序，因而资产负债表中的 RE 值通常较大，这是多年来累计投入公司的资金数量，不是银行的现金。然而，如果企业遭受损失或支付超过 NI 的股息，RE 值也可能很小甚至为负值。RE 值减小的常见原因可能是：（1）企业在该年遭受损失；（2）企业在该年有正的净利润，但支付的股利超过净利润。请牢记，RE 是联系预计损益表和资产负债表的关键项目，因此，请正确计算 RE 值。

步骤 5：预计资产负债表中各项目，从留存收益开始，如果使用模板，留存收益数字将根据支付的股息金额自动计算，然后预测股东权益、长期负债、流动负债、负债总计、资产总计、固定资产及流动资产（按此顺序）。使用现金账户作为衔接数据，即用现金账户使资产等于负债与净资产之和。

步骤 6：使用现金作为插件数字，也就是说，预测除现金（和 RE）之外的预计余额中的每个项目，使用现金账户使资产等于负债和股东权益之和，然后进行适当的调整。例如，如果平衡报表所需的现金太少（或太多），考虑进行适当的更改以借入比计划更多（或更少）的资金，并重新评估诸如库存，应收账款，工厂、财产和设备等项目和 / 或其他资产项目。例如，如果现金过多，可以考虑偿还一些长期债务；重新评估各种负债的预计增长百分比，因为企业可能更有效地运营或具有更大的规模经济；或者增加库存。第一次转移的现金账户数字很少是完美的，需要进行调整。

步骤 7：在预计报表下方做出说明或注释，解释为何一年内对特定项目或行进行重大更改。注释对于读者理解对某些行所做的更改至关重要。该模板不会准备注释，因为注释反映的是你对建议的影响和相关成本的看法。

非营利组织

编制预计财务报表的步骤同样适用于非营利组织。首先准备预计损益表，然后是预计资产负债表。由于非营利组织从不支付股息，只需将公益组织的净收入（通常称为净资产）添加到其资产负债表留存收益（通常称为净资产）中即可。如果现金账户过高或过低，只需根据需要对资产负债表的非营利组织资产或负债部分进行调整，因为没有权益部分（净资产除外）。因此，预计财务报表的编制步骤 / 流程（以及模板步骤 / 流程）同样适用于营利性企业和非营利组织。当然，非营利组织支付的税收为零，并且没有实收资本、库存股和普通股。

宝洁的实际财务报表

为了进一步解释预计财务报表分析，下面通过宝洁的实际案例进行演示。宝洁公司 2016 年和 2017 年的实际损益表和资产负债表分别见表 8-6 和表 8-7。请注意，宝洁的 10-K 表格语句被转换或压缩为“模板格式”。（注意：使用本书的战略管理专业学生以及企业从业者用此模板进行战略规划并制定预计财务报表。如果你使用它，可以在简历中说明你“获得了使用战略规划软件的经验”。）

表 8-6 2016—2017 财年宝洁公司实际损益表 单位：百万美元

	2016 财年	2017 财年		比例变化
收入	65 299	65 058	↓	−0.37%
销货成本	32 909	32 535	↓	−1.14%
毛利润	32 390	32 523	↑	0.41%
运营支出	18 442	18 801	↑	1.95%
息税前利润	13 948	13 722	↓	−1.62%
利息支出	579	465	↓	−19.69%
税前利润	13 369	13 257	↓	−0.84%
税费	3 342	3 063	↓	−8.35%
非经常性事件	481	5 132	↑	966.94%
净利润	10 508	15 326	↑	45.85%

表 8-7 2016—2017 财年宝洁公司实际资产负债表 单位：百万美元

	2016 年 6 月 30 日	2017 年 6 月 30 日		比例变化
资产				
现金及等价物	7 102	5 569	↓	−22%
应收账款	5 880	4 594	↓	−22%
存货	4 761	4 624	↓	−2%
其他流动资产	16 084	11 707	↓	−27%
总流动资产	33 782	26 494	↓	−22%

续表

	2016年6月30日	2017年6月30日		比例变化
固定资产	19 385	19 893	↑	3%
商誉	44 350	44 699	↑	1%
无形资产	24 527	24 187	↓	−1%
其他长期资产	5 092	5 133	↑	1%
资产总计	127 136	120 406	↓	−5%
负债				
应付账款	16 774	16 656	↓	−1%
其他流动负债	13 996	13 554	↓	−3%
总流动负债	30 770	30 210	↓	−2%
长期债务	18 945	18 038	↓	−5%
其他长期负债	19 438	16 380	↓	−16%
负债总计	69 153	64 628	↓	−7%
股东权益				
普通股	4 009	4 009	→	0%
留存收益	87 953	96 124	↑	9%
库存股	（82 176）	（93 715）	↑	14%
实收资本和其他	48 197	49 360	↑	2%
股东权益总计	57 983	55 778	↓	−4%
负债与股东权益总计	127 136	120 406	↓	−5%

从表8−6和表8−7可以看到，宝洁2017年的实际收入下降，其流动比率（流动资产除以流动负债）小于1.0。因此，我们假设宝洁公司提出以下四项涉及相关成本的建议，然后追踪成本对公司预计财务报表的影响：

1. 将在三个预测年份（2018年、2019年和2020年）的每一年建立五个新工厂，每个工厂投入2.5亿美元（每年有12.5亿美元用于工厂、财产和设备），并调整长期债务和实收资本，如下面的第4点所述。

2. 再筹集12.5亿美元资助研发和新广告。筹集的资金总额为50亿美元。

3. 在三个预测年度的每一年中，股息增加1%（这些资金来自净收入，因此无须筹集额外资金）。

4. 所需资本的40%将通过计划的2018年的债务（20亿美元）进行融资，所需资本的60%（30亿美元）将通过计划的2019年的股权进行融资。注意20+30=50，这是不考虑股息的建议总成本。

关于宝洁公司实际损益表的说明见表8−6。2017年非经常性事件大幅增加，此变化是因为该公司剥离了各种业务以简化公司流程，使其活动能更好地与使命保持一致。剥离资金解释了2017财年宝洁公司净收入的大幅增加以及资产负债表中留存收益的大幅增长。如果没有进一步的类似剥离，第二年的净收入将下降，但收入实际上会增加。这个例子说明了年度报告能揭示导致当前财务报表发生变化的可能原因，因此研究年报非常重要。接下来，仔细考虑建议将如何影响预计报表。简单地推算每一项的历史数字是编制预计财务报表的一个常见错误。

关于宝洁公司实际资产负债表的说明见表8-7。2016—2017年库存股增加115亿美元，表明宝洁公司大量回购股票。许多公司一直在积极购买自己的股票，这反映出对未来的乐观态度。然而，一些分析师认为股票回购会消耗现金，而公司可以更好地利用现金来发展。不过，股票回购会减少公司的已发行股票数量，从而增加每股收益，公司通过股票回购获得了“无形利益”。有时，公司甚至会在季度末或接近年底时增加库存股，以“人为”夸大其每股盈利以满足 / 击败每股盈利预测，避免股价下跌。这可能就是众多回购行为发生的原因。回购股票的一些典型例子包括：家得宝在2017—2018年回购了150亿美元的股票，霍尼韦尔回购了80亿美元的股票，美国银行回购了170亿美元的股票，万事达回购了40亿美元的普通股，德国电信（T-Mobile）回购了15亿美元的股票。

宝洁公司实际资产负债表说明：超过50%的总资产是商誉和无形资产。一些财务专家认为这些项目无法轻易变成实物资产。宝洁以超账面价值（市值）收购其他公司的历史表明，该公司有较大的商誉价值。

宝洁的预计财务报表

在前面列出的相关成本的四项建议以及结转到预计资产负债表的年度未分配利润的基础上，表8-8和表8-9分别显示了宝洁公司的预计损益表和资产负债表。注意，在表8-8所示的预计损益表中，预计收入和净收入都在增加，但预计净收入比上年大幅下降，主要是因为2018—2020年没有考虑重大剥离（在损益表中记录为非经常性事件）。

表8-8　2018—2020财年宝洁公司预计损益表　　单位：百万美元

	2018财年	2019财年	2020财年
收入	66 359	68 350	72 451
销货成本	33 180	34 175	36 225
毛利润	33 180	34 175	36 225
运营支出	20 571	21 188	22 460
息税前利润	12 608	12 986	13 766
利息支出	565	562	559
税前利润	12 043	12 424	13 207
税费	2 770	2 858	3 302
非经常性事件	0	0	0
净利润	9 273	9 567	9 905

表 8-9　2018—2020 财年宝洁公司预计资产负债表　　单位：百万美元

	2015 年 12 月 31 日	2017 年 12 月 31 日	2018 年 12 月 31 日
资产			
现金及等价物	3 015	7 409	$9 552
应收账款	4 645	4 784	5 072
存货	4 645	4 784	5 072
其他流动资产	11 945	12 303	13 041
总流动资产	24 250	29 281	32 736
固定资产	21 143	22 393	23 643
商誉	44 699	44 699	44 699
无形资产	24 187	24 187	24 187
其他长期资产	5 309	5 468	5 796
资产总计	119 588	126 028	131 061
负债			
应付账款	15 926	16 404	17 388
其他流动负债	11 281	11 619	12 317
总流动负债	27 207	28 023	29 705
长期债务	20 038	20 038	20 038
其他长期负债	14 599	15 037	15 939
负债总计	61 844	63 098	65 682
股东权益			
普通股	4 009	4 009	4 009
留存收益	98 089	100 275	102 725
库存股	（93 715）	（93 715）	（93 715）
实收资本和其他	49 360	52 360	52 360
股东权益总计	57 743	62 929	65 379
负债与股东权益总计	119 588	126 028	131 061

请注意表 8-9 中的预计资产负债表，从 2017 财年到 2018 财年长期债务的增加表示根据建议确定的债务融资比例（40%），从 2018 财年到 2019 财年实收资本的增加代表根据建议确定的普通股融资比例（60%）。表 8-10 提供了作者有关预计损益表和资产负债表变更的注释，以揭示报表中各种变化的缘由。

表 8-10　作者关于宝洁公司财务报表的注释　　单位：百万美元

	注释	2018 财年	2019 财年	2020 财年
收入	2016 财年至 2017 财年的收入持平，部分原因是总计超过 50 亿美元的大量资产剥离和其他非经常性事件抵消了收入增长	基于当前运营和增加的广告产生的新收入增加 2%	基于当前运营和增加的广告产生的新收入增加 3%	基于当前运营、增加的广告以及销售新产品的新厂产生的新收入增加 6%

续表

	注释	2018 财年	2019 财年	2020 财年
销货成本	历史上占收入的 50%	50%	50%	50%
运营支出	由历史上占收入的 29% 调整到 31%，以应对增加的研发支出和广告支出	31%	31%	31%
利息支出	2018 财年以 5% 的利率债务融资 20 亿美元。由于支付了债务，2019 年和 2020 年的利息扣除略有减少，但利息支出远高于 2017 年宝洁公司未偿还这笔新债务时的利息支出	2 000 × 0.05=100	−3	−3
税费	在 2020 财年之前，税率一直保持在 23%，此时增加的收入最终会使宝洁在一些市场上进入更高的税级；一些国家的税率高于美国公司 21% 的税率	23%	23%	23%
非经常性事件	没有出售财产，也没有发生其他重大的年度变化，如剥离	0	0	0
现金	现金是用于平衡预计资产负债表的数字，使用模板自动计算。无论是使用模板还是手工计算，都不需要现金入场或估计。只需输入创造平衡的现金数，其中资产总计 = 负债总计 + 所有者权益			
应收账款	历史上占收入的 7%	7%	7%	7%
库存	历史上占收入的 7%	7%	7%	7%
其他流动资产	历史上占收入的 18%	18%	18%	18%
固定资产	每年增加五个新工厂，每个投资 2.5 亿美元。注意在 2020 财年工厂完工之前，新工厂不会有可观的收入	1 250	1 250	1 250
商誉	没有新收购	0	0	0
无形资产	没有新专利	0	0	0
其他长期资产	历史上占收入的 8%	8%	8%	8%

续表

	注释	2018 财年	2019 财年	2020 财年
负债				
应付账款	历史上占收入的 26%；预计在 2016 财年和 2017 财年重组之后，公司会更有效地运营	24%	24%	24%
其他流动负债	历史上占收入的 21%；预计在 2016 财年和 2017 财年重组之后，公司会更有效地运营	17%	17%	17%
长期债务	调整 2018 财年以偿还债务融资。在 2019 年或 2020 年都没有债务融资	2 000	0	0
其他长期负债	历史上占收入的 25%；预计在 2016 财年和 2017 财年重组之后，公司会更有效地运营。	22%	22%	22%
股东权益				
普通股	股票发行时的票面价值 × 已发行股票数。保持在 0	0	0	0
库存股	没有公司推荐的股票回购	0	0	0
实收资本和其他	在 2019 财年通过股权融资 3 000 万美元	0	3 000	0
额外留存收益	当前（或最近的预计年份）净收入 − 当前应付股息 = 新的额外留存收益	1 965	2 186	2 450
总应付股息	每年增加 1% 的股息	7 308	7 381	7 455

宝洁的留存收益数据表

如前所述，预计损益表与资产负债表之间的关键环节是公司净收入减去股息等于留存收益到公司资产负债表的年度转移。鉴于此交易的重要性，表 8-11 给出的宝洁留存收益数据表具体说明了如何进行年度转移。

表 8-11 宝洁公司留存收益数据表　　单位：百万美元

股息信息	资产负债信息				
	1	2	3	4	5
	净收入	− 应付股息	= 留存收益	+ 去年资产负债表的留存收益	= 现在资产负债表的留存收益
2018 年	9 273	7 308	1 965	96 124	98 089
2019 年	9 567	7 381	2 186	98 089	100 275
2020 年	9 905	7 455	2 450	100 275	102 725

8.3 企业估值

当企业收购其他企业或其他企业的部门，甚或剥离自己企业的一部分时，评估企业价值就成为战略实施的核心。全球企业间的买卖交易每年都会发生成千上万笔。在美国，每年都会发生约 1.5 万亿美元企业间的买卖交易。例如，西维斯健康公司（CVS Healthcare）正试图收购安泰保险，迪士尼则试图收购 21 世纪福克斯的一部分。所有这些交易都必须评估企业的财务价值或现金价值。

价值评估并非精确的科学，往往是“情人眼里出西施”。企业希望高价卖出、低价买入，通常在这两种情况下都会进行谈判。企业价值评估固然要基于财务事实，但常识和直觉判断也必不可少。有些因素很难用货币价值准确衡量，如客户忠诚度、增长的历史、未决法律诉讼、员工工作热情、租赁的益处、差的信用评级或好的专利价值等，这些因素可能无法在公司财务报表中反映出来。再则，不同的评估方法可能得出不同的企业总价值。因此，评估企业价值的确需要定性和定量两种技能。

并购热潮下，标准普尔 500 指数公司的商誉平均增长了 70%，从 2007 年的 1.7 万亿美元增至 2017 年的 3 万亿美元以上。例如，通过收购南非米勒（SAB Miller），百威英博（Anheuser-Busch InBev）的商誉增至 1 410 亿美元，高于 18 个月前的 650 亿美元，目前占总资产的 50% 以上。如果目标企业拥有本企业所需的技术、专利或规模经济，为收购目标企业而支付超过其账面价值（市值 = 已发行股票数量 × 股票价格）的费用也是可以的，借此可能获得更大的主动权，甚至降低竞争性定价压力，如百威英博的例子。然而，购买企业就像买房子一样，支付“溢价”（即为收购支付的金额超过其市值）通常在财务上不算谨慎。

除了准备购买或出售企业外，通常在处理以下财务和会计问题时也需进行企业估值分析，包括银行贷款、税务计算、退休计划、老板死亡和合伙协议及美国国税局（IRS）审计。实际上，了解公司的价值是一件好事，这种认知可以保护所有相关方的利益。为了估计企业的一个部门或分部的价值，一些分析师计算公司总价值，并将该数字乘以该部门为公司贡献的收入百分比。

企业估值方法

确定企业价值有多种方法，最常用的有以下四种：

方法 1　**净值法**（net worth method）。企业估值 = 股东权益 -（商誉 + 无形资产）。

股东权益又称为所有者权益、总权益或净值，但此资产负债表底部附近的事项代表普通股、额外实收资本、留存收益、库存股和其他权益项的总和。在计算总股东权益后，如果这些事项在公司资产负债表上显示为资产，则减去商誉和无形资产。无形资产包括著作权、专利权和商标权。当企业收购另一家企业且支付超过该企业账面价值的费用时，才会产生**商誉**（goodwill）。注意，表 8-12 中宝洁公司的商誉 + 无形资产超过了公司的股东权益，导致估值为负。因此，方法 1 不适用于估算宝洁公司的市场价值。这应该引起股东、管理者和希望收购宝洁公司（大部分资产属于无形资产）的企业的注意。

表 8-12　宝洁公司价值分析　　单位：百万美元

输入数据	估值
股东权益	55 778
净利润	15 326
股价	94.17
每股收益	6.010 19
企业流通股的数量	2 550
商誉	44 699
无形资产	24 187
四种估值的方法	
股东权益 -（商誉 + 无形资产）	（13 108）
净利润 ×5	76 630
（股价 ÷ 每股收益）× 净利润	240 134
企业流通股的数量 × 股价	240 134
平均值	135 947

方法 2　**净利润法**（net income method）。企业估值 = 净利润 ×5。

第二种方法的理念是任何企业的价值在很大程度上应取决于所有者的未来利益，该利益以企业净利润的形式体现。一种保守的经验规则是按企业现在年利润的 5 倍来确定企业价值。此外，也可以根据企业的 5 年平均利润值计算。采用该方法时应注意，企业通常在财务报表中压低利润，目的是缴纳最少的税款。实际上，表 8-12 中方法 2 导致企业估值较低。如果正在收购一家企业，这可能是一个很好的第一次报价；但如果出售企业或业务，方法 2 可能不会产生出售方想要开出的起价。如果企业的净收入是负数，方法 2 在理论上意味着被收购企业要“倒贴钱”给收购企业。当然，这同时意味着收购企业接受目标企业所有的债务或负债，理论上这是可能的。通常，这种方法更适合小型企业的评估。

方法 3　**市盈率法**（price-earning ratio method）。企业估值 =（股价 ÷ 每股收益）× 净利润。

使用市盈率法，要用企业普通股的市场价格除以每股收益，再乘以公司过去 5 年的平均净利润。请注意，在表 8-12 中，此方法得到的结果与方法 4 相同。用代数方法，如果在同一时间点获得收益和股票数量，这种方法与方法 4 相同。表 8-12 使用了宝洁公司 2017 财年末的实际净收入，而不是过去 5 年的平均净收入。

方法 4 **流通股法**（outstanding share method）。企业估值 = 企业流通股的数量 × 股价。

使用流通股法，即用企业流通股的数量乘以每股市价。如果购买价高于这个值，那么多出来的钱称为**溢价**（premium）。流通股公司估值也可称为企业的**市场价值**（market value）或**市场资本值**（market capitalization）或**账面价值**（book value）。溢价是指个人或公司为控制（收购）其他企业而愿意多付的每股价值。如果收购价格低于股票的即时价格，这个差额就称为**折价**（discount）。

杂志《美好家园》（*Better Home & Gardens*）的所有者梅雷迪思公司（Meredith Corp.）以 18. 5 亿美元的价格（46% 的溢价）收购了时代公司（Time Inc. ）。时代公司拥有《财富》、《人物》（*People*）和《体育画报》（*Sports Illustrated*）等杂志。

最近几家媒体报道了研究员瑞安·布鲁尔（Ryan Brewer）的企业估值分析，揭示了排名前 20 的大学橄榄球项目的货币价值。表 8-13 提供了相关数字，这些数字可能是将未来收入流重新计入现在以获得现值而得出的，这是一种偶尔使用的估值方法。表 8-13 中，东南联盟（SEC）领导了所有联盟，包括前 20 名最有价值团队中的 9 个。

表 8-13 排名前 20 的大学橄榄球项目的货币价值 单位：百万美元

排名	大学	价值（美元）
1	俄亥俄州立大学	1 511
2	得克萨斯大学	1 243
3	俄克拉何马大学	1 002
4	亚拉巴马大学，东南联盟	930
5	路易斯安那州立大学，东南联盟	911
6	密歇根大学	893
7	圣母大学	857
8	佐治亚大学，东南联盟	822
9	田纳西大学，东南联盟	756
10	奥本大学，东南联盟	724
11	佛罗里达大学，东南联盟	682
12	宾夕法尼亚州立大学	550
13	得克萨斯 A&M 大学，东南联盟	523
14	内布拉斯加大学	508
15	南加州大学，东南联盟	484
16	艾奥瓦大学	484
17	阿肯色大学，东南联盟	456
18	威斯康星大学	439
19	华盛顿大学	434
20	佛罗里达州立大学	385

资料来源：Based on information from the *Wall Street Journal*，September 23，2017，and www. sportingnews. com，and other sources.

➡ 8.4 管理财务比率、首次公开募股和债券

财务比率分析

第 4 章已介绍财务比率是用于获取公司在某一时点上财务状况的重要工具。财务比率的基础是：（1）如何随时间变化；（2）如何与产业标准比较；（3）如何与主要竞争对手比较。基于实际财务报表的财务比率反映了公司的优势和劣势；基于预计财务报表的比率反映了实施一组特定建议的潜在问题和成功概率。例如，如果流动比率与行业平均值相比猛增或暴跌，则必须严格管理现金（和其他短期资产）。

继续宝洁公司的案例。表 8-14 和表 8-15 分别显示了公司的实际（历史）财务比率和预计财务比率，二者均使用模板计算得出。实际与预计的杠杆率和经营比率的比较并不表示有任何严重的异常或变化，仅表明要实施的四项建议确实可行。宝洁在 2017—2020 年停止剥离，其股本回报率（ROE）和资产回报率（ROA）在预计年度的 2017 年显著下降。值得注意的是，表 8-15 中宝洁公司的预计比率并非来自编制预计损益表和预计资产负债表的首次尝试，而是在预计比率合理之前对预计报表进行若干次不同交互和调整的结果。注意应根据需要对预计报表进行调整，以产生可行的预计报表和作为结果的预计比率。

表 8-14　宝洁公司实际财务比率

	历史比率	
	2016/06/30	2017/06/30
流动比率	1.10	0.88
速动比率	0.94	0.72
资产负债率	0.54	0.54
债务权益比率	1.19	1.16
利息保障倍数	24	30
存货周转率	6.98	7.04
固定资产周转率	3.37	3.27
总资产周转率	0.51	0.54
应收账款周转率	11	14
平均收款期	32.87	25.77
毛利率	50%	50%
经营利润率	21%	21%
资产回报率（ROA）	8%	13%
股本回报率（ROE）	18%	27%

注：这些是基于宝洁实际财务报表的模板计算出的实际财务比率。

表 8-15　宝洁公司的预计财务比率

	预计比率		
	2018/06/30	2019/06/30	2020/06/30
流动比率	0.89	1.04	1.10
速动比率	0.71	0.86	0.91
资产负债率	0.52	0.50	0.50
债务权益比率	1.07	1.00	1.00
利息保障倍数	22	23	25
存货周转率	6.71	6.46	6.40
固定资产周转率	3.14	3.05	3.06
总资产周转率	0.55	0.54	0.55
应收账款周转率	14	14	14
平均收款期	25.55	25.55	25.55
毛利率	50%	50%	50%
经营利润率	19%	19%	19%
资产回报率（ROA）	8%	8%	8%
股本回报率（ROE）	16%	15%	15%

注：这些是基于宝洁预测财务报表的模板计算出的预计财务比率。

决定企业是否上市

每年有许多公司进行**首次公开募股**（initial public offering，IPO），从私人公司变为公众公司。企业上市意味着企业将对外出售一部分份额以筹集资本。其结果是，上市将稀释所有者对企业的控制权。销售额低于 1 000 万美元的企业不宜上市，因为筹资的初始费用很高，企业难以产生足够的现金流。当初始股票发行额在 100 万美元以下时，1/4 的金额将支付给律师、会计师及承销商，而当初始发行额在 2 000 万美元以上时，这一比例将降为 1/20。除了发行股票的初始费用，企业还需承担上市公司的报告、管理方面的附加费用和责任。上市筹集到的资金可用于公司开发新产品、建更多工厂、重新设立商店、进入外国以及更有效地营销产品和服务。

根据迪罗基公司（Dealogic）的数据，2017 年全球约有 1 600 家公司上市，比此前十年内的任何一年都要多。2016 年仅有 950 家公司上市。

发债以募集资金?

公司筹集资金的另一种流行方式是发行公司债券。这类似于向银行借钱，不过发行债券是公司从投资者而不是银行那里获得资金。在资产负债表上，债券包含在长期债务中。当公司的资产负债表和信用评级都优异时，发行债券可以作为筹资的有效方式。与股票价格相比，债券价格对公司日常或季度运营不太敏感。例如，为拟实施战略融资的预期股票价格可能远高于或低于预测。但是，债券价格和利率对不可预见事件的预期较敏感，比如 CEO 继任、新竞争对手出现以及收益不佳等。小公司或收益为负的公司，与其债券相关的利率一般很高，若发行债券（债务）将比发行股票成本更高。当银行不想长期为公司运营提供资金时，公司可考虑发行债券融资。

2017 年美国连续七年以创纪录的金额售出债券，总金额超过 1.5 万亿美元。最近的一项重大交易是百威英博集团发行 460 亿美元的债券收购南非米勒。企业发行债券的主要目的表现为：（1）融资收购；（2）回购自己的股票（称为库存股）；（3）为旧债务再融资；（4）筹集资金以资助战略规划。随着美国联邦储备委员会缓慢加息，债券发行可能趋于平稳。

基于谨慎性原则，公司发行债券、回购股票以及向股东支付现金股息的做法日益成为财务上关切的问题。因此，公司面临的一项战略决策是发行债券筹集的资金是用于购买公司自己的股票或以现金股息方式安抚股东，还是用于支持制定战略以产生更大的收入和利润。

对战略管理者的启示

图 8-3 显示，为获取并保持竞争优势，企业必须通过使用 EPS/EBIT 分析、预计财务报表分析和公司估值分析等工具，以比竞争对手更有效的方式管理财务。众所周知，赚钱不易，节省每一美元就像赚了一美元。现金为王，成功的战略实施取决于卓越的财务管理，公司和组织战略实施的成败与使用本章所述概念、工具和技术水平的高低密切相关。

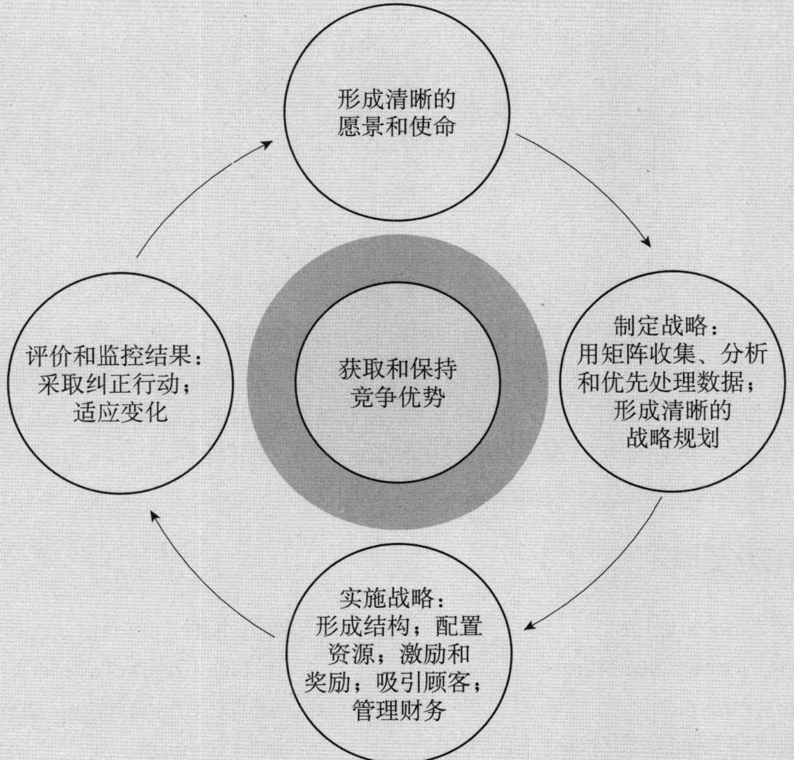

图 8-3　如何获取并保持竞争优势

2018 年美国新的公司税率降至 21%，诸如伊利保险集团（Erie Insurance Group）等公司向员工发放奖金，并更多地分红。2018 年 1 月 1 日到 3 月 1 日，没有一家标普 500 指数公司削减派息金额，这是自 2011 年以来首次出现的情况。在此期间股息的平均增长率为 14%，是 2014 年以来的最大增幅。公司基本上都在与股东分享其巨额减税，有些公司比其他公司分享得更多。思科系统公司（Cisco Systems）2018 年将海外的 670 亿美元汇回美国，计划用 440 亿美元支付股东股息并回购其股票。苹果公司报告称，会将其 2 523 亿美元海外现金的大部分汇回美国，在美国新增 20 000 个就业岗位。微软、Alphabet 和亚马逊计划将海外现金留在海外。

对学生的启示

作者对学生的点评：我们为你们掌握本章的内容而感到特别自豪。在学生国际案例比赛中，我们目睹了众多学生团队赢得案例竞赛，主要是因为他们能够证明自己的建议在经济上可行、合理，且能为公司带来可观的财务回报。掌握本章所传授的技能将为你提供超越其他学生的竞争优势，并为你提供在职业生涯和个人生活中所需的金融知识。

不论何时，当项目中出现机会时，要揭示公司如何利用财务和会计概念并进行分析以获取并维持竞争优势。要不断将公司与对手公司进行比较，深入观察得出一些结论，从而有灵感提出建议。不要因听众确信你的建议在财务上可行且值得投入，就回避 EPS/EBIT 分析或者预计财务报表分析。在细节问题上要十分用心，这样同学（或老师）才会相信你做的分析正确合理。财务报表不能过于乐观，也要避免出现错误。使用 www. strategyclub. com 提供的免费 Excel 战略规划模板，并考虑把“获得了使用战略规划软件的经验”写进简历。

本章小结

财务和会计主管必须设计有效的战略实施方法，使企业成本和风险降至最低。财务和会计以及第 7 章介绍的管理和营销，所有这些活动的性质和角色在很大程度上决定了企业的成败。制定资本结构决策需要 EPS/EBIT 分析，优秀的资本结构可以成为竞争优势；预计财务报表对于预测各种建议的影响至关重要；公司估值方法一直用于收购、合并、剥离和管理公司的财务状况。综合娴熟地使用这些财务概念、工具和技术，有助于确保以有效益和有效率的方式实施战略。

关键术语与概念

账面价值（book value）
资本结构（capital structure）
折价（discount）
每股收益 / 息税前利润分析（EPS/EBIT analysis）
商誉（goodwill）
首次公开募股（initial public offering, IPO）
市场资本值（market capitalization）
市场价值（market value）
流通股法（outstanding share method）
溢价（premium）
市盈率法（price-earning ratio method）
预计财务报表（projected financial statement）
库存股（treasury stock）

复习与讨论题

8-1 思考下列说法是否正确并给出解释。过去几年的收购溢价平均为 25%～40%，但有时超过 100%；之前的研究表明，高额溢价通常会对收购业绩产生负面影响。

8-2 解释为什么在任何公司增加库存股都会增加每股收益。

8-3 一些总部设在中国的公司在美国纽约证券交易所进行首次公开募股，如阿里巴巴。请用本章介绍的概念、工具和技术分析阿里巴巴的财务状况并给出你的建议。

8-4 思考下列说法是否正确并给出解释。在美国，没有联邦法律禁止企业使用 GPS 设备监控员工，联邦法律也不要求企业向员工披露它们是否使用此类技术。这对员工和公司有什么影响？

8-5 为筹集资金，与发行股票或从银行借款相比，发行债券的利弊是什么？

8-6 许多公司都在积极购买自己的股票。什么情况下会推荐这种做法或这种做法特别有益？在资产负债表上增加库存股的利弊是什么？

8-7 与公司的账面价值相比，惠普有更多的商誉。解释这意味着什么，它是如何发生的，以及针对这种情形能做什么。

8-8 给出公司 A 以 15% 的溢价收购公司 B 的案例。

8-9 给出公司 A 以 15% 的折价收购公司 B 的案例。

8-10 什么是库存股？公司什么时候应该购买库存股？

8-11 什么是 IPO？什么时候进行 IPO 对公司有利？ Dropbox 在 2018 年为什么要进行 IPO？这是不是一个明智的选择？为什么？

8-12 一般来说，一家公司应该有多大规模才有资格进行 IPO？解释 IPO 的流程。

8-13 红利如何影响 EPS/EBIT 分析？在既定年份，企业留存收益以“扣除税收、利息及红利后的利润”为参考，对吗？

8-14 在进行 EPS/EBIT 分析时，如何得出第一行的数字（EBIT）？

8-15 在进行 EPS/EBIT 分析时，如何得出税率？

8-16 用代数方法证明：使用市盈率法计算的公司现金价值等于流通在外的股数乘以股价。为什么有时这两种方法得到的值不相同？

8-17 资产负债表上会用会计术语区分无形资产和商誉，为什么预计财务报表不会？

8-18 解释通常用于估算企业总价值的四种方法。

8-19 解释高级管理人员有时为何以及如何合法操纵财务报表来夸大或缩小预期结果。

8-20 解释为什么 EPS/EBIT 是主要的战略实施技术。

8-21 讨论 EPS/EBIT 分析的缺陷。

8-22 思考下列说法是否正确并给出解释：“资产负债表中的留存收益在财务战略实施中没有太大作用。”

8-23 解释为什么财务报表分析被认为既是战略制定的工具也是战略实施的工具。

8-24 完成下列公司的 EPS/EBIT 分析：一家公司的股票价格为 20 美元，资本成本为 5%，税率为 20%，流通在外的股票数为 5 亿股，EBIT 的范围为 1 亿～ 3 亿美元。公司需要募集 2 亿美元。利用下表完成分析过程。

100% 普通股融资	100% 负债融资	20/80 负债与普通股融资
EBIT		
利率		
EBT		
税收		
EAT		
已发行股数		
EPS		

8-25 在什么情况下资产负债表的留存收益会逐年减少？

8-26 用自己的语言写出编制预计财务报表的所有步骤。

8-27 根据可口可乐财务报表，迪士尼在 2016 年一共派发了多少股息？2017 年呢？

8-28 在编制预计财务报表时，为什么不能随意使用历史数据？

实践练习

第一组：可口可乐公司的战略规划

练习 8A

对可口可乐公司进行 EPS/EBIT 分析

目的

在确定在何种程度上采用债务融资或股票融资以支持战略实施时，EPS/EBIT 分析是应用最为广泛的技术之一。本练习旨在训练 EPS/EBIT 分析能力。

说明

可口可乐需要 50 亿美元，用于在美国境外建造四个新工厂。

利率：5%

税率：21%

股价：45.54 美元，2018 年 1 月 2 日

流通股股数：4 255 百万

EBIT：悲观：70 亿美元，现实：90 亿美元，乐观：110 亿美元

步骤

步骤 1 对可口可乐进行 EPS/EBIT 分析。确定公司是否应该使用 100% 债务融资、100% 股票融资或 50/50 的债务和股票融资组合来为市场发展战略提供资金。

步骤 2 完成 EPS/EBIT 表后，绘制 EPS/EBIT 图。

步骤 3 接下来，为可口可乐公司的首席财务官提供三句话的建议。

练习 8B

为可口可乐公司编制预计财务报表

目的

本练习用于训练编制预计财务报表。预计财务分析是一项重要的战略实施技术，因为它可以让管理者对各种战略实施方案的效果进行预计和评价。

步骤

步骤 1　与一位同学合作，为可口可乐公司编制预计损益表与资产负债表。若可以请使用模板。假设可口可乐需要筹资 10 亿美元来扩大市场份额，计划 50% 的资金来自银行贷款，50% 的资金来自股票发行。需要时可做出其他假设，并进行明确的书面说明。

步骤 2　将你的预计财务报表报告给全班同学，并就同学们提出的问题进行讨论。

步骤 3　将你的预计财务报表与其他同学的进行比较，分析它们之间的主要区别。

练习 8C

确定可口可乐公司的现金价值

目的

定期确定本公司的现金价值（公司价值）是一种很好的经营管理制度。本练习旨在训练用多种方法来确定公司总价值。使用配套案例中给出的可口可乐公司的财务报表数据进行分析。

步骤

步骤 1　用如下四种方法计算可口可乐公司的财务价值：（1）净值法；（2）净利润法；（3）市盈率法；（4）流通股法。

步骤 2　获得四种方法的平均值。以亿美元计，可口可乐公司的价值是多少？

步骤 3　将分析和结论与其他同学的进行比较。

练习 8D

为可口可乐公司准备预计财务比率

目的

财务比率绝不仅仅被学生用来进行练习。如果公司的财务比率与行业平均水平相差甚远或呈下降趋势，投资者可以在一夜之间撤回投资。预计财务比率是预测财务结果的一种极好方法，以避免随时降临的灾难。将公司的财务报表转换为模板格式后，模板将生成预计财务比率，然后根据建议的战略编制预计财务报表。

步骤

步骤 1　查看练习 8B 的结果。

步骤 2　计算可口可乐公司的预计流动比率、债务权益比率和投资回报比率。你的预计比率与上年度比率相比如何？为什么进行这种比较很重要？

第二组：你所在大学的战略规划

练习 8E

确定所在大学的现金价值

目的

定期确定组织（包括大学）的现金价值是一种很好的经营管理制度。在本练习中，你可以使用两种方法练习确定组织的总价值。

步骤

步骤 1　找到你所在大学最近的损益表和资产负债表。

步骤 2　通过净值法和净利润法评估你所在院校的财务状况。

步骤 3　得出这两种方法下的平均值。以美元计，你所在大学的价值是多少？

步骤 4　将分析和结论与其他同学的进行比较。

第三组：提高就业能力的战略规划

练习 8F

编制个人财务报表

目的

银行要求个人在申请按揭或贷款时提供个人财务报表。因此，在你开始全职工作之前和之后，管理你的个人财务非常重要。本练习旨在让你了解为自己编制损益表和资产负债表的过程。

步骤

步骤 1　使用 www. strategyclub. com 提供的免费 Excel 模板为自己编制损益表和资产负债表。请按照本章列出的步骤进行操作。

步骤 2　确定你的净资产等于你的总资产减去你的总负债。

步骤 3　解释为什么管理个人财务对提高就业能力很重要。

练习 8G

模板能力测试

目的

www. strategyclub. com 提供的免费 Excel 战略规划模板广泛用于学生和小型企业的战略规划；本练习用来提高对模板的熟悉程度。使用该模板培养的能力可以体现在你的简历中，此外还能帮助你为指定的案例公司制定全面的战略规划。

说明

回答以下关于模板的问题。与同学讨论你的答案及问题或疑虑。

1. 将财务报表数据输入模板，而不是简单地复制和粘贴离线财务报表，为什么这一点很重要？

2. 本章是否侧重于模板的第一部分或第二部分？

3. 如果给定 EBIT 水平的股权和债务的 EPS 范围相同，分析中的哪些变化可能会带来最大的差异：（1）将所需资本金额调整 25%；（2）将利率提高 1 个百分点；（3）将税率提高 5 个百分点？为什么？

4. 以下哪种方法永远不会使 EPS 最大化：（1）100%股权融资；（2）100%债务融资；（3）组合融资？为什么？

5. 解释分析模板生成的预计财务比率，如何有助于调整估算预计财务报表。

6. 在使用模板时，是否必须在预计资产负债表中手动计算任何数字？

7. 模板通过使用实现平衡的哪个行项目来确保预计资产负债表每次都处于平衡状态？

8. 如果注意到流动比率从历史值 1.0 变为预计的 5.0，应考虑采取哪些措施？

9. 在模板中输入库存股时，为什么要输入负数？

10. 如果希望在预计年份停止支付股息，需要在模板中输入什么条目进行相关计算？

11. 如果当前的固定资产是 5 亿美元，你希望在第一个财务年度增加 5 000 万美元的固定资产，那么在第一个预计会计年度中，你会在固定资产模板的第二部分输入什么数据？

12. 如果卖出了 1 亿美元的普通股，那么应将其输入模板第二部分的预计资产负债表中的哪个项目？

13. 在预计损益表和预计资产负债表第二部分的每个项目的右侧，模板有什么类型的提示？

14. 为什么学生应该将其现有和预计的财务数据（从远到近）输入模板，即使该模板允许学生以所需的任何顺序输入日期，即使许多已发布的报表可能以相反的顺序输入数据？

第四组：个人与群体的战略规划

练习 8H

EPS/EBIT 分析的七大局限性有多严重？

目的

正如本章所讨论的，EPS/EBIT 分析是使用最为广泛的金融工具，用于确定债务或股权是否能更好地筹资。但是，所有分析工具都有局限性。第 8 章确定并讨论了 EPS / EBIT 分析的如下七个局限性：

1. 灵活性；
2. 所有权分散；
3. 时机选择；
4. 杠杆情况；
5. 连续性；
6. EBIT 范围；
7. 股息。

本练习用来更仔细地检验 EPS/EBIT 分析局限性的相对严重性，同时检验个人决策是否优于群体决策。学术研究表明，在 80% 的情况下群体做出的决策优于个人。

说明

根据 EPS/EBIT 分析的七大局限性的相对严重性对其排序（1= 最严重，7= 最不严重）。首先，个人单独对七大局限性进行排序。然后，三人一组对七大局限性进行排序。

之后，确定何人何组最接近专家排序。此练习可以检验个人决策与群体决策在战略规划中的相对有效性。

步骤

步骤 1　填写表 8-16 中的第 1 列，给出你对七大局限性相对严重性的个人排序。例如，如果你认为局限性 1（灵活性）是第 4 个最严重的局限性，那么在表 8-16 对应的单元格中输入 4。

步骤 2　填写表 8-16 中的第 2 列，给出小组对七大局限性相对重要性的排序。

步骤 3　填写表 8-16 中的第 3 列，给出专家对七大局限性相对重要性的排序。

步骤 4　填写表 8-16 中的第 4 列，即第 1 列和第 3 列之间的绝对差值，看你个人的表现如何。（注意：绝对差值忽略负数。）

步骤 5　填写表 8-16 中的第 5 列，即第 2 列和第 3 列之间的绝对差值，看小组的表现如何。

步骤 6　分别对第 4 列、第 5 列求和。

步骤 7　比较第 4 列总和与第 5 列总和。如果第 4 列总和小于第 5 列总和，表明个人表现得更好。通常情况下，小组决策优于个人决策，如果你比小组做得好，说明你非常优秀。

步骤 8　个人获胜者：第 4 列总和最低者。

步骤 9　小组获胜者：第 5 列总和最低者。

表 8-16　评估 EPS/EBIT 分析的局限性：比较个人决策与群体决策

局限性	第 1 列	第 2 列	第 3 列	第 4 列	第 5 列
1. 灵活性					
2. 所有权分散					
3. 时机选择					
4. 杠杆情况					
5. 连续性					
6.EBIT 范围					
7. 股息					
总计					

微案例：孩之宝

Nerf 希望接管芭比娃娃

孩之宝（Hasbro）是美国最大的玩具制造商，正对第二大玩具制造商美泰（Mattel Inc.）进行恶意收购。美泰是芭比娃娃、美国女孩娃娃、费雪和风火轮玩具的制造商，一直亏损，市值已降至不到 50 亿美元。孩之宝估值约为 110 亿美元，拥有 Nerf、变形金刚和彩虹小马等品牌。

当孩之宝的股价上涨 18%，达到 92 美元时，美泰的股价下跌了 47%，降至 14 美元。孩之宝没有任何玩具工厂，而美泰有自己的工厂。孩之宝通过制作与影片相关的玩具与好莱坞建立了密切联系，还将玩具与迪士尼的《星球大战》和公主角色联系在一起。玩具制造商面临困难，玩具反斗城关闭了所有商店，乐高裁掉了全球8%的员工。几年前美泰试图收购孩之宝，现在却颠倒过来了。

即使孩之宝和美泰合并，合并后的公司也只能控制约35%的美国市场和22%的全球玩具销售额。然而，在诸如车模等类别中（包括美泰的风火轮车模），合并后的公司将控制62%的美国市场。最近美泰暂停向股东支付股息以保持财务偿付能力，虽然公司试图获得更多的债务融资，但信用评级公司正在降低美泰的评级。

问题

1. 与2017年末的110亿美元相比，现在孩之宝的价值是多少？
2. 与2017年末的50亿美元相比，现在美泰的价值是多少？
3. 这两家公司合并的优势和劣势是什么？
4. 评估反托拉斯监管机构批准该行业两大企业合并的可能性。

资料来源：Based on Dana Mattioli，“Hasbro Sets Its Sights on Mattel，” *Wall Street Journal*，November 11–12，2017，p. A1–A2. Also，Paul Ziobro，“For Toy Makers，a New Game，” *Wall Street Journal*，November 15，2017，B7.

第4篇

战略评价与治理

9 战略评价与治理

本章目标

学完本章，应能做到以下几点：
- 讨论战略评价过程。
- 讨论构成战略评价的三个活动。
- 描述并开发平衡计分卡。
- 讨论董事会（治理）在战略规划中的作用。
- 理解并讨论战略管理中的四个挑战。
- 理解并描述进行有效战略管理的17条准则。

实践练习

本章末有以下练习：
第一组：可口可乐公司的战略规划
练习9A：为可口可乐公司设计平衡计分卡
第二组：你所在大学的战略规划
练习9B：为所在大学准备战略评价报告
第三组：提高就业能力的战略规划
练习9C：评价职业目标和个人目标的平衡计分卡
第四组：个人与群的体战略规划
练习9D：有效战略管理的各种指南有多重要？

当企业外部和内部环境发生变化时，策划和实施得再好的战略也会过时。因此，战略制定者应该系统地评价战略的实施，如图 9-1 强调的那样。本章为管理者评价战略管理行动提供一个框架，使得这些行动有效且与时俱进。

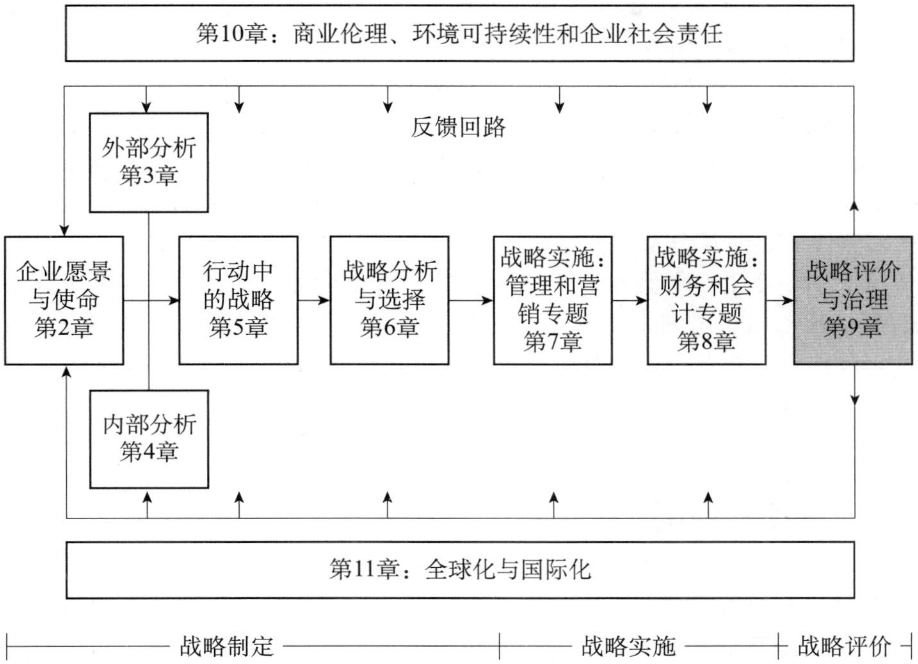

图 9-1 战略管理综合模型

资料来源：Fred R. David，"How Companies Define Their Mission，" *Long Range Planning* 22，no. 1（February 1989）：91. See also Anik Ratnaningsih，Nadjadji Anwar，Patdono Suwignjo，and Putu Artama Wiguna，"Balance Scorecard of David's Strategic Modeling at Industrial Business for National Construction Contractor of Indonesia，" *Journal of Mathematics and Technology*，no. 4（October 2010）：20.

董事会将战略评价作为其工作的一部分，董事会成员越来越多地参与高层管理，因此本章将讨论治理问题以及进行实际战略规划的指导方针。本章还讨论影响战略规划活动的特殊挑战。

本章介绍的模范战略管理者是安东尼·伍德（Anthony Wood），他是快速增长的电视流媒体和电视机制造及营销公司罗库（Roku）的创始人兼 CEO。

模范战略管理者

安东尼·伍德：罗库公司创始人兼 CEO

安东尼·伍德 2002 年创立罗库公司，他可能是下一个史蒂夫·乔布斯或马克·扎克伯格。罗库是一家电视流媒体公司，提供媒体播放器、电视机和配件，总部位于加利福尼亚州洛斯加托斯，生产和销售带有自己特殊操作系统的电视机。在美国销售的电视机中，由罗库操作系统驱动的大约只占 20%，但罗库的市场份额每年增长近 30%。不同于那些最大的竞争对手，罗库不制作自己的原创节目，完全依赖与外部内容生产商的交易，这与亚马逊的 Fire TV、谷歌的 YouTube 和 Chromecast

以及苹果电视形成鲜明对比。这种竞争优势意味着罗库在向用户发送流媒体应用和营销内容时可以保持中立。罗库的设备在沃尔玛最便宜，价格低至29.95美元，而且几乎是最好的。

罗库这个名字来自日语单词"Roku"（含义为"六"），因为罗库是伍德创办的第六家公司。在罗库之前，伍德发明了数字视频录像机（DVR），并创立了重放电视（ReplayTV），在公司出售给直播电视（DirecTV）之前，他在重放电视担任总裁兼CEO；在此之前，伍德是互联网软件公司iband的创始人兼CEO。在职业生涯早期，伍德是SunRize Industries的创始人兼CEO，SunRize Industries是非线性录音和编辑软硬件工具的领先供应商。伍德在得克萨斯A&M大学获得电气工程学士学位，在大三时他创办了自己的第一家公司。

伍德早年的主要目标是赚钱，赚很多钱。伍德说他生长在并不富裕的家庭，他的父亲年轻时也相当贫穷。伍德说，他看到很多人通过创业致富，所以决心做同样的事情。伍德说赚钱是他的动机，但他接着说："金钱不是一种高尚的动机，但它确实有用。"伍德是一位杰出的战略制定者和非凡的企业家。

9.1 战略评价过程

战略管理决策具有重要且持久的影响。错误的战略决策会导致严重的后果，很难甚至不可挽回。大多数战略制定者认为，战略评价对于企业的正常运转至关重要，及时的评价能够让管理层在情况变得糟糕之前觉察到问题或潜在问题。战略评价包括三个基本方面：

1. 检查企业战略的内在基础。
2. 比较预期结果和实际结果。
3. 采取纠偏行动确保绩效符合预期计划。

充分而及时的反馈是有效开展战略评价的基石。战略评价的质量在很大程度上取决于信息的质量。若高层管理者施加较大压力，可能导致基层管理者刻意修改数据以迎合上级。战略评价是一项复杂而敏感的任务。过于严格的战略评价可能成本很高，并且会降低生产效率。没有人愿意接受过于严格的评价！管理者越尝试评价其他人的行为，他们的控制权反而更少。然而，评价太宽松又会导致更严重的问题。战略评价对于确保目标实现十分必要。战略制定者需要创造一种组织文化，在这种文化中，战略评价被视为使公司变得更好的机会，公司能更好地竞争，每个人也可以受益于公司提升的盈利能力。本章讨论如何进行战略评价。

许多企业的战略评价仅仅是评价企业绩效如何。企业的资产增加了吗？利润提高了吗？销量增长了吗？生产能力提升了吗？利润率、投资回报率上升了吗？每股收益增加了吗？一些企业认为只要实现了这些指标，它们的战略就是正确的。是的，战略或者战略制定者可能是正确的，但是这种逻辑有误导作用，因为战略评价同时针对短期和长期。通常，战略不会影响短期的运营结果，发现需要做出改变时往往为时已晚，优秀的战略可能需要几年才能产生明显的效果。

战略评价之所以重要，是因为企业面临动态环境，关键的内外部因素经常发生快速而剧烈的变化。今天成功不能保证明天也成功！明即使是最强大、最成功的公司，也必须不断评价它们的战略，并对竞争对手保持警惕。企业永远不要陷入成功的自满中。无数企业为了生存不得不年复一年地奋斗。彼得·德鲁克说过：除非认真而系统地实施战略评价，除非战略制定者决意致力于取得好的经营成果，否则，一切精力将被用于为昨天辩护。

我们不可能证明某一战略是最佳的，或者保证它一定有效。但是企业的战略必须创造和保持其在某一方面的竞争优势。通常，竞争优势来自以下三方面：(1)资源；(2)技能；(3)地位。关于资源能够增强综合竞争力的观点，军事理论家、棋手和外交家应该十分熟悉。地位在企业战略中也十分重要，好的地位具有防御性——这意味着竞争对手要付出很大代价才能获取，以至于它们不得不放弃全面进攻。只要关键内部和外部因素保持稳定，地位优势就具有自维持性。这就是为什么地位牢固的企业最不可能被扳倒，即使它们技能平平。[1]

由于各国和全球经济的联系日益密切，产品生命周期缩短，技术进步速度加快，变化频繁，全球竞争对手比比皆是，规划周期缩短，社交媒体和智能手机改变了一切，战略评价变得越来越困难。管理者面对的一个基本问题是如何有效地管理员工，以满足他们对公平性、开放性、透明性、灵活性和参与性的需求。管理者需要有能力的员工负责任地行事，否则，公司将为名誉受损、被重罚、错失良机、管理者的精力被耗费付出巨大代价，坏消息会像野火一样在社交媒体上疯传。再者，为实现特定目标施加太大压力将导致员工操守失范、行为失调。

持续而非定期地评价战略可以帮助企业树立成功标杆并进行有效监控。一些战略制定后好几年才开始实施，而且效果可能不会在短期内显现。成功的战略需要持之以恒的耐心和勇于改进的决心。企业需要不时地采取一些纠正行动。几个世纪以前，一位作家（也许是所罗门（Solomon））对变化有如下发现：

世间万物自有其时，
此时出生彼时死亡，
此时播种彼时除根，
此时杀戮彼时治疗，
此时推翻彼时建立，
此时哭泣彼时欢笑，
此时哀悼彼时舞蹈，
此时抛洒彼时聚集，
此时拥抱彼时退避，
此时追寻彼时放弃，
此时保有彼时扔掉，
此时撕裂彼时修复，
此时沉默彼时畅言，
此时热爱彼时怨恨，
此时战争彼时和平。[2]

企业的管理者和员工应该关注目标实现过程中的每一次进步。如果假设和期望偏离预测太多，企业应该重新制定战略，这或许就发生在战略刚制定之后。战略评价与战略制定和战略实施一样，人是决定性的因素。通过参与战略评价过程，管理者和员工将努力使企业朝着预定的目标稳步前进。

正如“全球视点9”所指出的，即使是国家也需要开展三项战略评价活动。

全球视点9

哪国新战略被称为“愿景2030”？

这个问题的答案是沙特阿拉伯。在回顾了国家在世界上的地位并衡量其在许多维度上的表现后，沙特阿拉伯根据其名为“愿景2030”的新战略采取调适行动。在王储穆罕默德·本·萨勒曼（Mohammed bin Salman）的领导下，沙特阿拉伯正在进行大规模的渐进式改革，首先推行的是反腐败行动。2017年年末对该国财政的审查显示，由于几十年来的系统性腐败和贪污，1 000多亿美元被挪用。包括17名王子在内的多人被捕，总人数达208人以上，他们的个人银行账户被冻结。

沙特阿拉伯通过放松对女性的限制刺激旅游业和贸易，努力实现石油以外的经济多元化。现在女性可以开车和参加体育活动。汽车公司锁定大约15万名新女性，其中许多人想拥有自己的汽车。福特最近在沙特阿拉伯举办了驾驶课程，向女性展示如何驾驶。该国正在为投资者创造一个透明的营商环境，致力于打造一个繁荣的经济、一个充满活力的社会和一个负责任的国家。沙特阿拉伯建立了一个5 000亿美元的独立经济区，包括它自己、约旦和埃及。王储希望沙特政府拥有的阿美石油公司（Aramco）在纽约证券交易所上市。王储正在推动沙特阿拉伯“向世界和所有宗教开放”。然而，沙特阿拉伯的女性出国旅行或结婚仍然需要获得男性监护人的许可。在体育场和大多数公共场所，沙特的女性不能和男性待在一起；女性在体育场入口要与男性分开，被限制在“家庭区”。

沙特阿拉伯2018年开始允许修建电影院，解除了长达几十年的娱乐禁令。但是电影的内容受到审查，不清楚接下来男性和女性是否能在新的影院相遇。性别隔离在全国各地普遍存在，但根据“愿景2030”，这种情况正在发生变化。不过沙特阿拉伯的许多餐馆和咖啡馆仍然只对男性开放，所有女性外出必须穿上黑袍。

资料来源：Based on Majid Al Qasabi，“Riyadh Is Delivering on Vision 2030.” *Wall Street Journal*，November 13，2017，A17.

9.2 三大战略评价活动

表9-1从应该解决的关键问题、解决问题的备选方案和组织应采取的恰当行动出发，总结了战略评价的三大活动。注意，企业需要不断进行战略调适，除非：（1）内外部因素变化不大；（2）企业在令人满意地朝着既定目标前行。

表 9-1 一个战略评价矩阵

企业内部战略定位是否发生重大变化?	企业外部战略定位是否发生重大变化?	企业是否朝着既定目标顺利前进?	
否	否	否	采取修正行动
是	是	是	采取修正行动
是	是	否	采取修正行动
是	否	是	采取修正行动
是	否	否	采取修正行动
否	是	是	采取修正行动
否	是	否	采取修正行动
否	否	是	继续现有的战略行动

审查战略基础

战略评价行动之间的关系如图 9-2 所示，**公司战略基础审查**（reviewing the underlying bases of an organization's strategy）可以通过开发一个修正的 EFE 矩阵和 IFE 矩阵实现。**修正的 IFE 矩阵**（revised IFE matrix）应该关注企业在管理、营销、财务 / 会计、生产 / 运营、研发和管理信息系统等方面优势与劣势的变化。**修正的 EFE 矩阵**（revised EFE matrix）应该显示企业的战略如何有效反映关键机会和威胁。可以通过回答以下问题进行相关分析：

1. 竞争对手曾对我们的战略做何反应?
2. 竞争对手的战略曾发生哪些改变?
3. 主要竞争对手的优势与劣势是否发生改变?
4. 为什么有些竞争对手发生战略性转变?
5. 为什么有些竞争对手的战略比其竞争者更成功?
6. 本企业的竞争对手对于它们目前的市场地位和盈利能力满意度如何?
7. 竞争对手采取报复措施前可以容忍多久?
8. 我们怎样才能更有效地与竞争对手合作?

各种内外部因素会妨碍企业实现长期目标和短期目标。外部因素如竞争对手的行动、需求变化、技术变化、经济变化、人口迁移和政府行为等会妨碍企业目标的实现；内部因素如企业选择的战略可能不奏效、战略实施不到位或目标太过乐观。因此，没有实现战略目标未必是管理者和员工的工作没做好。企业所有成员都需要知晓这点从而支持战略评价。企业特别需要知道什么时候它们的战略无效。有时候，管理者和一线员工会比战略制定者更早发现问题。问题不是潜在的关键内外部因素是否会改变，而是它们在何时以何种方式改变。以下是战略评价中需要正视的一些关键问题：

1. 我们的内部优势依然是优势吗?
2. 我们能否增加其他的内部优势? 如果能，这种优势是什么?
3. 我们的内部劣势依然是劣势吗?

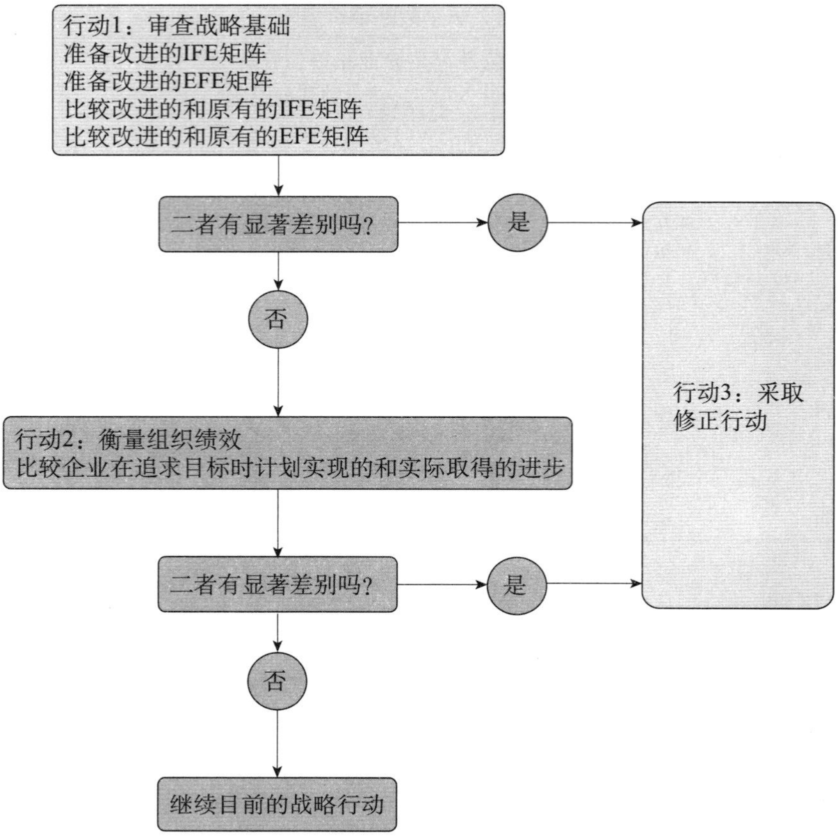

图 9−2 战略评价框架

4. 我们内部现在还有其他的劣势吗？如果有，是什么？
5. 我们的外部机会仍然是机会吗？
6. 我们现在还有其他的外部机会吗？如果有，是什么？
7. 我们的外部威胁仍然是威胁吗？
8. 我们现在还有其他的外部威胁吗？如果有，是什么？
9. 我们容易受到恶意收购吗？

衡量组织绩效

另一个重要的战略评价行为是**衡量组织绩效**（measuring organizational performance），包括比较预期目标和实际结果，调查偏离计划的原因，评价个人绩效，检验目标实现的程度等。在这一过程中，普遍会用到中长期目标和短期目标。战略评价的准则应该可度量并易于调整。对未来业务指标的预测比显示以往业务的完成情况更重要。例如，战略决策者应该知道下一季度的销量将比计划低 20%，需要采取一些补救措施，而不是到了下一季度被告知其销量比预期低 20%。真正有效的控制需要准确的预测。

若企业追求长期目标和短期目标都未能取得满意的成绩，这表明需要对战略进行改进。影响目标实现的因素很多，如不合理的政策，预料之外的经济形势变化，不可靠的供应商和分销商或者无效的战略等。还有诸多问题可能源于无效益（没做正确的事），或者无效率（没正确地做事，或正确的事做得不到位）。

确定哪些目标在战略评价中最重要十分困难。战略评价应基于定性和定量标准。战略评价标准的选择取决于企业规模、产业、战略和管理理念。比如，采取收缩战略的企业与追求市场开发战略的企业的评价标准完全不同。战略评价中经常使用的定量标准是财务指标，战略制定者通常做以下三种重要比较：

1. 比较不同时期企业的绩效。
2. 比较自身和竞争对手的绩效。
3. 将企业绩效与产业平均水平比较。

在衡量企业绩效时，应考虑诸多因素。如表 9-2 所示，一般而言，每月、每季、每年企业都要对令人满意和不尽如人意的因素进行记录，从而确定合理行动。

表 9-2 企业绩效评价框架示例

因素	实际结果	预期结果	变量	所需行动
企业收入				
企业利润				
企业投资回报率				
区域 1 的收入				
区域 1 的利润				
区域 1 的投资回报率				
区域 2 的收入				
区域 2 的利润				
区域 2 的投资回报率				
产品 1 的收入				
产品 1 的利润				
产品 1 的投资回报率				
产品 2 的收入				
产品 2 的利润				
产品 2 的投资回报率				

但是，采用定量标准进行战略评价也有一些潜在问题。首先，大多数定量标准是针对年度目标而非长期目标。其次，不同的会计方法得到的结果有所不同。再次，定量标准中几乎总是包含直觉判断。定性标准对于战略评价也非常重要。人力因素比如高的旷工率和调班率、低的产品合格率和生产率，或者低的员工满意度，都可能是导致绩效下滑的潜在原因。市场营销、财务 / 会计、研发或者管理信息系统因素也可能导致财务问题。在评价战略时需要一种“平衡的”定量 / 定性方法，因此需要讨论平衡计分卡。

在战略评价中，还有一些反映定性需求或者直觉判断的关键问题：

1. 公司高风险和低风险投资项目之间的平衡如何？

2. 公司长期和短期投资项目之间的平衡如何？
3. 公司在缓慢增长市场和快速增长市场之间的平衡如何？
4. 公司如何平衡在不同事业部之间的投资？
5. 公司可选的战略在多大程度上体现社会责任？
6. 公司的关键内部战略因素和关键外部战略因素之间的关系如何？
7. 主要竞争对手对公司的各种战略做何反应？

采取修正行动

战略评价的最后一步是**采取修正行动**（taking corrective action），即需要做出一些变革使企业在未来获得竞争地位。如表9–3所示，需要采取的变革包括：调整组织结构，更换一个或多个关键人员，剥离某项业务或者修正企业的愿景和使命等。还有一些变革，比如修改目标、制定新政策、发行股票进行融资、增加销售人员、以不同的方式分配资源或者实行新的绩效激励政策。采取修正行动并不一定意味着放弃现有战略，或者必须制定新的战略。

表9–3　纠正偏差的可能措施

1. 调整组织结构
2. 更换一个或多个关键人员
3. 剥离某项业务
4. 修正企业的愿景和使命
5. 修改目标
6. 改变战略
7. 制定新政策
8. 实行新的绩效激励政策
9. 发行股票或债券进行融资
10. 新增或解聘销售人员、员工或管理者
11. 以不同的方式分配资源
12. 业务职能外包（或严加控制）

如果行动或者结果与预期不一致，就要采取纠正措施和修正行动。例如，通用电气在2018年采取大规模纠正行动（表9–3列出的全部12项），以扭转过去几年收入和利润严重下滑的局面。截至2018年年底，通用电气每年削减10亿美元的开支。

没有企业能够在孤岛上生存，也没有企业能够逃避变革。采取修正行动对于确保企业朝着既定目标前进很有必要。阿尔文·托夫勒（Alvin Toffler）在其令人深思的著作《未来的冲击》（*Future Shock*）和《第三次浪潮》（*The Third Wave*）中提到，商业环境变得如此动荡而复杂，它以**未来冲击**（future shock）威胁着个人和组织。当变化的性质、类型以及速度超出个人和组织的适应能力时，这种冲击就会发生。战略评价能够增强组织成功地适应环境改变的能力。

采取修正行动会使员工和管理者更焦虑。研究表明，员工参与战略评价行动是克服变革抵制情绪的最佳方式之一。埃雷兹（Erez）和坎费尔（Kanfer）称，当人们理解变革、感觉局势可控并意识到必须采取行动时，他们最乐意接受变革。[3] 当今最成功的组织不断适应竞争环境的变化。仅仅对变化做出反应远远不够，管理者必须超前识变、积极应变、主动求变，成为变化的创造者。

战略评价可能导致四种情况：战略制定的改变、战略实施的改变、二者都发生改变或者都不改变。战略制定者迟早都要修正战略和实施方法。赫西（Hussey）和兰厄姆（Langham）对采取纠正措施有如下见解：

> 人们对变革的抵触经常基于情感因素，很难因理性的说服而改变。人们抵触可能是因为：感觉地位丧失，现有能力遭到质疑，害怕新环境下会失败，对未征求他们的意见不满，对变革必要性缺乏理解，或者无法对改变熟知的现有方法产生安全感。因此，有必要为大家创造参与条件并对变革进行全面解释，以便克服变革阻力。[4]

修正行动应该使企业能够更好地利用内部优势和外部关键机会，更有力地减少、避免或者转移外部威胁，更坚决地弥补内部劣势。修正行动应该有明确的时间表和恰当的风险级别，应该保持内部一致性并向社会负责。最重要的是，修正行动要提升企业在业界的竞争地位。持续的战略评价可以使战略制定者随时把握组织脉搏，并为战略管理系统提供有效信息。卡特·贝尔斯（Carter Bayles）这样描述战略评价的好处：

> 评价行动可能增强对企业现有战略的信心，或者指出改进一些不足（如优质产品或者技术优势的减少）的必要性。在许多案例中，战略评价有更深远的意义，评价过程的结果可能产生一个全新的战略，它将使已经获得可观利润的企业再上一个台阶，大幅提高盈利水平，正是这种可能性体现了战略评价的价值，因而成效可能非常大。[5]

➡ 9.3 平衡计分卡

在谷歌上搜索“平衡计分卡图片”，会看到100多张目前在使用的平衡计分卡。请注意图片中显示的形式差异很大。**平衡计分卡**（balanced scorecard）由哈佛商学院教授罗伯特·卡普兰（Robert Kaplan）和戴维·诺顿（David Norton）于20世纪90年代初期提出，之后一直作为一种战略评价和控制技术沿用至今。平衡计分卡的名称源于公司认识到实施战略评价和控制时需要平衡财政措施和产品质量、商业伦理、环境可持续性、员工士气、污染治理、社区参与及客户服务等非财政措施。平衡计分卡背后的基本原理是财务指标报告已经发生的事情，而非财务指标倾向于更好地预测未来将会发生什么。有效的平衡计分卡包括按照公司商业状况精心挑选的战略和财务目标的组合。

作为一种管理和评价战略的工具，平衡计分卡广泛运用于联合包裹服务公司、3M和亨氏等企业。例如，3M公司的财务目标之一是将每股收益的年增长率提高到10%以上，另一个战略目标是30%的销售额来自近四年进入市场的产品。平衡计分卡的总体目标是平衡股东目标、顾客目标和经营目标，很显然这些目标不完全一致。例如，顾客需要物美价廉的商品，而股东需要投资的高回报。

表9-4展示了平衡计分卡的一个示例。注意，企业评价战略时应检验六个关键问题：（1）消费者；（2）管理者/员工；（3）运营/流程；（4）社区/社会责任；（5）商业伦

理 / 自然环境；（6）财务。不同产业的公司实施平衡计分卡的方法不尽相同，但基本宗旨都是基于关键的定性和定量指标对企业战略做出评价。正如第 5 章所讨论的，从最终用户到原材料，公司都在努力实现其价值链上的定量和定性目标。

表 9-4 平衡计分卡示例

目标人群	指标或目标	预期时间	主要责任
消费者			
管理者 / 员工			
运营 / 流程			
社区 / 社会责任			
商业伦理 / 自然环境			
财务			

9.4 董事会：治理问题

董事会（board of directors）是指对公司的经营管理进行监督与指导，并对股东利益负责的一组高层人员。这里的监督和指导可以称为**治理**（governance）。全美公司董事联合会（National Association of Corporate Directors）给治理下的定义是：保证建立长期战略目标与规划，保证建立实现战略目标所需的组织结构，确保组织体系职能的发挥，保持公司的完整性和声誉，对各利益相关者负责。董事会对公司整体业绩负责。如今，许多董事会被股东起诉，因为董事会没有很好地维护股东的利益。在美国和欧洲，新的会计准则加强了企业治理的规范，要求公众持股的公司披露更多的财务信息。董事会的职责可以分为四种基本类型（见表 9-5）。

表 9-5 董事会的职责

1. 控制、监督管理活动
   a. 选择首席执行官（CEO）
   b. 约束 CEO 团队
   c. 给 CEO 发挥才能的舞台
   d. 确保管理活动的竞争力
   e. 评价管理绩效
   f. 设定管理者薪资标准，包括各种额外收益
   g. 通过持续审查，保证管理层的诚信
   h. 指引公司的经营方向
   i. 制定并修改管理层实施的经营政策
2. 保证公司遵守法律
   a. 了解和掌握新法律
   b. 确保整个企业合法运营
   c. 制定内部规章和相关措施

d. 选任新董事
e. 批准财务预算
f. 批准借贷、新股发行、债券发行等事项

3. 关注利益相关者的利益
a. 监控产品质量
b. 推进员工生活质量的提高
c. 审查劳工政策与执行情况
d. 改善与用户的关系
e. 最大限度地保持同社区的良好关系
f. 加强与政府职业协会和教育机构的良好关系
g. 保持良好的公众形象

4. 促进股东权益
a. 保护股东的股权
b. 促进公司成长，以保证公司的生存与发展
c. 防止股东权益被削弱
d. 保证公正的股东代表权
e. 通过信函、报告、会议等方式向股东通报情况
f. 宣布适当的股利分配方案
g. 确保公司存续
h. 确保公司财务报表可行且准确

股东们对董事会越来越警惕。如今，全球大多数董事已经摆脱了他们作为 CEO 的“橡皮图章”①的形象。董事会比以往任何时候都自主，持续关注并响应法律和机构投资者的监督。董事会更了解审计和合规问题，也更不愿意批准过高的薪酬和福利。如今，董事会更加关注吸引股东和媒体的公共丑闻。董事会代表股东而非 CEO，越来越仔细地监督、审查高管而不是偏袒高管。董事会更加积极主动，过去它们往往是被动做出反应。所有这些都是董事会主席不应该兼任公司 CEO 的原因。在北美，新上任的 CEO 同时兼任董事会主席的人数从 15 年前的 50% 下降到今天的 10%。

相当数量的董事会仍然在抛光的木桌边完成大部分工作。然而，惠普公司的董事会成员现在每周两次登录内部的董事会网站，查看公司高层管理团队发布的大量机要信息；每隔一个月董事会成员见一次面，讨论公司面临的最重大的问题。新的董事会参与政策旨在减少针对董事会成员的诉讼。

研究显示，董事会成员较少的公司比董事会规模较大的公司表现更好，主要是因为董事较少有助于更深入的辩论、更灵活的决策和更有效的问责。[6] 此外，在市值至少为 100 亿美元的公司中，较小的董事会带来了明显更高的股东回报。具体来说，9 人董事会的表现要比 14 ～ 15 人的董事会好得多。因此，许多公司正在减少董事会成员的数量。作为重大重组的一部分，通用电气最近将其董事会规模从 18 人缩减至 12 人。这一变化使通用电气更接近市值达 100 亿美元的美国公司拥有 10.9 名董事会成员的全国平均水平。

董事会成员减少的另一个好处是，如果需要，CEO 更容易受到斥责（或被解雇）。金融学教授戴维 · 耶尔马克（David Yermack）博士的报告称，规模较小的董事会通常决

① “橡皮图章”比喻没有实权而只是表面上履行手续的个人或集体。——译者

策力更强、凝聚力更强、动手能力更强、非正式会议更多以及委员会更少。网飞的董事会成员较少，只有7人，他们在批准重要的管理举措之前会进行大量的辩论。礼来公司有14名董事会成员，公司认为董事会规模太大了，无法深入讨论和研究问题，因为需要太长时间。美国银行有15名董事——太多了，效率不高。此外，如前所述，董事会主席很少与CEO是同一个人。总之，公司应该尽可能将董事会成员减到10人以下。战略专业的学生应该在分析指定的案例公司时注意这个问题。

如今，董事会越来越多地吸纳参与公司战略管理的外部人士。美国正倾向于通过小规模的董事会来加强董事会成员的问责制。和几年前相比，董事会的平均人数已经从18人降到11人。2017年年末，高管招聘公司史宾沙报告称，标普500公司397名最新独立董事会成员中，有一半是女性和少数族裔——这还是第一次，任命的新董事中女性占36%。史宾沙还报告说，超过一半的标普公司现在已经将董事长和CEO的角色分开。

《商业周刊》(*Business Week*）提出了以下“良好治理的原则”：

1. 确保董事会中的公司高管（现任或前任）不超过两名。
2. 绝不允许公司高管担任公司的审计委员会、薪酬委员会及提名委员会的成员。
3. 要求每位董事拥有公司大量的股权。
4. 要求每位董事出席至少75%的会议。
5. 在管理团队回避的情况下，要求董事会定期召开会议并对公司业绩进行年度评价。
6. CEO不可以同时兼任董事会主席。
7. 不存在互兼董事（即某董事或CEO同时是另外一个董事会的成员）。[7]

耶鲁商学院副院长杰夫·索南菲尔德（Jeff Sonnerfeld）说：“如今董事会正捋起衣袖，更深入地参与到管理决策过程中。”公司CEO和董事必须对公司财务报表做出个人担保。公司执行官和董事向公司借贷是违法行为，内部股票交易也更快得到披露。董事会成员现在已经开始重视对公司健康状况和运行状况的深入了解，同时更加积极地投身一系列活动，以确保公司公开发布的信息能够准确反映企业的经营状况。如果董事会不能承担起审查和评价企业战略的责任，就是严重失职。越来越多的股东、政府机构和顾客正在愈加频繁地就董事的欺骗、失职、披露虚假信息、缺乏尽职调查和难辞其咎的不知情等行为提出法律诉讼。

9.5 战略管理的挑战

如今，所有战略制定者面临的特别挑战是：(1）战略管理过程是一门艺术还是一门科学；(2）战略应该向利益相关者保密还是公开；(3）促进工作场所民主；(4）权变计划；(5）审计。

艺术与科学

本书和其他战略文献一样，支持战略管理是一门科学而非一门艺术的观点。这种观点认为，企业需要系统开展调研来评价其内外部环境，通过分析仔细评价各种备选方案的利弊，确定一系列行动。相比之下，明茨伯格“雕琢”战略的提法则体现了艺术性，认为战略决策过程主要基于全面的思考、直觉、创造力和想象力。[8]明茨伯格和他的追随者不赞同战略是客观分析的结果，而认为是主观想象。概言之，“战略科学家”不认同战略是从激情、预感、创造力和政治中而来；“战略艺术家”则认为，经常考虑战略规划是浪费时间。明茨伯格的哲学坚持非正式性，而战略科学家（以及本书）更多强调正式性。明茨伯格将战略规划看成涌现的过程，而战略科学家将其看成“深思熟虑”的过程。[9]

是艺术还是科学需要战略制定者自己确定，当然，两种方式并不相互排斥。威廉姆斯－索诺马公司（Williams-Sonoma）的 CEO 劳拉·阿伯（Laura Alber）表示：“我发现最好的解决方案来自将艺术与科学、想法与数据、直觉与分析相结合的意愿。”但是，在确定哪种方式更为有效时，需要充分考虑到如今商场更加复杂、竞争更加激烈，战略规划可容许犯错的空间越来越小。回顾第 1 章讨论的直觉、经验和主观能动性对于战略规划的重要性，第 3、第 4 和第 6 章讨论的权重和评分也需要良好的判断，企业想不经过研究分析就确定战略是不明智的。中小企业的流程没有大型企业正式，但很多竞争信息可以在互联网和其他地方查到，企业应该在确定影响自己生死存亡的行动之前对信息进行收集、整理和评价。员工和股东的生活取决于所选战略是否有效。战略至关重要，容不得半点大意。如果战略制定者过分依靠感觉和主观想法，而不是基于调查数据、竞争情报和战略分析去制定战略，那将是危险之举。

公开与保密

关于竞争分析的讨论中一个有趣的问题是，战略本身应该保密还是在公司内部公开。本章结尾的微案例就针对 TJX 公司（一家保密公司）讨论了这个问题。中国古代军事家孙子和当代的军队将帅都认为，应努力使战略保密。但是，对于企业来说保密可能不是最佳的。战略若对员工和利益相关者保密，会严重妨碍员工及利益相关者的交流、理解和承诺，也就放弃了他们本来可以为战略的制定或实施提供的有价值的帮助。正如“伦理视点 9”所指出的，Rubrik 公司 CEO 比普尔·辛哈（Bipul Sinha）认为透明度是公司成功的关键。

伦理视点 9

通过示范性透明度，实现示范性商业伦理

Rubrik 总部位于加利福尼亚州帕洛阿尔托，是一家数据管理公司。公司 CEO 比普尔·辛哈建立了一种完全开放的文化，来实现卓越的商业伦理。辛哈相信极端诚实有助于创造强大的企业文化，激发企业家精神、创新能力、自我激励、组织承诺和诚实正直。即使是公司的董事会会议，也完全对 600 名员工开放，大多数员工要么现场参加，要么通过视频会议来倾听、观看和提问。公司唯一的限制或秘密是保密的客户信息。与 Rubrik 公司的透明度相反，2017 年《华尔街日报》报道，通用电气前 CEO 杰夫·伊梅尔特（Jeff Immelt）在 16 年任期内，多次海外出行都安排有另外一架喷气式飞机跟随公司的公务机。在被报道之前，通用电气董事会毫不知情。伊梅尔特在该事披露后辞职。

事实上，越来越多的公司和组织向员工提供有关公司财务状况以及公司发展的更新信息。在私有公司中，有 43% 与所有员工共享财务信息，高于 2012 年的 24%。更好的沟通可以增进理解，产生更高的承诺，进而提高绩效。

资料来源：Based on：John Simons，“A Startup Where Board Meetings Are Open to All，” *Wall Street*

Journal, October 30, 2017, R11. Also, Thomas Gryta, Joann Lublin, and Mark Maremont, "GE Board in Dark on CEO's Use of Extra Jet," *Wall Street Journal*, October 30, 2017, B1.

战略制定者必须自己决定，竞争对手容易了解和利用公司战略的风险是否抵过对员工和利益相关者的激励和投入带来的好处。大多数管理者认为，一些战略信息应该保密，仅高层知晓，应该采取措施确保这些信息控制在小范围内。对于你拥有或管理的企业而言，战略制定和实施应该公开还是保密呢？

毫无疑问，肯定有一些证据支持战略过程和战略本身公开，也有充足的理由支持战略应该对除高层管理者以外的所有人保密。战略制定者必须自己决定，哪种方式对公司最好。本书倾向于战略公开，当然，这未必对所有战略制定者和企业都是最好的。如第 1 章指出的那样，最好的谋略是那些不易被对手预测的策略。

认为应该完全公开战略流程和决策的四个理由包括：

1. 管理者、员工和其他利益相关者可以很容易地推动战略管理进程。他们往往有很好的想法，若保密就会错失很多优秀的想法。

2. 投资者、债权人和其他利益相关者知道公司做什么和怎么做时，会更加坚定地支持企业。

3. 公开可以促进民主，而保密导致专制。大多数公司更喜欢民主而不是专制的管理风格。

4. 参与和公开能促进企业内部的理解、承诺和交流。

一些企业倾向于秘密进行战略规划，认为战略应该对除高层管理者以外的所有人保密，有以下四个理由：

1. 企业的战略一旦自由传播，很容易变成竞争情报，竞争对手会利用这些情报。

2. 保密可以减少批评、猜测和事后诸葛亮。

3. 知道战略进程的参与者对于竞争公司来说更有吸引力，可能会被挖走。

4. 战略保密可以限制竞争企业模仿或复制该公司的战略从而避免对公司不利。

公开和保密各自明显的益处表明必须在表面的矛盾中取得平衡。帕内尔（Parnell）认为，在完全理想的世界中，企业内外的所有关键人员应该参与到战略规划中，但在实践中特别敏感和机密的信息应该严格保密，仅让高层管理者知晓。[10] 这种平衡很难，但它对企业的生存很关键。

促进工作场所民主

越来越多公司的员工就越来越多的问题投票。例如，InContext Solutions 的员工最近投票决定是否可在办公公共区域播放音乐。全食超市（Whole Foods Market）和 MediaMath 公司的员工经常就某些问题投票。研究表明，在假日聚会等小问题上给予员工发言权或投票权有助于激发其对公司的忠诚。InContext Solutions 的员工最近投票决定是否要设隔间或开放式办公桌，甚至决定公司的啤酒桶要放哪些啤酒。MediaMath 的员工最近投票决定了他们更喜欢的新总部地点。

全食超市的员工投票决定是否让新员工有 90 天的试用期。Menlo Innovations 的员工在观察求职者试用期的工作情况后，会对求职者进行投票。1Sale.com 的员工通过投票取消了免费午餐，支持降低健康保险费。Social Tables Inc. 的员工投票决定了公司的核心价值观、会议室主题以及在公司活动中播放的主题曲。许多公司的战略决策已达到这样的程度，即越来越多地允许或鼓励员工就影响工作场所生产率和士气的大大小小的问题投票。

2017 年，《华尔街日报》在《千禧一代劳动力的薪酬不那么隐秘》（*Pay is Less Secretive in Millennial Workforce.*）一文中揭示，在这个共享社会联系、图片和视频的时代，千禧一代乐于接受一种新的民主开放（而不是保密）的企业文化，对薪酬制度也是如此。研究显示，大约有 1/3 年龄在 18 ～ 36 岁的美国工人表示，他们乐于与同事讨论薪酬问题，婴儿潮时期出生的人保守薪酬秘密的可能性是前者的四倍。超过一半的千禧一代和他们的朋友谈论薪酬，不管薪酬保密与否。

权变计划

好的战略管理有个基本的前提：企业在有利和不利事件发生之前提出应对计划。很多企业仅仅针对不好事件制定应急计划是错误的，因为利用机会和降低威胁都能够提高企业的竞争地位。

无论战略制定、实施和评价如何仔细，意料之外的事件，如罢工、抗议、自然灾害、外国竞争者的到来以及政府行为等，都会使之前的战略过时。为了尽量削弱潜在威胁的影响，组织应制定权变计划作为其战略评价的一部分。**权变计划**（contingency plan）是指预期的某些关键事件没有发生时可以生效的替代方案。战略制定者不应该也不可能为所有可能发生的意外制定计划，只有高优先级的领域需要保证权变预案。在任何情况下，权变计划应尽可能简单。

通常，公司制定的权变计划包括以下内容：

1. 如果情报显示主要竞争对手从特定市场撤出，公司应该采取什么行动？
2. 如果销售目标没有实现，公司应该采取什么行动以避免利润损失？
3. 如果新产品的需求超过了计划，公司应该采取什么行动满足更高的需求？
4. 如果发生某些灾难性事件，如计算机网络损坏、恶意收购、专利保护损失，或者由于地震、龙卷风或飓风使生产设施遭到破坏，公司应该采取怎样的行动？
5. 如果新技术发展使新产品比预期更快过时，公司应该采取什么行动？

许多企业舍弃那些没有被选中的战略，即使这些战略对方案的分析工作提供了有价值的信息。当被采用的战略失效时，那些没有被选中的战略正好可以作为备选战略。当战略评价表明需要立即进行重大变革时，应该迅速启动恰当的权变计划。当现有战略的内部和外部基础发生重大变化时，权变计划可以帮助战略决策者提高快速应对这些变化的能力。例如，一旦原先关于经济形势的基本假设被证明是错误的，由于准备了权变计划，管理者就能迅速做出相应调整。在某些情况下，内外部条件的变化可带来未曾预料的机会。当这些机会来临时，权变计划使企业及时抓住并快速利用它们。林内曼（Linneman）和钱德兰（Chandran）曾报道称，权变计划给杜邦公司（DuPont）、陶氏化学（Dow Chemical）、综合食品公司（Consolidated Foods）和艾默生电气（Emerson Electric）等企业带来三大益处：

1. 快速响应变化。
2. 避免危机情况下的恐慌。
3. 通过鼓励管理者意识到未来的变幻莫测而提高他们对各种变化的适应力。

此外，他们认为，有效的权变计划包含以下五个步骤：

1. 识别可能会扰乱现行战略的不利事件。
2. 确定这些事件可能发生的时间。
3. 确定每个突发事件的利与弊。
4. 为突发事件制定权变计划。
5. 确定关键突发事件的预警信号。[11]

审计

审计是战略评价中经常使用的一种工具。美国会计协会（American Accounting Association，AAA）将**审计**（auditing）定义为客观地收集和评价那些判断经济行为和事件的证据的系统化过程，以确定判断与既定标准的符合程度，并将结果报告给感兴趣的人。[12]

审计员检查企业的财务报表，确定它们是否遵守**公认会计准则**（Generally Accepted Accounting Principles，GAAP），公正地披露自己的行为。独立的审计员依据**公认审计准则**（Generally Accepted Auditing Standards，GAAS）的一系列标准进行审计。公共会计公司经常为企业提供战略评价的咨询服务。

在美国，新的**国际财务报告准则**（international financial reporting standards，IFRS）时代即将来临，企业需要提前开始使用这一准则。许多美国公司的财务报表将同时使用旧的公认会计准则（GAAP）和新的国际财务报告准则（IFRS）。“如果企业还未着手准备，如果它们不提前三年准备，以后就将遇到大麻烦。”代顿商学院教授唐纳·斯特里特（Donna Street）如是说。公认会计准则有25 000页，而国际财务报告准则才5 000页，更加精简。

大多数大型会计师事务所和跨国公司都支持转向国际财务报告准则，称这将简化会计工作，让投资者更容易比较跨国公司，也更容易在全球范围内筹集资金。但许多较小的公司反对变革，认为代价太大；一些公司对于授权一个国际机构为美国编写会计规则感到不安。有些公司还会缴纳更高的税，因为根据国际财务报告准则，后进先出（LIFO）库存法是不允许的。国际会计准则理事会（IASB）对美国在采用国际财务报告准则方面进展缓慢公开表示“遗憾”。

美国商会（Chamber of Commerce）支持这一变革，声称会带来更多的跨国贸易，帮助美国参与国际经济竞争。欧盟以及113个国家已经或计划马上使用国际财务报告准则，包括澳大利亚、中国、印度、墨西哥和加拿大。所以，美国可能也将采用这一准则，但是这种改变对于法律和监管部门来说如噩梦一般。一些美国的跨国企业已经在其国外的附属机构运用国际财务报告准则，比如联合技术公司（UTC）。联合技术公司60%的收入来自海外，它已经培训员工使用新的国际财务报告准则。

9.6 有效战略管理指南

实施战略管理时，若不遵循特定指南，可能会招致员工抵触并给企业添乱。类似“战略管理是重在执行还是重在理论”的问题必须正确回应。许多企业在制定战略规划上花费了过多的时间，却未能有效实施。尽管战略的有效制定对于成功实施至关重要，但是企业变革和成果来自实施，而不是制定。对战略的持续评估也很重要，这个世界变化如此之快，以至于现有的战略需要经常修改。

战略管理万万不可成为自我标榜的官僚机制。相反，它应该是一个自省的学习过程，应使管理者与员工熟悉企业的关键战略问题以及解决这些问题的可行方案。战略管理切忌因循守旧、生搬硬套，也不可过于正式或程式化。在对战略问题和组织措施进行解释说明时，应该用数据支持文字，而不是用文字支持数据。战略制定者的一个重要角色就是推动组织进行持续学习与变革。

伦兹（R. T. Lenz）对成功的战略管理提出了一些重要的见解：

1. 保持战略管理过程简化和易于理解。
2. 剔除模糊的规划术语。
3. 避免例行公事的行为；改变任务、团队关系、会议形式和计划日程。
4. 欢迎坏消息，鼓励质疑。
5. 不要让技术主义者主导战略管理过程。
6. 尽可能让公司各个领域的管理者都参与进来。[13]

有效战略管理的一项重要原则是开放性。企业必须愿意并且渴望接纳新信息、新观点、新思想和新可能性，所有成员都必须有质疑精神和学习精神。作为战略制定者的CEO、总裁、中小企业主或政府部门主管，应积极倾听管理者的心声，在充分理解他们职责的基础上重新设置令他们满意的岗位。此外，公司的管理者和员工也要领会战略制定者的意图，这样可以促进相互间的理解和学习。

战略评价活动必须考虑成本效益，信息太多和信息太少一样糟糕，控制太多也不好。战略评价还应该有意义，贴近企业目标，给管理者需要控制和影响的任务提供有用信息。战略评价应该提供及时的信息，有时管理者每天都必须掌握某些方面的最新信息。例如，某企业欲通过收购另一家企业实现多元化，就不断需要各种评价信息。但是，在研发部门中，每日或每周进行信息评价反而不利于部门正常运转。作为战略评价的基础，简略、及时的信息比精确、延迟的信息更重要。频繁考核和快速汇报可能会妨碍而不是促进控制效果。采取控制措施的时间必须与被考核事件的开展时间同步。

战略评价过程应该反映正在发生的真实情况。例如，在经济严重衰退时，尽管员工和管理者都更加努力地工作，生产率和利润率却大幅下滑，战略评价应该客观公正地反映这种情况。来自战略评价过程的信息应该促进行动，并且及时传递给企业中需要依靠这些信息进行决策的人员。管理者通常忽视那些仅以提供信息为目的的评价报告，因为不是所有管理者都需要全部的报告。控制应该是行动导向而非信息导向。战略评价过程不应该统领决策，而应该促进相互理解，增进信任，达成共识。所有部门都应当在战略评价中同其他部门进行合作。战略评价应力求简单，切忌烦琐和刻板。评价系统是否有效取决于其有用性而非复杂性，复杂的战略评价系统经常让人们感到困惑且收效甚微。

大型公司需要更为细致周全的战略评价系统，因为在不同事业部和职能部门进行协调更为困难。中小企业的管理者每天和员工交流，不需要复杂的评价报告系统。由于对当地环境熟悉，中小企业开展信息收集和评价工作比大型企业更容易。但是，有效的战略评价系统的关键可能是让参与者明白，没有在预定时间内完成既定目标未必是他们不够努力，绩效未必能反映他们的实际付出。

没有十全十美的战略评价系统。企业的每一个特征，包括规模、管理风格、目标、问题和优势，都可能决定战略评价和控制系统的最终设计。罗伯特·沃特曼（Robert Waterman）关于成功的企业战略评价和控制系统有如下洞察：

> 成功的企业将事实看成朋友、将控制看成解放。摩根保证信托（Morgan Guaranty）和富国银行不仅在解除银行管制的困境中幸免于难，而且茁壮成长，这得益于它们有很好的战略评价和控制系统，能够有效控制风险，并对自身和竞争环境进行深入了解。成功的公司对于事实有着狂热的追求，它们透过数据看信息，而别人把数据仅看作数据。它们喜欢比较、排序，对靠拍脑袋决策嗤之以鼻。成功的企业保持着严格准确的财务控制，员工不把控制看成威权，而看成善意的检查和平衡，因而更加自由、更具创造性。[14]

没有一家公司拥有无穷的资源，没有一家公司能够无限制地贷款或发行股票以筹集资金。因此，没有一家公司能够采取所有有利于自己的战略。战略决策往往不得不剔除一些行动方案，从而相对集中地配置组织资源。大部分企业在任一给定时间只能采取有限的战略，同一时间实行太多战略是管理大忌，因为这样会分散企业资源，导致所有的战略都难以有效执行。

战略决策需要在长期利益与短期收益、利润最大化与增加股东价值之间做出权衡，战略权衡需要主观判断与取舍，其中还涉及商业伦理问题。社会责任、组织文化和风险偏好这些主观因素会影响战略决策。在考量定性因素时应尽量客观，否则有可能使企业丧失竞争优势和盈利能力。如今，大多数企业都意识到，战略管理的理念与技术能够提高决策的有效性。主观因素如对风险的态度、对社会责任的关注和组织文化总会影响战略制定决策，但是组织在考虑定性因素时要尽可能客观。表 9-6 总结了有效战略管理所需的重要指南。

表 9-6　有效战略管理的 17 条指南

1. 重在执行，不应只停留于理论层面。
2. 应该是所有管理者和员工参与的学习过程。
3. 应该用数据支持文字，而不是用文字支持数据。
4. 要简化，不要程式化。
5. 应该适时改变企业的任务、团队关系和会议形式甚至规划日程。
6. 敢于质疑公司既有战略所依赖的假设前提。
7. 欢迎坏消息。
8. 欢迎开放性思维和批判性思维，提倡质疑精神和学习精神。
9. 战略管理不能变成官僚机制。
10. 战略管理不要因循守旧，不要生搬硬套。
11. 战略管理不应过于正式化和可预测化，要避免僵化。
12. 避免陈词滥调和不着边际的语言。
13. 不应成为一个正式的控制系统，也不应主导决策。
14. 不能忽视定性信息。
15. 不能由“技术主义者”主导。
16. 不要同时实行过多战略。
17. 不断强化“好伦理（道德）就是好生意”的理念。

对战略管理者的启示

图 9–3 的最左边显示，战略制定者必须系统、持续、仔细地按产品、地区、细分市场、商店、部门甚至个人来评价和监控结果，以便及时采取纠正行动使公司行进在正轨上。每季度、每周甚至每天，公司都必须适应外部和内部发生的变化。当竞争对手在新领域调整和推出新计划和产品时，即使是最好的战略规划也需要定期调整。如本章所述，平衡计分卡被战略制定者广泛用于管理战略评价过程。

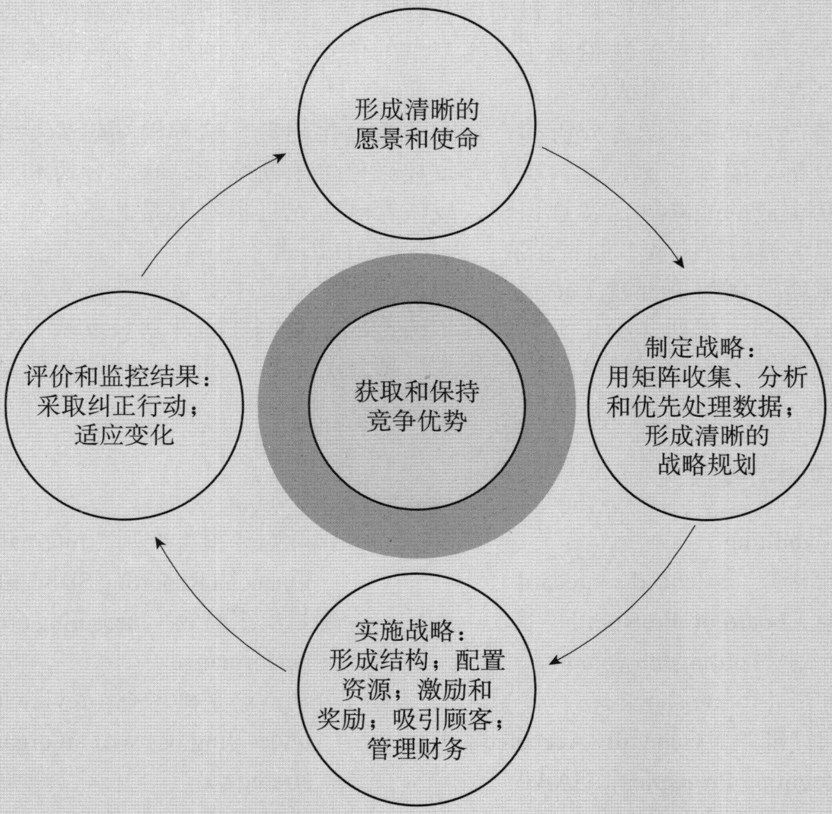

图 9–3　如何获取并保持竞争优势

对学生的启示

在进行案例分析时，开发并推荐使用平衡计分卡能帮助公司控制并评估既定目标的进程。及时有效地进行战略评估能够使一家公司快速适应变化的环境，而平衡计分卡是一种很好的协助工具。针对公司相比对手的竞争优势，分享你对平衡计分卡的讨论。

本章小结

有效的战略评价使得企业在发展时能够利用内部优势，在跃升时利用外部机会，认识并防御外部威胁，以及在内部劣势和外部威胁造成危害之前把损失尽可能降低。

在成功的企业中，战略制定者投入时间和精力仔细而系统地制定、实施和评价战略。优秀的战略制定者以明确的目标和方向指引企业前进，他们持续地评价和提升企业的内外部战略地位。战略评价可使企业设计自己的未来，而不被那些对企业健康发展无关紧要的因素所左右。

战略管理不能保证企业获得成功，却能让企业做出有效的长期决策，有效地实施这些决策，并且采取必要的修正行动以获得成功。计算机网络和互联网帮助协调战略管理的各个行动，并保证决策基于真实完整的信息。有效的战略评价和成功的战略管理的关键是直觉与分析相结合。

一个潜在的严重问题是分析和直觉的两极分化趋势。这种极端趋势导致战略评价要么基于分析，要么基于直觉，或者导致战略评价断断续续，缺乏分析和直觉的协调统一。成功企业的战略制定者意识到，战略管理首先且根本上是关于人的过程，是一种促进组织沟通的好方法。归根结底，人是决定性因素。

有效战略管理的关键在于接受“规划过程比规划文本更重要”这一观念，管理者不断地进行规划，规划并不止于书面计划的形成。制定好的计划只反映了它被批准时的状况。如果管理者没有持续地进行规划、衡量和修正，那么，制定好的计划可能马上就会过时。

关键术语与概念

审计（auditing）
平衡计分卡（balanced scorecard）
董事会（board of directors）
权变计划（contingency plan）
未来冲击（future shock）
公认会计准则（Generally Accepted Accounting Principles，GAAP）
公认审计准则（Generally Accepted Auditing Standards，GAAS）
治理（governance）
国际财务报告准则（International Financial Reporting Standards，IFRS）
衡量组织绩效（measuring organizational performance）
公司战略基础审查（reviewing the underlying bases of an organization’s strategy）
修正的 EFE 矩阵（revised EFE matrix）
修正的 IFE 矩阵（revised IFE matrix）
采取修正行动（taking corrective actions）

复习讨论题

9-1 用谷歌搜索关键词“平衡计分卡图片”。回顾组织目前使用的平衡计分卡的多种不同形式。选出三种你认为特别有效的形式。

9-2 用谷歌搜索关键词“平衡计分卡图片”。回顾目前使用平衡计分卡作为战略规划一部分的不同组织。选择三个公司或组织，比较它们对平衡计分卡技术的使用。

9-3 给出几种假设情况，公司据此制定权变计划。

9-4 解释为什么公司会不断评价它们的战略，而不是等到季度或财年结束时才开始进行本章所讨论的三项核心战略评价活动。

9-5 在三项核心战略评价活动中，你认为哪一项最关键？为什么？

9-6 如果一家公司有两个区域和两种产品，开发一个衡量组织绩效的样本框架。

9-7 从艺术或科学的角度比较战略制定和战略实施。

9-8 沙特阿拉伯在评价本国的战略后做了什么？

9-9 组织如何知道它是不是采用了“最佳”战略？

9-10 讨论美国从公认会计准则向国际财务报告准则转变的本质和启示。

9-11 向你所在大学的一位会计学教授请教如下问题并汇报给班级同学：为了在职场上获得一定的竞争优势，我有多大必要学习国际财务报告准则？

9-12 “战略评价是一个持续的过程，而不是阶段性的”，讨论这个观点的利弊。

9-13 在今天的商业社会，为什么战略评价如此重要？

9-14 什么类型的定量和定性的方法可用来评价公司的战略？

9-15 作为一个区域性超市的业主，你会如何评价公司的战略？

9-16 在什么情况下，在战略评价过程中不需要修正行动？

9-17 确定可能比其他公司更需要战略评价的组织类型，说明你的选择。

9-18 作为当地商会的主管人员，你会用什么方法评价公司的战略？多久评价一次？

9-19 确定评价银行战略的几个主要财务指标。

9-20 战略评价允许组织站在积极的立场上塑造公司的未来。讨论这句话的含义。

9-21 制图并讨论平衡计分卡。

9-22 为当地电影院设计一个平衡计分卡。

9-23 你认为战略管理更像是一门艺术还是一门科学，为什么？

9-24 关于战略规划过程，给出四个“应该”和“不应该”的指南。

9-25 研究人员表示，权变计划分为五个步骤。确定并讨论这五个步骤。

9-26 确定并讨论有效战略评价的五个特征。

9-27 确定并讨论战略规划过程和结果公开（可见）的四个理由。

9-28 确定并讨论战略规划过程和结果保密（秘密）的四个理由。

实践练习

第一组：可口可乐公司的战略规划

练习 9A

为可口可乐公司设计平衡计分卡

目的

平衡计分卡被公司广泛用于“平衡”其财务目标与非财务目标。使用关键词“可口可乐平衡计分卡”或“平衡计分卡图片”或“平衡计分卡示例”进行谷歌搜索，以查看示例。

步骤

步骤 1 为可口可乐公司准备新的改进的平衡计分卡。

步骤 2 解释为什么你推荐的平衡计分卡最适合可口可乐公司。

第二组：你所在大学的战略规划

练习 9B

为所在大学准备战略评价报告

目的

所有高等教育机构都会监控此处列出的财务和其他运营比率，并根据需要采取适当纠正行动来解决不利差异。请注意，包括大学在内的所有公司和组织都会开发独特的比率来衡量绩效。

高校监测比率	实际值	预期值	差异
1. 平均每名学生支付的学费			
2. 平均每个学院的学生人数			
3. 平均收到的资助金额对应的教职工人数			
4. 平均每个捐助者的捐助金额			
5. 所有学生中男生的比例			
6. 所有学生中女生的比例			
7. 所有学生中少数族裔学生所占的比例			
8. 所有学生中国际学生人数所占的比例			
9. 学生人数增加 / 减少比例			
10. 州外学生人数增加 / 减少比例			
11. 国际学生人数增加 / 减少比例			
12. 少数族裔学生人数增加 / 减少比例			
13. 长期债务与总资产的比例			
14. 流动资产与流动负债的比例			
15. 所有学生中商学院学生所占的比例			
16. 所有学生中州外学生所占的比例			
17. MBA 学生人数增长 / 下降比例			
18. BBA 学生人数增长 / 下降比例			
19. BBA 学生中学习会计专业的比例			
20. BBA 学生中学习管理专业的比例			
21. BBA 学生中学习金融专业的比例			
22. BBA 学生中学习营销专业的比例			

步骤

步骤 1　查看你学院的网站和年度报告，获取尽可能多的比较信息，据此填写表格。

步骤 2　与商学院院长办公室人员交谈，收集更多信息，完成上述表格。

步骤 3　根据收集的信息，为你的学院或大学准备一份战略评价报告。

第三组：提高就业能力的战略规划

练习 9C

评价职业目标和个人目标的平衡计分卡

目的

个人可以使用平衡计分卡来帮助平衡职业目标和个人目标与生活。表 9–7 给出了一些常见的变量。

表 9–7　个人测试平衡计分卡

目标领域	期望目标	实际目标	差异	需要采取的行动
职业方面				
A. 当前雇主				
1. 薪水				
2. 福利				
3. 增长潜力				
B. 潜在的未来雇主				
1. 薪水				
2. 福利				
3. 增长潜力				
个人方面				
A. 社交				
1. 婚姻状态				
2. 朋友状态				
3. 线上活动				
4. 线下活动				
B. 健康				
1. 体重				
2. 营养摄入量				
3. 运动商数				
4. 压力程度				

步骤

步骤 1　在表 9–7 中，展示你的职业目标和个人目标，以及你在实现这些目标方面的进展。

步骤 2　在表 9–7 的差异栏中，标注非常有利（VF）、有利（F）、不利（U）、非常不利（VU），以显示你在每个测量项目上的状态。

步骤 3　在表 9–7 中，展示你计划对每个测量项目采取的纠正行动。

第四组：个人与群体的战略规划

练习 9D

有效战略管理的各种指南有多重要?

目的

本章讨论了在制定、实施和评价战略时应该遵循的指南。与战略规划过程相关的 10 条指南如下：

1. 重在执行，不应只停留于理论层面。
2. 应该是所有管理者和员工参与的学习过程。
3. 应用数据支持文字，而不是用文字支持数据。
4. 应该适时改变企业的任务、团队关系、会议形式甚至规划日程。
5. 敢于质疑公司既有战略所依赖的假设前提，并欢迎坏消息。
6. 欢迎开放性思维和批判性思维，提倡质疑精神和学习精神。
7. 不要因循守旧、生搬硬套或僵化。
8. 不应成为一个正式的控制系统。
9. 不能由“技术主义者”主导。
10. 不要同时实行过多战略。

本练习用来更仔细地检验使战略规划过程最有效的指南，同时检验个人决策是否优于群体决策。学术研究表明，在 80% 的情况下群体做出的决策优于个人。

说明

根据使战略规划过程最有效的 10 条指南的相对重要性对其排序（其中，1= 最重要，10= 最不重要）。首先，个人单独对这些指南排序。然后，三人一组对这些指南进行排序。之后，确定何人何组最接近专家排序。此练习可以检验个人决策与群体决策在战略规划中的相对有效性。

步骤

步骤 1　填写表 9-8 中的第 1 列，给出你对 10 条指南相对重要性的个人排序。例如，如果你认为指南 1（重在执行）是第 8 重要的好处，那么在表 9-8 对应的单元格中输入 8。

步骤 2　填写表 9-8 中的第 2 列，给出小组对 10 条指南相对重要性的排序。

步骤 3　填写表 9-8 中的第 3 列，给出专家对 10 条指南相对重要性的排序。

步骤 4　填写表 9-8 中的第 4 列，即第 1 列和第 3 列之间的绝对差值，看你个人的表现如何。（注意：绝对差值忽略负数。）

步骤 5　填写表 9-8 中的第 5 列，即第 2 列和第 3 列之间的绝对差值，看小组的表现如何。

步骤 6　分别对第 4 列、第 5 列求和。

步骤 7　比较第 4 列总和与第 5 列总和。如果第 4 列总和小于第 5 列总和，那么表明个人表现更好。通常情况下，小组决策优于个人决策，如果你比小组做得好，说明你非常优秀。

步骤 8　个人获胜者：第 4 列总和最低者。

步骤 9　小组获胜者：第 5 列总和最低者。

表 9-8 战略规划指南分析：比较个人决策与群体决策

战略规划指南	第 1 列	第 2 列	第 3 列	第 4 列	第 5 列
1.					
2.					
3.					
4.					
5.					
6.					
7.					
8.					
9.					
10.					
总计					

微案例：TJX

保密战略规划对 TJX 公司非常有用

TJX 公司总部位于马萨诸塞州弗雷明汉，是一家折扣服装和时尚家居产品零售商，该公司在美国、加拿大、英国、爱尔兰、德国、波兰、奥地利、荷兰和澳大利亚 9 个国家拥有超过 4 000 家店铺。其中，美国有 1 219 家 TJ Maxx、1 057 家 Marshalls、660 家 HomeGoods、26 家 Sierra Trading Post 和 3 家 HomeSense 商店，以及 tjmaxx. com 和 sierratradingpost. com；加拿大有 265 家 Winners、117 家 HomeSense 和 72 家 Marshalls 商店；欧洲有 540 家 TJ Maxx 和 55 家 HomeSense 商店，以及 tjmaxx. com；澳大利亚有 38 家 TJ Maxx 商店。TJX 的年销售额和利润增长很快。

2018 年 1 月，TJX 收到 TRC 资本公司主动提出的以每股 70.95 美元现金购买 TJX 最多 200 万股普通股的要约。要约价格比 2017 年 12 月 15 日 TJX 普通股每股收盘价 74.17 美元低 4.34%。TJX 的最高管理层请求所有 TJX 股东拒绝该提议。

关于公司战略规划和评价流程，TJX 是所有上市零售商中最隐秘的一家。正如本章所讨论的，在揭示公司战略时，保密而不是公开有许多优势和劣势。TJX 的 CEO 卡罗尔 · 梅罗维茨（Carol Meyrowitz）和其他高管很少接受采访，也从不讨论公司战略。TJX 不谈论其公司战略的部分原因是竞争对手急于了解有关内容，以复制、模仿、挖墙脚和仿制。然而，《财富》杂志报道，“卓越的库存控制”是 TJX 战略成功的秘诀，包括以下做法：

1. 快速周转库存。根据晨星公司（Morningstar）的数据，TXJ 每 55 天周转一次，它的同行需要 85 天。TJX 周密安排，快速进货和销售。通常，在 TJX 给供应商支付货款前商品就已经售出。快速的库存周转使新商品留在现场，因此客户在下次购物时很少看到相同的商品。TJX 这样培训员工“在你看到它时购买，否则就会消失”。

2. 提供“有价值、新潮的商品”，而不是“便宜、剩余的商品”。

3. 提升寻宝体验，而不是迎合低收入客户。即使是高收入客户也喜欢 TJX 商店的寻宝体验。

4. 广泛地培训买家，让买家自主地与供应商谈判数百万美元的交易。全年持续性地而不是季节性地采购，尽可能靠近需要的时间，以协商更好的价格，并确保迎合最新的时尚潮流。以尽可能低的价格交易，即使这意味着经常要买“某个类别中所有可用的物品”。

问题

1. 保持战略规划过程保密与将公司的战略规划放在网站上以及公开讨论战略和规划相比，有哪些优势和劣势？

2. 哪三种类型的行业需要保密？哪三种类型的行业不需要保密？行业类型是否重要？

3. 许多高校在自己的网站上公布了战略规划。这种做法有哪些优势和劣势？

4. 对以上四种“秘密”做法，按照你认为的对 TJX 整体成功的重要程度，从 1= 最重要到 4= 最不重要进行排序。

资料来源：Based on a variety of sources and on information at http：//fortune. com/2014/07/24/t-j-maxx-the-best-retailstore/?icid=maing-grid7% 7Chtmlws-main-bb% 7Cdl30% 7Csec1_lnk3% 26pLid% 3D508272.

第5篇

战略管理重要专题

10 商业伦理、环境可持续性和企业社会责任

本章目标

学完本章，应能做到以下几点：

- 解释为什么在战略管理中好伦理就是好生意。
- 解释为什么举报、贿赂和办公室恋情是战略问题。
- 讨论为什么环境可持续性在战略规划中是一项重大问题。
- 讨论为什么社会责任在战略规划中是一项重大问题。

实践练习

本章末有以下练习：

第一组：可口可乐公司的战略规划

练习 10A：可口可乐公司还是百事公司更具可持续性？

第二组：你所在大学的战略规划

练习 10B：在使用绿色能源方面，你所在的大学与其他大学相比如何？

第三组：你自己的战略规划

练习 10C：你的商业伦理商数是多少？

第四组：个人与群体的战略规划

练习 10D：办公室恋情不被鼓励的各种原因可能有多严重？

组织绩效不仅仅意味着利润。通常，“人”（people）、“地球”（planet）与“利润”（profit）合称为“3P”，它们在很大程度上诠释了组织绩效。现在，公司越来越多地采用**三重底线**（triple-bottom-line）的方法以获得成功。三重底线分别为财务底线、社会底线、自然环境底线。基于三重底线理念，组织要有意识地从战略的高度付出努力，为股东提供财务利润，为所在社区做出贡献，同时，把对环境的影响降到最小。

商业伦理（business ethic）可以定义为企业用于指导决策和行为的准则。好的商业伦理是进行有效战略管理的前提，好伦理就是好生意！伦理与正直、诚实和公平有关。**社会责任**（social responsibility）是指组织在法律要求之外所采取的保护或促进所有生物福祉的行为。社会责任行为可能包括为员工子女提供日托，或为员工支付大学学费。**可持续性**（sustainability）是指组织的运营和行为保护、修复和改善自然环境，而不是伤害或破坏自然环境的程度。把公司的主要能源改为太阳能就是一个例子。

如图 10-1 所示，商业伦理、环境可持续性和企业社会责任相互关联，并影响战略管理综合模型的各个方面。本章的模范战略管理者是微软公司的联合创始人、前 CEO 比尔·盖茨。盖茨夫妇已向慈善机构捐赠数十亿美元。

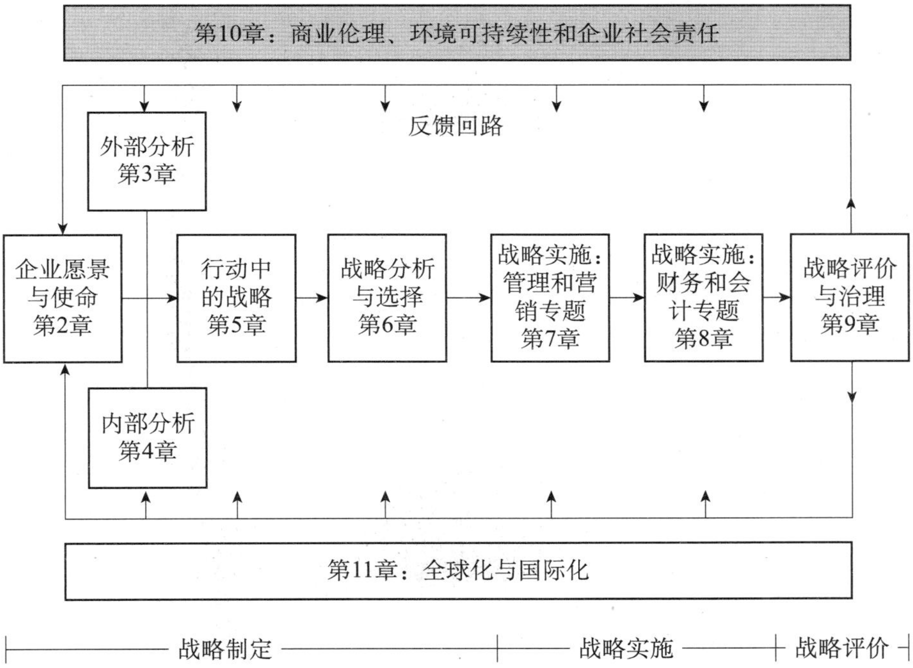

图 10-1 战略管理综合模型

资料来源：Fred R. David, “How Companies Define Their Mission,” *Long Range Planning* 22, no. 1 (February 1989): 91. See also Anik Ratnaningsih, Nadjadji Anwar, Patdono Suwignjo, and Putu Artama Wiguna, “Balance Scorecard of David’s Strategic Modeling at Industrial Business for National Construction Contractor of Indonesia,” *Journal of Mathematics and Technology*, no. 4 (October 2010): 20.

模范战略管理者

比尔·盖茨：微软公司前CEO兼董事长

作为世界上最富有和最成功的商人之一，比尔·盖茨也是世界上最有道德和最乐善好施的商人之一。2000年，盖茨卸任微软CEO，将大部分注意力转移到建立和运营比尔及梅琳达·盖茨基金会（Bill and Melinda Gates Foundation）。比尔和妻子梅琳达以280亿美元的初始捐款成立了此基金会，这也是世界上最大的私人慈善基金会。该基金会致力于支持教育，帮助低收入社区，改善全球健康状况。凭借近900亿美元的净资产，盖茨曾多年位居《福布斯》全球亿万富翁排行榜榜首。十多年来，盖茨已将数十亿美元的个人资金捐赠给世界上最需要的人。他说："金钱超过一定额度后，对我个人就没有任何用处。建立一个组织，可将钱（资源）分配给世界上最贫穷的人。"比尔及梅琳达·盖茨基金会与扶轮国际（Rotary International）合作，努力在全球范围内消除小儿麻痹症。比尔·盖茨被《时代》杂志评为20世纪最有影响力的人物之一。

资料来源：Based on https://www.forbes.com/profile/bill-gates/https://www .biography.com/people/bill-gates-9307520.

所有的战略制定、实施和评价决策都受伦理的影响。战略制定者，例如CEO和企业主，是确保在组织内遵守和实践高尚伦理标准的主要责任人。如下商业行为是不道德的：

1. 误导性的广告或产品包装；
2. 破坏环境；
3. 产品或服务安全性差；
4. 虚报开支；
5. 内幕交易；
6. 在外国市场倾销被禁止或有缺陷的产品；
7. 歧视女性和少数族裔；
8. 定价过高；
9. 性骚扰、欺凌和偏袒；
10. 利用公司资源牟取私利；
11. 洗钱或行贿；
12. 虐待动物；
13. 工作时间过度使用个人智能手机；
14. 不恰当的垃圾处理造成环境污染；
15. 参与利益冲突；
16. 未能保护员工和客户的隐私；
17. 赠送不合适的礼品；
18. 未能妥善保护公司档案；
19. 从事网络诈骗或盗窃；
20. 侵入公司电脑；
21. 低头族（比如在和别人会面时打电话）。

➡ 10.1 为什么“好伦理就是好生意”

商业伦理的重要性为越来越多的人所认同。网站、报纸、杂志、社交媒体、新闻媒体、电子邮件会传播公众或私人公司违背道德的行为，以及有关公司内幕交易的事实或谣言。比如，根据 IWasPoisoned.com 创始人帕特里克·夸德（Patrick Quade）的说法，2017 年年底有报道称 Chipotle 餐厅自报食源性疾病的发病率至少是其他连锁餐厅的 9 倍。

现在，高管和管理者的个人及职业决策越来越容易将自己置于愤怒的股东、心怀不满的员工甚至是董事会的枪口下，专横的 CEO 更容易受到个人、公众和公司失误的影响。战略制定者薪酬高的原因之一是他们必须承担企业的伦理风险。战略制定者负责制定、沟通、强化组织的商业伦理标准。所有管理者都应该发挥带头作用，尽自己的一份责任。管理者所处的地位使他们能够影响和教育许多人，这决定了他们需承担制定和实施伦理决策的责任。盖勒曼（Gellerman）为管理者提供了一些好的建议：

> 为了满足企业要求，所有管理者会冒做过头的风险。但恰恰是那些对你施加压力，要求你做得更多、更快、更好和更省的上司，会在你游移于对错之间的那道模糊界限时拯救你。他们会谴责你超越了指令或忽视了警告。最精明的管理者早就知道“多远才算太远”这一问题的最佳答案就是“不要触碰底线”。[1]

遵守商业伦理值得吗?

最近，商业伦理研究所（Institute of Business Ethics，IBE）进行了一项名为“商业伦理是否有价值”的研究，结论表明那些“对道德行为做出明确承诺”的公司在业绩上始终优于没有公布道德行为的公司。IBE 的菲莉帕·福斯特·布莱克（Philippa Foster Black）说：“企业的伦理行为不仅是原则上该做的事，而且可以带来财务回报。”IBE 的一些研究成果如表 10-1 所示。

表 10-1 良好商业伦理的七项原则

1. 诚实守信；没有一个人或公司希望与不值得信任的公司做生意。
2. 思想开放，持续向客户和员工征求“与伦理相关的反馈”。
3. 履行所有承诺和义务。
4. 避免曲解、夸大或误导性的印刷材料、行为或文字。
5. 做一个光明磊落、负责任的社区公民。
6. 通过会计工作识别和阻止可疑活动。
7. 遵循黄金法则：“己所不欲，勿施于人。”

资料来源：Based on http：//sbinformation.about.com/od/bestpractices/a/businessethics. htm.

弗里戈（Frigo）和利特曼（Litman）在德保罗大学的研究表明，遵守商业伦理是值得的。这些研究人员使用 30 年的财务数据对 15 000 多家上市公司的财务绩效进行了研究，发现高绩效公司通常表现出良好的商业伦理。[2]《回归品格》（*Return on Character*）一书的作者弗雷德·基尔（Fred Kiel）进行了一项为期 7 年的研究，对《财富》500 强企业的 8 000 名员工和 84 名高管进行跟踪调查，结果显示，相较于以自我为中心的领导者，品格驱动型的领导者所领导公司的盈利能力是前者的 5 倍，员工敬业度比前者高 26%。不遵守商业伦理会带来麻烦，导致效率低下和资源浪费。

即使是最好的战略规划，也会因道德败坏而无效。德鲁克在道德领导方面做了如下阐释：

> 一个人可能见闻有限、表现平平，缺乏判断力和能力，做错事的话造成的伤害也不会像“能人”那么大。然而，如果某个能人——不管他知识多丰富、头脑多聪明、生活多成功——人品不好，定会造成破坏。他会破坏企业中最有价值的资源——人。他会破坏精神，破坏业绩。当这个人是企业领导时尤其如此。企业的精神是从顶层开始创造的。企业的精神伟大，是因为高层领导灵魂伟大；企业的精神腐朽，是因为顶层已经腐烂。一个人如果不能以自己的崇高品德成为下属的表率，他就不会成为真正的战略制定者。[3]

比利·格雷厄姆（Billy Graham）说过：“丧失了财富，可以说什么也没丧失；丧失了健康，等于丧失了某些东西；但丧失了品格，就丧失了一切。”伦理文化需要渗透到组织中。如果人们相互提防，缺乏信任，那么没有一个社会可以长期竞争或成功竞争，因为在这样的世界里，每份信息都需要公证予以确认，每个分歧都以诉讼结束，政府不得不管制企业以保证它们诚实。最近出现的不良企业文化的例子是优步和富国银行，有关它们的诉讼正涉及其企业文化。

如何培育伦理文化

培育伦理文化的一个关键要素是制定清晰的**商业伦理规范**（code of business ethic）。然而，仅有伦理规范不足以确保企业行为遵循道德准则，管理者必须注意规范的具体细节、如何实施以及如何坚持检查。否则，员工甚至可能无法阅读、理解或相信伦理规范，或者径直把该规范本身视为公关手段、老生常谈或装点门面。一旦实施，应通过向员工展示违反规范的处罚实例来加强伦理规范的权威性。网站 www. ethicsweb. ca/codes 提供了撰写有效伦理规范的指南。

公司应采取积极措施确保伦理规范可读性强、易于理解、令人相信和便于记忆。公司应考虑实施唐纳德·帕尔默（Donald Palmer）建议的以下四种做法，尽量减少和阻止伦理上的错误行为。[4]

1. 一旦发现违法行为，立即严厉惩罚。
2. 雇用有较高道德标准的员工。
3. 开展社会活动，增强所需的文化价值观。
4. 鼓励下属质疑上级有问题的、可能不诚实或不道德的命令。

许多公司正在逐步使组织内的文化监督正式化。例如，惠而浦公司的董事会成员通过年度员工调查、高管绩效评估和举报活动分析密切监控公司文化。花旗集团（Citigroup）、CACI 国际（CACI International）以及其他许多公司都成立了正式的有关企业文化的委员会。为了培育伦理文化，花旗银行开发了一款商业伦理游戏“话说伦理”，让世界各地的数千名员工都玩该游戏，游戏中会询问玩家一些伦理问题，例如，“当顾客用一张足球票换取一个新的生效日期提前的个人退休账户（IRA）时，应如何应对？”

历史已经证明，在企业或社会的伦理方面，人们的信任度越高经济力量越强。商业关系大多建立在相互信任和声誉之上。基于贪婪和不道德行为的短期决策有损自尊，更无法获得他人的信任。越来越多的企业相信，道德教育和伦理文化会创造战略优势。马克斯·基兰（Max Killan）认为："如果企业经营活动不是建立在伦理的基础之上，它将无益于社会，并会像其他所有不道德的事物一样自取灭亡。"本章将详细讨论几个关键的伦理问题。

不道德并非反常或罕见。帕尔默指出，不当行为是一种正常现象，不当行为与正当行为一样普遍，而且不当行为最常发生在那些原本善良、有道德和有社会责任感的人身上。[5]帕尔默说，个人从事不道德活动是因为组织运作中固有的结构、流程和机制烦冗。重要的是，在任何组织中，每个人都可能在某些情况下做出不道德的行为。这项新研究对管理者来说意义重大。

10.2 举报、贿赂和办公室恋情

随着社交媒体和技术在全球范围内的普及，三个商业伦理主题即举报、贿赂和办公室恋情已成为公司面临的重要战略问题。这三方面的任何一个失误都可能对组织造成严重损害。

举报

举报（whistle-blowing）是指员工报告他们在公司发现或看到的任何不道德行为。员工应该进行举报，而且组织应制定措施鼓励举报行为。曾有三人因帮助调查人员开展对美国银行的调查而获得1.7亿美元的奖励。美国银行因夸大抵押房产的价值向投资者出售有缺陷的贷款而收到创纪录的165.5亿美元的罚单。在金融机构案件中，此次支付给举报者的金额是有史以来最多的。许多家公司警告管理者和员工，如果不报告他人违反伦理规范的行为，可能会被解雇。

美国证券交易委员会的举报政策明确规定，任何看到不道德行为的人都必须举报。网站 www.whistleblower.org 描述了最近发生的几十起举报案件和对个人的奖励。美国的举报者受到《萨班斯－奥克斯利法案》（Sarbanes-Oxley Act）和《多德－弗兰克法案》（Dald-Frank）的保护。

对企业不法行为进行举报者最高可获得法律诉讼款项的25%，这种做法出越来越普遍。最近美国证券交易委员会向一名非美国公民举报人支付了3 000万美元，因其举报了一桩正在进行的欺诈案。美国证券交易委员会的举报高管肖恩·麦凯西（Sean McKessy）对此发表评论："来自世界各地的举报者都应该受到同样的激励，以鼓励其提供可能违反美国证券法的相关可靠信息。"世界各地的民意调查显示，在印度尼西亚、缅甸和葡萄牙等国，社会对举报腐败行为的接受度是最高的。但在某些国家，举报腐败行为仍然是社会无法接受的。[6]

最近，一名会计师向美国国税局举报其老板逃税，从美国国税局获得的第一笔奖金达450万美元。根据该会计师提供的信息，美国国税局从违法金融公司追回2 000万美元的税款和利息。举报奖金占税款总额的22%左右。大量案例表明，美国国税局为了鼓励举报人提供关键线索，将收回税款金额的15%～30%作为奖金。律师埃里克·扬（Eric Young）说道："这对政府和纳税人而言是双赢的结果，因为这使那些可能不会上缴的资金返回国库。"

伦理培训计划应该包括：由CEO或企业主强调在商务活动中践行商业伦理的重要性、讨论和制定道德标准、讨论和报告不道德行为的程序。企业可以将伦理思考纳入长期计划，将伦理决策整合到绩效评价过程中，鼓励举报或报告不道德行为，监控部门和企业的伦理行为，以实现伦理道德和战略决策的一致性。

避免贿赂

《布莱克法律词典》（*Black's Law Dictionary*）对**贿赂行为**（bribery）的定义是，提供、给予、接受或索求任何有价物品，从而影响履行公共职责或法律职责的官员或人员的行为。**贿赂**（bribe）是行贿者给予受贿者影响其行为的礼物。礼物可以是金钱、商品、行动权利、财产、晋升、特权、贵重物品、有利条件，或者仅仅是一句承诺或保证，该承诺或保证很可能引导具有行政或公众权力的人在法案、投票等事项上的态度。

在全球包括美国在内的许多国家，贿赂都属于犯罪。即使在体育运动中，贿赂也是非法的。2017年年末，在对大学篮球腐败问题展开大范围联邦调查的过程中，有10人被指控犯有贿赂和欺诈等罪行，其中包含美国大学体育协会第一等级的大学的6名篮球教练和1名阿迪达斯高级管理人员。奥本大学、俄克拉何马州立大学、亚利桑那大学、路易斯维尔大学、迈阿密大学和南加利福尼亚大学的教练被指控收受贿赂。作为交换，他们将球员推荐给首选的财务顾问、业务经理和代理人。在这起案件中，3名阿迪达斯高管被指控为高中篮球明星及其家人支付非法资金，以确保运动员对阿迪达斯赞助的学校做出承诺。这些教练参与了阿迪达斯高管和顶级篮球新秀之间的交易。

贿赂率最低的国家包括日本、韩国、毛里求斯、博茨瓦纳和塞浦路斯；贿赂率最高的国家包括印度、利比里亚和越南。[7] 许多全球组织都倡导反贿赂和勒索倡议，包括世界银行、国际货币基金组织、欧盟、欧洲委员会、美洲国家组织、太平洋盆地经济理事会、非洲联盟和联合国。在某些国家，小费也被视为贿赂。在一些国家，人们可能会带商业伙伴参加豪华晚宴，赠予他们价格不菲的节日礼品甚至直接给现金。但现在，几乎所有地方禁止贿赂的执法力度都得到加强。

办公室恋情

办公室恋情（workplace romance）是两个雇员之间自愿的亲密关系，而不是**性骚扰**（sexual harassment），平等就业机会委员会（EEOC）将性骚扰定义为不受欢迎的性行为、性要求，以及其他与性行为有关的言语或身体行为。性骚扰（和歧视）是非法的、不道德的，对任何组织都是有害的，可能导致诉讼、士气低落和生产力下降。亚马逊工作室（Amazon Studios）前负责人罗伊·普赖斯（Roy Price）最近辞职了，他被指控一年来对一名同事进行性骚扰。

最近，娱乐和媒体行业受到性骚扰指控的冲击。这些指控针对的公众人物包括：哈维·温斯坦（Harvey Weinstein）、凯文·斯佩西（Kevin Spacey）等。相关事件的披露促使《华尔街日报》发表了一篇长文《还允许办公室恋情吗？》，文章给出了美国人的相关统计数据：

- 33%的千禧一代将他们的工作场所视为约会场所。
- 20%的人在工作中遇到配偶或伴侣。
- 48%的女性经历过性骚扰。
- 79%的女性和 63%的男性认为性骚扰报告没有被夸大。

办公室恋情的确会发生，问题不在于是否允许发生这种事情，或者如何防止，而是如何更好地管理。凯业必达（Career Builder）最近的一项调查发现，近 40%的员工与同事约会，其中约 30%的关系最终发展为婚姻。[8]一个组织不应该严格禁止办公室恋情，因为这样的政策涉嫌侵犯隐私，是专横和不必要的。实际上，一些办公室恋情提高了工作绩效，增加了活力和能量，从而提升了士气、沟通效率、创造力和生产力。[9]

然而，办公室恋情可能也会有损工作场所的士气和生产力，原因如下：

1. 可能会出现偏袒投诉。
2. 可能违反档案的保密规定。
3. 生产力和生产质量可能会出现问题。
4. 个人看法可能影响工作看法。
5. 窃窃私语会导致同事间的紧张和敌对情绪。
6. 可能会发生性骚扰（或歧视）指控。
7. 可能会出现利益冲突，尤其是当恋爱对象的利益胜过公司的利益时。

在一些州，如加利福尼亚州，管理者可能会为因办公室恋情造成的损害承担个人责任。组织在解决办公室恋情方面应该制定指南和政策，原因主要有：

1. 指南可以使公司更好地防御和避免性骚扰或歧视指控。
2. 指南可以详细说明办公室恋情可能不是一个好主意的原因（如前面列出的七项）。
3. 如果出现问题，指南可以明确对恋爱双方的相应惩罚。
4. 指南可以促进专业和公平的工作氛围。
5. 指南有助于确保员工行为遵守美国联邦、州和地方法律，以及最近法庭案件的判决标准。
6. 缺乏任何指南会在整个公司传递坐视不管的信号。

《华尔街日报》最近的一篇文章概述了目前美国企业中老板和下属谈恋爱的情况。[10]在所有样本企业中，只有 5%的企业不限制恋爱关系；80%的企业制定了禁止上下级谈恋爱的政策；4%的企业严格禁止这种关系。但是，有 39%的企业规定，当与同事谈恋爱时员工需要告知主管。只有 24%的企业规定，恋爱双方必须在不同部门。

在欧洲，在工作中谈恋爱被广泛视作私事，大多数企业对此无限制。然而，欧洲企业现在开始采纳明确的、美式性骚扰法律。美国严禁军官与士兵约会或发生性关系。在世界银行，上级和员工之间的性关系被视作"必须解决的利益冲突以避免偏袒"。世界银行总裁保罗・沃尔福威茨（Paul Wolfowitz）因为与一名银行职员关系暧昧而被迫辞职。

总的来说，公司的指南或政策应不鼓励办公室恋情，因为公司的"下行风险通常超过上行利益"。指南应明确特别不鼓励办公室恋情的某些情形，例如主管和下属之间；还应详细说明允许的关系类型，例如不同部门的同级员工之间，他们有不同的职业发展路径。重要的是，办公室恋情的政策指南应适用于公司所有级别的员工，并且应该明确如果员工违反某一条款，管理层将采取何种措施。

越来越多的公司和组织受到存在不端两性行为的指控，导致公司要求员工必须接受关于防范性骚扰的培训。尽管 Interpublic 集团没有任何法律问题，但这家大型广告公司让其 2 万名美国员工参加了培训。戴尔、罗克韦尔自动化公司（Rockwell Automation）、21 世纪福克斯、ESPN 和脸书也纷纷开展员工培训。大多数大学要求所有教职员工完成培训，学习如何处理学生提出的遭受其他学生、教职员工性骚扰的情况。美国法律规定，教师必须向校方报告学生性骚扰的任何事例、指控，包括性骚扰的暗示。

10.3 环境可持续性

所有组织面临的生态挑战都需要管理者制定保护环境、节约资源、控制污染的战略。具体的环境问题包括全球变暖、雨林枯竭、动物栖息地遭到破坏、保护濒危物种和废弃物管理。许多公司逐步开发绿色产品线，这些产品是可降解的或用可再生原料制成。管理诸如"地球健康"等事务需要理解国际贸易、竞争力以及自然资源之间的关系。例如，应对环境问题不仅仅是少数专家的职责，更重要的是在企业所有员工和管理者心中树立环境保护意识。正如"全球视点 10"中提到的，印度的许多公司都涉及这方面的问题。

全球视点 10

印度正在变废为宝

印度城市迈苏鲁正在引领全印度将垃圾转化为堆肥和能源。印度每年产生大约 6 200 万吨固体废物，预计到 2051 年这一数字将是现在的 5 倍，因此印度正在改进处理垃圾的方式。目前实际收集的垃圾只占 82%，其中约 28% 的垃圾得到加工和处理；18% 的垃圾根本没有被收集起来，最终被排到下水道、排水沟、垃圾填埋场或被动物吃掉。但在迈苏鲁，50% 的垃圾被转化成堆肥，25% 被回收利用。目前，印度有 56 座垃圾焚烧发电厂正在建设中，出台了激励城市的措施，以更有效益和效率地处理垃圾。在变废为宝方面，苏里亚佩特、瓦朗加尔、戈拉尔和文古尔拉等城市走在前面。

资料来源：Based on Bibhudatta Pradhan，"Can India Turn Garbage Into Cash?" *Bloomberg Businessweek*，January 15，2018，p. 33.

企业绝不能掠夺性地利用自然资源，更不应破坏自然环境。乔治华盛顿大学的马克·斯塔里克（Mark Starik）说："停止和阻止世界范围内的生态破坏和恶化是一个战略问题，需要所有企业和管理者立刻给予高度关切。"国际标准化组织（ISO）将**环境**（environment）一词定义为"组织运营的环境，包括空气、水、土地、植物、动物、其他自然资源、人以及它们之间的相互关系"。许多公司正通过成为自然环境的好管家而获取竞争优势，目前绿色产品十分畅销。

员工、消费者、政府和社会强烈谴责和愤怒声讨破坏自然环境的企业。相应地，特别敬重和由衷感谢那些以改善、保护自然环境来指导经营的企业。消费者热爱保护自然生态平衡、支持清洁干净环境的企业。

可持续发展报告和环境保护署

可持续发展报告（sustainability report）揭示企业的经营如何影响自然环境。该报告向股东披露企业的劳动行为、产品采购、能源利用率、环境影响以及商业伦理实践的信息。例如，可口可乐公司提供在线的年度可持续发展报告，网址为 http：//www. coca-colacompany. com/stories/sustainability-reports。

没有企业希望背负污染环境的恶名。在美国，小汽车、卡车、飞机和火车首次取代发电厂成为最大的污染源。这一趋势正在加速，比起交通工具，美国电网以更快的速度变得更清洁。

一条破坏环境的记录将损害企业的市场，威胁企业在社区的地位，并受到监管者、投资者和环保人士的跟踪监督。政府越来越严格地要求企业承担起责任，并要求企业公开报告诸如设备生产的污染物和废弃物等事项。企业每年向公众提供年度可持续发展报告是件好事。全球报告倡议组织（Global Reporting Initiative）发布了一套详细的报告准则，明确可持续发展报告应包括哪些内容（网址为 https：//www. globalreporting.org/information/sustainability-reporting/Pages/default. aspx）。

代理顾问公司 Institutional Shareholder Services 报告称，越来越多的股东推动企业每年提供可持续发展报告。沃尔玛拥有 60 000 家供应商，年销售额超过 3 500 亿美元。沃尔玛与供应商合作以确保它们也提供此类报告。许多企业将沃尔玛的可持续发展报告视为范本。

环顾世界，政治家和企业领导人现在都认识到，无法远离“绿色企业”的话题。事实上，该话题正在快速得到认可。几年前，由于没有合法和广泛接受的定义，企业可以随意将“绿色”一词用在产品上，并使用诸如有机、绿色、安全、环境友好、无毒和天然等词语。而今天，这类词语承载着更加明确的期望。定义企业环境责任的统一标准正被快速纳入我们的法律蓝图。从战略上讲，企业应该比以前更能向顾客和股东证明，它们致力于绿色环保，可以同其他竞争者区分开。企业的业绩和数据必须支持其华丽的语言，并与可持续标准保持一致。

许多公司正在推行其环保团队直接向 CEO 汇报的制度。管理环境事务的企业将增进同消费者、监管者、供应商和产业内其他企业间的关系，从而大幅提高成功的可能性。环境战略可能包括以下内容：

1. 开发或收购绿色业务。
2. 剥离或改变破坏环境的业务。
3. 通过减少浪费和节约能源成为低成本生产者。
4. 利用绿色产品的特征追求差异化战略。
5. 董事会吸纳保护环境的代表。
6. 执行常规环境审计。
7. 为有益的环境保护相关成果设定奖励。
8. 参与讨论环境议题和项目。
9. 在使命陈述中包含环境价值。
10. 建立环境导向目标。
11. 学习“绿色”技能。
12. 为企业员工和管理者提供环境培训项目。

通过绿色能源伙伴关系，美国环境保护署（EPA）与各组织合作，旨在提高绿色能源在总用电量中的比例。表 10–2 和表 10–3 分别显示了前 15 名“绿色”零售商和大学，排名根据的是每年使用的绿色电力千瓦时（kWh）。（注：绿色能源是指可再生能源，如风能、太阳能和水能，而不是石油、天然气和煤炭等不可再生的化石燃料。）请注意，科尔士百货公司（Kohl’s）和田纳西大学诺克斯维尔分校分别是零售商和高等教育机构中绿色用电量的领导者。现在，许多商业和住宅建筑商提供太阳能电池板作为家庭和办公室的标准设备。

表 10–2　前 15 名绿色用电零售商（2017 年）

零售商名称	年度绿色用电量（kWh）	绿色能源
1. 科尔士百货公司	1 429 423 791	太阳能、风能
2. 星巴克	975 575 000	风能
3. 宜家	776 143 808	沼气、太阳能、风能
4. 沃尔玛	747 587 534	太阳能、风能
5. 阿霍德	358 867 165	太阳能
6. 百思买	282 103 000	多种能源
7. H&M	276 291 000	多种能源
8. REI	87 146 830	太阳能、风能
9. H-E-B 杂货公司	85 104 333	太阳能、风能
10. 雅诗兰黛公司 / 运营和选定的零售品牌	60 685 392	太阳能、风能
11. 圣丹斯广场	30 334 826	风能
12.The North Face	21 778 186	太阳能、风能
13. 巨鹰公司	20 000 000	风能
14. 帕尼罗面包	15 212 943	风能
15. 斯特普尔斯	15 064 852	沼气、太阳能、风能

资料来源：Based on information at https：//www. epa. gov/green power/green-power-partnership-top-30-retail.

表 10–3　前 15 名绿色用电高校（2017 年）

高校名称	年度绿色用电量（kWh）	绿色能源	体育联盟
1. 田纳西大学诺克斯维尔分校	250 070 000	太阳能、风能	东南联盟
2. 纽约州立大学布法罗分校	211 977 208	太阳能、风能	中部联盟
3. 宾夕法尼亚大学	200 000 000	风能	常春藤联盟
4. 乔治敦大学	159 640 000	风能	大东联盟
5. 斯坦福大学	154 190 253	太阳能	太平洋十二校联盟

续表

高校名称	年度绿色用电量（kWh）	绿色能源	体育联盟
6. 俄克拉何马大学	128 895 000	风能	大十二联盟
7. 卡内基梅隆大学	128 593 388	太阳能、风能	美国大学体育协会
8. 加利福尼亚大学	128 084 650	沼气、生物质能、太阳能、风能	多种
9. 西北大学	122 014 800	太阳能、风能	十大联盟
10. 俄亥俄州立大学	107 499 814	风能	十大联盟
11. 北得克萨斯大学	107 250 000	太阳能、风能	美国联盟
12. 俄克拉何马州立大学	101 559 806	风能	大十二联盟
13. 密苏里大学	97 892 973	生物质能、太阳能、风能	东南联盟
14. 马里兰大学	96 927 825	沼气、小型水电站、太阳能、风能	十大联盟
15. 德雷塞尔大学	96 509 000	太阳能、风能	殖民地竞技联盟

资料来源：Based on information at https：//www. epa. gov/greenpower/green-power-partner-top-30-college-university.

太阳能电池板非常高效，科尔士百货公司已将其在加利福尼亚州的 80 家商店的用电全部改为太阳能。

国际标准化组织（ISO）认证

国际标准化组织（ISO）总部位于瑞士日内瓦，有 165 个成员。国际标准化组织是世界上最大的可持续发展标准制定者，发布了近 22 000 项国际标准，涵盖几乎所有行业，从医疗保健、农业、食品安全到技术。国际标准化组织的标准明确产品、服务和系统遵循的规范，以确保质量、安全和效率。国际标准化组织的标准促进了国际贸易和商业的发展。

该标准自愿遵守，不要求强制执行，国际标准化组织也不监管和立法，但 ISO 已经为世界广泛接受。不同国家的政府代理机构，如美国的环境保护署，采用国际标准化组织的标准来加强监管。该标准是许多国家立法的基础，采用该标准是监管部门和相关企业的自主决策。企业和政府应考虑通过 ISO 认证推动业务发展。

国际标准化组织 14000 认证（ISO 14000）是指环境问题领域的一系列自愿标准。ISO 14000 家族的标准涉及企业将其活动对环境造成的破坏最小化，持续监控并改善自身的环境业绩。这些标准已被全球数以千计的公司和政府部门采用，以向利益相关者证明企业正在以环境友好的方式经营。这些标准提供了环保合规的通用技术标准，越来越多的企业不但要求自己采用 ISO 14000，还要求供应商和经销商采用该标准。**国际标准化组织 14001 认证**（ISO 14001）标准包含在 ISO14000 系列中，涉及环境审计、环境业绩评价、污染防治、环境标识和生命周期评价。ISO 14001 标准要求社区或组织设定和实施一系列程序，当这些程序组合在一起时，就形成**环境管理体系**（environmental management system，EMS）。对于镇、县和企业而言，没有获得 ISO 14001 认证是一种战略劣势，因为今天的人们期望企业能够将环境破坏最小化，甚至消除环境破坏。

基于下述原因，保护环境应该成为企业经营的永恒主题：

1. 消费者对环保产品和包装有较高的要求。
2. 公众强烈要求企业以环保的方式经营。
3. 目前超过 2 000 万美国人是环境保护团体的会员。
4. 美国联邦和州政府的环境管制变化迅速，愈发复杂严格。
5. 更多贷方会审查借贷企业的环境责任。
6. 许多消费者、供应商、经销商和投资者不愿与危害环境的企业做生意。
7. 针对出现环境问题企业的责任诉讼和罚款正在增加。

表 10–4 显示了糟糕的环境政策对鸣鸟和珊瑚礁所造成的破坏。

表 10–4 鸣鸟和珊瑚礁需要帮助

鸣鸟

成为自然环境的好管家，拯救我们的鸣鸟。蓝鸟是美国 76 种鸣鸟之一，在过去 20 年间，其数量急剧减少。不是所有鸟都是鸣鸟，关于鸟鸣叫的原因尚不清晰。一些科学家认为，当求偶或警告危险时，鸟会鸣叫。现在许多科学家相信，鸟鸣叫仅仅因为欢乐。鸣鸟包括山雀、黄鹂、燕子、知更鸟、莺、麻雀、绿鹃和画眉。“这些鸟告诉我们，出现了环境失衡的问题。”国家奥杜邦协会（National Auclubon Society）主席杰夫·韦尔斯（Jeff Wells）如是说。鸣鸟可能正在告诉我们，空气或水太脏了，我们严重破坏了它们的栖息地。人们收集毕加索的画，也注意保护历史建筑。“鸣鸟是自然传承的一部分，我们为何不允许伟大的艺术品被损坏，却忍心看着鸣鸟被伤害？”韦尔斯问道。不管鸣鸟向我们传递关于自然环境的何种信息，这些信息现在越来越少，越来越难听到。当你外出时，请侧耳倾听。我们每个人、每家企业、每个州、每个国家都应该做该做的事，帮助改善鸣鸟的自然环境。[11] 现在许多公司都特别注意在其办公楼附近保留 / 维护“绿色”区域。

珊瑚礁

成为自然环境的好管家，拯救我们的珊瑚礁。海洋覆盖了地球上超过 71% 的面积。珊瑚礁只占世界海洋系统的 1%，但超过 1/4 的海洋物种依赖于珊瑚礁生存。商业捕捞对海洋栖息地造成了破坏。随着海洋污染加剧以及海洋变暖，全球的海洋生物和珊瑚礁的数量骤减。由于政治原因和人类的贪婪，20 世纪渔业发展导致过度捕鱼。拖网捕鱼损害了珊瑚礁，这被比喻为“砍伐森林抓松鼠”。二氧化碳排放所造成的海洋变暖每年也会破坏上千英亩珊瑚礁。在美国，相比全国 9 300 万英亩野生动物避难所和国家公园，完全得到保护的海洋栖息地仅有 50 平方英里①。[12]

10.4 企业社会责任

社会责任是指企业有义务关心员工、客户、社区和企业所处的社会。例如，食品调味公司味好美（McCormick & Company）表示，其 2025 年企业社会责任目标包括致力

① 1 平方英里 = 640 英亩≈ 2.590 平方千米。——译者

于“改善所有人的健康和福祉，在世界各地的社区中建立复原力，并积极影响环境”。一些战略制定者赞成拉尔夫·纳德（Ralph Nader）的主张，认为企业应该承担大量社会责任。纳德指出，埃克森美孚拥有的资产超过许多国家，这类公司有义务帮助解决社会问题。也有一些人赞成经济学家米尔顿·弗里德曼（Milton Friedman）的观点，即企业没有义务承担超过法律要求的社会责任。弗里德曼坚称，企业不承担为慈善事业捐款的责任。

你赞成纳德还是弗里德曼的主张？我们认为，任何企业最重要的社会责任是赚取足够的利润以支付未来的开销。因为如果这个责任都无法承担，就更谈不上承担任何其他社会责任。事实上，如果企业经营失败，就无力满足任何社会需求。许多经济学家建议，企业不应参与太多慈善事业，因为盈利很困难，而股东希望他们的投资能获得高回报。大量研究显示，企业社会责任与财务绩效之间呈 U 形关系，企业社会责任最高的企业通常也是财务绩效最高的企业；企业社会责任最低的企业却往往比社会责任中等的企业有更高的绩效。

战略制定者应根据企业的潜在成本和利益审视社会问题，并聚焦可能让企业获利最多的社会问题。例如，企业是否应该避免解雇员工以保障他们的生活？当这项决策可能会迫使企业清算时，该如何处理？沃尔玛有选择地参与社会责任工作，作为其商业计划的补充。例如，据报道 2017—2021 年沃尔玛将为救灾和预防捐款 2 000 多万美元。正如“伦理视点 10”所描述的，TOMS Shoes 是有社会责任感的典范企业，此例展示了公司可以有多种履行社会责任的方式。

伦理视点 10

TOMS Shoes 公司：鞋是神奇的，给地球上每个孩子穿上鞋

总部位于加利福尼亚州圣莫尼卡的 TOMS Shoes 公司展现了高度的社会责任感、良好的商业伦理，以及对公平劳动实践和环境可持续设计与制造的承诺。公司由布拉克·麦考斯基（Blake Mycoskie）创立，他强调慈善事业是其商业模式的组成部分，恰如其“一对一”计划证明的那样，每售出一双鞋或一副太阳镜，公司就捐赠一双鞋或提供视力保健服务。公司商业模式的另一个重要特征是它的非营利基金会——“TOMS Shoes 之友”，该基金会组织一些有意义的服务活动，如一天无鞋倡议，旨在增强全球对不穿鞋的健康风险的认识。TOMS Shoes 的支持者有机会参加志愿服务，使公司的捐款用于一些国家有需要的社区。公司的网站 www.tomscampusprograms.com 向学生提供有关如何参与公司慈善活动的信息。TOMS Shoes 生动诠释了为何良好的伦理、可持续性和社会责任就意味着好生意。公司不仅拥有出色的财务业绩，在三重底线（利润、人和地球）方面的表现也可圈可点。

资料来源：Based on http://www. toms. com/about-toms#companyInfo and https://www. privco. com/private-company/toms-shoes#.

食品供应商和牲畜福利

企业社会责任涉及饲养动物。在美国，每年用于提供食物而饲养的陆地动物超过 90 亿只，其中许多动物在不人道的工厂式饲养中度过短暂的生命。消费者对动物福利的关切在增加，零售商也开始对这种关切做出回应，要求食品供应商人道地对待动物。市场研究公司 Packaged Facts 最近的一项研究显示，超过一半的美国消费者比过去几年更关

心牲畜福利。该报告解释了动物福利以及作为食物饲养之动物的人道待遇为何很快成为下一代消费者期望形成的新标准。

美国防止虐待动物协会（American Society for the Prevention of Cruelty to Animals，ASPCA）的一项大规模调查发现，美国消费者（准确来说是67%的消费者）要求肉、蛋和乳制品具有更高的福利标准，即使这意味着要为这些产品支付更多的费用。该协会认为："动物有权被善待和得到尊重，它们必须受到法律保护。"佛罗里达州的拉森乳业公司（Larson Dairy）的录像显示，工人们踢奶牛并用金属棒击打奶牛。奥基乔比县治安官办公室对此展开调查，同时大众超级市场停止从拉森乳业公司购买牛奶。

世界各国的立法者正在逐步制定和批准旨在改善牲畜福利的政策。除了新出现的关于牲畜福利更严格的法规外，大量科学研究也显示，增加动物福利有重大经济利益。例如，热应力和粗暴处理往往会损伤肉类、减缓生长甚至抑制繁殖，降低牲畜的质量、安全和价值。因此，像全食超市、Bon Appetit、索迪斯（Sodexo）和爱玛客（Aramark）等大型食品公司已实施更多的动物友好政策。

皮特·斯坦顿（Pete Stanton）和格里·拉弗拉姆（Gerry LaFlamme）是美国最大的有机鸡蛋的生产商——皮特和格里有机鸡蛋公司（Pete & Gerry's Organic Eggs）——的创始人，他们为寻求发展可持续的人道做法的公司提供了建议：

> 品牌和公司建立在使命之上，你和你的员工需要完全相信使命，最重要的是，你的客户也相信公司使命。企业的使命可能不是人们购买产品的原因，而是让他们有理由相信你的身份，认可你的品牌。对员工来说，一个强大的使命至关重要；任何人都可以在一个岗位工作，但不是每个人都足够幸运，能去做一些有意义的工作。使命会给他们带来自豪感和成就感。即使在困难时期，使命也是保持企业前进的引擎和燃料。[13]

野生动物福利

企业社会责任也涉及野生动物。全球消费者越来越不能容忍任何企业或国家直接或间接伤害野生动物，特别是濒危野生动物。受影响的企业包括销售象牙象棋的零售商和售卖鲸鱼肉的餐馆。许多新西兰人及澳大利亚人对日本在南极大规模捕鲸感到愤怒。日本将捕鲸作为"南极海洋和西北太平洋生态系统研究项目"的一部分。十分讽刺的是，日本是国际捕鲸委员会的成员，该委员会禁止在南极洲周围5 000万平方英里的区域内进行商业捕鲸，该区域被称为南大洋鲸鱼保护区，只有挪威、冰岛和日本等少数国家赞成并从事商业捕鲸。近年来，挪威因不断开展捕鲸探险活动而受到全球批评，这些活动每年杀死700多头小须鲸，其中许多是怀孕的雌鲸。如果国家、城市或者公司直接或间接危害野生动物，会面临抵制和曝光的风险。

每年有近1亿条鲨鱼被杀死，这样做仅仅是为了获取（并出售）它们的鳍片（鱼翅）。[14] 尽管2000年禁止在美国水域获取"鲨鱼鳍"，但并未禁止鱼翅进口或食用鱼翅，因此每年美国进口的鱼翅约为65吨。只有8个州的法律禁止出售鱼翅。这个问题在一些国家更严重。大多数鱼翅都用来做美味的鱼翅汤，每碗售价接近100美元。在亚洲，一对鱼翅的售价高达每千克700美元。根据国际自然保护联盟的数据，目前世界上超过30%的鲨鱼物种濒临灭绝，因为鲨鱼被杀的速度比繁殖的速度快近30%。

澳大利亚国家公园和野生动物基金会的发言人说，考拉的数量从几年前的 100 000 只下降到现在的 40 000 只。森林火灾、应激性疾病和商业发展已经破坏了考拉种群。当考拉离开原居住地重新寻找栖息地时经常被捕杀或遭过往车辆碾压。专家说，如果现在不采取措施，考拉将在 2040 年灭绝。

哪些公司是 CSR 的最佳践行者?

每年《企业责任杂志》(*Corporate Responsibility Magazine*) 都会对 100 名“最佳企业公民”进行研究并发布报告。该研究从七个维度对公司进行排名，包括：(1) 环境；(2) 气候变化；(3) 员工关系；(4) 人权；(5) 公司治理；(6) 财务表现；(7) 慈善和社区支持。2017 年十大最佳企业公民如下：

1. 孩之宝
2. 英特尔
3. 微软
4. 奥驰亚
5. 金宝汤
6. 思科系统
7. 埃森哲美孚
8. 荷美尔食品公司 (Hormel Foods)
9. 洛克希德·马丁公司 (Lockheed Martin)
10. 艺康集团 (Ecolab)

资料来源：Based on information at https：//www. forbes. com/sites/karstenstrauss/2017/05/11/americas-100-best-corporatecitizens-in-2017/#1C309d752668.

企业应尽量参加能够产生经济效益的社会活动。默克公司 (Merck & Co.) 曾经研制治疗盘尾丝虫病的药品伊维菌素，后来在全球免费向医疗人员提供。盘尾丝虫病是由寄生虫引起的疾病，发生在非洲、中东和拉丁美洲的贫穷地区。默克公司用这种前所未有的行为体现对社会的承诺，表明在履行社会责任上没有任何经济动机。默克公司的行动突破了罕见病用药的困境，它的这些行动在股东中赢得了巨大声誉。现在，企业越来越积极主动地制定和实施保护环境和帮助当地社区的战略。

表 10-5 列出了《福布斯》“消费者认可的 CSR 最佳声誉跨国公司”排行榜。凭借对企业社会责任自上而下的推动，排名第一的丹麦玩具公司乐高集团通过其“建立变革和可持续材料中心”的倡议以及与世界自然基金会的合作抓住了对社会负责任的机会。

表 10-5 CSR 最佳声誉 10 强公司

1. 乐高集团	6. 英特尔
2. 微软	7. 罗伯特博世
3. 谷歌	8. 思科系统
4. 迪士尼公司	9. 劳斯莱斯航空公司
5. 宝马集团	10. 高露洁棕榄

资料来源：Based on information at http：//www. forbes. com/sites/karstenstrauss/2017/09/13/the-10-companies-with-the-best-csr-reputations-in-2017/#3bf7894b546b.

对战略管理者的启示

图 10-2 显示，整个战略管理过程都是为获取和维持竞争优势，但所有优势都可能因道德败坏——从贿赂到性骚扰，再到出售鲸鱼肉——而丧失。战略制定者在企业的顶端，这意味着企业顶端的伦理问题会给较低层级带来可怕的后果。战略制定者必须在个人和专业方面树立榜样，建立并不断强化“做正确的事”的组织文化。社会责任和环境可持续性的政策、实践和程序必须强化“三重底线”，强调“好伦理就是好生意”，以及“良好的伦理道德是说话和做事的基础”。

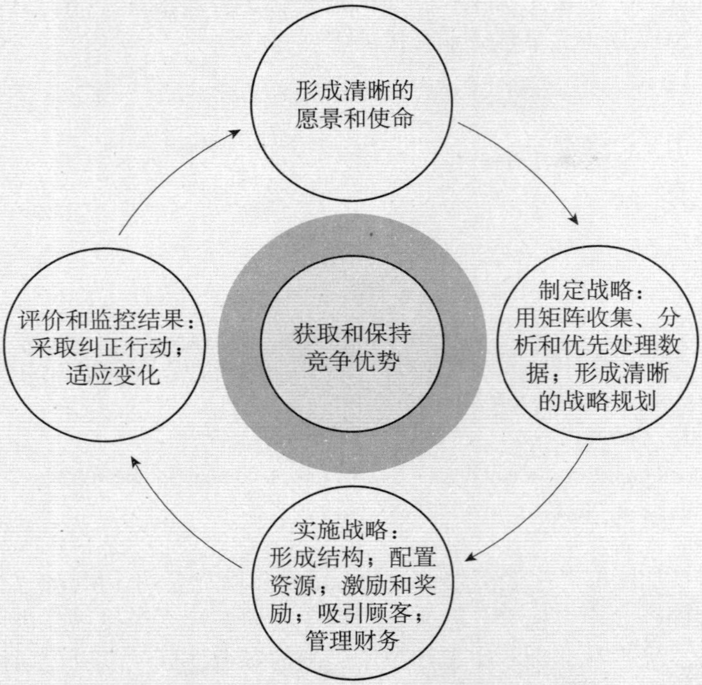

图 10-2　如何获取并保持竞争优势

对学生的启示

没有任何公司或个人愿意与不道德或对自然环境问题漠不关心的人做生意。为了生存，公司必须在环保上积极主动。在很多方面，这也是法律要求的。公司每天都会与竞争对手在可持续发展和伦理行为方面进行比较，并且不断使用社交媒体进行这种比较。因此，本章所提问题构成了所有组织的竞争优势或劣势。因此，在案例分析中应该提出建议，让公司在商业伦理、环境可持续发展和企业社会责任方面超出利益相关者的期望。通过与竞争对手比较，说明公司如何在这些问题上获得或保持竞争优势，为公司成为一个“好的企业公民”提供财务上的合理建议。当然，任何企业的首要职责都是保持业务正常运营，主要目标是提升竞争优势。因此，三重底线方法是构建整个项目框架的有效方法。

本章小结

最后需要指出的是，伦理标准源于历史和传承，祖先已给我们奠定了伦理道德的基石。连具有传奇色彩的足球教练文斯·隆巴迪都知道有比赢球更重要的事情，他要求球员对家庭、对球队忠诚。对违反商业伦理的行为，员工、顾客和股东会越来越难以容忍，对践行伦理道德的企业却越来越推崇。在网络时代，信息的实时传播会令那些不负责任的企业瞬间曝光，而让那些伦理模范企业声名远扬。

全世界的消费者都欣赏那些承担比法律要求的更多社会责任的企业，但是，企业的主要目标应该是在遵守所有法律的前提下生存下去。对企业而言，承担社会责任的最佳方式之一是积极节约资源和保护自然环境。法律并未要求企业每年提供可持续发展报告，但是，这份基于真实行动的报告有助于确保利益相关者支持企业。商业伦理、企业社会责任和环境可持续性相互关联，而且是所有组织都会面临的重要战略问题。

关键术语与概念

贿赂（bribe）
贿赂行为（bribery）
商业伦理（business ethic）
商业伦理规范（code of business ethic）
环境（environment）
环境管理体系（environmental management system，EMS）
国际标准化组织 14000（ISO 14000）
国际标准化组织 14001（ISO 14001）
性骚扰（sexual harassment）
社会责任（social responsibility）
可持续性（sustainability）
可持续发展报告（sustainability report）
三重底线（triple-bottom-line）
举报（whistle-blowing）
办公室恋情（workplace romance）

复习讨论题

10-1 解释管理任何业务或组织的三重底线法。

10-2 TOMS Shoes 如何独特地履行其社会责任？

10-3 对社会负责值得吗？一般来说，经济学家会说不，而慈善家会说是。你怎么看？为什么？对公司有什么影响？

10-4 总结唐纳德·帕尔默关于“谁在企业中容易做不道德的行为”的研究。对公司有什么影响？

10-5 福来鸡星期天不营业。这是明智的管理还是不负责任的行动主义？请讨论。

10-6 列出办公室恋情会损害工作场所的士气和生产力的五个原因。

10-7 列出公司制定办公室恋情指南的五个好处。

10-8 讨论办公室恋情的伦理问题。

10-9 解释为什么关注野生动物是公司的战略问题。

10-10 如果你拥有一家小企业，你是否会制定商业行为准则？如果是，将包含哪些要素？如果否，如何确保员工遵守商业伦理标准？

10-11 个人伦理和商业伦理之间的关系是怎样的？二者是否一样？二者是否应该一样？

10-12 企业如何保证商业伦理规范可读性强、易于理解、令人相信、便于记忆并易于实践，而不是被忽视？

10-13 不能将“举报”视为对其他员工的“泄密”或“背叛”，这一点至关重要。为什么？

10-14 按照企业推荐的商业伦理政策 / 程序，列出六种伦理培训计划的理想结果。

10-15 讨论贿赂。政客们在立法中增加专项拨款，药品销售人员向医生分发药品，这些行为会构成贿赂吗？识别三种构成贿赂和三种不构成贿赂的商业活动。

10-16 战略制定者对社会责任的态度如何影响企业的战略？对纳德、弗里德曼的观点按照 1 ～ 10 评分，你对社会责任的态度是什么？

10-17 什么是国际标准化组织（ISO）？制定 ISO 14001 标准的目的是什么？哪些类型的实体可以获得这些认证？

10-18 公司鼓励员工举报是否会引起利益冲突？公司可能会因此被罚款或受到更严厉的处罚，请解释。

实践练习

第一组：可口可乐公司的战略规划

练习 10A

可口可乐公司还是百事公司更具可持续性？

目的

商业组织对可持续发展报告的期望和要求越来越高。本练习用来训练比较和评估可持续发展报告。

步骤

步骤 1 访问可口可乐公司网站，点击可持续发展，查看公司最新的可持续发展报告。确定可口可乐公司可持续发展报告中六个最佳的方面。

步骤 2 进入百事公司网站，点击可持续发展，查看公司最近的可持续发展报告。确定百事公司可持续发展报告中六个最佳的方面。

步骤 3 从商业伦理、企业社会责任和环境可持续性方面比较两家公司的可持续发展报告。在你看来，可口可乐公司是否可以获得 A 级？从这三个维度给两个公司评分，并给出整体评分。对你给的分数做出解释。

第二组：你所在大学的战略规划

练习 10B

在使用绿色能源方面，你所在的大学与其他大学相比如何？

目的

绿色能源包括风能、地热能、水能和太阳能。风能和水能通过空气和水的运动产生，而地热能和太阳能则通过热量产生。所有这些都可以提供可再生的可靠能源并保护环境。相比之下，石油、天然气和煤炭等化石燃料能源不可再生，而且会污染环境。了解你所在大学对绿色能源的依赖程度，与其他大学相比较。

步骤

步骤 1　以下网站显示了根据日常运营对绿色能源的依赖程度而评定的美国高校排名：https://www.epa.gov/greenpower/green-power-partnership-top-30-college-university。借鉴相关评定指标研究你所在大学和其他大学的绿色能源的使用情况。

步骤 2　制定一项行动计划，使你所在的大学更加依赖绿色能源。

第三组：你自己的战略规划

练习 10C

你的商业伦理商数是多少？

目的

本章揭示了不道德行为很常见，不当行为与正当行为一样普遍，而且不当行为最常发生在那些原本善良、有道德、有社会责任感的人身上。帕尔默报告说，个人从事不道德活动是因为组织运作中固有的结构、流程和机制烦冗。重要的是，在任何组织中，每个人都可能在某些情况下做出不道德的行为。这项新研究对管理者来说意义重大。

本练习用来确定你的商业伦理商数。我们可以用“商”这个词来代表你的行为和态度与你的商学院同学相比的好坏程度。在这个练习中，你的商业伦理商数可以从非常差（总分 16 分）到非常好（总分 80 分）不等。（Donald Palmer, “The New Perspective on Organizational Wrongdoing,” *California Managment Review*，56，no. 1（2013）：5–23.）

步骤

步骤 1　用 1 ～ 5 五个等级来评价你的个人行为和态度：其中 1 是很差，2 是差，3 是一般，4 是好，5 是很好。考虑下面的表述，根据与商学院同学相比的情况给自己打分。

1. 值得信赖的
2. 可靠的
3. 可依赖的
4. 乐于助人的
5. 谦虚的
6. 体贴的
7. 富有同情心的
8. 宽容的
9. 充满爱的
10. 有礼貌的
11. 恭敬的
12. 虔诚的
13. 支持的
14. 鼓舞人心的
15. 有益的
16. 乐善好施的

步骤 2　对你的评分求和，以确定你的总商业伦理商数得分。对你的分数满意吗？你需要提高分数吗？你如何提高分数？想雇用你的企业会对你的分数满意吗？

第四组：个人与群体的战略规划

练习 10D

办公室恋情不被鼓励的各种原因可能有多严重?

目的

本章讨论了办公室恋情对工作场所士气和生产力会产生潜在危害，原因包括：

1. 可能会出现偏袒投诉。
2. 可能违反档案的保密性。
3. 生产力和生产质量可能会出现问题。
4. 个人看法可能影响工作看法。
5. 窃窃私语会导致同事之间的紧张和敌对情绪。
6. 可能会发生性骚扰（或歧视）指控。
7. 可能会出现利益冲突，尤其是当恋爱对象的利益胜过公司的利益时。

本练习用来更仔细地研究办公室恋情产生问题的原因。同时检验个人决策是否优于群体决策。学术研究表明，在 80%的情况下群体做出的决策优于个人。

说明

根据相对重要性（潜在严重性），对办公室恋情引发问题的七个原因进行评级，其中 1 代表最重要，7 代表最不重要。首先，个人单独对七个原因排序。然后，三人一组对 7 个原因排序。确定何人何组最接近专家排序。此练习可以检验个人决策与群体决策在战略规划中的相对有效性。

步骤

步骤 1　填写表 10-6 中的第 1 列，给出你对七个原因中每个原因潜在危害的相对严重性排序。例如，如果你认为原因 1（偏袒投诉）是第 6 重要（潜在严重）的原因，那么在表 10-6 相应的单元格中输入 6。

步骤 2　填写表 10-6 中的第 2 列，给出小组对七个原因中每个原因潜在危害的相对严重性的排序。

步骤 3　填写表 10-6 中的第 3 列，给出专家对七个原因中每个原因潜在危害的相对严重性的排序。

步骤 4　填写表 10-6 中的第 4 列，即第 1 列和第 3 列之间的绝对差值，看你个人的表现如何。（注意：绝对差值忽略负数。）

步骤 5　填写表 10-6 中的第 5 列，即第 2 列和第 3 列之间的绝对差值，看小组表现如何。

步骤 6　分别对第 4 列和第 5 列求和。

步骤 7　比较第 4 列总和与第 5 列总和。如果第 4 列总和小于第 5 列总和，那么表明个人表现更好。通常情况下，小组决策优于个人决策。如果你比小组做得好，说明你很优秀。

步骤 8　个人获胜者：第 4 列总和最低者。

步骤 9　小组获胜者：第 5 列总和最低者。

表 10-6 办公室恋情分析：个人决策与群体决策的比较

不支持办公室恋情的原因	第 1 列	第 2 列	第 3 列	第 4 列	第 5 列
1. 可能会出现偏袒投诉					
2. 可能违反档案的保密性					
3. 生产力和生产质量可能会出现问题					
4. 个人看法可能影响工作看法					
5. 窃窃私语会导致同事之间的紧张和敌对情绪					
6. 可能会发生性骚扰（或歧视）指控，无论是涉及男性还是第三方					
7. 可能会出现利益冲突，尤其是当恋爱对象的利益胜过公司的利益时					
总计					

微案例：福来鸡

哪家公司最具商业伦理文化？

答案是快餐店福来鸡。福来鸡总部位于佐治亚州亚特兰大市，是一家私人控股公司，以切实践行商业伦理而自豪。福来鸡周日不营业，让员工与亲朋好友共度时光。尽管福来鸡有 1/7 的时间不营业，但它已经超过肯德基成为美国最大的鸡肉快餐店。这着实令人震惊，肯德基在美国有 4 500 家店，福来鸡只有 2 200 家店。福来鸡的年总收入约为 50 亿美元。

福来鸡每家餐厅的平均年销售额超过 440 万美元，是肯德基 100 万美元的 4 倍多。事实上，它也是美国所有餐厅中平均销售额最高的。第二大连锁店是沃特伯格（Whataburger），其每家餐厅创造 270 万美元的销售额，约为福来鸡的 61%。在年销售额这一核心指标上，福来鸡在行业内占据统治地位，击败了竞争对手 Zaxby（230 万美元）、El Pollo Loco（190 万美元）、Bojangles（180 万美元）、Popeyes（140 万美元）、Boston Market（140 万美元）和 Wingstop（110 万美元）。

福来鸡大约 65% 的业务来自其汽车餐厅，员工站在餐厅外，客人用平板电脑点餐。调查显示，福来鸡员工 97% 的时候都会说“谢谢”。客人称，10 次到店消费，有 9 次员工都表现出令人愉快的举止和微笑。公司员工的流失率非常低。在最近的一项研究中，福来鸡汽车餐厅以 95% 的下单准确率在所有餐厅中排第二位，仅次于卡乐星汉堡（Carl’s Jr.’s）餐厅 97% 的准确率。

福来鸡排名靠后的是服务速度。在福来鸡汽车餐厅等待的平均时间是 4 分 16 秒，比行业平均时间长约 31 秒。但总体而言，福来鸡是一家典型的遵守三重底线的公司。

问题

1. 描述福来鸡的商业文化。
2. 福来鸡的文化可以在多大程度上解释其表现？

3. 你如何评价福来鸡的三重底线？为什么？

4. 既然福来鸡的主要竞争对手周日都在营业，那么福来鸡是否应该改变其政策在周日营业？为什么？

资料来源：Based on http://dailycaller.com/2017/08/02/chick-fil-a-generates-most-revenue-per-restaurant-in-us/Also，http://www.businessinsider.com/why-chick-fil-a-is-so-successful-2016-10.

11 全球化与国际化

本章目标

学完本章，应能做到以下几点：

- 讨论跨国经营的性质，包括工会问题和税率。
- 阐述跨国经营的优势与劣势。
- 讨论企业面临的全球化挑战，包括外包和回流。
- 比较美国商业文化和其他国家的商业文化；解释为什么这是一个战略问题。
- 讨论商业文化，重点讨论墨西哥、日本、中国和印度。
- 讨论商业环境，重点讨论非洲、中国、印度尼西亚、印度和墨西哥。

实践练习

本章末有以下练习：

第一组：可口可乐公司的战略规划

练习 11A：各国商业文化的差异：可口可乐公司的报告

练习 11B：可口可乐公司希望进一步渗透非洲市场，你能帮助它吗？

第二组：你所在大学的战略规划

练习 11C：你所在的大学在国外招生吗？

第三组：提高就业能力的战略规划

练习 11D：与同学相比，你的旅行经历如何？

第四组：个人与群体的战略规划

练习 11E：开创、维持或扩大公司跨国经营的各种潜在优势有多重要？

如图 11–1 所示，全球化几乎会影响所有的战略决策，国家的界限已经不能限制人们的想象力。对公司而言，从旁观者的视角观察世界已经成为一件重要的事情。为了生存和发展，越来越多的公司正在监测和利用全球的各种变化，包括竞争对手、市场、价格、供应商、分销商、政府、债权人、股东以及客户。

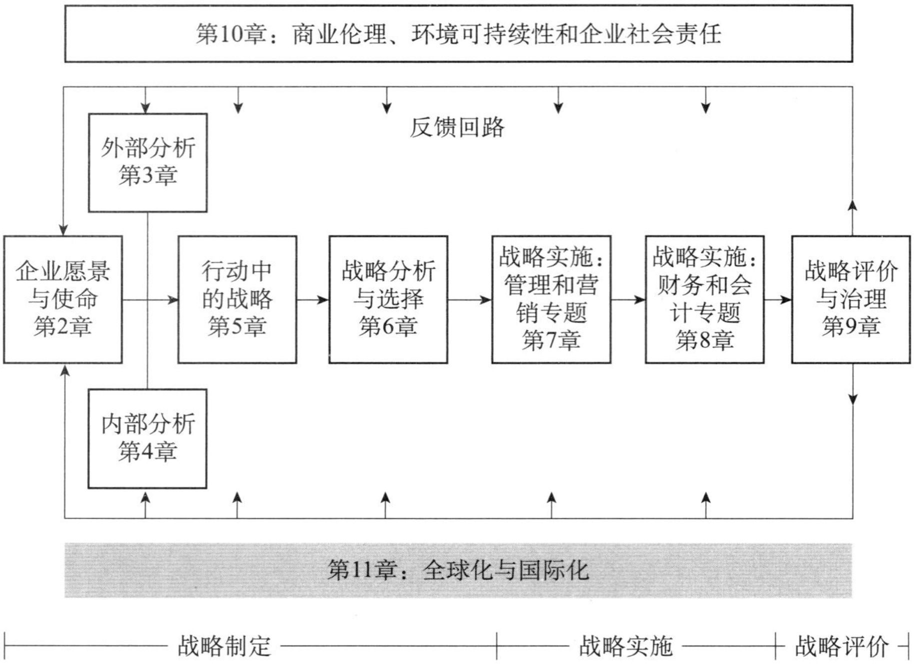

图 11–1　战略管理综合模型

资料来源：Fred R. David，“How Companies Define Their Mission，” *Long Range Planning* 22，no. 1（February 1989）：91. See also Anik Ratnaningsih，Nadjadji Anwar，Patdono Suwignjo，and Putu Artama Wiguna，“Balance Scorecard of David’s Strategic Modeling at Industrial Business for National Construction Contractor of Indonesia，” *Journal of Mathematics and Technology*，no. 4（October 2010）：20.

公司产品的价格和质量必须在全球范围内而不仅仅是在本地具有竞争力。股东们都期望收入大幅增长，跨国经营则是实现这一目标的绝佳途径。越来越多的国家积极参与到全球化竞争中，许多企业努力学习、力求适应、乐于创新，以便在全球范围内成功竞争。正如下面所展示的，模范战略管理者安德烈·卡兰佐普洛斯（Andre Calantzopoulos）正带领公司在全球取得成功。

模范战略管理者

安德烈·卡兰佐普洛斯：菲利普·莫里斯国际公司 CEO

菲利普·莫里斯国际公司（Philip Morris International）的 CEO 安德烈·卡兰佐普洛斯正积极将全世界的消费者转向无烟烟草产品。这种产品加热但不燃烧烟草，比普通香烟和电子香烟的危害小得多。卡兰佐普洛斯承诺出资 10 亿美元建立一个基金，鼓励吸烟者转向公司的无烟香烟。他的新无烟战略计划基于这样一个前提：大多数吸烟者有两个未被满足的愿望或需求：（1）对个人无害；（2）不影响他人。该公司计划在研发上投入数十亿美元，开发新的无烟类香烟产品。这种无烟香烟套装的价格略高于100美元，但卖得很好。尽管竞争对手传统烟草公司举步维艰，菲利普·莫里斯国际公司的收入和利润却伴随卡兰佐普洛斯的新计划持续增长，一路领先。一些分析人士说，如果新战略计划持续取得成功，卡兰佐普洛斯可以拯救数百万人的生命，节约数万亿美元的医疗费用。

资料来源：Based on Saabira Chaudhuri, "Behind Philip Morris International's Smokeless Bet," *Wall Street Journal* (October 30, 2017): R3 and R10.

11.1 全球经营的性质

美国的商品和服务出口仅占美国国内生产总值（GDP）的13%，而德国和新加坡的出口对GDP的贡献率在40%以上。新加坡的数据之所以高，是因为它进口石油和其他产品，再出口到全球。鉴于出口仅占GDP的13%，美国在全球化方面持续提升的空间非常大。

以前，国际贸易由众多独立的国家/地区市场构成。如今，国际市场的局面已经显现，并且国际商业环境比几年前更为理想。广泛的沟通和高新技术的使用使得不同文化背景下的消费模式彼此相似。这意味着更多公司仅依靠国内市场很难生存。

全球化（globalization）是在全球范围内进行经营活动的一个过程。公司所有的战略决策都基于全球市场而非本国市场是否盈利而制定。全球化战略旨在以最低的成本最大限度地满足全球范围顾客的需求。因此，应将生产部门放在劳动力成本最低或者有大量自然资源的国家，将研发中心和复杂的工程中心放在有掌握熟练技术的科学家和工程人员的国家，而将市场销售部门放在最靠近市场的地方。

全球化战略（global strategy）包括设计、生产和销售产品，需要考虑全球性的需求，而不是仅仅考虑几个国家。全球化战略将针对竞争对手的行动，整合各种因素形成一个全球性的计划。如今，存在着全球买家和卖家以及金钱和信息在各地的即时流动。

毫不夸张地讲，在一个已经或者即将变得全球化的产业中，最具风险的策略是固守国内市场。国内市场的固守者将看着越来越多进取的公司利用全球化态势实现规模经济并不断学习提升。之后，它们将面对不同（很可能更先进）的技术、产品设计、生产制造、营销方式和规模经济带来的冲击。如表11-1所示，9个国家中的5家最大公司可作为全球化的参照（根据“收入、利润、资产和市场价值的均等权重衡量标准”确定）。

表 11-1　9个国家中的5家最大公司（2018年）

英国	印度	日本
1. 汇丰控股	1. 信实工业	1. 丰田汽车
2. 保诚保险	2. 印度国家银行	2. 三菱日联金融集团
3. 劳埃德银行集团	3. 国家石油和天然气公司	3. 日本电信
4. 巴克莱	4. HDFC 银行	4. 软银集团
5. 力拓	5. 印度石油公司	5. 日本邮政控股公司

澳大利亚	墨西哥	中国
1. 联邦银行	1. 美洲电信	1. 中国工商银行
2. 西太平洋银行	2. 芬沙公司	2. 中国建设银行
3. 澳新银行	3. GFNorte	3. 中国农业银行
4. 澳大利亚国家银行	4. 墨西哥铜业集团	4. 中国银行
5. 必和必拓	5. 西麦斯	5. 平安保险
美国	加拿大	印度尼西亚
1. 伯克希尔·哈撒韦	1. 加拿大皇家银行	1. 印尼人民银行
2. 摩根大通	2. 加拿大道明银行	2. 曼迪利银行
3. 富国银行	3. 加拿大丰业银行	3. 中亚银行
4. 美国银行	4. 蒙特利尔银行	4. 印尼电信
5. 苹果	5. 宏利金融	5. 印尼国家银行

资料来源：Based on information at forbes.com/global2000/list/.

跨国公司

超越国界进行经营的公司称为**国际公司**（international firm）或者**跨国公司**（multinational firm）。从理论上讲，跨国公司的战略管理过程和纯粹的本国公司一样。可是，由于受更多变量和关系的影响，跨国公司的战略管理过程会更复杂。跨国公司面临的机会和威胁都非常多。随着产品数量和服务地区数量的增加，复杂性也会显著增加。数百万中小企业每天都在本国以外开展业务，它们通过网站、智能手机及社交媒体与客户互动。

跨国公司需要更多的时间和精力来识别和评估外部趋势和事件。地理上的距离、文化 / 国家间的差异和商业行为的变化都会造成公司本国总部和海外机构沟通上的困难。由于行为规范、价值观和职业道德等文化方面的差异，战略实施可能更加困难。跨国公司会遇到独特而多元化的风险。例如，资产征收、汇率波动造成的现金损失，国外法院对于合同和协议的偏向性解释，社会或政治方面的干扰，进出口限制以及关税和贸易壁垒等。跨国公司的战略制定者经常需要同时考虑如何提升企业的国际竞争力和国内响应能力。随着世界贸易的增长，美国政府和监管部门也更密切地监测发生在国外各地的商业行为。例如，美国的《反海外腐败法案》（Foreign Corrupt Practices Act）监测许多领域的商业行为。

进入国际市场之前，公司应当浏览相关的期刊和专利报告，寻求学术和研究组织的建议，参与国际贸易展览会，结成伙伴关系，通过广泛研究扩大沟通面，降低在新市场从事商业活动的风险。公司也可以通过美国政府的海外私人投资公司（Overseas Private Investment Corporation，OPIC）来购买保险，规避从事国际贸易的一些风险。

将业务拓展到国外市场（即全球化）是公司最重要的战略决策之一。影响国际化方式、时间、地点及原因的变量在学术期刊中备受关注。最近的研究表明，一些国家之所以具有吸引力，不仅是因为它们拥有自己的运营机构，而且因为它们具备诸如为跨国公司进入其他地区提供平台等服务功能。[1] 因此，跨国公司实施全球化战略要特别考虑一个问题，特定的地区或国家将如何促进公司业务向其他地区和国家扩张以进一步全球化。同样重要的是，需要使所有战略与公司的愿景和使命保持一致，并评价获取和保持竞争优势的潜力。

总部位于美国的跨国公司历来将海外赚取的现金收入留在境外子公司和银行，以规避美国的高公司税。然而，随着新的联邦企业税改革，这种现象在 2018 年发生了变化。2018 年生效的美国新联邦税法对海外现金账户中的外国收益征收 15.5%的一次性税，无论该公司是否将现金汇回美国。这项法律旨在鼓励公司把现金汇回美国。许多公司如苹果在海外拥有数十亿美元的现金，有的公司（也许是大多数）确实把这些现金汇回了美国。这些公司用现金做什么？大约 70%的现金用于股票回购和支付股息，剩余的资金用于公司基础设施投资和员工薪酬发放。例如，近年来苹果公司每年回购 5%的股票，2018 年初这一比例上升到 7%。预计 2018—2022 年，大量公司现金将从海外转移到美国国内，以刺激美国经济，提振股市，促进员工工资的提升和福利的改善。

欧洲各地的工会

工会的存在或流行可能是许多战略决策中的一个重要因素。诸如商店或工厂选址这样的决策，公司往往想避开工会，因为工会的存在提高了公司的工资率。欧洲各国工会成员的比例差异很大，芬兰是 74%，瑞典是 70%，丹麦是 67%，立陶宛和法国是 8%。总的来说，工会在整个欧洲的流行程度正在下降，这种趋势已经持续了十年。意大利是例外，其工会数量正在缓慢增加。

以不同成员国的就业人数为权重计算，整个欧盟工会成员比例的平均水平为 23%，而美国约为 11%。欧洲的平均水平被一些较大的欧盟国家相对较低的比例拉低，如德国为 18%，法国为 8%，西班牙为 19%，波兰为 12%。

税率

在进行工厂、零售店选址，或是否并购其他企业等战略决策时，所在国的公司税率是一个重要考虑因素。高公司税率阻碍了新工厂的投资，也促使公司避税和逃税。不同国家不同类型的企业的税率有所差异。全球 190 个国家的企业所得税平均税率约为 22%。整个欧洲的企业平均税率为 18%。1980 年全球企业平均税率为 38%，之后逐年下降。匈牙利在 2017 年将公司税率从 19%降至 9%。美国在 2018 年将最高法定公司税降至 21%，在包括加拿大、法国、德国、意大利、日本、英国和美国在内的七国集团中，这是最低的。

如表 11-2 所示，2018 年样本国家或地区的最高国家法定公司税率从百慕大的 0 到阿拉伯联合酋长国的 55%不等。Signet Jewelers Ltd. 是 Kay's Jewelers，Zale Corporation 和 Jared the Galleria of Jewelry 三家公司的母公司，总部位于百慕大，将总部放在此地的主要原因之一是企业税为零。

表 11-2 2018 年各国或地区企业税率（从高到低排序）

国家或地区	公司税率（%）
阿拉伯联合酋长国	55
阿根廷	35
法国	33.33
印度	34
德国	30
墨西哥	30
加拿大	26.5
意大利	24
中国	25
美国	21
芬兰	20
土耳其	20
波兰	19
新加坡	17
罗马尼亚	16
爱尔兰	12
保加利亚	10
百慕大	0
开曼群岛	0
安圭拉	0
特克斯和凯科斯群岛	0

资料来源：Based on https：//taxfoundation. org/corporate-income-tax-rates-around-the-world-2017/. Also https：//home. kpmg.com/xx/en/home/services/tax/tax-tools-and-resources/tax-rates-online/corporate-tax-rates-table.html.

11.2 全球经营的优势和劣势

公司有很多理由制定和实施国际化战略，决定开展、继续或是扩展跨国经营活动。国际化战略最大的优势是公司可以为其产品或服务赢得新顾客，提高收益。作为衡量企业成功的标准，收益和利润的增长是一个普遍的组织目标，也是股东的期望。开展、继续或扩大跨国经营活动的潜在优势如下：

1. 公司可以为其产品赢得新顾客。
2. 国际经营可以充分利用产能，降低单位产品的成本，在更多市场中分散风险。

3. 国际经营可以使公司在靠近原材料或劳动力廉价的地区以更低的成本进行生产。

4. 和国内市场相比，国外市场可能没有竞争对手，或者竞争不如国内市场激烈。

5. 国外业务可能会享有低关税、低税收及更有利的政治待遇。

6. 通过合资可以使企业学习他人的技术、文化和商业行为，接触到国外的潜在客户、供应商、债权人和分销商。

7. 在全球而非仅仅在国内市场开展业务将有助于实现规模经济。更大规模的生产和更高的效率可以带来更高的销量和更低的成本。

8. 如果公司在全球范围内参与竞争，那么公司在本国市场中的竞争力和声誉也会得到显著提高。声誉提高将增强企业与债权人、供应商、分销商和其他重要集团谈判的话语权。

在不同国家和地区，经济及市场信息的可获得性、深度和可靠性，产业结构、商业活动及区域性企业的数量和性质都存在很大差异。鉴于此，开展、继续或扩展跨国经营活动也有很多潜在劣势，譬如：

1. 国外业务可能会因当地民族主义势力受限。

2. 在从事全球化业务时，公司可能会遇到不同的甚至几乎不了解的社会、文化、人口、环境、政治、政府、法律、技术、经济和竞争等诸多因素的冲击。

3. 通常，国外竞争对手的劣势被高估，优势被低估。在开展全球化业务时，要及时了解竞争对手的数量和特点会更难。

4. 各国间的语言、文化和价值体系等有所不同，这会使沟通存在障碍，也会造成员工管理方面的问题。

5. 在从事国外业务时，对一些区域性组织进行了解虽然很难却是必需的。这些组织包括欧盟、拉丁美洲自由贸易区、国际复兴开发银行和国际金融公司等。

6. 应对两个或更多的货币系统会使国际贸易复杂化。

11.3 全球化挑战

很少有公司忽略国际竞争，今天看起来经营良好的公司明天很可能就会不堪一击。外资银行还没有在美国大部分地区进行竞争或经营，但这一情况正在改变。汤森路透（Thomson Reuters）每年编制一份全球最具创新性的公司名单，主要依据专利活动、研发投资、成功率、全球化和影响力等指标。就 2017 年研发的年度总支出而言，美国的亚马逊、Alphabet 和英特尔分别以 161 亿美元、139 亿美元、127 亿美元位居世界前列，其他排名靠前的公司包括韩国的三星（127 亿美元）、德国大众汽车（121 亿美元）、瑞士罗氏控股股份公司（Roche Holding AG）（114 亿美元）、瑞士诺华公司（Novartis AG）（96 亿美元）和日本丰田汽车（93 亿美元）。每年在研发上花费超过 50 亿美元的非美国公司还包括德国戴姆勒股份公司（Daimler AG）、日本本田汽车、英国阿斯利康（AstraZeneca PLC）、德国西门子和法国赛诺菲（Sanofi）。

如今，美国经济越来越不局限于本土。一个全球的经济体和统一的货币系统正在形成。世界各地的公司都在利用这个机会来赢得全球市场的消费者。市场在迅速变化，许多情况下兴趣、爱好、趋势和价格日益趋同。创新的运输系统使技术转移加速，特别是生产系统向中国和印度转移使得响应市场变化的时间大为缩短。中国有超过14亿人口，有能力购买商品和服务的中产阶层迅速壮大。

许多国家奉行保护主义，可能会影响公司的战略规划。贸易**保护主义**（protectionism）指的是通过征收关税、税收和相关法规来限制外国公司，以有利于本国的企业和公民。大部分经济学家认为，保护主义危害了全球经济，因为它阻碍了国际贸易并可能引发报复行为。

通信技术的发展拉近了世界上不同国家、文化和组织间的距离。许多美国公司从国外获取的收入比重已经超过50%，比如埃克森美孚、吉列（Gillette）、陶氏化学、花旗集团、高露洁棕榄和德士古（Texaco）。大多数美国企业开展跨国经营的一个主要原因是美国以外的商品需求增长远远快于国内。例如，美国食品行业的年增长率仅为3%，因此，仅次于雀巢的全球第二大食品公司卡夫食品（Kraft Foods）正专注于海外收购。几乎所有公司的股东和投资者都希望公司的收入能够持续（超过5%）增长。对于很多公司而言，只有利用美国市场之外的需求才能实现令人满意的增长。国内企业与外国企业进行合资和合作经营正在成为一种常态而非例外。

世界上逾95%的人口生活在美国之外的地区，而且人口数正以比美国快70%的速度增长。如今，每个产业都有全球性的竞争者。通用汽车和福特的竞争对手是丰田和现代；通用电气和西屋电气的竞争对手是西门子和三菱；卡特彼勒（Caterpillar）和约翰迪尔（John Deere）的竞争对手是小松集团（Komatsu）；固特异的竞争对手是米其林、普利司通（Bridgestone）、费尔斯通（Firestone）和倍耐力（Pirelli）；波音的竞争对手是空中客车。只有像家具、印刷、零售、大众消费品和零售银行这样一些产业尚未遇到国外竞争者强有力的挑战，但如今在这些产业中，很多产品和部件都在国外生产。国际贸易可以如此简单：向一个国家出售一种产品；也可以如此复杂：在众多国家进行产品制造、分销及营销活动。

不同产业选择全球化的原因各不相同。比如，需要在很多市场中分摊大量研发费用是飞机制造公司采取全球化战略的一个主要原因。监控某一产业的全球化是一项重要的战略管理活动，然而，知道如何应用此类信息来为自身的竞争优势服务更为重要。例如，公司都会在世界范围内寻找最先进的技术，选择对于大部分市场来讲最有前途的技术。当公司设计某种产品时，会希望该产品能够在尽可能多的国家销售；当公司生产某种产品时，会选用成本最低的资源，比如日本的半导体、斯里兰卡的纺织品、马来西亚的简易电子元件和欧洲的精密机械。

外包和回流

外包（outsourcing）涉及公司雇用其他公司来实现其职能运营的各个部分，如人力资源、信息系统、工资支付、会计、客户服务，甚至营销。外包业务蓬勃发展，据标准普尔全球市场情报公司（S&P Global Market Intelligence）分析，2017年全球排名前20的雇主中有5家是以康帕斯集团（Compass Group PLC）与埃森哲为首的外包公司，它们主要向客户派出员工，提供劳动力解决方案。据研究咨询公司信息服务集团公司（Information Services Group Inc.）的数据，外包合同的年产值从2000年的125亿美元增至2017年的400多亿美元。2017年，外包业务占埃森哲总收入的46%。

十多年来，美国和欧洲的一些公司将制造、技术支持和后勤外包出去，但大多自己开展研发活动。然而，如今越来越多的公司将产品设计外包给亚洲开发公司。中国和印度已经成为知识产权的重要供应国。外包业务的操作细节可能会令人头疼，即便是最大、最复杂的公司也是如此。这些细节包括：外包什么业务、外包给谁、外包到哪里以及外包的价格。印度是一个新兴的外包市场。

表 11–3 显示了企业通过外包努力实现的潜在利益。从第一个好处中可知，外包通过利用国外较低的工资标准来降低成本。

表 11–3　外包的潜在好处

1. 成本节约：可利用国外较低的工资标准。
2. 关注核心业务：关注开发核心业务的资源，而不是被其他职能分散注意力。
3. 成本重组：使公司更多地聚焦可变成本，将固定成本的余额变为可变成本。
4. 提高质量：通过将各种业务职能外包给专家来提高质量。
5. 知识：获得知识产权和更广泛的经验与知识。
6. 合同：通过具有法律约束力的合同获得服务，合同约定了经济处罚和法律补偿。内部执行的服务并非如此。
7. 获得人才：获得更大的人才库和可持续的技能来源，尤其是在科学和工程领域。
8. 变革的催化剂：外包协议可作为公司难以独自实施的重大变革的催化剂。
9. 缩短产品上市时间：通过供应商提供的额外功能加速产品的开发或生产。
10. 风险管理：通过与外部公司合作来管理风险。
11. 税收优惠：根据税收优惠来为制造厂选址，以避免各国的高税收。

回流（reshoring）指的是美国公司将部分制造业迁回美国。许多美国公司计划在2018—2020 年回流，以利用美国新税法加快产品的上市速度，快速响应客户订单，减少运输和仓储以节约成本，提升知识产权的质量并加大保护力度。"美国制造"正卷土重来。例如，2018 年意大利菲亚特克莱斯勒汽车公司将其大型公羊重型卡车的生产业务从墨西哥的萨尔蒂约转移到密歇根的沃伦，在沃伦创造了 2 500 个新工作岗位。

然而，美元的强势使得一些美国公司将目光投向美国以外的地区来生产产品。美元的高价值使美国商品在海外的价格更高，进口到美国的价格更低。但总体而言，回流有如下好处：

1. 美国法律保护女性和少数族裔员工。
2. 以低成本获得可靠能源。
3. 保护设计免受海外仿冒。
4. 质量控制和供应链的联系更紧密。
5. 因消费者购买更多商品而产生经济性。
6. 靠近消费者，运输成本更低。
7. 良好的人权、教育、法律和政治制度促进公民自由和提供机会。
8. 利用 21% 的新企业税率。

11.4 美国与他国的商业文化

为了在国际市场上占据有利的竞争地位，美国的企业管理者必须对其他国家的历史、文化和宗教影响力有深入的认识，这些因素激励和驱动着这些国家的人。对于跨国公司来说，了解各国的商业文化差异对于获取和保持竞争优势至关重要。有关此主题的优秀网站是 www.worldbusinessculture.com，在该网站上可以了解国家之间的商业文化差异。例如，日本的业务活动要在“和”的环境下进行，因为日本强调成员和睦与社会凝聚；在韩国，商业活动需要关注等级，即对于等级关系的尊重，包括服从权威。

一些美国公司在泛太平洋地区参与竞争的劣势在于它们不了解亚洲文化，包括亚洲人的思考方式和行为习惯。例如，相对于日语口语或韩语口语，汉语口语和英语口语有更多的共同点。美国管理者重视友好、被人喜欢，亚洲和欧洲的管理者倾向于行使权威。美国人喜欢在与外国人的商业合作中直呼其名，但外国人觉得这是冒昧的。例如在日本，名字只用于家庭成员和亲密朋友之间；即使是长期业务伙伴和合作者，也会避免直呼其名。表 11-4 列出了美国管理者需要了解的其他一些文化差异和注意事项。

表 11-4 成为优秀管理者需注意的文化差异

- 在希腊和尼日利亚，挥手是一种严重的侮辱，尤其当手靠近别人的脸部时。
- 在欧洲，挥手告别可能会被理解成“不”，在秘鲁则理解成“过来”。
- 在中国，姓在前、名在后。
- 在拉丁美洲，卡洛斯·洛佩兹·加西亚应被称为洛佩兹先生，在巴西则被称为加西亚先生。
- 在大部分国家，早餐会议被认为是不文明的。
- 平均而言，拉丁美洲人会比约定时间晚 20 分钟到达商务会面地点。
- 在日本，直接的眼神交流是不礼貌的。
- 在阿拉伯国家和一些亚洲国家不要跷腿——在这些国家露鞋底会被认为是粗鲁的行为。
- 在巴西，用大拇指和食指围成圆圈等同于竖中指，在美国则表示“OK”的意思。
- 点头在意大利南部、马耳他、希腊和土耳其表示“不”。在印度，摇头表示“是”。
- 咬手指在法国和比利时是粗鲁的行为。
- 在芬兰，把手臂交叉放在胸前表达的是厌恶。
- 和马来西亚、印度的客户一起用餐时，不要使用左手。
- 微笑是世界上任何地方都使用的交流方式，所以无论到哪里都要保持微笑。

相对于外国管理者，美国管理者更重视短期结果。例如，在销售方面，日本的管理者努力发展长期顾客，而很多美国人努力创造即时销售。日本的营销管理者将完成一笔销售视为销售过程的开始而不是结束，这是一个非常重要的区别。日本管理者经常批评美国管理者更关心他们不认识的股东，而不是他们自己的员工。美国人喜欢雇用“钟点工”，而很多日本企业喜欢雇用“终身员工”。

最近，罗斯·诺茨（Rose Knotts）总结了美国和外国管理者的一些重要的文化差异。[2] 无论是哪国人，意识到并考虑这些差异能使管理更有效率。

1. 美国人把时间看得非常重要，他们把时间看作一种资产。很多外国人更注重人际关系。这种差别使得外国管理者认为美国管理者“更关心事而不是人”。

2. 个体间的身体接触和距离标准在全球范围各不相同。美国人进行商业谈话时通常相距三英尺，但阿拉伯人和非洲人只相距一英尺。在商业谈判中用左手触碰别人在一些国家是禁忌。

3. 在不同国家，家庭成员角色和关系也不尽相同。例如，一些文化中认为男性比女性更重要，同辈之间的压力、工作环境和商业互动强化了这种意识。

4. 在一些社会中，工作和日常生活受宗教因素控制。美国管理者在这些国家应该尊重祷告时间、假日、日常生活和饮食限制等他们所不熟悉的习俗。

5. 世界上的很多文化认为谦逊、团队精神、集体主义和耐心比竞争性和个人主义更重要，而后者在美国是非常重要的。

6. 不同文化的饮食习惯差别很大。例如，在一些国家打嗝被视为对食物满意。中国文化认为，每种食物都品尝一下是表达满意的很好的方式。

7. 为了避免在与其他国家的人交往时犯错，必须了解和尊重别人的礼仪规范。在一些国家，坐在马桶上被认为是不卫生的，但在美国不是这样。在一些国家，习惯鞠躬，而不是握手。一些国家认为，美国人将马桶和洗浴设施放在一个区域是不卫生的，而美国人认为，一些国家的人不天天洗澡是不卫生的。

8. 美国人经常和不认识的人一起做生意，而在其他一些国家不是这样的。比如在日本和墨西哥，友好的关系经常是谈生意的前提。

在很多国家，有能力的管理者通常是那些最善于和政府官员打交道的人，而不是那些激励员工的人。美国在防止女性员工受到性骚扰和少数族裔受到歧视以及允许同性结婚等方面做得很好，但不是所有国家都有这样的理念。在日本的美国管理者应当注意“仁和”，日本工人希望管理者私下指出他们的错误，而不是当众指出。日本管理者不欣赏多样性，他们希望所有的管理者都一样。Wilson Learning 的国际咨询专家布拉德·拉什布鲁克（Brad Lashbrook）说，在日本，“如果一个钉子突出来了，你要把它钉进墙里”。

对于美国管理者或者一个在国外工作的管理者来说，最大的障碍是几乎不可能改变外国员工的观念。挪威菲利普石油公司（Phillips Petroleum）的董事长比尔·帕克（Bill Parker）说：“有一个系统在驱使着你，你无法与这个系统或是文化对抗。”例如，在中东穆斯林不吃猪肉、不喝酒。在印度，教徒认为牛是神圣的，所以不要送皮革制品当礼物。

不同国家在沟通上的差异

沟通可能是战略管理中最重要的一个词。美国人与其他国家管理者的互动越来越多，所以理解外国文化非常重要。美国人有时会给人一种无礼的、喜欢操纵别人和爱唠叨的印象，这种印象会影响沟通效果。美国管理者不喜欢沉默，而亚洲管理者认为长时间的沉默对思考和评价一个人的想法十分重要。在美国，在会议中保持沉默意味着没有结果；而在日本，如果有助于维持团结，沉默被视为是正面的。相比其他国家的管理者，美国管理者更倾向于行动导向：他们急于完成约会、讨论和会议，从而让自己觉得一天富有成效。但是，对于很多外国管理者，休息、倾听、沉思和思考同样被认为是有效的。

大部分日本管理者都是缄默、安静、疏远、内向和他人取向的，而美国管理者健谈、不敏感、冲动、直接和自我取向。通常，美国人认为日本管理者是在浪费时间和进行无谓的谈话，而他们自己往往对他人进行严厉的批评，询问私密的问题并迅速做出决定。这些文化上的差异使得美日之间很多有潜在收益的商业合作付诸东流。在此必须指出的是，将日本人的交流方式视为典型的亚洲文化是一种必须摒弃的成见。

与很多亚洲和非洲国家的文化类似，日本人具有非对抗性的特质。他们很少说“不”，因此，你应注意观察他们的非语言沟通。日本人很少拒绝请求，无论该请求是多么困难或无利可图。在与日本人交流时，需精心组织问题，让他们真心回答“是”。

11.5 不同国家的商业文化[3]

如果管理者、市场策划人员、销售人员和其他业务人员都了解和理解不同国家的商业文化差异，在与这些国家的人员和公司开展业务时效率会更高。对优秀客户服务的赞赏是各国商业文化的一个共同点。航空公司把旅客从一个国家运至另一个国家，“伦理视点 11”给出了航空公司客户服务质量的排序，并提出了一个问题：“糟糕的客户服务是否等同于糟糕的商业伦理？”

伦理视点 11

哪两家美国航空公司的客户服务最差?

《华尔街日报》最近的一篇文章对八家航空公司所提供的客户服务进行了从优到劣的排名。最好的是达美航空，其次是阿拉斯加航空（Alaska）、西南航空、美联航、边疆航空（Frontier）、美国航空、精神航空，排在最后的是捷蓝航空。排名基于的七项客户服务指标为：（1）准时到达次数；（2）取消航班次数；（3）极端延误次数；（4）2 小时停机坪延误次数；（5）行李处理不当次数；（6）突然颠簸次数；（7）投诉次数。捷蓝航空（和精神航空）在 7 个指标中有 5 个排第七或第八。相比之下，达美航空在 7 个指标中有 5 个排第一或第二。精神航空的客户投诉是八家航空公司中最多的。糟糕的客户服务是否等同于糟糕的商业伦理？这是一个有争议的问题，但糟糕的客户服务意味着糟糕的业务，通常会导致糟糕的盈利能力。

资料来源：Based on Scott McCartney，“Which Airlines Soared in 2017?” *Wall Street Journal*（January 11，2018）：A9.

为了解不同地域的文化差异，以下重点考察四个国家：墨西哥、日本、中国和印度。

墨西哥

从学校、教会、企业和家庭的角度看，墨西哥是一个集权主义社会。雇主看重那些顺从、谦恭的员工，而不是富有创新精神、有创造性和独立性的员工。墨西哥工人重在参与活动，而不是解决问题。当参观者进入墨西哥工厂时，会被他们的热情友好所感染。墨西哥人渴望平和而不是冲突，对和谐的渴望是雇佣关系中的一个重要部分。和美国人相比，墨西哥人对于工作中敌对和摩擦的容忍度要小得多。

在墨西哥雇主是家长式领导，他们提供给工人的不仅仅是薪水，相应地，他们期望的回报是员工的忠诚。每周的菜篮子、免费的伙食、免费的巴士以及免费的日托服务都是公司福利的一部分。对于墨西哥工人而言，理想的工作环境是家庭式的，大家共同工作，根据分派的任务做好自己的本职工作，他们不喜欢鼓励自我表现和主动性的工作环境。美国企业强调个人主义、成就、竞争、好奇心、实用主义、不拘礼节和自发性，提倡比要求的做得更多；墨西哥企业则推崇集体主义、持续性、合作、归属感和正规性，且只做被要求做的工作。墨西哥人从不按约定的时间赴约，迟到非常普遍。要在墨西哥进行有效的商务活动，必须了解墨西哥人的生活方式、文化、信仰和习俗。不要对墨西哥人的不守时感到恼怒。

日本

日本 15 ～ 64 岁的劳动力人口每年下降约 50 万，因此日本面临 40 年来最紧张的劳动力市场。这种转变迫使日本越来越多雇用移民工人，对住房和国际商品的需求因此增加。作为世界第三大经济体，日本正在经历一场经济转型，其商业信心接近几十年来的最高点。

由于劳动力减少和人口老龄化，日本越来越多地将女性提拔到管理职位。日本政府宣布，到 2020 年，日本 30%的领导职位将由女性担任。内阁中的五个空缺职位选择了女性。日本女性过去很少晋升到管理职位的一个关键原因是工作时间长。

日本人高度重视团队忠诚和一致，他们将其称为“和”（Wa）。几乎所有公司的活动都鼓励管理者和员工之间的“和”。“和”需要所有团队成员的一致与合作，这将导致经常性的讨论和妥协。日本管理者对不同的备选商业计划进行潜在吸引力评价时会充分考虑计划对于整个团队“和”的长期影响。这也是为什么在正式会议中沉默（是在思考和斟酌）被认为具有积极意义。有可能潜在影响“和”的讨论通常安排在很不正式的地方，如酒吧，以便把对团队“和”的伤害降到最低。在日本，娱乐活动是一种非常重要的商业活动，因为它有助于“和”。正式的会议也常在非正式的场合进行。当面临令人不悦的问题或者意见时，日本管理者通常会选择沉默；而美国管理者倾向于立即做出回应，通过解释和争辩来维护自己。

在日本，无论是在小家庭、大家庭中，还是社会或商业情形中，最重要的是一个人的年龄和地位。日本的小学生很早就知道应该尊敬年长者。老人优先得到服务，且需为他们倒饮料。在日本问候不仅很正式，而且是一种仪式。即使在一个聚会场合，也要等待别人介绍自己，因为自我介绍可能被认为是不礼貌的。外国人可能会握手，但传统的问候方式是鞠躬。鞠躬越深，越能表明你的敬意，但至少要微微俯首问候。

在日本，通过送问候、感谢、生日祝福以及季节性贺卡建立并维持私人关系。为富有成效地和日本人做生意，你需要成为一名优秀的“通讯员”。守时非常重要，应准时参加聚会，而且多次参加聚会才能建立良好的关系。日本人期望建立长期关系。为表示你的谢意，可以经常带些小礼物，在聚会结束时送给最尊贵的人。

在日本，人们经常交换名片。要制作高质量的名片，不要在名片上乱写乱画。名片的一面需翻译成日文，将这一面朝上递给他人。在交换名片时，一般用双手并微微鞠躬。收到名片时，要非常仔细地查看。

中国

在中国，问候是正式的礼节，且长者总是优先得到问候。同美国一样，握手是最普遍的问候形式。当问候某人的时候，很多中国人会目光朝下。中国人很幽默，如果与其他人关系融洽，他们经常会开玩笑。食品、酒、水果篮是很好的礼物，但不要送剪刀、小刀或其他切割器具，不要送钟、手帕、菊花或草屐，不要用白色、蓝色或黑色的纸张包装礼物。在中国，4是不吉利的数字，8是最吉利的数字。

中国人很少和不熟悉的公司或人做生意。在商务关系中，你在公司中的职务极其重要。在中国，商业活动和社交活动有界限，尽量不要搅在一起。同美国和德国类似，守时在中国非常重要。开会迟到是不尊重他人的行为，可能会对你们的关系产生负面影响。

印度

印度劳动力人口中女性占35%，显著小于印度女大学毕业生42%的比例。印度女大学毕业生期望的职业选择是回归家庭，照顾好丈夫、孩子和年迈的父母。最近，曼哈顿智囊团工作－生活策略研究中心主任、领导有关印度女性职场挑战研究的西尔维娅·安·休利特（Sylvia Ann Hewlett）说："印度女性对子女负罪感的程度远高于其他国家。"[4]她解释说："在女性职业生涯后期，照顾年迈的父母通常成为一个现实选择，这将使她们在应担任高管角色的时候退出高强度的职场。"这就是在印度公司高级管理人员中性别差异变得更加显著的原因。

同许多亚洲国家的文化类似，为了不让你感到失望，印度人不喜欢说"不"。他们通常会说某件东西不可用，或挑好话讲给你听，或讲得模棱两可。这样的行为不应该视为不诚实。在印度，握手是常见的问候方式，尤其是在大城市受过更好教育、习惯与西方人打交道的人之间。男人和男人握手，女人则和女人握手。由于宗教信仰，男人和女人之间很少握手。

记住，印度教徒和锡克教徒都不吃牛肉，很多人是素食者。印度人最常见的主菜是羊肉、鸡肉和鱼。餐桌礼仪有些正式，但很多印度食物是用手食用。同世界上大多数地方一样，需等待主人安排座位和用餐开始的时间。印度女人通常先招待男人，之后才自己用餐。在吃饭前后，主人可能要求你洗手。务必用右手用餐，用餐具或手均可。在盘中留下少量食物以表示你对食物很满意。在印度、墨西哥等国，吃完所有食物意味着你没吃饱。

印度人喜欢和那些已建立相互信任和尊重的人做生意。准时至关重要。印度人一般不信任法律体系，某人的一句话就足以达成一项协议。在印度，不要公开反对任何人。在印度，像教授、医生或工程师这样的头衔与年龄、大学学位、姓氏和职业一样重要。在交换名片时要用右手。不必将名片翻译为印地语，但务必出示你的名片。

11.6 不同国家的营商环境

研究公司FactSet 2017年12月报告称，在全球2万家上市公司中，2017年公司平均每股收益为9.69美元，比2016年增长19%，表明全球经济蓬勃发展。[5]花旗集团全球经济惊喜指数（Citigroup Global Economic Surprise Index）衡量了公司超过或低于分析师预测的程度，新兴市场和发展中国家市场的公司业绩比十年前都“棒”。国际货币基金组织报告称，2017 年国际贸易增长率从上年的 2.4%升至 4%。2017 年，中国腾讯每股盈利增长 55%，韩国三星电子每股盈利增长 95%。分析师预计，若不出现一些全球冲突或意外事件，2018—2020 年公司将继续快速发展。

世界银行和国际金融公司每年会根据各国的营商环境进行排名（http：//www.doingbusiness.org/rankings），从 1（最好）排到 189（最差）。排名是根据以下指标的实现容易程度得分的简单平均值确定的：（1）创业；（2）办理施工许可；（3）登记财产；（4）取得信用；（5）保护投资者；（6）纳税；（7）跨境贸易；（8）执行合同；（9）解决破产问题；（10）获得电力。

2018 年评出的世界营商环境最好的国家是新西兰、新加坡、丹麦、韩国、挪威、英国、美国、瑞典。这些信息可以帮助战略制定者决定在何处发展新业务以及在何处聚焦发力。

2018 年是美国经济 10 多年来最繁荣的一年：失业率创历史新低（低于 4%），通货膨胀率降低，天然气价格降低，利率上升，股市繁荣，乐观情绪高涨。在 2017 年晚些时候，19 个使用欧元的国家报告称，经济增长达到 17 年来的最高水平。欧元区经济信心指数在 2017 年 10 月升至 114.0，创下 8 年来的最高水平。现在，越来越多的公司正在全球范围内寻找员工和设施。为了解全球营商环境的变化，下面考察几个地区和国家。

非洲国家

非洲的货币趋于稳定，许多国家正筹集资金建设现代公路、港口和电网。世界各国的公司在非洲开展业务，因为非洲的中产阶层快速增长，非洲大陆 GDP 的平均增长率为 5%。摩洛哥的互联网普及率超过 50%，是非洲国家中最高的。然而，平均只有不到 20%的非洲人可以上网。麦肯锡预计，到 2025 年，50%的非洲人将能够上网，非洲国家正在迅速融入世界商业大家庭。

现在，许多跨国公司与非洲各个层面接触，已获得先行者优势。当下超过 40%的非洲人生活在城市，这一比例接近中国和印度。非洲人的生活已发生翻天覆地的变化，从自给自足的乡村农民，变成在城市消费的智能手机用户。非洲拥有世界上最大的铂、铬和金刚石储量，有许多公司在该国投资。

中国

作为世界上人口最多的国家，中国的经济产出每年都超过美国。世界各国的公司争相在中国开展业务。中国各省（自治区、直辖市）连续多年提高最低工资标准。中国对工人的需求将超过供给，可能导致工资快速增长。中国西部的商业和工业加速发展，沿海工厂将与内陆城市竞争劳动力。

中国鼓励来自世界各地的公司在中国开展研发业务，苹果、亚马逊、微软已经这样做了。如“全球视点 11”所示，中国通过量子计算、人工智能、机器人和网络安全等领域的发展，努力获得技术领先优势。

全球视点 11

中国追求量子计算优势

中国致力于开发和使用量子计算机，以在信息技术、金融系统、电网方面获得优势。中国已投入数十亿美元建设世界上最大的量子研究设施，该设施位于安徽省合肥市的量子信息科学国家实验室。潘建伟领导量子计算领域的研究，他说："我们的计划是到2020年实现量子力学的最高目标，使计算能力达到全世界现有计算机总和的100万倍。"中国新的量子计算机设施将于2020年完工，耗资916亿美元。中国最近发射了一颗量子卫星，并进行了量子纠缠和量子隐形传态等先进实验。信息技术即将实现量子飞跃，公司需为此做好准备。

资料来源：Based on Hartmut Neven，"The Future of Everything-Quantum Leap，" *Wall Street Journal*（November/December 2017）：62-67. Also，http：// www.scmp.com/news/china/society/article/2110563/china-building-worlds biggest-quantum-research-facility. Also，Arthur Herman，"The Computer That Could Rule the World，" *Wall Street Journal*（October 28-29，2017）：A13.

中国占全球汽车市场的近1/3，在引领电动汽车市场方面处于有利地位。2016年，中国电动汽车的销量超过351 000辆，占全球电动汽车销量的近一半。最近福特设定了一个目标，即到2025年该公司在中国生产的70%的汽车是电动汽车。

印度尼西亚

印度尼西亚是亚洲经济增长最快的国家之一，仅次于中国和菲律宾。印度尼西亚2017年GDP增长率为5%，经济保持增长，尤其是出口激增。该国人口众多且密集，生物多样性居世界第二位，有广阔的未开发区和丰富的自然资源。

2018—2019年，印度尼西亚在广泛的经济和社会层面取得了显著进展，健康、教育、生活水平和其他社会成果达到历史最高水平，该国政府也比以往任何时候都更亲民。作为20国集团（G20）的成员，它积极参与世界事务，并致力于推动与东南亚国家联盟（Association of Southeast Asian Nations，ASEAN）合作伙伴的经济一体化建设。印度尼西亚人口年轻、国内市场庞大、自然资源丰富、公共债务低，经济前景非常光明。

印度

世界银行的年度报告《2017年营商环境报告：人人机会平等》（Doing Business 2017：Equal Opporturrity for All）称，按照做生意的便利化程度，印度在所有国家中的排名从2016年的131位上升到130位，仅上升1位。在金砖五国即巴西（123）、俄罗斯（40）、印度（130）、中国（78）和南非（74）中，印度的排名最靠后。印度在纳税和执行合同等诸多方面的确不尽如人意，但在电力领域取得了实质性进展。

网络活动在印度加速发展，部分原因是智能手机可以每月无限制地使用高速互联网，而费用却低至5美元。2017年，印度取代美国成为从谷歌商店下载应用程序数量最多的国家。

墨西哥

在墨西哥蒙特雷市附近，韩国起亚汽车公司刚刚建了一个价值 10 亿美元的装配厂。世界众多著名汽车制造商在墨西哥都有汽车装配业务，包括马自达、本田、奥迪、宝马、雷诺、日产和戴姆勒等，如今起亚也加入其中。墨西哥是世界第四大汽车出口国和第七大汽车生产国，汽车工业的工人占全国工人的 1/6，出口额占总额的 1/3。2017 年前 11 个月，墨西哥的汽车出口和生产分别比 2016 年增长 12% 和 9.4%。2020 年，福特在墨西哥库奥蒂特兰的新电动汽车制造厂将竣工。墨西哥也是世界上最大的平板电视出口国。

在大众等汽车制造商和德尔福（Delphi Automotive PLC）等汽车零部件供应商的带动下，墨西哥获得的外国直接投资（FDI）年增长超过 300 亿美元。家得宝在墨西哥有 150 多家商店。

墨西哥对像汽车这样体积大或运输成本高的产品制造业尤其具有吸引力。然而，影响墨西哥的一个关键问题是与毒品有关的暴力。若能按照预期改善安全状况，许多公司可能会考虑从他国转移到墨西哥。

在墨西哥收入差距仍然很大，许多家庭生活贫困，安全感很低，儿童保育设施薄弱，还存在对残疾人和弱势群体的歧视问题。2007—2017 年，墨西哥与石油有关的活动占国内生产总值的百分比从 13% 减至 7%，该国对石油和天然气的依赖性大大降低。

对战略管理者的启示

图 11-2 显示，即使是对最小的公司，跨国经营也日益成为取得成功的必要条件。

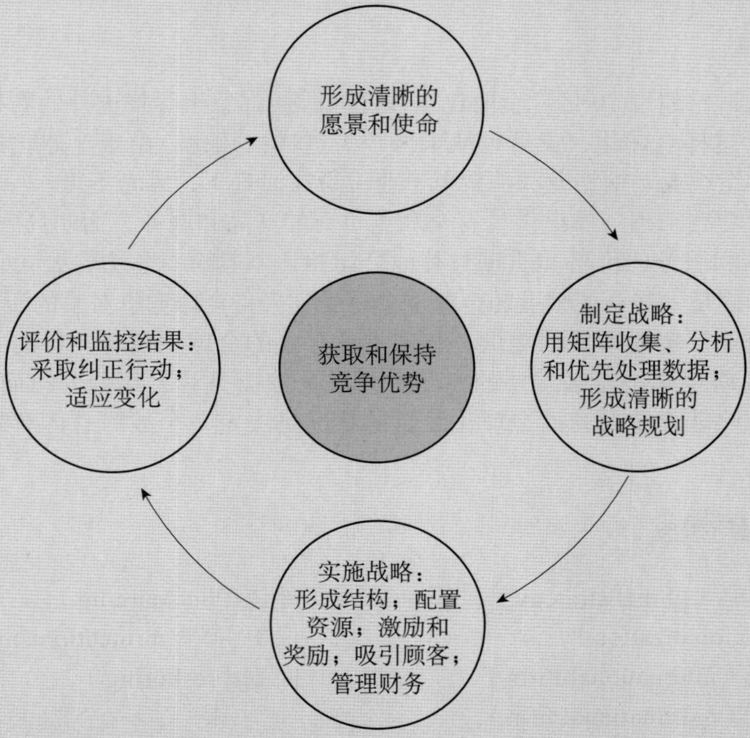

图 11-2 如何获取并保持竞争优势

全球约95%的消费者生活在美国以外的地区，公司可以通过服务于全球消费者来发展业务并获得规模经济。无论公司提供什么产品，都可能在许多国家受到欢迎。通过外包业务、采购资源和使用国外劳动力获取和保持国内的竞争优势，可能是公司战略上的最佳选择。

越来越多的国家欢迎外国投资和资本，因此，劳动力市场变得更加国际化，而不仅限于在拉丁美洲或亚洲寻找熟悉的低成本劳动力。提高全球经营效率的动力是更高水平的职能专业化。国际化需要考虑的其他因素包括：能源成本、资源可用性、通货膨胀率、税率和贸易法规的性质等。

对学生的启示

如今，即使是最小的企业也可能服务于全球消费者，并以此获得竞争优势和规模经济。美国许多标志性企业如特百惠（Tupperware）有超过80%的收入来自美国境外。因此，为进行战略管理案例分析，你应以竞争对手为参照，评价公司全球化经营的范围、规模和性质。然后，决定公司为争取全球业务而应做的事情。在口头和书面报告期间，比较公司和竞争对手在全球化经营方面的表现，并在仔细分析的基础上提出建议。为了提出关于公司全球影响力的具体建议，报告时每张幻灯片应"深入分析"而不是"简单描述"，不断将你的建议与公司实际正在做或计划做的事情进行比较。

本章小结

世界总人口已超过70亿。企业比以往任何时候都急于寻找国外的新机会。经济从来没有像今天这样全球化，竞争也从未像今天这样白热化。由于全球化的挑战，美国的一些产业如纺织业、钢铁业和消费电子业纷纷江河日下，风光不再。

企业的成功越来越依靠提供具有全球竞争力的产品和服务，而非局限于当地市场。如果公司产品和服务的价格和质量与其他公司相比不具有竞争力，公司很快会面临倒闭。在美国即使是一些小城镇上的企业也会感受到来自全球竞争对手的压力。

本章为企业制定战略规划提供一些基本且必要的全球化信息。各国的商业文化和营商环境是战略规划中特别重要的专题。开展全球业务对大部分公司而言利大于弊。有效地制定战略非常重要，而全球化经营的状况是决定一个战略总体有效性的不可或缺的要件。

关键术语与概念

全球化战略（global strategy）
全球化（globalization）
国际公司（international Firm）
跨国公司（multinational firm）
外包（outsourcing）
保护主义（protectionism）
回流（reshoring）

复习讨论题

11-1 为什么苹果等公司将 2018 年前存放在离岸银行的现金汇回美国？这对美国经济有什么影响？

11-2 讨论印度的营商环境。这对公司有什么影响？

11-3 如何描述全球的营商环境？这对公司有什么影响？

11-4 公司带回美国的“离岸现金”是以什么方式投资或使用的？

11-5 列出商业回流的四个优势和四个劣势。

11-6 描述印度尼西亚的经济前景。

11-7 非洲哪个国家的互联网普及率最高？

11-8 未来十年内，中国会在哪些领域寻求优势？

11-9 详细说明各国的所得税率和做法以及相关的战略影响。

11-10 相对德国出口占 GDP 的 45%，美国出口只占 GDP 的 13%。这对美国公司的全球化经营意味着什么？

11-11 一家公司计划进入瑞士经营，其外部因素评价矩阵包括 20 个因素，你准备将公司税率的权重设为多少（从 1.0 到 0.01）？请进行讨论。

11-12 解释为何熟悉各国商业文化有助于提升战略实施效果。

11-13 描述中国的商业文化。

11-14 描述印度的商业文化。

11-15 描述墨西哥的商业文化。

11-16 描述日本的商业文化。

11-17 你是否认为新西兰是全球化经营环境排名第一或第二的国家？进行一些相关研究。

11-18 比利时大约有 53%的人是工会成员。比较欧洲各国的工会情况，并就其对吸引公司投资的积极或消极影响进行评价。

11-19 为什么全世界的消费模式越来越相似？这给战略带来哪些启示？

11-20 本土经营和跨国经营都影响战略管理，二者之间的主要差异是什么？

11-21 当下为什么产业的全球化较为普遍？

11-22 对比美国文化和其他国家文化在商业活动方面的不同。

11-23 请说出六个原因来解释为什么跨国公司中战略管理会更加复杂。

11-24 你认为贸易保护主义对于全球经济是好还是坏？为什么？

11-25 讨论为什么有些产业更为全球化。

11-26 为什么很多欧洲人认为在工作环境中很难把握“团队精神”？

11-27 比较美国和其他国家的税率。这些差异对“保护国内就业岗位”有何影响？

实践练习

第一组：可口可乐公司的战略规划

练习 11A

各国商业文化的差异：可口可乐公司的报告

目的

很多网站都提供了比较各国商业文化的优质信息。其中，一个优秀网站是 http：//

www. kwintessential. co. uk/resources/country-profiles.html。登录上述网址，可以访问超过 100 个国家的网站，获得某国商业文化的概要。在上述网站点击某个国家后，向下滚动鼠标找到标题“商务礼仪和礼宾”。

完成本练习将获得各国商业文化方面的信息。熟知各国的商业文化有助于更加有效地管理该国企业，或与该国的人进行有效沟通。对于那些希望在全球发展的公司，上述信息尤其重要。商业文化是全球扩张决策中的一个重要因素。

步骤

步骤 1　登录上面提到的网站，点击位于不同洲的三个国家。找到每个国家的“商务礼仪和礼宾”信息并打印出来。

步骤 2　比较你所选国家的商业文化，并在班级口头汇报。设计你的汇报框架，就好像你正在向可口可乐公司的高管提供在这三个国家扩张的建议一样。

练习 11B

可口可乐公司希望进一步渗透非洲市场，你能帮助它吗？

目的

如今越来越多的公司决定开辟非洲市场，可口可乐公司也瞄准了非洲的数百万潜在客户。对于进入非洲市场的先行者而言，应当进行必要的研究来确定最合适的战略。

步骤

步骤 1　查看非洲地图。

步骤 2　比较非洲国家的人口统计数据。

步骤 3　收集非洲市场上百事公司的竞争性信息。

步骤 4　根据优先顺序列出你向可口可乐公司推荐的建造配送仓库的 8 个非洲国家。对于每个国家，按优先顺序列出你认为可口可乐公司应关注分销和零售业务的两个城市。证明你的选择。

第二组：你所在大学的战略规划

练习 11C

你所在的大学在国外招生吗？

目的

全球的大学之间竞争加剧。欧洲和日本的大学通过增收美国学生来抵消注册人数的减少。在美国的很多大学，外国学生的占比已经超过 1/3。本练习的目的是找出具体是哪所国外大学对你的大学构成了威胁。

步骤

步骤 1　选定一个国家，调查这个国家中大学的数量和性质。这个国家最主要的教育机构是哪些？这些机构有哪些招生项目？这些大学中有多少学生来自你的国家？这些大学是否非常主动地在你的国家招收学生？这些大学的商学院通过 AACSB 认证了吗？

步骤 2　准备一份报告，总结你的发现，同时向同学报告。

第三组：提高就业能力的战略规划

练习 11D

与同学相比，你的旅行经历如何？

目的

你所在大学的学生（包括你自己）的旅行经历如何？学生如何看待该经历对以后经商的帮助？一般而言，一个人的旅行经历越丰富，他的才能、理解力和欣赏能力就越多样化。许多学生在个人简历中描述了他们的旅游经历，既包括国内的经历，也包括全世界其他地方的经历。

步骤

步骤 1　向至少 30 名学生发放以下调查问卷，包括上战略管理课程的同学。

步骤 2　对自己开展以下调查。

步骤 3　分析调查结果，特别要重视将自己与同学进行比较。请用 15 分钟的时间向班级汇报你的发现和启示。

调查问卷

1. 你曾游历过国内多少个地方？
2. 你曾在国内多少个地方至少生活过 3 个月？
3. 你曾游历过多少个国家？
4. 列出你曾游历过的外国清单。
5. 你曾在多少个国家至少生活过 3 个月？
6. 列出你曾至少生活过 3 个月的外国清单。
7. 你认为国内的旅游经历在多大程度上有助于经商？使用 1 ～ 10 评分，其中 1 表示“没有差异”，10 表示“差异非常显著”。
8. 你认为国外的旅游经历在多大程度上有助于经商？使用 1 ～ 10 评分，其中 1 表示“没有差异”，10 表示“差异非常显著”。
9. 你认为另一个国家的生活经历在多大程度上有助于经商？使用 1 ～ 10 评分，其中 1 表示“没有差异”，10 表示“差异非常显著”。
10. 如果你认为在国外的旅游或生活经历有助于你以后经商，请列出 3 个重要原因。

第四组：个人与群体的战略规划

练习 11E

开创、维持或扩大公司跨国经营的各种潜在优势有多重要？

目的

第 11 章讨论了开创、维持或扩大公司跨国经营的各种潜在优势（和劣势）。一些重要优势如下：

1. 公司可以为它们的产品赢得新顾客。
2. 国际经营可以充分利用产能，降低单位产品的成本，在更多市场中分散风险。
3. 国际经营可以使公司在靠近原材料、劳动力廉价的地区以更低的成本进行生产。
4. 和国内市场相比，国外市场可能没有竞争对手，或者竞争不如国内市场激烈。
5. 国外业务可能会享有低关税、低税收及更有利的政治待遇。

6. 通过合资可以使企业学习他人的技术、文化和商业行为，接触到国外的潜在客户、供应商、债权人和分销商。

7. 在全球而非仅仅在国内市场开展业务将有助于实现规模经济。更大规模的生产和更高的效率可以带来更高的销量和更低的成本。

8. 如果公司在全球范围内参与竞争，那么公司在本国市场中的竞争力和声誉也会得到显著提高。声誉提高将增强企业与债权人、供应商、分销商和其他重要集团谈判的话语权。

本练习用来更仔细地研究一家公司开创、维持或扩大国际业务的八个潜在优势。同时检验个人决策是否优于群体决策。学术研究表明，在80%的情况下，群体做出的决策优于个人。

说明

将一家公司开创、维持或扩大国际业务的八个潜在优势按相对重要性排序，其中1代表最重要，8代表最不重要。首先，个人单独将这些优势进行排序。然后，三人一组对这些优势进行排序。之后，确定何人何组最接近专家排名。此练习可以检验个人决策与群体决策在战略规划中的相对有效性。

步骤

步骤1　填写表11-6中的第1列，给出你对八个优势相对重要性的个人排序。例如，如果你认为优势1（新顾客）是第2个最重要的优势，那么在表11-6相应的单元格中输入2。

步骤2　填写表11-6中的第2列，给出小组对八个优势相对重要性的排序。

步骤3　填写表11-6中的第3列，给出专家对八个优势相对重要性的排序。

步骤4　填写表11-6中的第4列，即第1列和第3列之间的绝对差值，看你的个人表现如何。（注意：绝对差值忽略负数。）

步骤5　填写表11-6中的第5列，即第2列和第3列之间的绝对差值，看小组的表现如何。

步骤6　分别对第4列和第5列求和。

步骤7　比较第4列总和与第5列总和。如果第4列总和小于第5列总和，那么表明个人表现更好。通常情况下，小组决策优于个人决策，如果你比小组做得好，说明你非常优秀。

步骤8　个人获胜者：第4列总和最低者。

步骤9　小组获胜者：第5列总和最低者。

表11-6　比较个人决策与群体决策

跨国经营的优势	第1列	第2列	第3列	第4列	第5列
1. 公司可以为它们的产品赢得新顾客					
2. 国际经营可以充分利用产能，降低单位产品的成本，在更多市场中分散风险					
3. 国际经营可以使公司在靠近原材料、劳动力廉价的地区以更低的成本进行生产					

续表

跨国经营的优势	第 1 列	第 2 列	第 3 列	第 4 列	第 5 列
4. 和国内市场相比，国外市场可能没有竞争对手，或者竞争不如国内市场激烈					
5. 国外业务可能会享有低关税、低税收及更有利的政治待遇					
6. 通过合资可以使企业学习他人的技术、文化和商业行为，接触到国外的潜在客户、供应商、债权人和分销商					
7. 在全球而非仅仅在国内市场开展业务将有助于实现规模经济。更大规模的生产和更高的效率可以带来更高的销量和更低的成本					
8. 如果公司在全球范围内参与竞争，那么公司在本国市场中的竞争力和声誉也会得到显著提高。声誉提高将增强企业与债权人、供应商、分销商和其他重要集团谈判的话语权					
总计					

微案例：领克汽车

很快就可以开领克汽车了

2017 年 11 月，一家新成立的中国公司领克（Lynk & Company）推出首款汽车，2 分钟内在线销售 3 000 辆。领克的母公司是浙江吉利控股集团，总部位于杭州。领克 01 是一款汽油动力 SUV，提供免费无线连接、音乐流媒体和汽车共享服务。该公司计划将汽车销售到欧洲和美国，其纯电动版也即将推出。随着“中国制造”的汽车开始在中国农村占据主导地位，2017 年吉利汽车在中国的销量增长了 63%。另一家中国大型汽车制造商上汽最受欢迎的车型是荣威 RX5。中国最畅销的 SUV 是长城汽车公司在中国生产的 Wey。此外，中国众泰汽车正在制造和销售电动汽车。

随着美国、德国和韩国公司在中国加倍努力制造和销售汽车，以及上述本土公司强势争夺国内市场份额，中国已成为世界上竞争最激烈的汽车销售地区。沃尔沃在中国推出了北极星高级电动汽车，特斯拉也已在中国生产和销售电动汽车。虽然 2017 年中国汽车销量仅增长 1.4%，是 15 年来增速最慢的一年，但同年中国电动汽车销量增长 72%，达到 57.8 万辆。

中国汽车市场在很多方面与某个行业中某些产品的增长情形相似，竞争对手都试图尽可能成为先行者而非追随者。在中国所有的公司都难胜出，大洗牌在所难免。但领克计划通过在全球推广其品牌以尽快获得规模经济效益。

问题

1. 汽车行业要在中国这样的国家取得成功，规模经济有多重要？

2. 与进入那些提供较少增长潜力和竞争较弱的领域相比，进入一个企业间竞争如此激烈的市场或国家（如波特在第 3 章中描述的那样）的竞争优势和劣势是什么？

3. 如果把公司间的竞争程度（低、中、高）作为 x 轴，把潜在的收入增长（低、中、高）作为 y 轴，为中国市场画一条线，再为美国市场画一条线，以显示出你对汽车行业权衡的看法，这些权衡包括企业决定将资金和资源集中在哪里及其原因。你画出来的线在战略上意味着什么？

资料来源：Based on Trefor Moss，"Chinese Cars Close In on Rivals，" *Wall Street Journal*（November 29，2017）：B5，also company documents and a variety of sources.

第6篇

战略管理案例分析

如何准备和演示案例分析

本篇目标

学完本篇，应能做到以下几点：

- 讨论准备课堂案例分析的准则。
- 讨论制定书面综合案例分析的准则。
- 讨论进行有效口头案例分析演示的准则。
- 讨论进行案例分析的特殊技巧。

本篇讨论战略管理案例分析，提出有关准则、建议和步骤。本书的网站（www.strategyclub.com）提供了样本案例分析、样本演示、案例和章节更新，以及免费的Excel战略规划模板。

战略管理案例描述了一个公司的内外部环境，提出企业的愿景、使命、战略、目标和政策等相关问题。在战略管理案例中给出的大部分信息是既定事实，也有部分信息只是一些个人观点和评价。战略管理案例比其他课程中的案例更具综合性。例如，营销案例会关注公司营销职能，战略管理案例则需考虑公司所有的职能领域，以及外部可能发生的事件，而且始终聚焦于公司整体如何形成可持续竞争优势这一主线。

案例将你置于公司特定时间经营的具体场景，要求你提出有效的行动路径或计划建议。战略管理案例旨在帮助读者练习应用战略管理的有关理论和方法。我们将这种学习战略管理的方法称为“从实践中学习”。你会被要求为公司制定一份为期三年的战略规划，就像你是公司的高层管理人员或负责此项工作的顾问一样。

准备课堂案例分析的准则

案例教学方法可能涉及课堂情境，在该情境中，老师会提出问题，鼓励学生相互交流想法、进行分析和提出建议。按照“你会做什么，你为什么要这样做，你什么时候做，你会怎么做？”的方式进行讨论。准备对以下问题做出回答：

- 企业面临的最重要的外部机会和威胁是什么？
- 企业主要的内部优势和劣势是什么？
- 企业的财务状况如何？
- 企业当前的战略和目标是什么？
- 企业的竞争者有哪些？它们的战略怎么样？
- 你对这家企业的目标战略有什么建议？请阐释你的理由。你的建议和公司现行计划相比有什么优势？
- 企业要如何卓有成效地实施你的战略规划？在实施过程中，你预计会遇到哪些问题？企业应该如何解决这些问题？
- 企业如何在竞争中独树一帜？提供的产品和服务有什么特别之处？企业在价值链中的哪个部分具有独特性和竞争优势？你提出的建议会如何提高公司的竞争力？
- 根据你对公司提出的战略规划，是否需要修订愿景和使命陈述？

老师可能会要求你们在课堂讨论一个案例。因此，在上课之前必须事先阅读案例，对案例中企业的外部机会和威胁、内部优势和劣势做好记录，并做出恰当分析。同时，做好准备在课堂上阐述你的建议。你应该会对战略管理感兴趣，实践中公司的生存以及许多人的工作可能取决于你的决策。参加案例分析和课堂讨论的准则如下。

实际可行

不存在完美的案例，也从来没有能够提供分析、建议所需全部信息的案例。同样，在商界，战略制定者从来不会拥有进行决策所需的全部信息。有些信息可能并不存在，有些信息获取成本太高，或者需要花费很长的时间。因此，在准备战略管理案例分析时，要像战略制定者每天所做的那样，对未知事物做出合理的假设和恰当的分析，然后进行决策。请注意，一定要符合实际。例如，在进行预计财务报表分析时，做出合理的假设，展示你的建议会对公司的财务状况有何影响。避免说类似“我的信息不够全面”这样的话，尽量通过互联网或图书馆的研究文献补充案例需要的信息。

有理有据

一个案例不存在唯一的最佳解决方案，也不存在唯一正确的答案。因此，为提出的战略提供充分的依据才是至关重要的。在商界，战略制定者常常是在资源已被配置并消耗之后才明白他们的决策是否正确，而此时改变战略往往为时已晚。在你的项目中，从你的书面或口头演示开始到结束，始终要佐证思维过程和计划建议，做到言之有物、持之有据。

客观现实

避免提出超出企业自身条件的行动方案，一定要现实一些。没有一家企业有能力实施对企业具有潜在价值的全部战略。估算一下你实施的战略方案需要的资金，决定筹集资金的方式是举债、发行股票，还是将二者结合起来。必须确保建议方案具有可行性。在准备案例分析时，不要忽视分歧点和不能用来支持所提方案的信息。给出几种可行方案的优势和劣势，不要夸大其词，也不要抱有成见过早做出判断，或者太过夸张地描述，要努力确保对事实的阐述合乎情理、客观公正。

明确具体

不要做出泛泛的概括，比如“这家公司应当采取市场渗透战略”，而是要具体地告诉大家何人、何时、何处、为何、做什么以及如何做。口头和书面案例分析容易出现的主要缺点是缺失细节。在战略管理案例分析中，陈述要具体明确，模糊表述各因素和泛泛分析是灾难性的。例如，在内部分析中应以“公司的流动比率从 2018 年的 2.2%下降到 2019 年的 1.3%”代替“公司的财务状况不佳”。回想一下，外部和内部因素必须尽可能是“可操作、可量化、可比较和部门化”（AQCD）。又如，与其根据大战略矩阵的分析结果说公司应当采取防御战略，不如更具体地指出“公司应该考虑关闭三家子公司，解雇 280 名员工，剥离化工分部，以在 2020 年节省 2 020 万美元开支”。要充分使用比率、百分比、数字和金额进行估计，商界人士不喜欢笼统和模糊的表述。

有独创性

不一定要推荐公司准备执行的行动方案。案例分析的目的是让你在同一时间考虑所有的事实和相关信息，想出几个可行的战略方案，从中做出选择，提出建议。用表格、图示、比率、分析等类似形式来支持你的立场。记住，一定要有独立的原创性，要比较你的计划和公司即将执行或已经执行的计划的差异。

➡ 倾听与贡献

战略决策通常由一群人做出，而不是一个人做出。老师可能会将班级按照三人或四人一组进行划分，并要求你们准备书面或口头案例分析。无论是在课堂上还是在商界，团队成员对风险的厌恶、对短期利益与长期利益的关注、对企业社会责任的态度以及对全球化的看法都存在分歧。要对他人的观点保持开放的态度。

➡ 撰写和提交书面案例分析报告

老师可能会要求你准备一份综合书面案例分析，类似于本书网站（www.strategyclub.com）上提供的案例分析项目，而不是让你在一个学期内分析多个案例。或者，老师可能会要求你或你所在的团队将书面案例分析集中在战略管理过程的某个方面，比如（1）识别和评估组织的现有愿景、使命、目标和战略；（2）针对公司提出具体的建议；（3）通过描述特定行业的竞争者、产品、销售技巧和市场状况来展开行业分析。

在准备综合案例分析时，遵循表1给出的目录，对拟开展的分析进行排序。目录顺序与书中的战略管理流程、阶段和章节相匹配。在你的书面项目（战略规划）文件中，应在每个分析或矩阵之后提供一段叙述，表明特定工具或技术对公司的具体影响。项目文件中的任何地方都不要出现模糊描述。表1中的作者注释提供了如何有效地撰写和提交书面综合案例分析报告的更多信息。

表1　目录样本（附作者注释）

1. 简介：提供（一页纸）的公司概况。
2. 愿景陈述：展示公司的愿景陈述与你提出的愿景陈述。
3. 使命陈述：展示公司的使命陈述与你提出的使命陈述。
4. 外部因素评价（EFE）矩阵：包括10个外部机会和10个外部威胁。
5. 竞争态势矩阵（CPM）：对公司和两家竞争公司的10～20个关键变量（模板允许包含12个因素）进行比较。
6. 最新损益表和资产负债表：在此处提供以进行下一步的比率分析（注：将实际10-K表格中的数字表述转换为模板要求的表述形式，以便在项目后期进行财务比率分析和编制预计财务报表）。
7. 财务比率分析：显示模板计算出的和/或从互联网导出的比率，并对关键比率进行评论；不用给出比率的定义，也不要强调所有的比率。
8. 内部因素评价（IFE）矩阵：包括10个优势和10个劣势。
9. SWOT分析：包括SO、WO、ST、WT战略各4个（总共16个），确保战略是明确具体的，这样就可以合理地估计各个战略的成本（美元），使其成为推荐页的内容。
10. 波士顿（BCG）矩阵：可能的话准备两个BCG矩阵，一个按地理区域划分，另一个按产品划分。更多关注含义而不是矩阵的数字或原理，战略必须具体，避免使用模糊术语，如市场渗透。
11. 内部－外部（IE）矩阵：可能的话准备两个IE矩阵，一个按地理区域划分，另一个按产品划分。应更多关注含义而非数字，例如，在实施战略后描述位于“坚持并保留”象限中的业务板块将如何移动到“增长与加强”象限，这比简单说明一个业务板块位于“增长与加强”象限更有效。在书面项目或口头报告中依次介绍你的建议，以方便读者或听众跟上你的思考过程。如果你试图将建议作为惊喜“保留”到最后，可能会冒失去读者或听众的风险。
12. SPACE矩阵：详细分析公司，同时展示两个竞争对手公司的情况。应更多关注含义而非数字，例如，在实施战略后描述公司将如何在SPACE图表/矩阵中移动。专门针对几个轴变量进行评论，介绍你的方案将如何改善它们，从而改善公司在SPACE矩阵中的位置。与其他矩阵一样，不要在演示过程中陈述矩阵的原理。
13. 大战略矩阵：在你的矩阵中包括公司及其两家竞争公司。
14. 定量战略规划矩阵（QSPM）：选择两个最具吸引力的SWOT战略，并将其输入QSPM的顶行。
15. 知觉图：包含两张图，根据维度进行建立；根据你提出的战略规划，按照公司与竞争对手的竞争优势展开你的讨论。讨论竞争对手尚未涉足的市场以及服务于该市场的利弊。评论竞争对手公司如何重新定位，以及根据你的建议公司应如何计划重新定位。
16. 组织结构：包括（1）根据高管头衔编制的现有组织结构；（2）基于第7章提供的准则你所提出的组织结构。
17. 企业估值：包括（1）公司；（2）竞争公司；（3）潜在的被收购公司。
18. 建议：至少包括10个有成本的建议，并对每项成本进行计算和汇总。将你的战略分为：（1）继续当前战略；（2）实施新战略。

19. EPS / EBIT 分析：包括（1）100%股权融资；（2）100%债务融资；（3）股权融资和债务融资的某种组合。
20. 预计财务报表：提供 3 年的预计财务报表，展示你的建议对公司财务的预期影响。
21. 预计财务比率：展示模板计算的比率并对关键值进行评论。
22. 留存收益表：确保表的最右侧列与你的预计资产负债表上的留存收益行相匹配（见第 8 章）。
23. 执行总结：用（一页纸）概述你对公司的战略规划。

➡ 口头案例分析演示

老师可能会要求你向全班同学演示你的案例分析。对口头演示从内容和表达两个方面进行评分。内容方面包括案例分析的质量、数量、正确性和准确性，并包括陈述的逻辑性、对主要问题的涵盖程度、对细节的表述、详略分寸、具体性、差错率以及建议方案的可行性。表达方面包括对观众的吸引程度、视觉辅助工具的清晰度、衣着是否得体、观点的说服力、语音语调、眼神交流和举止仪态等。如果不能清楚表达，再精辟的观点也会变得一文不值。

下列准则有助于案例分析演示。团队演示时，要表现出团队精神。要经常说“我们做了”和“我们建议”，而不是“我分析了财务比率”或“我建议将广告支出增加30%”。轻松幽默的开场白可以使你的演示更顺利高效。

控制音调

有效的语速是每分钟 100 ～ 125 个单词。大声练习演讲，以确定你是否说得太快。通常，人在紧张时会出现语速过快的情况。在演示前深呼吸，这会帮助你平静下来。准备一杯水，停下来喝口水可以润喉，也给你一定的时间来整理思路，缓解紧张情绪，让自己放松，同时告诉观众，演示内容将进入下一主题。

要通过强调某些词语来避免语气单调，声音要响亮，吐字要清楚，但不要大喊大叫。有时，适当的沉默能打破一成不变的语调。每句话之后要稍做停顿，不要用“和”“嗯”等词把前后句子连在一起。

管理肢体语言

演讲者不可双手环在胸前或斜靠在讲台上，也不可把手插在口袋里，或者背手而站。应保持直立姿势，一足稍置于前。不要背对观众，这样不但不礼貌，还会影响你声音的传递。避免使用过多手势，偶尔可以离开讲台走到听众中去，不过不要频繁地走来走去。千万不要挡住听众观看视觉辅助材料的视线。

在演示中保持眼神的交流是说服听众最好的方式。作为演讲者，再也没有比看到听众点头或者微笑表示赞同更让人感到欣慰了。在演说过程中，尝试与每个听众保持至少一次眼神交流，对于那些表现出更大兴趣的听众则给予更多的关注。在陈述过程中，适当运用幽默和微笑以保持与听众之间的互动。切不可做枯燥无味的说教！

利用要点提示

不要照本宣科，念稿会让人昏昏欲睡。老实说，念稿也是对听众的不尊重。应熟悉项目，以便通过十几张 PPT 来充分展示。通常，每张 PPT 上的文本不应超过 6 行，使用清晰的标题和副标题。不要使用过多的讲义，否则听众的注意力会放在讲义上而不是你身上。切记：不要照着提示卡念。

回答问题

最好在陈述结束后（而不是在过程中）提问。陈述结束后，不要突然退出讲台或删除最后一张 PPT，准备真诚回答问题。要鼓励听众提问，对每个问题都应作答。回答要有说服力，这有利于将你和听众联系在一起。在听众提问和你回答的过程中，要礼貌、自信、注意仪态，避免啰唆。如果遇到故意挑衅或冲突性问题，不要过多为自己的回答辩护。对可能出现的计算错误或其他突发状况，要保持冷静。充分展现你的自信、成熟、沉稳和对特定公司、产业的熟知。

口头汇报案例分析

老师可能会要求你做 10 ～ 30 分钟的案例分析。口头演示汇报过程中一定要管理好时间，重点突出你的建议和相关成本。项目文件应该是 .docx 格式，如果要求做演示，那就准备简明扼要的 PPT 作为辅助。

在网站 www.strategylub.com 上，我们提供了 10 分钟和 15 分钟的口头案例介绍。只需点击“学生资源”，就可以下载所需文件。无论允许汇报的时间是多少，都要有效利用时间，因此在实际汇报前要多加练习。

➡ 案例分析技巧

使用过本书前 16 个版本的同学总结归纳了 22 种案例分析技巧（见表 2）。

表 2　撰写和汇报战略管理案例分析的若干技巧

1. 使用 www. strategyclub. com 上提供的资源。免费的 Excel 学生模板与示例 PPT 案例分析一样特别有用。
2. 准备外部分析报告时，使用如第 3 章和第 4 章所述的大学图书馆订阅的在线数据库。
3. 把案例分析和口头陈述看作一件产品，努力使你的“产品”比其他同学的更具竞争特色。比如穿着公司的工作服或者播放一段令人信服的 30 秒视频。
4. 必要时向其他专业领域的老师寻求帮助，并在演示时提到他们的名字。
5. 案例分析的一个目标就是提高在含糊不清和令人迷惑的情形下清晰思考的能力，不要因为不存在唯一最佳答案而感到灰心丧气。
6. 树立运用量化工具进行分析的信心。作为商科专业的主修生，永远不要回避定量分析，说话的时候要自信。
7. 撰写文本时要精益求精。避免出现错别字和马虎问题，文本整洁很重要。

8. 注意细节，一丝不苟。雇主需要细心、细致的员工。
9. 不要仅仅列举比率或呈现数字，要针对可能的趋势提出想法和结论。使用数字来支持团队的建议。
10. 强调建议和战略实施环节。一个常犯的错误是在文档和演示中进行内外部环境分析花的时间太多，实际上建议和战略实施部分才是最重要的。
11. 在整个案例分析过程中，强调提出的战略规划如何帮助企业获得并保持竞争优势。
12. 团队工作时，每个成员先要独立完成有关工作。团队会议主要是用来汇集各个成员的工作成果，进而形成小组成果，这样工作才最有效。
13. 在演讲过程中，保持良好的姿势，保持与听众的目光接触，声音要洪亮，要充满信心，不要担心下面出现什么状况或有什么疑问。请听众指出听到、看到、想到的任何错误或不清楚的地方。
14. 团队中每个成员在自己的优势领域贡献力量。
15. 把案例分析当成你实际在为一家公司做这件事。不要花太多的时间描述公司正在做的事情，而要把主要时间和精力用在需要做的事情上。毕竟，这才是公司付钱要你做的，公司很清楚自己正在做什么。
16. 形成一种直接、果断、热情和令人信服的案例演示风格；表达要简洁、准确、流畅和正确。
17. 尽情享受战略管理和完成项目的过程，因为你再次扮演（担任）首席执行官可能是若干年之后。
18. 在提交书面项目或口头演示项目之前，让他人帮助仔细审阅你的项目文件。
19. 在简历中加入此项目的内容，并说明你“通过使用商业战略规划软件获得了相关经验”。
20. 向你撰写的综合战略规划案例所涉及的公司申请一份全职工作。
21. 对于口头演示中使用的每张幻灯片，请指出这些信息如何支持你为公司提出的建议。
22. 确保你提到的关键外部因素和内部因素尽可能可操作、可量化、可比较和部门化（AQCD）。

实践练习

提高就业能力的战略规划：使用 www.strategyclub.com 上免费的 Excel 战略规划模板的各种原因有多重要？

目的

全球范围内的战略规划使用免费的 Excel 战略规划模板的原因有很多。本练习旨在提高你对模板的熟悉度，以便你在事业发展中能够轻松娴熟地使用此技能。

说明

对学生（和公司）喜欢使用 www.strategyclub.com 上模板的 12 个原因进行排序。假设 1 代表最重要的原因，12 代表最不重要的原因。比较你和同学的答案，以及和你老师的预期答案 / 专家答案。

____ 1. 为节省准备战略管理案例分析所需的时间；在建立矩阵和进行分析时更专注于“思考而不是原理”。

____ 2. 在制定和实施战略时要遵守正确的流程。

____ 3. 避免在数学计算、绘制点和图表时出现错误。

____ 4. 建立外观专业的表格、图示和矩阵。

____ 5. 确定现有和预计财务比率。

____ 6. 正确地将公司放在 BCG 和 IE 投资组合矩阵中。

____ 7. 通过 EPS / EBIT 分析来研究使用债务与股权筹集所需资本的不同情形。

____ 8. 改变矩阵中的权重和评分，并查看这种改变对总加权分数的影响。

____ 9. 更方便地与团队成员、同事或老师分享信息。

____ 10. 更方便地编制预计财务报表，以显示各种战略的预期影响。

____ 11. 培养绘制知觉图或产品定位图的技能。

____ 12. 获得使用企业战略规划软件的经验。许多商务工作需要熟练使用 Excel，学生可以通过使用该模板获得这种能力。达到熟练程度后，你可以在简历中加入这两项能力：使用 Excel 的能力和使用战略规划软件的能力。

案例1　摩根大通集团（2018年）

www.jpmorgan.com，JPM

摩根大通集团（JPMorgan & Chase Co.，JPM）总部位于纽约，是世界上历史最悠久的金融机构之一。JPM是全球第六大银行，总资产超过2.6万亿美元，市值位居银行业第二。JPM主要提供投资银行服务、消费者与中小企业金融服务、商业银行服务、金融交易处理和资产管理服务。JPM拥有超过240 000名员工，业务遍及全球60个国家/地区。按照总资产计算，JPM在银行业排名第一，约占14%；按照国内存款总额排名第二，约为18亿美元。JPM的收入每年都在增加，到2017年增至近1 000亿美元。JPM的股票是道琼斯工业指数的30个成分股之一，同时，JPM的对冲基金也是美国最大的对冲基金之一。

JPM主要经营两个品牌：摩根和大通银行。摩根品牌专注于大型跨国公司、政府、富人和机构投资者。大通银行品牌进一步分为两个不同的细分市场：消费者业务和商业银行业务。消费者业务包括：传统银行的分行业务、自助取款机（ATM）、信用卡、家庭理财、退休账户、投资和商业服务等。商业银行业务包括：商业信贷、企业客户银行、商业定期贷款和社区发展等。这两个品牌在地区和产品方面高度重叠，因此公司没有单独报告这两个品牌的收入或利润。

➡ 历史

JPM的历史可以追溯到1799年。摩根大厦的悠久历史源于德雷克塞尔公司（Drexel）与摩根公司（Morgan & Co.）的合伙企业，后者于1895年更名为摩根公司（JPMorgan & Co.）。可以说摩根是当时最具影响力的金融机构，为美国钢铁公司（United States Steel Corporation）的成立提供过资金。美国钢铁公司接管了安德鲁·卡内基（Andrew Carnegie）等人的业务，是世界上第一家价值数十亿美元的公司。1895年，摩根公司向美国政府提供了价值6 200万美元的黄金，用以发行债券并恢复1亿美元的财政盈余。1892年，该公司开始为纽约、纽黑文和哈特福德铁路公司（Hartford Railroad）提供资金，并促使哈特福德铁路公司进行了一系列收购，成为新英格兰主要的铁路运输公司。

2004年，JPM与总部位于芝加哥的第一银行公司（Bank One Corp.）合并，任命现任董事长兼CEO杰米·戴蒙为当时的总裁兼COO，同时指定他为前CEO威廉·哈里森（William Harrison，Jr.）的继任者。戴蒙的工资为哈里森工资的90%。戴蒙迅速采取了削减成本的战略以展现自己的影响力，并将 JPM 关键职位的前高管替换为第一银行公司的高管，这些人中的大部分人以前都和戴蒙在花旗银行一起工作。2006 年戴蒙成为 JPM 的董事长兼 CEO。

JPM 已经收购了 1 200 多家金融机构。2000 年，摩根与大通曼哈顿公司（The Chase Manhattan Corp.）合并，此次收购决定了 JPM 现在的名称。2010 年，JPM 收购了嘉诚集团（Cazenove），这是一家 2004 年在英国成立的咨询和承销合资企业。自 2010 年以来，JPM 一直避免开展收购交易，而过去收购一直都是 JPM 的标签。

愿景与使命

JPM 的实际愿景陈述如下（意译）：“我们努力成为世界上最好的金融服务公司。”

JPM 的实际使命陈述如下（意译）：“我们努力成为全球金融服务业的领导者，提供完善的产品平台。我们的客户包括 100 多个国家的个人、公司、机构投资者、对冲基金、政府和市政部门。”

➡ 内部问题

组织结构

2018 年 1 月，JPM 任命公司与投资银行 CEO 丹尼尔·平托（Daniel Pinto）和消费者与社区银行 CEO 戈登·史密斯（Gordon Smith）为公司联席总裁兼联席 COO，继续向董事长兼 CEO 杰米·戴蒙汇报工作。也许这些任命是集团内部向战略业务单元进行更广泛转变的一部分（在这种战略业务单元类型的组织结构中，许多产品事业部或区域高管向平托和史密斯汇报工作）。摩根大通集团高管和组织结构图如图 C1-1 所示。

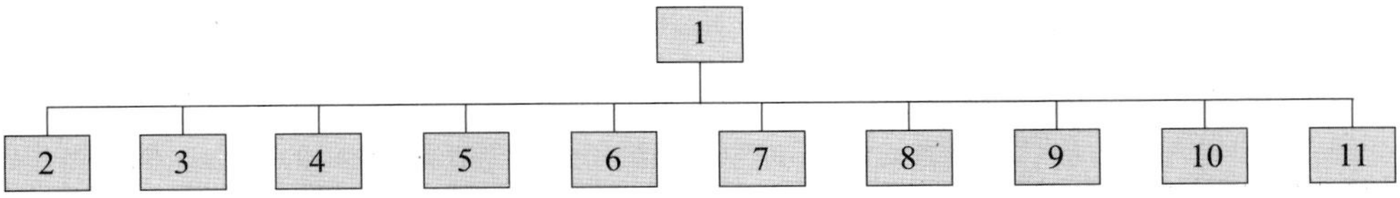

1. 杰米·戴蒙，董事会主席兼 CEO
2. 玛丽·卡拉汉·厄尔思，资产和财富管理 CEO
3. 道格拉斯·佩特诺，商业银行 CEO
4. 丹尼尔·平托，公司与投资银行 CEO
5. 戈登·史密斯，消费者与社区银行 CEO
6. 阿什利·培根，首席风险官
7. 洛里·比尔，首席信息官
8. 斯泰西·弗里德曼，总顾问
9. 玛丽安娜·莱克，首席财务官
10. 罗宾·利奥波德，人力资源总监
11. 彼得·西尔，企业社会责任总监

图 C1-1　摩根大通集团高管和组织结构图

资料来源：基于公司文件 .

当前战略

JPM正在使用增长战略，并积极回购股票。2017年，JPM回购了约140亿美元的库存股。同时，JPM大力投资技术，2016年投入近100亿美元，其中30亿美元专门用于新举措，如通过手机开设新账户、提供投资建议，以及提高在线买卖股票的效率。根据2017年通过的新税法，JPM投资了约200亿美元，大部分资金用于在美国开设400家分公司。2018年2月，JPM将零售银行员工（出纳员和类似工作人员）的工资从平均每小时14.25美元提高到16.50美元，增幅约为16%。针对低收入到中等收入的客户，JPM还将住房贷款从77亿美元提高到500亿美元。JPM计划到2022年将其慈善捐款增加40%，达17.5亿美元。

财务

JPM近期的损益表和资产负债表分别见表C1-1和表C1-2。请注意，2017年的营收增长了4.14%，但净利润略有下降。另请注意，在表C1-2中，JPM在2017年没有通过出售额外的股票来筹集资金，也没有增加长期债务，因此所有融资基本上都来自内部产生的净利润。

表C1-1　摩根大通集团的损益表　　单位：百万美元

	2016年	2017年		变化百分比
营业收入	95 668	99 624	↑	4.14%
售货成本	0	0	—	—
毛利润	95 668	99 624	↑	4.14%
运营支出	61 132	63 724	↑	4.24%
利息支出	0	0	—	—
息税前利润	34 536	35 900	↑	3.95%
税前利润	34 536	35 900	↑	3.95%
税费	9 803	11 459	↑	16.89%
非经常性事件	0	0	—	—
净利润	24 733	24 441	↓	0.01%

表C1-2　摩根大通集团的资产负债表　　单位：百万美元

	2016年12月31日	2017年12月31日		变化百分比
资产				
现金和短期投资	880 989	917 093	↑	4%
应收账款	52 330	67 729	↑	29%
存货	0	0	—	—
其他流动资产	0	0	—	—
总流动资产	933 319	984 822	↑	6%
固定资产	14 131	14 159	↑	0%
商誉	47 288	47 288	→	0%
无形资产	6 958	7 164	↑	3%

续表

	2016 年 12 月 31 日	2017 年 12 月 31 日		变化百分比
其他长期资产	1 489 276	1 480 167	↓	−1%
总资产	**2 490 972**	**2 533 600**	↑	**2%**
负债				
应付账款	190 543	189 383	↓	−1%
其他流动负债	1 575 288	1 654 720	↑	5%
总流动负债	1 765 831	1 844 103	↑	4%
长期负债	295 245	284 080	↓	−4%
其他长期负债	1757 06	149 724	↓	−15%
总负债	2 236 782	2 277 907	↑	2%
所有者权益				
普通股	4 105	4 105	→	0%
留存收益	162 440	177 676	↑	9%
库存股	（28 854）	（42 595）	↑	48%
实收资本和其他	116 499	116 507	↑	0%
所有者权益合计	254 190	255 693	↑	1%
负债及所有者权益总计	**2 490 972**	**2 533 600**	↑	**2%**

资料来源：基于公司文件 .

事业部数据

JPM 主要有四个业务板块：消费者与社区银行、公司与投资银行、商业银行以及资产与财富管理。如图 C1−2 所示，根据 2017 年年底的数据，消费者与社区银行产生了最多的收入，公司与投资银行产生最多的利润，商业银行的利润率最高，为 40%。

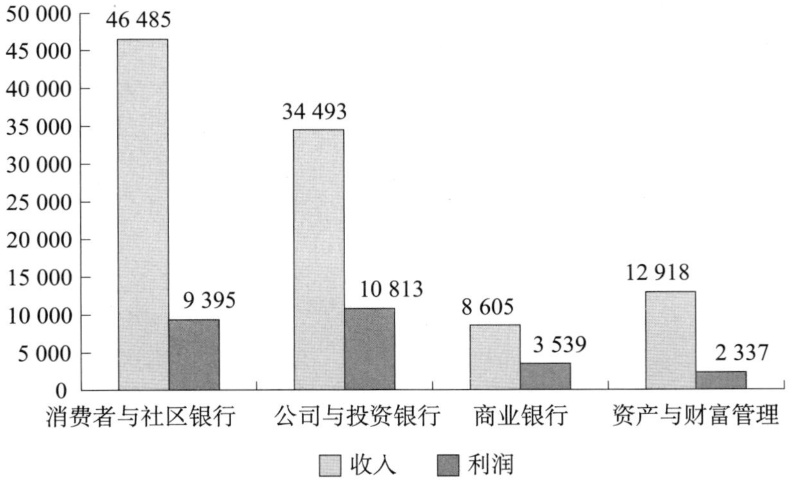

图 C1−2　摩根大通集团各部门数据（单位：百万美元）

资料来源：根据公司 2017 年第四季度报告和其他数据 .

消费者与社区银行

作为 JPM 最大的事业部，消费与社区银行的收入从 2016 年的 450 亿美元增长到 2017 年的 460 亿美元，但净收入下降了 3 亿美元，为 94 亿美元。该事业部与美国近一半的家庭都有关系，这些家庭中的 70%都选择作为主要银行。尽管这个数字将来可能会随着利率的上升而减小，在大通银行有抵押贷款的家庭用户中，大约有 80%最初在另一家银行抵押贷款，以更低利率获得抵押贷款的需求降低了。消费者与社区银行自称拥有美国最受欢迎的移动端银行应用程序、ATM 网络和访问量最大的银行门户网站。该事业部希望吸引更多用户使用移动业务，2016 年拥有 2 600 万活跃移动端客户，比上一年增长了 16%，这些客户比不使用数字银行业务的客户多花了 90%的钱；还计划未来几年内在 5 000 多家分支机构的基础上增加近 10%。该部门提供的服务包括：传统银行业务、商业银行业务、抵押贷款、信用卡、汽车贷款以及接受信用卡的商户处理服务。大通银行的信用卡业务在 2016 年增加了 20%的新账户，但销售额仅增长了 10%，这可能与推出 CFU（Chase Freedom Unlimited）卡和亚马逊 Prime 卡有关。大通银行新推出的 Sapphire Reserve 信用卡在两周内就超越了年度客户发展目标，平均每位客户的 FICO 分数高于 785，他们拥有的包括股票投资在内的存款超过 80 万美元。2016 年，汽车贷款和抵押贷款分别增长了 16%和 14%，赎回权取消下降了 36%。

公司与投资银行

公司与投资银行是 JPM 的第二大部门，2017 年营收超过 340 亿美元。2016 年的利润创纪录地达到 108 亿美元，比 2015 年增长了 34%。2017 年的利润没有增加，保持在 108 亿美元，但营收下降了 7 亿美元。该事业部的营收和利润增长相对平缓，部分原因在于 2016 年的并购业务交易相对平缓，JPM 认为这一年的并购甚至少于 2015 年，但 2016 年仍然完成了比美国其他银行更多的并购交易（M&A），并在全球并购交易中排名第二。该事业部预测新兴市场将占全球 GDP 增长量的 70%以上，目前这一数字为 40%。除专注于并购，该事业部还服务美国非营利组织、政府、州、大学和市政府债务资本，2016 年为这些客户提供了 900 亿美元的资金。2016 年，该事业部主导了 340 多宗首次公开募股（IPO）的股票承销交易，使其成为在这段困难时期唯一获得市场份额的全球性银行。

商业银行

商业银行在 2017 年的营收实现了创纪录的 86 亿美元，多于 2016 年的 75 亿美元，而净收入也达到了 5 亿美元，较 2016 年增长 29%。2016 年，该事业部在技术、数据和其他关键能力方面的投入比以往任何时候都要多，并计划将更多的资金用于大量的支付平台、数据和技术的发展。商业银行、公司与投资银行建立了合作伙伴关系，共同处理各种问题。2016 年，它们致力于推出新的数字平台，旨在帮助中小企业。该事业部计划在八个新市场开设办事处，推动市场渗透。该事业部专注于为中小企业提供商业银行业务，同时也提供许多和消费者与社区银行相同的服务。

资产与财富管理

该事业部 2017 年的收入增长了 9 亿美元，实现了 7.5% 的增长，利润为 23 亿美元。该部门与世界上 60% 最大的养老基金、财富基金、中央银行以及 50% 最富有的个人有直接的关系，从而能够很好地为大客户服务。然而，该部门还通过大通财务管理业务向 100 多万户美国家庭提供建议，这样就能够与各经济阶层的广大客户保持平衡。该部门的办公支出增长了 14%，留住了超过 95% 的顶尖人才。

➡ 竞争对手

JPM 有 5 000 多家竞争对手，从数百家小型本地银行到美国银行、富国银行等跨国银行，它们之间的对比情况如表 C1-3 所示。它们在净利润及净利润产生的每股收益率方面存在显著差异。JPM 的市值、营收、净利润和每股收益均高于两大主要竞争对手。

表 C1-3 摩根大通集团与两家竞争对手的比较

	摩根大通集团	美国银行	富国银行
市值（10 亿美元）	398	331	322
员工人数（千人）	253	209	263
营收（10 亿美元）	99.6	87.4	94.1
净利润（10 亿美元）	24.4	18.2	21.9
每股收益（美元）	6.31	1.56	4.10
市盈率	18.39	20.63	16.08

美国银行

美国银行为全世界的个人、企业、机构投资者、大公司和政府提供服务，满足各种金融需求，其历史可以追溯到 1904 年，目前总部位于北卡罗来纳州的夏洛特。美国银行拥有超过 209 000 名员工；在超过 35 个国家 / 地区和全美 50 个州开展业务，业务覆盖美国 80% 的人口；拥有超过 16 000 台 ATM 和 3 400 万个账户，拥有 2 500 万移动用户和 5 500 家分支机构，2017 年营收超过 870 亿美元。

美国银行服务 300 多万中小企业主，被认为是投资银行和贸易领域的全球领导者。从某些指标来看，该银行是美国第二大银行。并购后新的美国银行由美国银行、美林证券（Merrill Lynch）、美国信托（US Trust）和美银美林（Bank of America Merrill Lynch）组成，提供八大业务，包括零售、中小企业、美林财富管理，以及针对个人消费者的美国信托。对于公司客户，可以提供商业银行业务、全球商业银行业务以及全球公司和投资银行业务；对于机构投资者，可以提供全球市场业务。投资管理、经纪、银行、信托和退休产品都属于它的业务范围。

富国银行

富国银行成立于 1852 年，现拥有超过 1.9 万亿美元的资产，在全球 42 个国家 / 地区拥有 286 000 名员工；提供银行、保险、投资、抵押以及消费者与商业金融服务，为 7 000 万客户提供超过 8 400 个服务网点、13 000 台 ATM 以及在线与移动支持。富国银行在存款总额排名中居第 3，在资产总额排名中居第 3，在全球最大上市公司排名中居第 5，在美国按营收计算名列第 25。该银行已获得众多创新奖励，在移动业务的整体表现、功能、易用性、质量与可用性方面名列第一，应用程序和移动网络体验被认为最佳。富国银行已经连续 8 年在美国职场员工捐赠活动中排名第一，被认为是第一大零售抵押贷款机构。

2008 年，银行业历史上最大的并购案之一是富国银行收购美联银行（Wachovia），使得这家总部位于加利福尼亚州的银行在东海岸的业务量增加，就像美国银行收购国家银行（Nations Bank）一样。

➡ 外部问题

行业概况

在过去十年里，银行业中各银行机构所拥有的分支机构数量都有所下降。1975—1985 年，在美国设有分支机构的商业银行曾超过 14 000 家。如图 C1-3 所示，2014 年银行的数量降到不足 6 000 家，2017 年降到 5 000 多家。1966—2014 年，单一办事处类型的银行从 1 万家降到不足 2 000 家，这是由技术迅猛发展引起的。客户无须前往网点就可以方便地进行手机存款和转账，移动应用的便利性使得客户要求银行提供更多网上银行服务。现在，许多银行为客户提供服务的时间也变得更加灵活和便利了。

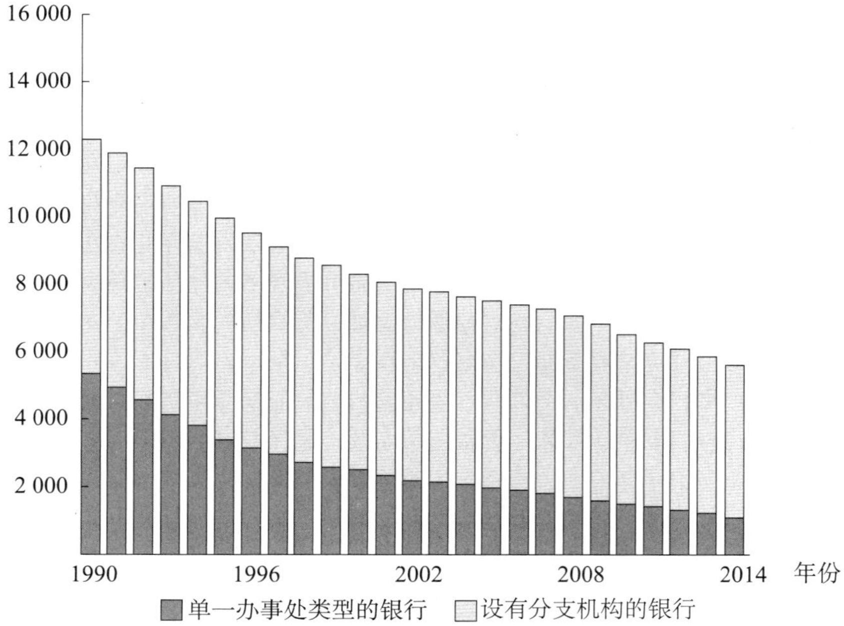

图 C1-3　美国商业银行的数量

移动和网上银行业务的增加也带来了其他问题，如网络犯罪。如今，网络犯罪分子可以更容易地从金融机构窃取个人的身份信息和资金，这就给银行带来很大挑战，需要想出更好的方法来保护客户资金。

银行业服务分类

银行业分为几个不同领域，这些领域在 JPM 旗下的四个事业部得到体现。美国银行业的主要服务业务包括：商业银行、信用卡发行、投资银行、证券经纪和财务规划。商业银行仅在美国就有 5 000 多家竞争对手，年收入总额超过 5 750 亿美元，利润超过 1 200 亿美元，增长缓慢，一直在 1%左右，随着收益率曲线的上升，预计到 2023 年增长率将超过 2%。商业银行提供房地产贷款、存款服务、商业贷款、信用卡贷款等产品。在 5 750 亿美元的总收入中，存款占 2 000 亿美元，房地产贷款略超 1 000 亿美元。存款包括传统银行账户和退休账户。

银行通过各种手续费赚钱，并以高于存款利率的贷款利率提供贷款。客户存款带来的收益和“一切”手续费是整个银行业的命脉。商业银行与 JPM 的消费者与社区银行最为紧密地结合在一起。

在信用卡发行方面，JPM 表现活跃。2016 年发行了包括 Chase Sapphire Reserve 和 Chase Freedom 在内的新卡。信用卡业务近期增长了约 1.5%，根据预测，年增长率接近 3%。该业务只有 7%的利润来自向持卡人收取的费用，包括年费、滞纳金和其他费用。随着竞争的加剧，向持卡人收取年费的做法可能成为历史。迄今为止，信用卡公司最大的收入来源是利息，约占全部收入的 60%。另有 33%的收入主要来自客户刷卡时发卡行向商户收取的回佣费用。目前，信用卡发卡行之间的竞争越来越激烈，发卡行以消费返积分或奖金来吸引新客户，而商户的费用也随之增加，其费用超过了提供给买家的积分。就目前而言，这种战略对银行来说效果不错，但沃尔玛等大商户的议价能力非常强，它们甚至可以自己发卡。2018 年，星巴克和大通银行就发行了一款新的星巴克 Visa 卡。目前，像 JPM 这样的公司仍在继续提供具有诱人奖励的银行卡来吸引客户，并通过向商户收取手续费来增加收入。

投资银行和证券业务在美国是一个价值 1 300 亿美元的行业，利润达 380 亿美元，预计到 2023 年将增长 2.8%左右；债务和股票的承销服务占行业收入的 35%。通常，大型投资银行希望成为通过这两种方式筹集资金的公司的中间人。合并、剥离、重组和其他类似活动的指导咨询费占行业收入的 22%，与交易相关的服务的收入也占行业收入的 22%。交易服务包括固定收益服务、期货交易、股票交易和其他一般面向大客户的交易活动。美国银行、摩根士丹利、花旗集团和高盛集团等都是 JPM 在该行业的主要竞争对手，各家的市场份额都在 9%～11%。JPM 是市场的领导者，拥有 12%的市场份额，美国银行拥有 10%的市场份额。

证券经纪和财务规划是银行业的其他主要业务，2016 年收入超过 2 000 亿美元，主要的竞争对手是美国银行和富国银行。

增加的合并

2015 年至 2017 年年中，美国共有 23 起银行合并交易，资产总额达 3 000 亿美元，其中10起交易是在2017年上半年发生的。银行合并不是仅仅收购小型地方银行，而是越来越多地寻求收购网上银行。JPM在与Vantiv公司的竞购战中败北，Vantiv公司以100亿美元收购了Worldpay公司。由于美国前四大银行的存款额度已接近联邦存款保险公司（FDIC）的存款限额，预计大部分收购活动将在中小银行中进行。不过，这不会严重影响四大银行收购其他开展存款之外业务的金融机构。

规制

2007—2009年金融危机之后，2010年，时任美国总统奥巴马签署了影响金融业各个方面的《多德－弗兰克法案》。规定包括：禁止自营交易、限制拥有对冲基金的权限、成立金融稳定监督委员会、取消储蓄机构监理局等。新规定将增加所有金融机构必须支付的费用。《多德－弗兰克法案》旨在避免大型银行（如美国国际集团（AIG）和花旗集团）因为“大而不倒”被政府救助的情况。《多德－弗兰克法案》确实缓解了公众对金融危机的担忧，然而，最近的研究显示，全球大型金融机构之间的联系依然十分紧密，如果再次出现类似2007—2009年的金融形势，世界各国政府将再次被迫拯救这些巨头。

如今，银行业内越来越多的人希望政府对银行业的监管有所放松，以加快经济发展。在美国，主要的银行监管机构包括：联邦储备系统（Fed）、联邦存款保险公司（Federal Deposit Insurance Corp.，FDIC）、货币监理署（Office of the Comptroller of the Currency，OCC）、消费者金融保护局（Consumer Financial Protection Bureau，CFPB）和州监管机构。

年度压力测试

美国的大型银行每年都要接受美联储开展的压力测试，以便更好地应对诸如2009年经济衰退期间经历的不利市场环境。测试涉及股息支付、贷款活动和股票回购。2016年，参与压力测试的34家银行全部通过了测试，有望即使遇到全球经济衰退也能放贷和正常经营。最近这34家银行得到的一个额外好处是美联储允许它们增加分红和回购股票。

➡ 未来

JPM正在利用竞争对手富国银行举步维艰的劣势。2018年第一季度，JPM报告显示，其净营收为285.2亿美元，高于2017年第一季度的257.54亿美元；净盈利为87.12亿美元，高于2017年第一季度的64.48亿美元；其客户投资资产为2 760亿美元，同比增长13%；信用卡销售额增长了12%，信用卡商户处理量增长了15%。

2018年2月28日《华尔街日报》的一篇文章披露，JPM计划在未来5年内新开设400家分行，进入15～20个新市场（城市）。2017年全年，JPM的商业和工业贷款余额增长了8%，相比之下所有商业银行的增长率仅为1%。JPM首席财务官玛丽安娜·莱克（Marianne Lake）表示，尽管2017年公司的股价上涨了31%，纳斯达克其他银行的股价涨幅为20%，但公司将继续回购自己的股票。

JPM 和美国银行都认为，为了吸引对富国银行不满的客户，公司需要设立新的分支机构。JPM 已经在 23 个州开设了分支机构，但在费城、波士顿和华盛顿特区等一些关键地区仍缺少分支机构。2018—2021 年，美国银行在辛辛那提、克利夫兰和俄亥俄州哥伦布的大幅增长的带动下将开设超过 500 家分支机构。同时，JPM 和美国银行也关闭了一些地区的分支机构，因此未来几年内，新开设实体分支机构的净效应很可能会让这两家银行不相上下。

JPM 需要一个清晰的战略规划，以保持优秀财务业绩。

案例 2　西维斯健康公司（2018 年）

www.cvshealth.com，CVS

西维斯健康公司（CVS）总部位于罗得岛州文索基特，提供综合药房保健服务。CVS 有两个主营部门：药房服务部和零售 / 长期护理部。CVS 拥有 9 800 多个零售点、1 100 多个无须预约诊所、9 400 万药房计划会员、专职高级药房护理人员，每天服务超过 100 万患者。

CVS 正在向专业药房服务领域拓展，提供广受欢迎的 Medicare Part D 处方药计划。CVS 主要在美国经营，在巴西也有零售店。CVS 每天为大约 500 万顾客提供服务，从零食、美容、家庭用品，到医疗保健和药品供给，应有尽有，被认为是一站式购物场所。CVS 有五个依附于公司的重要品牌，包括 CVS 健康（CVS Health）、安佐康（Extra Care）、协和（Accordant）、CVS 网站（CVS.com）和关爱加（Care Plus）。

2018 年 3 月，98%的 CVS 股东投票决定收购安泰保险公司（纽约证券交易所代码：AET）。安泰保险总部位于康涅狄格州哈特福德，是美国领先的多元化医疗福利和保险公司之一。此次收购将于 2018 年年底完成，须经监管部门批准。根据协议条款，安泰保险股东将获得每股约 145 美元的现金和 0.837 8 股 CVS 健康的股票。按照安泰保险在 2017 年 12 月 31 日每股 74.21 美元的股价计算，此次交易对安泰保险的估值约为每股 207 美元。算上安泰保险的债务，本次交易的总价值约为 770 亿美元；最终的收购价格将根据交易完成当日的公司股价来确定。按市值计算，收购安泰保险后 CVS 的规模扩大近一倍。

➡ 历史

1963 年，CVS 在马萨诸塞州的洛厄尔开设了第一家商店，创始人是斯坦利·戈尔茨坦（Stanley Goldstein）和西德尼·戈尔茨坦（Sidney Goldstein）兄弟，合伙人是拉尔夫·霍格兰（Ralph Hoagland）。当时，CVS 是消费者价值商店（Consumer Value Stores）的缩写，只销售保健和美容产品。不到一年 CVS 发展到 17 家门店，有了自己的标志：一个盾牌包围着的 CVS 字符。1967 年，CVS 开设了第一批设有药房的商店，位于罗得岛的两个城镇沃威克和坎伯兰。1990 年，CVS 年销售额达到 10 亿美元，并从 People's Drug 收购了 500 家门店。

1994 年，CVS 将医药护理（PharmaCare）引入行业内。CVS 为保险公司和雇主提供了许多服务。1997 年，CVS 收购了 Revco 公司的 2 500 多家门店。在经营医药护理的同时，2001 年 CVS 又推出了一项名为安佐康的计划，主要面向老客户。2010 年以来，

CVS 推出了许多项目和计划，如城市倡议、CVS 金融中心和打印店等。

2018 年 5 月，CVS 连续第二年入选 DiversityInc 发布的多元化公司 50 强榜单，CVS 排名第 40 位，比 2017 年上升了 10 位。与其他 50 强公司相比，CVS 在全公司范围内选拔了多名女性和少数族裔员工担任中层和高层领导职务。

安泰保险公司

安泰保险公司成立于 1853 年，是一家在美国经营的医疗保健福利公司，主营业务有三个：（1）医疗保健；（2）团体保险；（3）大额养老金。医疗保健部提供各种保险（人寿保险除外），包括医疗、药房福利管理服务、牙科、行为健康和视力保健等。该部门提供各种福利计划，以及健康储蓄账户和以消费者为导向的健康计划。此外，该部门还提供医疗保险和医疗补助产品与服务、医疗管理和数据分析服务。团体保险部提供各类人寿保险产品、意外身故保险产品、残疾保险产品和长期护理保险产品。大额养老金部主要管理各种退休产品，包括养老金和年金产品，客户包括个人、政府和其他企业。

➡ 愿景与使命

CVS 目前的愿景陈述是（意译）：“我们致力于提高人类生活质量。”这一陈述表达了对个人健康的关注，然而，它缺乏改善人类生活质量的“方法”，还缺乏公司为实现这一愿景所从事的业务类型。

CVS 的使命陈述是（意译）：“我们的使命是通过提供安全、实惠和便捷的高质量医疗和药房服务来改善每个人的生活。”

治理

CVS 公司网站提供了关于公司董事会的大量信息，董事会由 8 名男性和 4 名女性组成，其中包括一名少数族裔人士。网站上给出了“公司治理准则”，以及委员会的任务、会议议程、报酬、股票所有权、多元化准则和补偿政策等信息。CVS 在公司治理上非常透明，例如，在股票所有权方面，要求董事会成员必须大量持有公司普通股。具言之，董事们在当选的 5 年内必须拥有至少 10 000 股公司普通股，在离开董事会后必须持有这一最低数额的股份至少 6 个月。CVS 的高层管理人员必须拥有至少相当于其年薪五倍的股票，但 CEO 持有相当于其年薪三倍以上的公司股票即可。

➡ 内部问题

组织结构

2018 年 3 月，德里卡·赖斯（Derica W. Rice）加入 CVS，担任公司药房福利管理业务 CVS Caremark 的总裁。这一任命表明，CVS 将调整其组织结构，更趋于部门化。尽管赖斯的任命开了先河，但 CVS 并没有按地区或产品设置分部总裁。CVS 需要采用更正式的分部门的或 SBU 类型的组织设计。图 C2-1 是目前 CVS 的组织结构图的一个示例。

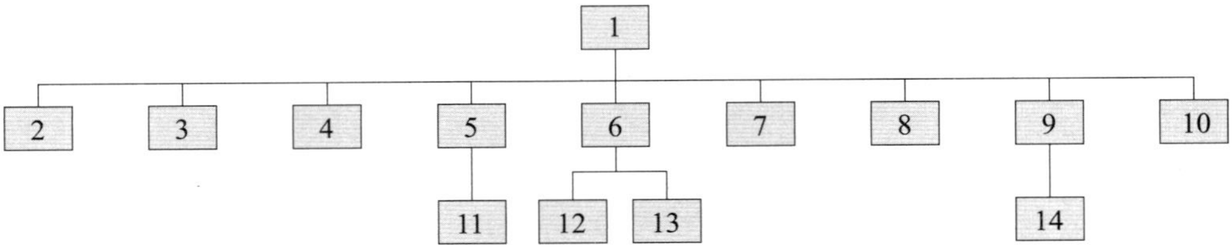

1. 拉里・梅洛，总裁兼CEO
2. 莉萨・比萨恰，执行副总裁兼首席人力资源官
3. 科琳・麦金托什，高级副总裁兼公司秘书
4. 特洛严・布伦南，医学副总裁兼首席医疗官
5. 戴维・登顿，执行副总裁兼CFO
6. 伊娃・博拉托，执行副总裁、财务总监和首席会计官
7. 戴维・乔伊纳，CVS Caremark、销售和客户服务执行副总裁
8. 托马斯・莫里亚蒂，执行副总裁，首席政策和对外事务官兼总法律顾问
9. 乔纳森・罗伯茨，执行副总裁兼COO
10. 戴维・法尔科夫斯基，高级副总裁兼首席合规官
11. 迈克尔・麦圭尔，投资者关系高级副总裁
12. 卡罗尔・德纳尔，高级副总裁兼财务主管
13. 约翰・肯尼迪，高级副总裁兼首席税务官
14. 德里卡・赖斯，CVS Caremark总裁

图 C2-1　西维斯健康公司高管和组织结构图

资料来源：西维斯健康公司网站 .

事业部数据

CVS 由两个事业部组成：药房服务部和零售 / 长期护理部。药房服务部提供药房福利管理（PBM）解决方案，包括：Medicare Part D 服务、邮购、专业药房和输液服务、零售药房网络管理服务、处方管理系统、临床服务、疾病管理计划和医疗药房管理服务。此外，该部门还为个人、雇主、保险公司、工会、政府雇员团体、Medicare Part D 计划、管理型医疗补助计划，以及公共和私人交易所计划提供服务。药房服务部以不同的名称运营，包括 CVS Caremark Pharmacy Services，Caremark，CVS Specialty，AccordantCare，Silverscript，WellPartner，NovoLogix，Coram，Navarro Health Services 和 ACS Pharmacy。2017 年，按照 30 天当量计算，CVS 的药房福利管理业务开出或管理了大约 18 亿张处方。

CVS 的零售 / 长期护理部基本上是指 CVS 的实体门店，这些门店销售处方药、非处方药、美容用品和化妆品、个人护理用品、方便食品、时令商品和贺卡等，还提供照片冲洗服务。CVS 在美国和巴西约有 9 800 家零售店，其中有 1 700 家设于塔吉特的门店中。这些零售店以 CVS Pharmacy，CVS，CVS Pharmacy y más，Longs Drugs，Navarro Discount Pharmacy 和 Drogaria Onofre 等品牌经营。CVS 还提供网上零售药房网站、37 家线下药店、长期护理药房运营以及零售医疗诊所。

CVS 门店最多的三个州是加利福尼亚、佛罗里达和得克萨斯，分别有 886 家、754 家和 695 家门店。图 C2-2 显示了 CVS 的零售 / 长期护理部的收入，分为药房和门市部及其他业务。请注意，CVS 在销售诸如食品、美容用品、办公用品和礼品等非处方商品和服务方面获利更多。

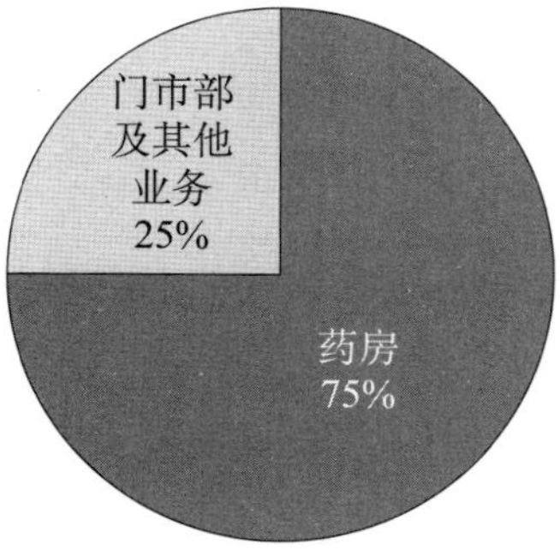

图 C2-2　细分业务零售与长期护理营业收入（占总营收的百分比）

资料来源：西维斯健康公司 2017 年 10-K 表格和其他资料 .

财务

2018 年 3 月，CVS 出售了 400 亿美元的债券，用来支付其对安泰保险的收购费用。尽管 CVS 要到 2018 年年底正式收购时才需要这笔资金，但公司担心年内利率会上升。

CVS 的损益表和资产负债表分别见表 C2-1 和表 C2-2。由表 C2-1 可知，2017 年净利润增加了约 24%，由表 C2-2 可知，CVS 资产中超过 50%都是商誉和无形资产，这表明该公司为收购其他公司付出了太大的代价。

表 C2-1　西维斯健康公司的损益表　　单位：百万美元

	2016 年	2017 年		变化百分比
营业收入	177 526	184 765	↑	4.08%
销售成本	148 669	156 220	↑	5.08%
毛利润	28 857	28 545	↓	−1.08%
运营支出	18 491	19 028	↑	2.90%
息税前利润	10 366	9 517	↓	−8.19%
利息支出	1 729	1 249	↓	–27.76%
税前利润	8 637	8 268	↓	–4.27%
税费	3 317	1 637	↓	–50.65%
非经常性事件	（1）	（8）	↓	–700.00%
净利润	5 319	6 623	↑	24.52%

资料来源：西维斯健康公司 2017 年 10-K 表格和其他资料 .

表 C2-2 西维斯健康公司的资产负债表 单位：百万美元

	2016年12月31日	2017年12月31日		变化百分比
资产				
现金和短期投资	3 458	1 807	↓	–48%
应收账款	12 164	13 181	↑	8%
库存	14 760	15 296	↑	4%
其他流动资产	660	945	↑	43%
流动资产总额	3 1042	31 229	↑	1%
固定资产	10 175	10 292	↑	1%
商誉	38 249	38 451	↑	1%
无形资产	13 511	13 630	↑	1%
其他长期资产	1 485	1 529	↑	3%
总资产	**94 462**	**95 131**	↑	**1%**
负债				
应付账款	7 946	8 863	↑	12%
其他流动负债	18 304	21 785	↑	19%
流动负债合计	26 250	30 648	↑	17%
长期债务	25 615	22 181	↓	–13%
其他长期负债	5 763	4 607	↓	–20%
负债总额	57 628	57 436	↓	0%
所有者权益				
普通股	17	17	→	0%
未分配利润	38 983	43 556	↑	12%
库存股	（33 452）	（37 765）	↑	13%
实收资本和其他	31 286	31 887	↑	2%
所有者权益合计	36 834	37 695	↑	2%
负债及所有者权益总计	**94 462**	**95 131**	↑	**1%**

资料来源：西维斯健康公司 2017 年 10-K 表格和其他资料 .

CVS 报告称，截至 2018 年 3 月 31 日，第一季度的收入同比增长 2.6%，达到 457 亿美元，同店处方量增长 8.5%。公司继续在监管和整合规划两方面推进，将于 2018 年下半年完成收购安泰保险的交易。具体来说，到 2018 年第一季度，CVS 在药房服务部的收入增长 3.2%，达到 322 亿美元；零售 / 长期护理部的收入增长 5.6%，达到 204 亿美元，主要是由于同店处方量按 30 天当量计算增长了 8.5%。2018 年第一季度，CVS 的同店销售额增长 5.8%，药店的同店销售额增长 7.3%，其他零售渠道的同店销售额同比增长 1.6%。

CVS 2018 年第一季度报告的净利润为 9.98 亿美元，同比增长 4 500 万美元即 4.7%。这一数字得益于 2018 年联邦企业所得税税率从 35%降至 21%。

➡ 竞争对手

药店行业的竞争者包括数千家杂货店、便利店、夫妻药店、沃尔玛、塔吉特、开市客以及其他公司。CVS 的两大竞争对手是沃尔格林和来爱德。从表 C2-3 可以看出，CVS 在市值和员工人数上比沃尔格林少，但其收入和净利润比沃尔格林多。由于 CVS 要收购安泰保险，表 C2-3 也提供了安泰保险的一些数据，以供比较和参考。请注意，安泰保险在收入和员工人数上都不及 CVS 的一半。

表 C2-3　CVS 与沃尔格林、来爱德和安泰保险的数据对比（截至 2018 年 4 月）

	CVS	沃尔格林	来爱德	安泰保险
市值（10 亿美元）	61	64	1.6	55
员工人数（人）	160 000	235 000	53 000	48 000
营收（10 亿美元）	185	119	32	60
净利润（10 亿美元）	6.6	3.8	0.109	2
债务（10 亿美元）	27	14	3	9.2
利润率（%）	3.6	3.2	0.5	3.14
资产收益率（%）	6.6	5.2	2.0	5.00
净资产收益率（%）	17.8	13.7	14.8	11.3
每股收益率（美元）	6.44	3.6	0.15	5.7

来爱德占据美国药店市场份额的 5.7%，在全美经营着约 4 500 家药房和药店。不过，沃尔格林最近收购了来爱德 43% 的门店。受此影响，预计来爱德 2017—2018 年的收入将下降 43%。尽管门店转让是逐步进行的，但预计沃尔格林 2018 年的市场份额将增加 2.5%，从而拉大与 CVS 的距离。来爱德有 57% 的门店被卖给杂货连锁店艾伯森。在艾伯森收购时，来爱德的市值约为 23 亿美元，并且正在将旗下 4 600 家门店中的 2 000 家转给沃尔格林。除了收购来爱德的 2 000 家门店外，沃尔格林也在洽谈收购大型药品经销商美源伯根公司（AmerisourceBergen Corp.）。

沃博联

沃博联（WBA）总部位于伊利诺伊州迪尔菲尔德，公司网站是 www.walgreensbootsalliance.com。1901 年，查尔斯・兰道夫・沃尔格林（Charles Randolph Walgreen）在伊利诺伊州芝加哥开设了第一家沃尔格林药店。目前，沃尔格林在药店行业中占据 32.3% 的市场份额。在连续 3 年平均增长 4.6% 之后，2017 年的总收入达到 1 182 亿美元。相比之下，CVS 的收入平均增长率略低，为 4.1%。沃尔格林是美国第二大药房连锁店，主要经营处方药、保健品、健康信息、食品、杂货，同时提供照片冲洗服务。

来爱德

来爱德（RAD）总部位于宾夕法尼亚州希尔营，第一家门店由亚历克斯·格拉斯（Alex Grass）在宾夕法尼亚州斯克兰顿开设，在 6 年的时间里拓展到 5 个州。来爱德于 1968 年上市，采用了现在的名称。截至 2017 年 6 月，公司在全美 31 个州和哥伦比亚特区设有 4 621 个门店。然而，所有这些门店都被卖给了沃尔格林和艾伯森。

➡ 药店行业

药店行业每年的收入为 50 亿美元，预计未来 5 年内将以 2.2%的速度增长。这一增速在 2022 年可能达到 2.5%的峰值，但低于投资者期望的 4%～5%。品牌处方药占行业收入的 51.4%；普通商品，包括非处方药、烟酒、食品与饮料和化妆品等，占行业收入的 21%。

在过去 5 年中，药店的数量有所增加，但利润并未增加。亚马逊等公司开始提供药房服务，给行业带来价格上的压力，并导致药店行业趋于饱和且利润平平。美国全国连锁药店协会（The National Association of Chain Drug Stores）表示，每个美国人都住在离药店 5 英里以内的地方，这意味着目标市场基本被覆盖。在线商店和处方药邮寄公司也对这个行业的发展构成了巨大威胁。

亚马逊和其他电子健康公司开始进入药店行业。Medicare Part D 的成本分摊网络被纳入处方药计划，从而限制了能够参与其中并接受较低报销比例的零售药店。直接和间接报酬（DIR）费用评估仍然是制约药店报销业务利润的最重要因素。对于 2019 年的 Medicare Part D 计划，有几个潜在的监管变化可能会使药店受益，包括“任何有意愿的药店”参与网络的条件的变化。

分析人士认为，CVS 收购安泰保险可能会对药店行业造成重大影响。如果该交易获得批准，CVS 将控制一家药店、一家医药福利管理公司和一家保险公司，有效覆盖从药品制造商到消费者的所有环节，形成一家垂直整合度非常高的公司。全美最大的连锁药店 CVS 拥有的最大医药福利管理公司与第三大健康保险公司的收购合并将改变药店行业的现有格局。

药店行业的收入正迅速从传统的品牌药转向专科药。2018—2022 年，专科药的收入将占到药店行业收入的 42%。另一个重要的发展趋势是，使用基因检测技术的个性化医疗服务将很快出现在零售药店内。现在，额外提供的基因组测序产品的价格在 1 000 美元以下，测序结果可用于将一个人的基因与个性化的治疗方法联系起来，以改善整体健康状况。在未来 3～5 年内，患者可能与药剂师合作，根据自己的 DNA 图谱选择最佳的药物。

研究预测，到 2020 年，全球使用家庭健康技术的消费者人数将从 2014 年的 1 430 万增加到 7 850 万。这场技术革命的热点之一是可穿戴式追踪设备。医疗保健行业在可穿戴技术市场中占据很大一部分，装有可穿戴式传感器的智能手机和手表、植入式医疗设备，以及基于家庭的远程医疗设备可以帮助监测和管理患者的健康状况。人工智能（AI）将大大加强医疗保健服务提供者与患者之间日益密切的个性化关系。

➡ 未来

从表 C2–4 可以看出，CVS 的药房服务部表现相当不错，但零售 / 长期护理部表现不佳。请注意，2017 年零售 / 长期护理收入、毛利润和营业利润与 2016 年相比都有所下降。截至 2017 年 12 月 31 日，CVS 第四季度开设了 65 家门店，关闭了 13 家门店，搬迁了 5 家门店。在 2017 年全年，CVS 开设了 175 家门店，关闭了 81 家门店，搬迁了 30 家门店。尽管门店数量出现了净增长，但零售部门在 2017 年的业绩并不理想。

表 C2–4　按部门划分的 CVS 营收和利润情况　　单位：百万美元

	药房服务部		零售 / 长期护理部	
	2016 年	2017 年	2016 年	2017 年
营收	119 963	130 596	81 100	79 398
毛利润	5 901	6 040	23 738	23 317
营业利润	4 676	4 755	7 302	6 469

资料来源：西维斯健康公司 2017 年的 10-K 表格.

如果收购安泰保险获得批准，那么 CVS 需要进行重组，或许连公司的名称也要改。当然，公司的愿景和使命也需随之改变。高管的头衔和职责亦需要更有效地与按产品和地区划分的报告部门保持一致。

沃尔格林正在就收购美源伯根公司进行谈判，整个药店行业正在进行后向和前向一体化。药店公司都知道，未来医疗保健服务业是一个高增长的行业。CVS 和沃尔格林都希望在各自的价值链上下游获得尽可能多的控制权。

CVS 需要一个清晰的战略规划来说服审计师批准收购安泰保险，CVS 绝大多数高管和股东都希望这次收购能够获得批准。但监管机构需要看到两份战略规划：有安泰保险的战略规划和没有安泰保险的战略规划。

案例 3　迪士尼公司（2018 年）

www. disney. com，DIS

迪士尼公司总部位于加利福尼亚州伯班克，是一家多元化的娱乐公司，在全球范围内有四个业务板块，包括：媒体网络、主题公园和度假村、影视娱乐以及消费品和互动媒体（CP&IP）。对许多人来说，“迪士尼”代表着与米老鼠相关的产品，实际上还包括娱乐与体育节目电视网（ESPN）、美国广播公司（ABC）、漫威影业（Marvel Studios）、皮克斯动画影业（Pixar），提供游船以及其他产品和服务。迪士尼报告称，2017 年收入和净利润分别为 550 亿美元和 90 亿美元，都比 2016 年略有下降。

截至 2018 年 3 月 31 日，该公司第一季度的收入同比增长 9%，达到 145 亿美元；净收入增长 23%，达到 29 亿美元。这些优异的业绩得益于主题公园和度假村以及影视娱乐两个业务部门的强劲表现。像《黑豹》（Black Panther）和《复仇者联盟 3：无限战争》（Avengers：Infonity War）这样优秀的电影起到了很好的拉动作用。巴黎迪士尼乐园和香港迪士尼乐园度假村以及迪士尼世界度假村都实现了可观的增长。

“米奇和米妮老鼠”需要一个全面的 3 年战略规划，以指导迪士尼各部门在 2018—2020 年的资源配置。

➡ 历史

1923 年夏天，华特·迪士尼（Walt Disney）先生和他的哥哥罗伊（Roy）来到加利福尼亚州，准备出售他的动画片《爱丽丝梦游仙境》。1923 年 10 月 16 日，发行商温克勒（M.J.Winkler）获得爱丽丝系列喜剧的发行权，迪士尼兄弟卡通影业（Disney Brothers Cartoon Studio）成立。多年来，该公司制作了多部动画片，从《幸运兔奥斯瓦尔德》（1927 年）到《糊涂交响曲》（1932 年）、《白雪公主和七个小矮人》（1937 年）、《木偶奇遇记》（1940 年）等。1925 年，公司改名为迪士尼影业（Walt Disney Studio）。1928 年，米老鼠出现在第一部有声动画片中。1950 年，迪士尼完成了第一部真人电影《金银岛》。1954 年，公司开始播放迪士尼乐园系列电视剧。1955 年，迪士尼最成功的系列片《米老鼠俱乐部》开播。同年，位于加利福尼亚州阿纳海姆的新迪士尼乐园开园。

20 世纪 50—70 年代，迪士尼制作了一系列影片，包括《长毛狗》、《佐罗》、《玛丽·波宾斯》和《金龟车再现》等。华特·迪士尼于 1966 年去世。1969 年迪士尼开始制作教育电影和素材，1971 年在佛罗里达州奥兰多市创办了迪士尼世界。1982 年，作为迪士尼乐园的一部分，埃普科特中心（Epcot Center）开业。次年，东京迪士尼乐园开业。

在 1983 年退出网络电视后，迪士尼推出了有线电视网络——迪士尼频道。1985 年，迪士尼旗下的试金石影片公司推出情景剧《黄金女郎》和“迪士尼周日影院”栏目大获成功。1988 年，迪士尼在迪士尼世界打造了大佛罗里达海滩和加勒比海滩度假村，同时还新增了三个景点：迪士尼 / 米高梅影城主题公园、欢乐岛和台风湖水上乐园。随着迪士尼首次在总票房上领先于好莱坞电影公司，它的电影制作很快达到新的高度。

2000—2007 年，迪士尼在主题公园中设立新的景点，成功制作多部影片，开设新的酒店，建造了香港迪士尼乐园。2006 年，迪士尼收购皮克斯动画影业。2015 年，上海迪士尼乐园开业，同年迪士尼发布《星球大战 7》。

➡ 愿景与使命

迪士尼的愿景是（意译）：“给人们带来绝佳的体验。”

迪士尼的使命是（意译）：“成为全球领先的创意、创新、创利娱乐与信息生产商和供应商之一。”

➡ 内部问题

组织结构

迪士尼似乎采用了战略业务单元（SBU）类型的组织结构，每个业务单元向相应的高管汇报，比如主题公园负责人会向包正博（Bob Chapek）汇报。尽管实际的报告关系并未公开，但扩展的战略业务单元类型组织结构可能对公司很有帮助，不过需要对图 C3-1 的描述进行修改。

事业部数据

如图 C3-2 和图 C3-3 所示，迪士尼提供了四个业务单元的营收和营业利润，只有主题公园和度假村的营收和净利润有所增加。迪士尼的收入主要来自媒体网络以及主题公园和度假村。

2018 年第二季度，迪士尼报告显示，四个业务单元的营收均有所增长：媒体网络增长 3%，主题公园和度假村增长 13%，影视娱乐增长 21%，消费品和互动媒体增长 2%。然而，在第二季度有两个部门的营业利润出现了下滑，分别是媒体网络事业部（−6%）以及消费品和互动媒体事业部（−4%）。媒体网络事业部方面，2018 年第二季度有线网络业务收入增长 5%，达到 42 亿美元，但营业利润下降 4% 至 17 亿美元。媒体网络事业部的另一项业务是广播，该业务在 2018 年第二季度的营收和营业利润保持稳定，分别为 19 亿美元和 3.43 亿美元。

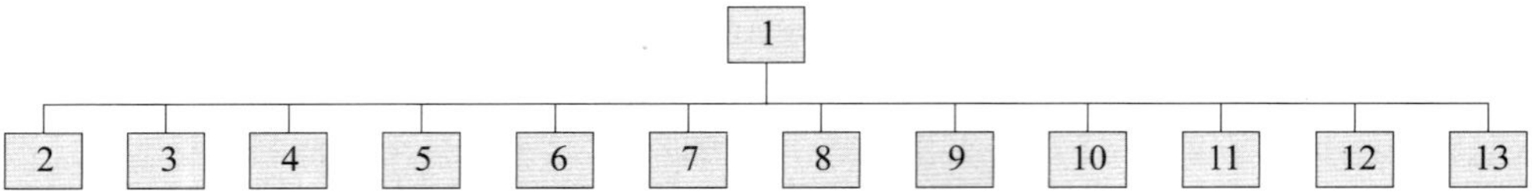

1.罗伯特·艾格，董事会主席兼CEO
2.艾伦·布雷弗曼，执行副总裁，总法律顾问，秘书
3.罗纳德·艾登，全球安全高级副总裁
4.凯文·迈尔，执行副总裁兼首席战略官
5.克里斯蒂娜·麦卡锡，执行副总裁兼CFO
6.泽尼安·穆哈，执行副总裁兼首席传播官
7.杰恩·帕克，执行副总裁兼首席人力资源官
8.布伦特·伍德福德，执行副总裁，主计员，财务规划和税务主管
9.安迪·伯德，迪士尼国际公司主席
10.包正博，迪士尼主题公园和度假村主席
11.艾伦·霍恩，迪士尼影业主席
12.詹姆斯·皮塔罗，迪士尼消费品和互动媒体主席
13.本·舍伍德，迪士尼媒体网络联合主席，迪士尼ABC电视集团总裁

图 C3-1　迪士尼高管和组织结构图

资料来源：基于公司文件.

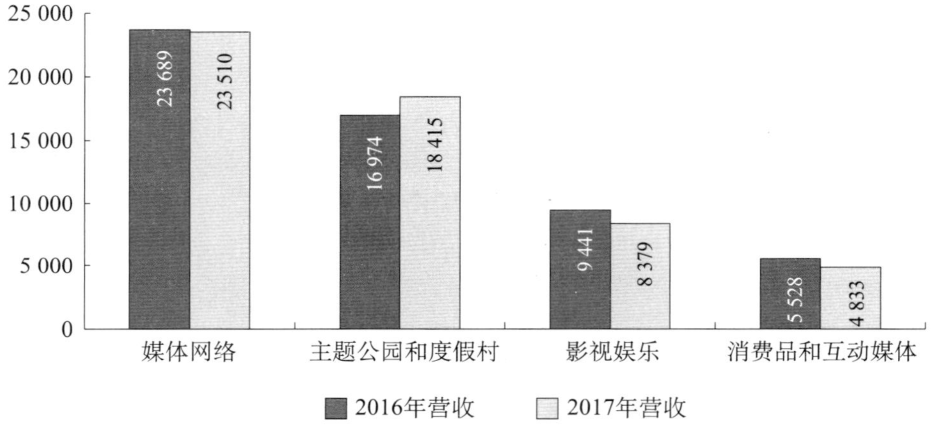

图 C3-2　迪士尼各事业部的营收（单位：百万美元）

资料来源：迪士尼 2017 年年报.

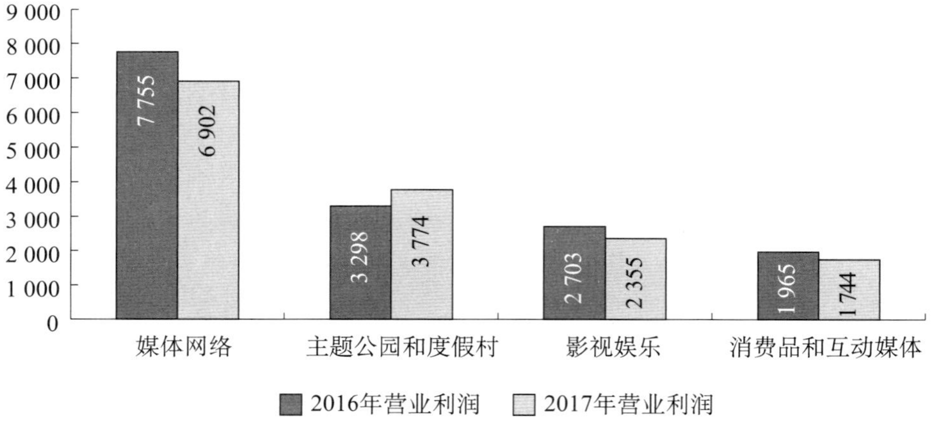

图 C3-3　迪士尼各事业部的营业利润（单位：百万美元）

资料来源：迪士尼 2017 年年报.

媒体网络

媒体网络在营收和营业利润方面都是迪士尼最大的战略业务单元，2017 年的营收为 235 亿美元，占迪士尼全部营收的 43%。自 2012 年以来，这一比例相当稳定。在媒体网络事业部中，迪士尼拥有并运营着美国广播公司电视网，该电视网基本覆盖了所有美国家庭。该部门还包括美国广播公司电视台集团、美国广播公司制片厂、迪士尼全球频道、美国广播公司家庭频道网络（ABC Family）、美国有线 / 卫星电视频道（A&E）、迪士尼美国广播公司国内电视、迪士尼媒体发行、海波龙（Hyperion）、迪士尼广播网络等。美国广播公司电视网在美国经营超过 244 个电视台；迪士尼全球频道由 94 个儿童和家庭娱乐频道组成，覆盖 162 个国家，有 34 种语言；美国广播公司家庭频道网络包含连续剧和电影；迪士尼美国广播公司国内电视为美国媒体平台提供电影和电视节目；迪士尼媒体发行公司是一家面向所有平台的品牌和非品牌内容国际发行商；海波龙出版成人小说和非小说类书籍；迪士尼广播节目在美国 40 多个市场、卫星广播、移动应用和网络上播出。

迪士尼拥有 ESPN 80%的股份，其他 20%由赫斯特公司（Hearst Corporation）拥有。ESPN 网络运营 8 个体育频道，大多数频道 24 小时运行，覆盖 61 个国家。ESPN 持有加拿大 CTV 专业电视台 30%的股份；迪士尼持有俄罗斯 Seven TV 20%的股份。

由于制作成本的增加，2017 年媒体网络事业部的营收略有下降，主要是因为一些机构和赛事在合同谈判中争取到了更多利益。特别是 2017 财年与 NBA 签订的新电视合同降低了迪士尼的收入。媒体网络事业部约 54%的营收来自向有线电视、卫星和通信提供商收取的费用（联盟费），35%的营收来自广告，其余营收来自其他方面。如今，电视观众数量减少，这意味着迪士尼与广告商和有线电视供应商谈判的议价能力降低了。

迪士尼通过收购美国的 8 家电视台进行前向一体化，其中包括在纽约、洛杉矶、芝加哥和费城这四个市场前四名的电视台，以及在前八名的另外两家电视台。在一项有趣的交易中，迪士尼和竞争对手 21 世纪福克斯、康卡斯特（Comcast Corporation）各拥有直播服务公司 Hulu 30%的股份，时代华纳则拥有剩余的 10%股份。

主题公园和度假村

提及迪士尼，大多数人首先想到的可能是主题公园和度假村。主题公园和度假村事业部的收入来自公园门票、食品、酒店、度假邮轮和商品。2017 年，该部门 80%的营收来自国内业务，20%来自国际业务。2017 年，主题公园和度假村在美国的营收仅增长 4%，而在国外的营收增长 32%。事实上，2016 年国外市场的增长就非常强劲。

国外业务营收增长主要得益于每位顾客的平均消费额增加了 4%。迪士尼为吸引更多的顾客在游览主题方面做得很好，但在让顾客增加消费方面还有提升的空间。图 C3-2 和图 C3-3 显示，迪士尼旗下主题公园和度假村事业部的营收从 2016 年的 169.74 亿美元增长到 2017 年的 184.15 亿美元，约增长 8.5%。2016—2017 年，营业利润增长了 4.76 亿美元，增幅为 14.4%。这是迪士尼在 2017 年唯一一个营收、营业利润双增长的部门。

迪士尼的主题公园和度假村事业部包括 11 个细分业务：加利福尼亚州迪士尼度假村，东京迪士尼度假村，巴黎迪士尼度假村，香港迪士尼乐园，佛罗里达迪士尼世界度假村，迪士尼邮轮，迪士尼冒险，迪士尼度假俱乐部，迪士尼想象力公司，阿鲁阿尼

（Aluani）—— 一家位于夏威夷的迪士尼度假村和水疗中心，上海迪士尼。迪士尼并没有其国际乐园的全部所有权。例如，迪士尼控制着巴黎迪士尼77%的股权，只从东京迪士尼乐园赚取特许权使用费，只拥有香港迪士尼乐园43%的股权。

迪士尼旗下有四艘邮轮：迪士尼魔术号（Disney Magic）、迪士尼梦幻号（Disney Wonder）、迪士尼梦想号（Disney Dream）和迪士尼幻想号（Disney Fantasy）。后两艘邮轮很大，均为13万吨级，有1 250间客房和14层甲板。

影视娱乐

在该部门中，迪士尼制作真人和动画电影、电视电影、音乐唱片和现场舞台剧。迪士尼影片会由影院市场（Theatrical Market）、家庭娱乐市场（Home Entertainment Market）、电视市场（Television Market）、迪士尼音乐集团（Disney Music Group）和迪士尼电影制作（Disney Theatrical Productions）发行。迪士尼已经授权第三方制片公司制作和发行《蜘蛛侠》、《神奇四侠》和《X战警》等剧情片。迪士尼还制作了《星球大战》。迪士尼通过这些电影赚取版权费，而第三方制片公司则承担制作和发行这些电影的费用。目前，迪士尼在影视娱乐战略业务单元中拥有多条业务线，包括漫威、试金石、皮克斯、Disneynature、迪士尼电影制片厂和更多的迪士尼品牌服务。2017年，迪士尼影视娱乐事业部的营收下降11%，降至约84亿美元，营业利润下降13%。该战略业务单元分为三个业务领域：影院发行、家庭娱乐和电视/视频点播（订阅视频点播）发行。2017年，电视/视频点播营收没有变化，是该业务单元中创收最高的领域，占该业务单元营收的44%。2017年，在该业务单元中营收降幅最大的是影院发行业务，下降了21%，而家庭娱乐的营收下降了15%。

消费品和互动媒体

迪士尼曾将消费品和互动媒体分开，现在则合并在年度报告中。该部门与全球各地的版权商、制造商、出版商和零售商合作，根据新的和现有的迪士尼角色设计、推广和销售各种产品，产品包括角色商品和出版物授权商品、书籍和杂志等。迪士尼在2011年年中发布了一个新的玩具系列，突出《加勒比海盗4：惊涛怪浪》奇幻、动作和冒险的特点。迪士尼可能是全球最大的角色商品版权商，也是全球最大的以零售为基础的儿童电影相关产品的生产商或分销商。该部门还为智能手机和平板电脑开发游戏和媒体。2017年，该战略业务单元的营收下降了13%，营业利润也下降了11%。如图C3-3所示，该业务单元是迪士尼营收最低的。

财务

迪士尼与媒体相关的部门一直在财务上苦苦挣扎。如表C3-1所示，2017年公司总营收略有下降，净利润下降4.38%。表C3-2显示，迪士尼大约有1/3的资产是以商誉形式存在的。多年来，迪士尼通过购买媒体机构和媒体内容积累了大量商誉。商誉不是资产负债表上的好项目，因为只有当一家公司为另一家公司支付“太多”时，商誉才会出现。

表 C3-1 迪士尼的损益表 单位：百万美元

	2016 年	2017 年		变化百分比
营业收入	55 632	55 137	↓	–0.89%
销售成本	29 993	30 306	↑	1.04%
毛利润	25 639	24 831	↓	–3.15%
运营支出	10 511	10 658	↑	1.40%
息税前利润	15 128	14 173	↓	–6.31%
利息支出	260	385	↑	48.08%
税前利润	14 868	13 788	↓	–7.26%
税费	5 078	4 422	↓	–12.92%
非经常性事件	（399）	（386）	↑	3.26%
净利润	9 391	8 980	↑	–4.38%

资料来源：迪士尼 2017 年年报及其他公司数据 .

表 C3-2 迪士尼的资产负债表 单位：百万美元

	2016 年 10 月 1 日	2017 年 9 月 30 日		变化百分比
资产				
现金和短期投资	4 610	4 017	↓	–13%
应收账款	9 065	8 633	↓	–5%
库存	1 390	1 373	↓	–1%
其他流动资产	1 901	1 866	↓	–2%
流动资产总额	16 966	15 889	↓	–6%
固定资产	27 349	28 406	↑	4%
商誉	27 810	31 426	↑	13%
无形资产	6 949	6 995	↑	1%
其他长期资产	12 959	13 073	↑	1%
总资产	**92 033**	**95 789**	↑	**4%**
负债				
应付账款	9 130	8 855	↓	–3%
其他流动负债	7 712	10 740	↑	39%
流动负债合计	16 842	19 595	↑	16%
长期债务	16 483	19 119	↑	16%
其他长期负债	15 443	14 612	↓	–5%
负债总额	48 768	53 326	↑	9%
所有者权益				
普通股	35 859	36 248	↑	1%
未分配利润	66 088	72 606	↑	10%

续表

	2016 年 10 月 1 日	2017 年 9 月 30 日		变化百分比
库存股	（54 703）	（64 011）	↑	17%
实收资本和其他	（3 979）	（2 380）	↓	–40%
所有者权益合计	43 265	42 463	↓	–2%
负债及所有者权益总计	**92 033**	**95 789**	↑	**4%**

资料来源：迪士尼 2017 年 10-K 表格和其他资料 .

➡ 竞争对手

迪士尼直接与以下公司竞争：美国全国广播公司（NBC）、环球影业（Universal Pictures）、派拉蒙影业（Paramount Pictures）、时代华纳、哥伦比亚广播公司（CBS Corp.）、新闻集团（News Corp.）、嘉年华公司（Carnival Corp.）和皇家加勒比（Royal Caribbean），并间接与全球所有面向家庭娱乐的公司竞争。从本质上说，迪士尼 14 个主题公园附近的所有酒店、餐厅、水上公园和景点都是其竞争对手的业务，如佛罗里达州的海洋世界、海洋游乐园和银泉等。在中国，一个新的大型主题公园已经在上海迪士尼主题公园旁边开业，成为其主要的竞争对手。

表 C3–3 提供了迪士尼和几个竞争对手之间的财务比较。请注意，康卡斯特的规模比迪士尼大。

表 C3–3 迪士尼与两家竞争对手的比较

	迪士尼	康卡斯特	维亚康姆
市值（10 亿美元）	156.8	180.9	13.6
员工人数（人）	199 000	164 000	10 750
营收（百万美元）	55 137	84 526	13 263
利润率（%）	45%	70%	44%
净利润（百万美元）	8 980	22 714	1 874
每股收益率（美元）	7.01	4.75	5.01
市盈率（美元）	14.85	8.20	7.79

康卡斯特公司

奥兰多迪士尼世界的主要竞争对手是佛罗里达州的环球影城，该公司由总部位于宾夕法尼亚州费城的康卡斯特公司拥有。康卡斯特是一家媒体和技术公司，业务涉及五个领域：有线电视通信、有线电视网络、广播电视、电影娱乐和主题公园。有线电视通信部提供视频、高速互联网和语音服务，以及 XFINITY 品牌下的安全和自动化服务。该部门还为移动网络运营商提供以太网网络服务和蜂窝回程服务。有线电视网络部经营着提供娱乐、新闻信息以及体育内容的国家有线电视网络、地方体育和新闻网络、国际有线电视网络以及有线电视演播室制作业务。

广播电视部运营美国全国广播公司（NBC）和西班牙语电视台德莱门多（Telemundo）。美国全国广播公司播放许多体育节目，包括奥运会、美国职业橄榄球联赛、大学橄榄球、大型高尔夫球比赛等，也播放其他电视节目，其 2017 年的收入与 2016 年相比并没有实质性变化。与迪士尼一样，这个行业的经营困难普遍存在。

电影娱乐部以环球影业、照明娱乐公司（Illumination）、焦点电影公司（Focus Features）和梦工厂动画的名义制作、收购、营销和发行电影娱乐节目。主题公园部在佛罗里达州的奥兰多、加利福尼亚州的好莱坞和日本的大阪经营环球主题公园。环球主题公园主要是以环球影城的电影为基础建设的游乐设施和景点。公园里有几个著名的主题，包括“辛普森一家”和“哈利·波特”。2012—2017 年，康卡斯特旗下主题公园的收入翻了一番，其中 2016—2017 年增长了 8%。

哥伦比亚广播公司

哥伦比亚广播公司（CBS）总部位于纽约市，是一家大型媒体企业集团，业务涉及四个领域：娱乐、有线电视网络、出版和本地媒体。娱乐部制作体育和娱乐节目；收购和 / 或发行包括连续剧、专题、新闻和公共事务在内的节目；经营信息和娱乐的在线内容网络；制作、获取和发行院线电影；数字流媒体服务。有线电视网络部提供订阅节目服务，如原创连续剧、戏剧故事片、纪录片、拳击和其他体育节目及特别活动。该部门还运营着 CBS 体育网（CBS Sports Network），它提供 24 小时的有线电视节目服务，提供大学体育和相关内容，并运营史密森网络（Smithsonian Networks）—— 一个以文化、历史、科学和教育节目为特色的频道。

哥伦比亚广播公司的出版部出版和发行成人与儿童的书籍，还提供内容服务。本地媒体部拥有 30 家广播电视台，并经营本地网站，包括提供来自公司电视台、新闻和体育电台的内容。

时代华纳

时代华纳（TWX）总部位于纽约市，是仅次于迪士尼和新闻集团的全球第三大传媒集团，业务涵盖电视、电影和出版。时代华纳拥有特纳广播公司（Turner Broadcasting），该公司经营着一系列受欢迎的有线电视网络，包括美国有线电视新闻网（CNN）、东京广播电视台（TBS）和特纳电视网（TNT）。时代华纳还经营付费电视频道 HBO 和 Cinemax，所有这些频道都与迪士尼竞争。时代华纳拥有华纳兄弟娱乐公司，该公司包括电影制片厂（华纳兄弟电影公司、新线电影公司（New Line Cinema））、电视制作部门（华纳兄弟电视集团）和漫画出版商 DC 娱乐公司。时代华纳拥有 25 000 名员工，2016 年营收近 300 亿美元。

维亚康姆

维亚康姆（VIA）总部位于纽约市，被认为是电视广播市场的领导者，拥有许多顶级品牌，包括 Nickelodeon, Nick Jr., BET 和 BET Hip Hop 等。维亚康姆的节目以 40 种语言在 180 多个国家 / 地区播出，优势在于专门针对经常看电视的人制作。以上提到的都属于公司媒体网络部门，维亚康姆还运营电影娱乐部，该部门负责制作、投资、收购和发行电影、电视节目和其他娱乐内容，其品牌包括派拉蒙影业、派拉蒙玩家、派拉蒙动画、派拉蒙电视、Nickelodeon 电影公司和 MTV 电影公司等。维亚康姆 2017 年的营收为 132 亿美元，利润为 19 亿美元。

嘉年华公司

嘉年华公司（CCL）总部位于佛罗里达州迈阿密，是世界第一大邮轮运营商，拥有并运营着十几条邮轮航线和约 100 艘邮轮，总载客量超过 19 万人次。嘉年华公司主要通过其公主邮轮公司（Princess Cruise Line）、荷兰美洲邮轮公司（Holland America）、西伯恩（Seabourn）豪华邮轮品牌以及旗舰公司嘉年华邮轮在北美开展业务。AIDA、P&O 和 Costa 等品牌在欧洲为乘客提供服务，Cunard 邮轮公司运营着跨大西洋的豪华航线。嘉年华的邮轮与迪士尼的邮轮竞争，另一家大型邮轮公司——皇家加勒比也与迪士尼展开竞争。2017 年，嘉年华公司的营收为 170 亿美元，利润为 26 亿美元。

➡ 外部问题

云端社会与退订有线电视服务

随着点播流媒体的出现，录像机和数字视频光盘的时代一去不复返了。现在的客户要求能够即时访问许多视频和节目。退订有线电视服务的现象越来越多，顾客越来越不愿意为庞大的有线电视套餐买单，因为他们可能只看几个频道。网飞、亚马逊、罗库和迪士尼旗下的 Hulu 都提供“瘦身”套餐，以满足客户的需求。与传统付费电视相比，使用互联网观看节目的家庭数量将从 2017 年的 1 100 万户增加到 2021 年的 1 800 万户。

国际市场对美国电视节目的喜爱

许多美国人观看其他国家制作的节目和电影，同样，生活在美国以外的人也观看美国电视节目。随着美国市场日趋饱和，企业越来越多地通过市场渗透战略来寻找新市场，并将现有产品推向新市场。在 2016 年全球近 400 亿美元的票房中，超过 70% 的票房来自美国和加拿大以外的国家，而 10 年前国外票房占总票房的比例为 64%。除了电影，包括情景喜剧、真人秀等在内的美国电视节目也呈现这一趋势。美国四大电视网美国广播公司、哥伦比亚广播公司、福克斯电视台和全国广播公司都抢抓在国外市场获得产品授权的机会。在发展中国家，高速互联网不断发展，越来越多的节目可在互联网上观看。例如，亚洲的高速互联网使用率约为 46%，中东和拉丁美洲约为 60%，欧洲为 79%。相比之下，北美的高速互联网接入比例为 88%。战略制定者需要考虑的一点是，以中东地区为例，根据其经济和人口结构趋势，剩下 40% 没有使用高速互联网的用户需要多少年才能够使用。尽管如此，所有国外市场的增长潜力对美国的大型网络公司仍然极具吸引力。据估计，迄今为止，发展中国家约 2/3 的年轻人都是活跃的互联网用户。

视频和媒体

视频和媒体业务每年为美国带来超过 400 亿美元的收入，增长率约为 2%。迪士尼是该行业最大的参与者，市场份额约为 18%；其次是 NBC 环球传媒和时代华纳公司，各自的市场份额为 16%；21 世纪福克斯和索尼公司各占 12%左右的市场份额。这个行业总共有近 1 万家企业，但这里讨论的前五家已占到行业收入的近 80%。超过一半的行业收入来自动作和冒险类节目，其中惊悚类节目占 15%；戏剧和喜剧收入分别占行业收入的 12%和 8.2%；其余部分未分类。近年来该行业的增长率受到电影院整合的影响，各电影院都在尝试新的战略，提供健康食品、3D 屏幕、舒适的座椅、全套餐饮服务和其他服务来吸引客户。迪士尼并没有前向一体化，其竞争很大程度上取决于电影院能否吸引观众。较高的票价和家庭的大屏幕已经对上座率产生冲击，这最终可能会导致迪士尼与影院公司就视频节目播放费用议价时能力下降。迪士尼和 NBC 环球传媒等其他制作商可能会与 Hulu、罗库、网飞或类似的内容交付提供商结成更紧密的联盟，在影片上映后，甚至可以在自己的网络上播放。目前，距离迪士尼允许新片在影院以外的媒体上放映还有一段时间。

主题公园

主题公园是迪士尼盈利能力最强的战略业务单元之一。整体而言，美国主题公园产业的销售额接近 180 亿美元。从经济衰退的谷底到 2017 年，主题公园销售额的年增长率超过 5%。预计到 2023 年，年增长率为 2%左右。其中门票收入占总营收的近 65%，其次是食品与饮料和其他商品，各占 12%左右，剩余的部分来自多种渠道。迪士尼是这个行业的佼佼者，占行业收入的 50%；紧随其后的是康卡斯特公司旗下的 NBC 环球传媒，然后是海洋世界（Sea World）和六旗（Six Flags），营收占比分别为 18%、7%和 6%；行业内 550 多家竞争对手的收入占 19%，其中很多都是小型公园，或是一个城市的单一大型公园。然而，未来迪士尼在国外市场的增长速度可能远远超过国内市场。规模较小的公园可能会发现越来越难以与迪士尼和环球公司这样的巨头竞争。实际上，建造游乐设施需要巨大的资本支出，并且客户对新的、更现代化游乐设施的要求也越来越高，试图让老客户习惯于重复消费尤其困难。向潜在的国外游客投放广告是许多主题公园运营商为吸引新游客实施的另一种战略。

电视广播

美国的电视广播行业年营收额超过 550 亿美元，有 900 家公司直接参与到这个行业的竞争中。维亚康姆是该行业的领导者，其收入占总营收的 17%；其次是 NBC 环球传媒、迪士尼和福克斯；行业营收的一半来自其他公司。由此可见这是一个分散的行业，未来可能会整合。电视剧营收占整个行业营收的 1/3；其次是新闻节目，占 25%。情景喜剧营收占行业营收的 15%以上，与电视剧相比，其优势在于观众可以随时收看节目，而无须关注之前的剧情。真人秀节目营收占行业营收的 13%，处于下降趋势。体育节目营收占行业营收的 10%，预计会持续增长，这对迪士尼旗下的美国广播公司、ESPN 以及竞争对手美国全国广播公司（NBC）、哥伦比亚广播公司和福克斯来说应该是个好消息。

➡ 未来

迪士尼旗下漫威影业的电影《黑豹》在 2018 年 2 月的前三天共收获了 2.018 亿美元的票房，进入美国电影史上票房前 5 名。这部电影在总统日假期的票房收入为 2.42 亿美元，成为有史以来美国国内首映 4 天票房第二高的电影，而该片的国际首日单日总票房达 1.69 亿美元。《黑豹》是行业史上第五部首映就突破 2 亿美元大关的电影，也是迪士尼第四部突破 2 亿美元大关的影片，其余三部为《星球大战：原力觉醒》、《星球大战：最后的绝地武士》和《复仇者联盟》。目前，迪士尼影业的作品占据了国内首映前 10 名中的 8 部，其中 5 部来自漫威影业。在国际上，《黑豹》也是一些国家的最佳首映影片。在英国和爱尔兰，这部影片打破了《美国队长：复仇者先锋》、《雷神》、《蚁人》和《钢铁侠》的票房纪录。在韩国，《黑豹》几天的票房就超过了《银河护卫队》和《蚁人》总体的票房。迪士尼的股东们希望《黑豹》是公司发展的一个好兆头，但外界的威胁不断带来冲击。

美国最大、最具实力的两家传媒集团迪士尼和时代华纳一起创造了有史以来 100 部票房佳作中的 50 部。每家公司都有许多超级英雄，比如迪士尼拥有漫威品牌，时代华纳拥有 DC 娱乐。两家公司也都采取了诸多合并行动。具体而言，时代华纳正考虑以 8 500 万美元收购美国电话电报公司（AT&T），迪士尼则希望以 520 亿美元收购 21 世纪福克斯的大部分股份，而且正与康卡斯特打竞购战。迪士尼需要一个清晰的战略规划来成功对抗时代华纳和康卡斯特。

案例 4　亚马逊（2018 年）

www.amazon.com，AMZN

亚马逊总部位于华盛顿州西雅图市。对于亚马逊来说，2017 年是了不起的一年，因为在过去的 20 年里，公司从一家网上书店发展成一个全球巨头，如今几乎可以为消费者提供任何东西。按营收和市值计算，亚马逊是世界上最大的在线零售商，第二大在线零售商是中国的阿里巴巴集团。在 CEO 杰夫・贝佐斯（Jeff Bezos）的带领下，亚马逊已经大规模进军智能家居领域，甚至基于其 Alexa 平台进军机器学习领域。2017 年，该公司在全球范围内运送了超过 50 亿件 Prime 商品。2017 年加入 Prime 的付费会员数量——无论是在北美还是在全球范围内——都超过以往任何一年。

亚马逊报告称，2017 年的营收创了历史新高，增长 31%。取得这样的成绩部分得益于 Fire TV Stick（一种流媒体盒子）和 Echo Dot（一种智能扬声器），这两件商品是亚马逊最畅销的。仅 Echo Dot 设备单品的销量就达到了数千万台。营收的增长也部分归功于收购全食超市。2017 年，亚马逊在全球范围内招聘了 13 万名新员工，并在美国招聘了 17 500 多名退伍军人及其配偶。2017 年，亚马逊 Prime 视频报告称，200 多个国家 / 地区的客户在智能电视和其他设备上对 11 场 NFL 比赛的浏览量超过 1 800 万次。亚马逊现在仍拥有《指环王》的全球电视转播权，在 2017 年还推出了两个家具品牌。

亚马逊的报告分为三个业务板块：北美、国际和亚马逊网络服务（AWS）。2018 年年初，亚马逊推出了一项名为“亚马逊速递”的新服务，旨在与联邦快递公司和联合包裹服务公司（UPS）展开竞争。但与联邦快递的 650 架飞机、15 万辆卡车、40 万名员工和 4 800 个全球运营设施（每天可以处理 1 200 万件货物）相比，亚马逊的 40 架飞机和 300 个仓库就相形见绌了。UPS 比联邦快递的规模还要大，每天可以处理 2 000 万件包裹，通过 500 多架飞机和 10 万辆汽车为 220 多个国家 / 地区提供服务。目前，联邦快递和 UPS 都不担心亚马逊涉足航运业务，但这种竞争状态可能会改变。

➡ 历史

1995 年 7 月，亚马逊以网上书店的形式开业，此后发展成为全球最大的电子商务公司。之所以选择“亚马逊”这个名字，不仅是因为亚马孙河流域是世界上最长的水系，还因为“异域情调，与众不同”。创始人杰夫・贝佐斯计划将他的书店打造成世界上最大的书店，为此，亚马逊启动了一个合作计划，其他网站可以在亚马逊网站上发布文章，进而允许个人在其网站上发布要出售的商品。1995 年随着互联网的普及，网上购物开始流行，当时全球使用互联网的人口比例为 0.4%，网民约为 1 600 万人。

十年后，全球使用互联网的人口比例升至 15.7%，共有 10.18 亿人。截至 2017 年 6 月，全球使用互联网的人口比例为 51.7%，多达 38.85 亿人，网上购物的需求也大幅增长。

亚马逊在全球范围内的客户账户数量已从 20 世纪 90 年代的 150 万个增长到 2018 年的 5 亿多个。2005 年，亚马逊推出了 Prime 会员计划，会员可以享受到更快的 2 天甚至 1 天的送货服务。该计划还允许会员访问亚马逊即时视频，还可以采用流式播放视频。在美国，约 60%的亚马逊用户是 Prime 会员。

2007 年，亚马逊开始提供 Kindle 第三代阅读器，为电子书铺平了道路。今天，你甚至不需要 Kindle 来阅读电子书，因为有许多免费的 Kindle 应用。该公司提供的 Prime 免费送货及为客户提供精选音频和视频的服务广受欢迎，在美国，从 Prime 客户那里获得的收入比从非 Prime 客户那里获得的要多。

在过去几年中，亚马逊积极拓展网络服务（AWS）业务，该业务主要集中在机器学习、智能家居和其他数据驱动的应用。很多人都熟悉亚马逊的智能音箱，也就是 Alexa，它可以在很多项目上提供帮助。

2017 年年初，亚马逊以 137 亿美元收购了全食超市来进军实体业务，但未来很可能将其作为运送杂货物资的一种渠道。全食超市是北美有机食品的领导者，在北美和英国拥有超过 477 家门店。

亚马逊将在一个拥有至少 100 万人口的城市设立第二总部，面积约 800 万平方英尺，可能会有 5 万名员工。该公司在西雅图市中心新建的一座大楼将于 2020 年竣工。

➡ 组织文化

亚马逊

从 1996 年的第一份年度报告开始，亚马逊 CEO 杰夫·贝佐斯就表示，亚马逊把客户放在第一位。在 2017 年的年度报告中，亚马逊将自己描述为肩负着成为“地球上最关切客户之公司”的使命。亚马逊还拥有一种提倡新发明、长期思考和卓越运营（高效）的文化。

贝佐斯经常提醒员工和高管，每天都是亚马逊的第一天。贝佐斯工作的办公楼被命名为“第一天”，即便更换办公地点，他仍旧使用这个名字。事实上，2016 年，一名员工终于鼓起勇气向贝佐斯请教过去 20 年来员工可能都会想的问题，即第二天什么时候开始？贝佐斯说道，第二天“无关紧要，痛苦不堪的衰落之后是死亡”。也正因为如此，在亚马逊永远是第一天。为了留在第一天，贝佐斯建议进行如下尝试：接受失败，播种和保护种子，也许最重要的是，当你看到客户高兴时，再加大力度。

2018 年 5 月，在哈里斯民意测验（Harris Poll）中，顾客连续三年将亚马逊评为美誉度第一的企业，该民意测验调查了超过 2.5 万人，将公众对企业美誉度的看法分为六个维度进行评估，包括：工作环境、社会责任、情感吸引力、财务绩效、愿景和领导力以及产品和服务。与此同时，一项针对 5 万名美国消费者的调查显示，亚马逊连续八年在美国互联网零售类客户满意度指数中排名第一。此外，根据英国客户满意度指数（U.K. Customer Satisfaction Index）的报告，一项针对 10 000 名英国客户的调查表明，亚马逊连续五次在客户满意度方面排名第一。最近亚马逊还获得了其他荣誉，比如领英根据求职者希望在哪里工作以及员工在全美各公司工作的时间长短等数据，将亚马逊评为美国最理想的工作场所。

全食超市

在全食超市，所有员工、管理者都知道公司其他人的工资，包括每小时的工资、薪水和奖金。全食超市总部位于得克萨斯州奥斯汀市，现在归亚马逊所有，公司尽可能让员工了解公司的情况，即使在薪酬方面也是如此。开放式薪酬政策旨在鼓励员工之间就薪酬问题进行交流，并促进公司内部的竞争。全食超市联合 CEO 约翰·麦基（John Mackey）在 1986 年，也就是公司创立 6 年后，就提出了这一政策，此政策现已内化为公司文化的一部分。

公司相信，当员工明白为什么一个人的工资比另一个人高，当员工明白什么样的表现和成就能挣更多的钱时，人们就会更有动力，也更成功。麦基说："我经常在薪酬问题上受到质疑。'你为什么给这个地区的总裁发那么高的工资，而我却只得到这么少？'我不得不说，'因为那个人更有价值。如果你完成了他的任务，我也会付给你同样高的工资。'"

公司的一项政策是，所有的经理每天都要发布他们门店的销售数据，每周都要发布区域的销售数据。公司认为，共享信息的文化有助于在员工中创造一种"命运共同体"的氛围。麦基说："如果你想建立一个高度信任的组织，一个人人为我、我为人人的组织，就不能有秘密。"公司的底线是员工有操守、有责任地获取公司的财务数据，目的是促进公司业务获取更多收益。这种文化造就了出色的客户服务和高度积极的员工队伍。

➡ 内部问题

愿景与使命

亚马逊的愿景陈述是（意译）：成为世界上以客户为导向的最佳公司，客户几乎可以在网上找到他们想要的任何东西。

亚马逊的使命陈述是（意译）：以尽可能低的价格为顾客提供最好的选择和最便捷的服务。亚马逊遵循四个原则：（1）以客户为中心，而不是以竞争对手为中心；（2）保持对发明的热情；（3）致力于卓越的运营；（4）长期思考 / 规划。

组织结构

杰夫·贝佐斯是亚马逊的总裁、CEO 和董事会主席。公司有两个事业部：亚马逊网络服务（Amazon Web Services，AWS）和全球消费者（Worldwide Consumer，WC），但尚不清楚这两个部门的具体业务。公司的高层管理人员名单及可能的组织结构图如图 C4–1 所示。亚马逊没有公开其组织结构图，因此除了内部人士，没有人知道谁向谁报告。

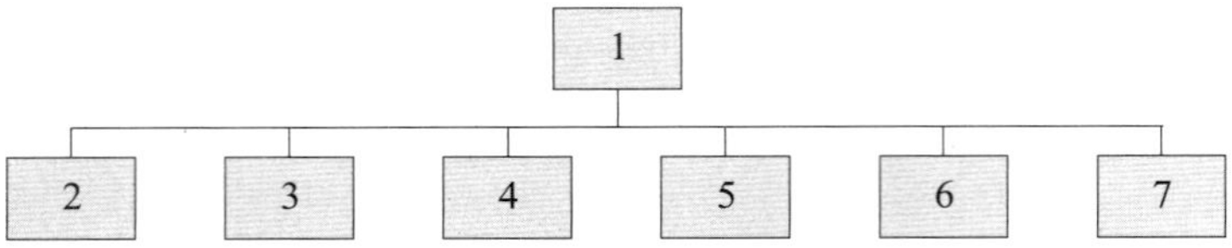

1. 杰夫·贝佐斯，总裁、CEO和董事会主席
2. 布赖恩·奥尔萨夫斯基，高级副总裁兼CFO
3. 杰弗里·布莱克本，业务发展高级副总裁
4. 安德鲁·雅西，亚马逊网络服务事业部CEO
5. 谢利·雷诺兹，副总裁，全球总监兼首席会计官
6. 杰弗里·维尔克，全球消费者事业部CEO
7. 戴维·扎波尔斯基，高级副总裁、总法律顾问和秘书

图 C4-1 亚马逊高管和组织结构图

资料来源：亚马逊公司 2017 年年报、其他公司文件等多种来源 .

当前战略

亚马逊的战略制定有四个关键点：（1）以客户为中心；（2）抵制代理；（3）接纳外部趋势；（4）快速决策。贝佐斯说，真正以客户为中心比专注于竞争对手、产品、技术甚至商业模式更好。令人惊讶的是，贝佐斯对为什么以客户为中心最重要的看法有点消极。他认为，顾客经常会不满意，有时甚至会非常不满意，在你生意兴隆的时候，他们仍然会报喜不报忧。贝佐斯所说的与苹果公司史蒂夫·乔布斯无数次提到的是同一逻辑，即客户不知道他们想要什么，当有更好的选择时，他们就会对你的产品不满意。

贝佐斯提到 Prime 会员计划就是这样一个例子，客户永远不知道他们会想要或渴望这样一个平台，现在却有数百万人使用并喜爱 Prime。乔布斯经常提到，几乎没有客户知道他们想要或需要一台个人电脑，然而 Apple Ⅱ在 20 世纪 80 年代初颇受欢迎，2006 年智能手机的开发也是同样的情况。

贝佐斯认为，抵制代理是坚持“活在第一天”的另一个重要特征。他所说的代理，是指用一种工具代替另一种工具（通常是最重要的工具）。贝佐斯非常重视为客户服务，因此任何代替客户获得关注的领域都可视为代理。亚马逊通过详细的流程来避免代理，重视追踪而不是例行检查。贝佐斯还指出，与测试和调查相比，流程更重要。

接纳外部趋势对于避免“第二天”也至关重要。目前，机器学习和数据分析是两个巨大的外部趋势，亚马逊凭借其 AWS 部门的优势，在这两个方面都有很好的定位。

最后，贝佐斯认为，能够快速做出决定对于避免“第二天”很重要。通常“第一天”公司和“第二天”公司的区别不在于决策好坏，而在于决策时间。“第二天”公司做决定的时间太晚，在每个人都清楚状况之后才做决定，钱和机会都没有了。要快速行动，就要基于 70％的信息做出决定；等待 90％的信息是“第二天”公司要做的事。掌握 70％的知识而犯错的代价通常要比因等待 90％的知识而错过市场机会的代价低得多。

亚马逊正在积极进军网络服务领域。公司的 Alexa 项目远远超出了 2017 年的预期，贝佐斯预计，公司将“双倍地”扩张和资助 Alexa。截至 2018 年年初，用户可以使用 Alexa 控制 1 200 个不同品牌生产的 4 000 多个智能家居设备。

亚马逊采用不相关多元化战略，推出了两个新的家具品牌 Rivet 和 Stone & Beam，前者专注于小型房间的中世纪现代化家具，后者专注于更大面积房间的耐用和时尚型家具。其相关多元化战略可能是在 2017 年收购全食超市。

在几次市场开发行动中，亚马逊在澳大利亚建立了一个第三方商城，为客户提供及时送达的产品，其中许多产品来自小企业。在荷兰、比利时和卢森堡推出 Prime 计划，会员只需要支付 3.99 欧元或约 5.00 美元，就可享受亚马逊提供的一天或两天的免费送货服务及其他会员福利。亚马逊在 2016 年和 2017 年均报告息税前利润（EBIT）为负，且 2017 年 EBIT 亏损是 2016 年的两倍。海外市场 Prime 会员费低可能是亏损的部分原因，相比之下，在美国，Prime 一个月的费用为 12.99 美元。

在美国的学生一般可以以一半的零售价订阅 Prime。新加坡、印度和其他地区也能享受便宜的入门级 Prime 会员费。亚马逊正在世界各地积极拓展第三方市场，不仅有澳大利亚，还包括巴西、印度、欧洲和许多其他地方。在北美和国际市场，亚马逊 Prime 允许客户支付月费或年费从而享受免费送货服务。在美国，免费送货承诺两天送达。此外，作为订阅服务的一部分，Prime 还向客户提供 Prime 音乐和视频。

Prime 会员每年比非 Prime 会员多花 700 多美元，可能是因为他们觉得应该订购更多的商品以证明 99 美元（美国的价格）的年费是值得的，或者可能是因为大多数注册 Prime 的客户原本就会订购更多的商品，这一定程度上降低了 Prime 的效力。亚马逊已经激怒了一些非 Prime 会员客户，因为即便在美国境内订购 50 美元以上的商品可以选择免费送货，送货时间仍需要 7 ～ 10 天。

亚马逊已经从书籍转向零售产品、音乐、在线数据处理、杂货配送业务，甚至包裹配送。似乎就在 5 年前，在美国大城市以外的大多数地方，能送达的食物大概只有比萨，亚马逊正通过提供杂货配送来改变这种状况。亚马逊收购全食超市的价格可能太高，但正如贝佐斯早些时候提到的，他以行动迅速而自豪，认为等待比快速行动的代价更大。收购全食超市之后，亚马逊从单纯的在线业务转向了实体业务。然而，随着公司一系列技术在智能家居中的应用，商品订购和杂货配送变得更加容易。亚马逊收购全食超市的真正意图是什么？虽然这还只是猜测，但从长期来看，将目光投向杂货配送业务无疑是一个合理的理由。

财务

亚马逊公布了 2017 年的优异业绩，较 2016 年增长了 31%，净利润增长了 28%。但值得注意的是，如表 C4-1 所示，2017 年运营支出增加，占销售额的比例较大，导致 EBIT 下降。由于税费下降了 46%，公司的净利润没有下降。此外，对全食超市的收购可以解释一部分营收的增长，也可能解释表 C4-2 中很大一部分的额外商誉。请注意表 C4-2 中长期债务的大幅增加。亚马逊未支付股息，但这并不让人吃惊，因为该公司准备将其资金投资于其他企业。

截至 2018 年 3 月 31 日，亚马逊报告称，其第一季度销售额增长了 43%，达到 510 亿美元，而 2017 年第一季度为 357 亿美元；营业收入增长了 92%，达到 19 亿美元，净利润增至 16 亿美元，而上一年第一季度的净利润为 7.24 亿美元。

表 C4-1 亚马逊的损益表 单位：百万美元

	2016 年	2017 年		变化百分比
营业收入	135 987	177 866	↑	30.80%
销售成本	88 265	111 934	↑	26.82%
毛利润	47 722	65 932	↑	38.16%
运营支出	43 536	61 826	↑	42.01%
息税前利润	4 186	4 106	↓	−1.91%
利息支出	294	300	↑	2.04%
税前利润	3 892	3 806	↓	−2.21%
税费	1 425	769	↓	−46.04%
非经常性事件	（96）	（4）	↑	95.83%
净利润	2 371	3 033	↑	27.92%

资料来源：亚马逊 2017 年第四季度报告和其他公司的数据。

表 C4-2 亚马逊的资产负债表 单位：百万美元

	2016 年 12 月 31 日	2017 年 12 月 31 日		变化百分比
资产				
现金和短期投资	25 981	30 986	↑	19%
应收账款	8 339	13 164	↑	58%
库存	11 461	16 047	↑	40%
其他流动资产	0	0	—	—
流动资产总额	45 781	60 197	↑	31%
固定资产	29 114	48 866	↑	68%
商誉	3 784	13 350	↑	253%
无形资产	0	0	—	—
其他长期资产	4 723	8 897	↑	88%
总资产	**83 402**	**131 310**	↑	**57%**
负债				
应付账款	25 309	34 616	↑	37%
其他流动负债	18 507	23 267	↑	26%
流动负债合计	43 816	57 883	↑	32%
长期债务	7 694	24 743	↑	222%
其他长期负债	12 607	20 975	↑	66%
负债总额	64 117	103 601	↑	62%
所有者权益				
普通股	5	5	↓	0%
未分配利润	4 916	8 636	↑	76%
库存股	（1 837）	（1 837）	↓	0%

续表

	2016 年 12 月 31 日	2017 年 12 月 31 日		变化百分比
实收资本和其他	16 201	20 905	↑	29%
所有者权益合计	19 285	27 709	↑	44%
负债及所有者权益总计	**83 402**	**131 310**	↑	**57%**

资料来源：亚马逊 2017 年第四季度报告和公司数据 .

➡ 事业部数据

亚马逊影业

2018 年年初，亚马逊影业与奥斯卡获奖电影制作人肯尼斯·洛纳根（Kenneth Lonergan）成为合作伙伴，共同创作电影和电视节目。2017 年，洛纳根和亚马逊影业合作了著名影片《海边的曼彻斯特》，该影片为洛纳根赢得了美国电影学会最佳原创剧本奖和最佳导演提名。Prime 视频现已提供《海边的曼彻斯特》流媒体播放和下载。洛纳根即将推出的项目包括由海利·阿特韦尔（Hayley Atwell）主演的连续剧《霍华德庄园》和由克里斯·埃文斯（Chris Evans）等主演的话剧《大堂英雄》，该剧于 2018 年在百老汇海伦·海斯剧院（Helen Hayes Theater）首演。

亚马逊影业通过有潜质的顶级创作者，为 200 多个国家和地区的客户制作影视剧和电影。原创作品包括艾米·谢尔曼·帕拉迪诺（Amy Sherman-Palladino）的获奖作品《了不起的麦瑟尔夫人》。在电影方面，亚马逊影业制作和收购原创电影，为亚马逊 Prime 会员独家提供影院放映和早期窗口发行。在 2017 年的奥斯卡颁奖典礼上，亚马逊影业成为首个获得奥斯卡最佳剧本、最佳男主角和最佳外语片的流媒体服务商。

亚马逊的 Prime 视频是一项优质的点播娱乐服务，为客户提供影片、电影和电视的多种选择。亚马逊频道提供 140 多个频道以供订阅，Prime 会员可以将这些频道添加到他们的列表中，包括 HBO，ShowTime，STARZ，Cinemax，PBS KIDS 及 Acorn TV 等。

亚马逊有三大业务板块：亚马逊网络服务、北美业务和国际业务，但北美业务和国际业务很少被提及。

亚马逊网络服务

亚马逊网络服务（AWS）帮助客户进行机器学习，省去了许多传统的繁重工作，也不需要专家来启动这些程序。截至 2018 年年初，亚马逊的 EC2 P3 提供的性能是现有云计算 GPU 服务的六倍。

2017 年，迪士尼将 AWS 列为公共云提供商的首选。多家公司与 AWS 建立了新的或进一步的合作关系，包括：赛门铁克（Symantec）、亿客行（Expedia）、第一资本（Capital One）、美国职业橄榄球大联盟、道琼斯（Dow Jones）、费埃哲（FICO）、百时美施贵宝（Bristol-Myers Squibb）以及其他公司。AWS 并不局限于美国市场，法国最近通过 AWS 获得服务，巴林、中国、瑞典也将使用 AWS。如图 C4-2、图 C4-3 所示，2017

年 AWS 营收增长超过 43%，息税前利润增长 39%，二者都超过了亚马逊在北美事业部和国际事业部传统产品的增长率。此外，AWS 的利润率明显高于其他事业部。亚马逊正试图在全球范围内扩张 AWS。事实上，在 2017 年第四季度报告中，亚马逊对 AWS 进行了大量讨论，但几乎没有对北美事业部或国际事业部的讨论。

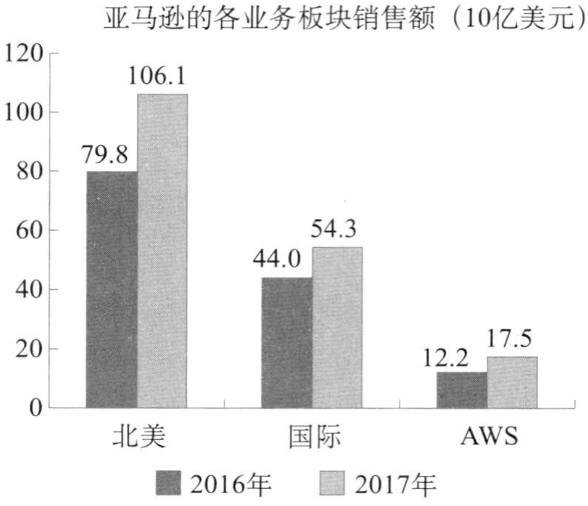

图 C4-2 按业务板块划分的亚马逊营收情况

资料来源：亚马逊 2017 年第四季度报告等信息 .

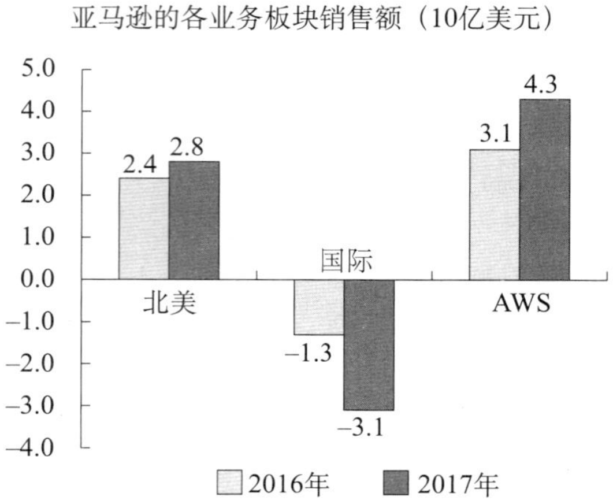

图 C4-3 按业务板块划分的亚马逊息税前利润

资料来源：亚马逊 2017 年第四季度报告等信息 .

竞争

亚马逊在全球提供各种各样的产品和服务，与来自世界各地不同规模的公司展开竞争。亚马逊的竞争对手包括网上购物商店、传统实体店、提供电子商务服务的公司，以及提供流媒体内容的公司。不过，亚马逊的主要竞争对手有：沃尔玛、乔氏超市、阿里巴巴、克罗格（Kroger）、塔吉特、Alphabet 和 eBay。

亚马逊在这个行业的竞争优势之一是履约能力，公司对快速向消费者送达商品非常重视。此外，价格、选择和便利性也是其成功的重要因素。表 C4-3 提供了亚马逊与两个竞争对手的简单比较。请注意，沃尔玛的营收最高，但亚马逊的市值和现金储备量最大。

表 C4-3 亚马逊与两个竞争对手在七个指标上的对比

	亚马逊	沃尔玛	乔氏超市
市值（10 亿美元）	748	26.6	2.7
员工人数（人）	566 000	2 300 000	16 600
营收（10 亿美元）	178	500	15.53
利润率（%）	1.7	1.97	39
净利润（10 亿美元）	3	9.9	0.135
每股收益率（美元）	6.15	3.77	3.69
现金总额（10 亿美元）	31	6.76	0.024 48

近年来，随着人均可支配收入的增加，许多消费者转而购买高档、有机、纯天然品牌，这有助于提高营业收入。总体而言，未来 5 年内杂货行业的年营收预计增长 0.9%，达 6 079 亿美元。消费者也转向像乔氏超市这样的商品品种有限和新业态的商店，这些商店布局更简单，主要销售成本更低的商店品牌产品。随着消费者越来越注重健康，他们倾向于购买更多种类的纯天然和有机产品，健康饮食指数有望逐年小幅上升。

在过去的 5 年里，像乔氏超市这样的杂货店经历了杂货业最快速的增长。通常，乔氏超市位于人口密集地区，比传统杂货店更加紧凑和高效。这些商店不会提供几十个品牌的同一产品，而是主要销售自有品牌商品，这些商品对消费者来说价格更低，对行业运营商来说能获得更多利润。乔氏超市是单位面积销售额最高的超市，自有品牌商品占所有商品的 80% 以上，这些商品均不含转基因物质、人工色素、反式脂肪和高果糖玉米糖浆。传统上自有品牌被视为低档品牌，但乔氏超市将之定位为优质产品，且定价较低。

低利润率、竞争激烈让许多想进入杂货店行业的公司望而却步，但亚马逊没有。在截至 2017 年的过去 5 年中，杂货店行业的企业总数基本持平，约为 42 205 家。除了利润率低外，网上杂货服务的稳步增长也进一步阻止了新的经营者进入这个行业。预计电子商务销售额将以 7.8% 的年增长率增长，这显示出行业将朝线上购物的方向持续转变。尽管数据持平没有增长，但亚马逊仍然愿意“出高价”收购全食超市。

沃尔玛（WMT）

沃尔玛由山姆俱乐部商店、沃尔玛超级购物中心（Walmart Supercenter）和邻里市场（Neighborhood Market）组成。每周有超过 2.6 亿顾客和会员访问 28 个国家 / 地区的 11 695 家门店和 11 个国家 / 地区的电子商务网站。沃尔玛 2017 财年的营收为 4 859 亿美元。最近，该公司对超过 200 万件商品实施了两天免费送货的政策，不需要有会员资格。

沃尔玛在食品与饮料行业的市场份额约为 17%。2017 年春季，有 4 515 万人在沃尔玛超级购物中心购买大部分家庭日用品，同时有 931 万人从邻里市场购买。沃尔玛计划通过杂货店取货的便利性和增长来扩大自己的市场份额并提高收入。

在送货方面，亚马逊和沃尔玛都试图超越对方。沃尔玛现在向任何订购 35 美元合格商品的顾客提供免费送货服务。沃尔玛试图通过提供两天的免费送货服务来赢得消费者的青睐，且不必像亚马逊那样必须拥有会员资格。亚马逊实行 Prime 会员制，会员每年必须支付 119 美元才能获得两天免费送货服务。不过，会员还可以提前获得一些优惠、无限制的照片存储、许多市场的周日递送，以及视频流和音乐服务。沃尔玛常被称为实体零售之王，至今仍是全球零售店营收的领头羊。沃尔玛在 2016 年收购了 jet.com，并推出了纽约市的当日送达服务。2017 年沃尔玛的电子商务营收仅为 120 亿美元，但沃尔玛作为亚马逊在线上业务中“潜在的800磅重的大猩猩”[①]，无疑是亚马逊的主要威胁和竞争对手，因为沃尔玛拥有数千家独立的大型商店，提供杂货、电子产品、玩具、服装等商品。

---

① 形容某人或某组织十分强大，行事无须顾忌。——译者

乔氏超市

乔氏超市总部位于加利福尼亚州蒙罗维亚，由一家德国私募股权公司所有。公司在美国 45 个州和华盛顿特区有大约 500 家门店。所有门店都很紧凑，出售高档的自有品牌食品，这些食品占每家门店所售商品的 80%。这使得顾客可以在一系列优质商品中进行选择，而不是在数千个品牌中进行选择。千禧一代是公司的典型顾客，因为他们具有健康意识且由价值驱动。大约 42%的千禧一代顾客认为自有品牌食品比名牌产品更有创意。大约 70%的人认为，这些商店自有品牌产品的质量近年来有所提高。公司在 2016 年占有 1.1%的市场份额，这一数字正快速增长。2017 年春季，美国有 427 万人在乔氏超市购买了家庭中的大部分日常用品。可以通过亚马逊网站在乔氏超市购物，网址为 https://www.amazon.com/Trader-Joe-s/pages/3045489011。

Alphabet

说到网购大战，亚马逊和谷歌（由 Alphabet 所有）是竞争对手。谷歌的业务是销售广告，而亚马逊的业务是送货上门，但谷歌已经推出了谷歌快递（Google Express），与亚马逊 Prime 竞争。然而，大约 33%的网络购物者直接从亚马逊购物，这一数字是谷歌的两倍多。因此，每当有人绕过谷歌，谷歌就失去了给浏览者展示广告的机会。这也意味着消费者在亚马逊上看到的广告比谷歌还多。

谷歌也有自己的流媒体视频和音乐服务，与亚马逊的流媒体视频和音乐服务展开竞争。谷歌有谷歌应用（Google Play）、谷歌盒子（Google Chromecast）和自己的谷歌应用商城（Google Play Store）。而亚马逊拥有 Kindle Fire 平板电脑、Fire TV 和自己的应用商店。随着两家公司的业务越来越多元化，竞争会越来越激烈。

eBay

eBay 总部位于加利福尼亚州圣何塞，经营着连接全球买家和卖家的电子商务平台。卖家可以组织并提供存货进行销售，而买家可以在 eBay 上找到所需并购买。ebay.com、eBay 移动应用程序、stubhub.com、stubhub 移动应用程序和在线票务平台将球迷与他们喜爱的体育赛事、演出和艺术家联系在一起。eBay 的分类广告平台包括一系列品牌，如 mobile.de，Kijiji，Gumtree，Marktplaats，eBay Kleinanzeigen 等，人们几乎能够在当地社区找到想要的任何东西。借助 eBay，人们可通过各种在线、移动和线下渠道查找、购买、销售和支付商品，这些渠道包括购物频道、零售商、分销商、清算商、进出口公司、拍卖商、目录和邮购公司等。

➡ 外部问题

1995 年，全球共有 1 600 万人使用互联网。截至 2017 年 6 月，全球使用互联网的人口增至 38.85 亿人，网上购物需求激增。亚马逊是世界上最大的在线零售商，美国电子商务市场规模巨大，营收超过 4 500 亿美元，预计到 2023 年将以每年 10%的速度增长。

美国有超过 13.5 万家企业通过互联网开展业务，从销售定制鱼饵的个体业主，到掌控 20%以上电子商务市场的亚马逊。令人惊讶的是，第二大在线零售商是沃尔玛，但它在电子商务市场的占有率只有约 3%，eBay 不到 1%，苹果约为 2%。

图 C4−4 选取了亚马逊最常见的商品，被列为“其他”的商品约占市场份额的 42%。在这 42%中，约 7%为体育用品和药品，另外 10%为美容产品，其余部分为工具、珠宝和其他物品。

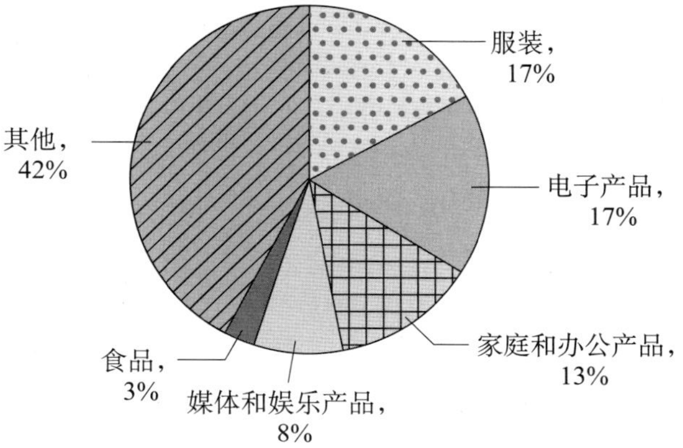

图 C4−4 电子商务的主要营收来源

图 C4−4 所示的品类非常广泛，例如，服装包括鞋类和配饰。截至 2017 年，美国服装行业 17%的营收来自电子商务。电子产品也是一个大类，包括计算机硬件、软件、手机，甚至电器。与服装业一样，电子产品行业收入的 17%也来自电子商务。媒体和娱乐产品包括书籍、音乐和视频，这些曾经是亚马逊最畅销的产品，如今仅占行业总营收的 8%。

很多人可能认为电子商务的收入接近或超过实体店销售收入，但事实并非如此。截至 2017 年，大约 10%的零售营收归功于电子商务，预计到 2023 年会增至 15%。随着网购越来越方便，送货时间不断缩短，客户越来越倾向于在线购物。

➡ 未来

2018 年 2 月，亚马逊、大通银行和全食超市宣布，新的亚马逊奖励 Visa 卡现在可以在全食超市购物时获得更多奖励，从高品质肉类到各种有机山珍海味，都可以使用该卡。特别值得一提的是，Prime 会员使用亚马逊奖励 Visa 卡购物，享受的返现率分别为：全食市场 5%，亚马逊购物网站（Amazon.com）5%，餐馆、加油站和药店 2%，其他地方 1%。

2018 年 5 月，亚马逊和百思买宣布达成多年独家合作，将为美国和加拿大的用户带来下一代 Fire TV 版智能电视。两家公司将联合推出十余款东芝和 Insignia 品牌的 4K 和高清 Fire TV 版智能电视，2018 年客户可通过百思买门店、百思买购物网站（BestBuy.com）和亚马逊购物网站购买。

2018 年第一季度，亚马逊收购了家庭安全公司 Ring。Ring 的使命是通过价格合理、性能可靠的家庭安全产品和服务减少社区犯罪。亚马逊还在 Alexa 上推出了 FreeTime 应用，这是首次专为儿童设计的 Alexa 体验。这些新产品为亚马逊的 FreeTime 和 FreeTime Unlimited 服务带来了 Alexa 特有的功能和优质内容，这些服务都可以在 Echo，Echo Dot 和 Echo Plus 设备上使用。现在亚马逊提供了 Echo Dot 儿童版，这是在 Alexa 上开始使用 Freetime 和 FreeTime Unlimited 最简单的方法。

亚马逊已经成为世界上最多元化的公司之一。对公司来说，管理多元化业务越来越不被认为是一个好战略。在通用电气的带领下，2017—2020 年，多元化企业都在竭尽全力收缩战线，聚焦主业。亚马逊能在多长时间内成功地扭转这一趋势？亚马逊的文化、理念或者说战略是愿意在任何时候进入几乎任何一个行业。这样做风险很大，尽管成功时利润丰厚，但从长远来看可能是灾难性的。

为亚马逊制定一个清晰的战略规划，既符合贝佐斯进行长期思考和规划的指导原则，也有助于防止进入太多领域、涉足太多行业。

案例 5　通用电气公司（2018 年）

www. GE. com，GE

通用电气（GE）总部位于马萨诸塞州波士顿，2017 年总营收在《财富》500 强企业中排名第 13 位。在 2017 年致股东的信中，GE 的 CEO 约翰·弗兰纳里（John Flannery）承诺，将与员工和股东一起“坦然面对”GE 的现状。2017 年是 GE 财务上困难的一年，亏损超过 50 亿美元，弗兰纳里称 2017 年是“非常艰难的一年”。大多数人都把 GE 和家里的一些电器或灯泡联系在一起，然而 GE 还制造喷气式发动机、高科技医疗设备和风力汽轮机。全球每两秒钟就有一架飞机在 GE 喷气式发动机的推动下起飞，GE 的核磁共振成像（MRI）计算机辅助测试扫描仪和其他高品质医疗设备每天帮助医生挽救许多人的生命。

GE 在 180 多个国家 / 地区拥有 31.3 万名员工，公司的业务仍然高度多元化。例如，2018 年 3 月，位于智利塔尔卡瓦诺的阿斯马尔造船厂（ASMAR Shipyards）选择了 GE 的海洋解决方案部门，为智利海军新的南极极地破冰船提供一体化海洋推进系统。

2018 年 5 月 23 日，GE 市值在当天缩水约 100 亿美元，这是自 2009 年初金融危机爆发以来 GE 最严重的亏损。CEO 约翰·弗兰纳里在佛罗里达州举行的年度电气产品集团（Electrical Products Group）会议上发表讲话的当天，公司的股价下跌了 7.4%。GE 在剥离资产时陷入财务困境，面临两难境地：是用这些资金支撑公司的资产负债表，还是将这些资金分配给股东。这家美国公司需要一个良好的战略规划来推进。

➡ 历史

1890 年，托马斯·爱迪生将他的各种业务合并为爱迪生通用电气公司（Edison General Electric Company）。在与当时的竞争对手汤姆森·休斯敦公司（Thomson-Houston Company）合并后，通用电气（GE）成立了。GE 于 1892 年注册，1896 年成为新设立的道琼斯工业平均指数包括的 12 家上市公司之一。今天 GE 是唯一一家列在道琼斯指数上的原始公司。一个多世纪以来，GE 一直都在购买和出售公司。然而，这种（通过并购的）多元化发展最终导致了它的衰落，如今 GE 正在剥离业务，试图变得更加单一。1981—2001 年，在董事长兼 CEO 杰克·韦尔奇的领导下，GE 成为许多公司效仿的典范、受人尊敬的多元化标杆。2001 年韦尔奇从 GE 退休时获得了有史以来最大的一笔离职金——4.17 亿美元。韦尔奇 1960 年加入 GE，担任化学工程师；1973—1979 年任 GE 战略规划部门的负责人；1981 年成为 GE 最年轻的 CEO。

2017 年 2 月 GE 宣布，计划在 2020 年前聘用 20 000 名女性担任技术职务，以缩小性别差距。同时，GE 还希望在所有入门级技术项目中使男性与女性的比例达到 50：50。2017 年 10 月，GE 宣布将关闭上海、慕尼黑和里约热内卢的研发中心，该公司每年在研发上花费约 50 亿美元。

2018 年 5 月 9 日，GE 可再生能源公司（GE Renewable Energy）宣布与 Arroyo Energy Compañía de Energías Renovables Limitada 公司合作开发智利的首个风力发电项目。

GE 耗资 2 亿美元的新公司总部将被命名为"GE 创新点"，该项目将于 2019 年年中完成。

➡ 愿景与使命

尽管 GE 没有直接使用愿景和使命这两个术语，但公司网站隐含的愿景是："成为世界上最重要的数字化工业公司"，使命是："以无与伦比的规模和多样性，成为专注于工业的领导者；致力于增加股东价值；在关键行业拥有高价值的业务；在新数字时代处于领先地位。"

GE 是一家以客户为导向的公司，最终目标不是只关注燃气轮机、风力涡轮机、喷气式发动机或 CT 扫描仪的生产和销量，而是如下所述的客户价值（意译）：致力于为偏远村庄的孩子们提供用电；致力于帮助旅行者安全回家；致力于帮助患者在最重要的时刻获得更好的诊断和治疗；我们了解客户需求并为其提供结果——如果都这样看待生意，我们最终会为客户、员工和所有者带来好的结果。

➡ 内部问题

组织结构

约翰·弗兰纳里 2017 年 8 月被任命为 GE 的 CEO，2017 年 10 月被任命为董事长。他在 GE 已工作了 30 年，其中最引人注目的是改变了 GE 医疗部门的状况，使之每年创造约 200 亿美元的营收。首席财务官杰米·米勒（Jamie Miller）是 2017 年 11 月上任的，和他一起上任的还有其他部门的四位 CEO。弗兰纳里正迅速采取行动，安排新人担任重要职位。此外，GE 的 23 名董事会成员在 2018 年也会减少。如图 C5-1 所示，GE 的组织结构基本上是按照部门划分的，有许多事业部级的 CEO，但 24 名高管都向公司 CEO 弗兰纳里汇报。

当前战略

据 GE 的 2017 年年报，公司的整体战略主要集中在四个关键方面：（1）客户感知价值；（2）GE 业务；（3）现金流；（4）创造责任文化。在讨论客户感知价值时，GE 并不是简单地考虑其生产的喷气式发动机或计算机辅助测试扫描仪的总数量，而是考虑公司的行动如何影响客户的生活，满足客户的需求。例如，GE 还认为价值是：提供更清洁的能源、更好的疾病诊断，或者在没有其他可用服务的情况下为客户提供服务。GE 最大的客户之一美国航空通过其 CEO 罗伯特·艾瑟姆（Robert Isom）经常感谢 GE，称"美国

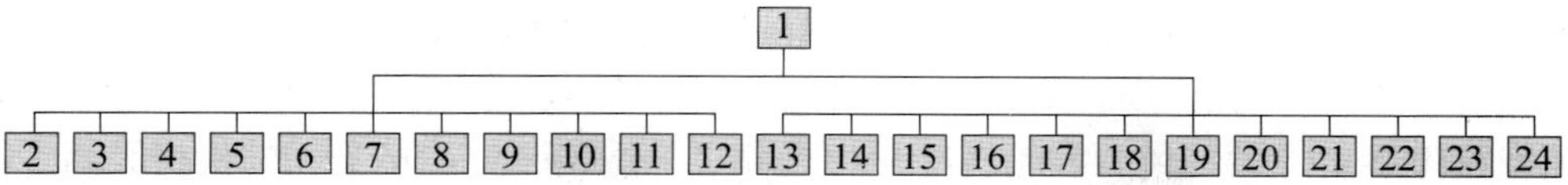

1. 约翰·弗兰纳里，GE 董事长兼 CEO
2. 杰伊·爱尔兰，GE 非洲公司总裁兼 CEO
3. 休·西格尔，GE 首席信息官，GE 风险投资公司 CEO
4. 戴维·乔伊斯，GE 副总裁，通用航空总裁兼 CEO
5. 拉塞尔·斯托克斯，GE 高级副总裁、GE 电力总裁兼 CEO
6. 杰罗姆·佩克雷斯，GE 可再生能源公司总裁兼 CEO
7. 拉斐尔·桑塔纳，GE 运输公司总裁兼 CEO
8. 保罗·麦克尔希尼，GE 高级副总裁兼电力服务总裁兼 CEO
9. 基兰·墨菲，GE 医疗集团总裁兼 CEO
10. 邓肯·贝里，LM 风力发电公司 CEO
11. 洛伦佐·西莫内利，GE 高级副总裁兼贝克休斯公司总裁兼 CEO
12. 威廉·鲁，高级副总裁兼首席数字官，GE 数字 CEO
13. 维克托·阿巴特，高级副总裁兼首席技术官
14. 亚历克斯·迪米特里夫，高级副总裁兼总法律顾问
15. 马修·克里博恩斯，投资传播副总裁
16. 扬·奥塞尔，副总裁，财务总监，首席会计官
17. 丹尼尔·詹基，财务和全球运营高级副总裁
18. 拉古·克里希纳穆尔蒂，高级副总裁兼首席人力资源官
19. 德尔德丽·拉图尔，副总裁、高级顾问和首席沟通官
20. 普尼特·马哈詹，财务规划与分析副总裁
21. 杰米·米勒，高级副总裁兼 CFO
22. 雅梅 ·莫克，副总裁，审计人员
23. 亚历克·伯格，通用电气金融副总裁兼主席
24. 威廉·鲁，高级副总裁兼首席数字官，GE 数字部门 CEO

图 C5-1　GE 高管和组织结构图

资料来源：GE 2017 年年报、其他公司文件等多种来源；最新的高管名单见 https://www.ge.com/about-us/leadership/executives.

航空依赖于强大的 GE”。利用数据分析，GE 生产的涡轮螺旋桨发动机的功率比竞争对手高 10%，燃油效率高 20%。这只是 GE 在努力改善客户价值众多例子中的一个，同时 GE 提供有明显影响的结果，而不是简单地以生产的原始产品数量来判定其成功与否。

GE 的 CEO 在 2017 年年报中宣布，该公司正逐步将重点放在三个关键业务领域：航空、医疗和可再生能源，除了目前处境艰难的电力部门外，这三大部门占公司营收和利润的绝大部分。2017 年电力部门利润下降了 45%，目前正针对这一部门采取紧缩战略，正如其 CEO 所说的“重新调整和重新聚焦”，其目标将主要通过削减成本和寄希望于撒哈拉以南非洲的发展来实现。迄今为止，撒哈拉以南非洲有 6 亿人用不上电。

GE 非常注重现金管理，这也是 GE 希望降低成本、提高效率的另一种方式。2017 年，GE 削减了 17 亿美元的成本，并计划在 2018 年再削减 20 亿美元。GE 目前的成本削减措施包括：减少分红、裁员、减少管理费用、减少库存以及尽量削减所有产品的成本。此外，高管奖金与业绩的联系也更加紧密。

收购和出售

与公司长期买卖业务的历史一致，2015 年，GE 将其交通金融部门剥离给加拿大蒙特利尔银行（Bank of Montreal）。2016 年，海尔集团以 54 亿美元收购了 GE 的家电部门。2017 年，GE 获得最终批准，将旗下的 GE 天然气部门与贝克休斯（Baker Hughes）合并，成立一家由 GE 控股的独立上市公司。

2017 年，GE 收购了多家公司，包括 ServiceMax 和 LM 风力发电公司。这两次收购总共花费了 26 亿美元，应该会改善 GE 的云技术和风电机组的生产水平。LM 风力发电公司曾是世界上最大的风力涡轮机叶片生产商之一。GE 以 31 亿美元的价格剥离了其水务业务，并与总部位于瑞士苏黎世的 ABB 集团达成协议，以 26 亿美元的价格将其工业解决方案业务出售给 ABB 集团，此前水务业务和工业解决方案业务均包含在 GE 电力部门中。GE 预计在 2018 年上半年出售其非美国照明业务，但前提是完成文书工作，并通过政府的合法合规性审查。

财务

2017 年是 GE 财务困难的一年，收入减少 1%。同时，由于销售成本和运营支出增加，净利润大幅下降。公司被迫将季度分红从每股 0.24 美元大幅削减至每股 0.12 美分，并裁掉数千名员工，支付了 121 亿美元的股息和股票回购费用。公司确实从美国税收改革中受益匪浅，获得了 30 多亿美元的税收抵免。CEO 弗兰纳里表示，未来将剥离超过 200 亿美元的工业资产，其中包括大幅缩减表现最差的部门——GE 金融（GE Capital）的规模，该部门仅 2017 年就亏损 60 多亿美元。

GE 近期的损益表和资产负债表分别见表 C5-1 和表 C5-2。注意，其营收和净利润都有所下降。另请注意，2017 年资产负债表上的商誉增加了 130 多亿美元，这表明该公司仍在为收购支付可能过高的费用。

表 C5-1 GE 的损益表　　单位：百万美元

	2016 年	2017 年		变化百分比
营业收入	123 693	122 092	↓	–1.29%
销售成本	90 280	104 102	↑	15.31%
毛利润	33 413	17 990	↓	–46.16%
营业支出	19 358	21 912	↑	13.19%
息税前利润	14 055	（3 922）	↓	–127.90%
利息费用	5 025	4 869	↓	–3.10%
税前利润	9 030	（8 791）	↓	–197.35%
税费	（464）	（3 043）	↑	555.82%
非经常性事件	0	（38）	—	—
净利润	9 494	（5 786）	↑	–160.94%

资料来源：GE 2017 年年报和公司数据 .

表 C5-2 GE 的资产负债表　　单位：百万美元

	2016 年 12 月 31 日	2017 年 12 月 31 日		变化百分比
资产				
现金和短期投资	92 442	81 996	↓	–11%
应收账款	42 263	41 075	↓	–3%
库存	22 354	21 923	↓	–2%

续表

	2016 年 12 月 31 日	2017 年 12 月 31 日		变化百分比
其他流动资产	0	0	—	—
流动资产总额	157 059	144 994	↓	–8%
固定资产	52 263	58 117	↑	11%
商誉	70 438	83 968	↑	19%
无形资产	16 436	20 273	↑	23%
其他长期资产	68 987	70 593	↑	2%
总资产	**365 183**	**377 945**	↑	**3%**
负债				
应付账款	14 435	76 297	↑	429%
其他流动负债	67 145	44 713	↑	–33%
流动负债合计	81 580	121 010	↑	48%
长期债务	105 080	108 575	↑	3%
其他长期负债	98 008	80 699	↑	–18%
负债总额	284 668	310 284	↑	9%
所有者权益				
普通股	702	702	↓	0%
未分配利润	139 532	125 682	↑	–10%
库存股	（83 038）	（84 902）	↓	–2%
实收资本和其他	23 319	26 179	↑	12%
所有者权益合计	80 515	67 661	↑	–16%
负债及所有者权益总计	**365 183**	**377 945**	↑	**3%**

资料来源：GE 2017 年年报和公司数据 .

➡ GE 事业部

GE 运营着八个部门，其中航空部和医疗部的利润高，电力部的总营收高。有效和高效地管理各事业部一直都是 GE 繁荣发展的关键，公司正努力重回正轨。CEO 弗兰纳里表示，GE 将缩减其金融部的规模，扩大航空部、医疗部以及被视为未来的可再生能源部。

GE 电力

GE 电力部的使命是为全球客户提供价格合理、可靠和可持续的能源。GE 在该部门提供的主要产品包括：燃气和蒸汽轮机、发电机、高压设备、发动机和数字解决方案。如图 C5–2 和图 C5–3 所示，2017 年电力营收略有下降，利润大幅下降。GE 在重型涡轮机市场保持着 50% 的市场份额，然而这个市场受到产能过剩和价格下降的影响，利润和订单量都下降了。尽管在涡轮机市场上 GE 是如此重要的参与者，但投入该部门的资源可能会被分流到增长更快的领域，如可再生能源部。

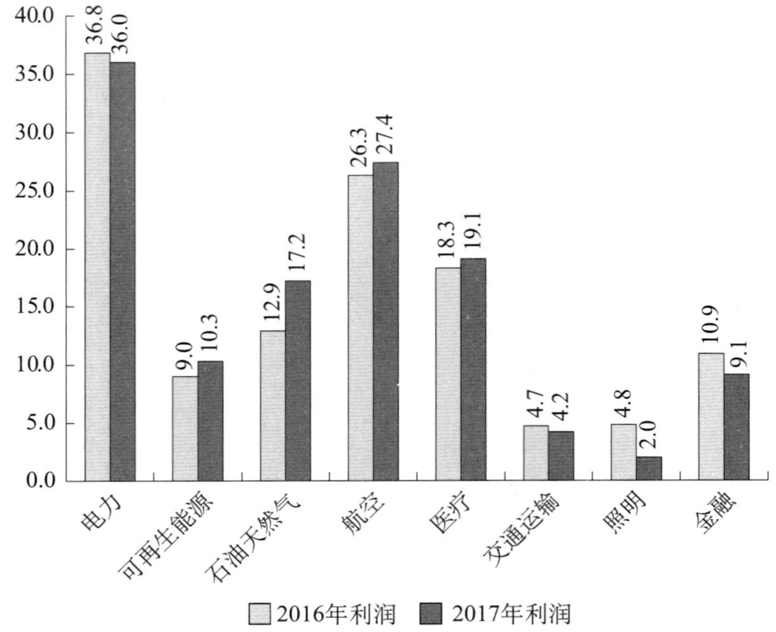

图 C5-2　GE 各业务板块营收情况（单位：10 亿美元）

资料来源：GE 2017 年年报和其他公司信息 .

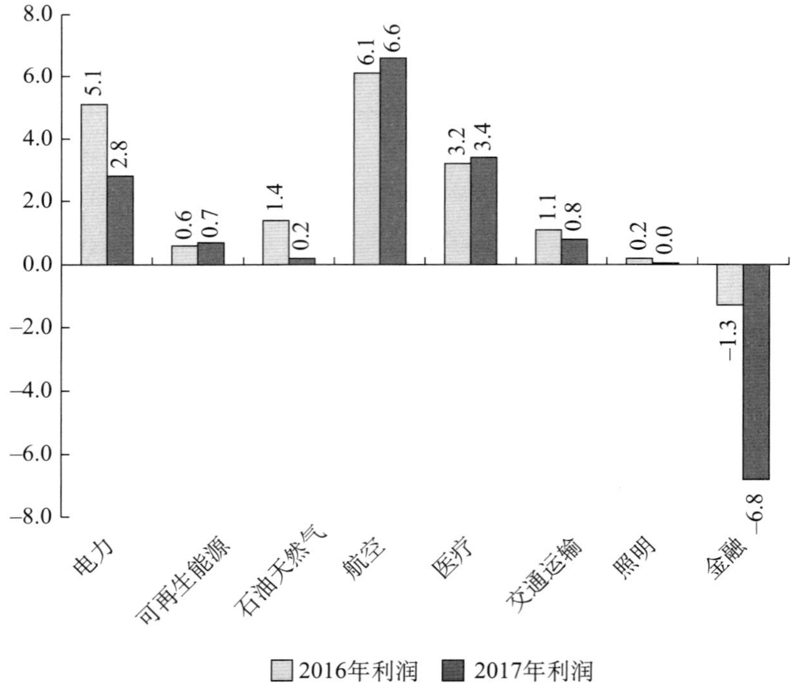

图 C5-3　GE 各业务板块利润情况（单位：10 亿美元）

资料来源：GE 2017 年年报和其他公司信息 .

该部门还面临着产品升级的需求下降（客户对现有产品感到满意）、供应链产能过剩以及客户融资困难等问题，行业前景黯淡。未来可能采取的战略是集中精力提高运营效率，并将资本资源逐步转移到其他部门。在某些情况下，GE 的发电业务可被视为 BCG 矩阵中的现金牛，因为 GE 显然是市场的领导者，但整个行业的营收 / 利润并不具有吸引力。GE 电力部来自美国的营收总计为 113 亿美元，来自国外的营收总计为 247 亿美元，其中最高的是中东和非洲地区，达到 80 亿美元。概言之，在全球范围内该部门的营收约有一半来自设备，一半来自服务。

GE 可再生能源

GE 可再生能源部的使命与电力部相同，需再加上一条，即专注于可再生能源。其主要产品是风力涡轮机和水电解决方案。2017 年利润增长，积压订单量增长，这表明 GE 并没有有效满足需求。竞争加剧导致价格下降和质量提高，可能会对行业利润率的增长造成压力。营收方面，来自美国的总营收约为 48 亿美元，来自国外业务的总营收约为 54 亿美元，其中美洲地区以 20 亿美元的营收居首位。设备业务占该部门营收的 79%，剩余的部分是服务业务。陆上风电占该部门营收的 86%，海上风电仅占 3%，水力发电占剩余的 11%。

GE 石油天然气

GE 石油天然气似乎是过去的遗迹。GE 并不像大型石油公司那样从事钻井工作，而是提供数字化解决方案和设备，帮助石油公司发现和开采石油和天然气产品。其主要产品包括：涡轮机、设备和数字解决方案。该部门的使命是在整个石油和天然气价值链中提供上述产品。有趣的是，GE 在这里使用了“价值链”一词，因为 GE 很可能是在这个行业价值链中利润最低的领域运营。该事业部在 2017 年的订单量增长，利润却下降了。图 C5-2 和图 C5-3 清楚地表明，该事业部虽营收可观，但利润微乎其微。因此，从利润率的角度看，GE 实际上是在加大对业绩最差部门的投入。

GE 的石油天然气业务在美国的总营收为 44 亿美元，国外业务的总营收为 128 亿美元，其中最高的是中东和非洲地区，营收为 48 亿美元。在全球范围内，该部门总营收的一半来自服务，40%来自设备。

GE 航空

如果构建一个 BCG 矩阵，GE 航空很可能会落在明星业务象限。2017 年，GE 航空利润增长，订单量和积压量也有增长。该事业部的使命是为客户设计和制造先进的发动机和系统。该事业部大部分利润来自商用和军用发动机，但也生产航空系统和支持飞行所需的其他机械。随着中国和印度以及其他新兴市场越来越有能力负担航空旅行，预计未来对飞机发动机的需求将十分强劲。该事业部来自美国业务的营收总计达 108 亿美元，来自国外业务的营收总计达 166 亿美元，其中欧洲地区以 62 亿美元的营收居首位。设备业务占该事业部营收的 36%，剩余部分为服务业务。商用发动机和服务业务占该事业部营收的 73%，而军用和系统业务分别仅占 14%和 13%。

GE 医疗

如图 C4-2 和图 C4-3 所示，GE 医疗业务在蓬勃发展。2017 年利润增长 18%，订单量和积压量分别增长 6%和 8%。该事业部的使命是通过高品质成果打造精准医疗。公司 CEO 弗兰纳里在该事业部使命中有趣地使用了“成果”一词，因为他建议公司衡量自己的成果，而不是简单地看部门生产了多少产品或部门的季度或年度收入是多少。回想一下，弗兰纳里在成为 GE 的 CEO 之前就是医疗部门的领导者。对于这一事业部，新兴市场以及美国和欧洲等市场的增长都是巨大的，因为人口老龄化现象随处可见。来自美国业务的总营收约为 86 亿美元，来自国外业务的总营收约为 106 亿美元，其中最高的是亚洲地区，总营收为 49 亿美元。设备业务占该事业部营收的 62%，剩余部分是服务业务。

GE 运输和照明

GE 运输和照明业务部仅占 2017 年总营收的 5%左右。GE 运输部为铁路、采矿和海运行业提供发动机、设备、机车和数字化解决方案。GE 照明部则专注于 LED 技术，为家庭和企业创造智能照明环境。2017 年，运输和照明部的利润率、营收和利润都有所下降，不过，运输和照明在 GE 整体产品组合中都不是主要业务。目前，GE 的大部分非美国照明业务将在 2018 年出售。2017 年非美国照明业务的销售额为 5 亿美元，美国照明业务的销售额为 15 亿美元。GE 的运输业务营收在美国为 24 亿美元，在非美国地区为 18 亿美元。

GE 金融

GE 金融部旨在为客户融资提供支持，并投资于有望实现长期盈利的市场。2017 年该部门亏损 68 亿美元，目前 GE 正在大幅削减该部门的风险敞口。2017 年金融业务来自美国的营收约为 44 亿美元，来自美国以外地区的营收约为 47 亿美元。

图 C5-4 显示，2017 年 GE 的大部分营收都来自美国以外的地区。图 C5-4 没有揭示的一个有趣事实是，除美国之外，2017 年其他地区的营收都有所增加，但美国营收下降的幅度足以使公司整体营收下降 1%。GE 没有提供各地区产品数据的详细分类信息，但仔细检查图 C5-2 会发现，很难将任何一个部门的美国销售额归结为主因。这进一步表明，在所有产品线中，美国业务的营收都落后于国外业务。

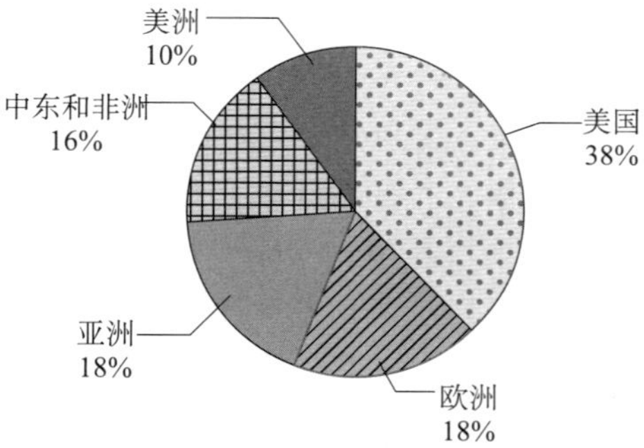

图 C5-4 各地区营收占 GE 总营收的百分比

资料来源：GE 2017 年年报及其他公司信息 .

➡ 竞争对手

卡特彼勒、西门子和联合技术（United Technologies）是 GE 最大的竞争对手，分别对应于 GE 的三大业务领域（动力涡轮机、诊断设备和喷气式发动机）。艾默生电气（Emerson Electric Company）和海尔集团也是其竞争对手。

西门子

西门子总部位于柏林和慕尼黑，它与 GE 非常相似。西门子是欧洲最大的工业制造公司，在全球各地设有分公司。西门子的主要部门是：（1）工业、能源、医疗；（2）基础设施和城市。西门子是医疗诊断设备的主要生产商，其医疗部门的销售额约占公司总销售额的 12%，是仅次于工业自动化部门的第二大盈利部门。西门子及其子公司在全球范围内雇用了约 37.2 万名员工，2017 年的全球营收约为 830 亿欧元。

西门子生产燃气轮机和蒸汽轮机、发电机、压缩机、陆上和海上风力涡轮机、高压输电产品、电力变压器、高压开关产品和系统、交流和直流输电系统、中压部件和系统以及电力自动化产品。公司还生产白炽灯、卤素灯、荧光灯、高强度放电灯、氙灯等各类照明产品；发光二极管（LED）、有机 LED、大功率激光二极管、LED 系统和 LED 灯具等光电半导体光源；电子设备，包括电子镇流器、照明控制和管理系统以及相关精密部件。

西门子生产各种医疗产品，包括：临床信息技术系统；听力仪器；体外诊断设备；血管造影、计算机断层摄影、荧光透视、磁共振、乳腺钼靶摄影成像、分子成像超声和 X 射线设备等成像设备；肿瘤放射和粒子治疗设备等。公司还生产与交通运输和物流相关的产品，如轨道交通设备和系统，包括轨道交通车辆、区域和长途运输车辆、机车、轨道电气化设备和系统、中央控制系统以及自动列车控制系统等。

艾默生电气

艾默生电气（EMS）总部位于密苏里州圣路易斯市，是一家为全球工业、商业和住宅市场生产零部件和产品的技术和工程公司。该公司的自动化解决方案部与 GE 竞争最为激烈。艾默生电气提供软件、测量和分析仪器、阀门、执行器和调节器、工业服务和解决方案、过程控制系统和解决方案以及数字设备解决方案。艾默生为石油和天然气、炼油、化工、发电、制药、食品和饮料、汽车、纸浆和造纸、金属和采矿以及市政供水市场提供服务。

卡特彼勒

卡特彼勒（CAT）总部位于伊利诺伊州迪尔菲尔德市，主要生产并销售柴油和天然气发动机、工业燃气轮机，以及用于建筑、资源、能源和运输行业的柴油－电力机车，其中许多产品与 GE 的产品竞争。卡特彼勒能源和运输部生产和销售：以往复式发动机为动力的发电机组；往复式发动机；发电行业使用的集成系统；涡轮机、离心式气体压缩机和相关服务；船舶、石油和天然气行业的集成系统和解决方案；再制造的往复式发动机和部件；柴油－电力机车和部件，其中许多项目也直接与 GE 竞争。

海尔集团

2016 年，GE 以 54 亿美元将其家电业务出售给海尔集团。GE 剥离的资产包括 GE 家电（GE Appliance）在墨西哥电器公司 Mabe 所持有的 48.4%的股份。海尔集团在收购 GE 家电之前营收约为 330 亿美元。海尔和 GE 在医疗和先进制造等多个领域开展了合作。GE 的产品已经通过海尔集团在中国销售。在收购时，GE 家电的营收约为 60 亿美元，员工约为 12 000 人。

联合技术

联合技术（UTX）总部位于康涅狄格州法明顿，拥有与 GE 直接竞争的普惠公司（P&W）。普惠公司为商用、军用、公务机和普通航空市场制造飞机发动机，并提供售后市场维护、修理和大修，以及机队管理服务——与 GE 一样。除了普惠，联合技术还拥有一个航空航天系统部门，提供发电、动力管理和配电系统，航空数据和飞机传感系统，发动机控制、情报、监视和侦察系统。

表 C5-3 提供了 2018 年 GE、艾默生电气、联合技术和卡特彼勒的对比情况。请注意，GE 的规模远远超过其他三家公司，但 GE 没有盈利，而竞争对手则表现得相当不错。

表 C5-3　GE 与三个竞争对手的对比

	卡特彼勒	GE	艾默生电气	联合技术
市值（10 亿美元）	90	130	45	102
员工人数（千人）	98	313	77	204
营收（10 亿美元）	45	121	15.9	60
利润率（%）	1.7	−4.8	10.9	7.6
税息折旧及摊销前利润（10 亿美元）	8.5	5.13	3.4	12.1
运营利润率（%）	6.5	−1.8	17.4	13.2
净利润（10 亿美元）	0.745	−5.9	1.7	4.6
净资产收益率（%）	4.6	−0.37	9.30	5.3
每股收益率（美元）	1.26	−0.72	2.48	5.7

➡ 外部问题

医疗设备

2017 年，医疗设备行业的营收为 3 400 亿美元，增长率约为 5%。在这一领域开展业务的一个重要优势是全球人口日趋老龄化和发展中国家的出生率不断增长。GE 生产一系列辐照设备或诊断成像设备，包括计算机辅助测试扫描仪、X 射线、β射线等。在美国，GE 是辐照设备市场最大的参与者，市场份额约为 20%，其次是西门子和菲利普斯医疗公司（Phillips Healthcare），市场份额分别为 10%和 7%。在全球范围内，西门子的诊断成像营收比 GE 多 20%，GE 比菲利普斯多 15%。在全球范围内，GE 在医疗设备领域的营收位居第八。

虽然美国是全球最大的、几乎所有医疗领域中利润最高的市场，但中国、印度、拉丁美洲和中东地区的机会越来越多。

发动机和涡轮机

在美国，发动机和涡轮机的年销售额超过 500 亿美元，但预计未来增速平平。这个行业的大公司大多都生产巨型柴油发动机，如卡特彼勒和卡明斯（Cummings），这些发动机的销售额占比约为 30%。卡特彼勒和卡明斯都从事涡轮发电业务，其中涡轮机和涡轮机相关产品的收入占比最大，达到 32%。GE 的电力部与该行业的关系最为密切，可再生能源部与这个行业的关系较小。目前，可再生能源在 GE 或发电行业的营收中都没有占到很大比重。燃气轮机仍然在行业中占据主导地位，风力涡轮机对整个行业的营收几乎没有贡献。总的来说，电力生产行业的营收增长乏力，预计增长平缓。

航空

美国航空业的年营收超过 2 300 亿美元，其中一半源于出口。该行业的增长率一度保持在 4%，但预计 2018—2023 年将降至 1%。该行业包括飞机制造商和发动机制造商，其中 GE 是飞机发动机市场的领导者。该行业得益于美国经济的好转和国外新兴市场中产阶层的日益壮大。通常，大约有 60%的行业利润来自飞机制造，另外 40%的利润来自发动机和其他飞机部件。

GE 最大的飞机发动机竞争对手是联合技术旗下的普惠。普惠为商用、军用飞机生产发动机。劳斯莱斯也是喷气式发动机业务的参与者，其规模与普惠差不多，两家公司的喷气式发动机营收总和与 GE 的营收相差无几。这两家公司在整个国防工业领域的营收都高于 GE。三家公司被一些人称为行业内的寡头垄断。然而，波音、空中客车和其他航空公司的客户确实有能力与发动机制造商讨价还价，以至于发动机制造商甚至会在发动机的销售上承受一些损失，以确保长期的零部件供应、维修和保养业务。

GE 还与波音、洛克希德·马丁公司以及其他许多公司在各航空业务领域展开较小程度的竞争，主要涉及与国防相关的业务，在这些领域 GE 在全球仅排第 24 位。

在过去几年里，市场对客运航空公司的需求一直在增长。波音每年都有大约 5 700 架飞机处于延期交货状态，而在同一时期内，空中客车每年都有大约 6 700 架飞机处于延期交货状态。在这种强劲的需求下，两家航空公司都在持续增加产量。对于像 GE 这类生产商用飞机发动机的公司来说，这无疑是个好消息。两个表现不佳的航空业务领域是大型喷气式飞机和公务机。发动机供应商在一定程度上依赖飞机制造商，需要及时满足需求。GE 可以尽可能高效地生产喷气式发动机，但如果飞机制造商尚未准备好，GE 就会受影响。

全球贸易趋势

贸易保护主义和经济民族主义日益抬头，威胁到全球贸易，令 GE 的 CEO 这样的商业领袖感到不安。例如，60%的GE产品销往国外，新关税、北美自由贸易协定（NAFTA）的调整，乃至国家之间贸易的紧张局势，都会对其造成阻碍。最近美国对钢铁和铝征收进口关税。具有讽刺意味的是，根据GE的全球创新晴雨表，全球55%的高管都表示，他们认为进一步的保护主义政策将有利于业务运营。然而，全球贸易趋势是业务发展中值得高度注意的问题。

GE的全球机遇

虽然世界比以往任何时候都要发达，但世界各地仍然有许多人缺乏生活必需品。例如，在撒哈拉以南非洲地区有6亿多人没有用上电；世界人口的20%，即大约15亿人缺乏基本的医疗、电力或现代交通服务。包括美国在内的许多国家都在增加新的基础设施。东南亚的基础设施开支每年增加1 800亿美元。

进入壁垒

GE未来发展的一个积极因素是医疗和喷气式发动机生产领域的进入壁垒异常高，其关键原因是这两个行业都需要高额的研发支出并且受法律和监管的约束。对于规模较小的公司，即使它们能够生产出产品，在与潜在客户进行广泛的谈判后，也必须与生产这些设备的少数几家大公司进行竞争。医疗设备也有严格的专利保护，专利已经过期，新产品前期使用效果不太好或运营成本不低，很难让医生和医院转而使用鲜为人知的公司生产的产品。医疗设备生产企业的产品责任保险比其他行业要高，这两个行业的高进入壁垒为GE等老牌企业提供了一定保护。

➡ 未来

2018年3月，GE可再生能源公司披露，计划开发全球最大、功率最大的海上风力涡轮机Haliade-X。该涡轮机采用12兆瓦的直驱式发电机，发电量比目前其他海上涡轮机的发电量高出45%。GE将在2018—2022年投资超过4亿美元用于开发和部署Haliade，它将高出海平面260米，其高度是凯旋门的5倍多。新的Haliade-X 12兆瓦涡轮机将使用一个220米的转子，该转子由GE的LM风力发电公司设计和制造；107米长的叶片将成为业内最长的海上叶片。一台Haliade-X 12兆瓦的涡轮机每年的发电量将高达67千兆瓦，可以为16 000户家庭提供清洁的电力能源，750兆瓦的风电场可为100万户欧洲家庭提供电力。

2018—2020年，GE计划出售所持有的贝克休斯公司62.5%的股权，以加强资产负债表并简化运营。2017年7月，GE收购了贝克休斯，并将其与石油和天然气设备和服务业务合并。然而，收购后两家公司的股价都出现暴跌，在收购后的12个月内贝克休斯的市值缩水39.2%。

GE需要一个清晰的战略规划来指引其未来的发展道路，以扭亏为盈。股东、客户、员工和债权人都希望GE高层能够带领公司走向光明的未来。

图书在版编目（CIP）数据

战略管理：建立持续竞争优势：第17版/（美）弗雷德·戴维，（美）福里斯特·戴维，（美）梅雷迪思·戴维著；徐飞译. -- 北京：中国人民大学出版社，2021.1

（工商管理经典译丛）

ISBN 978-7-300-28751-5

Ⅰ. ①战… Ⅱ. ①弗… ②福… ③梅… ④徐… Ⅲ. ①战略管理 Ⅳ. ①C931.2

中国版本图书馆CIP数据核字（2020）第248984号

工商管理经典译丛

战略管理：建立持续竞争优势（第17版）

弗雷德·戴维
[美] 福里斯特·戴维 著
梅雷迪思·戴维
徐 飞 译

Zhanlüe Guanli：Jianli Chixu Jingzheng Youshi

出版发行	中国人民大学出版社			
社　　址	北京中关村大街31号	邮政编码	100080	
电　　话	010-62511242（总编室）		010-62511770（质管部）	
	010-82501766（邮购部）		010-62514148（门市部）	
	010-62515195（发行公司）		010-62515275（盗版举报）	
网　　址	http://www.crup.com.cn			
经　　销	新华书店			
印　　刷	涿州市星河印刷有限公司			
开　　本	787 mm×1092 mm　1/16	版　　次	2021年1月第1版	
印　　张	27 插页1	印　　次	2024年11月第7次印刷	
字　　数	645 000	定　　价	85.00元	

Pearson

尊敬的老师：

您好！

为了确保您及时有效地申请培生整体教学资源，请您务必完整填写如下表格，加盖学院的公章后以电子扫描件等形式发我们，我们将会在 2～3 个工作日内为您处理。

请填写所需教辅的信息：

采用教材			□ 中文版 □ 英文版 □ 双语版
作　者		出版社	
版　次		ISBN	
课程时间	始于　年　月　日	学生人数	
	止于　年　月　日	学生年级	□ 专科　□ 本科 1/2 年级 □ 研究生　□ 本科 3/4 年级

请填写您的个人信息：

学　校			
院系/专业			
姓　名		职　称	□ 助教 □ 讲师 □ 副教授 □ 教授
通信地址/邮编			
手　机		电　话	
传　真			
official email（必填） （eg：×××@ruc. edu. cn）		email （eg：×××@163. com）	
是否愿意接受我们定期的新书讯息通知：　□ 是　□ 否			

系/院主任：________________（签字）

（系 / 院办公室章）

____年____月____日

资源介绍：

——教材、常规教辅资源（PPT、教师手册、题库等）：请访问 www. pearsonhighered. com/educator。（免费）

——MyLabs/Mastering 系列在线平台：适合老师和学生共同使用；访问需要 Access Code。（付费）

地址：北京市东城区北三环东路 36 号环球贸易中心 D 座 1208 室（100013）

Please send this form to：copub. hed@pearson. com

Website：www. pearson. com

中国人民大学出版社　管理分社

教师教学服务说明

中国人民大学出版社管理分社以出版工商管理和公共管理类精品图书为宗旨。为更好地服务一线教师，我们着力建设了一批数字化、立体化的网络教学资源。教师可以通过以下方式获得免费下载教学资源的权限：

- ★ 在中国人民大学出版社网站 www.crup.com.cn 进行注册，注册后进入“会员中心”，在左侧点击“我的教师认证”，填写相关信息，提交后等待审核。我们将在一个工作日内为您开通相关资源的下载权限。
- ★ 如您急需教学资源或需要其他帮助，请加入教师 QQ 群或在工作时间与我们联络。

中国人民大学出版社　管理分社

教师 QQ 群：648333426(工商管理)　114970332(财会)　648117133(公共管理)
教师群仅限教师加入，入群请备注（学校＋姓名）

联系电话：010-62515735，62515987，62515782，82501048，62514760

电子邮箱：glcbfs@crup.com.cn

通讯地址：北京市海淀区中关村大街甲 59 号文化大厦 1501 室（100872）

管理书社　　人大社财会　　公共管理与政治学悦读坊